Belas Letras.

MÚSICA CULTURA POP ESTILO DE VIDA COMIDA
CRIATIVIDADE & IMPACTO SOCIAL

miles davis

A AUTOBIOGRAFIA

com ***Quincy Troupe***

Tradução: Paulo Alves

1ª reimpressão/2024

Belas Letras

Título original: Miles: The Autobiography

Publicado mediante acordo com Simon & Schuster

Gustavo Guertler (*publisher*)
Marcelo Viegas (edição)
Celso Orlandin Jr. (capa, projeto gráfico e diagramação)
Paulo Alves (tradução)
Tanara de Araújo (preparação e revisão).

Foto da capa: Pictorial Press Ltd / Alamy Stock Photo

2024
Todos os direitos desta edição reservados à
Editora Belas Letras Ltda.
Rua Antônio Corsetti, 221 – Bairro Cinquentenário
CEP 95012-080 – Caxias do Sul – RS
www.belasletras.com.br

Dados Internacionais de Catalogação na Fonte (CIP)
Biblioteca Pública Municipal Dr. Demetrio Niederauer
Caxias do Sul, RS

D263m Davis, Miles
Miles Davis: a autobiografia / Miles Davis e Quincy Troupe; tradutor: Paulo Alves. - Caxias do Sul, RS: Belas Letras, 2022.
544 p.

Título original: Miles: the autobiography
ISBN: 978-65-5537-188-8
ISBN: 978-65-5537-185-7

1. Davis, Miles, 1926-1991. 2. Autobiografia.
3. Jazz (Música). 4. Músicos de jazz. I. Troupe, Quincy.
II. Alves, Paulo. III. Título.

22/3 CDU 929Miles

Catalogação elaborada por Vanessa Pinent, CRB-10/1297

Sumário

prólogo

Ouvir. A melhor sensação que já tive na vida – vestido – foi quando ouvi Diz e Bird juntos pela primeira vez, em St. Louis, Missouri, lá em 1944. Eu tinha 18 anos e havia acabado de me formar na Lincoln High School, que ficava do outro lado do rio Mississippi, em East St. Louis, Illinois.

Quando ouvi Diz e Bird na banda do B, falei: "O quê? O que é isso?!". Cara, aquela porra era tão incrível que dava medo. Olha só, Dizzy Gillespie, Charlie "Yardbird" Parker, Buddy Anderson, Gene Ammons, Lucky Thompson e Art Blakey, todos juntos na mesma banda, sem contar o próprio B: Billy Eckstine em pessoa. Era do caralho. Cara, aquela porra subiu pelo meu corpo todo. Música pelo meu corpo todo, e era o que eu queria ouvir. O jeito como aquela banda tocava – era *tudo* o que eu queria ouvir. Um negócio tremendo. E eu, em cima do palco, tocando com eles.

Eu já tinha ouvido falar em Diz e Bird, já curtia a música deles – a de Dizzy, em especial, já que sou trompetista e tal. Mas curtia Bird também. Olha só, eu tinha um disco de Dizzy chamado *Woody 'n' You* e um compacto de Jay McShann com Bird tocando "Hootie Blues". Foi como ouvi Diz e Bird pela primeira vez e não pude acreditar no que eles faziam. Eram da pesada. Além desses, eu tinha um disco de Coleman Hawkins, um do Lester Young e um de Duke Ellington com Jimmy Blanton no baixo, que era fodido também. E era isso, esses eram todos os discos que eu tinha. Na época, Dizzy era meu ídolo. Eu tentava tocar todos os solos de Diz daquele único álbum dele que eu tinha. Mas gostava bastante também de Clark Terry, Buck Clayton, Harold Baker, Harry James, Bobby Hackett e Roy Eldrige. Mais tarde, Roy seria o meu ídolo do trompete. Porém, em 1944, era Diz.

A banda de Billy Eckstine estava em St. Louis para tocar num lugar chamado Plantation Club, cujos donos eram uns gângsteres brancos. Era um período em que havia uma presença grande deles na cidade. Quando disseram a B que ele precisaria entrar pela porta dos fundos como todos os outros camaradas pretos, ele simplesmente ignorou os filhos da puta e entrou com a banda toda pela porta da frente. O negócio é que B não engolia sapo de ninguém. Ele xingava e nocauteava qualquer cretino em dois tempos, pode acreditar. Esqueça o visual e o ar de playboy que ele tinha, B era durão. Benny Carter também. Os dois derrubavam num minuto qualquer um que os desrespeitasse. Porém, por mais durão que Benny fosse – e era –, B era mais. Então os gângsteres dispensaram B na hora e chamaram George Hudson, cuja banda contava com Clark Terry. Em seguida, B levou seu grupo para o outro lado da cidade, no Riviera Club de Jordan Chambers, casa só de pretos localizada no Delmar Boulevard com a Taylor Avenue – numa região preta de St. Louis. Jordan Chambers, que na época era o político preto mais poderoso da cidade, disse a B que era só chegar com a banda.

Assim, quando se espalhou a notícia de que eles iam tocar no Riviera em vez de no Plantation, passei a mão no meu trompete e fui até lá para ver se conseguia pegar alguma coisa, quem sabe tocar com a banda. Então eu e meu amigo Bobby Danzig, que também era trompetista, entramos no Riviera na esperança de pegar o ensaio. Veja bem, naqueles dias eu já tinha uma reputação em St. Louis por saber tocar, então os seguranças me conheciam e nos deixaram entrar. Uma vez lá dentro, a primeira coisa que vi foi um cara correndo até mim para perguntar se eu era trompetista. Respondi que sim. Ele confirmou se eu tinha a carteirinha do sindicato dos músicos. Eu tinha. Então disse: "Vamos lá, precisamos de um trompetista. O nosso passou mal". Ele me levou até o palco e colocou a partitura diante de mim. Eu sabia ler partituras, mas tive dificuldade em entender aquela à minha frente porque estava imerso no que todos os outros tocavam.

O cara que correu até mim era Dizzy. Não o reconheci de primeira. Porém, assim que ele começou a tocar, eu soube que era ele. E como falei, não consegui nem *ler* a partitura – *tocar* então, nem se fala –, pois estava ouvindo Bird e Diz.

Mas porra, eu não era o único que os ouvia desse jeito, a banda inteira praticamente tinha um orgasmo sempre que Diz ou Bird tocavam – Bird, em especial. Quer dizer, Bird era inacreditável. Sarah Vaughan também estava lá, e ela era foda. Era e é. Sarah soava como Bird e Diz, e os dois tocando de tudo! Eles olhavam para Sarah como se ela fosse outro instrumento de sopro. Entende o que eu quero dizer? Ela cantava "You are my First Love", e Bird solava. Cara, eu queria que todo mundo tivesse ouvido aquela porra!

Naquela época, Bird solava por oito compassos. E as coisas que ele fazia em oito compassos eram de outro mundo. Tocava de um jeito que colocava qualquer um no bolso. Eu, por exemplo, sempre me esquecia de tocar e lembro que, às vezes, os outros músicos também não entravam no tempo porque ficavam absortos ouvindo Bird. Paralisados no palco, boquiabertos. Deus do céu, Bird tocava umas coisas do caralho naquela época.

Quando Dizzy tocava, acontecia a mesma coisa. Assim como Buddy Anderson. Ele tinha um negócio, um estilo que era próximo do que eu gostava. Então ouvi essa porra toda lá em 1944, tudo de uma vez. Deus do céu, aqueles filhos da puta eram da pesada. *O bicho pegava!* E você sabe como eles tocavam para os pretos no Riviera.

Porque os pretos de St. Louis adoram música, mas querem a música tocada direito. Então você *sabe* o que eles faziam no Riviera. Sabe que *arregaçavam* e não era pouco.

A banda de B mudou a minha vida. Decidi naquele exato momento que tinha de ir embora de St. Louis e morar em Nova York, que era onde todos aqueles músicos danados estavam.

Por mais que eu amasse Bird naquele período, se não fosse por Dizzy, não estaria onde estou hoje. Digo isso a ele o tempo todo, e ele só ri. Porque quando fui para Nova York pela primeira vez, ele me levava a tiracolo para todo lugar. Diz era engraçado naqueles dias. Ainda é, mas naquela época era um absurdo. Do tipo que mostrava a língua para mulheres na rua e umas merdas assim – mostrava a língua para mulheres brancas. Veja bem, eu sou de St. Louis, e ele fazia isso para uma pessoa branca, para uma *mulher* branca. "O Diz deve ser doido", eu pensava. Mas ele não era, saca? Não mesmo. Era diferente, mas não doido.

A primeira vez que entrei num elevador na vida foi com Diz. Subi com ele em um na Broadway, em algum lugar na *midtown* de Manhattan. Ele adorava andar de elevador e tirar com a cara de todo mundo, agir feito maluco, matar os brancos de susto. Cara, ele era uma figura. Eu ia até a casa dele, e Lorraine, sua esposa, não deixava ninguém ficar lá por muito tempo, exceto eu. Ela sempre me oferecia jantar. Às vezes eu comia, às vezes não. Sempre fui peculiar quanto ao que e onde eu como. Enfim, Lorraine colocava umas placas que diziam "Não Sentar Aqui!". E ela falava para o Diz: "Por que você trouxe todos esses filhos da mãe à minha casa? Tire esses caras daqui agora!". Então eu me levantava para ir embora também, e ela impedia: "Você não, Miles, você pode ficar, mas o resto desses filhos da mãe tem de ir". Não sei do que ela gostava a meu respeito, mas gostava.

Parece que as pessoas amavam tanto Dizzy que só queriam ficar perto dele, saca? Mas não importava quem estivesse ao redor, Dizzy sempre me levava com ele para onde quer que fosse. "Vamos, venha comigo, Miles", ele dizia. E lá íamos nós até o escritório que cuidava da agenda dele ou para algum outro lugar ou, como eu disse, talvez andar de elevador, sem motivo. Ele fazia todo tipo de coisa engraçada.

Sua distração favorita era passar pelo lugar onde começaram a exibir o programa de TV *Today*, quando Dave Garroway era o apresentador. Era num estúdio no nível da rua, então as pessoas podiam assistir da calçada por uma janelona. Dizzy ia até a janela enquanto eles estavam no ar – era feito ao vivo, saca – e mostrava a língua e fazia caretas para o chimpanzé do programa. Cara, ele sacaneava tanto aquele chimpanzé, J. Fred Muggs, que o bicho ficava louco. Gritava, pulava e mostrava os dentes, e todo mundo do programa se perguntava que porra tinha dado nele. Sempre que aquele chimpanzé botava o olho em Dizzy, enlouquecia. Mas Dizzy também era uma pessoa muito, muito bela, e eu o amava e amo até hoje.

Enfim, na música, já cheguei perto da sensação que tive naquela noite em 1944 quando ouvi Diz e Bird pela primeira vez, mas nunca a equiparei. Cheguei perto, mas não lá. Porém, estou sempre à procura dela, de ouvidos atentos, pressentindo, tentando sempre senti-la por meio da música que toco todos os dias. Ainda me lembro de quando era apenas um garoto, com muito chão pela frente, e convivia com todos aqueles músicos incríveis, meus ídolos até hoje. Absorvendo tudo. Cara, era uma coisa de outro mundo.

capítulo 1

A lembrança mais remota da minha primeira infância é uma chama, uma chama azul que saltava de um fogão a gás que alguém acendeu. Talvez tenha sido eu mesmo, brincando com o fogão. Não lembro quem foi. Enfim, me lembro de tomar um susto com o assovio da chama azul ao surgir de repente da boca do fogão. É o mais distante que consigo me recordar; para trás disso há só uma névoa, saca, só mistério. Mas aquela chama é clara como a música na minha cabeça. Eu tinha três anos.

Vi aquela chama e senti o calor dela próximo ao rosto. Senti medo, medo de verdade, pela primeira vez na vida. Mas também me lembro disso como uma espécie de aventura, uma espécie de alegria esquisita também. Acho que essa experiência me levou a algum lugar na minha cabeça onde eu nunca havia estado. Até alguma fronteira, o limite, talvez, de tudo o que é possível. Não sei, nunca tentei analisar. O medo que senti foi quase como um convite, um desafio para ir adiante em direção a algo do qual eu nada sabia. Acho que foi ali que minha filosofia pessoal de vida e meu comprometimento com tudo em que acredito começaram, naquele momento. Não sei, mas acho que pode ser verdade. Quem sabe? Que porra eu sabia das coisas naquela época? Na minha cabeça, sempre acreditei e considerei que, desde então, meu movimento deve ser para frente, para longe do calor da chama.

Em retrospecto, não me lembro muito dos meus primeiros anos – nunca gostei muito de recordar mesmo. Mas uma coisa que sei é que, no ano seguinte ao meu nascimento, um tornado feio atingiu St. Louis e destruiu a cidade inteira. Tenho a impressão de que me lembro de alguma coisa disso – algo no fundo da minha memória. Talvez seja por isso que fico tão mal-humorado às vezes; aquele tornado deixou um pouco de sua criatividade violenta em mim. Talvez tenha deixado alguns de seus ventos fortes. Sabe, é preciso um fôlego potente para tocar trompete. Acredito muito no mistério e no sobrenatural, e um tornado com certeza é misterioso *e* sobrenatural.

Nasci em 26 de maio de 1926, em Alton, Illinois, uma cidadezinha à beira do rio Mississippi, cerca de 40 km ao norte de East St. Louis. Fui batizado com o nome do meu pai; ele, com o nome do pai dele. Isso fez de mim Miles Dewey Davis III, mas todo mundo da minha família me chamava de Junior. Sempre detestei esse apelido.

Meu pai era do Arkansas. Cresceu lá, numa fazenda que o pai dele, Miles Dewey Davis I, tinha. Meu avô era contador, tão bom no que fazia que o fazia para gente branca e ganhava muito dinheiro. Comprou 200 hectares de terra no Arkansas perto da virada do século. Depois que ele comprou toda essa terra, a gente branca da região, que o usou para resolver suas questões financeiras, se voltou contra ele. O enxotou de sua própria terra. Na cabeça daquelas pessoas, um homem preto não deveria ter tanta terra e tanto dinheiro assim. Não deveria ser inteligente, mais inteligente do que elas. Isso não mudou muito; as coisas são assim até hoje.

Ao longo da maior parte da minha vida, meu avô viveu sob ameaças de brancos. Até contou com um de seus filhos, meu tio Frank, como guarda-costas para protegê-lo deles. Os Davis estavam sempre em vantagem, meu pai e meu avô me contavam. E eu acreditava neles.

Eles me diziam que o povo da nossa família era especial – artistas, homens de negócio, profissionais e músicos –, que tocavam para os donos das *plantations* no tempo em que a escravidão ainda não havia acabado. Esses Davis tocavam música erudita, segundo meu avô. Essa é a razão pela qual meu pai não pôde tocar nem ouvir música depois do fim da escravidão, pois, dizia meu avô: "Eles só deixam os pretos tocarem em botecos e espeluncas". O que ele queria dizer era que eles – os brancos – não queriam mais ouvir pretos tocarem música erudita; só queriam ouvi-los cantar *spirituals* ou blues. Ora, não sei o quanto isso é verdade, mas é o que meu pai me contava.

Meu pai também me falava que meu avô costumava alertá-lo de que sempre que recebesse dinheiro, não importava onde ou de quem, contasse e conferisse se estava tudo ali. Ele dizia que não se pode confiar em ninguém quando se trata de dinheiro, nem mesmo em gente da família. Certa vez, meu avô deu ao meu pai o que ele alegou serem US$ 1 mil e o mandou até o banco com o dinheiro. O banco ficava a quase 50 km de onde eles moravam. Fazia cerca de 37 °C na sombra – era verão no Arkansas. E ele teve de ir a pé e a cavalo. Quando meu pai chegou ao banco, contou o dinheiro e só havia US$ 950. Contou mais uma vez e chegou à mesma quantia: US$ 950. Então voltou para casa, com tanto medo que estava prestes a cagar nas calças. Ao chegar, foi até meu avô e disse que perdera US$ 50. Meu avô então olhou para ele e falou: "Você contou o dinheiro antes de sair? Sabe se estava tudo ali?". Meu pai respondeu que não, não havia contado o dinheiro antes de sair. "Pois é", disse meu avô, "porque eu só te dei US$ 950. Você não perdeu nada. Mas eu não te falei para contar o dinheiro? O dinheiro de qualquer um, até o meu? Aqui estão US$ 50. Conte. E então volte e coloque esse dinheiro no banco como eu te disse". Uma coisa que você tem que ter em mente sobre essa história toda é que não só o banco ficava a 50 km, como fazia um calor desgraçado. Meu avô fez aquilo com muita frieza, mas às vezes é preciso ser frio assim. Foi uma lição da qual meu pai nunca se esqueceu e que repassou para seus filhos. Assim, hoje eu conto *todo* o meu dinheiro.

Meu pai, assim como minha mãe, Cleota Henry Davis, nasceu em 1900, no Arkansas. Cursou o ensino fundamental lá. Ele e seus irmãos e irmãs não cursaram o ensino médio, pularam e foram direto para a faculdade. Ele se formou na Arkansas Baptist College; na Lincoln University, na Pensilvânia; e na faculdade de Odontologia da Northwestern University, então tinha três diplomas, e eu me lembro de observá-los na parede do consultório dele, depois de mais velho, e pensar: "Caramba, espero que ele não me peça para fazer *isso*". Também me lembro de ver em algum lugar uma foto da formatura dele na Northwestern e só contar três rostos pretos. Ele tinha 24 anos quando se formou lá.

Seu irmão, Ferdinand, frequentou Harvard e uma faculdade em Berlim. Era um ou dois anos mais velho que meu pai e, assim como ele, pulou o ensino médio. Foi direto para a faculdade depois de passar no exame de admissão com uma pontuação alta. Também era um cara brilhante; vivia me contando de César e Aníbal e sobre a história dos pretos. Viajava pelo mundo todo. Era mais intelectual do que o meu pai, galanteador, conquistador e editor de uma revista chamada *Color*. Era tão inteligente que fazia eu me sentir quase burro; foi a única pessoa que me deu essa sensação na juventude. O tio Ferdinand era um caso à parte. Eu adorava a companhia dele e ouvi-lo falar e contar histórias sobre suas viagens e mulheres. E o filho da puta ainda era estiloso. Eu andava tanto com ele que minha mãe ficava brava.

Meu pai se casou com minha mãe depois de se formar na Northwestern. Ela tocava violino e piano. A mãe dela havia sido professora de órgão no Arkansas. Ela nunca falou muito do pai, então não sei muita coisa sobre o lado dela da família, nunca soube e nunca perguntei. Não sei o porquê disso. No entanto, o que ouvi a respeito deles, e a julgar por aqueles que de fato conheci, pareciam ser de classe média e um pouco arrogantes nas atitudes.

Minha mãe era uma mulher linda. Tinha muito estilo, um visual meio indiano, à la Carmen McRae, e uma pele macia de tom escuro, acastanhado. Maçãs do rosto acentuadas e um cabelo de indiana. Olhos grandes e belos. Eu e meu irmão Vernon nos parecíamos com ela. Ela tinha casacos de pele, diamantes; era uma mulher muito glamourosa que gostava de vários tipos de chapéus e acessórios, e todas as suas amigas pareciam, para mim, tão glamourosas quanto ela. Estava sempre vestida para matar. Da minha mãe, herdei a aparência e também o amor por roupas e o senso de estilo. Acho que se pode dizer que qualquer talento artístico que eu tenha, herdei dela também.

Porém, não me dava muito bem com ela. Talvez fosse porque ambos tínhamos personalidades fortes e independentes. Parecíamos bater boca o tempo inteiro. Eu amava minha mãe; ela era uma peça. Nem sabia cozinhar. Mas, como eu já disse, a amava mesmo que não fôssemos próximos. Ela tinha uma opinião de como eu deveria fazer as coisas, e eu tinha outra. Eu já era deste jeito mesmo quando jovem. Acho que se pode dizer que eu me parecia mais com a minha mãe do que com meu pai, embora tenha algo dele em mim também.

Meu pai se estabeleceu primeiro em Alton, Illinois, onde eu e minha irmã Dorothy nascemos. Depois se mudou com a família para East St. Louis, na 14th Street com a Broadway, onde ele abriu seu consultório odontológico no andar de cima da drogaria Daut's. Num primeiro momento, morávamos nesse mesmo andar, nos fundos do consultório.

Outra coisa de que me lembro de East St. Louis é que lá, em 1917, uns brancos loucos e doentes mataram um monte de pretos num conflito racial. Veja bem, St. Louis e East St. Louis eram – e ainda são – cidades com grande presença da indústria alimentícia, cidades onde vacas e porcos são abatidos para armazéns e supermercados, restaurantes e tudo mais. Os animais são enviados do Texas, ou sei lá de onde, e então são mortos e embalados em St. Louis e East St. Louis. Supostamente, esse teria sido o motivo do conflito racial de

1917 em East St. Louis: trabalhadores pretos estavam substituindo trabalhadores brancos nas instalações de processamento. Então os trabalhadores brancos ficaram com raiva e saíram massacrando os pretos. Naquele mesmo ano, homens pretos lutavam na Primeira Guerra Mundial para ajudar os Estados Unidos a salvar o mundo em nome da democracia. Eles nos mandavam para a guerra para lutar e morrer por eles no exterior; em casa, nos matavam como se fôssemos nada. E ainda é assim até hoje. Que coisa, não? Enfim, talvez um pouco da lembrança disso esteja na minha personalidade e transpareça na forma como vejo a maioria dos brancos. Não todos, porque há algumas pessoas brancas ótimas. Mas o jeito como eles mataram a gente preta naquela época – atirando neles como se estivessem abatendo porcos ou cachorros de rua. Atiraram em seus lares, atiraram em bebês e mulheres. Queimaram casas com gente dentro e enforcaram alguns pretos em postes. Enfim, os pretos sobreviventes falavam sobre isso. Ao crescer em East St. Louis, os pretos que eu conhecia nunca se esqueciam do que os brancos doentios haviam feito a eles em 1917.

Meu irmão Vernon nasceu no ano em que a bolsa quebrou e todos os homens brancos ricos começaram a pular das janelas em Wall Street. Era 1929. Estávamos morando em East St. Louis havia cerca de dois anos. Minha irmã mais velha, Dorothy, tinha cinco anos. Éramos só nós três, Dorothy, Vernon e eu, no meio. Eu, minha irmã e meu irmão sempre fomos muito próximos, a vida inteira, até quando discutimos.

A vizinhança era muito simpática, com casas conjugadas, parecidas com as construções na Filadélfia ou em Baltimore. Era uma cidadezinha bonita. Não é mais assim. Mas me lembro de que era desse jeito naquela época. Era também uma vizinhança integrada, com judeus, alemães, armênios e gregos à nossa volta. Atravessando a rua, na diagonal da nossa casa, havia a mercearia Golden Rule's, cujos donos eram judeus. Do lado, tinha um posto de gasolina, onde ambulâncias paravam o tempo todo para abastecer, com as sirenes a todo volume. Nosso vizinho de porta era o melhor amigo do meu pai, o dr. John Eubanks, que era médico e tão claro que parecia quase branco. A esposa dele, Alma, ou Josephine, não me lembro do nome dela, também era quase branca. Era uma bela mulher, amarela, como Lena Horne, com cabelos encaracolados e brilhantes. Minha mãe me mandava até a casa deles para pegar alguma coisa e lá estava ela, de pernas cruzadas, desgraçada de bonita. Tinha umas pernas ótimas e não se importava em exibi-las. Na verdade, ela era bonita em todo lugar! Enfim, o tio Johnny – era como chamávamos o marido dela, o dr. Eubanks – me deu meu primeiro trompete.

Ao lado da farmácia abaixo da nossa casa, e antes de chegar à casa do tio Johnny, havia a taverna de John Hoskins. Ele era um preto que todo mundo chamava de tio Johnny Hoskins e tocava saxofone nos fundos do bar. O pessoal da velha guarda da vizinhança ia até lá para beber, conversar e ouvir música. Quando fiquei mais velho, toquei uma ou duas vezes lá. Logo adiante na rua, havia um restaurante de propriedade de um preto chamado Thigpen, que servia uma *soul food* muito boa; o lugar era muito legal. A filha dele, Leticia, e minha irmã Dorothy eram bem amigas. Ao lado do restaurante vivia uma senhora alemã que tinha um armazém. Isso tudo ficava na Broadway, sentido rio Mississippi. E havia ainda o Deluxe Theatre, um cinema de bairro que ficava na 15th Street sentido Bond Street, na direção oposta ao rio. Ao longo da 15th, paralelo ao rio em direção à Bond, encontrava-se todo tipo de lojas e lugares como esses, cujos donos eram pretos ou judeus ou alemães ou gregos ou armênios, que tinham a maioria das lavanderias.

Na 16th Street com a Broadway, uma família grega tinha um mercado de peixe e fazia os melhores sanduíches de salmão em East St. Louis. Eu era amigo do filho do dono, seu nome era Leo. Sempre que eu me encontrava com ele, à medida que íamos crescendo, brincávamos de luta. Tínhamos uns seis anos. Porém, ele morreu quando a casa da família pegou fogo. Lembro-me de vê-lo carregado numa maca com a pele toda descamada. Estava queimado como um cachorro-quente numa grelha. Foi uma merda grotesca, horrível, cara. Mais tarde, quando alguém me perguntava sobre esse dia e se Leo tinha me dito alguma coisa quando foi retirado da casa, eu lembro que respondia: "Ele não falou 'Oi, Miles, como vai, vamos brincar de luta?' nem nada assim". Enfim, foi chocante para mim porque tínhamos mais ou menos a mesma idade, embora ele fosse um pouco mais velho, acho. Era um carinha legal. Eu me divertia muito com ele.

A primeira escola que frequentei foi a John Robinson, que ficava na 15th com a Bond. Dorothy, minha irmã, chegou a ir para uma escola católica por um ano e depois foi transferida para a John Robinson também. Conheci meu primeiro melhor amigo na primeira série lá. Seu nome era Millard Curtis, e íamos para quase todo lugar juntos por muitos anos depois de nos conhecermos. Tínhamos a mesma idade. Mais tarde, fiz outros bons amigos em East St. Louis à medida que me interessava mais por música – amigos músicos –, porque Millard não tocava. Mas eu o conhecia havia mais tempo e fazíamos tanta coisa juntos que éramos quase como irmãos.

Tenho bastante certeza de que Millard foi ao meu aniversário de seis anos. Lembro-me dessa festa porque meus amigos, os caras com quem eu andava na época, me chamaram para subir numa plataforma de madeira de um *outdoor*. A ideia era escalar a estrutura, nos sentar no andaime com os pés balançando no ar e comer biscoitos e fiambre. Enfim, meus amigos me chamaram para fazer isso porque mais tarde haveria a minha festa e ninguém iria à escola naquele dia. Veja bem, era para ser uma surpresa, mas eles descobriram e me contaram. Enfim, acho que eu tinha seis anos; talvez sete. Lembro que uma garota bonitinha chamada Velma Brooks estava na festa. Ela e mais um monte de garotinhas lindas de vestidos curtos, tipo minissaias. Não me recordo de nenhuma menina ou menino branco na festa; talvez houvesse alguns – talvez Leo, antes de morrer, e a irmã dele, sei lá –, mas não tenho lembrança de nenhum.

O motivo *real* de eu me lembrar dessa festa é porque foi lá que beijei uma menina pela primeira vez. Beijei todas elas, mas lembro que beijei Velma Brooks por mais tempo. Cara, ela era gatinha. Mas aí minha irmã Dorothy tentou estragar tudo ao correr para contar para a minha mãe que eu estava trocando beijos com Velma Brooks. Minha irmã fez isso comigo a vida inteira; sempre dedurava a mim ou ao meu irmão Vernon por alguma coisa. Depois que minha mãe disse a meu pai para me impedir de beijar Velma, ele respondeu: "Se ele estivesse beijando um garoto, tipo o Junior Quinn, isso sim seria motivo para nos contar. Mas beijar Velma Brooks não é nada; é o que o garoto deveria estar fazendo. Então, contanto que não seja Junior Quinn quem ele está beijando, tudo bem".

Minha irmã saiu bufando, fazendo bico e dizendo: "Bom, ele está lá beijando a menina e é melhor alguém impedi-lo antes que ele a engravide". Mais tarde, minha mãe me disse que fui um menino mau por beijar Velma, que eu não deveria ter feito aquilo e que, se ela pudesse refazer o passado, não teria um filho como eu, que foi tão mau. E então me deu uns bons tapas.

Nunca me esqueço daquele dia. Naquela idade, lembro que me sentia como se ninguém gostasse de mim, porque todo mundo parecia me estapear por algum motivo, mas isso nunca acontecia com meu irmão Vernon. Bom, também os pés dele mal tocavam no chão. Era como um bonequinho preto para a minha irmã, minha mãe e todo mundo. Era mimado demais da conta. Sempre que Dorothy recebia as amigas, elas davam banho nele, penteavam seu cabelo e o vestiam como se ele fosse aquelas bonecas bebês.

Antes de me interessar por música, eu gostava muito de esportes – beisebol, futebol americano, basquete, natação e boxe. Eu era uma criança pequena e franzina, com as pernas mais magrelas do mundo – minhas pernas são magrelas até hoje. Mas eu amava tanto os esportes que não me intimidava nem tinha medo de gente maior do que eu. Nunca fui do tipo medroso. E se eu gostasse de alguém, gostava de qualquer jeito. Mas, se não gostasse, não gostava nem um pouco. Não sei o porquê disso, mas é como sou. É como sempre fui. Para mim, gostar de alguém sempre foi uma coisa de energia, uma coisa espiritual. Há quem diga que sou arrogante, mas sempre fui como sou; não mudei tanto assim.

Enfim, Millard e eu sempre estávamos à procura de uma partida de futebol americano ou beisebol para jogar. Também jogávamos *Indian ball*[1], que é um tipo de beisebol com três ou quatro caras por time. Quando não era isso, jogávamos beisebol convencional em algum terreno baldio ou num campo apropriado. Eu jogava de interbases, e bem pra burro. Pegava a bola muito bem e era um bom rebatedor, embora não tenha feito muitos *home runs* devido à minha baixa estatura. Mas, cara, eu amava beisebol, natação, futebol americano e boxe.

Lembro que brincávamos de futebol americano nos trechos de gramado entre a calçada e o meio-fio. Isso era na 14th Street, na frente da casa de Tilford Brooks, que mais tarde se tornaria Ph.D. em música e hoje vive em St. Louis. Depois íamos brincar diante da casa de Millard. Cara, éramos derrubados, caíamos de cabeça, levávamos uns cortes feios e sangrávamos feito uns porcos no abate. As cicatrizes nas pernas faziam nossas mães surtarem. Mas era divertido, cara, era divertido demais.

Eu gostava de nadar, adorava lutar boxe. Até hoje esses são meus esportes favoritos para praticar. Nadava sempre que podia e nado sempre que posso. Mas o boxe estava e está no meu coração. Simplesmente amo. Não sei explicar o motivo. Cara, eu ouvia todas as lutas de Joe Louis, assim como todo mundo. Nós nos juntávamos ao redor do rádio à espera do locutor descrever como Joe nocauteou algum

---

1 Esporte originado justamente na vizinha St. Louis, Missouri, na década de 1940, para ser praticado caso não houvesse 18 jogadores disponíveis ou um campo grande o suficiente para um jogo de beisebol propriamente dito. (N. do T.)

desgraçado. E quando ele nocauteava, toda a comunidade preta de East St. Louis ia à loucura, comemorava na rua, bebendo, dançando e fazendo muito barulho. Mas era um barulho jubiloso. A mesma coisa acontecia – embora não tão barulhenta – quando Henry Armstrong vencia, porque ele era do outro lado do rio, de St. Louis, então isso o tornava um preto da região, um herói local. Mas Joe Louis era o cara.

Embora eu adorasse boxe, não arrumava briga quando era pequeno. Brincávamos de soco, sabe, batíamos um no peito do outro, mas nada além disso. Éramos como qualquer outra turma normal de crianças, crescendo e se divertindo.

Porém, havia gangues por toda East St. Louis, gangues violentas, como os Termites. E também algumas bem perigosas em St. Louis. East St. Louis era um lugar muito barra pesada para se crescer, porque havia muitos cabras, pretos e brancos, que não engoliam sapo de ninguém. Eu só fui me meter em brigas quando cheguei à adolescência. Não queria saber de gangues quando era mais novo porque estava muito envolvido na música. Até parei de praticar esportes por causa da música. Ora, não me entenda mal, eu brigava com uns desgraçados e tal, especialmente quando me chamavam de Buckwheat[2] porque eu era baixinho, magrelo e escuro. Eu não gostava desse nome, então se alguém me chamasse assim, ia ter de brigar. Não gostava do que o nome Buckwheat significava, o que ele representava, aquela baboseira de *Os Batutinhas*, aquela imagem estúpida que os brancos tinham dos pretos. Eu sabia que *eu* não era daquele jeito, que meus familiares eram alguém e que toda vez que uma pessoa me chamava daquele nome era para tentar fazer chacota comigo. Já naquela época eu sabia que é

---

2 Personagem da série de curtas-metragens *Our Gang*, também conhecida como *Little Rascals*, criada na década de 1920 (em 1994, foi produzido um longa-metragem que, no Brasil, recebeu o título de *Os Batutinhas*). Trata-se de um estereótipo racial e o termo Buckwheat é considerado uma ofensa racista nos EUA. Além disso, *buckwheat coal* é o termo em inglês que designa o antracito, variedade de carvão, e, em tradução literal, *buckwheat* é trigo-sarraceno, cuja colheita remonta à escravidão naquele país. (N. do T.)

preciso brigar para proteger quem você é. Assim, eu brigava muito. Mas nunca entrei em gangues. E não acho que eu seja arrogante, acho que confio em mim mesmo. Sei o que *eu* quero, sempre soube o que quis desde que me entendo por gente. Não me intimido. Mas, na época, quando eu era pequeno, todo mundo parecia gostar de mim, embora eu não falasse muito; até hoje não gosto de falar muito.

As coisas eram barra pesada tanto nas escolas quanto nas ruas. Havia uma escola só de brancos na rua onde eu morava, a Irving School, acho que era esse o nome, que era uma tranquilidade só. Mas as crianças pretas não podiam frequentá-la; apenas passávamos por ela a caminho da nossa escola. Tínhamos bons professores, como as irmãs Turner na John Robinson. Eram bisnetas de Nat Turner[3] e tinham tanta consciência racial quanto ele. Elas nos ensinaram a ter orgulho de quem somos. Os professores eram bons, mas as escolas para negros eram todas fodidas, com vazamentos nos banheiros e coisas do tipo. Fediam que era uma desgraça, cara, como as fossas abertas de onde vivem os pobres na África. De fato, aquela merda me fazia perder a fome no ensino fundamental, me deixava enjoado – e ainda me deixa sempre que lembro. Tratavam as crianças pretas como se fôssemos um bando de gado. Alguns dos meus colegas de escola dizem que não era tão ruim assim, mas é como eu me lembro.

É por isso que eu adorava ir para a casa do meu avô no Arkansas. Lá no campo, cara, dava para andar descalço sem pisar num monte de merda que grudava e se espalhava no seu pé, fedendo, como na escola.

Minha mãe sempre – é o que parece agora – nos colocava no trem, eu, meu irmão e minha irmã, quando éramos bem pequenos, para irmos visitar meu avô. Pregava nossos nomes nas roupas com um alfinete, nos dava caixas com pedaços de frango e nos colocava no trem. E, cara, o frango acabava assim que o trem saía da estação.

---

3 Pregador afro-americano escravizado que liderou uma rebelião no condado de Southampton, na Virgínia, em agosto de 1831. (N. do T.)

Aí passávamos a viagem inteira morrendo de fome até o destino. Sempre comíamos o frango rápido demais. Nunca deixamos de fazer isso, nunca aprendemos a comer o frango devagar. Era tão bom que não conseguíamos esperar. Íamos chorando até a casa do meu avô, esfomeados e bravos. Assim que chegávamos, eu sempre queria ficar. Meu avô me deu meu primeiro cavalo.

Ele tinha uma fazenda de peixes no Arkansas. Pescávamos o dia todo, baldes, baciadas. Cara, comíamos peixe frito o dia inteiro, imagina se era bom? Aqueles peixes eram desgraçados de bons. Enfim, corríamos para todo lado o dia todo. Andávamos a cavalo. Íamos dormir cedo. Acordávamos cedo. E repetíamos tudo de novo. Cara, era divertido ir à fazenda do meu avô. Ele tinha mais de 1,80 m, pele marrom e olhos grandes; parecia um pouco meu pai, só que mais alto. O nome da minha avó era Ivy, e nós a chamávamos de Dona Ivy.

Lembro-me de me meter em todo tipo de coisa em que você não podia se meter numa cidade como East St. Louis. Certa vez, eu e meu tio Ed, o irmão mais novo do meu pai, um ano a menos do que eu, saímos de manhã e arrebentamos quase todas as melancias do vovô. Fomos de um pé de melancia a outro, arrebentando todas que encontrávamos. Tiramos a polpa, comemos algumas, mas largamos a maior parte. Acho que eu tinha dez anos, e ele, nove. Mais tarde, já na casa, rolamos de rir feito dois fodidos. Quando o vovô descobriu, me proibiu de andar a cavalo por uma semana. *Isso* curou para sempre a minha vontade de arrebentar melancias. Assim como meu pai, meu avô era único, não engolia sapo de ninguém.

Quando eu tinha uns nove ou dez anos, comecei a trabalhar como entregador de jornais aos finais de semana para ganhar um dinheirinho. Não que eu precisasse, porque, a essa altura, meu pai já ganhava um bom dinheiro. Eu só queria ganhar o meu próprio e não precisar pedir nada para os meus pais. Sempre fui assim, sempre fui independente, sempre quis fazer as coisas sozinho. Não ganhava muito, talvez uns 65 centavos por semana, mas era o meu dinheiro.

Podia comprar doces. Andava com um bolso cheio de doces e outro cheio de bolinhas de gude. Trocava doces por bolinhas e bolinhas por doces, refrigerantes e chicletes. De algum modo, aprendi naquela época que você precisa fazer negócios – e não me lembro com quem aprendi isso, mas provavelmente foi com meu pai. No meio da Grande Depressão, lembro que muita gente era pobre e faminta. Mas não a minha família, porque o meu pai cuidava do dinheiro.

Eu entregava jornais ao melhor churrasqueiro de East St. Louis, o velho Piggease. O negócio dele ficava perto da esquina da 15th com a Broadway, onde se localizavam vários outros estabelecimentos. O sr. Piggease fazia o melhor churrasco da cidade porque comprava carne fresca direto dos abatedouros em St. Louis e East St. Louis. O molho barbecue dele era de outro mundo. Cara, era tão bom que consigo sentir o sabor neste exato momento. Ninguém fazia molho barbecue como o sr. Piggease, ninguém, nem naquela época nem hoje. Ninguém sabia como ele fazia o molho, quais os ingredientes. Ele nunca revelou a ninguém. Depois ele começou a fazer um molho para comer com pão que era desgraçado de bom também! E sanduíches de peixe sensacionais. Os sanduíches de salmão dele acabaram ficando tão bons quanto os do pai do meu amigo Leo.

O sr. Piggease não tinha nada além de uma espelunca onde ele vendia o churrasco. Só cabiam umas dez pessoas por vez lá dentro. Foi ele mesmo quem construiu a churrasqueira de tijolos. Fez também a chaminé, e era possível sentir o cheiro da fumaça de carvão por toda a 15th Street. Então todo mundo comprava um sanduíche ou uns pedacinhos de churrasco antes do fim do dia. O rango ficava pronto por volta das 6h; ele já deixava tudo assado e pronto. Eu chegava às 6h em ponto para lhe entregar os jornais, o *Defender*, de Chicago, ou o *Courier*, de Pittsburgh, ambos jornais negros. Eu entregava os dois jornais e ele me dava dois focinhos de porco, que custavam 15 centavos a unidade. Porém, como o sr. Piggease gostava de mim, me achava inteligente, quebrava meu galho e escorregava um focinho de porco a mais, ou um sanduíche de orelha de porco – foi de onde ele ganhou o apelido, "sr. Pig Ears" – ou uma ponta de costela, o que ele sentisse vontade de me dar no dia. Às vezes, ele incluía um pedaço de torta de batata doce ou inhame caramelado e um copo de leite. Enfim, ele colocava a comida em pratos de papel, que absorviam todo aquele sabor do caralho, entre fatias daquele pão cheiroso e saboroso que ele pegava na padaria. Depois embrulhava tudo em jornais do dia anterior. Cara, aquilo era bom. Dez centavos por um sanduíche de salmão, 15 centavos por um focinho. Então eu pegava minha comida, me sentava e conversava um tempo com ele, do outro lado do balcão, enquanto ele atendia os clientes. Aprendi muito com o sr. Piggease, mas a principal lição que ele me ensinou – assim como meu pai – foi evitar baboseiras desnecessárias.

Porém, a maioria das coisas que aprendi foi com meu pai. Ele era uma peça. Um cara bonito, mais ou menos da minha altura, mas mais gordinho. À medida que envelheceu, começou a perder o cabelo – o que ferrou um pouquinho com a cabeça dele, na minha opinião. Era um homem refinado, gostava de coisas boas, roupas e carros, assim como minha mãe.

Meu pai era pró-pretos, muito pró-pretos. Naquela época, alguém como ele era chamado de "homem de raça". Definitivamente não se tratava de um "Pai Tomás". Alguns de seus colegas africanos na Lincoln University, como Nkrumah, de Gana, se tornaram presidentes de seus países ou chegaram a cargos de alto escalão em seus respectivos governos. Então meu pai tinha esses contatos na África. Ele gostava mais de Marcus Garvey do que das políticas da NAACP[4]. Achava que Garvey era bom para a raça negra, pois

4 National Association for the Advancement of Colored People, em tradução literal, "Associação Nacional para o Progresso de Pessoas de Cor". Marcus Garvey (1887-1940) foi um ativista e comunicador jamaicano, considerado um dos maiores nomes do movimento nacionalista negro. (N. do T.)

juntou todos aqueles pretos nos anos 1920. Meu pai considerava isso importante e detestava o jeito como algumas pessoas, tipo William Pickens, da NAACP, pensavam e falavam sobre Garvey. Pickens era parente, acho que tio, da minha mãe e, às vezes, quando ele passava por St. Louis, ligava para ela e nos visitava. Na época, acho que ele tinha um cargo importante na NAACP, secretário ou algo do tipo. Enfim, me lembro de que um dia ele ligou para nos visitar, e, quando minha mãe contou ao meu pai, ele disse: "Foda-se o William Pickens, porque o filho da puta nunca gostou do Marcus Garvey, e a única coisa que o Marcus Garvey fez foi juntar todos aqueles pretos para fazer algo por eles, e esse foi o máximo de pretos juntos neste país. E esse babaca se opõe a ele. Então, foda-se esse filho da puta, foda-se ele e suas ideias estúpidas".

Minha mãe era diferente; era totalmente a favor do triunfo da raça negra, mas tinha o mesmo ponto de vista de alguém da NAACP. Achava meu pai radical demais, sobretudo mais tarde, quando ele começou a se envolver com política. Se herdei meu senso de estilo e moda da minha mãe, acho que herdei a maior parte da minha atitude, meu senso de quem eu sou, minha autoconfiança e meu orgulho racial do meu pai. Não que minha mãe não fosse uma pessoa orgulhosa, era sim. Mas a maior parte disso peguei do meu pai, a forma como eu via certas coisas.

Meu pai não engolia sapo de ninguém. Lembro-me de uma vez que um cara branco foi até o consultório por algum motivo. Era quem vendia ouro e coisas assim para o meu pai. Enfim, o consultório estava cheio quando ele entrou. Ora, meu pai tinha uma placa que dizia "Não Perturbe", que pendurava atrás da mesa da recepção quando estava atendendo algum paciente. Lá estava a placa, mas o cara branco, depois de esperar por cerca de meia hora, disse a mim, que tinha uns 14 ou 15 anos e estava de recepcionista naquele dia: "Não posso mais esperar, vou entrar". "A placa diz 'Não Perturbe', você não está vendo o que está escrito?", perguntei a ele. O homem me ignorou e entrou na sala onde meu pai mexia nos dentes. Ora, o consultório estava cheio de pretos que *sabiam* que meu pai não tolerava esse tipo de merda. Então eles só sorriram e se acomodaram para ver o que iria acontecer. O cara do ouro mal entrou na sala quando escutei meu pai dizer a ele: "Que porra você está fazendo aqui? Você não sabe ler, seu desgraçado? Seu branco burro desgraçado! Dá o fora daqui, porra!". O branco saiu rapidinho, olhando para mim como se eu fosse maluco. Então, enquanto ele passava pela porta, eu disse ao desgraçado: "Eu falei para você não entrar lá, seu burro". Foi a primeira vez que xinguei um homem branco mais velho do que eu.

Em outra ocasião, meu pai saiu à procura de um branco que tinha me perseguido e me chamado de "neguinho". Foi atrás do cara com uma espingarda carregada. Não o encontrou, mas detesto pensar no que teria acontecido se o tivesse encontrado. Meu pai era um caso à parte. Era um filho da mãe forte, mas também esquisito na maneira como via as coisas. Por exemplo, ele não atravessava certas pontes de East St. Louis até St. Louis, pois dizia saber quem as havia construído, uns ladrões que provavelmente não tinham feito as pontes de forma muito resistente porque decerto desviaram o dinheiro dos materiais de construção. Acreditava de verdade que essas pontes um dia desabariam sobre o rio Mississippi. E acreditou nisso até o dia em que morreu, sempre intrigado pelo fato de elas nunca terem caído. Ele não era perfeito, mas era um homem orgulhoso e possivelmente à frente de seu tempo para um preto. Caramba, ele gostava até de jogar golfe naquela época. Eu carregava os tacos para ele no campo de golfe do Forest Park, em St. Louis.

Ele era um dos pilares da comunidade negra de East St. Louis por ser dentista e se envolver na política. Ele e o dr. Eubanks, seu melhor amigo, além de alguns outros pretos proeminentes. Meu pai tinha uma influência tremenda em East St. Louis quando eu era mais novo. Então, parte dessa importância se estendeu a seus filhos, e é provavelmente por isso que muita gente – gente preta – de East St.

Louis tratava meu irmão, minha irmã e eu como se fôssemos meio que especiais. Ora, eles não puxavam nosso saco nem nada assim. Mas, na maior parte do tempo, nos tratavam como se fôssemos diferentes. Eles tinham expectativas de que fizéssemos algo importante no nosso próprio caminho. Acho que esse tipo de tratamento especial nos ajudou a ter uma atitude positiva em relação a nós mesmos. Esse tipo de coisa é importante para os pretos, em especial para os jovens – que são aqueles que mais ouvem todo tipo de coisa negativa sobre si mesmos.

Meu pai era um cara rígido no que dizia respeito à disciplina. Deixava bem claro para nós que tínhamos de nos manter na linha. Acho que herdei meu mau humor dele. Mas ele nunca me bateu, jamais. O mais bravo que ele ficou comigo foi quando eu tinha uns nove ou dez anos. Na época, ele havia me dado uma bicicleta, acho que minha primeira bicicleta. Eu então, arteiro, descia a escada com ela. Ainda morávamos na 15th com a Broadway, não tínhamos nos mudado para a casa da 17th com a Kansas Avenue. Enfim, desci da escada, que era muito alta, de bicicleta e dei com a boca na haste da cortina. Desci tão rápido que não consegui parar e bati na porta da garagem nos fundos de casa. A haste da cortina ricocheteou na minha boca e abriu um corte. Bem, quando ele descobriu o que aconteceu, ficou tão bravo que eu achei que ele fosse me matar.

Outra ocasião em que ele ficou muito bravo comigo foi quando ateei fogo na garagem e quase incendiei a casa. Ele não falou nada, mas se olhar matasse, eu estaria morto. Depois, mais velho, achando que já sabia dirigir, saí com o carro de ré até o outro lado da rua e bati num poste. Alguns amigos meus vinham me ensinando, mas meu pai não me deixava praticar, porque eu não tinha carteira de motorista. Sendo como eu era – cabeça dura –, quis ver se conseguiria dirigir. Quando descobriu que bati o carro, só meneou a cabeça.

A coisa mais engraçada que eu me lembro de ter acontecido depois de eu ter feito algo errado foi quando ele me levou para St.

Louis para comprar roupas. Acho que eu tinha uns 11 ou 12 anos e estava começando a me interessar por moda. Enfim, era época de Páscoa, e meu pai queria que eu, minha irmã e meu irmão estivéssemos arrumados para ir à igreja. Então ele me levou até St. Louis e comprou um terno de quatro botões; um par de botas Thom McAn; uma camisa amarela listrada; um gorro descolado; e um porta-moedas de couro, onde colocou 30 centavos. Agora sabia que estava na estica, certo?

Quando chegamos em casa, meu pai subiu até o segundo andar para pegar alguma coisa no consultório. Os 30 centavos estavam fervendo a ponto de quase abrir um buraco no porta-moedas novo que ele havia acabado de me dar. Ora, você sabe que eu precisava gastar esse dinheiro – descolado e na estica como estava, certo? Então entrei na drogaria Daut's e disse ao sr. Dominic, o dono, que me desse 25 centavos em saborosos soldadinhos de chocolate – meu doce predileto na época. Com um centavo, você comprava três soldadinhos de chocolate, então ele me deu 75. Agora tinha um grande saco de doces, estava na frente do consultório do meu pai, bem apessoado, comendo os soldadinhos de chocolate como se não houvesse amanhã. Comi tantos que fiquei enjoado e comecei a cuspi-los. Minha irmã, Dorothy, me viu e achou que eu estava cuspindo sangue, então correu para contar para o meu pai. Ele desceu e disse: "Dewey, o que você está fazendo? Aqui é meu local de trabalho. Os pacientes vão pensar que matei alguém, vão pensar que todo esse chocolate é sangue seco, então vá lá pra cima".

Em outra ocasião perto da Páscoa, acho que no ano seguinte, meu pai me deu um traje para ir à igreja, um terno azul com calças curtas e meias. No caminho até lá com minha irmã, vi alguns dos meus amigos brincando na velha fábrica. Eles me chamaram para brincar também, e eu disse à minha irmã que a alcançaria. Entrei na fábrica e, de repente, ficou tão escuro que não conseguia enxergar. Tropecei, caí e comecei a rastejar. Caí numa poça de água suja com as minhas roupas novas e boas. E era Páscoa. Você sabe como me senti. Enfim, não fui à igreja. Só voltei para casa, e meu pai não fez nada. Mas me disse que se eu sequer "tropeçasse desse jeito de novo, e você não pode tropeçar, vou te dar uma surra desgraçada". Isso então me impediu de voltar a fazer alguma merda boba como aquela. "Você poderia ter caído em um ácido ou alguma coisa assim. Poderia estar morto por entrar num lugar estranho e escuro como aquele. Então nunca mais faça isso", disse ele. E eu nunca mais o fiz.

Porque a preocupação dele não era tanto com as roupas. Não se importava por eu tê-las arruinado. Era *comigo* que ele se preocupara. Eu nunca me esqueci disso, de que ele só estava preocupado comigo. Então sempre nos demos bem. Ele sempre me apoiava 100% em qualquer coisa que eu quisesse fazer, e acredito que a confiança dele em mim me fez ter confiança em mim mesmo.

Já minha mãe me dava umas boas surras sem pensar duas vezes. Ela me batia tanto que, certa vez, estava doente ou alguma coisa assim e não conseguiu, então pediu a meu pai que me batesse. Ele me levou até um quarto, fechou a porta e me disse para gritar como se estivesse apanhando. "Faça barulho como se estivesse tomando uma surra", me lembro de ele dizer. Então gritei a plenos pulmões, enquanto ele ficava lá sentado, me olhando com firmeza. Foi um negócio engraçado, cara. Mas pensando nisso agora, quase prefiro que ele tivesse me batido em vez de olhar através de mim como se eu fosse nada. Quando ele fazia isso, eu me *sentia* como um nada. Essa sensação era pior do que qualquer surra.

Minha mãe e meu pai nunca se deram bem. Eles tinham perspectivas diferentes sobre a maioria das coisas. Viviam um na jugular do outro desde que eu era criancinha. Só fui vê-los realmente unidos mais tarde, quando me viciei feio em heroína. Quando isso aconteceu, eles pareceram esquecer as diferenças e se juntaram para tentar me salvar. Com exceção dessa época, eles pareciam estar sempre brigando feito cães e gatos.

Lembro-me da minha mãe pegar objetos e arremessá-los contra o meu pai, dizendo todo tipo de coisa inesperada e desagradável. Às vezes, ele ficava tão bravo que também pegava objetos e os jogava contra ela, qualquer coisa em que pudesse pôr as mãos – um rádio, uma sineta, qualquer coisa. E ela gritava: "Você está tentando me matar, Dewey!". Lembro-me de uma vez que, depois de uma discussão, meu pai foi para a rua esfriar a cabeça. Quando voltou, minha mãe não abria a porta para ele entrar – e ele havia esquecido a chave. De fora, ele berrava para que ela abrisse a porta, e ela não abria. Era uma daquelas portas grandes de vidro transparente. Ele ficou tão furioso que quebrou o vidro e deu um soco na boca da minha mãe, que perdeu uns dois dentes. Era melhor que ficassem separados, mas deram trabalho um ao outro até se divorciarem.

Acho que parte do problema deles era os temperamentos diferentes. Porém, não era só isso. Desenvolveram uma relação típica de médico e esposa, no sentido de que ele raramente estava em casa. Isso não incomodava muito a nós, crianças, porque estávamos sempre fazendo alguma coisa. Mas acho que incomodava muito a ela. E depois, quando ele se envolveu na política, ficava em casa menos ainda. Além disso, os dois pareciam estar sempre discutindo a respeito de dinheiro, embora meu pai fosse considerado rico. Pelo menos para um preto ele era.

Lembro-me de quando ele se candidatou a representante do estado de Illinois no Congresso. Candidatou-se porque queria instalar uma estação do Corpo de Bombeiros na fazenda que tinha em Millstadt. Alguns brancos quiseram lhe dar dinheiro para não se candidatar, mas ele o fez mesmo assim e perdeu. Minha mãe implicou com ele por não ter aceitado o dinheiro. Disse que poderíamos tê-lo usado para viajar de férias ou algo assim. Além disso, ela estava com raiva por ele ter perdido a maior parte da fortuna em jogo: meu pai perdeu mais de US$ 1 milhão em jogo. E ela nunca gostou de todo aquele negócio de política radical pela qual meu pai se interessava.

Depois que eles se separaram, ela me disse, mais adiante, que se pudesse fazer tudo de novo, o teria tratado de maneira diferente. Porém, já era tarde demais.

Nenhum dos problemas dos nossos pais parecia afetar como eu, minha irmã e meu irmão nos divertíamos, embora, em retrospecto, acho que afetava, sim. Tinha de nos afetar de algum modo, ainda que eu não saiba como exatamente. Só achava um saco vê-los brigar o tempo todo. Como eu já disse, minha mãe e eu não nos dávamos muito bem, então acho que eu a culpava por todos os problemas. Sei que a irmã do meu pai, Corrine, a culpava; ela nunca gostou da minha mãe.

Minha tia Corrine tinha muito dinheiro e tal, mas todo mundo achava que ela era esquisita pra diabo. Eu achava também. Mas os dois eram próximos, meu pai e a irmã dele. E embora ela fosse contra meu pai se casar com minha mãe, contavam que, depois do casamento, ela teria dito: "Deus ajude essa pobre mulher, porque ela não sabe a encrenca em que está se metendo".

Tia Corrine era médica metafísica ou alguma coisa do tipo. Tinha um consultório vizinho ao do meu pai. Na porta, uma placa dizia "Dra. Corrine, Leitura & Cura", com o desenho de uma palma de mão. Ela lia a sorte das pessoas. Ficava no consultório acendendo velas, umas merdas assim, e fumando cigarros. Cara, ela ficava atrás daquelas nuvens de fumaça no consultório, falando umas coisas esquisitas. As pessoas tinham medo dela; algumas achavam que ela era bruxa ou algum tipo de rainha do vodu. Ela gostava de mim, mas devia *me* achar esquisito, porque assim que eu entrava no consultório, ela começava a acender as velas e a fumar. Que coisa, não? Ela achava que *eu* era esquisito.

Todos nós – meu irmão, minha irmã e eu – gostávamos de coisas artísticas na infância. Vernon e eu em especial, mas Dorothy também. Quando eu era pequeno – antes de me interessar de verdade por música –, nós três fazíamos nosso próprio show de talentos. Ainda morávamos na 15th com a Broadway quando começamos. Acho que eu tinha nove ou dez anos. Enfim, eu estava começando a tocar trompete, bem iniciante mesmo. Como eu já disse, foi o tio Johnny quem me deu o instrumento. Então eu tocava trompete – o máximo que conseguia tocar na época –, e Dorothy tocava piano. Vernon dançava. A gente se divertia muito. Dorothy sabia tocar algumas músicas da igreja, mas, fora isso, não sabia mais nada. Na maior parte do tempo, fazíamos shows de talentos com esquetes – coisas engraçadinhas, saca? –, e eu era o jurado. Cara, eu pegava pesado com eles. Vernon sempre soube cantar, desenhar e dançar. Então ele cantava e Dorothy dançava. A essa altura, minha mãe a havia mandado para a escola de dança. Enfim, era o tipo de coisa que a gente fazia. Mas, à medida que cresci, fiquei mais sério, em especial em relação à música.

A primeira vez que prestei atenção de verdade na música foi quando passei a ouvir um programa de rádio chamado *Harlem Rhythms*. Eu tinha sete ou oito anos. Começava às 8h45min todos os dias, então eu sempre me atrasava para a escola porque ficava escutando o programa. Mas eu *tinha* de ouvir aquele programa, cara. Na maior parte do tempo, tocava conjuntos de pretos, mas às vezes tocava algum conjunto de brancos, e eu desligava, a menos que o músico fosse Harry James ou Bobby Hackett. Porém, o programa era ótimo. Apresentava todas as grandes bandas de pretos, e eu me lembro de ficar fascinado ao ouvir Louis Armstrong, Jimmie Lunceford, Lionel Hampton, Count Basie, Bessie Smith, Duke Ellington e outros filhos da puta da pesada naquele programa. Depois, já com nove ou dez anos, comecei a fazer aulas de música.

Antes disso, porém, também me lembro de como a música soava no Arkansas quando eu visitava meu avô, em particular nas noites de sábado na igreja. Cara, aquilo era bom pra caralho. Acho que eu tinha uns seis ou sete anos. Percorríamos aquelas estradinhas escuras à noite, e, de repente, aquela música parecia surgir do nada, do meio das árvores assustadoras onde todo mundo dizia que viviam fantasmas. Enfim, estávamos na beira da estrada – eu e mais quem estivesse comigo, um dos meus tios ou meu primo James –, e me recordo de alguém tocar guitarra do jeito que B. B. King toca. E me lembro de um homem e de uma mulher cantando e falando de *mandar ver!* Puta merda, aquela música era de outro mundo, especialmente aquela mulher cantando. Acho que fiquei com aquele negócio, entende? Aquele *tipo* de som na música, o blues, aquela coisa de igreja e de beira de estrada, aquele som e aquele ritmo sulista, do Meio-Oeste, rural. Acho que começou a entrar no meu sangue naquelas estradinhas assustadoras do Arkansas na calada da noite, quando as corujas começavam a piar. Então, quando passei a fazer aulas de música, talvez eu já tivesse alguma ideia de como queria que a minha música soasse.

A música é uma coisa curiosa quando você para pra pensar. Porque é difícil apontar com exatidão onde tudo começou para mim. Mas acho que parte disso veio daquela estradinha no Arkansas e outra parte do programa de rádio *Harlem Rhythms*. Quando me interessei por música, mergulhei fundo; depois disso, não queria saber de mais nada.

capítulo 2

Quando completei 12 anos, a música já havia se tornado a coisa mais importante na minha vida. Eu provavelmente não me dava conta do quão fundamental ela se tornaria, mas, em retrospecto, consigo ver a importância que tinha. Ainda jogava beisebol e futebol americano, ainda andava com amigos como Millard Curtis e Darnell Moore. Mas levava as aulas de trompete a sério e gostava muito do meu instrumento. Lembro-me de ir a um acampamento de escoteiros perto de Waterloo, Illinois, quando tinha 12 ou 13 anos. Era o Acampamento Vanderventer, e o sr. Mays, o mestre dos escoteiros, sabia que eu tocava trompete. Ele me deu a função de dar o toque de acordar e recolher. Lembro que fiquei muito orgulhoso por ele ter me designado, me escolhido dentre todo mundo. Então acho que, a essa altura, eu já estava tocando legal.

Porém, comecei a evoluir bastante como músico depois que deixei a Attucks Junior High e passei para a Lincoln High School. Meu primeiro grande professor, Elwood Buchanan, era de lá. A Lincoln compreendia tanto o ensino fundamental quanto o médio; entrei na sétima série e fiquei lá até me formar. Quando comecei a tocar na banda da escola, era mais novo do que todo mundo. Depois do meu pai, o sr. Buchanan foi a maior influência na minha vida até então. Com certeza foi quem me fez mergulhar fundo na música na época. Eu sabia que queria me tornar músico. Era a única coisa que eu queria ser.

O sr. Buchanan era paciente e parceiro de copo do meu pai, que contou a ele o quanto eu me interessava por música e, especificamente, por tocar trompete. Então ele disse que me daria aulas de trompete e foi isso. Eu ainda frequentava a Attucks quando comecei a ter aulas com o sr. Buchanan. Mais tarde, depois que fui para a Lincoln, ele ainda meio que tomava conta de mim para que eu permanecesse na linha.

No meu aniversário de 13 anos, meu pai me deu um trompete novo. Minha mãe queria que eu ganhasse um violino, mas meu pai prevaleceu. Isso causou uma grande discussão entre eles, mas ela logo superou a questão. Contudo, o sr. Buchanan foi o motivo para eu ganhar um trompete novo, porque ele sabia o quanto eu era louco por tocar.

Foi por volta dessa época que comecei a ter desentendimentos sérios com a minha mãe. Até então, eram coisas pequenas, mas meio que daí em diante foi ladeira abaixo. Não sei exatamente qual era o problema dela. Acho que tinha algo a ver com o fato de ela não falar de modo aberto comigo. Ainda tentava me tratar como se eu fosse uma criancinha, do mesmo jeito que meu irmão Vernon. Acho que isso teve alguma ligação com ele ter se tornado homossexual. As mulheres – minha mãe, minha irmã e minha avó – sempre trataram Vernon como uma garota. Enfim, eu não queria saber daquelas baboseiras delas. Era questão de falar sério comigo ou nem falar. Meu pai disse à minha mãe para me deixar em paz quando começamos a ter problemas. E, na maior parte do tempo, ela deixava, mas tínhamos uns bate-bocas bem feios. Apesar de tudo isso, minha mãe me deu dois discos de Duke Ellington e Art Tatum, que eu ouvia o tempo todo e me ajudaram a mais tarde compreender o jazz.

Como o sr. Buchanan já havia me dado aulas de trompete na Attucks antes de eu ir para a Lincoln, estava avançado no instrumento. Já tocava bastante bem. Então, no ensino médio, também comecei a estudar com um grande trompetista alemão chamando Gustav, que morava em St. Louis e era o primeiro trompetista da Orquestra Sinfônica de St. Louis. Ele era um filho da puta da pesada. Também fabricava ótimos bocais de trompete, e até hoje uso um feito por ele.

Na Lincoln High, a banda sob a batuta do sr. Buchanan era boa pra cacete. Tínhamos um naipe matador de cornetas e trompetes. Éramos eu, Ralaigh McDaniels, Red Bonner, Duck McWaters e Frank Gully – que era o primeiro trompetista e um filho da puta da pesada. Tinha uns três anos a mais do que eu. Como eu era o mais baixo e mais novo da banda, alguns dos garotos tiravam onda comigo. Mas eu também era arteiro e pregava peças nos outros e umas merdas assim – cuspia e acertava na cabeça das pessoas enquanto elas não estavam olhando. Sabe como é, merda de criança, adolescente, nada sério.

Todo mundo sempre pareceu gostar do meu timbre, que eu meio que peguei da forma como o sr. Buchanan tocava na época. Isso era na corneta. Na verdade, Red e Frank e todos os outros que tocavam corneta ou trompete na banda se revezavam com o instrumento do sr. Buchanan; acho que eu era o único do naipe que tinha instrumento próprio. Mas embora todos fossem mais velhos do que eu, e eu tivesse muito o que aprender, todos me incentivavam, gostavam do meu som e da minha abordagem ao tocar. Sempre me diziam que eu tinha muita criatividade no instrumento.

O sr. Buchanan nos colocava estritamente para tocar marchas e coisas do tipo. Aberturas, músicas de fundo muito boas, marchas de John Philip Sousa. Ele não nos deixava tocar nada de jazz enquanto estivesse por perto, mas, quando ele saía da sala da banda por um tempo, tentávamos mandar alguma coisa de jazz. Uma das lições mais modernas que o sr. Buchanan me ensinou foi não tocar com vibrato. A princípio, eu gostava de tocar com vibrato porque era como a maioria dos outros trompetistas usava o instrumento. Certo dia, enquanto eu tocava nesse estilo, o sr. Buchanan parou a banda e me disse: "Olha só, Miles. Não venha com esse negócio de Harry James, tocando com todo esse vibrato. Pare de tremer tantas notas, pois você vai tremer o bastante quando ficar mais velho. Toque seco, desenvolva *seu* estilo, porque você consegue. Você tem talento para ser um trompetista único".

Cara, eu nunca me esqueci disso. Mas, na época, ele me magoou e me envergonhou. Eu adorava o jeito que Harry James tocava. Porém, depois disso, comecei a esquecer James e descobri que o sr. Buchanan estava certo. Certo para mim, pelo menos.

No ensino médio, eu já levava bem a sério as minhas roupas. Comecei a me preocupar com a minha aparência, tentava parecer descolado e tal, porque, nesse período, as garotas começaram a prestar atenção em mim – embora, aos 14 anos, eu ainda não me interessasse tanto por elas. Então passei a me vestir de forma bem singular, tirando um bom tempo para escolher as roupas que comprava e com as quais ia à escola. Eu e mais uns dois amigos – que também curtiam moda – começamos a trocar impressões sobre o que era descolado e o que não era. Na época, eu gostava do estilo de se vestir de Fred Astaire e Cary Grant, então criei uma espécie de *look* inglês descolado, *quasi-black*: ternos Brooks Brothers, sapatos esportivos, calças de cintura alta, camisas com gola alta tão engomadas que eu mal conseguia mexer o pescoço.

Uma das coisas mais importantes que me aconteceram no ensino médio – além de estudar com o sr. Buchanan – foi quando, certa vez, a banda foi tocar em Carbondale, Illinois, e eu conheci Clark Terry, o trompetista. Ele se tornou meu ídolo no instrumento. Era mais velho do que eu e parceiro de copo do sr. Buchanan. Enfim, fomos até Carbondale para tocar, vi um sujeito, fui até ele e perguntei se ele era trompetista. Ele se virou e me perguntou como eu sabia que ele tocava trompete. Respondi que percebi por sua embocadura. Eu estava com o uniforme da banda da escola, e Clark vestia um casaco da moda e um belo cachecol. Usava sapatos esportivos descolados e um chapéu de mafioso de lado. Disse a ele que também percebi que ele era trompetista por causa das roupas maneiras que usava.

Ele meio que sorriu para mim e falou algo que esqueci. Então, quando lhe perguntei algumas coisas sobre tocar trompete, ele meio que me sacaneou, dizendo que não queria "falar de trompete com todas essas garotas bonitas circulando". Clark gostava muito de garotas naquela época, e eu não me interessava ainda. Então o que ele disse me magoou demais. A próxima vez que nos vimos foi totalmente diferente. Porém, nunca me esqueci de quando nos conhecemos, do quão descolado ele era. Decidi ali que eu iria ser como ele, até mais, quando me ajeitasse.

Comecei a andar com meu amigo Bobby Danzig. Ele tinha mais ou menos a minha idade e era um trompetista matador. Saíamos por aí ouvindo música e dando canjas onde quer que pudéssemos. Íamos para todo lugar juntos, ambos curtíamos moda e até pensávamos muito parecido. Mas ele era mais extrovertido do que eu. Para ele repreender alguém eram dois tempos. Cara, chegávamos num clube e ouvíamos a banda, se o trompetista estivesse numa posição errada ou se o baterista tivesse montado a bateria errado, Bobby dizia: "Vamos dar o fora aqui, cara, porque esses fodidos não sabem tocar. Olha como o baterista montou a bateria, cara; tudo errado. E olha a posição do trompetista. A postura está toda cagada. Ora, você *sabe* que o desgraçado não sabe tocar se está com essa postura no palco! Vamos dar o fora daqui!".

Cara, Bobby Danzig era uma peça. Era um ótimo trompetista e um trombadinha melhor ainda. Embarcava num dos bondes que percorria St. Louis e, quando chegava ao final da linha, tinha embolsado uns US$ 300 ou mais, num bom dia. Conheci Bobby quando eu tinha 16 anos e acho que ele tinha a mesma idade. Entramos para a Ordem dos Músicos juntos e íamos a todo lugar juntos. Bobby foi meu primeiro melhor amigo na música, meu parceiro nessa trajetória. Como já disse, era ele quem estava comigo no Riviera quando fui fazer o teste para a banda de Billy Eckstine, e ele tocava um trompete desgraçado. Mais tarde, fiquei bem amigo de Clark Terry, mas Clark era uns seis anos mais velho do que eu, então nossas cabeças eram diferentes. Já Bobby estava totalmente sintonizado com as coisas que gostávamos de fazer, com a exceção de que eu nunca me interessei por bater carteiras como ele. Era o melhor nisso.

Outro grande trompetista era Levi Maddison. Meu professor Gustav enchia a bola dele. Levi era seu aluno prodígio e, cara, era um filho da puta. Naquele período, por volta de 1940, St. Louis era uma ótima cidade para trompetistas, e Levi era um dos mais cascudos, se não *o* mais cascudo. Mas ele era um doido desgraçado que ria sozinho o tempo todo. E quando começava a rir de alguma coisa, não conseguia parar. Muita gente dizia que ele ria o tempo todo porque estava deprimido. Não sei em relação a *que* Levi estaria deprimido, mas sei que ele, com certeza, sabia tocar trompete. Adorava assisti-lo. O trompete era uma extensão dele. Porém, todos os trompetistas de St. Louis daquela época tocavam assim – Harold "Shorty" Baker, Clark Terry e eu. Todos tocávamos desse jeito, tínhamos o que eu chamava de "esse negócio de St. Louis".

Levi estava sempre sorrindo com um olhar de maluco. Uma coisa distante. Era desmiolado e sempre acabava internado no manicômio por alguns dias. Nunca machucou ninguém, não era violento nem nada. Mas acho que, naquela época, as pessoas preferiam não arriscar. Mais tarde, depois que fui embora de St. Louis para morar em Nova York, sempre que voltava para casa dava uma passada para ver Levi. Às vezes era difícil encontrá-lo. Quando eu o encontrava, porém, sempre pedia para que ele levasse o trompete à boca só porque adorava a forma como ele segurava o instrumento. E ele o fazia, com um sorrisão no rosto.

E então, certa vez, voltei e não o achei. Disseram que ele começou a rir um dia e não conseguiu parar. Então o levaram para o sanatório, e ele nunca mais saiu. Ou pelo menos nunca mais ninguém o viu. Mas o que Levi fazia no trompete era nervoso demais, cara, ele era um músico da pesada. Quando ele pegava o trompete, você ouvia todo aquele timbre e brilhantismo, saca? Ninguém mais tinha, e até hoje não escutei um timbre como aquele. Era quase como o meu, mas mais cheio – algo entre Freddie Webster e eu. E Levi conferia aquele ar de que, quando pegasse o trompete, você ouviria algo que nunca ouvira na vida. Só algumas poucas pessoas tinham essa atitude. Dizzy tinha, e eu acho que tenho. Mas Levi era o cara. Tocava pra caralho. Se não tivesse enlouquecido e ido para o manicômio, estariam falando dele hoje.

Gustav dizia *a mim* que eu era o pior trompetista do mundo. Mas, mais tarde, quando Dizzy fez um machucado no lábio que não sarava e foi até Gustav para trocar os bocais, contou que Gus lhe disse que eu era seu melhor aluno. Tudo o que sei é que Gus nunca me falou isso cara a cara.

Talvez Gus pensasse que, ao me dizer que eu era o pior aluno, eu tocaria com mais afinco. Quem sabe ele achasse que esse era o jeito de extrair o meu melhor. Sei lá. Mas não me incomodava. Contanto que ele me ensinasse durante a hora e meia pela qual eu lhe pagava US$ 2,50, poderia dizer qualquer coisa. Gus era técnico. Era capaz de tocar a escala cromática umas 12 vezes num só fôlego. Era uma peça. Porém, quando comecei a ter aulas com ele, eu já tinha uma certa confiança no que tocava. Sabia que queria ser músico, então tudo o que eu fazia era voltado para isso.

No ensino médio, comecei a andar com um pianista chamado Emmanual St. Clair "Duke" Brooks. (Seu sobrinho, Richard Brooks, um jogador de futebol americano típico, é hoje o diretor da Miles Davis High School.) Ele ganhou o apelido de "Duke" porque conhecia e sabia tocar todo o repertório de Duke Ellington. Costumava tocar com o baixista Jimmy Blanton num lugar do outro lado da rua em que eu morava, o Red Inn. Duke Brooks era dois ou três anos mais velho do que eu, mas exerceu grande influência sobre mim, porque curtia a nova música que acontecia naquele momento.

Duke Brooks era um pianista matador. Cara, o desgraçado tocava como o Art Tatum. Ele me ensinava acordes e coisas assim. Morava em East St. Louis e tinha um quarto só dele na casa dos pais, na varanda. Eu ia até a casa dele e o ouvia tocar na hora do almoço na época em que frequentava a Lincoln High School. Ele morava a uns dois ou três quarteirões da escola. Fumava muita maconha, e acho que ele foi a primeira pessoa que conheci que fazia isso. Porém, nunca fumei com ele. Nunca gostei muito de maconha. Mas também, na época, eu não usava nada, nem bebia.

Duke acabou sendo morto enquanto viajava clandestinamente num trem de carga em algum lugar da Pensilvânia. Estava num daqueles vagões cheios de cascalho e areia. Ouvi dizer que aquela merda caiu em cima dele e ele morreu sufocado. Acho que isso foi em 1945. Ainda sinto falta dele e penso nele até hoje. Era um músico e tanto e, se não tivesse morrido, teria sido um baita cara no meio musical.

Eu estava começando a tocar o estilo de trompete corrente que ouvia em St. Louis. Eu, Duke e um baterista chamado Nick Haywood – que tinha as costas arqueadas – formamos um grupo. Tentávamos tocar como os pretos da banda do Benny Goodman. Benny tinha um pianista preto chamado Teddy Wilson, mas Duke tocava de forma mais moderna do que ele. Naquela época, Duke tocava piano como Nat "King" Cole. Duke era fino nesse nível.

Os únicos discos novos que tínhamos nesse período eram, em sua maioria, os que haviam sido retirados das jukeboxes e vendidos por um centavo. E se você não tivesse dinheiro para comprá-los, o jeito era aprender as músicas ouvindo-as direto na jukebox. Na época, eu tocava de ouvido. Enfim, nosso conjuntinho executava músicas como "Airmail Special". Tocávamos com um acento moderno. Duke era tão filho da puta no piano que me fazia tocar no mesmo estilo rápido e fluido dele.

Por volta dessa época, eu começava a ganhar um pouco de reputação ao redor de East St. Louis como um trompetista promissor. As pessoas – os músicos – achavam que eu sabia tocar, mas eu não era vaidoso o bastante para admitir isso em voz alta. No entanto, a opinião que eu começava a formar a respeito de mim mesmo era a de que eu tocava tão bem quanto qualquer outro desgraçado. Provavelmente achava que tocava melhor até. Isso porque, quando se tratava de ler partituras e lembrar as partes, eu tinha uma memória fotográfica. Não me esquecia de nada. Também improvisava como solista por estudar com o sr. Buchanan e conviver com caras como Duke Brooks e Levi Maddison. Portanto, muitas coisas começavam a fazer sentido. Alguns dos melhores músicos de East St. Louis queriam que eu tocasse com eles. Comecei a pensar que eu era o cara do momento.

Talvez uma das razões pela qual eu não falava isso em voz alta fosse porque o sr. Buchanan ainda estava no meu pé para melhorar na Lincoln High. Embora ele tenha me favorecido na banda depois que Frank Gully se formou – eu passei a tocar a maioria das partes de primeiro trompetista –, ele ainda pesava a mão comigo algumas vezes. Dizia que meu som era pequeno demais ou que, às vezes, não conseguia me ouvir. Mas ele sempre foi assim – duro, em especial se achasse que você sabia tocar. Certa vez, quando eu era mais novo e todo mundo achava que eu ia ser dentista, ele disse ao meu pai: “Doc, o Miles não vai ser dentista coisa nenhuma. Vai ser músico”. Então ele já tinha visto algo em mim mesmo naquela época. Mais tarde, me revelou que era a minha curiosidade, a minha vontade de saber tanto de música, que me dava vantagem. Era o que me impulsionava o tempo todo.

Duke Brooks e Nick Haywood, alguns outros caras e eu costumávamos tocar num lugar chamado Huff’s Beer Garden. Às vezes, Frank Gully também aparecia para fazer um som com a gente lá. Tirávamos um troco aos sábados, mas nada digno de nota. Era só pela diversão. Fazíamos todo tipo de showzinhos por East St. Louis: em clubes sociais, reuniões de igreja, em qualquer lugar que pudéssemos tocar. Às vezes, chegávamos a ganhar US$ 6 por noite. Ensaiávamos no porão da minha casa. E, cara, como a gente tocava alto. Lembro-me de uma vez que meu pai passou no Huff's para nos ouvir tocar. No dia seguinte, ele me disse que só conseguiu escutar a bateria. Enfim, estávamos tentando tirar todas as músicas de Harry James. Mas, depois de um tempo, saí da banda, porque, com exceção do que Duke tocava, não havia nada de interessante ali para mim.

Pensar em nada além da música me deixou de fora das guerras de gangues e essas merdas, além de limitar o meu tempo para os esportes. Eu praticava música sempre que podia – fuçando na tentativa de aprender a tocar piano também. Estava desenvolvendo o improviso e me interessando profundamente em jazz. Queria ser capaz de tocar como Harry James. Assim, me cansei rapidamente de ouvir os desgraçados que não sabiam tocar coisas modernas. Alguns dos caras que não eram musicalmente muito avançados começaram a rir de mim por tentar tocar música nova, mas eu estava pouco me fodendo para o que eles diziam. Eu *sabia* que estava no caminho certo.

Por volta dos 16 anos, tive a chance de fazer alguns shows na estrada – Belleville, Illinois, lugares assim. Minha mãe disse que eu poderia tocar aos finais de semana. Isso foi com um cara chamado Pickett. Tocávamos umas coisas tipo "Intermezzo", "Honeysuckle Rose" e "Body and Soul". Eu só fazia as melodias, porque não tinha mais nada moderno rolando. Ganhávamos um troquinho, mas o tempo todo eu estava aprendendo. Pickett tocava música de bar de beira de estrada, ou o que alguns chamam de *honky-tonk*. Você sabe. Aquela merda que tocam em clubes "risca faca". "Risca faca" se refere às brigas que aconteciam nesses lugares. Porém, depois de um tempo, cansei de perguntar quando eu poderia sair da caixa – tocar as coisas modernas que eu estava curtindo. Não demorou muito para eu sair da banda de Pickett.

Aos 15 ou 16 anos, eu já sabia tocar escalas cromáticas. Quando comecei esse troço, todo mundo na Lincoln parou e me perguntou o que eu estava fazendo. Passaram a me olhar diferente depois disso. Duke e eu também começávamos a participar de *jam sessions* em Brooklyn, Illinois – pertinho de East St. Louis. Um dos melhores amigos do meu pai era o prefeito de Brooklyn, então ele me deixava tocar, embora eu não tivesse idade para entrar nos clubes. Muitos músicos fantásticos tocavam naqueles barcos que percorriam o Mississippi de New Orleans até St. Louis. Sempre davam canjas naquelas casas noturnas de Brooklyn, abertas até o amanhecer. Cara, aqueles lugares estavam sempre fervendo, ainda mais nos finais de semana.

East St. Louis e St. Louis eram cidades de interior cheias de gente do interior. Ambas são bem quadradas, especialmente a gente branca de lá – *muito* caipira e racista até o osso. Os pretos da região de East St. Louis e St. Louis eram caipiras também, mas meio sofisticados em sua caipirice. Dava para se dizer que tornavam o lugar um pouco mais descolado. Muita gente da região tinha muito estilo naquela época – provavelmente ainda tem. Os pretos daquela parte do país são meio diferentes dos pretos de outros lugares. E eu acho que é porque, na minha juventude, essa gente – em especial os músicos pretos – ia e vinha de New Orleans. St. Louis é perto de Chicago e Kansas City também. Então havia quem levasse os diferentes tipos de estilos desses lugares para East St. Louis.

Havia uma sofisticação nos pretos daquela época. Depois que St. Louis fechava à noite, todo mundo de lá ia para Brooklyn escutar música e festejar noite afora. O pessoal de East St. Louis e St. Louis trabalhava pra burro nos abatedouros. Então você saca que eles saíam do trabalho furiosos. Não queriam ouvir baboseira nenhuma de ninguém e matariam rapidinho algum desgraçado que viesse com alguma idiotice. É por isso que levavam a sério festejar e escutar música. E é por isso que eu adorava tocar em Brooklyn. O público curtia muito ouvir o que você estivesse tocando. E se você não estivesse tocando nada, o público de Brooklyn te avisava rapidinho. Sempre gostei de honestidade e não suporto que as pessoas sejam de outra forma.

Por volta dessa época, comecei a ganhar algum dinheiro, não muito. Meus professores na Lincoln sabiam que eu levava a sério ser músico. Alguns deles me ouviam em Brooklyn aos finais de semana ou em outras *jam sessions*. Mas eu fazia questão de ir muito bem nos estudos, porque, se não fosse, sabia que minha mãe e meu pai não me deixariam tocar. Então eu estudava com ainda mais afinco.

Aos 16 anos, conheci Irene Birth, que também era aluna da Lincoln. Ela tinha belos pés. Sempre fui louco por pezinhos bonitos. Ela tinha mais ou menos 1,67 m e pesava uns 46 kg. Uma mulher esbelta, com uma silhueta muito boa – me lembrava o corpo de uma dançarina. Tinha uma cor meio amarela. Sabe, uma pele meio clara, mas clara meia-boca. Além da beleza e de ela ser descolada, com um bom corpo, eram seus pés que me atraíam de verdade. Era um pouco mais velha do que eu – acho que ela nasceu no dia 12 de maio de 1923 – e estava em umas duas séries acima de mim. Mas gostava de mim, e eu gostava dela, e ela foi a primeira namorada que tive.

Ela morava em Goose Hill, que é uma parte de East St. Louis vizinha aos abatedouros e aos currais onde ficavam as vacas e os porcos depois de descarregados dos trens. Era uma vizinhança pobre e preta. Sempre havia um cheiro muito ruim no ar, de carne e pelos queimados. O odor de esterco e de merda de vaca se mesclava a esse cheiro da morte. Que cheiro esquisito e desagradável. Enfim, era muito longe de onde eu morava, mas eu caminhava até lá para vê-la. Às vezes sozinho, às vezes com meu amigo Millard Curtis, que a essa altura já era um jogador estelar de futebol americano e basquete; acho que ele era capitão do time de futebol.

Eu gostava muito de Irene. Tive meu primeiro orgasmo com ela. Lembro-me de que, na primeira vez que gozei, achei que precisava fazer xixi, pulei e saí correndo até o banheiro. Já havia tido um sonho molhado, quando achei que tinha rolado por cima de um ovo e o estourado. Mas, cara, eu nunca havia sentido nada como aquele primeiro gozo.

Irene e eu costumávamos pegar o bonde para atravessar a ponte sobre o rio Mississippi até St. Louis aos finais de semana. Percorríamos todo o caminho até Sarah and Finney – que era o bairro negro mais rico de St. Louis na época – para o Comet Theatre, o melhor cinema negro da cidade. O trajeto todo custava cerca de 40 centavos para nós dois. Eu carregava o trompete comigo para onde quer que fôssemos, porque achava que talvez tivesse uma chance de tocar. Queria estar sempre pronto caso a oportunidade se apresentasse, o que às vezes acontecia.

Irene dançava num daqueles grupos que havia em East St. Louis. Dançava muito bem. Já eu nunca fui um bom dançarino. Porém, por algum motivo, conseguia dançar com Irene; ela parecia ser capaz de arrancar alguma coisa de mim e não me fazer tropeçar por todo lado e parecer um pateta. De fato, ela me fazia parecer saber o que eu estava fazendo. Mas Irene era uma das únicas garotas – além da minha irmã Dorothy – com quem eu sabia dançar. Eu não gostava de dançar porque era muito tímido naquela época.

Irene cresceu com a mãe, que era uma boa mulher, forte e bela como a filha. Seu pai, Fred Birth, era bicheiro. Era um jogador, um cara muito alto. Irene tinha um meio-irmão mais novo, Freddie Birth, para quem dei aulas de trompete. Freddie tocava bastante bem, mas eu era duro com ele, assim como o sr. Buchanan era comigo. Depois que me formei na Lincoln, Freddie ocupou o posto de primeiro trompetista da banda da escola. Hoje, é diretor escolar em East St. Louis. Freddie Jr. se tornou um cara muito simpático e sofisticado.

Irene tinha outro irmão, William, de uns cinco ou seis anos, acho, de quem eu gostava muito. William era um garotinho muito fofo, de cabelos encaracolados, mas magro e sempre com tosse. Tinha ficado muito doente de pneumonia ou algo assim. Enfim, foi lá um médico examinar William. Como Irene sabia que eu havia cogitado me tornar médico – seguir os passos do meu pai, mas na Medicina, não na Odontologia (algo que poucas pessoas sabiam a meu respeito) –, ela me chamou para ver o que ele iria fazer. O médico chegou, bateu o olho em William e disse sem papas na língua, sem emoção alguma, que não havia nada que ele pudesse fazer. Que William estaria morto antes do amanhecer. Cara, essa merda me deixou puto da vida. Sabe, por muito tempo eu não consegui entender como ele pôde falar algo assim e ser tão frio. Aquilo me embrulhou o estômago, cara. William realmente morreu na manhã do dia seguinte, nos braços da mãe, sem o médico tê-lo levado ao hospital, e essa merda me deixou muito triste.

Depois que isso aconteceu, fui até meu pai e perguntei como um médico poderia ter ido ver William e dito à família dele que ele estaria morto antes do amanhecer e não fazer nada a respeito. Ele não é médico? É por que a família não tem dinheiro? Meu pai então, sabendo que eu fazia essas perguntas por causa do meu interesse na Medicina, disse: "Se você for a certos médicos com um braço quebrado, eles vão simplesmente amputá-lo em vez de colocá-lo no lugar, porque talvez colocar no lugar seja muito difícil para eles. Talvez seja esforço demais. Então, é mais fácil amputar. Ele é desse tipo de médico, Miles. Há muitos desses no mundo. Esse tipo de gente, Miles, só está na Medicina pelo prestígio e pelo dinheiro que ela traz. Eles não amam a Medicina como eu, ou como alguns dos meus amigos. Você não vai se consultar com ele se estiver muito doente. As únicas pessoas que vão são pretos pobres. E esses médicos não se importam em nada com elas. Foi por isso que ele foi tão frio com William e sua família. Ele não se importa em nada com eles, entende?".

Assenti que havia entendido. Mas, cara, aquela merda me deixou em choque, me perturbou pra caralho. Mais tarde, descobri que o tal médico tinha uma casa enorme, era rico e tinha seu próprio avião. Tinha um monte de merda que conquistara com o dinheiro dos outros – de gente preta pobre para quem ele estava cagando e andando. Essa porra me deixou enojado. Então pensei na morte de William e no que meu pai disse sobre como alguns médicos são. Simplesmente não conseguia entender como alguém poderia olhar para uma pessoa cujo coração ainda está batendo e só dizer que ela vai morrer amanhã de manhã, sem tentar fazer nada a respeito – pelo menos tentar amenizar a dor. Parecia para mim, na época, que se o coração de alguém ainda está batendo, então essa pessoa ainda tem chance de viver. Decidi que queria ser médico para tentar salvar a vida de gente como William.

Mas você sabe como é. Você diz que quer ser isso, quer ser aquilo. E, no fim, alguma outra coisa aparece e tira essas ideias da sua cabeça, em especial quando se é jovem. A música simplesmente tirou a Medicina da minha cabeça. Isto é, se é que algum dia ela esteve lá em primeiro lugar. Eu havia decidido que, se não me desse bem como músico quando chegasse aos 24 anos, tentaria outra coisa. Essa outra coisa, na minha cabeça, era a Medicina.

Enfim, voltemos a Irene. Acredito que William ter morrido daquela forma nos aproximou. Ficamos muito unidos depois daquilo. Ela ia para todo lugar comigo. No entanto, meu pai nunca gostou de Irene. Minha mãe gostava. Não sei muito bem por que, mas meu pai não gostava dela mesmo. Talvez ele achasse que ela não era boa o suficiente para mim. Ou que talvez ela fosse velha demais e me maltratasse. Não sei o que era, mas isso não mudou a maneira como eu me sentia. Eu gostava muito dela.

Irene foi a pessoa que, quando eu tinha 17 anos, me desafiou a ligar para Eddie Randle e pedir um emprego no grupo dele. Os Blue Devils, de Eddie Randle, eram uma banda matadora, cara; os desgraçados tocavam demais. Após lançado o desafio, fui até a casa dela, pedi que me passasse o telefone e liguei. Quando ele atendeu, falei: "Sr. Randle, ouvi falar que o senhor precisa de um trompetista; meu nome é Miles Davis".

"Pois é, preciso de um trompetista. Venha até aqui para eu te ouvir", respondeu ele.

Fui então ao Elks Club, no centro de St. Louis, onde se localizava o Rhumboogie Club. Ficava no segundo andar, depois de uma longa e estreita escadaria, num prédio isolado, numa comunidade negra, então o lugar ficava lotado de pretos que curtiam muita música. Era onde Eddie Randle tocava. Sua banda também era anunciada como The Rhumboogie Orchestra. Fiz um teste com outro trompetista e consegui o trabalho.

Os Blue Devils tocavam música dançante da boa tão bem e havia tantos músicos ótimos na banda que todo mundo ia nos ver tocar, independentemente do tipo de música que eles mesmos tocassem. Duke Ellington apareceu certa noite e ouviu Jimmy Blanton, grande baixista, dar uma canja conosco e o contratou no ato.

Contávamos também com Clyde Higgins, que tocava sax alto, um dos filhos da puta mais da pesada que já ouvi. Sua esposa, Mabel, tocava piano com os Blue Devils. Era uma grande musicista e uma grande mulher. Gorda pra burro, e Clyde era magricela pra burro. Mas ela era uma peça, uma pessoa maravilhosa. Passei muito tempo aprendendo com ela, que me mostrou coisa à beça no piano, o que me ajudou a evoluir ainda mais rápido como músico.

Outro cara que tocava sax alto muito bem era Eugene Porter. Quase tão cascudo quanto Clyde. Era mais jovem do que Clyde e não fazia parte da banda, mas dava bastante canjas. O próprio Eddie Randle tocava muito trompete. Mas Clyde Higgins era tão danado que, quando ele e Eugene Porter foram fazer um teste para a banda de Jimmie Lunceford, deixou todo mundo de cara no chão. Veja bem, Clyde era um homem minúsculo, bem preto, e parecia um macaco. Naquela época, muitas das bandas que tocavam para públicos brancos gostavam de contratar músicos de tom de pele mais clara, de forma que Clyde era preto demais para elas. Eugene contava que no dia em que Clyde foi fazer o teste e disse a Lunceford que era saxofonista, todo mundo riu dele e começou a chamá-lo de "o macaquinho". Deram a ele a música mais difícil do repertório para tocar. Clyde, grande músico que era, tocou o tema como se não fosse nada demais. Pelo menos era o que Eugene contava. Quando Clyde terminou, todos os cabras da banda de Lunceford estavam boquiabertos. "Bem, o que vocês acharam?", Lunceford então perguntou a eles. Ninguém falou nada. Clyde, porém, não pegou o trabalho. Quem pegou foi Eugene, porque era mais bonito e tinha um tom de pele mais claro, e tocava sax alto muito bem. Mas não chegava nem perto de Clyde Higgins. E dizia a todo mundo que Clyde é quem deveria ter ficado com o posto. Porém, não era assim que as coisas funcionavam naquela época.

Tocar com Eddie Randle, com certeza, foi um dos passos mais importantes da minha carreira. Foi com a banda dele que realmente comecei a abrir meu estilo de tocar, que comecei de fato a escrever e a arranjar música. Tornei-me diretor musical do grupo, pois a maioria dos outros caras tinha empregos tradicionais durante o dia, então não tinham tempo de ajeitar as músicas. Eu fiquei encarregado de organizar e fazer os ensaios com a banda. Havia outros artistas no Rhumboogie, como dançarinos, comediantes, cantores, essas coisas. Então, às vezes, a banda acompanhava outros números, e eu tinha de deixá-la a postos para isso. Viajávamos um pouco e tocamos por toda a região de St. Louis e East St. Louis. Eu conhecia muitos outros grandes músicos quando passavam por ali. Aprendi muito na banda de Eddie Randle, e foi nela que ganhei mais dinheiro até então, de US$ 75 a 80 por semana.

Fiquei nos Blue Devils por cerca de um ano, acho que de 1943 a 1944. Eu chamava Eddie Randle de "Patrão", porque é o que ele era para mim – o chefe – e sabia deixar o grupo afiado. Aprendi muito com ele sobre como comandar uma banda. Usávamos as partituras e arranjos de Benny Goodman, Lionel Hampton, Duke Ellington e todos os feras que tocavam na época. Havia muitas bandas ótimas na região de St. Louis, como a Jeter-Pillars Band e a de George Hudson.

Cara, *ambas* eram fodonas. Mas Ernie Wilkins, que era o arranjador dos Blue Devils no período em que estive com eles, e Jimmy Forrest surgiram dessa banda de Eddie Randle, então acho que eu deveria dizer que ele – Eddie Randle – era um líder de grandes músicos. George Hudson, porém, era um baita trompetista também. St. Louis, assim como New Orleans, é uma cidade de grandes trompetistas, talvez por causa de todas as bandas marciais que havia ali. Só sei que muitos trompetistas fodões saíram de lá, e, quando eu era pequeno, trompetistas de todo o país passavam pela cidade para tocar naquelas *jam sessions*. No entanto, ouço falar que hoje é bem diferente.

Lembro-me de quando trombei com Clark Terry mais uma vez no Rhumboogie; foi diferente de quando o conheci. Agora, ele estava lá para *me* ouvir tocar. Quando ele correu até mim para me dizer que eu era fodão, falei: "Pois é, filho da puta, agora você vem falar essas merdas pra mim, mas nem quis conversar comigo quando te conheci lá em Carbondale; eu sou o carinha que você sacaneou daquela vez". Enfim, cara, só rimos e somos grandes amigos desde então. Porém, ele me falar que eu era fodão e tocava muito, naquela ocasião, me fez muito bem. Eu já era confiante, mas Clark me dizer aquilo me deu ainda mais força. Depois que nos tornamos amigos, andávamos por toda a região de St. Louis dando canjas e frequentando *jam sessions*. E quando as pessoas ficavam sabendo que Clark e eu íamos aparecer em alguma noite em particular, o lugar lotava rapidinho, ficava abarrotado de gente. Clark Terry foi quem realmente me apresentou a cena de jazz de St. Louis, me levando a tiracolo quando fazia alguma participação. Aprendi muito ao ouvi-lo tocar trompete. Ele também me apresentou ao flugelhorn, que toquei por um tempo. Eu chamava o instrumento de "minha gordinha", por causa do formato.

Mas também tive algum impacto sobre Clark. Ele pegava meu flugelhorn emprestado e ficava com ele por alguns dias, pois eu preferia tocar trompete. Foi assim que ele começou no flugelhorn, tocando até hoje[5] e sendo um dos melhores do mundo, se não *o* melhor. Durante todo esse período, eu adorava Clark Terry – adoro até hoje – e acho que ele sentia o mesmo em relação a mim. Naquela época, sempre que eu arrumava um trompete novo, ia atrás do Clark para regulá-lo, ajeitar as válvulas, ele consertava os instrumentos como ninguém. Cara, o Clark tinha um jeito de torcer e aliviar o movimento das pompas de um trompete só ajeitando as molas, o que fazia o instrumento soar totalmente diferente. Fazia o trompete soar mágico, cara. Clark era um mago desse negócio. Eu adorava quando ele arrumava as válvulas para mim. E ele sempre usava os bocais Heim, desenvolvidos por Gustav, em seus instrumentos, porque eram finos, mas muito profundos, o que produzia um som grande, cheio e quente. Todos os trompetistas de St. Louis os usavam. Certa vez, perdi o meu, e Clark me deu um novo. Depois disso, ele sempre pegava um extra para mim em St. Louis.

Enquanto estive na banda de Eddie Randle, como eu já disse, muitos outros grandes músicos iam nos assistir – gente como Benny Carter e Roy Eldridge, e o trompetista Kenny Dorham, que vinha lá de Austin, Texas, para me ouvir tocar. Tinha ouvido falar de mim lá longe. Apareceram ainda Alonzo Pettiford, que também tocava trompete, irmão do baixista Oscar Pettiford. Era de Oklahoma e um dos trompetistas mais cascudos da época. Cara, aquele filho da puta tocava realmente rápido – seus dedos pareciam um borrão. Tocava naquele estilo ligeiro, moderno e limpo de Oklahoma. E Charlie Young, que tocava saxofone *e* trompete, ambos *muito* bem. E eu, enfim, encontrava "o Presidente", Lester Young, quando ele ia de Kansas City para tocar em St. Louis. A banda dele contava com Shorty McConnell no trompete, e, às vezes, eu aparecia com meu instrumento onde eles estivessem e dava uma canja. Cara, tocar com o Pres

---

5 Clark Terry, de fato um dos pioneiros do flugelhorn no jazz, faleceu em 2015 – vale lembrar que esta autobiografia de Miles foi publicada originalmente em 1989. (N. do T.)

era um caso à parte. Aprendi muito com a forma como ele tocava saxofone. De fato, tentei transpor alguns dos *licks* de saxofone dele para o meu trompete.

Havia também "Fats" Navarro, que vinha da Flórida ou de New Orleans. Ninguém sabia quem ele era, mas ninguém tocava como aquele desgraçado. Era jovem, como eu, mas já tinha uma concepção bem avançada de como tocar seu instrumento. Fats ainda fazia parte da banda de Andy Kirk e Howard McGhee, que também era um trompetista fantástico. Certa noite, nós dois nos lançamos numa *jam session* de trompete nervosa, que virou o lugar de ponta-cabeça. Acho que foi em algum momento de 1944. Depois que ouvi essa banda, Howard se tornou meu ídolo, substituindo Clark Terry por um tempo, até que eu ouvisse Dizzy.

Também conheci Sonny Stitt mais ou menos nessa época. Ele tocava na banda de Tiny Bradshaw e, no intervalo dos *sets* do clube em que estivessem se apresentando, ia até o Rhumboogie para nos ver. Depois que Sonny Stitt ouviu a banda e a mim, me convidou para cair na estrada com o conjunto de Bradshaw. Cara, pensa numa empolgação, mal podia esperar para chegar em casa e perguntar para os meus pais se eu podia ir. Além disso, Sonny havia me dito que eu me parecia com Charlie Parker. Todos os caras da banda usavam o cabelo penteado para trás, vestiam roupas sofisticadas – smokings e camisas brancas – e agiam e falavam como se fossem os desgraçados mais fodões do mundo. Saca o que estou dizendo? Eles me impressionaram pra caralho. Porém, quando voltei para casa e pedi aos meus pais, eles negaram, porque eu ainda não tinha terminado o ensino médio. Eu ganharia somente US$ 60, US$ 25 a menos do que ganhava com os Blue Devils de Eddie Randle. Acho que a ideia de viajar com uma banda grande era o que me impressionava mais. Além disso, eles pareciam tão descolados e usavam umas coisas tão sofisticadas. Pelo menos era a impressão que eu tinha na época. Recebi outras propostas de Illinois Jacquet, dos McKinney's Cotton Pickers e de A. J. Sullivan para cair na estrada com suas bandas. Também tive de recusá-las até que me formasse no ensino médio. Cara, eu queria me apressar pra me formar para que pudesse seguir tocando música e vivendo a vida. Ainda era quieto. Ainda não falava muito. Mas, por dentro, estava mudando. E me interessava bastante por moda – era fino pra diabo, ou, como diziam em St. Louis naquela época, mais fino do que um cachorro de pau quebrado.

Musicalmente, as coisas andavam ótimas para mim, mas, em casa, não tanto. Meus pais estavam se dando pior do que nunca e prestes a se separar. De fato, se separaram por volta de 1944, esqueci o ano. Minha irmã Dorothy estava começando a faculdade, na Fisk, e a essa altura o povo de East St. Louis já sentia que Vernon estava fadado a ser homossexual. Naquela época, isso tinha outro peso.

Meu pai havia comprado uma fazenda de 120 hectares em Millstadt, Illinois, antes de se separar da minha mãe. Mas ela não gostava de conviver com os cavalos, as vacas e os porcos premiados que meu pai criava. Minha mãe não curtia a vida no campo como meu pai. Ele, porém, começou a passar muito tempo na fazenda, e isso provavelmente os levou a se separar mais rápido. Minha mãe não cozinhava nem fazia serviços domésticos, então tínhamos uma cozinheira e uma faxineira. No entanto, isso não parecia fazê-la feliz. Eu gostava de Millstadt – andar a cavalo e tal. Era tranquilo e bonito. Sempre curti esse tipo de coisa. Na verdade, lembrava a fazenda do meu avô, só que maior. A casa era branca, com pilares no estilo colonial, e tinha uns 12 ou 13 cômodos, dois andares e uma casa de hóspedes. Era um lugar muito bonito, com muito gramado, árvores e flores. Eu adorava ir lá.

Depois que minha mãe e meu pai se separaram, as coisas ficaram bem feias entre minha mãe e eu. Fiquei com ela depois da separação, mas parecíamos não concordar em nada e, sem meu pai lá para tirá-la do meu pé, havia muitos bate-bocas aos gritos. Eu estava ficando independente, mas acho que a causa real dos problemas com a minha mãe era meu relacionamento com minha namorada, Irene Birth.

Minha mãe gostava de Irene, mas ficou furiosa quando ela engravidou. Tinha planos para que eu fosse para a faculdade, e isso seria um problema. Meu pai, como eu já disse, não gostava de Irene, mas passou a simpatizar com ela. Então, quando fiquei sabendo que Irene estava grávida, fui contar ao meu pai, e ele disse: "E? E daí? Cuido disso para você".

"Não, pai, não é assim que funciona. Eu vou dar conta disso sozinho. Ajudei a fazer o bebê e preciso ser homem o bastante para cuidar dele", falei. Então ele fez uma pausa e disse: "Ouça, Miles, o bebê pode nem ser seu, porque sei dos outros pretos com quem ela anda se metendo. Então não saia por aí achando que você é único. Há outros, muitos outros". Eu sabia que Irene estava se engraçando com outro cara, chamado Wesley, esqueci o sobrenome, que era mais velho do que eu. E sabia que ela saía com um baterista chamado James – um tampinha – que costumava tocar por East St. Louis; eu a via com ele de tempos em tempos. Mas também, Irene era bonita e popular entre os homens. Então meu pai não estava me dizendo nada que eu não soubesse. Porém, eu estava convencido de que o bebê era meu e de que faria a coisa certa em assumi-lo. Meu pai ficou muito puto com Irene por ela ter engravidado. Acho que foi uma das coisas que impediu que os dois se aproximassem o quanto poderiam. Enfim, me formei na Lincoln em janeiro de 1944, embora só fosse pegar meu diploma em junho. Tivemos nossa primeira filha, Cheryl, naquele ano.

Enquanto isso, eu ganhava cerca de US$ 85 por semana na banda de Eddie Randle e com outras pessoas. Comprava uns ternos sofisticados Brooks Brothers e tinha um trompete novo, então não estava nada mal. Mas os problemas com a minha mãe estavam saindo do controle, e eu sabia que tinha de fazer algo quanto a isso, além de cuidar da minha família. Nunca me casei no papel com Irene, mas vivíamos como marido e mulher. Porém, passei a entender outras coisas a respeito de como as mulheres eram com os homens. E também comecei a pensar seriamente em deixar a região de St. Louis para ir morar em Nova York.

Margherite Wendell (que mais tarde se tornaria a primeira esposa de Willie Mays) trabalhava na portaria do Rhumboogie, e nós nos tornamos bem amigos. Ela era de St. Louis e uma das mulheres mais sofisticadas que já conheci. Enfim, ela vinha até mim e contava o quão bonito todas as mulheres, amigas dela, me achavam. Mas eu não prestava muita atenção nesses papos. Isso parecia fazer as safadas quererem mais ainda que eu fosse para a cama com elas. Saca o que estou dizendo? Lembro-me de uma mulher chamada Ann Young, que por acaso era sobrinha de Billie Holiday, me abordar certa noite dizendo que queria me levar para Nova York e me comprar um trompete novo. Respondi que já tinha um trompete novo e que não precisava que ninguém me levasse para Nova York, porque eu ia chegar lá de qualquer jeito. Bem, a safada ficou brava pra diabo e disse a Margherite que eu era bobo. Margherite só riu, porque me conhecia.

Em outra ocasião, quando eu estava na banda de Eddie Randle, havia uma dançarina chamada Dorothy Cherry, bonita pra uns dez diabos. Cara, ela era tão boa que os caras lhe mandavam flores toda noite. Todo mundo queria trepar com ela. Era uma dançarina exótica, e nós tocávamos para acompanhar suas apresentações no Rhumboogie. Enfim, certa noite, estava passando pelo camarim dela quando ela me chamou para entrar. Ora, a safada tinha uma bela bunda, pernas longas, cabelos até a cintura; uma mulher muito bonita, de aparência indiana. Escura, com um baita corpo e um rosto lindo. Acho que eu tinha uns 17 anos na época, e ela devia ter uns 23 ou 24. Enfim, ela pediu que segurasse um espelho debaixo da boceta dela para que ela depilasse os pelos pubianos. Foi o que fiz. Segurei o espelho enquanto ela se depilava e não dei a mínima. O sinal tocou para anunciar que o intervalo havia acabado e que era hora de a banda tocar de novo. Contei ao baterista o que tinha acontecido, e ele olhou para mim de um jeito esquisito e perguntou:

"Então, o que você fez?". Respondi que só segurei o espelho. E ele: "Só isso? Você não fez mais nada?".

"Sim, só isso, não fiz mais nada; o que mais eu deveria fazer?", retruquei. O baterista, que tinha uns 26 ou 27 anos, meneou a cabeça, começou a rir e então disse: "Quer dizer que temos todos esses tarados na banda, e ela deixa *você* segurar o espelho? Ah, cara, vê se *isso* não é de foder!". E foi atrás de alguém para contar o acontecido. Por um tempo depois disso, os caras da banda me olhavam esquisito. Eu só imaginei que era coisa do show business, certo? Todo mundo ajudava todo mundo.

Porém, depois parei para pensar, aquela safada das boas me pediu para que segurasse o espelho para ela de modo que eu olhasse para aquela boceta deliciosa – o que ela tinha em mente? Nunca descobri. Mas ela olhava para mim daquele jeito matreiro que as mulheres olham para homens que são meio inocentes. É como se elas imaginassem como seria ensinar tudo o que sabem. No entanto, naquela época, eu era bem burro em relação às mulheres – exceto Irene – e não sabia quando estavam dando em cima de mim.

Depois que me formei no ensino médio, finalmente me vi livre para fazer o que quisesse por pelo menos um ano. Havia decidido tentar estudar na Juilliard School of Music, em Nova York, mas só poderia começar em setembro e ainda teria de passar num teste para ser aceito. Assim, achei por bem tocar e viajar o máximo que pudesse antes de ir para a Juilliard.

Em junho de 1944, decidi sair da banda de Eddie Randle para tocar com um grupo de New Orleans chamado Adam Lambert's Six Brown Cats. Tocavam um estilo de swing moderno, e Joe Williams, o grande cantor de jazz – que, na época, era desconhecido –, cantava com eles. O trompetista, Tom Jefferson, começou a sentir saudades de casa enquanto a banda estava em Springfield, Illinois, e foi embora. Fui indicado para substitui-lo, e eles me pagaram muito bem. Assim, fui para Chicago com eles – minha primeira vez na cidade.

Depois de algumas semanas com a banda, voltei para casa porque não gostava do repertório. Foi quando o grupo de Billy Eckstine passou por St. Louis e eu tive a oportunidade de tocar com eles por duas semanas. Isso me convenceu em definitivo a ir para Nova York e cursar a Juilliard. Minha mãe queria que eu cursasse a Fisk, onde minha irmã Dorothy estava. Ela me falava do quão bom era o departamento de música da Fisk e dos Fisk Jubilee Singers. Porém, depois de ouvir e tocar com Charlie Parker, Dizzy Gillespie, Buddy Anderson (o trompetista da banda que substituí em St. Louis; ele teve tuberculose, voltou para Oklahoma e nunca mais tocou), Art Blakey, Sarah Vaughan e o sr. B em pessoa, eu *sabia* que precisava estar em Nova York, onde a ação se encontrava. Meu pai teve de apaziguar a briga entre minha mãe e eu a respeito da minha escolha de onde estudar. Embora a Juilliard fosse uma escola de música mundialmente famosa, isso não fazia diferença para a minha mãe. Ela queria que eu fosse para a Fisk, onde minha irmã poderia ficar de olho em mim. Eu, porém, não queria saber de nada disso.

East St. Louis e St. Louis estavam ficando tão deprimentes para mim nessa época que eu tinha de ir para algum lugar, mesmo se equivocado. Senti-me assim especialmente depois que Clark Terry foi embora e entrou para a Marinha. Por um tempo, fiquei tão para baixo que pensei em também me alistar, assim poderia tocar com a grande banda naval que a Marinha tinha nos Grandes Lagos. Cara, eles contavam com Clark, Willie Smith, Robert Russell, Ernie Royal, os irmãos Marshall e mais um monte de outros caras que tocavam nas bandas de Lionel Hampton e Jimmie Lunceford. Não era preciso fazer simulações, nem deveres, nada; só tocar música. Tinham um treinamento e era isso. Por fim, sabe como é, mandei à merda, pois Bird e Dizzy não estavam lá, e eu queria era estar perto deles; se resumia a isso. Eles se encontravam em Nova York, então foi para lá que corri. Mas cheguei bem perto de entrar para a Marinha em 1944, após me formar no ensino médio. Às vezes, me pergunto o que teria acontecido se tivesse feito isso em vez de ir para Nova York.

Fui embora de East St. Louis para Nova York no início do outono de 1944. Tinha de passar no meu exame para a Juilliard e passei com louvor. As duas semanas que toquei com a banda de B em St. Louis me fizeram bem, mas fiquei um pouco magoado quando ele não me levou para tocar no Regal Theatre, em Chicago. B chamou Marion Hazel para me substituir, já que Buddy Anderson não ia voltar. Isso prejudicou um pouco a minha confiança. Porém, tocar por East St. Louis e St. Louis de novo antes de ir para Nova York me ajudou a recuperá-la. Além disso, Dizzy e Bird haviam me dito para procurá-los se eu fosse à Big Apple. Sabia que já tinha aprendido tudo o que podia aprender em St. Louis, que era hora de seguir em frente. Então fiz as malas no início do outono de 1944 e peguei um trem para a cidade de Nova York, com uma confiança no coração de que eu teria alguma coisa da boa para mostrar para os filhos da mãe que tocavam lá. Nunca tive medo de fazer coisas novas, e não estava com medo quando cheguei a Nova York. Mas sabia que precisava me alinhar se fosse tocar com os peixes grandes. Também sabia que ia fazer *exatamente* isso. Achava que poderia tocar trompete com qualquer um.

capítulo 3

Cheguei em Nova York em setembro de 1944, não em 1945 como dizem muitos loroteiros que escrevem a meu respeito. Quando cheguei, a Segunda Guerra Mundial estava quase no fim. Muitos jovens haviam partido para lutar contra os alemães e os japoneses, mas alguns deles não voltaram. Eu tive sorte; a guerra estava acabando. Havia muitos soldados uniformizados por toda Nova York, me lembro bem disso.

Eu tinha 18 anos, era verde em relação a certas coisas, como mulheres e drogas. Mas tinha confiança na minha habilidade musical no trompete, e não tinha medo de viver em Nova York. Ainda assim, a cidade abriu meus olhos, em especial todos aqueles prédios altos, o barulho, os carros e toda aquela caralhada de gente, que parecia estar em todo lugar. O ritmo de Nova York era mais acelerado do que qualquer coisa que eu já tinha visto. Eu achava que St. Louis e Chicago eram aceleradas, mas não eram nada em comparação a Nova York. Então essa foi a primeira coisa com que precisei me acostumar, toda aquela gente. Porém, se deslocar de metrô era demais, muito rápido.

O primeiro lugar onde fiquei foi o hotel Claremont, na Riverside Drive, em frente ao mausoléu de Ulysses S. Grant. A Juilliard conseguiu um quarto para mim lá. Depois, arrumei outro quarto na 147th Street com a Broadway, numa pensão gerida por uma família de nome Bell, que era de East St. Louis e conhecia meus pais. Eram boas pessoas, e o quarto era grande e limpo, custando US$ 1 por semana. Meu pai pagou pela minha matrícula e me deu um dinheiro extra para além do aluguel, o suficiente para eu me manter por um ou dois meses.

Passei minha primeira semana em Nova York à procura de Bird e Dizzy. Cara, eu andei por todo lugar atrás dos dois, gastei todo meu dinheiro e não os encontrei. Precisei ligar para casa e pedir mais dinheiro para o meu pai, que mandou. Eu ainda era limpo, não fumava, nem bebia, nem usava drogas. Só queria saber de música, isso era o meu grande barato. Quando as aulas na Juilliard começaram, eu pegava o metrô até a 66th Street, onde ficava a escola. De cara, já não gostei do que rolava na Juilliard. Aquelas merdas que eles falavam eram coisa de branco demais para mim. Além disso, estava mais interessado no que rolava na cena de jazz. Esse era o *real* motivo pelo qual eu queria estar em Nova York, entrar na cena de jazz ao redor do Minton's Playhouse, no Harlem, e na 52nd Street, que todo mundo do meio musical chamava de "A Rua". Era por isso que eu estava em Nova York, absorver tudo o que eu pudesse dessas tendências; a Juilliard era só uma cortina de fumaça, um *pit stop*, uma desculpa para me colocar próximo de Bird e Diz.

Quando cheguei a 52nd, encontrei Freddie Webster, que eu conhecera em St. Louis quando passou por lá com a banda de Jimmie Lunceford. Em seguida, entrei e ouvi os Savoy Sultans no Savoy Ballroom, no Harlem; fomos lá eu e Freddie. Eram bons pra caralho. Mas eu estava tentando encontrar Bird e Dizzy e, embora gostasse do que estava vendo, ainda não era o que eu realmente esperava ver em Nova York.

A segunda coisa que busquei foram os estábulos. Como meu pai e meu avô tinham cavalos, e eu tinha cavalgado a vida inteira, adorava o espírito desses animais, adorava cavalgar. Achei que eles estariam no Central Park, então percorria o parque todo, da 110th Street a 59th, à procura dos estábulos. Nunca os encontrei. Por fim, certo dia, perguntei a um policial onde poderia achá-los, e ele me disse que se localizavam em algum lugar entre a 81st e a 82nd. Fui até lá e andei em uns dois cavalos. Os atendentes me olharam estranho, acho que porque não estavam acostumados a ver um preto chegar para andar a cavalo. Porém, concluí que isso era problema deles.

Fui até o Harlem para conferir o Minton's, na 118th entre a St. Nicholas e a 7th Avenue. Ao lado do Minton's, havia o hotel Cecil, onde muitos músicos se hospedavam. Era uma cena descolada. O primeiro filho da puta que vi na esquina da St. Nicholas com a 117th Street foi um sujeito chamado "Colarinho". Foi no pequeno parque que chamavam de Dewey Square, onde todos os músicos iam para chapar. Nunca soube o nome verdadeiro de Colarinho. Ele era de St. Louis. Era o rei da dexedrina e arrumava essa substância, alucinógenos e outras merdas para Bird quando ele passava pela cidade. Então, enfim, lá estava o Colarinho no Harlem, fino como um cachorro de pau quebrado, camisa branca, terno preto de seda, cabelo até os ombros todo penteado para trás. Disse que estava em Nova York para tentar tocar saxofone no Minton's. Mas ele não tocava grandes coisas lá em St. Louis. Só queria viver a vida de músico. Além disso tudo, era um filho da puta *muito* engraçado. Então lá estava ele, tentando dar uma canja no Minton's, a capital mundial do jazz negro. Ele nunca conseguiu. Ninguém nunca prestou atenção no Colarinho no Minton's.

O Minton's e o hotel Cecil eram lugares de primeira classe, com muito estilo. O pessoal que os frequentava era a *crème de la crème* da sociedade negra do Harlem. O grande prédio de classe média na frente da Dewey Square se chamava Graham Court. Muita gente da alta sociedade negra vivia nuns apartamentos enormes e fabulosos; você sabe, médicos, advogados e tipos preto-chefe. Muita gente da vizinhança, de Sugar Hill, ia ao Minton's, e a região era de alta classe na época, antes de as drogas a destruírem nos anos 1960.

Quem ia ao Minton's usava terno e gravata, porque copiava o estilo de gente como Duke Ellington ou Jimmie Lunceford. Cara, era uma gente fina pra diabo. Mas, para entrar, não se pagava nada. Às vezes, US$ 2 se você se sentasse numa das mesas, que tinham toalhas brancas de linho e flores em vasinhos de vidro. Era um lugar muito bacana – muito mais do que os clubes da 52nd – e tinha capacidade para cerca de 100 ou 125 pessoas. Era principalmente um restaurante, e a comida era preparada por uma ótima cozinheira preta chamada Adelle.

O hotel Cecil também era um lugar legal, onde muitos dos músicos pretos de outras cidades se hospedavam. As diárias eram razoáveis, e os quartos eram grandes e limpos. Além disso, era frequentado por cafetões e prostitutas de alta classe, então, se um cabra quisesse sair da seca, poderia pagar por uma bela mulher e arrumar um quarto.

O Minton's era *o* pico para aspirantes a músicos de jazz naquela época, não A Rua, como tentam alegar hoje em dia. Era no Minton's que um músico ralava *mesmo* e *só depois* ia para o centro, para A Rua. A 52nd era fácil comparada ao que rolava no Minton's. Você ia para a 52nd para ganhar dinheiro e ser visto pelos críticos de música brancos e por um público branco, mas ia para o Minton's se quisesse ganhar reputação entre os músicos. O Minton's fazia muitos filhos da puta de gato e sapato, acabava com eles, e eles desapareciam – nunca mais se ouvia falar neles. Mas também ensinava muitos músicos, fazia deles o que viriam a se tornar.

Encontrei Fats Navarro de novo no Minton's, e nós costumávamos fazer *jams* lá o tempo todo. Milt Jackson andava por lá. E Eddie "Lockjaw" Davis, saxofonista tenor, liderava a banda da casa. Era um filho da mãe. Sabe, os grandes músicos, como Lockjaw, Bird, Dizzy e Monk, que eram os reis do Minton's, nunca tocavam alguma merda comum. Faziam isso para eliminar muita gente que não sabia tocar.

Se você subisse no palco do Minton's e não soubesse tocar, não só ia passar vergonha ao ser ignorado ou vaiado, como talvez apanhasse também. Certa noite, um cara que não sabia porra nenhuma subiu para tentar tocar alguma coisa – uma merda – e se mostrar, na tentativa de arrumar algumas vagabundas. Um popular qualquer, que apenas adorava ouvir música, estava na plateia quando aquele babaca subiu no palco para tocar. Então o cara só se levantou da mesa em silêncio e arrancou aquele prego do palco, o arrastou para fora até o beco, entre o hotel Cecil e o Minton's, e deu uma surra no filho da puta. Uma *bela* de uma surra. Depois o avisou que nunca mais ousasse botar aquela bunda no palco do Minton's até que aprendesse a tocar alguma coisa que valesse a pena. No Minton's era assim. Era preciso dar conta ou calar a boca, não tinha meio termo.

O dono do Minton's Playhouse era um preto chamado Teddy Hill. O bebop começou no clube dele. Foi o laboratório musical do bebop. Depois de ser polido no Minton's, *aí então* o bebop foi para o centro, para a 52nd Street – para o Three Deuces, o Onyx e o Kelly's Stable –, onde os brancos o ouviram. Mas o que é preciso ser entendido sobre tudo isso é que não importa o quão boa a música soasse na 52nd, não era tão efervescente ou inovadora quanto no Minton's, cidade acima. A ideia era você amenizar a inovação para os brancos no centro, porque eles não davam conta do negócio *de verdade*. Ora, não me entenda errado, havia *alguns* brancos bons, corajosos o bastante para ir até o Minton's. Mas eram poucos, escassos.

Detesto como os brancos sempre tentam levar crédito por algo depois que *eles* descobrem. Como se não estivesse acontecendo antes de eles descobrirem – na maioria das vezes, tarde demais, e sem eles terem nada a ver com o negócio. Aí então eles tentam levar *todo* o crédito, tentam cortar todos os pretos da jogada. Foi isso que tentaram fazer com o Minton's Playhouse e Teddy Hill. Depois que o bebop se tornou febre, os críticos de música brancos tentaram agir como se o tivessem descoberto – e a nós – na 52nd Street. Esse tipo de merda desonesta me deixa enojado. E quando você denuncia isso ou não vai na onda dessa baboseira racista, se torna um radical, um preto encrenqueiro. E aí eles tentam te deixar de fora de tudo. Mas os músicos e as pessoas que realmente amavam e respeitavam o bebop e a verdade sabem que o negócio *real* aconteceu no Harlem, no Minton's.

Toda noite, depois da aula, eu ia ou para A Rua ou para o Minton's. Por algumas semanas, não encontrei Bird nem Dizzy em lugar nenhum. Cara, eu ia para os clubes da 52nd, como o Spotlite, o Three Deuces, o Kelly's Stable e o Onyx atrás deles. Lembro-me de quando fui ao Three Deuces pela primeira vez e vi como o lugar era pequeno; achei que seria maior. Tinha uma reputação tão grande na cena de jazz que eu imaginei que seria todo luxuoso e tal. O palco não era nada além de um espacinho em que mal cabia um piano e não parecia que aguentaria um grupo inteiro de músicos. As mesas para os clientes eram todas apertadas, e me recordo de achar uma espelunca, de pensar que East St. Louis e St. Louis tinham clubes mais sofisticados. Fiquei decepcionado com a aparência do lugar, mas não com a música. A primeira pessoa que ouvi lá foi Don Byas, que era um baita saxofonista tenor. Lembro-me de ficar maravilhado ao ouvi-lo tocar aquelas pedradas naquele palco minúsculo.

Então finalmente pude entrar em contato com Dizzy. Consegui o telefone dele e liguei. Ele se lembrou de mim e me convidou para ir até seu apartamento na 7th Avenue, no Harlem. Foi ótimo vê-lo. No entanto, Dizzy também não tinha notícias de Bird e não sabia como ou onde encontrá-lo.

Continuei à procura de Bird. Certa noite, eu estava só meio que encostado perto da entrada do Three Deuces quando o dono me abordou, perguntando o que eu fazia ali. Acho que eu parecia jovem e inocente; não consegui nem cultivar um bigode na época. Enfim, disse a ele que estava à procura de Bird, e o cara respondeu que ele não estava lá e que eu precisava ter 18 anos para entrar no clube. Falei que *tinha* 18 anos e só queria encontrar Bird. Ele então começou a me contar como Bird era um filho da mãe fodido, um viciado em drogas e todo tipo de merda. Perguntou-me de onde eu era e, quando contei, ele começou a me dizer que eu deveria voltar para casa. Depois me chamou de "filho", tratamento do qual nunca gostei, em especial vindo de um filho da puta branco que eu não conhecia. Então o mandei se foder, virei as costas e fui embora. Eu já *sabia* que Bird tinha um vício sério em heroína; o cara não me contou nenhuma novidade.

Depois que saí do Three Deuces, subi a rua até o Onyx Club e peguei o Coleman Hawkins. Cara, o Onyx estava abarrotado de gente para ver o Hawk, que tocava lá regularmente. Então, como eu ainda não conhecia ninguém, só fiquei perto da porta, como havia feito no Three Deuces, à procura de algum rosto familiar, saca, talvez alguém da banda de B. Mas não encontrei ninguém.

Quando Bean – era como chamávamos Coleman Hawkins – fez um intervalo, veio até onde eu estava, e até hoje não sei por que ele fez isso. Acho que foi um golpe de sorte. Enfim, eu sabia quem ele era, então me apresentei e contei que havia tocado com a banda de B em St. Louis, que estava em Nova York para ir à Juilliard, mas, na verdade, também para encontrar Bird. Falei que queria tocar com Bird e que ele havia me dito para procurá-lo quando estivesse na cidade. Bean meio que riu e me disse que eu era jovem demais para me misturar com alguém como Bird. Cara, eu já estava ficando puto com esse papo. Já era a segunda vez naquela noite que ouvia essa conversa. Não queria mais saber disso, mesmo vindo de alguém que eu adorava e respeitava tanto quanto Coleman Hawkins. Fiquei muito mal-humorado, então, de repente, digo para *o Coleman Hawkins* algo como: "Bom, você sabe onde ele está ou não?".

Cara, acho que o Hawk ficou chocado por um jovenzinho preto filho da mãe como eu falar com ele desse jeito. Só olhou para mim, meneou a cabeça e me disse que o melhor lugar para encontrar Bird era no Harlem, no Minton's ou no Small's Paradise. "Bird adora fazer *jams* nesses lugares", disse Bean. Ele se virou e, antes de se afastar, acrescentou: "O melhor conselho que posso dar a você é que termine seus estudos na Juilliard e esqueça o Bird".

Cara, aquelas primeiras semanas em Nova York foram uma merda – procurar Bird, tentar dar conta dos estudos. E então alguém me disse que Bird tinha amigos no Greenwich Village. Fui até lá para ver se o encontrava. Fui às cafeterias na Bleecker Street. Conheci artistas, escritores e aqueles poetas beatniks barbudos e cabeludos. Nunca havia conhecido gente como eles. Ir ao Village me trouxe ensinamentos.

Comecei a conhecer gente como Jimmy Cobb e Dexter Gordon ao perambular pelo Harlem, pelo Village e pela 52nd Street. Dexter me chamava de "Docinho", porque eu bebia achocolatado e comia bolos, tortas e jujubas o tempo todo. Até comecei a ficar amigo do Coleman Hawkins. Ele simpatizou comigo, cuidava de mim e me ajudou o máximo que pôde a encontrar Bird. A essa altura, Bean já achava que eu levava a música a sério e respeitava isso. Porém, nada ainda do Bird. E nem Diz sabia onde ele estava.

Certo dia, vi no jornal que Bird iria tocar numa *jam session* num clube chamado Heatwave, na 145th Street, no Harlem. Lembro-me de perguntar a Bean se ele achava que Bird apareceria mesmo. Bean só meio que me deu aquele sorriso matreiro, astuto, então disse: "Aposto que nem *o Bird* sabe se ele vai realmente aparecer ou não".

Naquela noite, fui até o Heatwave, clubezinho *funky* numa vizinhança *funky*. Por garantia, levei meu trompete para o caso de me deparar com Bird – se ele se lembrasse de mim, talvez me deixasse tocar alguma coisa com ele. Bird não estava lá, mas conheci alguns outros músicos, como Allen Eager, saxofonista tenor branco; Joe Guy, ótimo trompetista; e Tommy Potter, baixista. Eu não estava à procura deles, então mal prestei atenção. Achei um lugar para sentar e fiquei de olhos fixos na porta, atento à possível entrada de Bird. Cara, fiquei quase a noite inteira lá à espera dele, e ele não apareceu. Assim, decidi sair do clube para tomar um ar. Estava parado na esquina do lugar quando ouvi uma voz atrás de mim: "Ei, Miles! Ouvi falar que você anda me procurando!".

Virei-me e lá estava Bird, numa aparência desgraçada, daquelas. Usava umas roupas largas demais e parecia que dormia com elas havia dias. Seu rosto estava todo túrgido e seus olhos inchados e vermelhos. Mas estava tranquilo, com aquela malandragem que ele conseguia passar mesmo quando se encontrava bêbado ou fodido de droga. Além disso, exalava uma confiança que todos têm quando *sabem* que o que fazem é foda. Porém, não importava a *aparência* dele, se estava mal ou quase morrendo. Para mim, ainda estava ótimo naquela noite, depois de tanto tempo que passei à procura dele; fiquei muito contente de vê-lo ali. E quando ele se lembrou de onde havia me conhecido, me tornei o filho da puta mais feliz do mundo.

Disse a ele o quanto havia sido difícil encontrá-lo, e ele só sorriu, dizendo que não parava quieto. Levou-me para dentro do Heatwave, onde todo mundo o recebeu como se ele fosse um rei, coisa que ele era mesmo. E já que eu estava ao seu lado, com o braço dele sobre o meu ombro, também fui tratado com muito respeito. Não toquei nessa primeira noite. Só ouvi. E cara, fiquei maravilhado com a forma como Bird mudou assim que levou o saxofone à boca. Porra, ele passou de um verdadeiro maltrapilho a uma explosão de potência e beleza. A transformação que ocorreu quando ele começou a tocar foi incrível. Na época, ele tinha 24 anos, mas, quando não estava tocando, parecia ter mais, especialmente fora do palco. Porém, toda sua aparência mudava assim que ele levava o saxofone à boca. Tocava feito um filho da puta mesmo quando estava quase caindo de bêbado ou lesado por conta da heroína. Bird era de outro mundo.

Enfim, depois que travei contato com ele naquela noite, andei por perto de Bird o tempo todo ao longo dos anos seguintes. Ele e Dizzy se tornaram minhas principais influências, meus professores. Bird até morou comigo por um tempo antes de Irene chegar. Ela foi para Nova York em dezembro de 1944. De repente, lá estava ela, batendo na porra da minha porta; minha mãe havia dito a ela que viesse. Então consegui um quarto para Bird na mesma pensão, na 147th com a Broadway.

Mas, na época, eu não conseguia dar conta do estilo de vida dele – toda a bebida e comida e drogas. Eu tinha de estudar durante o dia, e ele ficava lá todo fodido. Porém, me ensinava muito sobre música – acordes e tal –, que eu tocava no piano quando chegava na Juilliard.

Quase todas as noites, eu ia a algum lugar com Diz ou Bird, dando canjas, absorvendo tudo o que podia. E, como eu já disse, havia conhecido Freddie Webster, um ótimo trompetista mais ou menos da mesma idade que eu. Descíamos até a 52nd e ficávamos maravilhados com os andamentos rápidos que Dizzy conseguia tocar no trompete. Cara, eu nunca tinha ouvido nada como aquele negócio que eles tocavam na 52nd e no Minton's. Era tão bom que dava medo. Dizzy começou a me mostrar umas coisas ao piano para que eu pudesse expandir meu senso de harmonia.

E Bird me apresentou a Thelonious Monk. O uso que ele fazia dos espaços nos solos e sua manipulação de progressões de acordes de sonoridade esquisita foram um soco no estômago, me deixaram fodido da cabeça. "Caramba, o que esse filho da puta está fazendo?", eu dizia. O uso que Monk fazia dos espaços teve uma influência enorme na forma como eu passei a tocar solos depois de ouvi-lo.

Nesse ínterim, comecei a ficar puto de verdade com o que eles ensinavam na Juilliard. Para mim, não estava rolando. Como eu já disse, ir à Juilliard era uma cortina de fumaça para conviver com Dizzy e Bird, mas queria ver o que poderia aprender lá. Toquei na orquestra sinfônica da escola. Eram umas duas notas a cada 90 compassos e fim. Eu queria mais e precisava de mais. Além disso, sabia que nenhuma orquestra sinfônica de brancos ia contratar um filho da mãe preto como eu, não importava o quão bom eu fosse ou o quanto conhecesse de música.

Eu aprendia muito mais com os caras, então, depois de um tempo, simplesmente me entediei da escola. Além disso, eles eram voltados demais para a branquitude e racistas pra caralho. Porra, eu podia aprender mais numa única *jam* no Minton's do que em dois anos de Juilliard. Lá, depois que me formasse, só saberia um monte de estilos de branco; nada novo. E eu estava ficando furioso e constrangido com o preconceito e as outras merdas deles.

Lembro-me de uma aula de história da música ministrada por uma professora branca. Diante da turma, ela dizia que o motivo pelo qual os pretos tocavam blues era por serem pobres e terem de colher algodão. Assim, ficavam tristes, e era daí que vinha o blues, da tristeza deles. Ergui a mão num tiro, me levantei e disse: "Eu sou de East St. Louis, e meu pai é rico, é dentista, e eu toco blues. Meu pai nunca colheu algodão nenhum, e eu não acordei um dia de manhã triste e comecei a tocar blues. É mais profundo do que isso". Bem, a vagabunda ficou verde e não falou mais nada depois disso. Cara, ela lecionava aquela merda a partir de um livro escrito por alguém que não sabia porra nenhuma do que estava falando. Era esse o tipo de merda que acontecia na Juilliard, e, depois de um tempo, cansei disso.

O que eu pensava a respeito de música era que gente como Fletcher Henderson e Duke Ellington eram verdadeiros gênios americanos ao arranjar. Aquela mulher nem sabia quem eram eles, e *eu* não tinha tempo para ensinar a ela. Ela é quem deveria estar me ensinando! Assim, em vez de ouvir o que ela e os outros professores diziam, eu olhava para o relógio e pensava no que estaria fazendo à noite, me perguntava a que horas Bird e Diz iriam para o centro da cidade. Pensava em ir para casa, vestir umas roupas e seguir até o Bickford's, na 145th com a Broadway, onde compraria 50 centavos em sopa para ter energia para tocar mais tarde naquela noite.

Nas noites de segunda-feira no Minton's, Bird e Dizzy apareciam para as *jams*, então havia uns mil desgraçados tentando entrar para ouvi-los e, quem sabe, tocar com os dois. Porém, a maioria dos músicos que manjavam do riscado nem pensava em tocar quando Bird e Dizzy apareciam para as *jams*. Só sentávamos no meio do público, ouvíamos e aprendíamos. A cozinha poderia ser Kenny Clarke na bateria, às vezes Max Roach, que conheci lá. Curly Russel tocava baixo, e às vezes Monk tocava piano. Cara, as pessoas brigavam por um assento, essas merdas. Se você se levantasse, perdia o lugar e teria de bater boca e brigar. Era uma baita cena. Havia eletricidade no ar.

A forma como as coisas rolavam no Minton's era a seguinte: você levava seu instrumento e esperava que Bird e Dizzy o convidassem para tocar com eles no palco. E quando isso acontecia, era melhor você não fazer cagada. Eu não fiz. Quando toquei lá pela primeira vez, não fui ótimo, mas toquei pra caramba no meu estilo, que era diferente do de Dizzy, embora naquele momento eu estivesse influenciado por ele. Porém, as pessoas ficavam de olho nas deixas de Bird e Dizzy. Se eles sorrissem quando você acabava de tocar, aquilo significava que você tinha ido bem. Eles sorriram quando terminei de tocar naquela primeira vez e, daí em diante, passei para o cerne do que rolava na cena musical nova-iorquina. Assim, depois disso, me tornei uma espécie de astro em ascensão. Poderia dar canjas com os peixes grandes o tempo todo.

Era sobre isso que eu pensava durante as minhas aulas na Juilliard, em vez de prestar atenção no que estava sendo ensinado. Foi por isso que acabei desistindo da Juilliard. Eles não me ensinavam nada e não *sabiam* nada para me ensinar porque tinham muito preconceito contra todo tipo de música negra. Que era o que eu queria aprender.

Enfim, depois de um tempo, eu dava canjas no Minton's sempre que quisesse, e as pessoas iam *me* ouvir tocar. Eu começava a estabelecer uma reputação. Uma das coisas que me surpreendeu em Nova York foi que, quando cheguei lá, pensava que todos os músicos saberiam mais de música do que sabiam. Então fiquei em choque ao descobrir que, entre os caras mais velhos, Dizzy, Roy Eldridge e o cabeludo Joe Guy eram os únicos que eu poderia ouvir e aprender alguma coisa. Eu esperava que todo mundo fosse desgraçado de bom e fiquei surpreso por saber muito mais de música do que a maioria deles.

Outra coisa que achei estranha, depois de morar e tocar em Nova York por um tempo, foi que muitos dos músicos pretos não sabiam nada de teoria musical. Bud Powell era um dos poucos que eu conhecia que era capaz de tocar, escrever e ler todo tipo de música. Muitos dos caras mais velhos achavam que se você frequentasse escolas de música, isso te faria tocar como branco. Ou que se você aprendesse alguma teoria, ia perder o *feeling* ao tocar. Não acreditava que todos aqueles caras como Bird, Prez, Bean, todos esses cabras não iam a museus ou bibliotecas para pegar partituras emprestadas e poder conferir o que estava acontecendo. Eu ia à biblioteca e pegava partituras de todos aqueles grandes compositores, Stravinsky, Alban Berg, Prokofiev. Queria ver o que estava rolando na música como um todo. Conhecimento é liberdade, e ignorância é escravidão, e eu simplesmente não conseguia crer que alguém era capaz de estar tão perto assim da liberdade e não se valer disso. Nunca entendi por que os pretos não aproveitam tudo o que podem. É como se houvesse uma mentalidade de gueto que dissesse a eles que não devem fazer certas coisas, que elas são reservadas apenas aos brancos. Quando eu dizia tudo isso a outros músicos, eles meio que faziam pouco caso. Entende o que eu quero dizer? Então só segui meu caminho e parei de falar disso com eles.

Eu tinha um bom amigo chamado Eugene Hays, que era de St. Louis e estudava piano erudito na Juilliard comigo. Era um gênio. Se ele fosse branco, seria um dos pianistas eruditos de maior prestígio no mundo hoje. Mas era preto e estava à frente de seu tempo. Então não queriam saber dele. Ele e eu tirávamos proveito das bibliotecas musicais. Tirávamos proveito de tudo o que podíamos.

Enfim, na época, eu andava com músicos como Fats Navarro – que todo mundo chamava de "Fat Girl"[6] – e Freddie Webster, e havia meio que me aproximado de Max Roach e J. J. Johnson, o grande trombonista de Indianapolis. Todos nós estávamos tentando obter nossos mestrados e doutorados da Universidade do Bebop do Minton's, sob a orientação dos professores-doutores Bird e Diz. Cara, eles tocavam uns troços tão incríveis.

Certa vez, depois que a *jam session* acabou e eu fui para casa dormir, ouvi uma batida na porta. Levantei-me e fui atendê-la com o sono ainda nos olhos, completamente puto da cara. Abri e lá estavam J. J. Johnson e Benny Carter, com lápis e papel na mão. "O que vocês querem a essa hora da madrugada, seus filhos da puta?", perguntei.

"'Confirmation'. Cantarole 'Confirmation' para mim, Miles", disse J. J.

O filho da puta nem me cumprimentou, certo? Aquilo foi a primeira coisa que saiu da sua boca. Bird acabara de compor "Confirmation", e todos os músicos simplesmente se apaixonaram por esse tema. Aí me aparece aquele filho da puta às 6h da manhã. J. J. e eu havíamos tocado "Confirmation" mais cedo, na *jam session*. E agora ele vinha com isso de cantarolar a melodia.

Então comecei a cantarolá-la em meio ao sono, no tom de fá. É o tom em que foi composta. Aí J. J. me disse: "Mas Miles, você deixou uma nota de fora. Cadê a outra, qual é essa outra nota na melodia?". Lembrei e contei a ele.

"Obrigado, Miles", disse. Então escreveu alguma coisa e foi embora. J. J. era um filho da puta engraçado, cara. Fazia essas merdas o tempo todo. Acreditava que eu sabia tecnicamente o que o Bird fazia, pois eu estudava na Juilliard. Nunca vou me esquecer dessa primeira

---

6 Em tradução livre, "garota gorda", apelido dado ao músico pelos seus companheiros por conta de seu peso e sua voz aguda. "Fat Girl" também se tornou título de uma composição de Navarro gravada em 1946. (N. do T.)

vez que ele fez isso, e até hoje rimos dessa história. Ela é um exemplo de como todo mundo se interessava pela música de Bird e Dizzy. Vivíamos e dormíamos nela todos os dias.

Eu e Fat Girl dávamos muita canja juntos no Minton's. Ele era muito grande e gordo, até perder todo aquele peso pouco antes de morrer. Quando não gostava do que algum filho da puta tocava no Minton's, Fat Girl simplesmente impedia o sujeito de chegar ao microfone. Virava de lado e bloqueava a passagem, sinalizando para que eu tocasse. Os caras ficavam putos com Fat Girl, mas ele não ligava. E quem fosse impedido por ele sabia que não tocava nada, então não adiantava ficar bravo por muito tempo.

Porém, meu grande parceiro de fato naqueles primeiros dias em Nova York foi Freddie Webster. Eu gostava muito do que ele fazia no trompete na época. Tinha um estilo semelhante ao dos músicos de St. Louis, um som grande e melodioso, e não tocava notas demais, nem andamentos rápidos. Gostava muito de peças de andamento moderado e baladas, assim como eu. Adorava o jeito como ele tocava, sem desperdiçar notas e com um som grande, caloroso, aveludado. Tentava tocar como ele, mas sem vibrato e sem "tremer as notas". Ele era uns nove anos mais velho do que eu, mas eu ensinava a ele tudo o que aprendia de técnica e composição na Juilliard, porque para coisas técnicas *aí sim* a Juilliard servia. Freddie era de Cleveland e cresceu tocando com Tadd Dameron. Éramos próximos como irmãos e muito parecidos. Tínhamos quase a mesma altura e usávamos as roupas um do outro.

Freddie tinha muitas piranhas. O negócio dele era mulher, além da música e da heroína. Cara, as pessoas me contavam histórias de Freddie ser um sujeito violento que andava com uma .45 e umas merdas assim. Mas todo mundo que o conhecia bem sabia que isso não era verdade. Quer dizer, ele não engolia sapo, mas não saía por aí arrumando confusão. Até morou um tempo comigo depois que Bird se mudou. Freddie falava o que pensava e não queria saber de papo furado de ninguém. Era um cara complexo, mas nos dávamos muito bem. Éramos tão próximos que paguei o aluguel dele muitas vezes. O que eu tinha era dele também. Meu velho me mandava uns US$ 40 por semana, o que era um bom dinheiro naquela época. O que eu não gastava com a família, compartilhava com Freddie.

O ano de 1945 foi um ponto de virada na minha vida, muitas coisas começaram a acontecer para mim e comigo. Primeiro, por conviver com tantos músicos e frequentar tantos clubes, comecei a beber um pouco naquele ano e também a fumar. E passei a tocar com mais gente. Eu, Freddie, Fat Girl, J. J. e Max Roach fazíamos *jams* por toda Nova York e pelo Brooklyn, onde quer que pudéssemos. Tocávamos no centro, na 52nd, até mais ou menos meia-noite ou 1h da manhã. Então, quando acabávamos por lá, subíamos para o Minton's, o Small's Paradise ou o Heatwave e tocávamos até fechar – por volta das 4h, 5h, 6h da manhã. Depois de passarmos a noite nas *jam sessions*, Freddie e eu continuávamos acordados por ainda mais tempo, conversando sobre música e teoria musical, sobre abordagens do trompete. Na Juilliard, eu assistia àquelas aulas lamentáveis sonâmbulo, morrendo de tédio, em especial as de coro. Só bocejava e pescava. Então, depois da aula, eu e Freddie nos encontrávamos e falávamos mais de música. Eu mal dormia. E com Irene em casa, bem, eu tinha de dar conta dos meus deveres de marido com ela às vezes, saca, ficar com ela e tal. Então Cheryl começava a chorar. Era dureza.

Em 1945, Freddie Webster e eu íamos ao centro quase toda noite para ver Diz e Bird onde quer que eles tocassem. Sentíamos que se perdêssemos uma oportunidade de vê-los em ação, estaríamos perdendo algo importante. Cara, as paradas que eles tocavam e faziam aconteciam tão rápido que você tinha de estar lá em pessoa para sacar. Nós realmente estudávamos o que eles faziam de um ponto de vista técnico. Éramos como cientistas do som. Se uma porta rangesse, éramos capazes de dar o tom exato.

Havia um professor branco chamado William Vachiano com quem eu estudava e que me ajudava. Mas ele curtia uns troços tipo "Tea for Two", então me pedia para tocar esse tipo de coisa. Tínhamos discussões que se tornaram lendárias entre os músicos de Nova York, porque ele supostamente era o grande professor de estudantes avançados, como eu. Mas eu e aquele filho da puta ficávamos no pé um do outro o tempo todo. "Ei, cara, você devia estar me ensinando alguma coisa, então faça isso e chega de papo furado", eu dizia. Bem, quando eu falava algo desse tipo, Vachiano ficava puto da cara, vermelho de raiva. Mas eu me fazia entender.

Tocar com Bird foi o que realmente fez a coisa andar para mim. Eu podia me sentar e conversar, comer e curtir com Dizzy, porque ele é um cara ótimo. Mas Bird era um filho da puta ganancioso. Nunca tínhamos muito a dizer um ao outro. Gostávamos de tocar um com o outro e era isso. Bird nunca te *dizia* o que tocar. Você aprendia ao observá-lo, ao pegar as coisas que ele fazia. Ele nunca falava muito de música quando você ficava sozinho com ele. Porém, conversamos algumas vezes na época em que ele morou comigo, e eu peguei algumas coisas, mas, na maior parte do tempo, eu aprendia só de ouvi-lo tocar.

Dizzy, no entanto, *gostava* de falar muito sobre música, e peguei várias coisas dele assim. Bird pode ter sido o espírito do movimento bebop, mas Dizzy era "o cérebro e as mãos", aquele que mantinha a coisa nos eixos. Quer dizer, ele cuidava dos músicos mais jovens, conseguia trabalho para nós e tal, conversava conosco, não importava que fosse nove ou dez anos mais velho. Ele nunca falou comigo de forma condescendente. Costumavam menosprezar Dizzy porque ele agia feito maluco e tal. Mas ele não era maluco de verdade, só engraçado pra diabo, e se interessava demais pela história do povo preto. Tocava música africana e cubana muito antes de elas se popularizarem em qualquer outro lugar. O apartamento de Dizzy – na 7th Avenue, 2040, no Harlem – era o ponto de encontro de muitos dos músicos durante o dia. Passaram a surgir tantos que a esposa dele, Lorraine, começou a expulsar os filhos da puta. Eu ia muito lá. Kenny Dorham aparecia, Max Roach, Monk.

Foi Dizzy quem me fez aprender a tocar piano de verdade. Eu via Monk fazer aqueles troços esquisitos com os espaços e os acordes progressivos. E quando Dizzy praticava, cara, eu absorvia todo aquele negócio do bom. Mas também mostrei a ele algo que aprendi na Juilliard, as escalas egípcias menores. Na escala egípcia, você só muda os bemóis e sustenidos onde você quer a nota bemol e onde a quer sustenido, de forma que fica com dois bemóis e um sustenido, certo? Isso quer dizer que você vai tocar mi bemol e lá bemol e aí o fá vai ser sustenido. Você insere a nota que quiser, tipo na escala egípcia menor da escala de dó. Esse troço parece esquisito, pois você tem dois bemóis e um sustenido. Mas te dá a liberdade de trabalhar com ideias melódicas sem mudar a tonalidade básica. Então chamei a atenção de Dizzy para isso; era uma via de mão dupla. Porém, aprendi muito mais com ele do que ele comigo.

Bird podia ser muito divertido, pois era genial na música e engraçado pra diabo com aquele sotaque britânico que ele costumava imitar. Porém, mesmo assim era difícil conviver com ele porque sempre tentava te dar algum golpe ou ganhar de você em alguma aposta para sustentar o vício em drogas. Toda vez me pedia dinheiro emprestado e usava para comprar heroína ou uísque ou qualquer coisa que quisesse no momento. Como eu já disse, Bird era um filho da puta ganancioso, assim como a maioria dos gênios. Ele queria tudo. E quando ficava desesperado por um pico de heroína, cara, Bird fazia qualquer negócio para conseguir. Ele me engambelava e, assim que saía de perto de mim, virava a esquina correndo atrás de outra pessoa para contar a mesma história triste de que precisava de dinheiro para tirar o saxofone da loja de penhores, e aí conseguia mais. Nunca pagou ninguém de volta, então, nesse sentido, era um puta de um saco conviver com Bird.

Certa vez, deixei-o no meu apartamento enquanto fui à aula. Quando voltei, o filho da puta tinha penhorado minha mala e estava sentado no chão, apagado depois de injetar. Em outra ocasião, penhorou seu terno para comprar heroína e acabou pegando o meu emprestado para usar no Three Deuces. Mas eu era menor que ele, então Bird subiu no palco com as mangas do terno meio palmo acima do pulso e a barra da calça meio palmo acima do calcanhar. Era o único terno que eu tinha na época, então tive de ficar no apartamento até ele pegar o terno dele de volta da loja de penhores e devolver o meu. Cara, o filho da puta passou um dia inteiro daquele jeito só para conseguir heroína. Porém, disseram que naquela noite ele tocou como se estivesse de smoking. É por isso que todo mundo amava Bird e aguentava as baboseiras dele. Foi o maior saxofonista alto que já existiu. Enfim, Bird era assim; um dos grandes, um gênio da música, mas, cara, era também um dos filhos da puta mais gananciosos e imorais que já pisaram na Terra, pelo menos dos que eu conheci. Era uma peça.

Lembro-me de uma vez que estávamos descendo para A Rua pra tocar, vindo do Harlem, e Bird levou uma piranha branca no banco traseiro do táxi conosco. O filho da puta já tinha injetado muita heroína e agora comia frango – sua comida favorita – e bebia uísque, enquanto dizia para a piranha se agachar e chupar o pau dele. Ora, eu não estava acostumado com esse tipo de coisa naquela época – mal bebia e acho que tinha acabado de começar a fumar – e definitivamente ainda não usava drogas, porque tinha apenas 19 anos e nunca tinha visto nada daquela merda ainda. Enfim, Bird percebeu que eu estava ficando meio constrangido com a mulher chupando o pau dele e tal e com ele chupando a boceta dela. Então perguntou se havia alguma coisa de errado comigo e se aquilo estava me incomodando. Para expressar o quanto eu estava desconfortável por eles fazerem aquilo na minha frente, com ela lambendo e batendo a língua como um cachorro no pau dele e ele gemendo enquanto dava mordidas no frango, falei: "Sim, está me incomodando". Sabe o que o filho da puta disse? Que se eu estava incomodado, então deveria olhar para o outro lado e não prestar atenção. Não acreditei naquela merda, não acreditei que ele realmente me disse aquilo. O táxi era bem pequeno, e estávamos nós três no banco traseiro, então para onde eu ia olhar? O que fiz foi colocar a cabeça para fora da janela do carro, mas ainda conseguia ouvir os desgraçados mandando ver, enquanto Bird lambia os beiços naquele frango frito. Como eu já disse, ele era uma peça e tanto.

Então eu o admirava como um grande músico mais do que eu gostava dele como pessoa. Mas Bird me tratava como um filho, ele e Dizzy foram como figuras paternas para mim. Bird sempre me dizia que eu era capaz de tocar com qualquer um. Então, às vezes, ele praticamente me empurrava para o palco para tocar com alguém com quem eu não achava que estivesse pronto para tocar, gente como Coleman Hawkins, Benny Carter ou Lockjaw Davis. Eu tinha certa confiança no meu taco com a maioria dos músicos, mas ainda tinha apenas 19 anos e sentia que era jovem demais para tocar com certas pessoas – embora não houvesse muita gente com quem eu me sentisse assim. Bird, porém, inflava minha autoconfiança ao dizer que havia passado pelas mesmas baboseiras em sua juventude, em Kansas City.

Minha primeira gravação aconteceu em maio de 1945, com Herbie Fields. Cara, eu estava tão nervoso com essa gravação que mal consegui tocar. Mesmo que fosse em banda – não cheguei a fazer solos. Dessa sessão, lembro que Leonard Gaskin estava no baixo e de um cantor chamado Rubberlegs Williams. Porém, tentei tirar essa gravação da cabeça e me esqueci de quem mais estava presente.

Foi nessa época que também consegui minha primeira apresentação numa casa importante. Toquei com a banda de Lockjaw Davis por um mês no Spotlite, na 52nd Street. Já vinha dando muitas canjas com ele no Minton's, então ele sabia como eu tocava. Por volta dessa época – talvez um pouco antes disso, não lembro exatamente – comecei a tocar ocasionalmente com a banda de Coleman Hawkins, no Downbeat Club, na 52nd. Billie Holiday era a cantora estelar do grupo. O motivo de eu tocar tanto com eles foi Joe Guy, o trompetista regular de Bean, ter acabado de se casar com Billie Holiday. Às vezes, eles ficavam tão chapados de heroína, daquele jeito, que Joe perdia o show. E Billie também. Então Hawk me chamava quando Joe não aparecia. Toda noite, eu conferia com Hawk no Downbeat se Joe havia aparecido. Caso não houvesse, então eu fazia o *set*.

Eu adorava tocar com Coleman Hawkins e acompanhar Billie quando tinha a oportunidade. Ambos eram grandes músicos, muito criativos e tal. Ninguém tocava como Bean. O som dele era grande, imenso. Lester Young – Prez – tinha um som leve, e Ben Webster mandava todo tipo de acorde curioso, saca, tipo de piano, porque ele também tocava piano. E aí havia o Bird, que também tinha sua própria onda, seu som particular. Mas Hawk começou a gostar tanto de mim que Joe entrou nos eixos e parou de perder os shows. E aí consegui a *gig* com Lockjaw.

Depois que essa temporada com Lockjaw acabou, começaram a me acionar bastante n'A Rua. O que rolou foi que os brancos, os críticos brancos, começavam a entender que o bebop era um troço importante. Passaram a falar e a escrever muito a respeito de Bird e Dizzy, mas só quando eles tocavam n'A Rua. Quer dizer, eles escreviam e falavam do Minton's, mas só depois de terem tornado A Rua o lugar para os brancos irem e gastarem muito dinheiro para ouvir aquela música nova. Lá por 1945, vários músicos pretos tocavam na 52nd pelo dinheiro e pela exposição na mídia. Foi por volta dessa época que os clubes da 52nd – como o Three Deuces, o Onyx, o Downbeat, o Kelly's Stable, entre outros – passaram a ser mais importantes para os músicos do que os clubes mais acima, no Harlem.

Porém, muitos brancos não gostavam do que rolava na 52nd. Não entendiam o que estava acontecendo na música. Achavam que estavam sendo invadidos por negrões do Harlem, então havia muita tensão racial em torno do bebop. Pretos saíam com vagabundas brancas ricas das boas. Elas se jogavam nos negrões em público, e eles eram estilosos pra diabo, falavam todo tipo de coisa descolada e moderna. Então, você sabe, muitos brancos, em especial os homens, não gostaram nada dessa merda nova.

Havia dois críticos de música brancos, Leonard Feather e Barry Ulanov, coeditores da revista *Metronome*, que entendiam qual era o lance do bebop, gostavam e escreviam coisas boas. Mas o resto daqueles críticos brancos filhos da puta detestavam o que a gente fazia. Não sacavam a música. Não entendiam e odiavam os músicos. Ainda assim, os clubes ficavam abarrotados de gente que queria ouvir aquele som, e o grupo de Dizzy e Bird no Three Deuces era a coisa mais incendiária de Nova York.

Bird era quase um deus. O povo o seguia por todo lado. Tinha um *entourage* e vivia cercado de todo tipo de mulheres, traficantes da pesada e de gente que lhe dava todo tipo de presente. Bird achava que era assim que devia ser. Então só aceitava, cada vez mais. Passou a perder *sets* e *gigs* inteiras. E isso começou a ferrar com a cabeça de Dizzy, porque embora ele agisse de um jeito meio maluco, sempre foi organizado e deu conta do recado. Dizzy não concebia perder shows. Então se sentou com Bird, implorou para que ele entrasse nos eixos e ameaçou sair do grupo se isso não acontecesse. Não aconteceu, então Dizzy saiu, e foi o fim do primeiro grande grupo de bebop.

A saída de Dizzy chocou a todos do mundo da música e aborreceu muitos músicos que adoravam ouvir os dois tocarem juntos. Agora, todos se davam conta de que havia acabado e de que nós não íamos mais ouvir aquele negócio incrível que eles faziam juntos, a menos que ouvíssemos as gravações ou que eles voltassem. Isso é o que muita gente esperava que acontecesse, inclusive eu, que assumi o lugar de Dizzy.

Quando Dizzy abandonou a banda do Three Deuces, achei que Bird fosse levar o grupo para o Harlem, mas não foi o que ele fez, pelo menos não logo de cara. Muitos dos donos dos clubes da 52nd começaram a perguntar a ele quem seria seu trompetista depois da saída de Dizzy. Lembro-me de uma ocasião em que estava com Bird num clube quando o dono perguntou isso a ele, que se voltou para mim e respondeu: "Eis aqui o meu trompetista, Miles Davis". Eu costumava brincar com ele, dizendo: "Se eu não tivesse entrado para a sua banda, *você* nem teria emprego, cara". Bird só sorria, pois adorava uma piada e uma tirada. Às vezes, não dava muito certo – eu na banda – porque os proprietários dos clubes gostavam de Bird e Dizzy juntos. Mas o dono do Three Deuces nos contratou em outubro de 1945. O grupo contava com Bird; Al Haig no piano; Curly Russell no baixo; Max Roach e Stan Levey na bateria; e eu. Era a mesma cozinha com quem Bird e Dizzy tocavam antes de Dizzy sair. Lembro que a *gig* no Three Deuces era de umas duas semanas. Baby Laurence, o sapateador, também se apresentava. Ele "duelava" com a banda e era um filho da mãe. Baby foi o melhor sapateador que já vi ou ouvi, porque soava como um baterista de jazz ao sapatear. Era uma peça.

Eu ficava tão nervoso naquela primeira *gig* com Bird que perguntava toda noite se podia desistir. Eu já havia dado canjas com ele, mas aquela era minha primeira *gig* pagante. "Você precisa de mim para quê?", eu questionava, porque o filho da puta tocava muita coisa. Quando Bird tocava uma melodia, eu só tocava atrás dele e o deixava assumir a dianteira na porra da nota, o deixava cantar a melodia e tomar a frente de tudo. Porque senão o que ia parecer? Que eu estava conduzindo o condutor daquela música toda? Eu, tocar um solo para Bird? Você está de brincadeira? Cara, eu morria de medo de fazer merda. Às vezes, agia como se fosse desistir, pois achava que ele ia me despedir. Então, ia pedir demissão antes que ele o fizesse, mas ele sempre me incentivava a ficar ao dizer que precisava de mim e que adorava meu jeito de tocar. Aguentei firme e aprendi. Eu sabia tudo o que Dizzy tocava. Acho que foi por isso que Bird me contratou – e também porque ele queria um tipo de som de trompete diferente. Eu conseguia tocar algumas das coisas que Dizzy tocava, e outras não. Então eu só não tocava os *licks* que sabia que não conseguiria, pois logo percebi que precisava ter minha própria voz – qualquer que fosse ela – no instrumento.

Aquelas duas primeiras semanas com Bird foram desgraçadas, mas me ajudaram a amadurecer bem rápido. Eu tinha 19 anos e tocava com o saxofonista alto mais cascudo da história da música. Isso me dava uma sensação muito boa. Eu podia estar me cagando nas calças de medo, mas também ganhava mais confiança, embora não soubesse disso na época.

Porém, Bird não me ensinou muita coisa no que diz respeito a música. Eu adorava tocar com ele, mas não dava para copiar o que ele tocava, porque era original demais. Tudo o que aprendi de jazz naquela época foi com Dizzy e Monk, talvez um pouco com Bean, mas não com Bird. Veja bem, Bird era um solista. Tinha sua própria onda. Era, digamos, isolado. E não havia nada que você pudesse aprender com ele, a menos que o copiasse. Só os saxofonistas eram capazes de copiá-lo, mas nem eles faziam isso. A única coisa que podiam fazer era tentar pegar a abordagem de Bird, o conceito dele. Mas não tinha como tocar o que ele tocava no saxofone com o mesmo *feeling* no trompete. Era possível aprender as notas, mas elas não soariam da mesma forma. Mesmo os grandes saxofonistas não eram capazes de copiá-lo. Sonny Stitt tentou, e Lou Donaldson, um pouco mais tarde, e Jackie McLean, um pouco mais tarde ainda que os outros dois. Mas Sonny tinha um estilo mais parecido com o de Lester Young. E Bud Freeman tocava de uma forma muito parecida com a de Sonny Stitt. Acho que Jackie e Lou chegaram o mais perto de Bird, mas apenas na sonoridade, não *no que* eles tocavam. Ninguém era capaz de tocar como Bird, nem naquela época, nem nunca.

Dentro do meu conceito de música, naquele período, tinha como principais influências, além de Dizzy e de Freddie Webster, Clark Terry, por sua abordagem do trompete, e Monk, por seu senso harmônico – a forma como ele tocava acordes era extraordinária. Mas acredito que Dizzy realmente tenha sido minha principal influência.

Certo dia, depois de chegar a Nova York, perguntei a Dizzy a respeito de um acorde, e ele disse: "Por que você não o toca ao piano?". Então toquei. Saca, eu perguntei a ele, mas já sabia na cabeça qual era o acorde, eu só não tinha tocado ainda. Porque quando entrei na banda de Bird, sabia tudo o que Dizzy tocava no trompete com ele. Havia estudado aquilo de cima a baixo, de trás para frente. Não conseguia tocar agudo, mas sabia *o que* ele tocava. E só não conseguia tocar agudo como Dizzy porque minhas habilidades não estavam tão afiadas e eu não *ouvia* a música num registro tão alto como o dele. Sempre ouvi a música melhor e mais clara, vinda de mim, nos registros médios.

Certo dia, perguntei a Dizzy: "Cara, por que não consigo tocar como você?". "Você *toca* como eu, mas uma oitava abaixo. Você toca os acordes", respondeu ele. Dizzy é autodidata, mas sabe tudo de música. Então, quando ele me disse que eu ouvia tudo mais grave, no registro médio, fez sentido para mim, porque eu não ouvia nada agudo, saca? Hoje eu consigo, mas não naquela época. E uma outra vez, um pouco depois dessa conversa com Dizzy, ele me abordou depois de um solo que toquei: "Miles, você está mais forte agora; está mandando melhor do que da primeira vez que te ouvi". O que ele quis dizer foi que eu estava tocando mais agudo e mais forte do que antes.

Para que eu toque uma nota, ela tem de soar bem para mim. Sempre fui desse jeito. E uma nota tem de estar no mesmo registro do acorde, ou pelo menos tinha naquela época. No bebop, todo mundo tocava muito rápido. Mas eu nunca gostei de tocar um monte de escalas e merdas assim. Sempre tentei tocar as notas mais importantes do acorde, desmembrá-lo. Eu ouvia todos aqueles músicos tocarem aquelas escalas e notas e nada memorável de fato.

Veja bem, música tem a ver com estilo. Por exemplo, se eu fosse tocar com Frank Sinatra, tocaria do jeito que ele canta, ou algo complementar ao jeito que ele canta. Mas não tocaria a milhão com Frank Sinatra. Aprendi muito sobre fraseado ouvindo a maneira como Frank, Nat "King Cole" e até Orson Welles fraseavam. Quer dizer, todos esses caras são cascudos no jeito como dão forma a uma linha musical, a uma sentença ou a uma frase com a voz. Eddie Randle costumava me dizer para tocar uma frase e, então, respirar, ou tocar da forma como se respira. O jeito de tocar acompanhando um cantor é como Harry "Sweets" Edison tocava com Frank. Quando ele parava de cantar, aí então Harry tocava. Um pouco antes e um pouco depois, mas nunca em cima dele; nunca se deve tocar *em cima* de um cantor. Você toca nos entremeios. E se você toca blues, tem de tocar um sentimento; tem de senti-lo.

Aprendi tudo isso em St. Louis, então sempre quis fazer algo diferente da maioria dos trompetistas. Ainda assim, queria tocar agudo e rápido como Dizzy, só para provar a mim mesmo que era capaz. Muitos cabras me menosprezavam na época do bebop, porque seus ouvidos só pegavam o que Dizzy fazia. Era como achavam que se devia tocar trompete. E quando surgia alguém como eu, que tentava algo diferente, podia ser menosprezado.

Bird, porém, queria algo diferente após Dizzy ter saído da banda. Queria uma nova abordagem ao trompete, outro conceito e outro som. Queria o oposto do que Dizzy fazia, alguém para complementar seu som, dispará-lo. Foi por isso que me escolheu. Ele e Dizzy eram muito parecidos no jeito de tocar, ligeiros pra diabo, para cima e para baixo das escalas, às vezes tão rápidos que era impossível distinguir um do outro. Mas quando Bird começou a tocar comigo, surgiu todo um espaço para ele fazer sua onda sem se preocupar com Dizzy estar lá no alto com ele. Dizzy não dava espaço a ele. Eram brilhantes juntos, talvez os melhores de todos os tempos no que faziam juntos. Mas eu dava espaço a Bird, e, depois de Dizzy, era isso que ele queria. Um tempinho após estrearmos no Three Deuces, ainda havia quem quisesse ouvir Diz ao invés de mim. Eu conseguia compreender isso.

Depois de um tempo, o grupo passou a tocar no Spotlite Club, também na 52nd. Bird substituiu Al Haig ao piano por Sir Charles

Thompson e contratou Leonard Gaskin para o baixo, no lugar de Curly Russell. Mas não tocamos lá por muito tempo, pois a polícia fechou o Spotlite e alguns outros clubes da 52nd por causa de alguma besteira relacionada a drogas e licenças hipócritas para a venda de álcool. O motivo real pelo qual acho que fecharam os clubes por algumas semanas foi porque não gostavam que todos aqueles negrões descessem para o centro da cidade. Não gostavam que os pretos ficassem com todas aquelas belas mulheres brancas e ricas.

Para começo de conversa, aquele pedaço da 52nd Street não passava de uma fileira de prédios *brownstone*[7] de três ou quatro andares. Não tinha nada de chique naquela porra de lugar. Antes, brancos ricos moravam naquele quarteirão, entre a quinta e a sexta avenidas. Alguém me disse que isso teve fim na época da Lei Seca, quando os ricos se mudaram dali e os prédios foram transformados em pequenos negócios e clubes nos andares térreos. Os clubes se tornaram muito populares nos anos 1940, quando as bandas pequenas tomaram o lugar das bandas grandes. Esses clubes eram apertados demais para acomodar *big bands*. Os palcos mal aguentavam um quinteto, imagine dez ou 12 músicos. Assim, esse tipo de ambiente criou um novo tipo de músico, que ficaria confortável num contexto de banda pequena. Foi esse o tipo de atmosfera musical que adentrei quando comecei a tocar n'A Rua.

No entanto, os clubes pequenos, como o Three Deuces, o Famous Door, o Spotlite, o Yacht Club, o Kelly's Stable e o Onyx também atraíam trambiqueiros e cafetões audaciosos, além de prostitutas, *hipsters* e traficantes de drogas de sobra. Quer dizer, esse tipo de gente – tanto preta quanto branca – era figurinha fácil n'A Rua. Os filhos da puta estavam em todo lugar e faziam o que quisessem. Todo mundo sabia que eles subornavam a polícia, e isso não tinha problema algum

7 Estilo arquitetônico de casas e prédios baixos geminados. (N. do T.)

contanto que a maioria dos trambiqueiros fosse branca. Porém, quando a música vinda do Harlem chegou ao centro, com ela também vieram os trambiqueiros pretos que frequentavam a cena, ou pelo menos boa parte deles. E isso não caiu muito bem para os tiras brancos. O tal negócio de drogas e licença para venda de álcool era só um disfarce, no que dizia respeito a muitos músicos pretos, para o motivo real, que era o racismo. Mas não se admitia na época.

Mas enfim, depois que fecharam o Spotlite Club, Bird levou o grupo para o Minton's, no Harlem. Comecei a tocar muito melhor lá. Não sei por que, talvez por causa de toda aquela gente preta para quem passei a tocar e estava do meu lado. Não sei dizer ao certo. Só sei que ganhei mais confiança em mim mesmo e no meu jeito de tocar. E embora Bird fosse aplaudido de pé o tempo todo e recebesse vivas entusiasmados e coisas assim, o pessoal parecia adorar quando eu tocava também. Cheguei até a ganhar alguns aplausos de pé. E Bird sorria quando eu tocava, assim como os demais músicos da banda. Eu ainda tinha dificuldade em temas como "Cherokee" ou "A Night in Tunisia", nos quais Diz apavorava, porque esses temas eram feitos sob medida para o estilo dele. Mas eu era bom o bastante para conseguir tocá-los na maior parte do tempo sem que a maioria do público percebesse isso. No entanto, quando Freddie Webster ou Diz estavam na plateia, sabiam que eu tinha problemas com esses temas, mas nunca pegaram pesado comigo por causa disso, embora tenham me informado que sabiam.

Muita gente – brancos inclusos – seguiu a banda para o Harlem. Acho que essa foi uma das razões pela qual a 52nd Street não permaneceu fechada, pois os donos dos clubes, brancos, começaram a reclamar que estavam perdendo todo o dinheiro para os negrões no Harlem. Enfim, A Rua reabriu pouco depois de Bird subir para o Harlem e começar a atrair todos aqueles brancos para lá. Se tem uma coisa que une os brancos é o ódio ao ver pretos ganhando o dinheiro que eles *acham* que pertence a *eles*. Começavam a pensar que eram *donos* daqueles músicos pretos porque lhe rendiam dinheiro. Então deve ter se espalhado o papo de que aquelas novas regras estavam prejudicando o bolso dos donos de clubes brancos, de que eles estavam prestes a perder os negócios para o Harlem. Porém, quando os clubes reabriram, parecia que a parada havia mudado; no espaço de tempo em que fomos embora, alguma magia, alguma energia se perdera. Posso estar errado, mas fiquei com a impressão de que, quando fecharam A Rua, foi o começo do fim para tudo ali. Seria só questão de tempo.

Então era nesse tipo de mundo que eu estava me virando quando cheguei a Nova York, do Harlem ao centro. Quer dizer, me virando entre eles e a Juilliard, que era um universo totalmente diferente daquele em que o bebop se desenredava. E Bird era o rei dessa cena toda, porque fazia muito do que dizia respeito a esse mundo – como injetar heroína, trepar com prostitutas, pegar dinheiro emprestado para sustentar o vício, essas merdas. Bird fazia mais merdas esquisitas do que qualquer outra pessoa que já conheci.

Quando decidi abandonar a Juilliard, no outono de 1945, Freddie Webster foi a primeira pessoa para quem contei. Freddie era um cara forte, bacana. Ele me aconselhou a ligar para o meu pai e avisá-lo antes de abandonar os estudos. Ora, eu ia simplesmente largar e contar para o meu pai depois. Mas quando Freddie me falou aquilo, comecei a pensar na coisa toda. E então disse a ele: "Não posso ligar pro meu velho e falar 'Escuta só, pai, vou trabalhar com uns cabras chamados Bird e Dizzy, então por isso vou largar os estudos'. Não posso fazer um negócio desses. Preciso voltar para casa e contar a ele pessoalmente". Freddie concordou, e foi isso que fiz.

Peguei um trem e voltei para East St. Louis em direção ao consultório dele, o que tinha a placa de "Não Perturbe". É claro que ele ficou chocado ao me ver, mas meu pai era tranquilo quanto a esse tipo de coisa. "Miles, que porra você está fazendo aqui de volta?" foi só o que ele disse.

"Escuta só, pai. Tem uma coisa acontecendo em Nova York. A música está mudando, os estilos, e eu quero fazer parte disso, com Bird e Diz. Então, voltei para te dizer que vou abandonar a Juilliard porque o que eles me ensinam é coisa de branco, e eu não estou interessado nisso", respondi.

"OK", disse ele. "Contanto que você saiba o que está fazendo, está tudo bem. Só uma coisa: o que quer que faça, faça direito."

Ele então me disse algo que nunca vou esquecer: "Miles, está ouvindo este pássaro na janela? É um pássaro mimo. Ele não tem um canto próprio. Copia o canto de todos os outros, e isso não é o que você deve fazer. Você deve ser você mesmo, ter o seu próprio som. É disso que se trata. Então, não seja ninguém a não ser você mesmo. *Você* sabe o que *você* tem de fazer, e eu confio no seu julgamento. E não se preocupe, vou continuar a lhe mandar dinheiro até que você consiga se sustentar".

Isso foi tudo o que ele disse antes de voltar a tratar do paciente. Foi um momento e tanto, cara. Vou ser grato para sempre ao meu pai por me entender tão bem. Minha mãe não gostou, mas, a essa altura, ela já tinha aprendido a não falar nada sobre alguma coisa que eu já estava decidido a fazer. Inclusive, parecia que estávamos nos aproximando mais. Quer dizer, certa vez, numa viagem para casa, eu havia descoberto que minha mãe sabia tocar um blues nervoso no piano. Até então, eu não tinha a menor ideia de que ela era esse tipo de musicista. Naquele Natal em que voltei para casa, e ela estava tocando blues, comentei que gostava do que ela estava tocando, mas nem desconfiava dos seus talentos no piano daquele jeito. Ela meio que sorriu para mim e disse: "Bem, Miles, há muitas coisas que você não sabe a meu respeito". Ambos rimos e nos demos conta, pela primeira vez, de que era verdade.

Minha mãe era uma linda mulher fisicamente e, à medida que envelhecia, espiritualmente também. Tinha uma bela atitude. Seu rosto era uma atitude. Herdei isso dela. E quanto mais velha ela ficava, mais bela a atitude se tornava, e mais nos aproximávamos. Porém, por mais que eu estivesse envolvido na música, meus pais quase nunca frequentavam clubes, nem para me ver tocar.

Antes de abandonar a Juilliard, segui o conselho de Dizzy de fazer umas aulas de piano. Também fiz algumas de trompete sinfônico que me ajudaram a tocar melhor. As aulas eram dadas por trompetistas da Orquestra Filarmônica de Nova York, então aprendi algumas coisas com eles.

Quando digo que a Juilliard não me ajudou, quero dizer no sentido de não me ajudar a compreender aquilo que eu realmente queria tocar. Concluí que não havia mais nada para eu fazer naquela escola. Ao longo da vida, me arrependi de pouquíssimas coisas. De algumas, sim, mas não com muita frequência. Porém, não senti nada quando abandonei a Juilliard no outono de 1945. Enfim, eu estava tocando com os maiores músicos de jazz do mundo, então haveria de me sentir mal pelo quê? Por nada. E não me senti. Nunca mais olhei para trás.

capítulo 4

Por volta dessa época, no outono de 1945, Teddy Reig, que era um produtor da Savoy Records, propôs a Bird uma sessão de gravação para o seu selo. Bird aceitou e me convidou para tocar trompete; Dizzy participou de algumas faixas ao piano. Thelonious Monk e Bud Powell não puderam ou não quiseram tocar; Bud nunca se deu lá muito bem com Bird mesmo. Então foram Sadik Hakim no piano, nas faixas em que Dizzy não tocou; Curly Russell no baixo; Max Roach na bateria; e Bird no sax alto. O disco foi intitulado *Charlie Parker's Reboppers*. Foi um ótimo disco, ou pelo menos muita gente assim o considerou. E definitivamente cravou meu nome no movimento bebop.

Porém, terminar esse disco foi dureza, cara. Lembro que Bird queria que eu tocasse "Ko-Ko", tema baseado na progressão de "Cherokee". Ora, Bird *sabia* que eu tinha dificuldade em tocar "Cherokee" naquela época. Então quando ele disse que aquele era o tema que queria que eu tocasse, eu simplesmente disse que não, não ia tocar. É por isso que Dizzy é quem toca trompete em "Ko-Ko", "Warmin' Up a Riff" e "Meandering" de *Charlie Parker's Reboppers*, porque eu não ia dar a cara a tapa e passar vergonha. Eu não achava que estivesse pronto de verdade para tocar temas no andamento de "Cherokee" e não escondi isso.

Tem uma coisa engraçada dessa sessão de gravação. Quando Dizzy tocou todos aqueles solos maravilhosos, eu dormia profundamente na porcaria do chão e perdi todo aquele negócio nervoso que ele tocou. Mais tarde, quando ouvi o disco, cara, só consegui balançar a cabeça e rir. O que Dizzy tocou naquele dia foi nervoso demais.

Mas a *gig* em si foi estranha, porque vários trambiqueiros e traficantes passavam no estúdio à procura de Bird. A gravação foi feita toda em um dia, acho. Foi no final de novembro, numa folga das apresentações, então provavelmente foi numa segunda-feira. Enfim, toda essa gente aparecia, e Bird sumia para dentro do banheiro com um traficante, saindo de lá uma ou duas horas depois. Enquanto isso, ficava todo mundo sentado, esperando Bird acordar da "soneca". E então ele voltava todo fodido. Porém, depois de chapar, ele tocava pra caralho.

Quando o disco foi lançado, alguns dos resenhistas me espinafraram, em especial o da *Down Beat*. Esqueci o nome dele, mas lembro que ele falou algo a respeito de como eu havia copiado todas as coisas erradas de Dizzy e que, no fim, isso ia ser ruim para mim. Não presto atenção alguma a críticos, mas, naquela época, o que esse cara disse meio que me magoou, pois eu era muito jovem e tal, e tocar naquele disco e tocar bem eram coisas muito importantes para mim. Contudo, Bird e Dizzy me falaram para não dar bola para as merdas que os críticos diziam, e eu não dei; eu respeitava o que *eles* – Bird e Dizzy – tinham a dizer sobre o quão bem eu tocara. O cara que escreveu aquela merda na *Down Beat* provavelmente nunca tocou instrumento algum na vida. Talvez tenha sido aí que começou o meu ressentimento com críticos de música, quando eles me rebaixaram feio, na lata, numa época em que eu ainda era muito jovem e tinha muito a aprender. Eles me trataram com sangue de barata, não mostraram compaixão alguma. Acho que considerei errado ser tão duro com alguém tão jovem e inexperiente sem dar nenhum tipo de incentivo.

No entanto, por melhor que estivesse minha relação com Bird na música, o lado pessoal estava piorando. Como eu já disse, Bird morou comigo por um tempinho, mas não tanto quanto muitos autores mencionam. Quer dizer, eu arrumei um quarto para ele no mesmo prédio onde eu morava com a minha família. Mas ele aparecia o tempo todo no nosso apartamento para pedir dinheiro emprestado e tal, comer a comida de Irene, cair de bêbado no sofá ou no chão. Além disso, quando ele aparecia, trazia constantemente todo tipo de mulher, trambiqueiro, traficante e músico drogado.

Uma das coisas que nunca entendi a respeito de Bird foi por que ele fazia toda aquela merda autodestrutiva. Cara, Bird era melhor do que isso. Era um intelectual. Lia romances, poesia, livros de história, coisas assim. E era capaz de sustentar uma boa conversa com quase qualquer pessoa sobre todo tipo de assunto. Então o filho da puta não era burro, ignorante, iletrado ou nada assim. Era muito sensível. Mas tinha uma veia autodestrutiva que era dureza. Era um gênio, e a maioria dos gênios é gananciosa. Mas ele falava muito de umas paradas políticas e adorava tirar com a cara de algum desgraçado, se fazer de bobo diante do que acontecia e aí botar o babaca no bolso. Gostava de fazer isso especialmente com gente branca. E então ria quando descobriam que ele os havia sacaneado. Era uma peça rara – um indivíduo bem complexo.

Porém, a pior coisa que Bird fez naquela época foi se aproveitar do amor e do respeito que eu tinha por ele como um grande músico. Dizia aos traficantes que eu ia pagar o dinheiro que *ele* lhes devia. Então, às vezes, os caras vinham à minha procura parecendo que queriam me matar. Essa merda era perigosa. Por fim, disse a ele e a todos aqueles filhos da puta que não aparecessem mais na minha casa. A coisa ficou tão feia que Irene voltou para East St. Louis, mas retornou a Nova York assim que Bird parou de aparecer tanto. Foi por volta dessa época que Bird conheceu Doris Sydnor e foi morar no apartamento dela, em algum ponto da Manhattan Avenue. Depois que Bird foi embora da minha casa e antes de Irene voltar de East St. Louis, Freddie Webster veio morar comigo, e nós passávamos a noite inteira conversando. Era muitíssimo mais fácil conviver com ele do que com Bird.

Entre as *gigs* com Bird, toquei um pouco com Coleman Hawkins e Sir Charles Thompson no Minton's, no outono de 1945. Como eu já disse, eu adorava tocar com Bean, cara, porque ele tocava bem demais e era uma pessoa maravilhosa. Sempre me tratou bem, quase como um filho. Cara, Bean arrebentava tocando baladas, especialmente aquelas como "Body and Soul". Ele era de Saint Joseph, Missouri, cidadezinha perto de Kansas City, de onde Bird era. Nós – Bird, Bean e eu – éramos todos do Meio-Oeste. Acho que isso contribuiu muito para nos darmos bem musicalmente e às vezes – pelo menos com Bird – socialmente; meio que pensávamos e víamos as coisas de um jeito parecido. Bean era um grande cara, uma das pessoas mais maravilhosas que já conheci, e me ensinou muito de música.

Além disso, ele me dava roupas. Eu perguntava quanto ele queria por um paletó ou uma camisa, e ele me dava a peça por 50 centavos ou coisa do tipo. Comprava roupas numa loja da moda e cara na Broadway, perto da 52nd Street, e depois me vendia por quase nada. Ele me deu um daqueles sobretudos sofisticados que usava por cerca de US$ 10. Certa vez, na Filadélfia, conheci uns caras por meio de Bean chamados Nelson Boyd e Charlie Rice (que acho que era baterista, não lembro). Enfim, Charlie fazia seus próprios ternos e alguns para Bean. Cara, eram uns ternos do caralho. "Caramba, Charlie, por que você não faz um desses ternos para mim?", perguntei a ele. Então me disse para arrumar o tecido que ele faria, de graça. Arrumei. E ele me fez um terno de quatro botões da pesada que usei até gastar. Acho que em muitas das fotos que tiraram de mim entre 1945 e 1947 eu estava usando um dos ternos de Charlie Rice. Depois disso, sempre mandei fazer ternos sob encomenda quando tinha dinheiro.

Além disso, passei a conhecer Thelonious Monk melhor quando trabalhei com Bean; ele também fazia parte da banda. Denzil Best tocava bateria. Eu gostava bastante de "'Round Midnight", composição de Monk, e queria muito aprendê-la. Então, toda noite, depois que terminávamos de tocá-la, eu perguntava: "Monk, como toquei hoje?". E ele olhava para mim muito sério: "Você não tocou certo". E isso na primeira noite, depois na seguinte a mesma coisa, na próxima e na próxima e na próxima. Isso continuou por um tempo.

"Não é assim que se toca", ele dizia, às vezes com uma expressão maléfica, exasperada no rosto. Então, certa noite, fiz a pergunta novamente e ele disse: "Isso, é assim que se toca".

Cara, isso me deixou mais feliz do que pinto no lixo. Eu havia acertado aquele som. Era um dos mais complicados. "'Round Midnight" era muito difícil por causa da melodia complexa, era preciso segurar a bronca. Era preciso tocar de modo a ouvir os acordes e mudanças e também as melodias; era uma dessas composições que você *precisava* ouvir. Não era uma melodia ou motivo de oito compassos e fim, como num tom menor. É uma música difícil de aprender e se lembrar. Ainda sei tocá-la, mas não gosto muito de tocá-la hoje em dia, talvez apenas quando estou praticando, sozinho. E o que a deixava tão difícil para eu tocar era ter de pegar todas aquelas harmonias. Eu tinha de ouvir a música, tocar e improvisar de modo que Monk pudesse ouvir a melodia.

Aprendi a improvisar com Bean, Monk, Don Byas, Lucky Thompson e Bird. No entanto, Bird era um improvisador tão gigante e inventivo que virava as composições do avesso. Se você não conhecesse música, não ia saber que porra Bird estava fazendo ao improvisar. Veja bem, Bean, Don Byas e Lucky Thompson tinham todos o mesmo estilo: faziam os solos e então improvisavam. Ainda era possível ouvir a melodia quando eles improvisavam. Porém, quando Bird tocava, era um outro esquema, um negócio totalmente à parte, era algo diferente toda vez. Dentre os mestres, ele era *o* mestre.

Coloquemos de outra forma: há pintores e, então, há pintores entre os grandes pintores. No século 20, na minha opinião, tivemos Picasso, Dalí. Para mim, Bird era como Dalí, meu pintor favorito. Eu gosto de Dalí por causa da imaginação dele ao pintar a morte. Veja bem, eu curtia esse tipo de imaginário e gostava do surrealismo nas pinturas dele. A forma como Dalí usava o surrealismo sempre teve alguma coisa de torta – pelo menos para mim –, era muito diferenciada; saca, tipo a cabeça de um homem num seio. E as pinturas de Dalí tinham uma certa conclusão sofisticada. Já Picasso, além da obra cubista, tinha uma influência africana nas pinturas, e eu já *sabia* o que era tudo aquilo. Então, Dalí simplesmente era mais interessante para mim, me ensinou uma nova forma de olhar para as coisas. Bird era assim com a música.

Bird tinha uns cinco ou seis estilos, todos distintos. Um meio Lester Young; outro meio Ben Webster; um que Sonny Rollins chamava de "bicada", que é quando um instrumentista de sopro usa frases bem curtas (hoje em dia, Prince usa esse estilo); e pelo menos outros dois que não sei descrever agora. Monk era assim como compositor e pianista; não tanto quanto Bird, mas parecido.

Tenho pensado muito em Monk ultimamente, porque todas as composições dele podem ser encaixadas nesses novos ritmos que muitos músicos jovens tocam hoje – Prince, minhas músicas novas, bastante coisa. Ele foi um grande músico, um inovador, em especial nas composições.

Monk também era um sujeito engraçado, pois acompanhava a batida mexendo as pernas e os pés. Eu adorava observá-lo tocar piano, porque, se você reparasse nos pés dele, percebia se ele estava envolvido na música ou não. Se os pés dele se mexessem o tempo todo, ele estava envolvido; se não se mexessem, não estava. Era como assistir e ouvir música sacra: as batidas, saca, os ritmos. Muito da música dele me lembra o som caribenho tocado hoje, isto é, os acentos, os ritmos e a forma como ele abordava a melodia. Sabe, muitos caras diziam que Monk não tocava piano tão bem quanto Bud Powell, pois pensavam que Bud era tecnicamente melhor por causa da sua velocidade. Isso é uma merda bem errada, uma abordagem equivocada, afinal os dois tinham estilos diferentes. Monk tocava umas coisas bem sofisticadas, assim como Bud Powell. Mas eram diferentes. Bud tocava mais como Art Tatum, e todos os pianistas de bebop eram loucos pelo Art. Monk se interessava mais por Duke Ellington, por aquele lance de *stride piano* que Duke curtia. Mas você conseguia ouvir um pouco do estilo de Monk no jeito de tocar de Bud. Ambos eram uns filhos da puta da pesada. Só tinham estilos distintos entre si. Assim como Bird e Bean são diferentes; como Picasso e Dalí. Mas as coisas do Monk eram muito sofisticadas, em especial a abordagem que tinha da composição, que era muito inovadora.

Hoje isso pode soar estranho, mas Monk e eu éramos muito próximos, musicalmente falando. Ele me mostrava todas as suas composições e então as explicava para mim, caso eu não entendesse alguma coisa. Eu via aquilo tudo e ria, porque elas eram divertidas demais, tão esquisitas. Monk tinha um ótimo senso de humor do ponto de vista musical. Foi um músico muito inovador, cuja música estava à frente do seu tempo. É possível adaptar algumas de suas músicas ao que está rolando hoje no *fusion* e a algumas das vertentes mais populares; talvez não todas, mas àquelas cujo balanço gruda na cabeça. Saca, aquela coisa rítmica negra que James Brown fazia tão bem. Monk tinha isso, e é algo que transparece em suas composições todas.

Era um músico sério. Quando o conheci, ele andava todo fodido por causa da anfetamina. Pelo menos é o que eu ouvia falar. Porém, na época em que aprendi música com ele – e aprendi muito –, ele já não usava tanto. Era um filho da puta grande, forte, tinha quase 1,90 m e pesava mais de 90 kg. Não levava desaforo para casa. Quando, mais tarde, ouvi histórias que diziam que nós quase brigamos depois que pedi que ele segurasse a onda enquanto eu tocava em "Bags' Groove", fiquei chocado. Em primeiro lugar, Monk e eu éramos muito próximos, e, em segundo, ele era grande e forte demais para eu sequer pensar em brigar. Puta merda, cara, ele teria me quebrado inteiro se quisesse. Só pedi para ele segurar a onda enquanto eu estivesse tocando. Esse pedido tinha a ver com música, não com a nossa amizade. Ele mesmo costumava dizer para os caras segurarem a onda.

Mas, por mais que ele fosse um grande músico, eu não gostava do que ele tocava *atrás* de mim, isto é, a forma como executava os acordes na base. Veja bem, era preciso tocar como Coltrane para tocar com Monk – com todo aquele espaço e aquelas coisas deslocadas que ele fazia. Mas, ora, aquele negócio era da pesada. Era a crista da onda da música. Só era diferente.

Monk era um cara quieto. Às vezes, ele e Bean entravam numas conversas profundas. Bean gostava de provocar Monk em relação a uma porção de coisas. E Monk tolerava, porque adorava Bean e – por maior e mais forte e ameaçador que ele parecesse – era uma pessoa muito suave, calma e gentil, uma pessoa maravilhosa, quase serena. No entanto, se fosse o contrário, se Monk provocasse Bean pra burro, aí Bean não teria gostado.

Na época, não dei muita atenção, mas hoje, em retrospecto, noto que quase nenhum crítico entendia a música de Monk. Cara, Monk me ensinou mais sobre composição do que qualquer outro na 52nd Street. Ele me mostrou tudo; toque esse acorde assim, faça isso, use aquilo, faça aquilo outro. Não falava exatamente dessa forma; só se sentava ao piano e me mostrava. Porém, com Monk, era preciso ser rápido e capaz de ler as entrelinhas, porque ele nunca falava muito. Fazia o que fazia daquele jeito curioso dele. Se você não levasse a sério o que *você* fazia e o que *ele* te *mostrava* – e não dizia –, acabaria se perguntando: “O quê? O que foi isso? O que ele está fazendo?”. Estaria frito caso se visse nessa posição. O negócio passaria por cima da sua cabeça. E era isso. Não havia volta. A essa altura, Monk já estaria em outro lugar. Porque Monk era um homem que não podia e não queria aguentar baboseiras. Assim, ele viu em mim alguém sério e me passou tudo o que pôde, o que era muita coisa. E embora eu não convivesse tanto com Monk no sentido de socializar – ele nunca fazia isso –, ele também foi um mentor e professor musical para mim, e eu me sentia muito próximo dele, e ele de mim. Não acho que ele teria feito tudo o que fez por mim para outra pessoa. Posso estar errado, mas acho que não. Contudo, embora Monk fosse um cara maravilhoso, podia também ser estranho para as pessoas que não o conheciam, assim como eu me tornei, mais tarde, para as que não me conheciam.

Sir Charles Thompson também era um cara estranho, mas um tipo de estranho diferente de Monk, cuja estranheza tinha mais a ver com ele ser calado. Sir Charles, ao piano, contava comigo no trompete e Connie Kay na bateria. Até então, eu nunca tinha ouvido essa combinação de instrumentos, mas isso não incomodava Sir Charles – que havia concedido esse título a si mesmo. Ele era estranho nesse sentido, e não era nada calado.

Muitos caras deram canjas conosco no Minton's durante o curto período em que toquei na banda de Sir Charles. Gente como Bird, Milt Jackson, Dizzy e um trompetista branco chamado Red Rodney, que era um filho da puta da pesada. Freddie Webster tocava bastante conosco, e eu me lembro da primeira vez que Ray Brown foi ao Minton's e deixou todo mundo estupefato ao tocar. Muitos músicos bons davam canjas com Sir Charles e a banda. Ele vinha da era do swing, desse tipo de música – Buck Clayton, Illinois Jacquet e Roy Eldridge –, desse tipo de músico. Tocava piano à la Count Basie. Mas também era capaz de copiar alguns *licks* de Bud Powell, se quisesse. Curtia tocar com o pessoal do bebop. Sei que Gil Evans gostava dele. Eu também, por um tempo, mas estava seguindo por outro caminho musical, mais interessado no tipo de música que Bird e Dizzy tocavam, pelo menos naquela época.

Depois que comecei a tocar na banda de Bird, Max Roach e eu ficamos bem próximos. Ele, J. J. Johnson e eu perambulávamos pelas ruas à noite até pegar no sono nas primeiras horas da manhã, ou na casa de Max, no Brooklyn, ou na de Bird. Outros caras, como Milt Jackson, Bud Powell, Fats Navarro, Tadd Dameron e Monk, às vezes Dizzy, pensavam meio que parecido. Tínhamos muito a trocar entre nós. Se alguém precisasse de alguma coisa, como incentivo musical ou dinheiro, compartilhávamos o que tínhamos. Se Max achasse que me faltava alguma coisa quando começamos na banda de Bird, me atentava para isso. E eu fazia o mesmo com ele.

Porém, era nas *jam sessions* por todo o Harlem e Brooklyn que nos divertíamos muito só por tocar com outros músicos da nossa idade. Até então, eu passava a maior parte do tempo com caras mais velhos do que eu e que tinham algo a me ensinar. Agora, em Nova York, encontrara um grupo da minha idade com quem eu podia tanto aprender como também compartilhar minhas paradas. Antes, eu não me enturmava muito com caras jovens. Era musicalmente avançado demais para eles, e eles não tinham nada que pudessem me ensinar; na maior parte do tempo, era o contrário. Mas sou o tipo de pessoa que sempre gosta de aprender coisas diferentes, novas, inovadoras. Então, com Max e todos os outros caras que mencionei, eu podia ficar acordado a noite inteira tocando e falando de música. É o que sempre curti.

Naquela época, Nova York era diferente, porque era possível percorrer a cidade à procura de todo tipo de *jam session* onde tocar. E todos os grandes músicos estariam nelas, como qualquer outra pessoa. Ao contrário de hoje, você não se tornava grande demais para participar dessas *jam sessions*. Além disso, todos os clubes eram perto uns dos outros; tanto na 52nd Street quanto no Harlem – o Lorraine's, o Minton's, o Small's Paradise, todos na região da 7th Avenue. Os clubes não eram tão espalhados quanto agora. Nosso principal interesse era fazer parte da cena musical. Não acho que seja assim hoje.

Sempre gostei de arriscar, musicalmente falando, e acho que na minha vida pessoal também, à medida que fiquei mais velho. Porém, em 1945, todos os riscos que eu corria eram na música. Max Roach era assim também naquele período. Esperava-se que nos tornássemos os próximos filhos da mãe cascudos. Todo mundo falava que Max seria o novo Kenny Clarke, tido como o melhor baterista de bebop naquela época; todos chamavam Kenny de "Klook". E eu deveria ser o novo Dizzy Gillespie. Ora, se isso era verdade ou não, não sei. Isso é o que os músicos e muita gente que ouvia bebop dizia.

Os críticos ainda tentavam me menosprezar, e acho que, em parte, isso tinha a ver com a minha atitude, pois nunca fui dos mais sorridentes e não me esforçava para puxar o saco de ninguém, ainda mais de um crítico. Porque *de quem* a maioria dos críticos gosta, muitas vezes, depende do quanto a pessoa é simpática com eles. Além disso, como eram brancos em sua maioria, estavam acostumados que músicos pretos fossem simpáticos com eles, então escreviam coisas boas sobre esses músicos. Assim, muitos caras puxavam o saco dos críticos, sorriam largamente no palco e ofereciam entretenimento, em vez de só tocar seus instrumentos – que era o que eu estava ali para fazer.

Por mais que eu adore Dizzy e adorasse Louis "Satchmo" Armstrong, sempre detestei a forma como eles riam e sorriam para o público. Sei *por que* eles faziam isso – para ganhar dinheiro e porque eram artistas além de trompetistas. Tinham famílias para alimentar. Além disso, ambos gostavam de bancar o palhaço; era o jeito de Dizzy e Satch. Não tenho nada contra eles fazerem isso por suas vontades. Mas *eu* não gostava disso e não *tinha de* gostar. Venho de um contexto social e de uma classe diferente de ambos; sou do Meio-Oeste, e eles são do Sul. Então, vemos os brancos de maneira diferente. Eu também era mais jovem do que eles e não precisei passar pelas merdas que passaram para serem aceitos pela indústria musical. Eles já haviam aberto muitas portas para gente como eu passar, e eu sentia que podia apenas tocar meu trompete – a única coisa que eu queria fazer. Não me via como um artista como eles se viam. E não ia fazer isso só para que um filho da puta branco, racista e que não sabia tocar pudesse escrever coisas simpáticas a meu respeito. Que nada, não ia vender meus princípios. Queria ser aceito como um bom músico, e isso não exigia sorrisos, mas tocar bem trompete. E foi o que fiz naquela época e faço hoje. Os críticos que peguem ou larguem.

Assim, muitos deles não gostavam de mim naquele tempo – e não gostam até hoje – porque me viam como um crioulinho arrogante. Talvez eu o fosse, não sei. O que sei é que eu não precisaria escrever a respeito do que eu tocava, e se eles não pudessem ou não quisessem fazer isso, então que se fodessem. Max e Monk também se sentiam desse jeito, assim como J. J. e Bud Powell. Então, isso acabou nos aproximando, essa atitude em relação a nós mesmos e à nossa música.

Começamos a ganhar reputação por volta desse período. As pessoas nos seguiam aonde quer que tocássemos – você sabe, no Harlem, no centro, n'A Rua, e às vezes no Brooklyn. E muitas mulheres apareciam para ver Max e eu. Mas eu estava com Irene e acreditava, na época, que um homem só deve ter uma mulher. Acreditei nessa merda por muito tempo até mudar de opinião quando me viciei em heroína e precisei usar mulheres para me ajudar a me sustentar. Naqueles dias, porém, acreditava que era um homem para uma mulher. No entanto, eu tinha uma queda por algumas mulheres naquele tempo, como Annie Ross e Billie Holiday.

Quando A Rua ficou fechada no final de 1945, Dizzy e Bird decidiram deixar Nova York e ir para Los Angeles. O agente de Dizzy, Billy Shaw, convencera o dono de um clube por lá que o bebop seria sensacional na Costa Oeste. Acho que o nome do cara era Billy Berg. Dizzy gostou da ideia de levar o bebop à Califórnia, mas não a de ter de aguentar a babaquice de Bird de novo. De início, titubeou, mas quando disseram que Bird tinha de fazer parte do negócio, Dizzy acabou cedendo. Assim, a banda consistia em Dizzy, Bird, Milt Jackson no vibrafone, Al Haig no piano, Stan Levey na bateria e Ray Brown no baixo. Foram todos para a Califórnia de trem, acho que em dezembro de 1945.

Já que as coisas andavam devagar em Nova York, decidi voltar para East St. Louis para um descanso. Devolvi meu apartamento na 147th com a Broadway. Como Irene e Cheryl estavam comigo, precisávamos mesmo de um lugar maior. Decidi cuidar disso quando voltasse a Nova York. Nesse meio tempo, chegamos todos a East St. Louis para celebrar o Natal.

Eu ainda estava lá em janeiro, quando Benny Carter foi tocar no Riviera, em St. Louis, com sua *big band*, então fui ver a apresentação e, como conhecia Benny, passei pelo *backstage*. Contente em me encontrar, ele fez um convite para eu me juntar à banda, cuja base era em Los Angeles. Já que Bird e Dizzy estavam por lá, liguei para Ross Russell, que morava em Nova York e cuidava da agenda de Bird. Contei a ele que estava a caminho de L.A. e queria encontrar Bird e Dizzy. Ele então me deu o telefone de Bird, para quem liguei e avisei que estava indo para Los Angeles.

Você tem de entender que eu tinha em mente apenas me encontrar com Bird e ouvir o que eles estavam tocando. Essa era a única razão pela qual liguei para ele. Mas Bird começou a falar de eu entrar na banda por lá, de tocarmos juntos, eu, ele e Dizzy. Disse que estava alinhando um contrato de gravação com a Dial Records, que Ross Russell estava cuidando disso, e que queria que eu tocasse na sessão. Fiquei lisonjeado ao ouvi-lo me elogiar daquele jeito. Quem não ficaria feliz se o filho da puta mais nervoso da cena dissesse o quão da pesada você é e que queria que você tocasse com ele? Porém, quando se conversava com Bird, havia sempre a chance de ele estar te falando as coisas por outros motivos que não a música. E eu não pensava de jeito algum em tomar o lugar de Dizzy. Eu o adorava. Sabia que Bird e Dizzy tiveram problemas no passado, mas esperava que estivessem se dando bem agora.

O que eu não sabia era que Bird e Ross Russell já haviam conversado a respeito de me colocar no grupo. Bird queria um trompetista diferente de Dizzy. Queria alguém com um estilo mais relaxado, que tocasse no registro médio, como eu. Só descobri isso depois que cheguei a Los Angeles.

Quando chegamos, Benny Carter tinha uma *gig* no Orpheum Theatre. Depois disso, a banda se separou temporariamente até a próxima. Benny formou um grupo menor a partir da banda maior que contava comigo e Al Grey, trombonista, e mais algumas pessoas que esqueci. Acho que também tinha um cara chamado Bumps Meyers no grupo. Começamos a tocar em clubes pequenos na região de L.A. e fizemos uma transmissão de rádio. Mas eu não gostava da música que o grupo de Benny tocava, embora não tenha dito isso a ele logo de cara. Benny era legal, e eu gostava de como *ele* tocava, mas não queria saber da música que os outros tocavam. Além disso, quando cheguei a L.A., fui morar com Benny. Senti que seria errado simplesmente ir embora e deixá-lo na mão. Assim, não soube o que fazer por um tempinho. Não gostava de tocar na banda de Benny porque o repertório e os arranjos eram muito antiquados. Benny é um músico e tanto, saca. Mas não tinha muita confiança no que tocava e, às vezes, perguntava se soava como Bird. "Não, você soa como Benny Carter", eu respondia. Cara, quando eu dizia isso, ele rolava de rir.

Eu tocava com Bird num clube noturno chamado The Finale enquanto ainda estava na banda de Benny Carter. O Finale ficava no segundo andar, se não me engano. Não era um lugar grande, mas era bacana e eu achava *funky*, porque a música era *funky* e os músicos mandavam ver. Costumavam transmitir ao vivo do clube pelo rádio. Bird havia persuadido um cara chamado Foster Johnson, um dançarino de *vaudeville* aposentado que gerenciava o clube, a deixá-lo trazer a banda. O Finale ficava numa região de Los Angeles conhecida como Little Tokyo. Havia um bairro negro bem ao lado desse bairro japonês. Acho que o clube ficava na South San Pedro Street. Enfim, a banda de Bird no Finale contava comigo no trompete, ele no sax alto, Addison Farmer – o irmão gêmeo do trompetista Art Farmer – no baixo, Joe Albany no piano e Chuck Thompson na bateria. Muitos outros músicos bons davam canjas no Finale. Howard McGhee aparecia muito lá. Ele se tornou gerente do clube depois de Foster Johnson. Sonny Criss, que tocava sax alto, também vinha para tocar, além de Art Farmer, Red Callender, baixista, e seu protegido, aquele filho da puta doido e maravilhoso, Charles Mingus.

Charles Mingus amava Bird, cara, quase como nunca vi ninguém amar. Talvez Max Roach amasse Bird tanto assim. Mas Mingus, porra, ele ia ver e ouvir Bird quase toda noite. Não se cansava dele. Também gostava muito de mim. Mingus sabia tocar baixo e, ao ouvi-lo, todo mundo sabia que ele se tornaria tão nervoso quanto realmente se tornou. Também sabíamos que ele teria de ir para Nova York, coisa que ele fez.

Cansei da música que a banda de Benny tocava. Não era música. Contei ao meu amigo Lucky Thompson o quão enjoado eu estava de tocar naquele grupo. Ele então me disse para sair e ir morar com ele. Lucky era um saxofonista de mão cheia que eu conhecera no Minton's. Era de Los Angeles e havia voltado para casa. Enquanto ele esteve em Nova York, eu o hospedei em algumas ocasiões. Agora era a minha vez de ir morar com ele em L.A.

Nesse início de 1946, minha garota, Irene, estava de volta a East St. Louis, grávida do nosso segundo filho, Gregory. Agora eu tinha de pensar em ganhar dinheiro para sustentar minha família. Antes de sair da banda, Benny me perguntou se eu precisava de dinheiro. Ouvira falar que eu estava infeliz. "Não, cara, só quero sair", disse. Ele ficou magoado, e eu me senti mal, porque ele havia me levado para a Califórnia e contava comigo. Foi a primeira vez que saí de uma banda de um modo tão abrupto. Eu ganhava cerca de US$ 145 por semana, mas sofria por tocar com o grupo de Benny. Nenhum dinheiro me faria feliz ao tocar aqueles arranjos de merda de Neil Hefti que eles tocavam.

Após deixar a banda, não me sobrou um tostão no bolso. Então fui morar com Lucky por um tempo, depois com Howard McGhee. Nós nos tornamos grandes amigos, e ele queria aprender o que eu sabia de trompete e de teoria musical. Howard morava com uma garota branca, Dorothy. Ela era linda – parecia uma estrela de cinema. Acho que eles eram casados, sei lá. Enfim, ela mantinha Howard de carro novo, um punhado de dinheiro e roupas novíssimas. Howard era uma peça, cara. Enfim, Dorothy tinha uma amiga, uma loira, uma mulher maravilhosa idêntica à Kim Novak, só que melhor. Carol era seu nome. Era uma das garotas de George Raft. Ela frequentava a casa de Howard, e ele queria que eu saísse com ela. A essa altura, eu só tinha feito amor com umas duas ou três mulheres. Já fumava um pouco, mas ainda nem sabia como falar palavrão. Enfim, Carol foi me ver, e eu não dei atenção a ela, que só ficou sentada me vendo praticar trompete, que era só o que eu fazia.

Quando Howard chegou em casa, depois de Carol ter ido embora, eu disse a ele: "Howard, a Carol passou aqui, sabe".

"E?", perguntou ele.

"E o quê?", retruquei. "Como assim?"

"E o que você fez, Miles?"

"Nada, não fiz nada."

"Escuta, Miles, essa garota é rica. Quer dizer, se ela veio, significa que ela gosta de você, então faça alguma coisa. Você acha que ela passa por aqui e pela casa do Lucky buzinando aquele Cadillac à toa? Então, da próxima vez que ela vier, faça alguma coisa. Entende o que estou te falando, Miles?"

Um pouco depois disso, ela voltou e buzinou o Cadillac novo que dirigia. Deixei-a entrar, e ela me perguntou se eu precisava de alguma coisa. O Cadillac lá fora, de capota abaixada, ela boa pra diabo. Até então eu nunca tinha me engraçado com garotas brancas, então provavelmente estava com um pouco de medo dela. Talvez eu tivesse beijado uma em Nova York, mas não ido para a cama. Então respondi que não precisava de nada. E aí ela foi embora. Quando Howard chegou em casa, contei que Carol havia passado e me perguntado se eu precisava de alguma coisa.

"E aí?", disse Howard.

"Eu respondi que não precisava de nada. Não quero dinheiro nem nada."

"Tá louco, filho da puta?", disse Howard, bravo pra diabo. "Se ela aparecer de novo, e você me vier com essa merda e não tiver dinheiro, cara... Vou cortar a porra do seu nariz. Aqui não conseguimos tocar em lugar nenhum. O sindicato dos músicos pretos não quer que a gente toque porque a gente é moderno demais. O sindicato dos brancos não gosta da gente porque a gente é preto. E eis que surge uma branca, uma puta que quer te dar dinheiro, e você não tem um tostão e recusa? Se você fizer uma merda dessas de novo, vou te meter a faca, seu enrolão desgraçado, está ouvindo? Está entendendo? É melhor que sim, porque não estou de brincadeira."

Eu sabia que Howard era bacana e tal, mas ele não gostava de estupidez. Na próxima vez que Carol apareceu e me perguntou se eu precisava de dinheiro, respondi que sim. Ela me ofereceu, e eu aceitei. Quando contei a Howard, ele disse: "Bom mesmo". Depois disso, passei a pensar no que ele tinha me falado, quer dizer, esse negócio de ela me dar dinheiro me deixou constrangido. Nunca tinha estado numa situação de merda como aquela. Mas foi a primeira vez que fiquei sem dinheiro, de fato. Em seguida, Carol passou a me dar suéteres e coisas do tipo, porque fazia frio em Los Angeles à noite. Porém, nunca me esqueci daquela conversa com Howard. Recordo-me quase que palavra por palavra. E isso é incomum para mim.

Depois que saí da banda de Benny, aí finalmente me juntei a Bird e toquei com ele por um tempo. Howard McGhee também cuidava de Bird em Los Angeles e o hospedou por um período depois que ele encerrou a *gig* com Dizzy no clube de Billy Berg. A música que Diz e Bird fizeram no clube de Berg estourou em Los Angeles, mas Dizzy queria voltar para Nova York. Comprou passagens para a banda toda – incluindo Bird – voltar de avião para Nova York, e todo mundo ficou contente em retornar. Porém, na última hora, Bird decidiu vender sua passagem para comprar heroína.

No início da primavera de 1946, acho que em março, Ross Russell marcou uma sessão de gravação para Bird pela Dial Records. Ele garantiu que Bird estivesse sóbrio e me contratou, além de Lucky Thompson no sax tenor, um cara chamado Arv Garrison na guitarra, Vic Millan no baixo, Roy Porter na bateria, e Dodo Marmosa no piano.

Nessa época, Bird bebia vinho barato e injetava heroína. O pessoal da Costa Oeste não curtia tanto bebop quanto o de Nova York e achava algumas das coisas que tocávamos e fazíamos esquisitas. Especialmente o que vinha de Bird. Ele não tinha dinheiro, estava com uma péssima aparência, e todo mundo que *sabia* quem ele era, *sabia* que ele era um filho da puta cascudo que não estava nem aí. Porém, aqueles que ouviam que Bird era um astro só viam um cara na pindaíba e bêbado tocando um troço esquisito no palco. Muita gente não comprava todo aquele papo de Bird ser um gênio e só o ignorava, e acho que isso feriu a confiança dele em si mesmo e no que fazia. Quando Bird foi embora de Nova York, era um rei, mas, em Los Angeles, era só mais um negrão sem dinheiro, esquisito e bêbado que tocava música estranha. Los Angeles é uma cidade construída em cima da celebração de estrelas, mas Bird não parecia um astro.

Porém, nessa sessão de gravação que Ross conseguiu pela Dial, Bird entrou nos eixos e tocou pra caramba. Lembro-me de ensaiarmos no Finale na noite anterior à gravação. Discutimos metade da noite a respeito do que iríamos tocar e quem iria tocar o quê. Não houve ensaios para a sessão, e os músicos estavam putos porque iam tocar temas com os quais não estavam familiarizados. Bird nunca foi organizado quanto a dizer aos outros o que queria que eles fizessem. Só chamava quem ele achava ser capaz de tocar as porras que ele queria e ficava por isso mesmo. Nada era escrito, talvez um esboço de melodia. Ele só queria saber de tocar, ser pago e sair para comprar heroína.

Bird tocava a melodia que quisesse. Os outros músicos tinham de se lembrar do que ele tocou. Era muito espontâneo, seguia o instinto. Não se conformava com o costume ocidental de os grupos musicais interagirem organizando tudo. Bird era um grande improvisador e achava que era daí que vinha a grande música e era assim que os grandes músicos trabalhavam. Seu conceito era "foda-se o que está escrito". Toque o que você sabe, toque-o bem e tudo vai se juntar – o exato oposto do conceito de música ocidental escrita.

Eu adorava o jeito como Bird fazia isso. Aprendi muito com ele assim. Mais tarde, isso me ajudaria com meus próprios conceitos musicais. Quando esse troço funciona, cara, é de foder. Mas se você junta uns caras que não entendem o que está rolando ou não aguentam a liberdade que você concede a eles e tocam o que *eles* querem, aí dá ruim. Bird chamava alguns que não davam conta desse conceito. Fazia isso no estúdio e em apresentações ao vivo. Boa parte da discussão no Finale na noite antes de gravar foi sobre isso.

A gravação foi feita em Hollywood, num estúdio chamado Radio Recorders. Bird tocou pra caralho nesse dia. Gravamos "A Night in Tunisia", "Yardbird Suite" e "Ornithology". A Dial lançou "Ornithology" e "A Night in Tunisia" num compacto de 78 rpm em abril daquele ano. Lembro-me de Bird gravar um tema naquele dia chamado "Moose the Mooch", que levava o nome do cara que arrumava heroína para ele. Acho que o cara ficou com coisa de metade dos *royalties* de Bird dessa gravação por fornecer heroína a ele. (Provavelmente isso estava escrito no contrato de Bird de algum jeito.)

Acho que todo mundo tocou bem nessa gravação, exceto eu. Foi minha segunda sessão de gravação com Bird, mas não sei por que não toquei tão bem quanto poderia. Talvez estivesse nervoso. Não é que eu tenha tocado terrivelmente mal. Só poderia ter tocado melhor. Ross Russell – um filho da puta embromão com quem nunca me dei bem, porque ele não passava de um parasita, nunca fez nada além de sugar o sangue de Bird feito um vampiro – disse alguma coisa sobre a minha performance ser falha. Foda-se aquele moleque branco picareta. Nem músico era, então o que ia saber do que Bird gostava? Mandei Ross Russell ir à merda.

Lembro que naquele dia toquei com um abafador na tentativa de soar menos como Dizzy. Porém, apesar do abafador, ainda soei como ele. Fiquei furioso comigo mesmo, porque queria soar como eu mesmo. Ainda sentia que estava perto de chegar ao lugar onde eu teria minha própria voz no trompete. Eu me encontrava ansioso em ser eu mesmo já naquela época, e só tinha 19 anos. Estava impaciente comigo mesmo e com a maioria das outras coisas. Mas guardei isso comigo e mantinha olhos e ouvidos atentos para que pudesse continuar a aprender.

Depois da gravação, acho que foi por aí, talvez no início de abril, a polícia fechou o Finale, que então era gerenciado por Howard e Dorothy McGhee. Howard era constantemente ferrado pela polícia branca porque era casado com uma mulher branca. Quando Bird foi morar na garagem deles, bebia e trazia cafetões, traficantes e trambiqueiros até ali, a polícia começou a perceber e caiu em cima. Começaram a sacanear Howard ainda mais. Os McGhees, no entanto, eram um casal durão e não mudaram nada do que faziam. A polícia fechou o Finale sob a alegação de que ali se traficava drogas – o que era verdade. Porém, nunca ninguém foi pego. Então o lugar foi fechado apenas baseado em suspeitas.

Para começo de conversa, não havia muitos lugares para músicos de jazz – em especial músicos de jazz pretos – tocarem. Assim, mal se ganhava dinheiro. Depois de um tempo, passei a receber alguma ajuda do meu pai, então não estava tão mal, mas também não estava lá muito bem. Por volta dessa época, começou a ficar difícil encontrar heroína em Los Angeles. Isso não me incomodou porque eu não usava, mas Bird estava completamente afundado. Já era um *junkie* pesado, então passou a ter crises severas de abstinência. Simplesmente sumiu. Ninguém sabia que ele estava morando com Howard, e ele não disse a ninguém que Bird estava na sua casa, largando a droga à força. Porém, quando Bird deixou a heroína, começou a beber mais pesado. Lembro-me de ele me dizer que estava tentando largar a heroína, não usava fazia uma semana, mas tinha dois galões de vinho em cima da mesa, garrafas de uísque vazias no lixo, anfetaminas jogadas pela mesa e uma bandeja transbordando de bitucas de cigarro.

Bird já bebia muito, mas nem de longe o quanto passou a beber após largar a heroína. Começou a beber qualquer coisa que conseguisse aos litros. Gostava de uísque, então, se tivesse uma garrafa, acabava num piscar de olhos. Vinho, bebia ainda mais. Howard me contou mais tarde que Bird sobrevivia disso após largar a heroína à força, vinho do Porto. Depois passou a tomar comprimidos, benzedrina[8], o que estragou demais seu organismo.

O Finale reabriu em maio de 1946. Bird chamou Howard para o trompete em vez de mim, e, por algum motivo, aquele mês ficou na minha mente. Acho que Bird montou o grupo com Howard, Red Callender, Dodo Marmarosa e Roy Porter. Bird estava colapsando fisicamente diante dos olhos de todo mundo, mas também tocando muito bem.

Comecei a andar com alguns dos músicos mais jovens de Los Angeles, como Mingus, Art Farmer e, é claro, Lucky Thompson – meu melhor amigo no período em que vivi na Costa Oeste. Acho que fiz outra *gig* com Bird, em abril, mas não tenho certeza. Parece que toquei num lugar chamado Carver Club, no campus da UCLA. Acho que Mingus, Lucky Thompson, Britt Woodman e talvez Arv Garrison estivessem nessa *gig*. Era difícil encontrar trabalho em Los Angeles, e lá por maio ou junho eu já estava cansado de morar lá. A cena era devagar demais. Eu não estava aprendendo nada.

---

8 Medicamento comercializado inicialmente como descongestionante nasal, mas cujo princípio ativo é anfetamina, e que passou a ser usado de forma não-clínica como estimulante. Conhecido também pela corruptela *benny*, de "Benzedrine". (N. do T.)

Conheci Art Farmer no escritório do sindicato dos músicos negros, localizado no centro de Los Angeles, na comunidade negra. Acho que era o Local 767. Eu conversava com um trompetista chamado Sammy Yates, que tocava na banda de Tiny Bradshaw. Alguns outros caras que estavam por ali me perguntavam qual era da música nova, do bebop, e como era Nova York. Perguntas desse tipo. Eu respondia à medida que podia. Lembro-me de um camarada bem quieto num canto, que não devia ter mais do que 17 ou 18 anos, prestando atenção a tudo que eu dizia, absorvendo tudo. Lembrei-me de tê-lo visto em algumas das *jam sessions*. Era Art Farmer. Quando toquei com seu irmão gêmeo, descobri que ele tocava trompete e flugelhorn também. Então tivemos algumas conversas curtas sobre música. Eu gostava dele, pois era um camarada bem legal e tocava muito bem para alguém tão jovem.

Acho que o Finale era o lugar onde eu mais o encontrava. Fui conhecê-lo melhor depois que ele se mudou para Nova York, mais tarde. Mas foi nessa primeira vez que fui a Los Angeles que tive o primeiro contato com Art Farmer. Muitos dos músicos jovens de L.A. que levavam a sério tocar me abordavam e perguntavam o que estava rolando em Nova York. Sabiam que eu tinha tocado com muitos dos caras mais cascudos, então queriam saber tudo o que podiam.

No verão de 1946, eu havia começado a trabalhar com a banda de Lucky Thompson num lugar chamado Elks Ballroom, mais para o Sul, na Central Avenue, onde recebíamos o público preto de Watts. Eram uns filhos da puta chucros, mas gostavam da música que tocávamos porque conseguiam dançar ao som dela. Mingus tocava baixo nessa banda. Lucky alugava o local por três noites na semana e divulgava com dizeres do tipo "Lucky Thompson's All Stars, apresentando o jovem e brilhante trompetista Miles Davis, que vocês ouviram aqui pela última vez com Benny Carter". Cara, esse troço era engraçado. Lucky Thompson era uma figura. Essa *gig* durou umas três ou quatro semanas, e então Lucky partiu com a banda de Boyd Raeburn.

Por volta dessa época, participei de um álbum de Mingus, *Baron Mingus and His Symphonic Airs*. Mingus era uma pessoa louca e brilhante, e eu nunca soube o que ele quis dizer com esse título. Ele tentou me explicar certa vez, mas acho que nem *ele* sabia o que queria dizer. Porém, Mingus não fazia nada pela metade. Se ele fosse se fazer de bobo, faria isso melhor do que qualquer outra pessoa. Muita gente não gostou de Mingus se intitular "barão", mas a mim não incomodou. Ele pode ter sido doido, mas também estava à frente do seu tempo. Foi um dos maiores baixistas da história.

Charles Mingus era um homenzarrão da porra, que não tinha tempo para a baboseira de ninguém. E eu admirava isso nele. Muita gente não o suportava, mas tinha medo de dizer isso na sua cara. Eu dizia. O fato de ele ser grande não me assustava. Era um camarada gentil e simpático que não machucava ninguém, a menos que o sacaneassem. Aí era melhor sair de baixo! Discutíamos e gritávamos um com o outro o tempo todo, mas Mingus nunca ameaçou me bater. Em 1946, depois que Lucky Thompson foi embora de L.A., Mingus se tornou meu melhor amigo na cidade. Ensaiávamos juntos direto e falávamos de música o tempo todo.

Bird me preocupava porque andava bebendo como um gambá e engordando. Estava em tão má forma que, pela primeira vez desde que o conheci, tocava muito mal. A essa altura, ele bebia um litro de uísque por dia. Veja bem, *junkies* têm rotinas. A primeira coisa que fazem é satisfazer o vício. Aí conseguem funcionar, tocar, cantar, seja lá o que for. Mas Bird estava fora de sua rotina na Califórnia. Quando você está num lugar novo e não consegue achar o que precisa de forma consistente, acha outra coisa – para Bird, foi a bebida. Ele era um *junkie*. Seu corpo estava acostumado com a heroína, mas não com toda aquela quantidade de bebida. Ele simplesmente ficou maluco. Aconteceu com ele em Los Angeles e, mais tarde, em Chicago e Detroit.

Isso começou a transparecer quando Ross Russell marcou outra sessão de gravação para a Dial Records, em julho de 1946, e Bird mal conseguiu tocar. Howard McGhee, que tocou trompete na sessão, organizou a banda. Bird estava lamentável; não conseguia tocar nada. Estar em Los Angeles e ser negligenciado, não ter drogas, beber litros de uísque e tomar anfetaminas havia enfim acabado com ele. Parecia exaurido, e eu realmente achei que estava tudo acabado. Pensei que ele fosse morrer. Mais tarde, naquela noite, depois do *set*, ele voltou para o quarto do hotel e ficou tão bêbado que pegou no sono fumando e ateou fogo na cama. Após apagar o fogo e sair na rua nu, a polícia o prendeu. Acharam que ele fosse louco e o levaram para o hospital psiquiátrico de Camarillo. Ficou sete meses internado lá. Isso provavelmente salvou sua vida, embora tenham feito uns troços pesados com ele.

A internação de Bird causou impacto em todo mundo, especialmente em Nova York. Porém, o que horrorizou a todos foi ele ter recebido tratamento de choque em Camarillo. Numa ocasião, lhe deram tantos choques que ele quase arrancou a língua na mordida. Eu não conseguia entender por que aplicavam esse tipo de tratamento nele. Diziam que ajudava. Mas, para um artista como Bird, os tratamentos de choque só o deixavam ainda mais fodido. Fizeram a mesma coisa com Bud Powell quando ele adoeceu, e não ajudou em nada. Bird chegou a um estado tão ruim que os médicos disseram que se ele pegasse uma gripe mais forte – ou uma pneumonia de novo –, morreria.

Depois que Bird saiu de cena, ensaiei muito com Charles Mingus. Ele compunha músicas que ensaiávamos com Lucky. Mingus não dava a mínima para qual tipo de conjunto musical fosse; só queria ouvir suas coisas tocadas o tempo todo. Eu brigava com ele por usar todas aquelas mudanças de acorde abruptas em suas composições.

"Mingus, você é tão preguiçoso, cara, que nem modula essa porra. Só mete o acorde, *bam!*, o que é legal às vezes, saca, mas não o tempo todo."

Ele só sorria e dizia: "Miles, só toca essa merda do jeito que eu escrevi". E eu tocava. Era um som estranho para a época. Mas Mingus era como Duke Ellington, à frente de seu tempo.

As paradas que Mingus tocava eram muito diferentes. De repente, ele passou a fazer aquela música de sonoridade estranha, quase que da noite para o dia. Ora, nada na música e nos sons é "errado". Você pode tocar qualquer coisa, qualquer tipo de acorde. Como John Cage toca aqueles negócios dele, fazendo sons e barulhos estranhos. A música é amplamente aberta para qualquer coisa. Eu o provocava: "Mingus, por que você toca assim?". Do tipo, ele tocava "My Funny Valentine" num tom maior, quando deveria ser tocada em ré menor. Mas ele só sorria aquele sorriso doce e continuava a tocar como tocava. Mingus era uma peça rara, cara, puro gênio. Eu o amava.

Enfim, no verão de 1946 – no final de agosto, acho –, a banda de Billy Eckstine foi a Los Angeles. Fats Navarro havia sido o trompetista regular do grupo, mas saiu para permanecer em Nova York. Então B entrou em contato comigo, pois Dizzy havia dito a ele que eu estava em L.A., e aí me perguntou se eu gostaria de tocar com a banda. "Ei, Dick" – B me chamava de Dick – "bom, você está pronto agora, seu filho da mãe?".

"Opa."

"Dick, vou te pagar US$ 200 por semana, toquemos ou não. Mas não conte a ninguém. Se você contar, quebro a sua cara."

"OK", respondi com um sorrisão no rosto.

Veja, B havia me convidado para entrar na banda dele antes de eu ir embora de Nova York. Queria muito, muito mesmo que eu fosse tocar com ele. Foi por esse motivo que, nessa outra ocasião, me pagou tão bem. Porém, naquela época, eu estava curtindo tocar em grupos pequenos, então Freddie Webster me disse: "Miles, você sabe que tocar com B vai ser a morte para você. Se você for com ele, vai morrer enquanto músico criativo, porque não vai poder fazer o que *você* quiser. Não vai poder tocar o que *você* quiser. Eles vão para a Carolina do Sul, e você não é assim. Você não fica de sorrisão. Você não é um Pai Tomás, vai acabar fazendo alguma coisa, e os brancos lá do Sul vão te meter bala. Então, não vá. Diga a ele que você não vai entrar na banda".

E foi o que eu fiz, porque Freddie era uma das minhas principais referências e era muito sábio. Quando tentei argumentar que B não levava desaforo para casa, de forma que era bem capaz de que metessem bala nele também lá no Sul, Freddie disse: "Miles, B é um astro e rende muito dinheiro. Você não. Então, não se coloque no mesmo nível que ele, não ainda". Foi por isso que, quando me convidou para me juntar à banda em Los Angeles, B me falou: "Está pronto agora, seu filho da mãe?". Estava tirando onda comigo por ter recusado o convite em Nova York, mas me respeitava por aquela decisão.

B contava com Sonny Stitt, Gene Ammons e Cecil Payne nos saxofones; Linton Garner – irmão de Erroll Garner – no piano; Tommy Potter no baixo; e Art Blakey na bateria. Além de Hobart Dotson, Leonard Hawkins, King Kolax e eu nos trompetes.

A essa altura, B havia se tornado um dos cantores mais famosos dos Estados Unidos, do naipe de Frank Sinatra, Nat "King" Cole e Bing Crosby, entre outros. Era um objeto sexual entre as mulheres pretas, um astro. Entre as brancas também, mas elas não o amavam nem compravam seus discos como as pretas. Era um filho da puta durão, que não engolia sapo de ninguém, mulher ou homem. Nocauteava a primeira pessoa que perdesse a linha.

B, no entanto, se via mais como um artista do que como um astro. Poderia ter ganhado muito dinheiro se tivesse dispensado o grupo e caído na estrada só como cantor. Essa banda, assim como todas as outras que ele teve antes, era muito afiada, muito disciplinada. Tocava pra diabo o que quer que B quisesse e mandava ver especialmente depois de B apresentar seus números. Ele só ficava no palco com um sorriso largo no rosto, adorando o que todo mundo tocava. A banda de B nunca foi gravada da forma correta. A gravadora estava mais interessada em B como cantor, então colocava a ênfase nele e na música popular. Ele tinha de fazer as coisas pop para manter a banda ativa.

B tinha, acho, uma orquestra de 19 integrantes, e, por volta daquela época, todas as *big bands* estavam se desmanchando por causa de dinheiro. Certo dia, quando a banda estava de folga havia uma semana, B me trouxe um monte de dinheiro. "B, não posso aceitar esse dinheiro, cara, porque os outros caras não estão recebendo", eu disse.

Ele só sorriu, guardou o dinheiro de volta no bolso e nunca mais fez isso comigo. Não era como se eu não tivesse utilidade para o dinheiro. Poderia tê-lo dado à minha família; Irene estava em East St. Louis com nossos dois filhos, Cheryl e Gregory. Mas eu não podia simplesmente aceitar sabendo que os outros caras não estavam sendo pagos.

Quando não estávamos trabalhando em bailes e afins por toda Los Angeles, nos dividíamos em pequenos grupos e tocávamos em clubes menores, como o Finale. Ficamos em L.A. por dois ou três meses e aí voltamos para Nova York no final do outono de 1946, com uma parada em Chicago.

Eu havia tocado por toda a Califórnia com a banda de B, então minha reputação por lá estava crescendo. Quando me preparei para ir embora de Los Angeles com a banda de B, Mingus ficou bem bravo comigo. Entendia que eu estava abandonando Bird, que ainda se encontrava internado em Camarillo. Questionou-me como eu podia simplesmente estar voltando para Nova York sem Bird. Ficou putaço da cara. Eu não podia dizer nada, então não disse. E então ele falou que Bird era como "meu pai". Expliquei que não havia nada que eu pudesse fazer por Bird. Lembro-me de dizer: "Escute, Mingus, Bird está num hospital psiquiátrico, e ninguém sabe *quando* ele vai sair. Você sabe, cara? O Bird está todo fodido, você não consegue enxergar isso?".

Mingus continuou: "Como eu já disse, Miles, Bird é seu pai musical. Você é um babaca, Miles Davis. Aquele cara *fez* quem você é".

Eu então respondi: "Vá se foder, Mingus. Filho da puta nenhum me fez, não, negrão, a não ser meu pai *de verdade*. Bird pode ter me ajudado, e ajudou. Mas o filho da puta não *me fez*. Então, pare com essa merda. Estou cansado dessa papagaiada de Los Angeles. Preciso voltar para Nova York, onde a porra está acontecendo de verdade. E não se preocupe com Bird, Mingus. Porque *ele* vai entender, mesmo que *você* não entenda".

Falar assim com Mingus me magoou muito, porque eu o amava, e podia ver que minha partida o deixava bem triste. Ele desistiu de tentar me convencer a ficar. Porém, acho que essa discussão machucou demais nossa amizade. Tocamos juntos depois disso, mas não fomos mais tão próximos quanto antes. Ainda ficamos amigos, não importa o que tenham dito as pessoas que escreveram a nosso respeito em livros. Esses autores nunca falaram comigo. Como saberiam como *eu* me sentia em relação a Charles Mingus? Mais tarde em nossas vidas, Mingus e eu só seguimos caminhos opostos, como tanta gente faz. Mas ele era meu amigo, cara, e *ele* sabia disso. Podemos ter tido nossas discordâncias, sempre tivemos, mesmo antes da discussão por Bird.

Comecei a cheirar cocaína quando estava na banda de B. Hobart Dotson, o trompetista que ficava ao meu lado, foi quem me apresentou. Ele me deu uma pedra pura um dia. Estávamos em Detroit a caminho de Nova York. A pessoa que me apresentou heroína – que também usei enquanto estava na banda de B – foi Gene Ammons, do naipe de palhetas. Lembro-me da primeira vez que cheirei cocaína. Eu não sabia o que era, cara. Só sei que, de repente, tudo pareceu clarear e senti um arroubo súbito de energia. Na primeira vez que usei heroína, só apaguei e não sei o que aconteceu. Cara, foi uma sensação esquisita. Mas me senti muito relaxado. E então começou a circular a ideia de que usar heroína talvez te fizesse tocar tão incrível quanto Bird. Muitos músicos usavam por causa disso. Acho que talvez eu estivesse esperando que a genialidade dele se abatesse sobre mim. Porém, me envolver com essas merdas todas foi um erro muito feio.

A essa altura, Sarah Vaughan tinha saído da banda, e uma cantora chamada Ann Baker tomara seu lugar. Era uma boa cantora. Foi também a primeira mulher a me dizer que "um pau duro não tem consciência". Ela simplesmente abria a porta do meu quarto de hotel e entrava para trepar comigo. Era uma peça.

Viajávamos de ônibus. Se B pegasse alguém dormindo de boca aberta nas viagens, colocava sal na boca do cara e o acordava. Todo mundo morria de rir dos pobres diabos, que acordavam tossindo a porra toda, com os olhos esbugalhados. Pois é, cara, B era engraçado pra caralho.

B era tão bonitão e estiloso naquela época que as mulheres não saíam de cima dele. Era tão bonito que, às vezes, eu pensava que ele se parecia com uma garota. Muita gente pensava o mesmo, porque B era suave de tão bonito. Mas era também um dos filhos da puta mais brutos que conheci. Certa vez, em Cleveland ou Pittsburgh, todo mundo estava à espera de B no ônibus na frente do hotel, pronto para partir. Estávamos cerca de uma hora atrasados. Eis que B sai do hotel com um mulherão. "Ei, Dick, essa mulher é minha", me disse.

Ela então falou algo do tipo: "Eu tenho um nome, Billy, diga a ele".

B se virou e disse: "Cale a boca, vadia!". E lhe deu um tapa bem ali.

"Escuta aqui, seu filho da puta, se você não fosse tão bonito, eu quebrava seu pescoço, seu babaca desgraçado", reagiu ela.

B só riu e disse: "Ah, cale a boca, vadia. Espere só até eu descansar um pouco. Vou acabar com o seu rabo!". A mulher ficou puta da cara.

Mais tarde, em Nova York, depois que a banda acabou, B e eu nos encontrávamos n'A Rua. A essa altura, eu já cheirava cocaína, então B me comprava todo o pó que um filho da puta era capaz de cheirar. Era vendida nuns pacotinhos. B os contava e dizia: "Quantos pacotes você tem, Dick?".

Quando eu era mais novo, tinha o mesmo problema de B, era bonito quase que até demais. Em 1946, parecia tão jovenzinho que havia quem dissesse que eu tinha os olhos de uma garota. Se eu fosse a uma loja de bebidas para comprar uísque para mim ou para outra pessoa, sempre perguntavam a minha idade. Eu dizia que tinha dois filhos, e, mesmo assim, pediam minha identidade. Era pequeno e tinha um rosto de garota. Já B era charmoso e galanteador. Também aprendi com ele muita coisa a respeito de lidar com gente que você não quer por perto. Basta dizer que vazem da porra da sua frente. É isso. Qualquer outra coisa é perda de tempo.

Na volta para Nova York, passamos por Chicago, Cleveland, Pittsburgh e alguns outros lugares que não lembro. Quando chegamos a Chicago, fui para casa ver minha família e meu filho mais novo pela primeira vez. Era época de Natal, então passei as festas com eles. Depois disso, a banda permaneceu unida pelos dois primeiros meses de 1947 e então acabou. Recebi uma boa notícia: a revista *Esquire* havia me elegido o novo astro do trompete, acho que por causa do que toquei com Bird e com a banda de B. Dodo Marmarosa ganhou como pianista e Lucky Thompson como saxofonista tenor, e nós três havíamos tocado com Bird. Foi um ano difícil, mas foi também um bom ano.

capítulo 5

Em Nova York, A Rua havia reaberto. Vivenciar a 52nd Street entre 1945 e 1949 foi como ler uma apostila do futuro da música. Coleman Hawkins e Hank Jones tocando num mesmo clube. Art Tatum, Tiny Grimes, Red Allen, Dizzy, Bird, Bud Powell, Monk, todos naquela mesma rua, às vezes na mesma noite. Aonde quer que você fosse, ouviria todos esses caras geniais. Era inacreditável. Eu andava escrevendo algumas coisas para Sarah Vaughan e Budd Johnson. Quer dizer, todo mundo estava na área. Hoje em dia, não se ouve gente assim toda de uma vez. Não se tem essa oportunidade.

A 52nd Street, porém, foi um caso à parte quando aconteceu. Ficava lotada de gente, e os clubes não eram maiores do que salas de apartamento. Eram minúsculos e abarrotados. Ficavam um ao lado do outro, ou um de frente para o outro. O Three Deuces era na frente do Onyx, e por ali havia ainda um clube de *dixieland*. Cara, entrar lá era como ir para Tupelo, Mississippi. Era cheio de racistas. O Onyx, clube de Jimmy Ryan, também podia ser bem racista. Mas, atravessando a rua, ao lado do Three Deuces, havia o Downbeat e, ao lado deste, o Clark Monroe's Uptown House. Então você tinha essa sequência de clubes, um do lado do outro, apresentando todas as noites nomes como Erroll Garner, Sidney Bechet, Oran "Hot Lips" Page, Earl Bostic. Além de outros tipos de jazz rolando em outros clubes. Aquela cena era poderosa. Falo sério, não acho que voltaremos a ver algo como aquilo.

Lester Young também frequentava a área. Eu conheci o Prez quando ele passou por St. Louis e tocou no Riviera, antes de eu me mudar para Nova York. Ele me chamava de Anão. Lester tinha uma sonoridade e uma abordagem semelhantes a Louis Armstrong, só que no sax tenor. Billie Holiday também tinha essa mesma sonoridade e estilo; assim como Budd Johnson e aquele cara branco, Bud Freeman. Todos tinham aquele jeito fluido de tocar e cantar. É o estilo que eu gosto, fluido. Inunda o timbre. Há uma suavidade na abordagem e no conceito, e a ênfase é colocada numa única nota. Aprendi a tocar assim com Clark Terry. Antes de ser influenciado por Dizzy e Freddie, antes de adquirir meu próprio estilo, eu tocava como ele toca. Porém, foi com Lester Young que descobri esse estilo fluido.

Enfim, depois de não fazer muita coisa por um tempinho, gravei com Illinois Jacquet em março de 1947. Contamos com um baita naipe de trompetes, Joe Newman, Fats Navarro, eu e mais dois outros – acho que o irmão de Illinois, Russell Jacquet, e Marion Hazel. Dickie Wells e Bill Doggett tocaram trombone, e Leonard Feather, o crítico, tocou piano. Gostei de tocar com Fats novamente.

Dizzy estava arrebentando com sua *big band*, tocando bebop. Tinha Walter Gil Fuller, que escrevia para a banda de B, como diretor musical. Gil era da pesada, então havia muita empolgação em relação ao que a banda de Dizzy andava fazendo. Em abril, o empresário de Dizzy, Billy Shaw, conseguiu um show para a banda no McKinley Theatre, no Bronx. O que torna essa *gig* tão especial na minha lembrança é que Gil Fuller contratou o melhor naipe de trompetes que já fez parte de uma única banda, ao meu ver. Eu, Freddie Webster, Kenny Dorham, Fats Navarro e o próprio Dizzy. Max Roach na bateria. Quando estávamos prestes a fazer a *gig*,

Bird voltou para Nova York e se juntou à banda. Havia saído do hospital em Camarillo, em fevereiro, e passou tempo suficiente em Los Angeles para gravar dois álbuns para a Dial e retomar seu vício em drogas. Mas foram discos terríveis, que Ross Russell obrigou Bird a gravar. Ora, por que Ross fez isso com Bird? Cara, esse é o motivo pelo qual não gosto de Ross Russell. Era um filho da puta peçonhento que se aproveitava pra caralho de Bird. Enfim, quando Bird voltou a Nova York, não estava tão mal quanto em Los Angeles, porque não estava bebendo tanto e nem injetando tanto quanto faria mais tarde. Mas ainda usava essas merdas.

Mas, cara, o naipe de trompetes – a banda toda na primeira noite – era cascuda pra caralho, saca? A música estava em todo lugar, no corpo de todo mundo, no ar. E foi bom demais tocar com todos assim. Eu adorei e fiquei tão empolgado em tocar com todo mundo que nem sabia o que fazer. Foi um dos momentos mais excitantes e espirituais que vivi, muito perto daquela primeira vez que toquei com a banda de B em St. Louis. Lembro-me do público naquela primeira noite, ouvindo e dançando à beça. Havia uma excitação no ar, uma espécie de expectativa pela música que ia ser tocada. É difícil de descrever. Foi elétrico, mágico. Eu me senti bem demais naquela banda. Senti que havia chegado, que estava num grupo de deuses musicais e que eu era um deles; me senti honrado e humilde. Estávamos todos ali pela música. E essa sensação é linda.

Dizzy queria manter a banda limpa e sentiu que Bird seria uma influência negativa. Na noite em que estreamos no McKinley, Bird pescava no palco e só tocava seus próprios solos. Não acompanhava ninguém. Até o público tirava sarro de Bird enquanto ele dava pescadas no palco. Assim, Dizzy, que já estava farto de Bird de qualquer forma, o despediu depois dessa primeira *gig*. Bird então conversou com Gil Fuller, prometeu que ficaria limpo e pediu que ele contasse isso a Diz. Gil foi até Dizzy para tentar convencê-lo a deixar Bird ficar. E eu também fui até Dizzy para lhe dizer que seria bom manter

Bird por perto para compor alguns temas que renderiam um dinheirinho; acho que tirávamos uns US$ 100 por semana. Mas Dizzy se recusou, dizendo que não tinha dinheiro para pagá-lo e que íamos ter de nos virar sem ele.

Acho que tocamos no McKinley Theatre por umas duas semanas. Enquanto isso, Bird formava uma nova banda e me chamou para tocar com ele, o que aceitei. Os dois discos que ele gravara para a Dial em Los Angeles tinham sido lançados. Eu participara de um, e Howard McGhee do outro, acho. Foram lançados no final de 1946 e agora eram grandes sucessos do jazz. Então, com a 52nd reaberta e Bird de volta à cidade, os donos de clubes o queriam nos palcos. Todo mundo estava atrás dele. Queriam bandas pequenas de novo e sentiam que Bird lotaria seus clubes. Ofereceram-lhe US$ 800 por semana para uma temporada de quatro semanas no Three Deuces. Ele contratou Max Roach, Tommy Potter, Duke Jordan no piano, e eu. Pagava US$ 135 por semana para mim e Max, e US$ 125 por semana para Tommy e Duke. Foi quando Bird ganhou o máximo de dinheiro na vida, US$ 280 por semana. Para mim, não importava ganhar US$ 65 a menos por semana do que ganhava na banda de B; o que eu queria era tocar com Bird e Max e fazer música boa.

Eu me senti muito bem, e Bird estava com um semblante mais lúcido, não com aquela aparência amalucada que ele tinha na Califórnia. Havia perdido peso e parecia feliz com Doris. Ela foi até a Califórnia para buscá-lo quando ele saiu do hospital em Camarillo e voltou de trem com ele. Cara, Doris amava seu Charlie Parker. Fazia qualquer coisa por ele. Bird parecia feliz e bem disposto. Estreamos em abril de 1947, junto do trio de Lennie Tristano.

Fiquei muito feliz por tocar com Bird de novo, porque tocar com ele despertava o meu melhor naquela época. Ele era capaz de tocar tantos estilos diferentes sem nunca repetir a mesma ideia musical. Sua criatividade e ideias musicais eram ilimitadas. Ele virava a cozinha de ponta-cabeça toda noite. Digamos que estivéssemos tocando um blues. Bird começava no 11º compasso. Enquanto a cozinha ficava onde estava, ele então tocava de um jeito que a fazia soar como se estivesse no um e no três, ao invés de no dois e no quatro. Ninguém estava à altura de Bird naquela época, exceto Dizzy, talvez. Sempre que ele fazia isso, Max berrava com Duke para não tentar seguir Bird. Queria que Duke ficasse onde estivesse, pois não seria capaz de manter o mesmo passo que Bird e teria fodido com a cozinha. Duke fazia muito isso quando não ouvia. Veja bem, quando Bird decolava desse jeito num daqueles solos incríveis, tudo o que a cozinha tinha de fazer era ficar onde estivesse e tocar um negócio certinho. No fim, Bird voltaria para o ritmo, bem na cabeça do tempo. Era como se tivesse tudo planejado. A única questão é que ele não conseguia explicar isso a ninguém. Era preciso navegar na música. Porque musicalmente qualquer coisa podia acontecer quando se tocava com Bird. Então, aprendi a tocar o que eu sabia e estender isso verticalmente – um pouco *acima* do que eu sabia. Era preciso estar pronto para qualquer coisa.

Coisa de uma semana antes da noite de estreia, Bird organizou ensaios num estúdio chamado Nola. Muitos músicos ensaiavam lá naquela época. Quando ele marcou os ensaios, ninguém acreditou. Ele nunca havia feito aquilo. No primeiro dia, todo mundo apareceu, menos Bird. Esperamos por umas duas horas, e eu acabei ensaiando a banda.

Ora, na noite de estreia, o Three Deuces está lotado. Não vemos Bird há uma semana, mas ensaiamos pra caramba. Eis que entra o negrão sorridente, perguntando se todo mundo está pronto para tocar, naquele sotaque britânico falso dele. Quando é hora de a banda entrar, ele pergunta: "O que vamos tocar?". Digo a ele. Ele assente, conta o tempo e toca cada um daqueles temas no tom exato em que ensaiamos. Toca pra caralho. Não perde uma batida, uma nota sequer, não toca fora do tom em nenhum momento da noite. Foi um negócio de outro mundo. Ficamos maravilhados. E sempre que ele nos via olhando para ele, todos nós em choque e tal, só sorria, como se dissesse "vocês duvidavam disso?".

Depois desse primeiro *set*, Bird veio até nós e disse – com aquele sotaque britânico falso de novo: "Vocês tocaram muito bem esta noite rapazes, exceto em uns dois momentos no qual saíram do ritmo e erraram umas duas notas". Só olhamos para o filho da puta e rimos. Era esse o tipo de coisa inacreditável que Bird fazia no palco. Você acabava aceitando. E se ele não fizesse algo incrível, *aí sim* é que você se surpreendia.

Bird tocava frequentemente em explosões de respiração curtas e fortes. Fortes pra burro. Mais tarde, Coltrane tocaria desse jeito. Enfim, por isso, naquela época, Max Roach às vezes se via entre os tempos. E eu não saberia que porra Bird estava fazendo, porque nunca tinha ouvido aquilo antes. Pobres Duke Jordan e Tommy Potter, eles ficavam perdidos pra diabo – como todo mundo, só que pior. Quando Bird tocava assim, era como ouvir música pela primeira vez. Eu nunca ouvira ninguém tocar daquela forma. Posteriormente, Sonny Rollins e eu tentaríamos fazer coisas desse tipo, e Trane e eu, tocar esses arroubos curtos e fortes de frases musicais. Porém, quando Bird tocava desse jeito, era chocante. Detesto usar uma palavra como "chocante", mas era o que ele era. Bird era notável no modo como tocava combinações de notas e frases musicais. O músico médio tentaria desenvolver algo de forma mais lógica, mas não Bird. Tudo o que ele tocava – quando ele estava ligado e tocando *mesmo* – era assombroso, e eu estava lá todas as noites! Mas não dava para ficarmos repetindo "Quê? Você ouviu *isso*?!" a noite toda, porque aí *nós* não conseguiríamos tocar nada. Então chegamos a um ponto em que, quando ele tocava algo que era chocante demais, piscávamos. Nossos olhos só ficavam mais arregalados do que eram, e já eram *bem* arregalados. Porém, depois de um tempo, tocar com aquele filho da puta da pesada passou a ser só mais um dia de trabalho. Foi surreal.

Era eu quem ensaiava a banda e a mantinha afiada. Dirigir esse grupo me fez compreender o que era preciso fazer para ter uma grande banda. Diziam que era a melhor de bebop do pedaço. Então, eu estava orgulhoso por ser o diretor musical dela. Não tinha nem 21 anos em 1947 e já estava aprendendo bem rápido do que a música se tratava.

Bird nunca falava sobre música, exceto uma vez em que o ouvi discutir com um amigo meu que era músico erudito. Ele disse ao cara que é possível fazer qualquer coisa com acordes. Discordei. Falei para ele que não se podia tocar um ré natural no quinto compasso de um blues em si bemol. Bird disse que sim, se podia. Na noite seguinte, no Birdland, ouvi Lester Young fazer isso, mas ele tocou a nota com um *bend*. Bird estava lá quando aconteceu e só me olhou como quem diz "eu falei que dava", olhar que ele lançava quando sabia que estava certo. Mas foi tudo o que ele disse sobre o assunto. Sabia que era possível fazer isso porque já havia feito. Mas não se levantava e mostrava *como* fazer, nada disso, para ninguém. Deixava que você aprendesse por si mesmo. E, se você não conseguisse, não conseguiu. Fim.

Aprendi muito com Bird desse jeito, pegando as coisas da forma como ele tocava ou não uma ideia ou frase musical. Mas, como já disse, nunca conversei muito com Bird, nunca falei com ele por mais de 15 minutos diretos, a menos que estivéssemos discutindo sobre dinheiro. Eu já dizia de cara: "Bird, não me encha o saco por causa de dinheiro", mas ele sempre enchia.

Nunca gostei do jeito como Duke Jordan tocava piano, e Max também não gostava, mas Bird o manteve na banda mesmo assim. Max e eu queríamos Bud Powell no piano. Porém, Bird não podia chamá-lo, pois eles não se davam bem. Bird ia à casa de Monk tentar conversar com Bud, mas ele só ficava lá sentado e não falava. Ia às *gigs* de chapéu preto, camisa branca, terno preto, gravata preta, guarda-chuva preto, estiloso pra caramba, e não conversava com ninguém, a não ser comigo ou com Monk, se ele estivesse lá também. Bird implorava para que ele entrasse na banda, e Bud só olhava para ele e bebia. Nem sorria para Bird. Só ficava lá sentado no público, bêbado pra diabo, chapado de heroína. Bud chapava demais e permanecia assim, como Bird. Mas era um pianista genial – o melhor de todos os pianistas de bebop.

Max sempre queria brigar com Duke Jordan por foder com o tempo da banda. Ficava tão furioso que queria dar uma surra em Duke, fisicamente. Duke não ouvia, só tocava. Aí quando Bird fazia alguma coisa, Duke perdia o tempo. Isso ferrava com Max se eu não estivesse contando o tempo para ele. E Max então gritava com Duke: "Libera a porra do caminho, seu filho da puta, você está fodendo com o tempo de novo".

Chegamos a substituir Duke Jordan por Bud Powell num disco para a Savoy, por volta de maio de 1947. Acho que o título foi *Charlie Parker All Stars*. Contava com todo mundo do grupo regular de Bird, menos Duke. Compus um tema para o álbum, "Donna Lee", minha primeira composição gravada. Porém, quando o disco saiu, trazia Bird como o compositor. No entanto, não foi culpa dele. O erro foi apenas da gravadora, e eu não perdi dinheiro nem nada assim.

Bird ainda era contratado da Dial Records quando gravou esse disco para a Savoy, mas esse tipo de coisa nunca o impediu de fazer o que queria. Ele trabalharia com quem tivesse o dinheiro. Bird gravou quatro álbuns nos quais toquei em 1947, acho que três pela Dial e um pela Savoy. Foi muito ativo musicalmente naquele ano. Há quem considere 1947 o maior ano de Bird. Não tenho certeza e não gosto de fazer afirmações do tipo. Só sei que ele fez uma música incrível naquele ano. E fez música incrível depois daquele ano também.

Foi por causa de "Donna Lee" que conheci Gil Evans. Ele tinha ouvido a música e foi conversar com Bird sobre fazer alguma coisa com ela. Então Bird lhe contou que a composição era minha, não dele. Gil queria a partitura para escrever um arranjo dela para a orquestra de Claude Thornhill. Encontrei-me com Gil Evans pela primeira vez quando ele me abordou para falar desse arranjo de "Donna Lee". Disse a ele que poderia fazer, desde que me arrumasse uma cópia do arranjo de Claude Thornhill para "Robin's Nest". Ele o fez, e, após conversarmos por um tempo e testarmos um ao outro, descobrimos que eu gostava da forma como Gil escrevia música e que ele gostava do jeito que eu tocava. Ouvíamos o som da mesma maneira. Porém, não gostei muito do que Thornhill fez com o arranjo de Gil para "Donna Lee". Ficou lento e maneirado demais para o meu gosto. Mas pude ouvir as possibilidades nos arranjos e composições de Gil em outras coisas, então o que foi feito em "Donna Lee" me incomodou menos, embora tenha, sim, incomodado.

Enfim, acho que aquele disco da Savoy com Bird foi minha melhor gravação até então. Estava tocando de forma mais confiante e desenvolvendo meu próprio estilo; me afastando das influências de Dizzy e Freddie Webster. Porém, foi tocar no Three Deuces toda noite com Bird e Max o que me ajudou mesmo a encontrar minha própria voz. Constantemente músicos vinham dar canjas conosco, então sempre nos ajustávamos a diferentes estilos. Bird gostava demais disso, e eu também, às vezes. Eu estava mais interessado em desenvolver o som da banda do que em tocar com um monte de filhos da puta diferentes toda noite. Bird, no entanto, viera dessa tradição de Kansas City e a mantivera viva no Minton's e no Heatwave, no Harlem, então era algo que ele sempre gostou de fazer e com o qual se sentia confortável. Contudo, quando alguém não conseguia tocar as músicas em questão, aí a coisa ficava um saco.

Tocar com Bird e ser visto e ouvido toda noite na 52nd Street ajudou a levar à minha primeira gravação como *bandleader*. O disco foi intitulado *Miles Davis All Stars*. Gravei pela Savoy. Charlie Parker tocou sax tenor; John Lewis, piano; Nelson Boyd, baixo; e Max Roach, bateria. Entramos em estúdio em agosto de 1947. Compus e arranjei quatro temas para o álbum: "Milestones", "Little Willie Leaps", "Half Nelson" e "Sippin' at Bell's", esta sobre um bar no Harlem. Também participei de um álbum de Coleman Hawkins. Dessa forma, acabei ficando bem ocupado em 1947.

Irene voltara para Nova York com nossos dois filhos, e nós achamos um lugar no Queens, bem maior do que o apartamento onde morávamos antes. A essa altura, eu já andava cheirando pó, bebendo e fumando. Não fumava maconha porque nunca gostei. Mas ainda não estava usando heroína. Na verdade, Bird me disse, certa vez, que se me pegasse injetando heroína, ia me matar. Porém, o que estava começando a me dar problemas eram todas as mulheres ao redor da banda – e ao meu redor. Mas eu ainda não estava muito na delas. Ainda estava tão envolvido na música que ignorava até Irene.

Houve um show em que muitos camaradas tocaram na Lincoln Square, num salão de baile onde hoje fica o Lincoln Center. Cara, foi um baita show dos maiores astros. Art Blakey, Kenny Clarke, Max Roach, Ben Webster, Dexter Gordon, Sonny Stitt, Charlie Parker, Red Rodney, Fats Navarro, Freddie Webster e eu. Acho que a entrada custava coisa de US$ 1,50 para ouvir todos esses grandes músicos. Algumas pessoas dançaram, outras só ouviram.

Lembro-me desse show porque foi uma das últimas vezes que Freddie Webster tocou em Nova York. Quando Freddie morreu, em 1947, fiquei bem mal. Todo mundo ficou, especialmente Diz e Bird. Webs – que era como nós o chamávamos – morreu em Chicago de uma *overdose* de heroína que deveria ser do Sonny Stitt. Sonny vinha passando calote em todo mundo para sustentar o vício. E o fez em Chicago, quando Freddie e ele estavam tocando por lá. A pessoa a quem ele sacaneou providenciou algum troço ruim para dar a ele, talvez ácido de bateria ou estricnina. Não sei o que foi. Enfim, Sonny deu o negócio a Freddie, que injetou e morreu. Fiquei muito mal com isso por muito tempo. Freddie e eu éramos quase irmãos. Penso nele todos os dias até hoje.

Viajamos para Detroit em novembro de 1947. Deveríamos tocar num lugar chamado El Sino, mas cancelaram a apresentação após

Bird aparecer no clube e ir embora. Quando Bird saía de Nova York, sempre tinha problemas em comprar heroína. Aí bebia muito, que foi o que ele fez naquela noite, e não conseguia tocar. Depois de bater boca com o gerente e se mandar, voltou para o hotel e ficou tão furioso que arremessou o saxofone pela janela, que se espatifou na rua. Billy Shaw comprou outro para ele, um Selmer novíssimo.

Depois de retornar a Nova York e gravar outro disco (que contou com J. J. Johnson), o grupo voltou a Detroit para cumprir o contrato quebrado com o El Sino. Dessa vez, deu tudo certo, e Bird tocou demais. Betty Carter esteve conosco nessa viagem, porém, partiu logo depois para se juntar à banda de Lionel Hampton. Acho que foi em Detroit que Teddy Reig abordou Bird para gravar outro álbum pela Savoy. Billy Shaw, que tinha muita influência sobre Bird e era, acho, um coempresário, disse a Bird que ele precisava parar de fazer negócios com gravadoras pequenas, como a Dial, e fechar com uma gravadora grande, como a Savoy. Veja bem, todo mundo sabia que a Federação Americana dos Músicos estava pedindo o banimento das gravações decorrentes de disputas contratuais. Assim, Bird – que sempre precisava de dinheiro – assinou com Reig e a Savoy, entrando em estúdio imediatamente. Acho que foi no domingo antes do Natal.

Após concluir esse álbum – que acho que foi chamado de *Charlie Parker Quintet* – e outro que gravamos em Detroit, Bird seguiu para a Califórnia para se juntar ao projeto Jazz at the Philharmonic, de Norman Granz, numa turnê pelo Sudoeste. Fui a Chicago visitar minha irmã e seu marido, Vincent Wilburn, para o Natal. Depois, de volta a Nova York, me reencontrei com Bird. Ele havia ido para o México para se casar com Doris lá e, em função disso, perdeu um show, ferrando com Norman Granz. Bird era anunciado como um dos maiores astros da turnê. Era a atração *principal*, então, quando perdeu aquele show, o público ficou bravo e descontou em Norman. Mas Bird não se importava com isso. Sempre conseguia dar um jeito de cair de novo nas graças de alguém.

Bird estava cheio de confiança depois dessa turnê. Acabara de ser eleito o melhor saxofonista alto do ano pela revista *Metronome*. Parecia feliz de um jeito que eu nunca havia visto. Tocamos no Three Deuces de novo, e as filas aumentavam a cada noite. Porém, a impressão que eu tinha é de que toda vez que Bird estava prestes a entrar no prumo, sempre acabava se fodendo. Era como se tivesse medo de viver uma vida normal; que as pessoas pensassem que ele era careta ou algo assim. Era trágico, pois ele era um gênio tremendo e uma pessoa legal, quando queria. Mas o uso constante de heroína realmente começou a foder com ele. Os traficantes nos seguiam aonde fôssemos. Essa merda começou a passar dos limites em 1948.

Lembro-me de uma vez, naquele ano, em que estávamos em Chicago para tocar no Argyle Show Bar. A banda já estava no lugar para começar o show, mas Bird não havia aparecido ainda. Quando chegou, estava tão fodido de heroína e álcool que não conseguia tocar. Estava semiacordado no palco. Max e eu tocamos quatro compassos cada um na tentativa de despertá-lo. O tema seria em fá, mas Bird começava a tocar uma coisa diferente. Então, Duke Jordan, que já não sabia tocar mesmo, passava a seguir a condução fodida de Bird. Foi tão ruim que fomos despedidos. Bird saiu do clube e mijou numa cabine telefônica, pensando que fosse um banheiro. O dono do clube, um cara branco, nos comunicou que precisávamos pegar o dinheiro no sindicato dos pretos. Ora, a sede do sindicato dos pretos em Chicago é barra pesada, certo? E nós não tínhamos um tostão. Mas não me preocupei, pois minha irmã morava em Chicago, e eu poderia ficar na casa dela. Ela me daria algum dinheiro. Mas estava preocupado com o resto da banda. Enfim, Bird nos disse para encontrá-lo no sindicato no dia seguinte para pegar o pagamento.

Bird entrou no gabinete do presidente do sindicato, Gray, dizendo a ele que queria o dinheiro. Ora, tenha em mente que todos aqueles caras já não gostavam do jeito como Bird tocava. Viam-no como um *junkie* superestimado, todo fodido, certo? Então, quando

Bird disse isso, Gray só abriu uma gaveta e sacou uma arma. Falou para darmos o fora da porra do gabinete, caso contrário atiraria em nós. Demos no pé daquela porra *bem* rápido. Na saída, Max Roach me disse: "Não se preocupe. Bird vai conseguir o dinheiro". Max acreditava que Bird era capaz de qualquer coisa. Bird queria voltar e brigar, mas Duke Jordan o impediu. Gray, aquele preto filho da puta, teria atirado em Bird, porque era um cara ruim e não dava a mínima para quem Bird era.

Porém, Bird se vingou do dono do Argyle quando fomos tocar lá de novo, em outra ocasião naquele mesmo ano. Enquanto todo mundo estava tocando, Bird colocou o saxofone no chão depois de terminar um solo, saiu do palco e foi até o *lobby* do Argyle. Entrou numa cabine telefônica no *lobby* e mijou por ela toda, cara. Foi muito mijo. Escorreu da cabine para a porra do carpete. Em seguida, ele saiu da cabine sorrindo, fechou a braguilha e voltou para o palco. Toda aquela gente branca testemunhou. Ele então não só voltou a tocar, como tocou pra caralho. Não estava chapado nem nada naquela noite; só estava deixando bem claro para o dono – sem dizer uma palavra sequer – para não foder com ele. E quer saber de uma coisa? O cara não falou merda nenhuma, agiu como se não tivesse visto o que Bird fez. Pagou normalmente. Mas nós nunca recebemos o dinheiro de Bird.

Por volta dessa época, a 52nd Street começou a decair. Ainda havia público para ouvir música nos clubes, mas a polícia estava por toda parte. Como tinha muitos traficantes na rua, a polícia passou a pressionar os donos dos clubes para que contratassem artistas limpos e começou a prender alguns dos músicos e muitos dos traficantes. O povo ia ouvir o grupo de Bird, mas os demais não estavam se dando muito bem. Alguns dos clubes d'A Rua haviam parado de apresentar jazz e se tornaram casas de strip. Além disso, no passado, muitos clientes eram militares que adoravam se divertir, mas agora que a guerra havia acabado, o público estava mais sisudo e não tão simpático.

A cena musical foi afetada pelo declínio d'A Rua e pela proibição das gravações, que persistia. A música não era documentada. Se você não ouvisse bebop nos clubes, o esquecia. Tocávamos com regularidade em alguns lugares, como o Onyx e o Three Deuces. Bird, porém, ferrava com o dinheiro de todo mundo, e isso bagunçava nossas cabeças. Antes, eu via Bird como um deus, mas não mais. Tinha 22 anos, uma família, acabara de ganhar o prêmio da *Esquire* de melhor trompetista de 1947 e empatara com Dizzy no primeiro lugar da enquete dos críticos da *Down Beat*. Não que isso tivesse inflado meu ego, mas eu começava a entender quem *eu* era, musicalmente falando. Bird deixar de nos pagar não era certo. Ele não demonstrou respeito nenhum por nós, e eu não ia deixar quieto.

Lembro-me de uma vez que a banda foi de Chicago a Indianapolis para fazer uma *gig*. Max e eu dividíamos quartos e íamos a todo lugar juntos. No caminho, paramos para comer num restaurantezinho em Indiana, um lugar não segregado. Estávamos lá sentados, comendo, cuidando da nossa vida, quando quatro caras brancos entraram e se sentaram diante de nós. Bebiam cerveja, se embriagavam, riam e falavam mais alto que todo mundo, como os caipiras bêbados costumam fazer. Vindo de East St. Louis, eu sabia que tipo de brancos eles eram, mas Max, que era do Brooklyn, não tinha ideia. Eu sabia que eram filhos da puta ignorantes. E beber cerveja só os piorava, certo? Enfim, um deles se debruçou e disse: "Então, rapazes, o que vocês fazem?".

Eis que Max, que era inteligente, mas não sabia o que o esperava, se virou para o cara e disse, com um sorriso: "Somos músicos". Veja bem, Max não compreendia que aquilo ali era papo furado de caipira. Por ser do Brooklyn, ele nunca convivera com aquela gente. Então o cara falou: "Por que vocês não tocam alguma coisa para nós, se são tão bons assim?". Quando ele disse isso, eu *soube* o que ia acontecer, então só puxei a toalha da mesa, com tudo em cima, e joguei contra os filhos da puta antes que eles pudessem dizer ou fazer qualquer outra coisa. Max começou a jogar coisas e a gritar. Aqueles moleques brancos ficaram tão chocados que nem conseguiram reagir. Ao sairmos, falei a Max: "Da próxima vez, só ignore; aqui não é o Brooklyn".

Quando chegamos a Indianapolis para tocar naquela noite, eu já estava putaço da cara. E lá vinha Bird, depois que terminamos o show, dizer que não tinha dinheiro e que teríamos de esperar até a próxima apresentação para receber, porque o dono do lugar não o pagou. Todo mundo acreditou, mas Max e eu fomos até o quarto de Bird. Sua esposa, Doris, estava lá. Ao entrarmos, vemos Bird guardar um monte de dinheiro debaixo do travesseiro. Ele então disparou: "Não tenho um tostão. Preciso disso aqui pra outra coisa. Vou pagar vocês quando voltar a Nova York".

"OK, Bird, você quem manda", disse Max.

"Fala sério, Max, ele está tomando nosso dinheiro de novo. Está de papo furado", retruquei.

Max só deu de ombros e não falou nada. Ficava sempre do lado de Bird, não importava o que ele fizesse, saca? Então eu falei: "Quero a porra do meu dinheiro, Bird".

Bird, que me chamava de Junior, respondeu: "Você não vai receber um centavo, Junior, nada, dinheiro nenhum".

Max tirou o corpo fora: "Pode crer, por mim, tudo bem, Bird, posso esperar, pois é, posso. Por mim, tudo bem, Miles, o Bird vem nos ensinando".

Quebrei uma garrafa de cerveja e a apontei para Bird: "Seu filho da puta, me dê meu dinheiro ou vou te matar". E o agarrei pelo colarinho.

Rapidinho, ele meteu a mão debaixo do travesseiro e me deu o dinheiro com um sorrisão cara de pau na porra do rosto: "Olha só, você ficou bravo, hein? Viu, Max? O Miles ficou bravo comigo depois de tudo que fiz por ele".

Max ficou do lado dele ao dizer: "Miles, Bird estava só te testando para ver em que pé você está. Pois é, ele não falava sério".

Foi aí que comecei a pensar seriamente em sair do grupo. Bird ficava chapado o tempo todo, não nos pagava, e eu trabalhava feito um cachorro para manter a banda e as músicas afiadas. Ele estava de sacanagem. Além disso, eu tinha muito orgulho para ser tratado daquela forma. E Doris, a esposa de Bird, para mim, era idêntica à Olívia Palito. Não aguento ninguém falando comigo se não tem a cabeça no lugar. Ainda mais se ficam despejando ordens de merda por aí, como os brancos fazem quando pensam que mandam. Doris era assim. Era simpática e tal, ficava do lado de Bird, mas gostava de agir como se fosse a patroa, em especial com pretos. Quando viajávamos para tocar, Bird mandava Doris até a estação de trem com as passagens. Lá estava aquela vagabunda parecida com a Olívia Palito, no meio da Penn Station, dando ordens a um grupo de grandes músicos como se fosse a nossa mãe ou alguma coisa do tipo. Eu não gostava que mulheres feias agissem como se fossem minhas donas. Mas Doris adorava isso, ser cercada de todos aqueles belos pretos. Estava no paraíso. E Bird chapando em algum lugar, ou tentando chapar. Ele era simplesmente insensível.

Com a 52nd Street afundando rápido, a cena do jazz se deslocava para a 47th com a Broadway. Um dos lugares era o Royal Roost, de propriedade de um cara chamado Ralph Watkins. Originalmente, era um restaurante que servia frango frito, mas, em 1948, Monte Kay convenceu Ralph a deixar Symphony Sid produzir um show lá numa noite em que estaria fechado. Monte Kay era um jovem branco que perambulava pela cena do jazz. Na época, ele se passava por um preto de pele clara. Porém, depois que ganhou algum dinheiro, voltou a ser branco. Ganhou milhões produzindo músicos pretos. Enfim, Sid pegou uma noite de terça-feira e organizou um show comigo, Bird, Tadd Dameron, Fats Navarro e Dexter Gordon. Havia um setor do clube que não servia bebida alcoólica, onde os jovens podiam entrar, se sentar e ouvir a música por 90 centavos. Mais tarde, o Birdland passou a fazer o mesmo.

Por volta desse período, tive a oportunidade de conhecer Dexter Gordon melhor. Ele veio para a Costa Leste em 1948 (ou por aí) e começou a andar comigo e com Stan Levey. Eu havia sido apresentado a ele em Los Angeles. Dexter era estiloso demais e tocava muito, então saíamos pela cidade e fazíamos *jams*. Stan e eu tínhamos morado juntos por um tempo em 1945, éramos bons amigos. Ele e Dexter costumavam usar heroína juntos, mas eu ainda estava limpo. Descíamos até a 52nd para ver o que rolava. Dexter era superestiloso e bonitão, com aqueles ternos de ombros grandes que todo mundo vestia na época. Eu usava meus ternos Brooks Brothers de seis botões, que também achava super na moda. Saca, aquele estilo de St. Louis e tal. Os pretos de St. Louis tinham reputação de elegantes pra burro no que se tratava de roupas. Então, ninguém poderia falar nada de mim.

Dexter, porém, não achava que eu me vestia tão na moda assim. Então sempre me dizia: "Jim," – expressão muito usada pelos músicos na época – "você não pode andar com a gente e se vestir desse jeito. Por que você não usa alguma outra coisa, Jim? Precisa se aprumar. Você tem de ir à F & M's", que era uma loja de roupas na Broadway.

"Ora, Dexter, esses ternos que eu uso são invocados. Paguei muito dinheiro por essa merda."

"Miles, não é por aí, porque essa merda não está na moda. Veja bem, não tem nada a ver com dinheiro; tem a ver com estilo, Jim, e essa merda que você usa não chega nem perto de ser estilosa. Você precisa de uns ternos de ombros grandes e de umas camisas Mr. B se quiser ser descolado, Miles."

Todo magoado, eu disse: "Mas Dex, cara, essas roupas são boas".

"Sei que você acha que elas são estilosas, Miles, mas não são. Não posso ser visto com ninguém usando essas merdas caretas que você usa. E você ainda toca na banda do Bird? A banda mais sofisticada do mundo? Cara, você devia estar mais ligado."

Fiquei magoado. Sempre respeitei Dexter porque o considerava super sofisticado – um dos jovens mais elegantes e estilosos de toda a cena musical da época. Então, um dia, ele disse: "Cara, por que você não deixa crescer um bigode? Ou uma barba?".

"Como, Dexter? Mal tenho pelo no corpo, a não ser na cabeça, um pouco debaixo do braço e em volta do pau! Minha família tem muito sangue indígena, e pretos e índios não têm barba nem pelos na cara. Meu peito é liso feito um tomate, Dexter."

"Bem, Jim, você precisa fazer alguma coisa. Não pode andar com a gente com essa aparência, porque vai me fazer passar vergonha. Por que você não arruma uns trajes estilosos, já que não tem como cultivar pelos?"

Então juntei US$ 47, fui até a F & M's e comprei um terno cinza de ombros grandes que parecia largo demais para mim. É o que estou vestindo em todas as fotos do período em que fiz parte da banda de Bird, em 1948, e também na minha própria foto de divulgação, quando fiz aquele negócio no cabelo. Depois que comprei esse terno da F & M's, Dexter chegou até mim com aquele sorrisão e, imponente, me deu uns tapinhas nas costas, dizendo: "Agora, sim, Jim, agora você está bonito, agora está estiloso. Pode andar com a gente". Ele era uma figura.

Agora, cada vez mais, eu estava de fato conduzindo a banda de Bird, porque ele nunca aparecia, exceto para tocar e pegar o cachê. Eu mostrava acordes a Duke todos os dias na esperança de que ele aprendesse alguma coisa, mas ele nunca ouvia. Nunca nos demos bem. Bird não o demitia, e eu não podia demiti-lo, pois a banda não era minha. O tempo todo eu pedia a Bird que o mandasse embora. Max e eu queríamos Bud Powell no lugar de Duke Jordan, mas Bird insistia em Duke.

Porém, havia um problema com Bud. Certa noite, alguns anos antes, ele foi ao Savoy Ballroom, no Harlem, trajado todo de preto, como gostava de se vestir. Levou junto seus camaradas do Bronx, de quem ele se gabava que "dariam uma surra em qualquer um". Pois bem, ele chegou no Savoy sem um tostão no bolso, e o segurança, que o conhecia, disse a ele que não podia entrar sem dinheiro. Mas o cara falou isso para Bud Powell, o maior jovem pianista do mundo, e Bud sabia disso. Então só passou pelo cara e entrou. O segurança fez o que era pago para fazer. Abriu a cabeça de Bud, rachou a cabeça dele com uma coronhada.

Depois disso, Bud começou a injetar heroína como se não houvesse amanhã, e ele era a última pessoa que deveria usar heroína, porque a droga o deixava maluco. Além disso, ele nunca foi de beber, mas agora estava bebendo desesperadamente também. Bud começou a se comportar como doido, a ter surtos e a passar semanas sem falar com ninguém, nem com sua mãe e seus amigos mais antigos. Por fim, sua mãe o internou na ala psiquiátrica do hospital Bellevue, em Nova York; isso foi em 1946. Começaram a lhe aplicar tratamento de choque. Acharam que ele fosse louco de verdade.

Então, foi isso. Depois do tratamento de choque, Bud nunca mais foi o mesmo, tanto como músico quanto como indivíduo. Antes de ser internado no Bellevue, tudo o que ele fazia tinha um toque de gênio; sempre havia algo de diferente na forma como a música surgia. Cara, depois que bateram na sua cabeça e lhe deram choques, teria sido melhor cortar as mãos dele do que ter cortado a criatividade. Às vezes, me perguntava se os médicos brancos tinham lhe aplicado os choques de propósito para desligá-lo de si mesmo, como fizeram com Bird. Mas os dois eram diferentes. Bird era reativo, ao passo que Bud era passivo. Bird sobreviveu aos tratamentos de choque; Bud, não.

Antes disso tudo acontecer, Bud Powell era um filho da puta da pesada. Era o elo perdido cuja falta impedia nossa banda de talvez ser o maior grupo de bebop de todos os tempos. Max impulsionaria Bird, que impulsionaria Bud, enquanto eu flutuaria por toda aquela música nervosa – cara, até dói de pensar. Al Haig, o pianista que Bird colocou na banda em 1948, tocava bem o bastante. Era correto. E John Lewis, que também esteve conosco, era outro que tocava direitinho. Mas Duke

Jordan só ocupava espaço. E Tommy Potter enforcava o baixo como se estivesse estrangulando alguém que ele odiava. Sempre dizíamos a ele: "Tommy, deixe o cara em paz!". Apesar disso, sua marcação de tempo não era ruim. No entanto, se Bud estivesse lá, bem, o que posso dizer; não aconteceu, mas poderia ter acontecido.

Por alguma razão, a mãe de Bud confiava e gostava de mim. Mas também, as pessoas costumavam gostar de mim, digo, todo tipo de pessoa. Às vezes, penso que isso talvez tivesse algo a ver com o fato de eu ter sido entregador de jornal em East St. Louis. Ao fazer uma rota de entregas, era preciso aprender a conversar com todo tipo de gente. Então a mãe de Bud gostava de mim porque sempre que eu a via, conversava com ela. Depois que Bud enlouqueceu, ela o deixava ir aos lugares comigo. Sabia que eu mal bebia ou usava drogas como muitas das outras pessoas que viviam ao redor de Bud.

Quando eu os visitava, levava escondido uma garrafa de cerveja – ele não podia beber mais do que isso sem perder a linha. Dava uns goles, ficava lá sentado e não dizia nada. Sentava-se diante do piano no apartamento onde moravam, na St. Nicholas Avenue, no Harlem. Eu pedia para ele tocar "Cherokee", e ele o fazia de forma brilhante. Era como um cavalo puro-sangue ao piano, mesmo depois de ficar doente. E, independentemente disso, sempre tentava tocar, pois nunca achou que não fosse capaz. Porém, não importa o quão brilhantemente tocasse "Cherokee" ou qualquer outra coisa após adoecer, ele nunca mais conseguiu fazê-lo como antes. Mas não saber como tocar, cara, Bud nunca soube o que era isso, pelo menos não dentro da cabeça dele. A mesma coisa com Bird. Na verdade, Bird e Bud são os dois únicos músicos que eu conheci que eram assim.

Quando eu morava no Harlem, Bud às vezes ia ao meu apartamento na 147th e não falava nada. Certa vez, fez isso todos os dias por duas semanas. Não dizia uma palavra a ninguém, nem a mim, nem a Irene, nem a nossos dois filhos. Só ficava sentado e fitava o vazio com um sorriso doce no rosto.

Anos depois, em 1959, saímos em turnê, eu, Lester Young – que morreu naquele ano – e Bud. Ele não dizia nada a ninguém, só ficava parado e sorria. Costumava olhar para um músico chamado Charlie Carpenter. Certo dia, Bud estava sentado como sempre, sem falar nada com ninguém, só sorrindo para Charlie, que então perguntou: "Bud, para o que você está sempre sorrindo?". Sem mudar de expressão, Bud respondeu: "Você". Lester Young praticamente caiu para trás de dar risada, porque Charlie era um filho da puta *bem* triste e era para ele que Bud sorria o tempo todo.

Antes disso, quando Bud saiu do hospício onde o haviam internado, ele foi, certa noite, até o centro para ouvir a banda de Bird, usando seus habituais terno preto, guarda-chuva preto, camisa branca, gravata preta, sapatos pretos, meias pretas e chapéu preto. No intervalo, fomos para fora do clube, e lá estava ele, bem elegante e sóbrio. Ora, veja bem, o motivo real de Bird não querer Bud na banda não era porque não gostava do jeito como ele tocava. Bird disse a Max e a mim que não o queria no grupo porque ele "chapava demais". Ora, você consegue imaginar Bird dizendo que alguém chapava "demais"? Mais do que ele próprio?

Então, naquela ocasião, Max e eu dissemos: "Bud, não saia daqui, já voltamos. Não vá a lugar nenhum". Ele só abriu um sorriso largo e não disse nada. Corremos para dentro do clube, tocamos nosso *set* e dissemos a Bird: "Bud está lá fora e está limpo".

"É mesmo? Não acredito", disse Bird.

"Vamos lá, Bird, vamos te mostrar", insistimos. Então Max e eu levamos Bird lá fora, e lá estava Bud, parado do lado de um carro, onde o deixamos, como um zumbi. Ele olhou para Bird e virou os olhos para cima. Em seguida, começou a deslizar pela lateral da porra do carro até cair no chão. "Bud, onde você foi?", perguntei. Ele só balbuciou alguma coisa a respeito de ter ido até a esquina, à taverna White Rose. Foi o tempo necessário para ficar bêbado.

Mais tarde, quando ele já estava completamente biruta, mal falava com as pessoas. Uma pena. Foi um dos maiores pianistas deste século.

A essa altura, as coisas andavam ruins na banda. Bird vivia penhorando o saxofone. Na maior parte do tempo, estava sem o instrumento, então pegava saxofones emprestados de outras pessoas. A coisa ficou tão feia que o Three Deuces arrumou um cara, um zelador ou alguém assim, para ir à loja de penhores todos os dias buscar o sax de Bird e, então, devolvê-lo após o show.

Nesse ponto, Max e eu já estávamos confiantes de que poderíamos seguir nossas próprias carreiras, além de fartos das embromações infantis e estúpidas de Bird. Só queríamos tocar música boa, e Bird agia como um tolo, como uma porra de um palhaço. Ele nos tratava como se fôssemos nada, como se tivéssemos nascido ontem, e nós sabíamos o quanto isso era errado.

Certa vez, no Three Deuces, Bird chegou atrasado e foi até o camarim, onde abriu uma lata de sardinhas e um pacote de biscoitos. O dono tentava apressá-lo para subir ao palco, e Bird só comia tranquilamente, sorrindo feito um idiota, sabe? O dono lhe implorava para tocar enquanto Bird oferecia biscoitos para ele. Cara, essa cena foi engraçada. Quase morri de rir. Por fim, ele saiu do camarim e tocou. Mas, a essa altura, já tinha feito os donos do clube de bobos, e eles nunca se esqueceram disso. Depois, Bird levou o grupo para o Royal Roost, e nós nunca mais tocamos no Three Deuces de novo.

Tocamos no Royal Roost de, se não me engano, setembro a dezembro de 1948. Era bom tocar no Roost, pois Symphony Sid transmitia as apresentações, então éramos ouvidos por um público mais amplo. Também comecei a tocar com outros grupos, além do de Bird, e com a minha própria banda. A música que eu tocava nessa época era a mesma que fazia com Bird e com os demais grupos, mas havia coisas minhas também, que eram muito diferentes dessas outras paradas. Eu estava encontrando minha própria voz, e isso era o que me interessava mais.

Foi por volta dessa época que o grupo de Bird fez sua primeira gravação daquele ano de 1948, acho que em setembro. Consegui convencer Bird a substituir Duke Jordan por John Lewis no disco. Duke ficou bem bravo comigo, mas eu não ligava para *o que* ele achava, porque só estava interessado na música. Curly Russell também tocou nesse álbum.

Mais tarde, Al Haig entrou no grupo como substituto permanente de Duke. Isso lá por dezembro de 1948. Não fiquei muito empolgado por Bird chamar Al. Pessoalmente, não tinha nada contra ele, mas achava que John Lewis e Tadd Dameron eram pianistas melhores. Acho que a decisão de Bird teve a ver com mostrar para todo mundo que era ele, e não eu, quem estava no controle. Todos sabiam quem eu queria no grupo, então talvez Bird tenha feito isso para evitar passar vergonha. Não sei, de verdade. Bird e eu nunca conversamos muito, não mais do que 15 minutos corridos por vez, ao longo de todo o tempo que o conheci. E, em 1948, conversávamos menos ainda do que antes. Após a entrada de Al Haig, Bird substituiu Tommy Potter por Curly Russell, e depois desfez a troca.

Em seguida, levei um grupo, um noneto, para o Roost. Reuni Max Roach, John Lewis, Lee Konitz, Gerry Mulligan, Al McKibbon no baixo, e Kenny Hagood no vocal. Contei também com Michael Zwerin no trombone, Junior Collins na trompa, e Bill Barber na tuba. Eu tinha começado a trabalhar com Gil Evans havia algum tempo, e foi ele quem fez os arranjos.

Gil havia parado de arranjar para a banda de Claude Thornhill no verão de 1948. Ele esperava poder escrever e arranjar para Bird. Porém, Bird nunca tinha tempo para ouvir o que Gil fazia, pois, para ele, Gil só lhe providenciava um lugar conveniente para comer, beber, cagar e estar próximo da 52nd Street, já que o apartamento dele ficava na 55th. Quando Bird enfim ouviu a música de Gil, gostou. Mas, então, era Gil quem não queria mais trabalhar com ele.

Gil e eu já havíamos começado a fazer algumas coisas juntos, e tudo ia muito bem para nós. Eu procurava um veículo no qual pudesse solar mais no estilo que ouvia na cabeça. Minha música era um pouco mais lenta e não tão intensa quanto a de Bird. Minhas conversas com Gil sobre experimentar com *voicings* mais sutis e coisas do tipo me empolgavam bastante. Gerry Mulligan, Gil e eu começamos a idealizar um grupo. Achamos que nove músicos seria a quantidade certa. Gil e Gerry decidiram quais instrumentos haveria na banda antes que eu entrasse na discussão de fato. Mas a teoria, a interpretação musical e o que ela tocaria foi tudo ideia minha.

Aluguei as salas de ensaio, organizei os encontros e botei as coisas em prática. Fiz esse lance com Gil e Gerry em paralelo, do verão de 1948 até gravarmos, entre janeiro e abril de 1949, e depois novamente em março de 1950. Consegui algumas *gigs* para nós e contatei a Capitol Records para gravarmos. Trabalhar com Gil fez eu me interessar a sério por composições. E eu costumava mostrar as minhas para ele ao piano em seu apartamento.

Lembro que, quando começamos a formar o noneto, eu queria Sonny Stitt no sax alto. Sonny soava bastante como Bird, então pensei nele logo de cara. Mas Gerry Mulligan preferia Lee Konitz, porque ele tinha um som leve, em oposição ao som pesado do bebop. Gerry achava que esse tipo de som é o que tornaria o álbum e a banda diferentes. Ele sentia que eu, Al McKibbon, Max Roach e John Lewis juntos num mesmo grupo, e todos vindos do bebop, talvez soássemos como a mesma coisa de sempre. Então acatei o conselho de Gerry e contratei Lee Konitz.

Max e Gerry estavam sempre comigo pelo apartamento de Gil, assim como John Lewis e Al McKibbon, de modo que todos sabiam o que queríamos fazer. Cogitamos ter J. J. Johnson, mas ele estava viajando com a banda de Illinois Jacquet. Pensei então em Ted Kelly, que tocava trombone na banda de Dizzy, porém, ele andava ocupado e não poderia. Assim, consentimos num cara branco, Michael Zwerin, que era mais novo do que eu. Eu o conhecera no Minton's numa noite em que ele deu uma canja por lá e perguntou se poderia ensaiar conosco no dia seguinte no Nola. Ele foi ao ensaio e entrou na banda.

Veja, toda essa ideia começou apenas como um experimento, um experimento colaborativo. Na época, muitos músicos pretos reclamavam que não tinham trabalho, e lá estava eu contratando músicos brancos para a minha banda. Então eu só dizia a eles que se um cara tocasse tão bem quanto Lee Konitz – era por causa dele que ficavam mais bravos, pois havia muitos pretos que tocavam sax alto –, eu o contrataria no ato e não daria a mínima se ele fosse verde com bafo vermelho. Contrato um filho da puta para tocar, não pela cor da sua pele. Quando eu dizia isso, muitos deixavam de pegar no meu pé. Mas alguns permaneceram bravos comigo.

Enfim, Monte Kay conseguiu uma *gig* de duas semanas para nós no Royal Roost. Quando estreamos, pedi que o clube colocasse na entrada uma placa dizendo "Noneto de Miles Davis; Arranjos de Gerry Mulligan, Gil Evans e John Lewis". Precisei brigar pra caramba com Ralph Watkins, o dono do Roost, para convencê-lo a fazer isso. Em primeiro lugar, ele não queria bancar nem a apresentação, porque achava que seria demais pagar nove desgraçados quando poderia pagar cinco. Porém, Monte Kay o convenceu. Eu não gostava muito de Watkins, mas o respeitei por correr o risco. Tocamos no Royal Roost por duas semanas entre o final de agosto e o começo de setembro de 1948, abrindo para a orquestra de Count Basie.

Muita gente estranhava as coisas que tocávamos. Lembro que Barry Ulanov, da revista *Metronome*, ficou meio confuso em relação à nossa música. Já Count Basie, que nos ouvia todas as noites em que tocamos antes dele, gostou. Ele me disse que era "lento e estranho, mas bom, muito bom". Muitos outros músicos que iam ouvir a banda também curtiam, inclusive Bird. Pete Rugolo, da Capitol Records, gostou tanto do que ouviu que me perguntou se poderia nos gravar para a Capitol quando a proibição das gravações acabasse.

Mais tarde, naquele setembro, levei outro grupo para o Roost, com Lee Konitz, Al McKibbon, John Lewis, Kenny Hagood e Max Roach. Symphony Sid transmitiu esse show e o gravou, então havia um registro do que tocamos. Esse grupo foi um acontecimento, cara. Acertamos em cheio nessa única vez em que tocamos juntos, saca. Max tocou pra caralho.

Por volta dessa época, Gil teve um bloqueio musical. Demorava uma semana para escrever oito compassos. Porém, voltou aos eixos e compôs um tema chamado "Moon Dreams" e algumas coisas para "Boplicity", de *Birth of the Cool*. Esse álbum surgiu de algumas das sessões que fizemos na tentativa de soar como a banda de Claude Thornhill. Queríamos aquele som, mas com a diferença de que o queríamos o menor possível. Eu disse que tinha de ser um quarteto, com vozes de soprano, alto, barítono e baixo. Precisávamos ter tenor, meio-alto e meio-baixo. Eu era a voz soprano, e Lee Konitz, a voz alto. Contamos com outra voz na trompa e uma voz barítono, que era uma tuba contrabaixo. Alto e soprano no agudo – Lee Konitz e eu. Também usamos a trompa para o *voicing* de alto, o sax barítono para o *voicing* barítono e a tuba contrabaixo para o *voicing* baixo. Eu via o grupo como se fosse um coral, um coral que era um quarteto. Muita gente colocava o sax barítono no grave, mas não é um instrumento grave, como a tuba. A tuba é um instrumento grave. Eu queria que os instrumentos soassem como vozes humanas, e eles soaram.

Às vezes, Gerry Mulligan dobrava com Lee, depois comigo e com Bill Barber, que sempre estava no grave tocando tuba contrabaixo. Às vezes, subia no registro, e, às vezes, tínhamos de pedir para que ele subisse. E dava certo.

Tivemos um dia em estúdio com o noneto – acho que foi em janeiro de 1949. Kai Winding substituiu Michael Zwerin, que precisou voltar para a faculdade; Al Haig ficou na vaga de John Lewis ao piano; e Joe Shulman tomou o lugar de Al McKibbon. Nessa primeira sessão, acho que gravamos "Jeru", "Move", "Godchild" e "Budo". Não usamos nenhum dos arranjos de Gil na ocasião, pois Pete Rugolo queria gravar os temas mais rápidos ou de andamento moderado primeiro. A sessão correu praticamente sem percalços. Todo mundo tocou bem, com Max impulsionando a todos. Gostei do jeito como todos tocaram naquele dia. A Capitol Records curtiu tanto as músicas que lançou "Move" e "Budo" em compactos de 78 rpm cerca de um mês depois de termos gravado, além de "Jeru" e "Godchild" em abril. Posteriormente, fizemos mais duas sessões, uma em março ou abril de 1949 e outra em 1950. A essa altura, já tínhamos feito mais mudanças na banda: J. J. Johnson substituiu Kai Winding no trombone; Sandy Siegelstein ficou no lugar de Junior Collins na trompa, sendo depois foi substituído por Gunther Schuller; John Lewis voltou para o posto que ficara com Al Haig; Joe Shulman foi substituído por Nelson Boyd no baixo, que, por sua vez, foi trocado por Al McKibbon; Max Roach foi substituído por Kenny Clarke na bateria e depois voltou; e, na última sessão, Kenny Hagood cantou. Os únicos membros constantes nas três gravações foram eu, Gerry Mulligan, Lee Konitz e Bill Barber.

Gil e eu escrevemos "Boplicity", mas a creditamos a minha mãe, Cleo Henry, porque eu queria a composição numa editora diferente daquela com a qual eu tinha contrato. Então só coloquei o nome dela.

Birth of the Cool se tornou um item de colecionador, acredito, por causa de uma reação à música de Bird e Dizzy. Os dois tocavam um negócio sofisticado, muito acelerado. Se você não fosse um ouvinte ligeiro, não pegaria o humor ou o sentimento na música deles. O som musical que faziam não era doce e não tinha linhas harmônicas facilmente assobiáveis ao se tentar roubar um beijo da namorada num passeio. O bebop não tinha a humanidade de Duke Ellington. Não tinha sequer aquela coisa reconhecível. Bird e Diz eram ótimos, fantásticos, desafiadores – mas não eram doces. Já *Birth of the Cool* era diferente porque você conseguia ouvir tudo e também assobiar.

Birth of the Cool veio de raízes musicais negras. Veio de Duke Ellington. Tentávamos soar como Claude Thornhill, mas ele havia bebido na fonte de Duke Ellington e Fletcher Henderson. O próprio Gil Evans, que foi o arranjador de *Birth of the Cool*, era um grande fã de Duke e de Billy Strayhorn. Os dois faziam aquelas dobras nos acordes, tal como fizemos em *Birth*. Sempre foi possível ouvir Duke fazer isso, e ele sempre chamava caras que tinham um som reconhecível. Somente a partir do som, era fácil deduzir quem tocava os solos na banda de Duke. Mesmo quando tocavam num naipe, ainda era possível dizer quem eram por causa dos *voicings*. Eles colocavam a própria personalidade em certos acordes.

Foi o que fizemos em *Birth*. E é por isso que acho que o disco alcançou tanta gente. Na época, os brancos gostavam de música que eles conseguissem entender, que pudessem *ouvir* sem dificuldade. O bebop não saiu deles, então era difícil para muitos escutar o que estava rolando naquela música. Era uma coisa só de pretos. Mas *Birth* não só era assobiável, como também tinha brancos tocando e em papéis proeminentes. Os críticos brancos gostaram disso. Gostaram do fato de que *eles* pareciam ter algo a ver com o que estava rolando. Foi como alguém apertar sua mão só com um pouquinho mais de força. Nós chegávamos aos ouvidos de forma um pouco mais suave do que Bird ou Diz, tornamos a música mais *mainstream*. E foi isso.

Ao final de 1948, minha paciência com Bird já estava nas últimas, mas eu ainda segurava as pontas. Tinha esperança de que ele mudasse e melhorasse, porque adorava tocar com ele quando ele *de fato* tocava. Porém, à medida que ele ganhava mais fama, trabalhava mais como artista solo, deixando a banda para trás. Sei que ele ganhou mais dinheiro assim, mas deveríamos ser um grupo e sacrificamos muita coisa por ele. Nas *gigs*, mal nos apresentava e, quando acabava de solar, deixava o palco sem olhar para nós. Não fazia a contagem das músicas, então não sabíamos *o que* ele ia tocar.

Tudo o que Bird tinha de fazer era subir no palco e tocar. Mas ele sempre fazia alguma merda. Lembro-me de uma vez, no Three Deuces, em que me olhou com uma expressão de incômodo, exasperada, que fazia quando algo não o agradava – poderia ser você, poderia ser o traficante que não tinha vindo, poderia ser a mulher que não chupou o pau dele direito, poderia ser o dono do clube, alguém do público, poderia ser qualquer coisa, mas você nunca, nunca sabia. Isso porque Bird sempre mascarava os sentimentos, uma das melhores máscaras que já vi. Enfim, ele me olhou e se debruçou para me dizer que *eu* estava tocando alto demais. *Eu*, que tocava tão baixo na época? Pensei comigo que Bird *tinha* de estar louco ao dizer que *eu* estava tocando alto demais. Nunca falei nada, que porra poderia dizer? A banda, afinal, era *dele*.

Bird sempre dizia que detestava a ideia de ser visto apenas como um artista de entretenimento, mas, como eu já disse, ele estava se tornando um espetáculo. Eu não gostava que os brancos fossem aos clubes onde tocávamos só para ver Bird fazer papel de bobo, pensando que talvez ele fosse fazer algo estúpido, qualquer coisa para arrancar gargalhadas. Quando conheci Bird, talvez ele fosse um pouco bobo, mas não agia de forma estúpida como agora. Lembro que certa vez ele anunciou uma música, dizendo que ela se chamava "Suck You Mama's Pussy"[9]. Mas as pessoas não entenderam muito bem o que ele disse, não tiveram certeza se entenderam direito. Foi vergonhoso. Não fui para Nova York para trabalhar com palhaço nenhum.

Porém, quando ele começou a cortar a banda só porque dava na telha, depois de eu ter passado todo aquele tempo ensaiando todo mundo na ausência dele – só para ouvir brancos rindo porque achavam graça –, aí foi demais para mim. Eu *amava* Charlie Parker como músico – talvez não como pessoa –, mas o amava como um músico e artista criativo e inovador. Agora, ele se transformava na porra de um comediante bem na minha cara.

Outras coisas começavam a acontecer para mim. Até o mestre em pessoa, Duke Ellington, gostava do que eu fazia, do que eu toca-

---

9 Em tradução livre, algo como "chupe a xoxota da tua mãe". (N. do T.)

va em 1948, porque, certa vez, ele mandou um cara me chamar. Eu nem conhecia Duke; só o tinha visto no palco e ouvido todos os seus discos. Mas eu o amava demais, pela música, pela atitude, pelo estilo. Então fiquei lisonjeado quando ele mandou esse cara atrás de mim para dizer que queria conversar comigo em seu escritório. Acho que o nome do cara era Joe, e ele me disse que Duke gostava de mim, gostava da forma como me vestia, do jeito como me portava. Bem, isso foi um negócio bem inebriante para alguém de 22 anos ouvir de um de seus ídolos. Cara, esse papo quase explodiu minha cabeça e mandou meu ego para as alturas. Joe me deu o endereço do escritório de Duke, que ficava no antigo Brill Building, na Broadway com a 49th Street.

Cheguei para ver Duke, estiloso pra burro, subi no escritório, bati na porta e lá estava ele, de bermuda, com uma mulher no colo. Fiquei em choque. Estava diante do cara que eu considerava a pessoa mais descolada, sofisticada e estilosa da indústria musical, sentado em seu escritório de bermuda com uma mulher no colo e um sorrisão largo no rosto. Cara, essa porra me deixou fodido da cabeça. Ele então me disse que eu estava nos planos dele para o outono, musicalmente falando, e me queria na banda. Cara, isso me nocauteou de jeito. Fiquei absurdamente contente, lisonjeado demais. Quer dizer, fiquei acachapado por um dos meus ídolos me chamar para sua banda, que era a melhor *big band* do meio. Só ele ter lembrado de mim, ouvido falar de mim e gostado do jeito que eu tocava já me nocauteou.

Porém, eu tinha de recusar, porque estava finalizando *Birth of the Cool*. Foi o que disse a ele, e era verdade, mas o motivo real pelo qual eu não fui tocar com Duke – não poderia ir – era que eu não queria me colocar numa caixa musical, tocar o mesmo tipo de música noite após noite após noite. Minha cabeça estava em outro lugar. Eu queria seguir numa direção diferente da que ele seguia, embora amasse e respeitasse Duke por completo. Mas não podia dizer isso a ele. Então, só falei que precisava terminar *Birth of the Cool*, e ele entendeu. Também lhe disse que ele era um dos meus ídolos e que fiquei lisonjeado por ele ter se lembrado de mim. Esperava que ele não achasse ruim por não ter dado certo comigo. Ele então respondeu que eu não me preocupasse, que eu tinha de seguir o caminho que fosse melhor para mim.

Quando saí do escritório de Duke, Joe me perguntou o que havia acontecido. Eu então disse a ele que, após ter trabalhado na *big band* de Billy Eckstine, não poderia mais fazer esse tipo de coisa. Admirava tanto Duke que não queria trabalhar com ele. Nunca mais estive sozinho com Duke depois disso, nunca mais falei com ele e, às vezes, me pergunto o que teria rolado se eu tivesse entrado na banda dele. Uma coisa é certa, isso eu nunca vou saber.

Naquela época, eu ia muito à casa de Gil Evans e ouvia o que ele tinha a dizer sobre música. Nós dois nos demos bem logo de cara. Eu conseguia me identificar com as ideias musicais dele, e ele com as minhas. Com Gil, a questão racial nunca veio à baila; era tudo sobre música. Ele não se importava com a cor da pele. Foi um dos primeiros brancos que conheci que pensava assim. Era canadense, e talvez isso tivesse a ver com o modo como pensava.

A partir de *Birth of the Cool*, Gil e eu nos tornamos grandes amigos. Gil era o tipo de cara cuja convivência era adorável, porque ele via coisas que ninguém mais via. Amava pintura e me mostrava paradas que eu nunca teria visto. Ou ouvia uma orquestração e dizia: "Miles, ouça esse violoncelo aqui. Como você acha que ele poderia ter tocado essa passagem?". Ele fazia você pensar nessas coisas o tempo todo. Entrava na música e puxava uns negócios que normalmente outras pessoas não teriam ouvido. Mais tarde, passaria a me ligar às 3h da manhã para me dizer: "Se um dia você estiver deprimido, Miles, basta ouvir 'Springville'" (grande composição que incluímos no álbum *Miles Ahead*). E desligava. Gil era um pensador, e eu adorei essa característica dele logo de cara.

Na época em que o conheci, ele costumava ir ouvir Bird quando eu ainda estava na banda. Chegava com um saco de rábanos-de-cavalo, que comia com sal. Um cara alto, magro, canadense e estiloso até não poder mais. Quer dizer, eu nem *conhecia* brancos como ele. Estava acostumado com os pretos de East St. Louis entrarem nos lugares com sacos cheios de sanduíches de focinho de porco e os jantarem ali mesmo, fosse num cinema, num clube, em qualquer lugar. Agora, um moleque branco entrar num clube com um saco de rábanos-de-cavalo para comer com sal? Gil chegava de boina na alucinada 52nd Street, em meio a todos aqueles músicos pretos sofisticados que usavam calças curtas e ternos *zoot*. Cara, ele era uma peça.

Muitos músicos frequentavam o apartamento de porão de Gil na 55th. Era tão escuro que não dava para saber se era noite ou dia. Max, Diz, Bird, Gerry Mulligan, George Russell, Blossom Dearie, John Lewis, Lee Konitz e Johnny Carisi estavam lá o tempo todo. Gil tinha uma cama grande que tomava muito espaço e um gato desgraçado que entrava nas coisas. Estávamos sempre conversando sobre música ou discutindo a respeito de algo. Lembro que Gerry Mulligan, naquela época, tinha muita raiva de muitas merdas. E eu também, então, às vezes, batíamos boca. Nada sério, só testávamos a marra um do outro. Já Gil era como uma mamãe gansa para todos nós. Apaziguava tudo, porque era tranquilo demais. Era uma pessoa maravilhosa que adorava conviver com músicos. E nós adorávamos conviver com ele, porque ele nos ensinava muito sobre se importar com as pessoas e sobre música, especialmente arranjos. Acho que Bird até morou lá com ele por um tempo. Gil conseguia aguentar Bird mais do que qualquer outra pessoa aguentava.

Enfim, eu seguia para outra direção, para longe de Bird. Então, quando a merda bateu no ventilador, em dezembro de 1948, já estava tranquilo quanto ao que eu queria e iria fazer. A banda estava bem desanimada na época em que decidi sair. Bird e eu mal falávamos um com o outro, e havia muita tensão no grupo. A gota d'água aconteceu pouco antes do Natal. Bird e eu discutimos por causa de dinheiro no Three Deuces. Lá estava ele, sentado diante de uma mesa, comendo uma tonelada de frango frito, bebendo e chapado pra caralho de heroína. Não me pagava havia semanas e continuava lá, sorriso largo como o do Gato de Cheshire, parecendo um Buda. Pedi meu dinheiro a ele, que simplesmente continuou a comer frango como se eu não estivesse ali. Como se eu fosse uma espécie de lacaio. Então, peguei o desgraçado pelo colarinho e disse algo do tipo: "Me pague agora, seu filho da puta, ou vou te matar, e não estou de sacanagem, negão". Ele saiu e conseguiu algum dinheiro bem rápido, mas não tudo, só cerca da metade.

Coisa de uma semana depois, às vésperas do Natal, estávamos tocando no Royal Roost. Antes de entrar no palco, Bird e eu discutimos por causa do resto do dinheiro que ele me devia. E então ele começou a se fazer de palhaço no palco, "disparando" com uma arma de espoleta contra Al Haig e vazando ar de um balão na frente do microfone. As pessoas riam, e ele também, porque achava engraçado. Eu simplesmente saí do palco. Max também pediu demissão naquela noite, mas voltou até que Joe Harris assumisse seu lugar. Eu acabei voltando também, por um tempo, mas por fim, pouco depois disso, Kenny Dorham, meu velho amigo, assumiu meu lugar na banda de Bird.

Quando saí da banda, muita gente escreveu que eu simplesmente abandonei o palco e nunca mais voltei. Não foi o que aconteceu. Eu não fui embora enquanto Bird estava trabalhando. Não faria dessa forma. Não seria profissional fazer coisas desse tipo, e eu sempre acreditei em profissionalismo. Porém, dei a dica para Bird de que eu estava enojado e exausto com o que acontecia, disse a ele que queria sair e, por fim, realmente saí.

Pouco depois, quando Norman Granz apareceu e ofereceu US$ 50 por noite a mim e a Max para fazermos o Jazz at the Philharmonic com Bird, eu recusei. Max quis dar um soco na boca de Norman, mas eu disse a ele: "Max, basta você recusar, não precisa ameaçar dar uma surra no filho da puta". Ele me ouviu. Max ficou furioso porque Norman não gostava nem levava a sério a música que normalmente tocávamos, e o dinheiro não era justo. Mas Norman queria Bird no programa e queria que ele se sentisse confortável com os músicos que o acompanhassem. Precisavam de um baterista, um pianista e um baixista, e Bird queria que eu tocasse trompete. Norman conseguiu Erroll Garner para o piano, mas Bird podia tocar com qualquer um, então não importava *quem* seria o pianista, contanto que conseguisse bater nas teclas. Erroll sabia tocar, o que era algo positivo. Mas eu não poderia fazer o que Norman ou Bird queriam que eu fizesse, então apenas recusei. Foi doloroso dizer não a Bird, mas eu disse. Acho que ter feito isso nessa ocasião me ajudou como indivíduo posteriormente, me ajudou a saber que eu me conhecia.

Depois que parei de tocar com Bird, atravessei a rua e consegui trabalho no Onyx Club. Contei com Sonny Rollins no sax tenor, Roy Haynes na bateria, Percy Heath no baixo, e Walter Bishop no piano. Tentei não olhar para trás.

Depois disso, Bird e eu tocamos juntos duas ou três vezes e gravamos alguns discos um com o outro. Não guardei rancor algum de Bird, não sou esse tipo de pessoa. Só não queria me afundar na merda que era dele. Acho que por volta de 1950, Red Rodney assumiu o lugar de Kenny Dorham na banda de Bird, que dizia a Red o quanto lamentava a forma como nos tratou. Kenny me contou o mesmo, e até Bird nos falou isso umas duas vezes. Mas isso não o impediu de fazer as mesmas merdas com as bandas que teve depois de nós.

Em janeiro de 1949, a *Metronome* selecionou um grupo de astros para gravar um disco logo que a proibição acabou, no primeiro dia útil do ano. Então ficou assim: eu no trompete, junto de Dizzy e Fats Navarro; J. J. Johnson e Kai Winding no trombone; Buddy De Franco no clarinete; Bird no sax alto; Lennie Tristano no piano; Shelly Manne na bateria; e mais alguns outros. Pete Rugolo foi o regente. A RCA lançou o disco, intitulado *Metronome All Stars*.

Bird foi engraçado nessa sessão. Não parava de fazer *takes* extras, porque dizia que não entendia os arranjos. Mas ele entendia, sim, e só fez isso para ganhar um pouco mais de dinheiro. O novo contrato de gravação tinha um limite de três horas, determinado pelo sindicato. Se passasse disso, seria hora extra. Então Bird, com esse papo furado de *takes* extras, estendeu a sessão por mais umas três horas além do limite, e todo mundo ganhou mais. Depois deram o nome de "Overtime"[10] a uma das músicas, por causa do que Bird fez.

O disco foi uma enganação, exceto pelo que Fats, Dizzy e eu tocamos. Limitaram todo mundo, porque havia muitos solistas, e as gravações eram em 78 rpm. Mas o negócio que o naipe de trompetes fez foi da pesada. Fats e eu decidimos seguir Dizzy e tocar o que ele tocava, em vez de tocar em nossos próprios estilos. Ficou tão próximo do que Dizzy tocou que até *ele* mal sabia dizer onde parou e onde nós começamos. Cara, os *licks* de trompete voaram soltos. Foi uma coisa de outro mundo. Depois disso, muitos músicos entenderam que eu era capaz de tocar as coisas do Dizzy também, além do meu próprio estilo. Eles – os admiradores ferrenhos de Dizzy – passaram a me respeitar muito depois de ouvir esse disco.

Depois que toquei no Onyx, passei a me apresentar no Royal Roost com a banda de Tadd Dameron. Ele era um grande arranjador e compositor, além de um excelente pianista. Era um emprego estável, e, depois de deixar Bird, eu precisava disso para sustentar minha família. Fats Navarro tinha sido o trompetista regular de Tadd, porém, a essa altura, já era um completo *junkie*, o que o levou a perder muito peso. Ficava doente o tempo todo e faltava a muitas *gigs*. Tadd escreveu várias coisas para o trompete de Fat Girl, mas, em janeiro de 1949, ele estava muito mal para tocar, então assumi o lugar dele. De vez em quando, ele ainda aparecia e tocava, mas não era mais o músico que um dia foi.

10 Em tradução livre, "hora extra". (N. do T.)

Logo em seguida, entrei para a banda de Oscar Pettiford, e nós fomos para o Three Deuces, com Kai Winding no trombone. Os donos do Three Deuces, Sammy Kaye e Irving Alexander, abriram um novo clube na Broadway, chamado Clique, em janeiro de 1949. Esperavam atrair o público de jazz que passara da 52nd Street para a Broadway, mas acabaram fechando o lugar seis meses depois. Os novos proprietários então alugaram o ponto e o transformaram no Birdland, inaugurado no verão de 1949.

Enfim, a banda de Oscar Pettiford contava com ótimos músicos: Lucky Thompson, Fats Navarro, Bud Powell e eu. Mas era uma banda que não curtia tocar em grupo. Todos tocavam uns solos longos e tal, na tentativa de superar o colega. Era tudo bagunçado, uma pena, porque poderia ter sido sensacional.

No início de 1949, Tadd e eu levamos um grupo para Paris, na França, e tocamos ao lado de Bird, assim como havíamos feito no Royal Roost. Foi minha primeira viagem para fora do país, mudando para sempre a forma como eu via as coisas. Adorei estar em Paris e adorei a forma como fui tratado. Eu havia encomendado uns ternos novos e sabia que estava nos trinques, cara.

Na banda, éramos eu, Tadd, Kenny Clarke, James Moody e um baixista francês chamado Pierre Michelot. Fomos o grande sucesso do Paris Jazz Festival, junto com Sidney Bechet. Foi onde conheci Jean-Paul Sartre, Pablo Picasso e Juliette Gréco. Nunca mais me senti daquele jeito. As únicas outras vezes que havia tido uma sensação dessas foram quando ouvi Bird e Diz na banda de B pela primeira vez e na *big band* de Dizzy naquele dia no Bronx. Nessas ocasiões, porém, teve a ver apenas com a música. Dessa vez, foi diferente. Teve a ver com a vida. Juliette Gréco e eu nos apaixonamos. Eu gostava muito de Irene, mas nunca havia sentido algo assim na minha vida.

Conheci Juliette em um dos ensaios. Ela entrava, se sentava e ouvia a música. Eu não sabia que ela era uma cantora famosa, nem nada assim. Era apenas tão bela sentada ali – cabelos pretos compridos, belo rosto, pequena, elegante, diferente de todas as outras mulheres que conheci. Parecia diferente e se portava de um jeito diferente. Então perguntei a um cara quem era ela.

"O que você quer com ela?", perguntou ele.

"Como assim, o que eu quero com ela? Quero conhecê-la."

"Bem, você sabe, ela é uma dessas existencialistas", ele disse então.

Então falei para ele, no ato: "Cara, foda-se essa merda toda. Não me importa o que ela é. Essa garota é maravilhosa, e eu quero conhecê-la".

Cansei de esperar que alguém nos apresentasse, então, numa das vezes em que ela apareceu nos ensaios, fiz um gesto com o indicador para que se aproximasse, e ela veio. Quando finalmente pudemos falar, ela me disse que não gostava de homens, mas que gostava de mim. Depois disso, nós passamos o tempo todo juntos.

Nunca havia me sentido daquele jeito na vida. A liberdade de estar na França e ser tratado como um ser humano, como alguém importante. Até a banda e a música que tocávamos soavam melhor por lá. Até os cheiros eram diferentes. Fiquei acostumado com o cheiro de perfume em Paris, e, para mim, o aroma da cidade era meio que de café. Posteriormente, descobri que era possível sentir esse mesmo cheiro na Riviera Francesa, pela manhã. Desde então, nunca mais senti aromas como aqueles. É meio que uma mistura de coco, limão e rum. Quase tropical. Enfim, tudo pareceu mudar para mim naquela viagem a Paris. Até me peguei anunciando as músicas em francês.

Juliette e eu passeávamos juntos à beira do rio Sena, nos beijando de mãos dadas, olhando um nos olhos do outro, nos beijando mais e apertando mais forte as mãos. Era mágico, quase como se eu estivesse hipnotizado, numa espécie de transe. Nunca havia feito isso antes. Sempre me envolvi tanto na música que nunca tive tempo para nenhum tipo de romance. A música tinha sido a minha vida inteira até que conheci Juliette Gréco, e ela me ensinou o que era amar alguém que não a música.

Juliette foi provavelmente a primeira mulher que amei como um ser humano igual. Era uma pessoa maravilhosa. Tínhamos de nos comunicar por meio de expressões e linguagem corporal. Ela não falava inglês, e eu não falava francês. Conversávamos por meio dos olhos, dos dedos, essas coisas. E quando se comunica assim, você sabe que a pessoa está falando a verdade. É instintivo. Era abril em Paris. Pois é, "April in Paris", e eu estava apaixonado.

Kenny Clarke decidiu que iria ficar na França e me disse que eu era um tolo de voltar para os Estados Unidos. Fiquei triste, porque todas as noites eu ia aos clubes com Sartre e Juliette, e nós nos sentávamos na frente dos cafés, bebíamos vinho, comíamos e conversávamos. Ela me pediu para ficar. Até Sartre disse: "Por que você e Juliette não se casam?". Mas não fiquei. Passei uma ou duas semanas, me apaixonei por Juliette e por Paris e então parti.

Prestes a ir embora, havia muitos rostos tristes no aeroporto, incluindo o meu. Kenny estava lá para dar adeus. Cara, fiquei tão deprimido no avião de volta ao meu país que não consegui falar nada na viagem. Não sabia que aquele negócio ia me pegar desse jeito. Fiquei tão deprimido que, quando cheguei, num piscar de olhos, entrei num vício em heroína que levei quatro anos para largar. E, pela primeira vez, me vi fora de controle e me afundando em direção à morte numa velocidade alucinante.

capítulo 6

Quando cheguei de volta aos EUA, no verão de 1949, foi exatamente como Kenny Clarke me dissera – nada havia mudado. Não sei *por que* pensei que seria diferente do que foi; talvez por causa das coisas que me aconteceram em Paris. Ainda estava envolto na ilusão de tudo o que houve por lá. Porém, no fundo, eu sabia que as coisas não tinham mudado nos EUA. Passei apenas umas duas semanas fora. Mas vivia num devaneio de possibilidade, de que talvez um milagre tivesse acontecido.

Paris foi onde entendi que os brancos não eram todos iguais, que alguns eram preconceituosos, e outros, não. Eu meio que já sabia disso após conhecer Gil Evans e algumas outras pessoas, mas só compreendi de verdade em Paris. Foi algo importante para mim, que me conscientizou sobre o que acontecia ao meu redor politicamente. Comecei a perceber coisas que não percebia antes, questões políticas – o que realmente estava acontecendo com a gente preta. Eu já tinha noção disso por ter crescido com meu pai. Porém, era tão envolvido com a música que não prestava atenção de verdade nisso. Só fiz algo a respeito quando essas coisas se escancararam à minha frente.

Por volta desse período, Adam Clayton Powell, do Harlem, e William Dawson, de Chicago, eram os dois políticos pretos mais poderosos – eu costumava encontrar Adam no Harlem, pois ele gostava muito de música. Ralph Bunche tinha acabado de ganhar um prêmio Nobel. A essa altura, Joe Louis já era um consagrado campeão mundial de peso-pesado, era o herói de todo preto – e de muitos brancos. Sugar Ray Robinson não ficava muito atrás dele em termos de popularidade. Ambos frequentavam o Harlem. Ray tinha um clube na 7th Avenue. Jackie Robinson e Larry Doby jogavam beisebol na liga principal. As coisas estavam começando a acontecer para os pretos nos EUA.

Eu nunca havia sido muito politizado, mas sabia bem como a gente branca tratava a gente preta. Então, pra mim, foi difícil voltar para as merdas que os brancos fazem os pretos passarem nesse país. Perceber que você não tem poder algum para mudar as coisas é uma merda.

Em Paris – porra, qualquer coisa que tocássemos lá, certa ou errada, era aplaudida, era aceita. Isso também não é bom, mas foi assim. Aí quando voltamos para os EUA não conseguíamos achar trabalho. Éramos astros internacionais desempregados. Músicos brancos que copiavam o meu lance em *Birth of the Cool* é quem ficavam com os trabalhos. Cara, essa merda me magoou muito. Conseguimos algumas *gigs* aqui e ali, e acho que ensaiamos uma banda de 18 membros naquele verão, e foi isso. Eu tinha apenas 23 anos em 1949 e acho que esperava mais. Perdi meu senso de disciplina, meu senso de controle sobre a vida e comecei a vagar sem rumo. Não era como se eu não soubesse o que acontecia comigo. Eu sabia, mas não me importava mais. Tinha tanta confiança em mim mesmo que até quando estava perdendo o prumo, sentia de verdade que tinha tudo sob controle. Porém, a mente é capaz de pregar peças. Acho que, quando passei a balançar daquele jeito, surpreendi muita gente que pensava que eu estivesse com a cabeça no lugar. Eu também fiquei surpreso com a rapidez com que acabei perdendo o controle.

Lembro-me de começar a fazer muita merda no Harlem após voltar de Paris. Havia muitas drogas rolando na cena musical, e vários músicos estavam afundados nelas, especialmente na heroína. Em alguns círculos, quem tomava pico de heroína – músicos – era considerado descolado. Alguns dos caras mais jovens, como Dexter Gordon, Tadd Dameron, Art Blakey, J. J. Johnson, Sonny Rollins, Jackie McLean e eu – todos nós – começamos a nos envolver pesado com heroína mais ou menos na mesma época. *Apesar* do fato de Freddie Webster ter morrido assim. Além disso, Bird, Sonny Stitt, Bud Powell, Fats Navarro e Gene Ammons, todos usavam heroína, sem falar em Joe Guy e Billie Holiday. Injetavam o tempo todo. Havia muitos músicos brancos – Stan Getz, Gerry Mulligan, Red Rodney e Chet Baker – que também injetavam pesado. Na época, porém, a imprensa fazia parecer que só os músicos pretos usavam.

Eu nunca caí naquele papo de que, se você injetasse heroína, talvez conseguisse tocar como Bird. Conheci muitos músicos que acreditavam nisso, e Gene Ammons era um deles. Não foi o que me levou à heroína. O que me viciou foi a depressão que senti quando voltei aos EUA e a saudade de Juliette.

E aí havia a cocaína, que era bem popular entre os latinos. Caras como Chano Pozo usavam pesado. Chano era percussionista na banda de Dizzy. Era cubano, preto e o conguista mais nervoso da cena na época. Porém, era um *bully*. Pegava drogas dos outros e não lhes pagava. As pessoas tinham medo dele porque era muito bom de briga e daria uma surra em qualquer infeliz num piscar de olhos. Era um cara grande e malvado e andava por aí com uma baita faca. Aterrorizava o pessoal no Harlem. Foi assassinado em 1948, após meter um tapa na cabeça de um latino traficante de pó no Rio Cafe, no Harlem, na Lenox Avenue, perto da 112th ou da 113th. O cara havia cobrado um dinheiro que Chano lhe devia, e Chano simplesmente o estapeou no rosto. O traficante então sacou a arma e matou Chano a tiros. Cara, ele morrer assim mexeu com todo mundo. Isso aconteceu antes de eu ir para Paris, mas era um bom exemplo do que rolava no meio das drogas.

Buscar drogas pelo Harlem me mantinha ainda mais distante da minha família, que eu havia levado para um apartamento no bairro de Jamaica, no Queens, e depois para St. Albans. Então eu dirigia para lá e para cá no meu Dodge 1948 conversível – Sonny Rollins o chamava de "Demônio Azul".

Irene e eu não cultivávamos nenhum tipo de vida familiar, de qualquer modo. Não tínhamos muito dinheiro com o qual fazer coisas, precisando alimentar nossos filhos e nós mesmos e tal. Nunca íamos a lugar nenhum. Às vezes, eu fitava o espaço por duas horas, só pensando em música. Irene imaginava que eu estava pensando em outra mulher. Achava um fio de cabelo no meu paletó ou no meu sobretudo e jurava que eu andava trepando com alguém. Um dos motivos pelo qual Irene me acusava de ter amantes era eu ter comprado roupas de Coleman Hawkins, um galanteador notório cujas peças tinham todo tipo de cabelo. Mas, na época, eu não queria saber de mulheres. Então discutíamos por causa de nada. Isso me deixava bem puto. Eu gostava muito de Irene e tal. Ela era uma pessoa muito bacana, uma boa mulher, mas para outra pessoa. Era bela e uma dama de muita classe. Eu era quem queria algo diferente. Fui eu, não ela, quem começou a foder federalmente com as coisas. Depois que conheci Juliette Gréco, meio que soube o que queria numa mulher. Se não fosse para ser Juliette, então seria alguém com a mesma visão que ela tinha da vida e com o mesmo estilo dela, tanto na cama quanto fora. Ela era independente, tinha as próprias ideias, e eu gostava disso.

Eu basicamente deixava Irene sentada em casa com as crianças porque não queria estar lá. Um dos motivos pelo qual parei de voltar pra casa foi me sentir tão mal a ponto de não conseguir encarar minha família. Irene tinha tanta confiança e fé em mim. Gregory e Cheryl, as crianças, ainda eram muito novos e não sabiam exatamente o que estava acontecendo. Irene, porém, sabia. Estava nos olhos dela.

Deixei-a aos cuidados de Betty Carter, a cantora. Se não fosse por Betty Carter, não sei o que Irene teria feito. Por causa do jeito como eu tratava Irene naquela época, acho que Betty não gosta muito de mim até hoje. Não posso culpá-la, pois naquele tempo eu era uma porra de um zero à esquerda no que dizia respeito a prover minha família. Eu não tinha a intenção de deixar Irene à deriva, como fiz, mas estava passando mal com o vício em heroína e com os sonhos com a mulher que eu queria, e só conseguia pensar nisso.

Quando você usa heroína o tempo todo, perde o desejo de fazer sexo com uma mulher. Pelo menos eu perdi. Porém, gente como Bird dava a impressão de querer fazer sexo mesmo se estivesse injetando todos os dias. Não parecia fazer diferença. Eu gostava de fazer sexo com Irene – assim como gostei com Juliette. No entanto, depois que me viciei, não pensava em fazer sexo e nem desfrutava quando fazia. A única coisa em que eu conseguia pensar era em como conseguiria descolar mais heroína.

Eu não injetava na veia ainda, mas cheirava o máximo que podia. Certa vez, eu estava numa esquina do Queens com o nariz escorrendo e tal. Sentia como se estivesse com febre ou resfriado. Um trambiqueiro camarada meu, que se chamava de "Matinee", apareceu e me perguntou o que eu tinha feito. Falei que andava cheirando heroína e cocaína todos os dias e, naquele dia em particular, não havia ido a Manhattan, onde eu arrumava a droga. Matinee olhou para mim como se eu fosse bobo e me falou que eu estava viciado.

"Como assim, viciado?", perguntei.

"Seu nariz está escorrendo, você está tremendo, tá fraco. Você está viciado pra caralho, negão", disse Matinee, que então comprou um pouco de heroína para mim no Queens. Eu nunca havia comprado heroína por ali. Cheirei o tanto que Matinee arrumou para mim e me senti muito bem. Os calafrios sumiram, meu nariz parou de escorrer e não me senti mais fraco. Continuei a cheirar, mas, quando encontrei Matinee de novo, ele disse: "Miles, não desperdice esses trocados em conseguir um tanto para cheirar, porque você ainda vai se sentir mal. Injete, aí você vai se sentir bem melhor". Esse foi o começo de um show de horrores que durou quatro anos.

Após um tempo, fiquei obstinado em arrumar droga, pois sabia que, se não usasse, ia passar mal. Era como ficar gripado. O nariz escorria, as juntas doíam feio e, se você não injetasse heroína na veia, logo começaria a vomitar. Era uma merda terrível. Assim, eu evitava a todo custo me ver nessa situação.

Quando comecei a injetar heroína, injetava sozinho. Depois, passei a ter companhia. Eu, um sapateador chamado Leroy e um cara que chamávamos de Laffy descolávamos na 110th, na 111th e na 116th, no Harlem. Íamos a bares como o Rio, o Diamond, o Sterling's, a sinuca LaVant's, lugares assim. Cheirávamos cocaína e heroína o dia inteiro. Quando eu não estava com Leroy, estava com Sonny Rollins ou Walter Bishop – e, um pouco mais tarde, com Jackie McLean ou talvez Philly Joe Jones, que também andava conosco.

Comprávamos cápsulas de heroína de US$ 3 e injetávamos. Usávamos quatro ou cinco cápsulas por dia, a depender de quanto dinheiro tivéssemos. Íamos para o apartamento de Fat Girl, no hotel Cambridge, na 110th, entre a 7th e a Lenox, ou, às vezes, até a casa de Walter Bishop para injetar. Tínhamos de ir à casa de Bishop para pegar nossa parafernália – as seringas e alguma coisa para amarrar o braço para dar o pico, de modo a fazer as veias saltarem e podermos vê-las. Às vezes, ficávamos tão chapados que deixávamos as coisas na casa de Bishop. Depois, íamos para o Minton's assistir aos sapateadores duelarem.

Eu adorava ver e ouvir os sapateadores. Chegam muito perto dos músicos na forma como produzem som. São quase como bateristas, e é possível aprender muito só de ouvir os ritmos que eles tiram do sapateado. De dia, na frente do Minton's, ao lado do hotel Cecil, os sapateadores costumavam se desafiar na calçada. Lembro-me especialmente dos duelos entre Baby Laurence e um cara muito alto e magérrimo chamado Ground Hog. Ambos eram *junkies*, então dançavam muito na frente do Minton's para conseguir drogas, porque os traficantes gostavam de assisti-los e lhes davam aquela merda de graça se mandassem bem. Formava-se uma multidão ao redor deles, que dançavam feito desgraçados. Baby Laurence era tão da pesada, cara, que é difícil descrever o quão ótimo ele era. Mas Ground Hog não ficava para trás de Baby, ora. Era muito descolado e estiloso à beça, saca, nas roupas e tal. Buddy Briggs era outro grande sapateador, assim como um cara chamado L. D., além de Fred e Sledge e os Step Brothers. Quase todos eram viciados em drogas, embora eu não saiba dizer quanto aos Step Brothers. Enfim, se você não fizesse parte do "círculo interno", nem ficava sabendo dos duelos de dança na frente do Minton's. Aqueles sapateadores falavam de Fred Astaire e de todos os outros sapateadores brancos como se fossem nada, e, de fato, não eram nada em comparação ao quanto aqueles caras dançavam. Porém, eram pretos e não podiam nem sonhar conseguir dançar por fama e dinheiro reais.

A essa altura, eu estava ficando bem famoso, e muitos músicos começavam a puxar o meu saco como se eu fosse alguém importante. Eu pensava se deveria me portar assim ou assado no palco, se deveria segurar o trompete desse ou daquele jeito ao tocar. Se deveria fazer isso ou aquilo, falar com o público, bater o pé direito ou o esquerdo. Será que eu deveria bater o pé só por dentro do sapato para que ninguém visse? Era nesse tipo de merda que eu pensava aos 24 anos. Além disso, em Paris, descobri que eu não era um músico tão ruim quanto muitos velhacos diziam. Meu ego estava maior do que quando parti. Passei de alguém muito tímido para alguém muito autoconfiante.

Em 1950, já tinha voltado a Manhattan e estava hospedado no hotel America, na 48th Street. Muitos músicos moravam lá, como Clark Terry, que enfim veio para Nova York. Na época, Clark estava tocando com a banda de Count Basie, acho, então passava muito tempo na estrada. Baby Laurence também frequentava bastante o hotel, onde moravam muitos *junkies*.

Já tinha entrado de cabeça na heroína e comecei a andar com Sonny Rollins e sua turma de Sugar Hill, do Harlem, que, além dele, incluía o pianista Gil Coggins, Jackie McLean, Walter Bishop, Art Blakey (que, na verdade, era de Pittsburgh, mas ficava direto no Harlem), Art Taylor e Max Roach, que era do Brooklyn. Acho que foi nesse período que conheci John Coltrane, quando ele tocava numa das bandas de Dizzy. Acredito que a primeira vez que o ouvi tocar num clube tenha sido no Harlem.

Enfim, Sonny tinha uma baita reputação entre os músicos mais jovens do Harlem. Ele era adorado lá e em todo lugar. Era uma lenda, quase um deus para muitos dos músicos mais novos. Alguns achavam que ele tocava saxofone no nível de Bird. Sei de uma coisa – perto ele chegava, *sim*. Era um músico agressivo e inovador que sempre tinha ideias musicais frescas. Naquela época, eu o adorava como músico, e ele ainda era um tremendo compositor. (Mas acho que, depois, o jeito de tocar de Coltrane o afetou e o fez mudar seu estilo. Se ele tivesse continuado a fazer o que fazia quando o conheci, acho que teria se tornado um músico ainda maior do que é hoje – e ele já é um músico *bem* gigante.)

Sonny havia acabado de voltar de uma *gig* em Chicago. Conhecia Bird, e Bird gostava muito de Sonny, ou "Newk", como nós o chamávamos, pois ele se parecia com Don Newcombe, o arremessador dos Brooklyn Dodgers. Um dia, eu e Sonny estávamos num táxi, voltando para casa depois de comprar droga, quando o taxista, branco, virou para trás, olhou para Sonny e disse: "Caramba, é o Don Newcombe!". Cara, o sujeito ficou muito empolgado. Fiquei maravilhado, porque nunca tinha pensado naquilo. Pregamos uma baita peça naquele taxista. Sonny começou a falar que tipos de arremesso ele ia fazer contra Stan Musial, o grande rebatedor dos St. Louis Cardinals, naquela noite. Sentindo-se travesso naquele dia, ele disse ao taxista que deixaria ingressos no nome dele na bilheteria. Depois disso, o cara nos tratou como deuses.

Eu tinha um trabalho no Audubon Ballroom, então convidei Sonny para se juntar à banda, e ele aceitou. Coltrane estava no grupo, assim como Art Blakey na bateria. Todos eles – Sonny, Art e Coltrane – usavam muita heroína na época, então conviver com eles só me fez afundar ainda mais.

A essa altura, Fats Navarro era um *junkie* daqueles, lamentável. A esposa de Fat Girl, Lena, vivia preocupada com ele. Era branca, e os dois tinham uma filhinha chamada Linda. Ele era uma pessoa divertida, baixinho e gordo antes que as drogas o dominassem. Agora, estava pele e osso, e vivia com uma tosse terrível que mexia com seu corpo todo. Literalmente tremia inteiro sempre que tossia. Era triste vê-lo assim. Ele era um sujeito tão maravilhoso, cara, e um grande trompetista. Eu o adorava de verdade. Costumava passar um tempo com ele, e, às vezes, injetávamos juntos. Eu, Fat Girl e Ben Harris, outro trompetista. Fat Girl o detestava. Eu sabia, mas achava Benny OK. Depois de chaparmos, ficávamos conversando sobre música, sobre os velhos tempos no Minton's, quando Fat Girl impressionava todo mundo que passava pela porta. Eu contava algumas coisas a ele – umas merdas técnicas – sobre trompete, porque, veja bem, Fat Girl era um músico natural, um gênio natural, então eu mostrava a ele coisas para tocar. Do tipo, ele não conseguia tocar baladas nem a pau. Eu lhe dizia para tocar mais suavemente ou para inverter alguns dos acordes. Ele me chamava de "Millie". Sempre falava em mudar, em largar a heroína, mas não largava. Nunca conseguiu.

Fat Girl fez seu último disco comigo em maio de 1950. Morreu meses depois dessa *gig*, com apenas 27 anos. Foi triste ouvi-lo naquela última vez, tentando alcançar notas que antes alcançava sem esforço algum. Acho que o disco foi intitulado *Birdland All Stars*, porque a *gig* foi no Birdland. J. J. Johnson, Tadd Dameron, Curly Russell, Art Blakey, Fat Girl, um saxofonista chamado Brew Moore e eu tocamos. Depois, fiz um disco com Sarah Vaughan, tocando trompete na banda de Jimmy Jones. Pensando melhor, acho que estive em outro grupo de "*all stars*" com Fat Girl, e talvez essa tenha sido a última vez que tocamos juntos. Não tenho certeza, mas acho que foi outra Birdland All Stars, com Dizzy, Red Rodney, Fat Girl e Kenny Dorham no trompete; J. J., Kai Winding e Bennie Green no trombone; Gerry Mulligan e Lee Konitz no sax; Art Blakey na bateria; Al McKibbon no baixo; e Billy Taylor no piano.

Lembro que todo mundo fez uns solos do caralho, mas aí fodemos tudo quando tentamos tocar todos juntos. Se não me falha a memória, ninguém conhecia os arranjos, tirados do livro musical da *big band* de Dizzy. Parece-me que os donos do Birdland queriam chamar a banda de Dizzy Gillespie's Dream Band, mas Diz não aceitou, porque não queria entrar na frente de ninguém. Depois quiseram dar o nome de Symphony Sid's Dream Band. Ora, se isso não é uma merda racista de gente branca? Porém, até Sid era sofisticado e legal demais para aceitar um negócio desses. Assim, acabaram a chamando de Birdland Dream Band. Acho que a banda chegou a ser gravada.

Depois disso, acho que toquei no Black Orchid Club, que antes se chamava Onyx Club. Contei com Bud Powell, Sonny Stitt e Wardell Gray na banda, e acho que com Art Blakey na bateria, mas não tenho certeza de quem era o baterista. Isso foi lá por junho de 1950. Sei que Fat Girl morreu em julho.

Mais tarde, naquele verão, a 52nd Street fechou. Depois, Dizzy acabou com sua *big band*. A cena musical parecia se desmanchar. Comecei a acreditar que toda essa merda estava acontecendo por um motivo específico, embora não soubesse qual fosse. Veja bem, eu sou uma pessoa muito intuitiva. Sempre fui capaz de prever coisas. Mas me dei mal em prever o que aconteceria comigo em relação às drogas. Na numerologia, sou um número seis, um seis perfeito, e seis é o número do Diabo. Acho que tenho muito do diabo em mim. Depois que descobri isso, também me dei conta de que, para mim, era difícil gostar da maioria das pessoas – até de mulheres – por mais de seis anos. Não sei o que é isso, pode chamar de superstição, se quiser. Mas, na minha cabeça, acredito que toda essa merda seja verdade.

Em 1950, eu morava em Nova York havia seis anos, então, na minha cabeça, devo ter pensado que toda aquela merda fodida deveria acontecer comigo, e talvez eu não pudesse fazer nada a respeito. Quis parar de injetar drogas logo que me dei conta de que o vício estava feio. Não queria acabar como Freddie Webster ou Fat Girl, mas parecia que não conseguia parar.

Injetar heroína mudou toda a minha personalidade, de uma pessoa simpática, calma, sincera e bondosa para alguém que era o completo oposto disso. Foi o ímpeto para conseguir heroína o que me deixou assim. Eu faria qualquer coisa para não passar mal, o que significava descolar e injetar heroína o tempo todo, todos os dias e todas as noites.

Comecei a pegar dinheiro com prostitutas para alimentar e sustentar meu vício. Virei cafetão antes mesmo de me dar conta do que estava fazendo. Eu era o que chamava de "*junkie* profissional". Só vivia para isso. Até escolhia meus trabalhos de acordo com a facilidade que eu teria de arrumar drogas. Transformei-me num dos melhores trambiqueiros, porque tinha de conseguir heroína todos os dias, custasse o que custasse.

Certa vez, sacaneei até Clark Terry por dinheiro para conseguir comprar drogas. Estava perto do hotel America, onde Clark morava, sentado na calçada, pensando em como e onde ia conseguir dinheiro para chapar, quando ele apareceu. Meu nariz estava escorrendo e meus olhos muito vermelhos. Ele pagou um café da manhã para mim e, depois, me levou até seu quarto no hotel, dizendo para eu dormir um pouco. Iria cair na estrada com Count Basie e estava prestes a partir. Avisou que, quando eu me sentisse melhor, era só fechar a porta ao sair, mas que eu podia ficar por quanto tempo quisesse. Isso prova o quanto éramos próximos. Ele sabia o que eu andava fazendo, mas simplesmente concluiu que nunca faria nada para ferrar com ele, certo? Errado.

Assim que Clark saiu para embarcar no ônibus, abri as gavetas e os armários, pegando tudo o que consegui carregar. Levei um trompete e um monte de roupas direto para a loja de penhores. O que não consegui penhorar, vendi pelo mínimo de dinheiro para comprar drogas. Vendi até uma camisa para Philly Joe Jones, que depois Clark o viu usando. Mais tarde, descobri que ele não embarcou no ônibus. Esperou, mas o ônibus demorou mais do que ele imaginava. Voltou para o quarto para ver como eu estava e se deparou com a porta escancarada. Clark ligou para sua casa, em St. Louis, onde sua esposa Pauline ainda morava, e pediu a ela que ligasse para o meu pai e lhe dissesse o quão mal eu estava. Quando Pauline ligou, meu pai implicou com ela.

"A única coisa de errado com Miles são esses músicos malditos com quem ele tem andado, como o seu marido", disse ele. Meu pai tinha fé em mim, então era difícil para ele aceitar que eu estava com problemas muito sérios, aí culpou Clark. Ele sentia que Clark era a razão pela qual eu havia me envolvido com a música em primeiro lugar.

Como Clark conhecia o meu pai, entendia a forma como ele pensava. Além disso, acabou me perdoando pelo que eu fiz. Sabia que, se eu não estivesse doente, nunca teria feito aquilo com ele. Porém, por um tempinho depois disso, evitei ir a qualquer lugar onde achasse que Clark estaria. Quando enfim nos encontramos por acaso, pedi desculpas e seguimos em frente como se nada tivesse acontecido. Ora, isso é que é um bom amigo. Ao longo de muito tempo depois, sempre que ele me via bebendo num bar com a gorjeta no balcão, pegava o dinheiro como pagamento pelo que eu havia roubado. Cara, era um negócio engraçado.

Irene e eu estávamos com o aluguel atrasado no hotel America. Eu havia penhorado muita coisa, inclusive meu trompete, e alugava um de Art Farmer por US$ 10 por noite. Certa vez, queria alugá-lo, mas como ele precisava tocar, me disse que eu não poderia. Fiquei bem aborrecido. E quando ele, de fato, alugava o trompete para mim, ia até onde eu fosse tocar para poder pegá-lo de volta. Não confiava em mim para deixar o instrumento até o outro dia. Eu também estava com as parcelas do carro atrasadas. O pessoal que me vendeu o Demônio Azul ficava constantemente no meu pé, dizendo que ia pegá-lo de volta, então eu sempre tinha de descobrir lugares secretos para estacioná-lo. Tudo estava desmoronando.

Em 1950, eu, Irene e as crianças fomos para East St. Louis no Demônio Azul. Dissemos que seria uma pausa de Nova York, que talvez assim pudéssemos colocar as coisas nos eixos. No fundo, eu sabia que estava tudo acabado entre nós. Não sei como Irene se sentia na época, mas *sei* que ela estava farta das minhas merdas.

Assim que chegamos a East St. Louis, e eu estacionei o Demônio Azul na frente da casa do meu pai, a financeira tirou o carro da rua. Todo mundo se perguntou o que foi aquilo, mas ninguém disse nada. Havia rumores na minha cidade natal de que eu estava viciado em drogas, mas não se sabia abertamente ainda. De qualquer modo, o pessoal de East St. Louis não convivia com muitos viciados em drogas, então não sabia qual a aparência deles ou como agiam. Para essas pessoas, eu era só Miles, o filho músico esquisito do dr. Davis que morava em Nova York com todos aqueles outros músicos esquisitos. Pelo menos era o que eu achava que elas achavam.

Um amigo me disse que Irene estava grávida de outro cara. Desta vez, eu sabia que não tinha como ser de mim, porque eu não andava fazendo sexo com ela. Esse amigo me contou que a tinha visto sair de um hotel em Nova York com o tal cara. Nunca nos casamos no civil, então não precisávamos nos divorciar. No fim, não discutimos nem nada; simplesmente acabou.

Veja, Irene havia me seguido até Nova York e continuava me seguindo pela cidade, como, por exemplo, até a casa do meu tio

Ferdinand (irmão do meu pai), no Greenwich Village. O tio Ferd era um bebum. Eu andava com ele e com seus amigos jornalistas pretos. Bebiam muito juntos, e eu, particularmente, não gostava que ela visse todos aqueles caras caindo de bêbados, em especial meu tio. Certa vez, minha mãe me perguntou o que eu andava fazendo. Quando respondi que visitava o tio Ferd, ela disse: "Ah, vocês dois juntos, hein, cego guiando cego". Bem, minha mãe estava tentando me dizer que eu e ele tínhamos o mesmo tipo de personalidade – viciante. Mas, na época, ela me falou que o meu "barato" era a música. Mais tarde, se tornou a heroína, e então eu entendi o que ela quis me dizer.

Enfim, Irene ficou em East St. Louis, e foi lá que Miles IV nasceu, em 1950. Voltei para Nova York por um tempo e arrumei trabalho no grupo de Billy Eckstine de novo. B e a banda iam tocar em Los Angeles, então fui com eles. Precisava de um dinheiro fixo e não tinha nada melhor para fazer. Não curtia a música que B estava tocando, mas Art Blakey estava na banda, além de outros músicos que respeitava, então pensei em ficar com eles até voltar aos trilhos.

Los Angeles foi a última parada da turnê, que havia sido uma daquelas de longas viagens de ônibus, de cidade em cidade. Não sabíamos onde arrumar droga na estrada, e, como eu não conseguia bagulho do bom com regularidade, comecei a achar que tinha vencido o vício. Dexter Gordon, Blakey e eu, e acho que Bird também, estávamos a caminho do aeroporto de Burbank. Art queria parar em algum lugar pra comprar drogas de um conhecido seu. Compramos, e a polícia nos pegou no aeroporto. Tínhamos sido seguidos desde a casa do traficante. Colocaram-nos na viatura e disseram: "Certo, sabemos quem são todos vocês e o que estão fazendo". Os policiais eram todos brancos e mais caretas, impossível. Pediram nossos nomes. Dei o meu, Bird deu o dele, e Dexter deu o dele, mas, quando chegou a vez de Blakey, ele disse se chamar Abdullah Ibn Buhaina, seu nome muçulmano. Então o policial, que anotava tudo, falou: "Pode parar com essa merda e me dizer a porra do seu nome americano, o seu nome certo!". Blakey então disse que já tinha falado seu nome certo. O policial ficou furioso, nos fichou e nos colocou na cadeia. Acho de verdade que ele teria nos soltado se Blakey tivesse dito seu nome correto. Então nos vimos na cadeia, e eu precisei ligar para o meu pai para me ajudar. Ele ligou para um amigo que morava em L.A., um dentista que foi seu colega de faculdade, o dr. Cooper, que entrou em contato com um advogado, Leo Branton. O advogado foi até lá e me soltou.

Eu tinha umas marcas de injeção no braço, que a polícia percebeu, mas não estava usando nada na época. Contei isso a Leo Branton, e ele me disse uma coisa que me chocou pra caralho. Falou que Art havia dito aos policiais que *eu* estava usando, de modo que talvez pegassem leve com ele. Não acreditei, mas um dos policiais confirmou que era verdade. Nunca falei nada a respeito disso para Art, assim como nunca havia falado nada disso em público.

Foi a primeira vez que fui preso por qualquer coisa, a primeira vez que fui para a cadeia, e não gostei nem um pouco daquela merda. Eles te desumanizam, e você se sente tão desgraçadamente indefeso atrás daquelas barras de aço, com a sua vida nas mãos de alguém que está cagando e andando para você. Alguns dos guardas brancos são completamente racistas que te chutariam num piscar de olhos, ou então te matariam como matam uma mosca ou uma barata. Então, meu tempo na cadeia abriu meus olhos, foi uma verdadeira revelação.

Depois que saí da cadeia, morei um tempo com Dexter em Los Angeles. Trabalhávamos um pouco, mas na maior parte do tempo, não. Dexter injetava muita heroína e gostava de ficar em casa, onde ele conseguia droga muito boa. Assim, comecei a injetar de novo.

Conheci Art Farmer na primeira vez que vim à cidade e, quando retornei em 1950, pude conviver melhor com ele. Depois de morar com Dexter por um tempo, consegui um quarto no hotel Watkins, que ficava em West Adams, perto da Western Avenue. Encontrava-me com Art, e conversávamos sobre música. Acho que fui o primeiro a contar a ele sobre Clifford Brown, que eu escutei em algum lugar. Achei-o bom, e talvez Art gostasse de ouvi-lo. Clifford não era famoso ainda, mas muitos músicos da região da Filadélfia já falavam dele. Art era e é um cara muito legal, muito tranquilo, mas endiabrado como trompetista.

Perto do final do ano, a revista *Down Beat* publicou uma matéria sobre como a heroína e outras drogas estavam arruinando a cena musical, na qual mencionava como Art Blakey e eu havíamos sido presos em Los Angeles. Bem, depois disso, veio tudo a público, e eu mal conseguia trabalho. Os donos dos clubes simplesmente me colocaram na geladeira.

Logo me cansei de L.A. e voltei para a Costa Leste. Parei rapidamente em East St. Louis e então segui para Nova York. Porém, lá também não havia nada rolando para mim, exceto injetar com Sonny Rollins e os caras de Sugar Hill. Não conseguia nenhuma *gig*.

A espera pelo julgamento em L.A. foi difícil, porque quase ninguém acreditava que eu era inocente. Perto do Natal, enfim consegui trabalho e fui tocar com Billie Holiday no Hi-Note, em Chicago. A *gig* durou umas duas ou três semanas, e eu me diverti muito.

Foi uma experiência ótima. Durante essa *gig*, pude conhecer melhor Billie e Anita O'Day, a cantora de jazz branca. Billie se mostrou uma pessoa muito doce, bela e extremamente criativa. Tinha uma boca muito sensual e sempre usava uma gardênia branca no cabelo. Eu a achava não só linda, mas sexy também. Porém, ela estava doente por causa de todas as drogas que usava, o que eu entendia, porque também estava doente. Mesmo assim, ela era uma pessoa muito calorosa, ótima de se conviver. Anos depois, quando ela ficou bem mal, eu a visitava em sua casa em Long Island e fazia o que podia. Levava meu filho Gregory, que ela adorava, e nós conversávamos por horas, bebendo taças atrás de taças de gim.

Um jovem branco chamado Bob Weinstock tinha lançado um novo selo de jazz, de nome Prestige, e estava à minha procura para fazer um disco. Não conseguiu me encontrar e estava em St. Louis a negócios. Como sabia que eu era da região, ligou para todos os Davises das listas telefônicas de East St. Louis e St. Louis até chegar ao meu pai, que disse a ele que eu estava trabalhando em Chicago. Logo depois do Natal de 1950, ele me ligou no Hi-Note, onde eu tocava com Billie. Assinamos um contrato de um ano, a começar em janeiro, quando eu voltaria a Nova York. Não era muito dinheiro – acho que coisa de US$ 750 –, mas me dava a chance de liderar um grupo de minha escolha, gravar as músicas que eu quisesse e embolsar um troco. Passei o resto do tempo em Chicago pensando com quem eu poderia gravar.

Fui absolvido em janeiro de 1951, e um fardo muito pesado foi retirado dos meus ombros. O estrago, porém, estava feito. Minha absolvição não chegou às manchetes da *Down Beat* como acontecera com minha prisão; até onde todos os donos de clubes sabiam, eu era apenas mais um *junkie*.

Eu achava que as gravações do noneto fariam bem à minha carreira, e, em certa medida, fizeram. A Capitol Records, que gravou as sessões do noneto, não ganhou o dinheiro que achou que ganharia, então não se interessou em gravar mais nada daquele material. E como eu não tinha um contrato de gravação exclusivo com a Capitol, estava livre para ir para a Prestige e fui. Ainda não havia recebido o reconhecimento que eu acreditava merecer. Ao final do ano de 1950, fui escolhido pelos leitores da *Metronome* para integrar a banda de "*all stars*" da revista. Porém, todo mundo nessa banda era branco, exceto por mim e Max. Nem Bird entrou – escolheram Lee Konitz em vez dele; Kai Winding em vez de J. J. Johnson; e Stan Getz em vez de todos os grandes saxofonistas tenor pretos. Achei esquisito ter sido escolhido no lugar de Dizzy. Além disso, muitos músicos brancos, como Stan Getz, Chet Baker e Dave Brubeck – influenciados pelos meus discos –, estavam gravando sem parar. Agora, chamavam o tipo de música que eles tocavam de "cool jazz". Acho que devia ser algum tipo de alternativa ao bebop, ou à black music, ou ao "hot jazz", o que, na cabeça dos brancos, significava jazz de preto. Mas era a velha ladainha de sempre, o lance dos pretos estava sendo copiado de novo.

Bird rompeu com Doris Sydnor – "Olívia Palito" – em 1950 e foi morar com Chan Richardson. Chan era uma melhoria em relação a Doris; pelo menos era boa de se ver e entendia de música e de músicos. Doris, não. Bird não parecia muito bem – mas eu também não. Ele havia engordado demais e parecia muito mais velho do que era. Os excessos começavam a cobrar seu preço. Porém, ele se mudara para o centro, na East 11th Street, e as coisas estavam promissoras. Tinha um novo contrato de gravação com um grande selo, o Verve, e me convidou para gravar com ele em janeiro de 1951. Topei e fiquei bem animado. Estava ansioso para o novo ano, para seguir em frente com a vida e a música, e o contrato com a Prestige também ajudou meus ânimos. O ano de 1950 tinha sido o pior da minha vida. Cheguei à conclusão de que não havia mais para onde ir, exceto para cima. Já me encontrava no fundo do poço.

capítulo 7

Voltei a Nova York de ânimos renovados. Não tinha onde morar, então fiquei na casa de Stan Levy, o baterista, até conseguir me reerguer. Em meados de janeiro de 1951, lá pelo dia 17, toquei em três sessões de gravação: uma com Bird, para a Verve Records, de manhã; depois na minha própria sessão para a Prestige; e por fim numa de Sonny Rollins. Na sessão de Bird, acho que tocamos eu, Bird, Walter Bishop no piano, um cara chamado Teddy Kotick no baixo, e Max Roach na bateria. Bird estava em boa forma naquele dia e tocou muito bem, assim como os demais. A música tinha uma base latina e era interessante. Foi uma das sessões mais organizadas que eu já vira Bird fazer. Tudo correu muito tranquilamente, apesar de, como de costume, não ter havido muito ensaio. Lembro-me de pensar que as coisas pareciam estar indo bem para Bird. Ele parecia feliz, e isso era um bom sinal.

Depois que terminei a sessão de Bird, fui para a minha primeira gravação como líder para a Prestige. Contratei Sonny Rollins, Bennie Green, John Lewis, Percy Heath e Roy Haynes para a sessão. Bob Weinstock, o produtor, não gostou da ideia de usarmos Sonny, porque não achava que ele estivesse pronto, mas não só passei uma lábia nele como o convenci a arrumar uma gravação para o próprio Sonny, o que ele fez no mesmo dia.

Não toquei bem nessa gravação, pois tinha ficado cansado das sessões com Bird. Lembro que o dia estava frio e lamacento, daqueles em que a neve não parece se decidir se quer ser neve; um dia fodido, bruto. Eu começara a injetar heroína de novo, então meu corpo e minhas habilidades não estavam na melhor forma. Mas acho que todos os demais tocaram bem – Sonny em especial, em umas duas faixas. Bob Weinstock sabia que eu era um *junkie*, mas estava disposto a apostar que eu acabaria dando a volta por cima.

Na hora da sessão de Sonny, John Lewis teve de ir embora, então acabei tocando piano. Todos os outros músicos foram os mesmos da minha sessão. No final, todo mundo ficou me provocando por eu ter tocado piano melhor do que toquei trompete na minha própria gravação. Acho que Sonny gravou uma música, e eu, quatro, e foi isso. Lembro-me de me sentir bem quando tudo acabou. Estava de volta a Nova York, tocando de novo, e tinha um contrato para fazer mais dois discos. E me lembro de pensar, enquanto Sonny e eu subíamos para o Harlem em meio à lama para comprar heroína: "Se eu, ao menos, pudesse largar esse vício, aí talvez ficasse tudo bem". Mas ainda havia um longo caminho pela frente e, no fundo, eu sabia.

Para pagar as contas e sustentar meu vício, comecei a fazer transcrições de discos para partituras, os primeiros oito compassos de uma melodia, por US$ 25 ou US$ 30. Era um trabalho fácil, que eu resolvia em duas horas. Pegava o dinheiro, subia para o Harlem e me drogava. Logo, porém, nem isso era mais suficiente para satisfazer meu vício. Minha saúde estava péssima e não havia muitas *gigs* nas quais eu pudesse tocar regularmente; minha embocadura estava ruim. O trompete é um instrumento que exige muito. É preciso se manter em muito boa forma física para tocar bem. Além disso, se antes eu era totalmente ligado em moda, agora usava qualquer coisa que cobrisse meu corpo. Começava a pensar que eu era bem descolado antes dessa merda toda de heroína se abater sobre mim, com o cabelo ondulado até os ombros. Porra, ninguém poderia dizer que eu não era elegante. Porém, quando o vício começou a me vencer, tudo isso foi por água abaixo – incluindo a minha atitude –, e eu não tinha dinheiro nem para arrumar o cabelo, porque não sobrava nada. Depois de um tempo, minha cabeça começou a ficar bem feia, o cabelo todo seco e tal, os fios pareciam agulhas. Eu parecia um porco-espinho enlouquecido. Os US$ 5 que eu usava para ajeitar o cabelo, eu só metia no braço para alimentar o monstro. Injetava heroína nas veias para que o monstro dentro de mim não passasse fome e me deixasse doente. Em 1951, não estava pronto para admitir a mim mesmo que estava doente, então continuei a deslizar por aquela estrada longa, escura e escorregadia rumo às profundezas da dependência.

Alguns dias depois da gravação para a Prestige, voltei ao estúdio para fazer o *Metronome All Stars* de 1951 para a Capitol Records. A sessão não teve nada de extraordinário. Foi profissional e ponto final; não aconteceu nada avassalador. Lembro que a revista estava tentando vender Lennie Tristano e que gravamos algumas músicas de George Shearing. Tudo junto, foram apenas alguns minutos de música bem estruturados e arranjados. Uma atmosfera como aquela não poderia produzir nada. Era só uma baboseira publicitária para tentar vender músicos brancos, que usava Max e eu – os únicos pretos dentre 11 músicos – como minoria simbólica. Não importava muito, exceto pelo fato de que músicos brancos estavam ganhando a maioria do dinheiro. Todo mundo sabia onde o bicho pegava de verdade, que era com os músicos pretos. Peguei meu dinheiro e fui até o Harlem para arrumar droga.

Depois de mais ou menos um mês, levei minha banda para o Birdland. Contei com Sonny Rollins, Kenny Drew, Art Blakey, Percy Heath e Jackie McLean. Bud Powell havia me dito que eu deveria chamar Jackie porque o conhecia e pirava nele. Eu já tinha visto Jackie por aí, pois ele era de Sugar Hill, no Harlem. Ele conhecia

Sonny Rollins bem, eram da mesma vizinhança, perto da Edgecombe Avenue. Jackie não tinha nem 20 anos na época dessa *gig* no Birdland. Mas já tocava muito. Naquela primeira noite, estava tão assustado e chapado que, de repente, depois de tocar uns sete ou oito compassos de solo, saiu correndo do palco pela porta dos fundos. Ora, a cozinha seguiu tocando, e o público ficou boquiaberto, se perguntando que porra acabou de acontecer. Saí do palco e fui atrás de Jackie, já pensando que talvez ele estivesse passando mal por causa de heroína, porque eu já sabia que ele usava. Oscar Goodstein, o dono do Birdland, veio atrás de mim. Lá estava Jackie, vomitando até o cérebro numa lata de lixo, com a boca toda suja de vômito. Perguntei se ele estava bem, e ele só assentiu. Disse a ele para limpar o sax e voltar para tocar. Ainda conseguíamos ouvir a cozinha. Oscar, com uma cara enojada, disse a Jackie: "Aqui, garoto, limpe o rosto", ao lançar uma toalha a ele, dar as costas e voltar para o clube antes de nós. Jackie retornou para o palco e arrebentou. Foi uma performance e tanto naquela noite.

Após a *gig* daquela noite, fui para Long Island, onde eu agora morava com Stan Levey, e pensei em Jackie. No dia seguinte, liguei e pedi a ele que viesse até em casa para passar algumas músicas comigo, e ele foi. Depois disso, o convidei para uma banda que eu estava montando – Art Blakey, Sonny Rollins, Percy Heath e Walter Bishop – e nós nos tornamos colegas de quarto aqui e ali por uns dois ou três anos.

Jackie e eu começamos a andar muito juntos, tomávamos pico e íamos ao cinema na 42nd. Agora que eu havia saído da casa de Stan Levey, passava a maior parte do tempo em hotéis com putas que me davam o que eu precisava para sustentar o vício. Entrava e saía do hotel University, na 20th, e do hotel America, na 48th. Jackie e eu pegávamos o metrô chapados pra diabo e ríamos dos sapatos e das roupas bregas que as pessoas usavam. Simplesmente olhávamos para alguém e, se achássemos a pessoa engraçada, caíamos na gargalhada. Jackie era um sujeito divertido, cara, que gostava de fazer pegadinhas. Às vezes, eu dormia na casa dele e da namorada, na 21st, quando ficava chapado demais para ir embora. Íamos para a academia Stillman's para ver os boxeadores treinarem, mas éramos principalmente parceiros de corre ao comprar e injetar drogas. Eu tinha quase 25 anos quando fiquei amigo de Jackie e já havia feito muita coisa. Ele tinha apenas 19 e não conhecia lugar algum. Eu já tinha uma reputação, então Jackie me admirava, me tratava com enorme respeito, como um ancião.

Também andava com Sonny Rollins. Lembro que frequentávamos um bar chamado Bell's ("Sippin' at Bell's" é uma música que compus sobre esse lugar). Um bar classudo, na Broadway, lá pela 140 e alguma coisa, cujos clientes eram todos elegantes. Ou então ficávamos no apartamento de Sonny na Edgecombe. Chapávamos e observávamos aquela bela vista que ele tinha do parque do outro lado da rua. Dava para ver o Yankee Stadium.

Se não ficássemos na casa de Sonny ou de Walter Bishop, íamos para a dos pais de Jackie (eu gostava do pai e da mãe dele) ou nos sentávamos na pracinha da St. Nicholas com a 149th ou a 150th – especialmente no verão. Íamos eu, Jackie, Sonny, Kenny Drew, Walter Bishop e Art Taylor.

Eu adorava o Harlem – ir aos clubes, ao parque na 155th com a St. Nicholas, nadar com o Max na piscina do Colonial Park, na Bradhurst lá pela 145th. Todos se drogavam, e havia inúmeros lugares onde fazê-lo, até na casa de Art Taylor. A mãe dele, uma senhora muito simpática de quem eu gostava muito, trabalhava o dia todo, de forma que ficávamos com a casa só para nós.

Depois de usarmos, às vezes íamos para a casa de Bud Powell ouvi-lo tocar. Ele não dizia nada, mas tinha sempre um sorrisão no rosto. Outras, íamos para o clube de Sugar Ray Robinson. Esse lugar bombava, sem falar no Small's Paradise, no Lucky's e todos os outros clubes sofisticados. Eu passava muito tempo no Harlem, correndo atrás da heroína. Ela era a minha namorada.

Após a *gig* no Birdland, acho que gravei com Lee Konitz, como *sideman*, para a Prestige. Max Roach tocou nesse dia, bem como George Russell e uns outros caras que esqueci. Gravamos algumas das composições e arranjos de George; ele sempre foi um compositor interessante. Pelo que me lembro, tocamos bem, mas nada de tirar o fôlego. Para mim, foi só mais um trabalho para conseguir dinheiro. Os donos dos clubes haviam me colocado numa lista de proibições; o único que me contratava mais de uma vez era Oscar Goodstein, do Birdland.

Toquei no Birdland em junho com J. J. Johnson, Sonny Rollins, Kenny Drew, Tommy Potter e Art Blakey. Acho que gravaram uma sessão de sábado numa das transmissões regulares. Todo mundo tocou bem naquele dia, embora eu saiba que minhas habilidades não estavam nada boas. Depois, em setembro, Eddie "Lockjaw" Davis e eu levamos uma banda para o Birdland com Charles Mingus, Art Blakey, Bill Taylor e um saxofonista tenor chamado George "Big Nick" Nicholas. A música foi boa. Toquei melhor do que vinha tocando.

Sempre gostei do jeito de tocar de Lockjaw desde a primeira vez que o ouvi no Minton's. Tinha um estilo muito enérgico. Se você fosse voltar a tocar com Lockjaw, era melhor não embromar, porque ele o faria passar vergonha, assim como Big Nick. Nick nunca ganhou uma grande reputação, mas todo mundo da cena na época sabia que ele arregaçava; eu nunca soube por que Nick não teve um reconhecimento mais amplo. Com toda aquela energia ao meu redor, provavelmente toquei melhor nesses *sets* do que eu tocava havia muito tempo. Veja bem, Lockjaw era um dos mais velhos da cena, assim como Big Nick, que costumava tocar com Dizzy e liderava uma ótima banda da casa no Small's Paradise, no Harlem, onde tocava regularmente com Monk e Bird. Então eu não podia ficar de palhaçada, pois esses caras simplesmente te enxotariam do clube se você titubeasse ao tocar. Por mais chapado que estivesse, eu ainda sabia que, quando tocasse com eles, tinha uma reputação a proteger. Assim, para essa *gig*, pratiquei e toquei o melhor que pude.

Foi bom tocar com Mingus de novo. Ele andava por Nova York sem fazer nada desde que saiu do trio de Red Norvo, porque ninguém o contratava. Conseguia uns bicos aqui e ali, e eu achei que tocar no Birdland talvez o ajudasse a colocar as coisas nos eixos. Era um grande baixista, mas difícil de se conviver, ainda mais ao se tratar de música, pois tinha suas próprias ideias definidas do que era bom e do que era ruim, e não media palavras para dizer a alguém o que tinha em mente. Nesse sentido, éramos muito parecidos. Nossas ideias musicais às vezes divergiam. Porém, fiquei contente por tocar com ele de novo, porque ele sempre foi um músico inventivo, impetuoso e imaginativo.

Minha segunda gravação para a Prestige em 1951 estava prevista para outubro, e eu queria fazer um registro melhor do que o primeiro. Além disso, a Prestige iria me gravar por meio de uma nova tecnologia que chamavam de "microgroove". Bob Weinstock me disse que isso me permitiria passar do limite de três minutos que tínhamos nos discos de 78 rpm. Poderíamos estender os solos, como fazíamos ao vivo nos clubes. Eu seria um dos primeiros artistas de jazz a fazer gravações em 33 1/3 rpm, que até então era usada exclusivamente para performances ao vivo, e eu me empolguei com a liberdade que essa nova tecnologia me daria. Estava cansado do cabresto de três minutos que os discos de 78 rpm colocavam nos músicos. Não havia espaço algum para uma improvisação realmente livre; era preciso fazer os solos muito rápido e cair fora. Bob me disse que Ira Gitler seria o produtor do álbum. Chamei Sonny Rollins, Art Blakey, Tommy Potter, Walter Bishop e Jackie McLean para a sessão; foi a primeira gravação de Jackie.

Foi a sessão na qual gravei meu melhor trabalho em muito tempo. Eu vinha praticando e tinha ensaiado a banda, então todo mundo estava familiarizado com o repertório e com os arranjos. Sonny tocou demais nesse álbum, assim como Jackie McLean. Foi intitulado *Miles Davis All Stars*; às vezes chamado apenas de *Dig*. Fizemos "My Old Flame", "It's Only a Paper Moon", "Out of the Blue" e "Conception". Mingus foi comigo ao estúdio, com o baixo; tocou algumas coisas de fundo em "Conception". Não foi creditado no álbum devido ao seu contrato de exclusividade com a Verve. Charlie Parker apareceu e ficou na técnica. Jackie McLean já estava nervoso por ser sua primeira gravação, mas, quando viu Bird, simplesmente pirou. Bird era seu ídolo, então Jackie não parava de ir até ele e perguntar o que ele estava fazendo ali, no que Bird respondia estar apenas curtindo e ouvindo. Cara, Jackie deve ter feito essa pergunta a Bird umas mil vezes, mas Bird entendia, então foi tranquilo. Jackie queria que Bird fosse embora para que ele pudesse relaxar. Bird, no entanto, insistia em dizer o quão bem Jackie soava e em incentivá-lo. Depois de um tempo, Jackie relaxou e arrebentou.

Gostei do que toquei em *Dig*, pois meu som ganhava identidade própria. Eu não soava como nenhuma outra pessoa e estava recuperando meu timbre – especialmente em "My Old Flame", que pede uma abordagem muito melódica. Também me lembro de gostar do que fiz em "It's Only a Paper Moon" e "Blueing". O novo formato de LP era sob medida para o meu jeito de tocar. Mas quando saímos do estúdio, a mesma merda de sempre me esperava lá fora.

Eu vivia numa névoa espessa, chapado o tempo todo e servindo de cafetão para sustentar meu vício por todo o resto de 1951 e o início de 1952. Em dado momento, tinha um puteiro inteiro na rua para mim. Ainda morava em hotéis aqui e ali. Mas não era como as pessoas pensavam; aquelas mulheres queriam estar com alguém e gostavam de estar comigo. Eu as levava para jantar e coisas do tipo. Também acabávamos fazendo sexo, mas não muito, porque a heroína acaba com a libido. Eu apenas tratava as prostitutas como se elas fossem como qualquer outra pessoa. Respeitava-as, e, em troca, elas me davam dinheiro para eu me drogar. As mulheres me achavam bonito, e, pela primeira vez na vida, comecei a pensar que de fato o era. Mais do que tudo, éramos como uma família. Porém, até o dinheiro que elas me davam não era suficiente. Ainda me faltava.

Em 1952, eu já sabia que tinha de tentar fazer alguma coisa para largar as drogas. Sempre adorei boxe, então pensei que poderia começar a praticar. Se treinasse todos os dias, aí talvez pudesse fazer algo para largar o vício de vez. Já conhecia Bobby McQuillen, que era treinador na academia Gleason's, em Manhattan. Quando eu passava por lá, me sentava com ele e conversávamos sobre boxe. Ele foi um dos maiores lutadores peso-médio até que matou um cara no ringue, então parou de lutar e virou treinador. Certo dia – acho que no início de 1952 –, perguntei se ele me treinaria. Ele disse que iria pensar a respeito. Assisti a uma luta no Madison Square Garden e, depois, fui até o vestiário do lutador de Bobby para cobrar se ele me treinaria ou não. Bobby olhou para mim com uma expressão bem enojada e respondeu que não iria treinar ninguém viciado em drogas. Então falei para ele que não era viciado – e lá estava eu quase apagando de tão chapado. Ele disse que eu não o enganava e que deveria voltar para St. Louis para tentar largar o vício. Em seguida, pediu para que eu desse o fora do vestiário e tomasse jeito.

Nunca haviam falado comigo daquela forma, especialmente sobre o meu uso de drogas. Cara, Bobby fez eu me sentir como se tivesse meio metro de altura. Eu estava sempre ao redor de músicos que usavam drogas ou não usavam, mas os que não usavam não falavam nada daqueles que usavam. Então ouvir um negócio desses foi um baque, cara.

Depois disso, num momento de lucidez, liguei para o meu pai e pedi que ele viesse me buscar. Então desliguei o telefone e voltei a injetar.

Certa noite, eu estava tocando no Downbeat Club. Jackie McLean no sax alto; Jimmy Heath no sax tenor; o irmão dele, Percy Heath, no baixo; Gil Coggins no piano; e Art Blakey na bateria.

Olhei para a plateia e lá estava meu pai – de pé, num sobretudo – me observando. Eu sabia que estava mal, porque devia dinheiro e tocava com trompetes emprestados. Acho que naquela noite estava com o de Art Farmer. O dono do clube tinha vários recibos de penhora que eu havia lhe dado como caução quando pegava dinheiro emprestado. Eu estava em péssima forma e sabia disso. Meu pai também sabia. Olhava para mim com uma expressão de desgosto que fez eu me sentir um merda. Fui até Jackie e disse: "É o meu pai ali, cara. Encerre o *set* enquanto vou ter uma palavrinha com ele". Jackie assentiu e me olhou de um jeito curioso. Eu devia estar meio esquisito.

Saí do palco, e meu pai me seguiu até a chapelaria. O dono do clube foi atrás. Meu pai olhou nos meus olhos e me disse como eu estava horrível e que eu deveria voltar com ele para East St. Louis naquela noite. O dono então falou que eu tinha de fechar a semana, mas meu pai retrucou que eu não ia terminar nada, que ele teria de arrumar outro para assumir o meu lugar. Concordamos em J. J. Johnson. Na hora, liguei para ele, que aceitou me substituir.

O dono então levantou a questão dos recibos de penhora. Meu pai lhe deu um cheque, se virou para mim e disse que eu pegasse as minhas coisas. Assenti, mas antes precisava voltar e explicar à banda o que estava acontecendo. Ele concordou em esperar por mim.

Ao final do *set*, chamei Jackie McLean de lado e disse a ele que J. J. me substituiria e terminaria a semana. "Eu te ligo quando voltar, mas meu velho veio me buscar, e eu não tenho escolha a não ser ir com ele." Jackie me desejou boa sorte, e meu pai e eu tomamos o trem para East St. Louis. Eu me senti um garotinho de novo, indo embora com o papai. Nunca havia me sentido assim antes e provavelmente nunca me senti depois.

Na viagem, eu disse a ele que iria largar as drogas. Só precisava de um pouco de descanso, e seria bom ficar em casa, numa cidade onde não havia muita droga circulando. Meu pai estava morando em Millstadt, Illinois, onde tinha uma fazenda, e havia comprado uma casa em St. Louis. Passei um tempo na fazenda, onde andava a cavalo e tal, só para tentar relaxar. Mas esse troço logo ficou chato. Além disso, a abstinência começou a bater e a me fazer passar mal. Então comecei a andar com uns caras que sabiam onde comprar heroína. Num piscar de olhos, estava injetando de novo e pegando dinheiro emprestado do meu pai para sustentar o vício, US$ 20, US$ 30 por vez.

Por volta dessa época, fiz amizade com Jimmy Forrest, que era um baita saxofonista tenor de St. Louis. Também era *junkie* e sabia onde encontrar o melhor bagulho. Jimmy e eu começamos a tocar bastante num clube no Delmar Boulevard, em St. Louis, chamado Barrelhouse. A maior parte do público era branca, e foi lá que conheci uma bela jovem branca rica, cujos pais tinham uma fábrica de sapatos. Ela gostou muito de mim e tinha muito dinheiro.

Um dia, comecei a passar mal, então fui até o consultório do meu pai para pedir mais dinheiro. Ele me disse que não me daria nada, que minha irmã Dorothy havia lhe falado que a única coisa que eu iria fazer com o dinheiro era injetar. A princípio, meu pai não queria acreditar que eu ainda estava injetando, porque eu tinha dito a ele que havia parado, mas depois que Dorothy lhe contou que eu estava mentindo, ele não me deu mais dinheiro.

Ao ouvir isso, perdi a linha, cara, e comecei a chamá-lo de tudo quanto era coisa. Foi a primeira vez na vida que fiz um negócio desses. E embora algo dentro de mim me dissesse para não fazer, a necessidade de arrumar heroína era mais forte do que o medo de ofender o meu pai. Ele só me deixou xingar, não fez nem falou nada. Os pacientes na sala de espera só olhavam, chocados e boquiabertos. Eu o insultava tão pesado e tão alto que nem notei que ele deu um telefonema. De repente, dois filhos da puta pretos grandões entraram, me pegaram e me levaram para a cadeia em Belleville, Illinois, onde fiquei por uma semana, puto pra caralho, vomitando o tempo todo. Achei que fosse morrer. Mas não morri. E acho que essa foi a primeira vez que pensei que poderia largar o vício na marra; tudo o que tinha de fazer era me convencer disso.

Como meu pai era xerife em East St. Louis, providenciou que a minha prisão não fosse oficial e, assim, não aparecesse na minha ficha. Aprendi muita coisa sobre roubar e bater carteira com todos aqueles criminosos. Até saí no braço com um cara que ficava me enchendo o saco. Derrubei ele no ato e aí ganhei algum respeito. Mas então, cara, quando eles descobriram que eu era o Miles Davis, passaram a me respeitar *muito*, porque vários deles ouviam a minha música. Depois disso, ninguém me incomodou com merda nenhuma. E então saí. A primeira coisa que fiz ao sair foi chapar. Meu pai, porém, decidira tomar outra atitude quanto ao meu problema; iria me levar para a prisão federal por dependência química e fazer eu me internar para reabilitação. Quando o xinguei, ele pensou que eu tivesse perdido a cabeça e que realmente precisasse de ajuda. E, naquele momento, concordei com ele.

Fomos até Lexington, Kentucky, no Cadillac novo do meu pai, com sua segunda esposa, Josephine (Hanes era seu sobrenome de solteira). Eu havia dito ao meu pai que entraria no programa de reabilitação, pois estava muito mal e não queria mais decepcioná-lo; achava que já o tinha decepcionado bastante. Concluí que talvez esse fosse um meio de largar o vício, do qual eu estava cansado, e de agradar ao meu pai. E realmente estava farto da heroína a essa altura. Depois que saí da cadeia, só usei uma vez, então talvez sentisse que agora era a hora de tentar vencê-la.

Quando chegamos a Lexington, vi que tinha de entrar de forma voluntária, já que não havia sido preso por delito nenhum. Mas eu não podia fazer isso, não *podia* e não *iria* me encarcerar como voluntário, fosse para reabilitação ou não; porra, eu não ia me *voluntariar* para ir para o xadrez. Nunca morri de amores por ficar na cadeia e pensei que, como não injetava fazia quase duas semanas, talvez já tivesse largado o vício. (Posteriormente, alguns músicos, que estavam em

Lexington, me disseram que havia corrido à boca pequena que eu estava ali para me internar, e alguns deles desceram para me receber, até descobrirem que eu não havia me internado.) Na hora, disse a mim mesmo que estava fazendo aquilo principalmente para satisfazer meu pai, não a mim. Convenci-o de que eu estava bem, então ele me deu algum dinheiro. Nem jogou contra mim o fato de eu têlo xingado daquele jeito – pelo menos nunca mais me disse nada a respeito –, pois sabia que eu estava doente. Mas eu percebi que ele ficou preocupado quando não me internei em Lexington – embora não tenha dito nada –, porque pude ver a inquietação no seu rosto quando nos despedimos. Ele me desejou sorte e seguiu com a esposa para Louisville para visitar o sogro. E eu voltei para Nova York.

No caminho, liguei para Jackie McLean e o avisei que estava voltando. Já havia falado com Oscar Goodstein, do Birdland, e ele me deu uma data para tocar, então eu precisava montar um grupo. Queria Jackie e Sonny Rollins, mas Jackie me disse que Sonny estava na cadeia, preso por causa de drogas ou algo assim. Enfim, falei com Jackie que já tinha Connie Kay na bateria, mas precisava de um pianista e de um baterista para tocar no Birdland. Jackie colocou Gil Coggis e Connie Henry na banda para a *gig* e disse que eu poderia ficar na casa dele. Assim que cheguei a Nova York, voltei a injetar; não de uma vez, mas meio que gradualmente, e, quando percebi, estava atolado na merda de novo. Eu ludibriei a mim mesmo a pensar que havia largado o vício ao usar só um pouco, a princípio. Depois fiquei bravo comigo mesmo por não me internar em Lexington. Ainda assim, estava feliz por voltar a Nova York, porque, no fundo, sabia que eu tinha de largar o vício ou morrer e, já que não estava pronto para morrer, concluí que cedo ou tarde largaria o vício, embora não soubesse quando. Parar à força na cadeia na minha terra natal me dera a confiança de que eu poderia fazer isso quando me determinasse. Porém, me determinar a tanto era mais difícil do que eu poderia imaginar.

Em Nova York, Symphony Sid estava organizando uma turnê e me convidou para participar. Topei, porque definitivamente precisava do dinheiro. Além disso, eu faria uma temporada no Birdland, a começar em maio, com o grupo que Jackie McLean me ajudou a montar: eu, Jackie, Connie Kay na bateria, Connie Henry no baixo, Gil Coggins no piano, e um sujeito chamado Don Elliott no melofone.

Como eu havia acabado de chegar, não tivemos tempo de ensaiar, e creio que isso transpareceu na nossa performance. Mas me lembro de que Bird estava na plateia certa noite e não parava de aplaudir tudo o que Jackie tocava, mesmo se estivesse errado, o que não era frequente, porque Jackie tocou muito ao longo de toda a temporada. Numa ocasião, Bird correu até Jackie e deu um beijo no pescoço ou na bochecha dele depois de terminarmos um *set*. Apesar disso tudo, Bird não disse uma palavra para mim, o que poderia ter me aborrecido, mas não acho que foi o caso. Só achei meio estranho, pois nunca tinha visto Bird agir desse jeito. Eu me perguntava se ele estava chapado ou algo assim, porque quando aplaudia Jackie, era o único que o fazia. Jackie estava tocando bem, mas não *tão* fodidamente bem. Eu não parava de me perguntar por que Bird fazia aquilo e se ele estava tentando dar nos meus nervos ou me fazer passar vergonha ao aplaudir Jackie e me ignorar. Porém, os aplausos de Bird fizeram muitos críticos prestarem mais atenção ao que Jackie tocava. Essa noite em particular colocou Jackie no mapa musical.

Embora ele tocasse muito, Jackie ainda tinha um problema de disciplina e em aprender certos temas. Um pouco depois da *gig* no Birdland, tivemos uma grande discussão no estúdio por causa do jeito como ele *não* tocava "Yesterdays" ou "Wouldn't You". Jackie tinha muita habilidade natural, mas era preguiçoso pra diabo naquela época. Eu pedia a ele que tocasse determinada música, e ele simplesmente dizia que "não sabia".

"Como assim, você não sabe? Aprenda."

Ele então falava alguma merda sobre as músicas serem de uma outra época e de ele ser um "cara jovem", que não entendia por que tinha de aprender "toda aquela velharia".

"Cara, a música não tem época; música é música. Eu gosto desta música, essa é a *minha* banda, você está na minha banda, eu vou tocar esta música, então você a aprenda e a *todas* as outras, goste ou não. Aprenda-as."

Certo dia, em 1952, eu fazia minha primeira gravação para o selo Blue Note, de Alfred Lion (meu contrato com a Prestige não era exclusivo). Gil Coggins tocou piano na sessão; J. J. Johnson, trombone; Oscar Pettiford, baixo; Kenny Clarke – que voltara de Paris –, bateria; e Jackie, sax alto. Achei de verdade que esse pessoal tocou bem naquele álbum; eu também. Acho que gravamos "Woody 'n' You", "Donna", de Jackie (que foi intitulada "Dig" no outro álbum e creditada como minha), "Dear Old Stockholm", "Chance It", "Yesterdays" e "How Deep is the Ocean". Jackie veio com a mesma merda enquanto gravávamos "Yesterdays". Simplesmente explodi e xinguei Jackie tão feio que achei que ele fosse chorar. Ele nunca tocou a música certo, então disse a ele para ficar de fora dela; é o único motivo pelo qual ele não a toca no álbum. Acho que foi o único disco que gravei em 1952.

Uma vez, estávamos tocando num clube na Filadélfia; eu, Jackie, Art Blakey, Percy Heath e, acho, Hank Jones no piano. Enfim, eis que entram Duke Ellington, Paul Quinechette, Johnny Hodges e alguns outros membros da banda de Duke. "Cara, agora precisamos acertar", pensei. Então chamei "Yesterdays". Comecei a melodia com Jackie, depois fiz um solo e sinalizei para que ele fizesse outro. Ora, geralmente eu não deixava Jackie tocar em "Yesterdays", mas ele tinha me prometido de novo que aprenderia. Queria, assim, ver se ele havia cumprido a palavra.

Ele começou a brincar em torno da melodia e ferrou de novo, certo? Ao final do *set*, fui apresentar a banda no microfone – muito antigamente eu fazia isso – e, quando cheguei a Jackie, falei: "Senhoras e senhores, Jackie McLean, e eu não sei *como* ele conseguiu a carteira da Ordem dos Músicos, já que ele nunca sabe como tocar 'Yesterdays'". Bem, o público não sabia se eu estava brincando ou não, se devia aplaudir ou vaiar o desgraçado do Jackie. Depois do *set*, ele correu até mim no beco atrás do clube, onde Art e eu estávamos chapando, e me disse: "Miles, isso não foi legal, cara, me fazer passar vergonha desse jeito na frente do Duke, cara, ele é o meu pai musical, seu filho da puta!". Ele estava chorando!

"Vai se foder, Jackie, você não passa de uma porra de um bebezão! Sempre vem com essa merda de que é jovem e aí não consegue aprender música velha. Foda-se isso, e você também! Eu já te falei, música é música. Então é melhor você aprender música ou não vai ficar muito mais tempo na porra da minha banda, ouviu? Aprenda as músicas que você precisa saber para tocar. Você vem com esse papo de que Duke estava na plateia e de que eu te fiz passar vergonha quando te apresentei. Bem, seu filho da puta, você envergonhou a *si* mesmo quando não tocou 'Yesterdays' direito. Cara, você acha que Duke Ellington não sabe como é essa música? Tá doido? Eu não te fiz passar vergonha, você passou vergonha sozinho, porra! Agora, para com essa porra de choro e vamos voltar para o hotel."

Jackie ficou calado, e eu então lhe contei uma história real de quando, naquela primeira vez que toquei na banda de B, eu precisava fazer tarefas para B enquanto ele ficava acompanhado de alguma bela mulher. Disse a ele como B gritava: "Onde está o Miles?!" e me fazia buscar os ternos dele, ou garantir que os sapatos dele estivessem engraxados, ou comprar cigarros. E ainda como B fazia eu me sentar num engradado de Coca-Cola quando entrei para o naipe de trompetes. E tudo porque ele era o *bandleader*, e eu era o cara mais novo da banda, um moleque. Narrei como ele me fazia pagar alguns pecados, só porque ele era o líder e podia fazer aquele tipo de merda comigo. "Então, não me venha dizer nada a respeito do que eu digo *para* você ou *sobre* você, cara, porque você nem começou a pagar pecado nenhum. É só um moleque mimado e vai aprender a tocar essas músicas ou dar o fora da porra da banda."

Ele ficou atordoado, mas não falou nada. Acho que se Jackie *tivesse* dito algo ali na hora, eu teria dado uma baita de uma surra nele, porque o negócio que eu estava dizendo a ele era para ajudá-lo, não o prejudicar.

Mais tarde, quando Jackie estava fora da banda, sempre que eu ia vê-lo se apresentar, ele tocava umas duas músicas antigas, "Yesterdays" em especial. Após o *set*, vinha me perguntar como se saiu. A essa altura, ele já se tornara um mestre e poderia tocar pra caralho qualquer coisa! Então eu dizia: "Até que você se saiu bem, para um jovem", e ele morria de rir. Depois de um tempo, quando lhe perguntavam onde ele havia estudado música, ele respondia: "Estudei na Universidade Miles Davis". Acho que isso resumia.

Em algum período daquele ano, chamei John Coltrane para substituir Jackie. Queria usar dois saxes tenor e um alto, mas não podia pagar três músicos. Então tive Sonny Rollins e Coltrane nos tenores numa *gig* no Audubon Ballroom (onde, mais tarde, Malcolm X seria morto). Lembro que Jackie ficou nervoso quando eu disse a ele que teria Coltrane em seu lugar: achou que eu estivesse o despedindo. Mas eu só não podia pagar três músicos, e, depois que expliquei que seria apenas por uma noite, ele se tranquilizou. Mas Sonny foi incrível naquela ocasião, assustou Trane pra diabo, assim com Trane faria com ele alguns anos depois.

Porém, depois desses incidentes, minha relação com Jackie nunca mais foi a mesma. Ter falado com ele daquele jeito, quando o xinguei, criou uma tensão entre nós, então meio que nos afastamos, e ele saiu da banda, embora tenhamos tocado juntos algum tempo depois.

Jackie me apresentou a vários músicos bons, como Gil Coggins. Ele era um baita pianista, mas decidiu ir para o ramo imobiliário, pois não gostava muito do estilo de vida de músico, e, naquela época, o dinheiro não entrava de forma regular o bastante. Gil era um cara de classe média, muito simpático, que pensava em segurança. Mas eu gostava do jeito dele de tocar e acredito que, se ele tivesse seguido na carreira, teria sido um dos melhores pianistas da cena. Quando Jackie nos apresentou, não fui muito com a cara dele. Ele então tocou o meu acompanhamento para "Yesterdays", e eu fiquei de cara no chão. Acho que conheci Gil assim que voltei, após meu pai ter me levado a Lexington. Mais tarde, Jackie me apresentou ao baixista Paul Chambers e ao baterista Tony Williams. Creio que também conheci o baterista Art Taylor por meio de Jackie ou de Sonny Rollins, mas acho que foi Jackie. Conheci muita gente do Harlem/Sugar Hill por meio tanto de Jackie quanto de Sonny. Todos esses músicos de Sugar Hill tocavam muito na época. Eram super sofisticados.

Exceto por algumas *gigs* aqui e ali, passei o resto do meu tempo usando drogas. O ano de 1952 também foi terrível. Os anos pareciam só piorar desde aquele auge de 1949. Além disso, pela primeira vez, comecei a duvidar de mim mesmo, da minha própria habilidade e disciplina. Foi quando passei a me perguntar se eu realmente podia ser bem-sucedido na música, se eu tinha a força interior para segurar as pontas.

Muitos críticos brancos insistiam em falar de músicos de jazz brancos, nossos imitadores, como se eles fossem uns gênios do caralho e tal. Falavam de Stan Getz, Dave Brubeck, Kai Winding, Lee Konitz, Lennie Tristano e Gerry Mulligan como se eles fossem deuses ou coisa do tipo. E alguns desses brancos eram *junkies* como nós, mas ninguém falava disso como falavam da gente. Só foram dar atenção ao fato de brancos serem *junkies* depois que Stan Getz foi preso tentando invadir uma farmácia para pegar drogas. Essa merda chegou às manchetes, mas logo as pessoas esqueceram e voltaram a só falar dos pretos como *junkies*.

Ora, não estou dizendo aqui que esses caras não eram bons músicos, porque eram; Gerry, Lee, Stan, Dave, Kai, Lennie, todos eles eram bons músicos. Mas não começaram nada e sabiam disso, tampouco eram os melhores no que faziam. O que me incomodou mais do que tudo foi os críticos começarem a falar de Chet Baker na banda de Gerry Mulligan como se ele fosse a segunda vinda de Jesus Cristo. E ele soar exatamente como eu – pior do que eu, até mesmo na época em que eu era um *junkie* terrível. Às vezes, eu me pegava perguntando se ele, de fato, não tocava melhor do que eu, Dizzy e Clifford Brown, que tinha acabado de chegar à cena. Ora, eu sabia que, dentre todos os músicos mais jovens, Clifford estava muito, mas muito acima do resto, pelo menos na minha opinião. Mas Chet Baker? Cara, simplesmente não conseguia ver. Os críticos começavam a me tratar como se eu fosse da velha guarda, saca, como se fosse apenas uma lembrança – e uma lembrança ruim ainda –, e eu só tinha 26 anos em 1952. E, às vezes, até eu mesmo pensava em mim como coisa do passado.

capítulo 8

Aceitamos fazer a turnê de Symphony Sid no início do verão de – acho – 1952, e ela passaria por diversas cidades. A banda contava comigo no trompete; Jimmy Heath – irmão de Percy – no sax tenor; J. J. Johnson no trombone; Milt Jackson no vibrafone; Percy Heath no baixo; e Kenny Clarke na bateria. Zoot Sims não pôde participar, então foi substituído por Jimmy Heath. Eu conheci Jimmy quando fiz parte da banda de Bird e fomos tocar na Filadélfia em 1948, no Downbeat Club. Jimmy costumava emprestar seu sax para Bird, porque o dele estava penhorado. Depois, esperava a *gig* acabar e tomava o instrumento de volta, evitando que Bird não o penhorasse também. Bird então pegava o trem de volta a Nova York, pois a Filadélfia sempre foi um problema para os *junkies*; a polícia os prendia num piscar de olhos.

Jimmy tinha pés pequenos e usava uns sapatos de arrebentar. E só se vestia na estica. Eu o encontrava quando ia à Filadélfia, sua terra natal. A mãe dele adorava músicos de jazz. Além de Percy e Jimmy, havia Albert, ou "Tootie", como todo mundo na música o chamava, que era baterista. Os irmãos Heath eram uma família de músicos, e a mãe deles cozinhava muito bem, então muitos músicos frequentavam a casa deles. Jimmy tinha uma *big band* de onde saiu Coltrane. Eram uns caras da pesada, sofisticados e tudo mais.

Além disso, Jimmy era muito ligado em heroína, então nós dois provavelmente tínhamos começado a injetar juntos antes de ele entrar para a turnê de Symphony Sid. Sei que ele injetava com Bird. Acho que talvez eu tenha recomendado Jimmy para a banda porque precisava de mais alguém que usasse heroína. A essa altura, todo mundo ali já tinha parado. Depois que Zoot parou, fiquei sozinho.

Todos sentíamos que podíamos receber um nome que não fosse Symphony Sid All Stars, mas não havia nada que pudéssemos fazer, se quiséssemos ser pagos. Por causa do programa de rádio transmitido do Birdland, Sid era mais famoso que nós, uma voz que chegava à noite na casa das pessoas e apresentava grandes músicas que mudavam suas vidas. Assim, ele era uma celebridade, e todos achavam que era ele quem nos havia descoberto, que *ele* era a razão para aquela música existir. Ora, admito que os *brancos* talvez fossem aos shows porque havia um branco como ele envolvido. Mas os *pretos* iam *nos* ver tocar, e a maior parte dos shows era para os pretos. Ele nos pagava US$ 250 a US$ 300 por semana, o que era um bom valor naquela época. Porém, tirava duas ou três vezes mais do que isso, só pelo nome que tinha e para dizer algumas palavras, o que deixava todo mundo bem puto.

Tocamos em Atlantic City. Lembro que, nessa *gig*, não tivemos pianista, porque o vibrafone de Milt ocupava o mesmo espaço, então foi uma formação interessante. Quando alguém quisesse *mesmo* um piano, eu ou algum dos caras tocava o instrumento como acompanhamento, então foi um aprendizado para todo mundo. Se ninguém quisesse piano, então quem estivesse tocando ficava livre para passear, ou seja, para tocar o que quisesse, só com baixo e bateria acompanhando e um espaço vazio onde o piano estaria. Era como caminhar pela rua num belo dia ensolarado sem ninguém no seu caminho. Isso é o que *eu* queria dizer com passear, use sua própria imaginação. Tocar sem piano libertava a música. Naquela turnê, descobri que o piano entrava no caminho, que você não precisava dele se quisesse um som mais solto e livre.

Em seguida, tocamos no Apollo Theatre, na 125th Street, no Harlem, que foi uma baita *gig*. Cara, o lugar estava lotado de negrões que adoravam – quer dizer, *amavam* – o que fazíamos, o que todo mundo tocava. Lembro que, naquela noite, toquei acima da minha média pela primeira vez depois de muito tempo, porque o público estava ótimo. Cara, estávamos na nossa melhor forma, e eu havia até tirado meus ternos da loja de penhores, então não tinha como dizer que não mandamos ver, com todos aqueles aplausos. Fiz o cabelo na Rogers, na Broadway. Estava na estica e tocando pra burro no Apollo Theatre com um grupo de grandes músicos. Eu estava chapado e ia receber um bom dinheiro. O que mais um negrão poderia querer?

Depois, caímos na estrada pra valer, tocando em lugares como Cleveland, o Graystone Ballroom, em Detroit, e assim por diante. E foi aí que as coisas começaram a dar ruim, porque ficou difícil para Jimmy e eu fazermos os contatos para conseguir a heroína de que precisávamos. Eram mais bailes do que shows, com Sid apresentando a banda. Era a única coisa que ele fazia, além de recolher a bilheteria e nos pagar.

No Meio-Oeste, não conseguíamos nenhum tipo de droga, ou tínhamos muita dificuldade para achar. Às vezes, chegávamos atrasados às *gigs*, e a banda tinha de começar sem nós. O mesmo acontecia nos intervalos. Jimmy e eu achávamos alguém na plateia que tinha a droga, corríamos para o hotel para injetar e acabávamos nos atrasando para voltar. Depois de um tempo, os outros caras da banda começaram a ficar bravos e a nos dizer para entrar na linha. O irmão de Jimmy, Percy, era quem pegava mais no pé dele, mas todos vinham para cima de mim coletivamente. Estavam fartos de passar pano pra gente. Kenny, Milt e Percy eram quem mais ficavam no meu pé.

Fora isso, muita merda estava se acumulando entre Sid e os músicos. Em Buffalo, ele não apareceu, então dividimos os US$ 200 dele entre a banda. Sid entrou com uma ação contra nós no sindicado por não lhe devolvermos o dinheiro e perdeu. Depois, descobrimos que, quando tocamos em Chicago, Sid tinha vendido o show por US$ 2.000, mas nos disse que só recebera US$ 700. Milt Jackson ouviu a conversa entre Sid e o dono do clube. Ora, Sid era o agenciador do show, então ficava com uma comissão, que na época era de cinco ou dez por cento, e era ainda o mestre de cerimônias – e, na cabeça dele, o astro –, então ganhava por isso também. Eis que ele embolsava tudo isso *mais* US$ 1.300, a diferença entre 700 e 2.000. Tudo isso ficava com ele.

Enquanto isso, *nós* ganhávamos cerca de US$ 500 por show para dividir entre seis caras, já ele tirava US$ 200 por show só para anunciar e desfilar como se fosse importante e tal. Assim, quando o confrontamos, ele negou, ficou bravo e nos disse que éramos ingratos. Fala se não é coisa de branco? Quando voltamos a Nova York, todo mundo estava de saco cheio dos trambiques de Sid. Ninguém o detestava; só não queríamos ficar perto dele.

Quando a turnê estava acabando, em Nova York, Sid devia US$ 50 a J. J., que foi cobrá-lo. Sid o mandou pastar, era um puto arrogante. Então J. J. meteu um soco na cara dele e lhe arrancou os dentes postiços, que saíram quicando pelo chão. Não vi acontecer, mas Milt me disse o que tinha rolado quando chegamos mais tarde e chapados. Sid então chamou uns gângsteres até o clube para dar uma surra em J. J., talvez até matá-lo. Quando chegaram, parecia que estávamos num filme de gângster. Chapelões, charutos, ternos pretos e tal, prontos para matar. Perguntaram se eu estava com J. J., e eu disse que se alguma coisa fosse acontecer a J., então eu estava com ele, *sim*. Todos os caras se juntaram em favor de J. Então Sid, que estava errado desde o início, acalmou os ânimos e deu o dinheiro a J., mas foi tudo bem assustador até aí.

A essa altura, eu estava saindo com uma garota branca chamada Susan Garvin, que era loira, tinha uns peitos grandes e bonitos e se parecia com Kim Novak. Mais tarde, comporia "Lazy Susan" para ela. Fazia bem para mim, porque me dava dinheiro e era uma boa mulher. Ela me amava. Eu gostava muito dela também, mas, por causa do meu vício, não fazíamos muito sexo, apesar de que, quando fazíamos, sua companhia me deleitava. Eu tinha outras garotas quc também me davam dinheiro, um estábulo inteiro delas. Mas Susan era com quem eu passava a maior parte do tempo. Saía ainda com aquela mesma garota branca rica de St. Louis; ela tinha ido para Nova York para me ver. Vamos chamá-la de "Alice", porque ainda é viva e não quero causar problemas a ela; além disso, é casada. Ambas eram belas e me davam dinheiro, mas eu gostava muito de Susan, e ela me acompanhava aos clubes.

Além disso, não havia muita coisa acontecendo para mim em 1952. Ainda estava tentando colocar a vida nos eixos. Tem uma história que surgiu nessa época que Cecil Taylor diz ter acontecido, mas que eu não me lembro de merda nenhuma do tipo. É sobre Joe Gordon, um excelente trompetista de Boston, terra de Cecil. Ora, Cecil diz que Joe foi ao Birdland certa noite para tocar comigo e que, depois de sua canja, eu simplesmente saí do palco – porque ele havia tocado bem demais – até Bird vir até mim e dizer: "Cara, você é o Miles Davis; não pode deixar ninguém fazer isso com você". Supostamente, voltei ao palco e só fiquei lá parado em pé. Alguém escreveu que o cara fodeu comigo só porque olhei pra ele da minha "perspectiva distorcida em 1952". Eu realmente não me lembro de nada disso ter acontecido. Talvez tenha, mas acho que não. (Depois, ouvi falar que Joe Gordon morreu num incêndio. Então não tenho como saber se isso é verdade ou não, pois nunca mais o vi. Enfim, ele nunca fez muita coisa, exceto por algo com Thelonious Monk em um de seus álbuns. Então, até onde eu sei, ele não pode confirmar a história, e o outro cara, Cecil Taylor, sempre me detestou desde que eu disse que ele não sabia tocar, então ele pode dizer qualquer coisa contra mim.)

O ano de 1953 começou bem, comigo gravando um disco para a Prestige com Sonny Rollins (que tinha saído da cadeia), Bird (creditado no álbum como "Charlie Chan"), Walter Bishop, Percy Heath e Philly Joe Jones na bateria (com quem eu andava bastante naquele tempo). Bird tinha um contrato de exclusividade com a Mercury (acho que já havia deixado a Verve), por isso teve de usar um pseudônimo. Havia parado de injetar heroína desde que Red Rodney foi pego e enviado para Lexington. Bird achava que a polícia estava de olho nele. Ao invés do habitual uso pesado de heroína, agora bebia enormes quantidades de álcool. Lembro-me de ele beber uma garrafa de vodca no ensaio, então, quando o engenheiro de som pôs a fita para rodar na sessão, Bird já estava doidaço da cabeça.

Foi como ter *dois* líderes na sessão. Bird me tratava como se eu fosse seu filho ou um membro da *sua* banda. Mas aquela era a *minha* gravação, então tive de pô-lo em seu lugar. Foi difícil, porque ele sempre pegava no meu pé por uma coisa ou outra. Fiquei com tanta raiva que falei umas verdades a ele, que eu nunca tinha feito aquilo nas sessões dele, que sempre fui profissional nas merdas dele. E sabe o que o filho da puta me respondeu? Alguma coisa do tipo: "Certo, Lily Pons... para produzir beleza, é preciso sofrer dor – da ostra vem a pérola". E ainda disse isso naquele sotaque britânico falso do caralho. Depois, o desgraçado dormiu. Fiquei tão puto de novo que comecei a errar. Ira Gitler, que era o produtor do disco para Bob Weinstock, saiu da técnica para me dizer que *eu* não estava tocando merda nenhuma. A essa altura, fiquei tão farto que comecei a guardar o trompete para ir embora, quando Bird me disse: "Miles, o que você está fazendo?". Falei então o que Ira havia dito, e Bird retrucou: "Ah, fala sério, Miles, vamos fazer um som". E aí tocamos umas coisas muito boas depois disso.

Acho que fizemos essa gravação em janeiro de 1953. Sei que, um pouco depois disso, gravei outro disco para a Prestige com Al Cohn e Zoot Sims nos saxes tenor, um sujeito chamado Sonny Truitt no trombone, John Lewis no piano, Leonard Gaskin no baixo, e Kenny Clarke na bateria. Bob Weinstock tinha ficado muito aborrecido com o que houve na última sessão com Bird, então montou um grupo de músicos mais "respeitáveis", pelo menos no estúdio; caras que não chapavam nem se faziam de bobos. Porém, Zoot e eu éramos *junkies* e chapamos naquele dia antes de gravar. No fim, deu tudo certo, porque todo mundo tocou bastante bem. Não há muitos solos no álbum – acho que eu fiz um, e John Lewis fez outro; foi um disco de performance de grupo. Eu toquei melhor do que tocava havia algum tempo.

Um pouco depois, fiz outro álbum para a Blue Note com J. J., Jimmy Heath no sax tenor, Gil Coggins no piano, Percy Heath no baixo, e Art Blakey na bateria. Lembro-me dessa gravação porque, além da música que fizemos, eu e Jimmy tentamos achar um jeito de comprar heroína de Elmo Hope, o pianista, que morava na 46th e traficava um pouco. A sessão era ali perto, e nós queríamos comprar heroína para chapar antes de gravar. Jimmy e eu estávamos passando mal e tínhamos de alimentar nossos monstros famintos. Dissemos a Alfred Lion, produtor e dono da Blue Note, que Jimmy precisava de palhetas para o sax. Depois, falei que iria junto para ajudá-lo a carregar a caixa de palhetas. Ora, cara, você sabe que uma caixa de palhetas não é maior do que um sabonete, então sabe que não é preciso dois caras para carregar um negócio tão pequeno. Não sei se Alfred acreditou em nós ou só foi na onda. Assim, estávamos chapados pra diabo naquele disco. Art Blakey também, mas depois de termos sido presos em Los Angeles e de ele ter me cagoetado falsamente, nunca mais chapei com ele de novo.

Gravamos um tema de Jimmy chamado "CTA", as iniciais de uma bela mulher metade chinesa, metade preta com quem ele andava saindo, Connie Theresa Ann. Lembro-me de uma vez que Jimmy, Philly Joe e eu tocamos no Reynolds Hall, na Filadélfia – eu estava com Susan, que era branca e bonita; Jimmy estava com Connie; e

Philly Joe com uma bela porto-riquenha. Todas eram boas, e todo mundo na *gig* ficou embasbacado com aquelas garotas. Nós costumávamos chamá-las de "Garotas das Nações Unidas".

Fiz mais uma gravação em 1953 e ainda outra numa *gig* no Birdland, na qual substituí Dizzy na banda dele. Fiz duas noites no clube, e o disco foi gravado entre as duas, então eu estava bem afiado, porque vinha tocando com regularidade. A gravação foi em quarteto – eu, Max Roach, John Lewis e Percy Heath; gravamos para a Prestige. Tive a chance de expandir meu próprio estilo nesse dia, pois fui o solista principal. Além disso, Charles Mingus tocou piano em "Smooch", se não me falha a memória. Todos tocaram bem nesse álbum.

Porém, foram as datas no Birdland que me enfureceram, não por causa dos músicos da banda, que eram muito bons, mas pelo cantor, um tal de Joe Carroll, que sempre bancava o bobo. Eu adoro Dizzy, mas detestava as palhaçadas que ele fazia para aquela gente branca. Era o negócio *dele* porque aquela era a banda *dele*. Mas, quando tive de assistir a Joe Carroll por duas noites, cara, aquela merda me deixou enojado. Só que eu precisava do dinheiro e faria qualquer coisa por Dizzy. Decidi naquele momento que nunca faria parte de alguma merda como aquela. Quando o público fosse me ouvir, ouviria música e só.

Meu vício começou a ficar bem feio. A essa altura, a polícia já me fazia levantar as mangas da camisa constantemente para procurar novas marcas de agulha. É por isso que os *junkies* tinham começado a injetar nas veias da perna. Quando a polícia te tirava do palco para te dar uma geral, cara, aquela merda era vergonhosa. Pegavam especialmente pesado com músicos em L.A. e na Filadélfia. No que você dizia que era músico, os policiais brancos já te tratavam como *junkie*.

Eu me virava com a ajuda feminina; sempre que precisava de alguma coisa nesse período, recorria às mulheres. Se elas não tivessem me sustentado, não sei como eu teria feito sem roubar todos os dias, como muitos dos *junkies* faziam. Porém, mesmo com o apoio das mulheres, eu fazia coisas das quais me arrependia depois, como o episódio com Clark Terry ou quando dei uma surra em Dexter Gordon por dinheiro para comprar heroína. Fazia esse tipo de coisa o tempo todo. Penhorava tudo o que podia, às vezes até coisas dos outros, e perdia – instrumentos, roupas, joias –, porque não conseguia o dinheiro para recuperar os itens. Eu não precisava roubar e correr o risco de ir para a cadeia, embora, depois daquela matéria na *Down Beat* sobre Art Blakey e eu, e depois de Cab Calloway ter falado merda sobre os *junkies* a Allan Marshall, que publicou na revista *Ebony*, onde ele mencionava o meu nome e de vários outros, nós poderíamos muito bem ter ido para a cadeia, porque não conseguíamos trabalho em lugar nenhum.

Já era ruim o bastante tocar o tipo de música que tocávamos, mas, com um vício, era pior ainda. As pessoas começavam a me olhar de um jeito diferente, como se eu fosse sujo ou coisa do tipo. Olhavam para mim com pena e horror, de um modo que nunca haviam olhado. Colocaram minha foto e a de Bird naquela matéria. Nunca perdoei Allan Marshall por isso, nem Cab Calloway por ter dito aquelas merdas. Aquilo nos custou dor e sofrimento. Muita gente sobre a qual ele falou nunca se recuperou daquilo, porque ele era muito popular na época e todo mundo ouvia o que ele dizia.

Sempre achei que os narcóticos deveriam ser legalizados, assim não seriam um problema tão grande nas ruas. Quer dizer, por que alguém como Billie Holiday deveria morrer por não conseguir largar um vício, por tentar recomeçar? Acho que as drogas deveriam ser disponibilizadas a ela, talvez por meio de um médico, para que ela não precisasse recorrer a meios ilegais. O mesmo vale para Bird.

Certa noite, no final da primavera ou no verão de 1953, eu estava na frente do Birdland. Foi logo depois ou durante o período em que substituí Dizzy lá. Ora, há quem diga que esse incidente aconteceu na Califórnia em 1953; o ano está certo, mas o lugar, não. Aconteceu em Nova York. Lá estava eu na frente do Birdland, chapado pra diabo, pescando e tal, e usando umas roupas sujas, quando Max Roach apareceu e me disse que eu estava "bonito". Depois colocou duas notas de US$ 100 no meu bolso, certo? E ele lá, elegante pra burro, parecendo um milionário, porque andava se cuidando.

Ora, Max e eu éramos como irmão, certo? Cara, aquela merda me deixou com tanta vergonha que, em vez de pegar o dinheiro e ir injetar, como eu normalmente faria, liguei para o meu pai e disse que estava voltando para casa para tentar entrar na linha de novo. Meu pai me apoiou desde sempre, então me falou para ir, e eu peguei o próximo ônibus para St. Louis.

De volta a East St. Louis, comecei a sair com minha namorada Alice de novo. Porém, como sempre acontecia, logo me entediei e voltei a injetar. Não muito, mas o suficiente para me preocupar. No final de agosto ou início de setembro de 1953, Max Roach ligou de Nova York ou Chicago e me contou que iria de carro para Los Angeles com Charles Mingus para assumir o posto de Shelly Manne no Lighthouse All Stars, de Howard Rumsey. Passaria por East St. Louis e gostaria de me ver. Disse a ele que chegasse, que eles poderiam passar a noite na casa do meu pai em Millstadt. Ficaram chocados com o tamanho da propriedade e por ele ter uma empregada, uma cozinheira e tal, além das vacas e cavalos e porcos premiados. Dei pijamas de seda para Max e Mingus usarem. Enfim, foi bom vê-los. Max estava elegante como sempre e dirigia um Oldsmobile novíssimo, porque àquela altura já ganhava um bom dinheiro. Além disso, sua garota tinha dinheiro de sobra e dava muito a ele.

Passamos a noite acordados falando sobre música. Cara, nos divertimos demais. E a companhia deles me fez ver o quanto eu sentia falta dos caras da cena de Nova York. A essa altura, eu já não tinha nada a ver com meus velhos amigos de East St. Louis, embora os amasse como irmãos. Eu não conseguia mais ficar na cidade; não me encaixava, porque a minha mente era a de um nova-iorquino.

Enquanto Max e Mingus se preparavam para ir embora, no dia seguinte, decidir ir com eles. Meu pai me deu algum dinheiro, e parti para a Califórnia.

A viagem foi um caso à parte. Mingus e eu discutimos o tempo todo, e Max era como um mediador. Entramos num bate-boca sobre brancos, e Mingus ficou completamente maluco. Naquela época, ele queria a morte dos brancos, não suportava nada que viesse de branco, em especial os homens brancos. No sexo, talvez gostasse de uma branca ou de uma oriental, mas, para ele, gostar de uma garota branca não tinha nada a ver com o desgosto que ele tinha pelo homem branco estadunidense, ou o que chamam de WASP[11]. Na sequência, nós três entramos numa discussão sobre animais. Isso foi depois de Mingus falar dos brancos como se eles não passassem de bestas. Aí então ele quis falar de animais de verdade, do tipo: "Se você vir um animal enquanto dirige seu carro novo, e o animal estiver na rua, você desviaria para evitar atropelá-lo, mas então bater o carro, ou tentaria parar, ou simplesmente atropelaria? O que você faria?".

Max disse: "Bem, eu atropelaria o desgraçado, o que eu deveria fazer? Parar e foder tudo se vier um carro atrás de mim, amassar o meu carro novo?".

Mingus então retrucou: "Veja só, você tem o mesmo pensamento dos brancos; é bem assim que um homem branco pensa. Ele atropelaria o pobre animal, sem se importar se o mataria ou não. Eu? Eu amassaria o carro antes de matar um pobre animal indefeso". Enfim, foi esse papo até a Califórnia.

Em algum lugar no meio do nada, acho que em Oklahoma, já tínhamos devorado todo o frango que a cozinheira do meu pai fez para nós, então paramos para comer alguma coisa. Pedimos a Mingus para ir buscar comida, porque ele tinha a pele mais clara, então talvez

11 Sigla para *White Anglo-Saxon Protestant*, "protestante anglo-saxão branco". (N. do T.)

pensassem que ele era estrangeiro. Sabíamos que não poderíamos comer no local, então dissemos a ele que só pegasse uns sanduíches e saísse. Mingus saiu do carro e entrou no restaurante. Eu então falei para Max que não deveríamos tê-lo deixado ir sozinho, de tão doido que ele era.

De repente, Mingus saiu do restaurante putaço da cara. "Esses brancos desgraçados não vão deixar a gente comer aqui; vou explodir essa porra desse lugar!"

"Cara, senta aí", falei. "Mingus, senta aí e cala a boca por um minuto. Se você disser mais uma palavra, vou quebrar uma garrafa na sua cabeça, porque nós vamos acabar na cadeia de tanta merda que você fala."

Ele ficou quieto por um tempo, pois, naquelas bandas do país, atiravam num preto sem mal olhar para ele, na época. E ainda iam se safar, porque era a lei. Então foi essa merda o caminho todo até a Califórnia, terra de Mingus.

Eu não conhecia Mingus tão bem quanto achava que conhecia. Já havia estado na estrada com Max, então conhecíamos um ao outro. Mas eu nunca tinha viajado para lugar nenhum com Mingus, então não sabia como ele era fora do palco, apesar do desentendimento que tivemos na Califórnia por causa de Bird. Eu era quieto e não gostava de conversar muito, assim como Max. Mas Mingus? Cara, o filho da puta falava o tempo todo. Muitas vezes, de umas merdas pesadas, mas em outras, de coisas mais leves que um bilau de mosquito. Depois de um tempo, todo aquele falatório me deu nos nervos e foi quando eu o ameacei com uma garrafa, porque não aguentava mais. Mas Mingus era um filho da puta grandão, então não acho que ele tenha se assustado comigo nem nada. Mas ele realmente calou a boca – por um tempo – até começar o falatório de novo.

Quando chegamos à Califórnia, todo mundo estava quebrado, então deixamos Mingus em sua casa, e Max e eu fomos para o hotel. Max ia tocar no Lighthouse, em Hermosa Beach, que fica a cerca de um quarteirão do oceano. Ora, certo dia, Max deixou Mingus usar seu carro, e Mingus arrancou uma roda. Adivinhem como isso aconteceu. Ele bateu num hidrante na tentativa de não atropelar um gato. Cara, eu quase morri de rir, pois foi a mesma merda que falamos na estrada. Max ficou puto da vida, cara, e eles brigaram de novo.

Algumas coisas boas aconteceram enquanto estive na Califórnia. Toquei ocasionalmente com alguns dos músicos do Lighthouse, o que rendeu um disco. A essa altura, Chet Baker, que era da Califórnia, era considerado o jovem trompete mais incendiário da cena do jazz. Tocou numa *jam* no Lighthouse no mesmo dia que eu. Foi a primeira vez que nos vimos, e ele parecia envergonhado por ter vencido a enquete da *Down Beat* como Melhor Trompetista de 1953. Acho que ele sabia que não merecia ganhar de Dizzy e de muitos outros trompetistas. Eu não jogava isso contra ele pessoalmente, embora tenha ficado puto com as pessoas que votaram nele. Chet era um cara bem legal, descolado e um bom músico. Porém, ambos sabíamos que ele havia copiado muita coisa de mim. Então, quando nos conhecemos, ele me disse, mais tarde, que ficou nervoso por tocar enquanto eu estava na plateia.

A outra coisa boa que me aconteceu nessa viagem foi conhecer Frances Taylor. Mais tarde, ela se tornaria minha esposa – a primeira mulher com quem me casei no civil. Eu tentava manter minha aparência melhor do que em Nova York, então comprei umas roupas legais e ondulei o cabelo. Certo dia, Buddy, um joalheiro com quem eu andava, chegou para me buscar a caminho de uma entrega de joias – um presente de aniversário de um branco rico – para uma jovem que dançava no grupo de Katherine Dunham. Buddy me contou que a dançarina era uma gata de nome Frances e que queria que eu a conhecesse.

Quando chegamos ao Sunset Boulevard, Frances desceu as escadas e Buddy lhe deu a caixa de joias. Enquanto ela pegava a caixa, olhou para mim sorrindo. Eu estava totalmente na estica. Ela era tão bonita que quase perdi o fôlego, então peguei um pedaço de papel, anotei meu número com meu nome, dei a ela e lhe disse que não precisava ficar encarando. Ela enrubesceu e, enquanto íamos embora e ela subia as escadas, olhou para mim por trás dos ombros. Foi nesse momento que eu soube que ela gostava de mim. Buddy não parou de falar nela no caminho de volta, de como ela havia gostado de mim.

Na época, Max estava saindo com uma bela garota preta chamada Sally Blair, que o estava deixando louco. Era um mulherão, de Baltimore, parecia uma Marilyn Monroe marrom. Max tinha muito problema com ela. Eu sempre tinha de manter uma cara séria com Max, porque ele era muito sensível quanto a certos assuntos. Tentava não fazer merda com quem estivesse saindo. Sally, porém, o estava deixando louco com as merdas que ela fazia, então Max começou a procurar por outra pessoa.

Conheceu Julie Robinson (que hoje é casada com Harry Belafonte[12]), gostou muito dela e me disse que ela tinha uma amiga que gostaria que eu conhecesse. Começou a me dizer o quão bela era a tal da garota. Assim, concordei que nos juntassem.

Naquela época, minha cabeça estava num lugar em que eu achava que poderia conseguir a mulher que quisesse. Saímos para pegá-las e lá estava Frances. Quando ela me viu, disse: "Você foi com Buddy até o meu hotel quando ele me levou as joias". "Isso mesmo", concordei. Logo de cara, Frances e eu nos aproximamos muito. Max ficou chocado ao me dizer que aquela era a garota a quem ele queria me apresentar. Foi uma coincidência eu já tê-la conhecido. Porém, depois de Max ter nos juntado, eu soube que algo ia acontecer entre nós, e ela também soube.

Naquele primeiro encontro, Max e Julie se sentaram nos bancos da frente do carro de Max, enquanto Frances, eu e outra dançarina,

12 Belafonte e Robinson se divorciaram em 2004, depois de 47 anos de casados. (N. do T.)

chamada Jackie Walcott, nos sentamos atrás. Seguíamos pela cidade quando Julie disse que estava com vontade de gritar. Max então falou: "Tudo é tudo, se quiser, grite". Então Julie começou a gritar o mais alto que pode.

"Cara, você está doido? Não sabe onde estamos? Estamos em Beverly Hills, nós somos pretos, e ela é branca. A polícia vai nos dar uma surra. Então é melhor parar com essa merda", disse a Max. Julie então parou. Porém, nos divertimos demais naquela noite. Fomos para a casa de B, festejamos com ele e ouvimos todas aquelas baboseiras dele, que falava coisas do tipo: "Dick, onde você arruma essas vadias horrorosas? Não passam de umas mulas". Era o tipo de brincadeira que ele fazia. B era divertido.

Em pouco tempo, consegui um contato com quem arrumar heroína e comecei a frequentar o Lighthouse, em Hermosa Beach, chapado, fazendo Max passar muita vergonha. Tudo estava indo muito bem para ele na época. Meu vício estava me derrubando de novo, e eu ainda não admitia. Enfim, lá estava eu com Max – acho que era aniversário dele – no Lighthouse, do lado de fora. Eu tinha feito algumas aulas de judô em East St. Louis e estava com uma faca, então fui mostrar a ele como era capaz de tirar a faca de alguém que estivesse prestes a me atacar. Dei a faca a ele e disse para ele fingir que iria me esfaquear. Quando ele o fez, tirei a faca dele e a arremessei para trás, certo? Ele então disse: "Miles, cara, isso é impressionante". Guardei a faca no bolso e esqueci.

Mais tarde, estávamos no bar bebendo, e Max disse: "Você paga para nós". Brincando, respondi: "Você é quem tem dinheiro e o aniversário é seu, então você paga". Porém, o *bartender*, que ouviu a conversa e não gostava de mim, me enquadrou enquanto Max ia subindo no palco: "Vamos, cara, quero meu dinheiro". Falei pra ele que Max iria pagar quando terminasse o *set*. Eu e o *bartender* começamos a bater boca até que ele enfim me disse: "Vou quebrar a sua cara quando acabar meu turno". Ele é branco, saca? Max voltou e falou para ele: "Por que você disse isso? Ele não fez nada". Max então o pagou, mas agora o cara já estava bravo. Max começou a rir e olhou pra mim como se dissesse: "Oh oh, você deve ser mau. Vamos ver como você lida com este maluco", e então voltou para terminar o *set*. O cara falou mais alguma merda sobre me dar uma surra, então disse a ele: "Você não precisa esperar acabar seu turno, filho da puta, pode sair daí *agora mesmo* e acertamos as contas bem aqui". Então o idiota atravessou o bar. Eu havia notado que ele era canhoto, então só desviei do soco dele, acertei-o na têmpora e o joguei nos assentos bem no meio do público. Max, do palco, abriu um sorrisão chocado. As pessoas gritavam e corriam para se esconder. Um bando de amigos do cara me pegou, e alguém chamou a polícia. Max ficou no palco o tempo todo, sem parar de tocar.

Antes que os amigos do cara pudessem me machucar, o leão de chácara acabou com a briga. A polícia chegou. Ora, todo mundo no clube era branco, menos Max e eu. Na época, os pretos não podiam nem ir ao Lighthouse. A polícia me levou para a delegacia, e eu disse a eles que o cara me chamou de "negão do caralho" – e ele chamou mesmo – e deu o primeiro soco. Então me lembrei de que estava com a faca. Fiquei morrendo de medo, porque se eles a achassem, sabia que iria parar na cadeia. Porém, não me revistaram. Depois, lembrei que meu tio William Pickens era do alto escalão na NAACP, então disse isso aos policiais, e eles me soltaram. Mais ou menos nesse momento, Max chegou na delegacia e me levou para casa. Eu estava putaço da cara e falei: "Seu desgraçado, você deixou eles me levarem". Mas Max estava morrendo de rir.

As coisas começaram a ficar ruins de novo, e até Max se cansou das minhas merdas. Liguei para o meu pai mais uma vez e pedi que me mandasse o dinheiro da passagem de volta para casa. Desta vez, estava decidido a largar o vício e, quando cheguei em casa, era a única coisa que tinha em mente.

Ao chegar a East St. Louis, fui direto para a fazenda do meu pai em Millstadt. Minha irmã veio de Chicago, e eu, ela e meu pai demos uma longa caminhada pela propriedade. Por fim, meu pai disse: "Miles, se fosse uma mulher a te torturar, então eu poderia te dizer para arrumar outra ou deixar aquela quieta. Mas esse negócio de droga, filho, não posso fazer nada por você além de lhe dar meu amor e apoio. O resto você precisa fazer sozinho". Após dizer isso, ele e minha irmã só viraram as costas e me deixaram sozinho. Ele tinha uma casa de hóspedes, com um pequeno apartamento de dois cômodos, para onde fui. Tranquei a porta e fiquei lá até largar o vício à força.

Estava mal. Queria gritar, mas não podia, porque meu pai teria saído do casarão branco ao lado para ver o que havia de errado. Então tive de guardar tudo dentro de mim. Podia ouvi-lo do lado de fora, passando pela casa de hóspedes, parando e ouvindo o que estava rolando. Quando ele fazia isso, eu não dizia nada. Só ficava deitado no escuro, suando feito um filho da puta.

Eu estava farto demais de tentar largar aquele vício. Comecei a me sentir completamente mal, meu pescoço travou, assim como as pernas e todas as juntas do meu corpo. Era uma sensação como a de uma artrite ou uma gripe muito feia, mas ainda pior. É indescritível. Todas as juntas ficam doloridas e travadas, mas se você encostar nelas, grita, então não pode receber massagens. É o tipo de dor que, mais tarde, experimentei depois de uma cirurgia de prótese de quadril. É uma sensação meio visceral que você não consegue parar. Você sente que pode morrer, e, se alguém garantisse que você morreria em dois segundos, você aceitaria. Aceitaria o presente da morte em vez dessa tortura em vida. Em dado momento, comecei até a pular da janela – o apartamento ficava no segundo andar – para ficar inconsciente e conseguir dormir. Porém, pensei que, com a sorte que tinha, só ia acabar quebrando a porra da perna e ficar lá deitado sofrendo.

Isso se deu ao longo de uns sete ou oito dias. Eu não conseguia comer. Minha namorada Alice foi me ver, e nós trepamos, e isso foi pior ainda. Fazia uns dois ou três anos que eu não tinha um orgasmo. Minhas bolas doeram pra caralho, assim como todo o meu corpo. Foi assim por mais uns dois dias, depois comecei a beber suco de laranja, mas vomitava.

E então, um dia, do nada, acabou. Fim. Finalmente o fim. Eu me senti melhor, bom e puro. Saí ao ar livre e limpo até a casa do meu pai, e, quando ele me viu, abriu um grande sorriso, nós nos abraçamos e choramos. Ele sabia que eu enfim havia vencido. Depois, me sentei à mesa e comi tudo à minha frente, porque estava faminto pra diabo. Não creio que tenha comido daquele jeito antes nem depois. Então, comecei a pensar em como ia colocar a vida nos eixos novamente, tarefa que não seria fácil.

capítulo 9

Assim que larguei o vício, fui para Detroit. Não confiava em mim mesmo em Nova York, onde tudo estava disponível. Concluí que, mesmo que eu deslizasse um pouco, a heroína que conseguiria em Detroit não seria tão pura quanto a de Nova York. Acreditei que isso poderia me ajudar, e eu precisava de toda a ajuda possível.

Quando cheguei a Detroit, comecei a tocar em alguns clubes da cidade com Elvin Jones, na bateria, e Tommy Flanagan, no piano. Usei um pouco de heroína lá, mas não era muito forte e não havia muita disponibilidade. Eu ainda não tinha tirado a droga totalmente da cabeça, mas estava perto de conseguir e sabia disso.

Fiquei em Detroit por uns seis meses. Atuei como cafetão por um tempo. Tinha umas duas ou três namoradas e estava até curtindo fazer sexo de novo. Uma das garotas era uma designer que tentava me ajudar como podia. Não quero revelar o nome dela; é uma pessoa muito proeminente hoje. Ela me levou a um sanatório para conversar com um psiquiatra, que me perguntou se eu me masturbava. Eu respondi que não. Ele ficou incrédulo e me disse que eu deveria fazer isso todos os dias em vez de injetar heroína. Pensei que talvez esse filho da puta é quem deveria se internar no manicômio se isso era tudo o que ele tinha a me dizer. Masturbar-se para largar um vício? Que merda, achei aquele filho da puta um maluco.

Foi difícil demais largar aquele vício, mas enfim consegui. Mas Deus me livre, demorou muito, porque eu simplesmente não conseguia parar de uma vez por todas. Dava umas picadas aqui e ali, dizia a mim mesmo que estava limpo e então começava tudo de novo.

Eu tinha um amigo muito sem-vergonha chamado Freddie Frue, ou pelo menos é como nós o chamávamos. Enfim, eu estava hospedado num hotel e não me alimentava. Freddie era o meu contato de drogas em Detroit. Ele subia até o meu quarto e me levava o suprimento do dia. Era difícil largar o vício por causa de caras como ele e porque eu era fraco. Tinha de mudar a minha própria cabeça, rearranjá-la do zero para largar o vício. Cheguei a pensar que me casar com alguém talvez ajudasse; pensei em pedir Irene em casamento. Então fui a St. Louis e pedi ao meu pai se poderia nos casar. Mas aí pensei melhor e, em vez de fazer essa merda, só dei meia volta e retornei a Detroit.

Eu havia conhecido uma jovem bacana por lá, muito doce e bela. Mas estava sacaneando com ela, assim como fazia com todas as mulheres que conhecia na época. Se elas não tivessem dinheiro, eu não queria saber de vê-las, pois ainda não tinha me livrado da muleta do vício. Já a segurava com menos firmeza, mas não a largara totalmente. Ainda pensava como um *junkie*.

Eu conhecia um cara chamado Clarence, envolvido com jogatina em Detroit. Ele me dizia: "Cara, por que você trata essa garota assim? Ela é uma pessoa muito legal e se importa com você. Então por que você a trata mal?". Eu olhava para ele e respondia: "De que porra você está falando?".

Lá estava um gângster dos grandes, fodido, com capangas por todo lado. Com armas no bolso e tal, e eu falando torto com ele. Mas veja bem, não era eu dizendo essa burrice, eram as drogas. Ele me olhou bem esquisito, como se estivesse pensando se deveria atirar em mim ou coisa do tipo. Mas me respeitava, porque adorava a música e o meu jeito de tocar. Falou então: "*Eu disse*, por que você trata a garota assim? Você ouviu o que eu disse?".

Eu só conseguia pensar em tomar outra dose, então disse a ele: "Vá se foder. O que eu faço não é da sua conta".

Ele olhou para mim como se estivesse a um segundo de acabar com a minha raça, mas então surgiu pena nos olhos frios dele. Estudou-me por alguns segundos, olhando para mim como se eu fosse um cachorro miserável que se arrastava pelas ruas. "Cara, você é patético pra caralho, deplorável, um filho da puta miserável que nem merece estar vivo. Você é uma porra de um *junkie* de dar dó, seu filho da puta. E se eu achasse que adiantaria alguma coisa, te daria uma surra pela cidade inteira. Mas vou te dizer o seguinte: se você sacanear aquela dona de novo, vou fazer mais do que isso, seu *junkie* de merda!" E então deu as costas e foi embora.

Cara, esse negócio me deixou fodido, porque ele tinha razão em tudo o que disse. Quando se está chapado, você simplesmente não se importa, pois só está tentando parar de sentir dor, de passar mal. Mas depois disso, da vergonha que Clarence me fez passar, comecei de verdade a tentar me limpar.

As drogas eram muito ruins em Detroit – como Philly Joe dizia, "era melhor gastar o dinheiro em chocolate" – porque eram processadas demais. Você ia perdendo a tolerância a elas; injetar só me fazia ganhar mais marcas nos braços. Eu só usava pela sensação de espetar a porra de uma agulha no braço. E então, de repente, não quis mais abrir buracos nos braços, e aí parei.

Havia bons músicos em Detroit, e eu comecei a tocar com alguns deles. Como vários eram limpos, isso acabou me ajudando. Muitos desses músicos de Detroit me viam com admiração por causa dos trabalhos que eu já havia feito. Assim, uma das coisas que me recompôs foi o fato de me admirarem, e, já que eles estavam limpos, quis ficar também. Havia um ótimo trompetista chamado Clair Rockamore, acho que era esse nome. Cara, esse filho da puta era da pesada. Um dos melhores que já ouvi. E aí eu e Elvin Jones mandávamos ver. O pessoal lotava um pequeno clube chamado Blue Bird para nos assistir.

Uma das coisas que eu gostaria de esclarecer sobre o período que passei em Detroit é a história sobre mim, Clifford Brown e Max Roach no Baker's Keyboard Lounge. Eu já tocava no Blue Bird havia vários meses como solista – um solista convidado – na banda da casa, de Billy Mitchell, que contava ainda com Tommy Flanagan no piano e Elvin Jones na bateria. Betty Carter aparecia para dar canjas com Yusef Lateef, Barry Harris, Thad Jones, Curtis Fuller e Donald Byrd. Era uma cidade muito moderna para música. Ora, quando Max chegou lá com Clifford e seu novo grupo – Richard Powell (irmão mais novo de Bud) no piano, Harold Land no sax tenor, e George Morrow no baixo –, me convidou para dar uma canja com eles no Baker's.

Porém, contam a história toda errada quando dizem que eu simplesmente cheguei tropeçando debaixo de chuva, com meu trompete num saco de papel pardo, subi no palco e comecei a tocar "My Funny Valentine". Dizem que Brownie – que era como chamávamos Clifford – me deixou tocar porque sentiu pena de mim, fez a banda parar de tocar o que quer que estivesse rolando, e que depois eu saí cambaleando do palco e fui embora na chuva. Acho que isso daria uma cena legal num filme, mas não aconteceu. Ora, em primeiro lugar, eu jamais chegaria na *gig* de Max e Brownie assim, sem perguntar a eles se poderia tocar. Segundo, não carregaria meu trompete na porra de um saco de papel pardo na chuva, porque meu instrumento é importante demais para mim. Além disso, eu não teria deixado Max me vir se estivesse tão na pior a ponto de precisar levar minhas coisas num saco. Sou orgulhoso demais para isso.

O que aconteceu de fato no Baker's foi que Max me convidou para a *gig* porque gostava de me ouvir tocar como Freddie Webster. Eu podia tocar como Freddie e fazer um *buzzzzz* no trompete como ele no registro grave; é um som meio de língua, um zumbido. Foi a única vez que toquei com essa banda, mas não sei de onde saiu aquela outra história. É só um mito. Eu podia ser um *junkie*, mas não estava tão trincado assim; estava rumo a largar o vício.

Enfim, larguei mesmo o vício por causa do exemplo de Sugar Ray Robinson. Concluí que, se ele podia ser tão disciplinado como era, eu conseguiria também. Sempre adorei boxe. E amava e respeitava Sugar Ray de verdade, porque ele era um grande lutador, tinha muita classe e era um filho da mãe estiloso pra burro. Era bonitão e galanteador; tinha muitos atributos. Na verdade, Sugar Ray foi um dos poucos ídolos que já tive. Parecia um *socialite* quando você o via nos jornais saindo de limusines com belas mulheres nos braços, elegantérrimo. Porém, quando treinava para uma luta, não tinha nenhuma mulher por perto, e, quando entrava no ringue para enfrentar alguém, nunca sorria como nas fotos. No ringue, era sério e profissional.

Decidi ser desse jeito, ser sério e disciplinado com as minhas questões. Achei então que era hora de voltar a Nova York para recomeçar. Sugar Ray era a imagem do herói que eu carregava na mente. Foi ele quem me fez pensar que eu era forte o bastante para enfrentar Nova York novamente. E foi o exemplo dele que me sustentou por alguns dias bem difíceis.

Voltei para Nova York em fevereiro de 1954, após passar cinco meses em Detroit. Foi a primeira vez que me senti muito bem depois de muito tempo. Minhas habilidades estavam no jeito, porque eu vinha tocando todas as noites e finalmente tinha largado a heroína. Sentia-me forte, tanto musical quanto fisicamente. Sentia-me pronto para qualquer coisa. Arranjei um quarto de hotel. Lembro-me de ligar para Alfred Lion, da Blue Note Records, e para Bob Weinstock, da Prestige, e dizer a eles que estava pronto para gravar de novo. Contei que havia largado o vício e que queria fazer uns álbuns com apenas um quarteto – piano, baixo, bateria e trompete –, e eles ficaram felizes com a ideia.

A cena em Nova York havia mudado desde a minha partida. O MJQ – Modern Jazz Quartet – era um dos grandes nomes do momento; o tipo de jazz de ambientação "*cool*" que eles faziam estava crescendo bastante. Ainda falavam em Chet Baker, Lennie Tristano e George Shearing, todas aquelas coisas que surgiram depois de *Birth of the Cool*. Dizzy ainda tocava incrivelmente como sempre, mas Bird estava todo fodido – gordo, cansado e tocando mal, isso quando se dava ao trabalho de aparecer para tocar. Os gerentes do Birdland até o baniram de lá depois que ele se meteu num bate-boca com um dos donos – e o Birdland tinha esse nome por causa dele.

A única coisa em que eu conseguia pensar quando voltei a Nova York era tocar, gravar discos e compensar todo o tempo que perdi. Os dois primeiros álbuns que fiz naquele ano – *Miles Davis, Vol. 2*, para a Blue Note, e *Miles Davis Quartet*, para a Prestige – foram muito importantes para mim. O contrato com a Prestige ainda não tinha entrado em vigor, e foi por isso que pude gravar para a Blue Note com Alfred Lion, o que precisei fazer porque meu dinheiro estava curto. Chamei Art Blakey para a bateria; Percy Heath, do MJQ, para o baixo; e um jovem pianista chamado Horace Silver, que vinha tocando com Lester Young e Stan Getz. Acho que foi Art Blakey quem me chamou a atenção para Horace, pois o conhecia muito bem. Horace estava hospedado no mesmo hotel que eu – o Arlington, na 25th perto da 5th –, então tivemos a oportunidade de conviver bastante. Ele tinha um piano vertical no quarto, onde eu tocava e compunha. Era um pouco mais novo do que eu, acho que uns três ou quatro anos. Eu ensinava algumas coisas a ele e lhe mostrava uns negócios no piano. Gostava do jeito dele de tocar, tinha uma coisa *funky* que me agradava muito na época. Ele incendiava a minha forma de tocar, e, com Art na bateria, não dava para ficar de brincadeira; você tinha de tocar pra valer. Porém, pedi que Horace tocasse mais como Monk naquele primeiro álbum, em "Well, You Needn't", além de fazer um acompanhamento de balada em "It Never Entered My Mind". Também fizemos "Lazy Susan".

Assinei um contrato de três anos com Bob Weinstock e a Prestige Records. Eu era muito agradecido pelo que Bob havia feito por mim antes, no início, quando ele apostou em mim numa época em que todo mundo na indústria me achava um merda – exceto Alfred Lion, que também foi legal comigo. O dinheiro que Bob me deu por aqueles primeiros discos pela Prestige não foi muito alto – acho que uns US$ 750 por álbum, e ainda queria todos os direitos das minhas músicas, coisa que não dei. Aquele dinheiro foi o que usei para sustentar o meu vício em 1951, e os álbuns que fiz me ajudaram, mais tarde, a me tornar um bom *bandleader* e a entender como discos – *bons* discos – eram feitos. Nós nos dávamos bem, mas ele sempre queria me dizer o que fazer, como fazer *meus* discos, então eu falava para ele: "Eu sou o músico, e você é o produtor, então só trabalhe no lado técnico e deixe o lado criativo comigo". Quando ele não entendia isso muito bem, eu só acrescentava: "Vá se foder, Bob, dê o fora daqui e nos deixe sozinhos". Se eu não tivesse feito isso, Sonny Rollins, Art Blakey (e, mais tarde, Trane e Monk) não teriam tocado o que tocaram, porque Bob queria que eles tocassem e gravassem de forma diferente de como fizeram naquelas sessões para a Prestige.

A maioria dos produtores brancos só queria deixar sempre o som mais branco, então, para manter o som preto, era preciso brigar com eles a cada etapa do processo. Bob queria fazer um negócio batido, uma merda pseudobranca, mas mudou após um tempo – posso dizer isso a respeito dele. Ele nunca pagou bem de verdade – mesmo depois, quando fizemos aquelas obras-primas do caralho – e queria que eu cedesse tudo por aquela miséria que pagava. Era assim que tratavam os músicos de jazz – em especial os músicos de jazz pretos – na época. E, para a maioria, não melhorou muito hoje.

De algum modo, perdi meu trompete e precisei alugar o de Art Farmer em diversas ocasiões. Usei-o em "Blue Haze", no álbum *Miles*

Davis Quartet, da Prestige. Estávamos gravando na 31st Street. Lembro-me disso porque eu quis apagar todas as luzes quando gravamos "Blue Haze", de modo que todo mundo entrasse num determinado clima que eu tinha em mente. Então, quando pedi que as luzes do estúdio fossem apagadas, alguém disse: "Se apagarmos as luzes, não vamos conseguir enxergar Art ou Miles". Essa merda foi engraçada. Falaram isso porque Art Blakey e eu temos a pele muito escura. Também me lembro de que Art Farmer estava presente naquela sessão e na seguinte, em abril. Acho que foi quando Bob Weinstock começou a contar com Rudy Van Gelder como engenheiro de som. Rudy vivia em Hackensack, Nova Jersey, então gravamos na sala da casa dele. Foi onde a maioria dos discos da Prestige foram feitos até que Rudy construiu um outro estúdio maior. Era uma salinha pequena e apertada. Enfim, eu pegava o trompete de Art Farmer emprestado na época, até o dia em que eu passei para buscar o instrumento para uma *gig*, mas ele também ia tocar. Então entramos numa discussão por causa do trompete *dele*. Eu pagava US$ 10 a ele para usar o instrumento, então achava que tinha direitos exclusivos, até mesmo privilégio em relação *a ele*. Depois disso, usei o trompete de Jules Colomby até comprar outro. Jules trabalhava na Prestige embalando discos e tal; era músico amador e irmão de Bobby Colomby, que mais tarde integrou o grupo Blood, Sweat and Tears.

Na sessão de abril para a Prestige, Kenny Clarke substituiu Art Blakey na bateria, porque eu queria aquele som de vassourinha. No que se tratava disso, tocar suavemente com vassourinha, ninguém o fazia melhor do que Klook. Usei um abafador nessa sessão e queria uma coisa suave no acompanhamento. Suave, mas suingada.

Mais tarde, naquele mês, gravei *Walkin'* para a Prestige, e, cara, este álbum deu uma guinada total na minha vida e na minha carreira. Chamei J. J. Johnson e Lucky Thompson para essa sessão, pois queria aquele som grande que ambos poderiam me dar. Saca, Lucky por aquela coisa meio Ben Webster, mas também algo de bebop. J. J.

tinha um som e um timbre grandes, e aí contamos com Percy Heath no baixo, Art na bateria, e Horace no piano. Elaboramos todos os conceitos para a música no meu quarto e no de Horace, no hotel Arlington. Muita coisa saiu do velho piano vertical de Horace. Quando terminamos a sessão, sabíamos que tínhamos algo bom em mãos – até Bob Weinstock e Rudy ficaram empolgados com o que rolou –, mas só fomos sentir o impacto do álbum depois que ele foi lançado, mais adiante naquele ano. Que disco filho da puta, cara, com o piano *funky* de Horace e o ritmos invocados que Art fez na bateria na nossa cola. Foi um negócio de outro mundo. Eu quis levar a música de volta ao fogo e à improvisação do bebop, o tipo de coisa que Diz e Bird tinham iniciado, mas também levá-la para frente, num blues funkeado, o tipo de coisa para a qual Horace nos conduzia. E comigo, J. J. e Lucky por cima, não tinha como não chegarmos a um lugar diferente, que foi o que rolou.

Por volta dessa época, a Capitol Records lançou as outras sessões "Birth of the Cool" que gravamos em 1949 e 1950. Reuniu cerca de oito das 12 gravações num único LP intitulado *Birth of the Cool*. Foi a primeira vez que chamaram aquela música assim. Não incluíram "Budo", "Move" e "Boplicity", e isso me deixou furioso. Porém, por causa do lançamento e do título do disco, *Birth of the Cool*, que foi bem grudento na época, muita gente – especialmente os críticos, críticos brancos – passaram a prestar atenção em mim de novo. Comecei a pensar em montar uma banda fixa para sair em turnê. Queria Horace Silver no piano, Sonny Rollins no sax tenor, Percy Heath no baixo, e Kenny Clarke na bateria. No entanto, por causa da dependência química de Sonny e de suas idas e vindas da cadeia, ficou difícil para mim. Mas minha mente ia nessa direção na época.

No verão de 1954, entrei em estúdio novamente para a Prestige, desta vez com Sonny, Horace, Percy, e Klook na bateria. Decidi que, para o som que queria na ocasião, Klook me daria mais dimensão do que Art Blakey; era mais sutil do que Art. Não quero dizer que ele fosse um baterista melhor do que Art, e sim que o estilo dele de tocar era o que eu queria naquele momento.

Mais ou menos nesse período, também havia um gênero de piano do qual eu gostava muito. Minha irmã Dorothy tinha me chamado atenção para o estilo e as concepções musicais de Ahmad Jamal, em 1953. Ela me ligou de um orelhão no Persian Lounge, em Chicago, e disse: "Junior" – minha família só foi me chamar de Miles muito depois, após a morte do meu pai – "estou ouvindo um pianista agora; o nome dele é Ahmad Jamal, e acho que você vai gostar". Quando estive em Chicago, fui ouvi-lo, e ele me deixou atordoado com seu conceito de espaço, a leveza de seu toque, a sutileza, a forma como fraseava notas, acordes e passagens. Além disso, gostei das músicas que ele tocou, como "Surrey with a Fringe on Top", "Just Squeeze Me", "My Funny Valentine", "I Don't Wanna Be Kissed", "Billy Boy", "A Gal in Calico", "Will You Still Be Mine", "But Not For Me", que eram *standards*, e de algumas de suas composições originais, como "Ahmad's Blues" e "New Rhumba". Adorei seu lirismo ao piano, o jeito como ele tocava e os espaços que usava nos *voicings* de seus grupos. Sempre considerei Ahmad Jamal um grande pianista que nunca teve o reconhecimento que merecia.

No verão de 1954, sua influência sobre mim ainda não era tão profunda quanto se tornaria, mas já era grande o bastante para que eu incluísse "But Not For Me" no álbum que fiz para a Prestige. Todos os outros temas que gravamos nessa sessão vieram de Sonny Rollins. Ele era uma peça. Brilhante. Tinha muito interesse pela África, então soletrou Nigéria ao contrário e chamou a composição de "Airegin" na gravação. Seu outro tema foi "Doxy". Na verdade, ele trouxe as músicas e as reescreveu no estúdio. Rasgava um pedaço de papel e escrevia um compasso, ou uma nota, ou um acorde, ou uma mudança de acorde. Entrávamos no estúdio, e eu perguntava a ele: "Cadê o tema?". "Não escrevi ainda", respondia, ou "Ainda não terminei". Então eu tocava o que ele tinha, e ele ia para algum canto, rabiscava naqueles papéis, voltava depois de um tempo e dizia: "OK, Miles, está pronto". Uma das músicas que ele compôs assim foi "Oleo". Tirou o título de *oleomargarine*[13], que era bem popular na época, uma substituta barata da manteiga. Usei um abafador, e deixamos a linha de baixo de fora; Horace entrou com o piano quando paramos de tocar. Foi o que tornou aquela música única.

O que fizemos foi algo que chamávamos de bicadas. Pegávamos os *riffs*, tipo algum *riff* do momento, o desmembrávamos e atirávamos dentro e fora do ritmo. Era possível fazer isso muito bem quando se tocava com um bom baterista. Tínhamos Kenny Clarke, e ninguém era capaz de tocar esse negócio melhor do que Klook.

Embora eu tivesse parado com a heroína, ainda usava um pouco de cocaína de vez em quando, pois não achava que ela me criava dependência; podia pegar ou largar e não passava mal quando não usava. Era especialmente boa para o processo criativo e se você fosse passar muito tempo no estúdio. Então usamos um pouco de cocaína líquida naquela sessão. Foi uma boa gravação, e minha autoconfiança crescia a cada dia. Porém, eu estava decepcionado por não conseguir pagar uma banda de apoio ainda, e a que usei em estúdio poderia ter se transformado numa banda incrível. Kenny estava comprometido com o MJQ, e Percy, Art e Horace falavam em formar um grupo um ano depois. Então, para me sustentar, Philly Joe Jones e eu viajávamos de cidade em cidade para tocar com músicos locais. Philly ia na frente, juntava os caras, eu chegava e fazíamos a *gig*. Mas, na maior parte das vezes, esse negócio me dava nos nervos, porque os músicos não conheciam os arranjos e, às vezes, nem as músicas. As coisas não estavam onde eu achava que poderiam estar.

Porém, fazíamos muitas *jam sessions* no Birdland na época. Nessas ocasiões, o pó corria solto, todos os músicos usavam. Foi quando

---

13 Nome dado à margarina em inglês na época. (N. do T.)

descobri que um trompetista que costuma usar muita cocaína também precisa de muito líquido para não ficar com a boca seca. Minha boca podia ficar dormente, mas eu certamente não ficava sem ideias criativas; elas saltavam da minha cabeça.

Quando eu era viciado em drogas, os donos dos clubes e os críticos me tratavam como se eu fosse sujo. Agora, em 1954, quando estava ficando mais forte e limpo da heroína, sentia que não precisava mais aguentar as baboseiras deles. Era um sentimento bem profundo na minha mente, e não era algo que eu *sabia* que sentia ou pensava. Existia muita raiva em mim por conta de coisas que haviam acontecido nos últimos quatro anos; eu não confiava em quase ninguém, então acho que isso tinha um pouco a ver com a minha atitude. Quando íamos tocar em algum lugar, eu era frio com os filhos da puta; paguem-me e eu toco. Não puxava o saco de ninguém e nem sorria para ninguém. Até parei de anunciar as músicas por volta dessa época, porque sentia que não era o *nome* do tema o que importava, e sim a música em si. Se eles a conheciam, por que eu tinha de anunciar? Parei de falar com o público porque eles não vinham para me ouvir falar, e sim para me ouvir tocar.

Muita gente me considerava indiferente, e eu era mesmo. Porém, mais do que tudo, não sabia em quem confiar. Era um cara desconfiado, e essa era a parte da minha atitude que muitas pessoas acabavam vendo; esse receio em conviver com gente que eu não conhecia. E por causa do meu antigo vício em drogas, eu também tentava me proteger ao não ter contato muito próximo com muitas pessoas. Mas aqueles que me conheciam bem sabiam que eu não era do jeito que me descreviam nos jornais.

Convenci Bobby McQuillen de que estava limpo o suficiente para que ele me aceitasse como aluno de boxe. Eu ia à academia sempre que podia, e Bobby me ensinava a lutar. Ele me treinava pesado. Nós nos tornamos amigos, mas ele era sobretudo meu treinador, pois eu queria aprender boxe como ele.

Bobby e eu íamos às lutas juntos e treinávamos na Gleason's, em Midtown, ou na Silverman's, que ficava no Harlem, na 116th com a 8th (que hoje se chama Frederick Douglass Boulevard, acima da 110th), no quarto ou quinto andar de um prédio de esquina. Sugar Ray treinava lá, e, quando ele chegava, todo mundo parava o que estava fazendo para vê-lo.

Bobby sabia tudo sobre o gingado, que é como eu chamo aquele movimento dos quadris e das pernas quando você soca um cara. Se você faz isso ao socar, o golpe tem mais potência. Bobby era como o treinador de Joe Louis, Blackburn, que ensinou Joe a gingar ao socar. É por isso que Joe conseguia nocautear com apenas um soco. Então acho que Bobby deve ter aprendido isso de Joe, porque os dois se conheciam e eram de Detroit. Johnny Bratton usava essa técnica também. Sugar Ray era outro que sabia gingar. Era apenas um daqueles grandes movimentos que os boxeadores usavam ao lutar.

O gingado é algo que você tem de treinar repetidas vezes até entender, até que se torne um reflexo, uma ação instintiva. É como aprender um instrumento musical; você precisa insistir em praticar sempre e sempre e sempre. Muita gente me diz que tenho a mente de um boxeador, que eu penso como um boxeador, e provavelmente penso mesmo. Acho que sou uma pessoa agressiva em relação às coisas que são importantes para mim, como fazer música ou fazer o que *eu* quero fazer. Brigo, fisicamente, sem pensar duas vezes, se acho que alguém me sacaneou. Sempre fui assim.

O boxe é uma ciência, e eu adoro assistir às lutas entre dois caras que sabem o que estão fazendo. Como quando você vê um lutador dar um *jab* cruzado. Se o cara escapa do *jab*, move-se para a direita ou para a esquerda, então você tem de saber para que lado ele vai e aí dar o soco no momento em que ele move a cabeça, de modo que ela entre na linha do soco que você aplicou. Ora, isso é ciência e precisão, ao contrário de só uma porra de pancadaria que muita gente diz ser.

Bobby me ensinava o estilo de Johnny Branton, pois era o que eu queria aprender. Há estilos de boxe assim como há estilos de música. Joe Louis tinha um estilo; Ezzard Charles tinha outro; Henry Armstrong, outro; Johnny Bratton, outro; e Sugar Ray Robinson tinha o dele – assim como Muhammad Ali, Sugar Ray Leonard, Marvelous Marvin Hagler, Michael Spinks e, mais tarde, Mike Tyson. O estilo "pega-esconde" de Archie Moore era um negócio e tanto.

Mas você precisa ter estilo em tudo o que fizer – na escrita, música, pintura, moda, boxe, em qualquer coisa. Alguns são elegantes e criativos, imaginativos e inovadores, e outros não. O estilo de Sugar Ray Robinson era tudo isso, e ele foi o lutador mais preciso que já vi. Bobby McQuillen me contava que Sugar Ray Robinson colocava o oponente em quatro ou cinco armadilhas a cada *round*, nos primeiros dois ou três *rounds*, só para ver como esse oponente reagiria. Ray estendia os braços e se mantinha fora de alcance, então te media para te nocautear, e você nem se dava conta do que estava acontecendo até que *BANG!*, via estrelas. Depois, com outro oponente, ele poderia dar um golpe forte pela lateral – *BANG!* – depois de fazer o cara perder uns dois *jabs*. Talvez fizesse isso no primeiro *round*. E então acertava o vacilão em cheio na cabeça após socá-lo duro mais oito ou nove vezes de lado. Talvez o acertasse quatro ou cinco vezes com força na cabeça. Depois voltava a bater firme nas costelas, depois na cabeça de novo. Então, lá pelo quarto ou quinto *round*, o vacilão não sabia o que Ray ia fazer com ele em seguida. Além disso, estaria com a cabeça e as costelas doendo demais a essa altura.

Você simplesmente não aprende uns negócios desses de modo natural. São coisas que alguém te ensina, como quando alguém te ensina a tocar um instrumento musical *corretamente*. Depois que você aprendeu a tocá-lo do jeito *certo*, você pode voltar e tocar como quiser, do modo que você ouve a música e os sons e quer fazê-los. Mas, primeiro, precisa aprender a ser frio e a deixar acontecer o que tem de acontecer – tanto na música quanto no boxe. Dizzy e Bird me ensinaram isso na música; tal como Monk, Ahmad Jamal e Bud Powell.

Quando eu observava Sugar Ray treinar na 116th, havia um preto mais velho por lá que os caras chamavam de "Soldado". Eu nunca soube o nome dele. Soldado era o único cara a quem Ray ouvia além do treinador. Quando Ray descia do ringue, Soldado chegava perto dele, sussurrava algo em seu ouvido, e Ray só assentia. Ninguém nunca soube o que Soldado dizia a Ray, mas ele voltava para o ringue e arrebentava o traseiro do filho da puta como se este tivesse feito alguma coisa a sua esposa. Eu observava muito Ray, o idolatrava. Quando lhe disse, certo dia naquele verão, que ele era a principal razão por eu ter largado o vício em heroína, ele só sorriu e deu uma risada.

Lembro-me de frequentar o bar de Sugar Ray na 7th Avenue (hoje chamada de Adam Clayton Powell Jr. Boulevard), na altura da 122nd ou da 123rd. Ray aparecia por lá. O lugar era repleto de *hipsters* e mulheres bonitas, lutadores e trambiqueiros dos grandes. Então todo mundo lá era falastrão, empolado e estiloso. Aí talvez um dos lutadores desafiasse Ray de algum jeito. Então ele olhava para o filho da puta e dizia: "Você não acredita que eu sou o campeão hoje? Agora? Neste momento em que estou aqui falando com você? Você quer que eu lhe dê provas, aqui e agora, bem aqui onde estamos, enquanto falo com você?". Ele alongava os ombros, separava os pés, colocava uma mão na frente da outra, balançava para frente e para trás pelos calcanhares, um filho da mãe elegante, com sorriso largo no rosto, cabelo todo penteado para trás e aquele riso torto e arrogante que dava quando incitava alguém a falar algo fora do tom. Grandes lutadores são testadores, assim como os grandes artistas; testam todos. Sugar Ray era o rei do pedaço e sabia disso.

Ele costumava dizer a todo mundo que eu era um grande músico que queria ser lutador, depois dava aquela risada aguda dele. Gostava de conviver com músicos porque curtia tocar bateria. Vinha até mim quando Johnny Bratton estava lutando – porque Ray *sabia* que eu era louco por Johnny Bratton – e perguntava: "O que o seu garoto vai fazer?".

"Fazer em relação a quê?", eu retrucava.

"Você sabe, Miles, o que ele vai fazer nesta luta? Acho que o cara é forte demais para ele, um pouco pesado para um meio-médio como Johnny." Johnny ia lutar contra um peso-médio, um cara do Canadá que Ray tinha enfrentado por dez *rounds*. Ray estava com os pés inquietos e alongava os ombros, apertava as mãos na altura da virilha, olhava para mim friamente nos olhos e sorria. E então falava: "O que você acha, Miles, você vai ficar aí me dizendo que ele consegue vencer?".

Ora, ele *sabia* que eu não iria falar nada contra Johnny, então quando disse: "Sim, acho que ele vai ganhar!", Sugar continuou com aquele sorriso frio. E então falou: "Bem, Miles, vamos ver, você sabe, vamos ver".

Então Johnny Bratton nocauteou o canadense no primeiro *round*, e eu disse: "Bem, Ray, acho que Johnny sabia o que estava fazendo, hein?".

"É, acho que sim. *Desta* vez. Mas espere até ele entrar no ringue comigo; não vai ter tanta sorte." E quando Ray *de fato* venceu Johnny Bratton, veio me procurar e ficou na minha frente como sempre, balançando pelos calcanhares e com aquele sorriso torto no rosto ao dizer: "Então, Miles, o que você acha do seu garoto agora?". E aí riu tão forte, com aquela gargalhada aguda, que eu achei que ele fosse morrer.

O motivo de eu falar tanto de Sugar Ray é porque, em 1954, ele era a coisa mais importante na minha vida depois da música. Cheguei a me pegar me comportando como ele, saca? Tudo. Assumi até a atitude arrogante dele.

Ray era frio, era o melhor, e era tudo o que eu queria ser em 1954. Eu era disciplinado quando me mudei para Nova York pela primeira vez. Tudo o que precisava fazer era voltar a ser como era antes de eu ficar encurralado por aquela cena *junkie* de merda. Foi aí que parei de dar ouvidos a qualquer um. Consegui um Soldado, assim como Sugar

Ray tinha o seu: e o cara que eu ouvia era Gil Evans. Decidi que se alguém não estivesse me dizendo algo importante, eu só pensava: "Que se foda". Isso me colocou de volta nos eixos.

De todas as pessoas que eu conhecia, Gil Evans era uma das únicas capazes de acompanhar o meu pensamento musical. Por exemplo, quando ele ia me ouvir tocar, se aproximava de mim tranquilamente e dizia: "Miles, você sabe que tem uma sonoridade e um timbre agradáveis e abertos no trompete. Por que não os usa com mais frequência?". E então sumia num piscar de olhos, e eu era deixado a pensar no que ele havia dito. E decidia ali mesmo que ele estava certo. Ou então ele vinha até mim e sussurrava – sempre de forma confidencial para que ninguém ouvisse: "Miles, não deixe eles tocarem essas músicas sozinhos. Toque em cima deles, coloque seu som na música também". Ou, quando eu tocava com alguns brancos: "Coloque *o seu* som em cima do deles", querendo dizer em cima do som e do *feeling de branco* deles. No sentido de colocar meu negócio por cima para que o lance de preto estivesse por cima. Ora, eu sabia disso, mas Gil apenas reforçava e me relembrava para que eu não esquecesse.

Comecei a frequentar a academia com regularidade em 1954 para me manter em forma, corpo e mente. Eu já *sabia* que tinha isso em algum lugar, lá no fundo, desde antes de vir para Nova York – e quando me mudei para lá pela primeira vez –, e perdi logo depois de Paris, em 1949. Também me dei conta da sorte que é ter *um* Soldado ou Gil Evans na vida, alguém próximo o bastante para te reerguer quando algo dá errado. Porque vai saber o que eu teria feito ou me tornado se não tivesse alguém como Gil para me relembrar? No fundo, eu sempre fui como era quando larguei o vício. Aquela pessoa viciada não era meu eu verdadeiro. Então, quando larguei, só voltei a mim mesmo e continuei tentando crescer, que era o que eu buscava quando vim para Nova York pela primeira vez – crescer.

Naquele verão, Juliette Gréco foi a Nova York para conversar com os produtores que adaptariam para o cinema o livro *O sol também se levanta*, de Ernest Hemingway[14]. Queriam Juliette no filme. A essa altura, ela era a maior estrela da França – ou algo próximo disso –, então lhe deram uma suíte no Waldorf-Astoria, na Park Avenue. Ela entrou em contato comigo. Não tínhamos nos encontrado desde 1949, então muita coisa havia acontecido. Trocamos algumas cartas, enviamos mensagens um ao outro por meio de amigos em comum, mas não passou disso. Estava ansioso para ver como ela me afetaria e tenho certeza de que ela se sentiu da mesma forma. Não sei se ela sabia de toda a merda pela qual passei e estava curioso para descobrir se as notícias dos meus problemas com a heroína haviam chegado à Europa.

Ela me convidou para ir vê-la, e eu fui. Mas me lembro de ter ficado um tanto receoso por causa do que aconteceu comigo quando fui embora de Paris, quando ela tomou toda minha cabeça, meu coração e meu sangue. Acredito que ela foi a primeira mulher que amei de verdade, e termos sido separados daquele jeito me partiu o coração e me lançou no poço da heroína. Eu sabia que queria vê-la – *tinha* de vê-la – do fundo do coração. Porém, por precaução, levei um amigo junto, o baterista Art Taylor. Assim, eu poderia controlar a situação da melhor forma possível.

Fomos para o Waldorf no pequeno MG esportivo que eu tinha, e, ao chegarmos à garagem do hotel, roncamos o motor. Cara, isso deixou aqueles brancos fodidos; dois negrões de aparência esquisita chegando ao Waldorf num MG. Seguimos para a recepção, e ninguém tirava os olhos de nós, certo? Estavam todos chocados, com a cabeça fodida, por ver dois negrões no *lobby* do Waldorf que não eram empregados. Na recepção, perguntei por Juliette Gréco. O cara atrás do balcão respondeu: "Juliette quem?". Ora, aquele filho da puta me olhava como se aquilo não fosse real, como se este negrão fosse

---

14 O filme, lançado em 1957, recebeu no Brasil um título diferente da tradução do livro: *E Agora Brilha o Sol*. (N. do T.)

doido. Repeti o nome e pedi que ligasse para o quarto. Ele o fez e, enquanto discava, me olhava com uma expressão tipo "Não acredito nisso". Quando ela autorizou nossa subida, achei que o filho da puta ia morrer ali mesmo.

Então atravessamos o *lobby*, que a essa altura estava num silêncio sepulcral, pegamos o elevador e subimos até o quarto de Juliette. Ela abriu a porta, lançou os braços ao meu redor e me deu um grande beijo. Apresentei-a a Art, que estava atrás de mim, em choque, e vi a alegria sumir do rosto dela. Quer dizer, deu para *perceber* que ela não queria ver outro cara ali comigo. Ficou decepcionada de verdade. Entramos, e ela estava de matar, mais bela do que eu lembrava. Meu coração batia depressa, e eu tentava manter as emoções sob controle, então reagi a Juliette sendo frio com ela. Voltei a interpretar o papel de cafetão preto, principalmente porque estava assustado e também porque adquiri a atitude de um cafetão quando era *junkie*.

"Juliette, me dê algum dinheiro, preciso de dinheiro agora!", disse a ela. Ela olhou na bolsa, tirou algum dinheiro e me deu. Porém, tinha uma expressão de choque no rosto, como se não acreditasse no que estava acontecendo. Peguei o dinheiro e caminhei pelo quarto olhando para ela friamente – mas, por dentro, queria agarrá-la e fazer amor com ela, só que tinha medo do que isso causaria a mim, medo de não conseguir lidar com minhas emoções.

Depois de uns 15 minutos, disse a ela que tinha algo a fazer. Ela me perguntou se eu a veria mais tarde, se, quem sabe, eu pudesse ir à Espanha com ela durante as filmagens. Falei que pensaria a respeito e ligaria depois. Acho que ela nunca havia sido tratada assim; tantos homens a queriam e a desejavam, que ela provavelmente conseguia tudo o que queria, do jeito que queria. Ao passar pela porta, me perguntou: "Miles, você vai voltar mesmo?".

"Ah, vadia, cale a boca; já falei que te ligo mais tarde!" Porém, por dentro, esperei que ela encontrasse um jeito de me fazer ficar. Mas a escorracei tão feio nessa primeira vez que a revi que ela ficou chocada demais para fazer qualquer outra coisa senão me deixar ir. Mais tarde, liguei para ela e disse que estava muito ocupado para ir à Espanha, mas a encontraria depois, quando ela voltasse para a França. Ela ficou tão em choque que não soube o que fazer, mas concordou em me encontrar posteriormente, quando e se eu fosse para a França; me deu seu endereço e telefone, desligou e foi isso.

No fim, acabamos juntos e fomos amantes por muitos anos. Contei a ela qual havia sido o meu problema quando a encontrei no Waldorf. Juliette compreendeu e me perdoou, embora tenha dito que ficou muito confusa e decepcionada com a forma com que a tratei. Num dos filmes posteriores dela – acho que foi num filme de Jean Cocteau –, ela colocou uma foto minha na mesa de cabeceira, e é possível vê-la na cena.

Enfim, essa foi uma das mudanças pela qual passei depois que larguei o vício; eu havia me fechado para me proteger do que eu pensava ser um mundo hostil. E, às vezes, como no caso de Juliette Gréco, eu não sabia quem era meu inimigo ou meu amigo, e quase nunca parava para descobrir. Era simplesmente frio com quase todo mundo. Era meu jeito de me proteger: não deixar ninguém adentrar meus sentimentos e emoções. E, durante muito tempo, isso funcionou para mim.

Na véspera do Natal de 1954, entrei em estúdio com Milt Jackson, Thelonious Monk, Percy Heath e Kenny Clarke, e nós gravamos um disco para a Prestige chamado *Miles Davis and the Modern Jazz Giants*. Fomos até o estúdio de Rudy Van Gelder, em Hackensack, para as gravações. Ora, circularam muitos equívocos a respeito dessa sessão, da tensão e da raiva que supostamente rolaram entre mim e Thelonious Monk. Na maior parte, são mentiras e boatos que as pessoas só repetem até que se tornem fatos. O que aconteceu *mesmo* naquele dia foi que todos nós tocamos um som maravilhoso. Porém, quero esclarecer de uma vez por todas o que houve entre mim e Monk.

Só falei para ele segurar a onda, não tocar enquanto eu estivesse tocando, exceto em "Bemsha Swing", composição dele. O motivo disso foi porque Monk nunca soube como acompanhar um instrumentista de sopro. (Os únicos que soavam bem com ele eram John Coltrane, Sonny Rollins e Charlie Rouse.) Na minha opinião, ele não tocava muito bem com a maioria dos instrumentistas de sopro, especialmente com trompetistas. Trompetes não têm muitas notas, então você precisa empurrar a cozinha, o que não era o lance de Monk. Um trompetista precisa da cozinha para soar bem, mesmo se estiver tocando uma balada. É preciso ter uma pulsação forte, e, na maior parte do tempo, não era a praia de Monk. Então só falei para ele não tocar junto comigo, porque eu não ficava confortável com as vozes que ele dava às mudanças de acordes, e eu era o único sopro naquela sessão. Queria ouvir a cozinha passear sem um som de piano. Queria ouvir espaço na música. Tinha recentemente começado a usar o conceito de espaço a respirar por entre a música – em composições e arranjos –, que peguei de Ahmad Jamal, e até gravamos uma música que ele tocava e eu adorava – "The Man I Love".

Nesse álbum, o som de Monk é bom e natural, exatamente como eu queria ouvi-lo. Só falei para ele o que eu queria escutar, que era como ele iria tocar de qualquer forma. Disse a ele para entrar na música um pouco depois que eu acabasse. E foi o que ele fez. Não houve nenhuma briga. Então, não sei como começou essa história de que nós discutimos tanto que quase chegamos às vias de fato.

Quer dizer, Monk sempre falava umas maluquices e andava por aí como se estivesse doidão. Mas era só o jeito dele, e todo mundo que o conhecia entendia isso. Às vezes, ele começava a falar sozinho na frente de um monte de gente, qualquer coisa que lhe viesse à cabeça. Era um grande pregador de peças também, e era assim que ele mantinha as pessoas afastadas, agindo daquele jeito maluco. Talvez ele tenha dito alguma coisa a alguém a respeito dessa sessão só pra foder com a cabeça da pessoa. Eu *sei* o seguinte: Monk era como um bebê. Continha muito amor dentro de si, e eu *sei* que Monk me amava, e eu o amava também. Ele nunca brigaria comigo, mesmo se eu pisasse forte no dedão do pé dele por uma semana, porque não era esse tipo de gente. Monk era uma pessoa gentil e maravilhosa, mas era forte como um touro. E se eu tivesse dito alguma coisa sobre dar um soco em Monk na cara dele – o que nunca falei –, então alguém deveria me buscar e me levar para o hospício, pois Monk me pegaria pela minha bunda franzina e me jogaria pela janela.

Fizemos ótimas músicas naquele dia, e o disco viria a se tornar um clássico, assim como "Walkin'" e "Blue 'n' Boogie". Foi no *Modern Jazz Giants* que comecei a entender como criar espaço ao deixar o piano de fora e permitir que todo mundo passeasse. Mais tarde, eu estenderia e usaria mais esse conceito; em 1954, quase 1955, ele ainda não estava tão claro na minha mente quanto se tornaria depois.

O ano de 1954 foi grande para mim – embora, na época, eu não tenha percebido o *quão* grande. Tinha largado o vício e estava tocando melhor do que nunca. Alguns dos álbuns que lancei naquele ano, como *Birth of the Cool* e *Walkin'*, fizeram todo mundo – os músicos – parar e prestar atenção em mim de novo, muito mais do que antes. A cabeça dos críticos ainda estava em outro lugar, mas algumas pessoas começavam a comprar meus álbuns. Percebi porque, por volta dessa época, Bob Weinstock me deu cerca de US$ 3 mil para os meus discos seguintes, mais do que qualquer quantia no passado. Tive a sensação de que estava chegando lá, nos meus próprios termos. Não havia comprometido a minha integridade para alcançar esse lugar de reconhecimento. E se não havia feito isso até agora, não iria fazê-lo no futuro.

Assim, entrei em 1955 me sentindo muito bem. E então Bird morreu em março, e isso fodeu com todo mundo. Todos sabiam que ele estava mal, que não conseguia mais tocar, estava gordo, alcoólatra e drogado o tempo todo, então o sentimento geral era de que ele não duraria muito mais tempo. Porém, ainda foi um choque quando ele morreu como morreu, no apartamento da baronesa Pannonica de Koenigswarter, na 5th Avenue. Eu a conheci em 1949, quando toquei em Paris. Ela adorava música negra, cara, e Bird em especial.

Para piorar, Irene me mandou para a cadeia por não pagar pensão, então eu estava em Rikers Island quando fiquei sabendo da morte de Bird por Harold Lovett, que mais tarde se tornaria meu advogado e meu melhor amigo. Harold, que frequentava a cena musical e, na época, era advogado de Max Roach, foi até Rikers Island para tentar me soltar. Acho que Max o enviou, ou ele foi porque ouviu falar que eu estava lá. Enfim, ele me disse que Bird havia morrido, e eu me lembro de ter sido um baque e tanto. Em primeiro lugar, eu estava na cadeia com todos aqueles malucos filhos da puta – justo quando tudo parecia estar indo tão bem para mim – e acho que aquilo estava me deprimindo. E, como eu já disse, sabia que Bird estava na pior, sabia que sua saúde estava ruim – da última vez que o vi, cara, ele estava péssimo –, mas acho que só senti o choque de verdade quando ele morreu mesmo. Havia três dias que eu estava na cadeia, e então Bird simplesmente morre.

Harold então me tirou da cadeia com um dinheiro que conseguiu de Bob Weinstock e com o adiantamento de cachê de uma *gig* que ele me arrumou na Filadélfia. Mais tarde, descobri que Harold dirigiu até a Filadélfia e voltou para trazer o dinheiro. Fez isso sem nem me conhecer direito. Quando o vi entrar na minha cela em Rikers Island, olhei para ele como se o conhecesse há anos e disse: "Pois é, eu sabia que era você quem viria. Sabia que seria você". Isso fodeu com a cabeça dele, porque eu não fiquei surpreso com aquilo, mas, como já disse, sempre fui capaz de prever coisas assim.

Entramos em seu Chevrolet 1950 marrom e fomos direto para o Harlem, para o clube de Sugar Ray, o Sportsman's Bar. Depois de um tempo lá, Harold me levou para a casa da minha namorada, Susan, no Village, na Jones Street. Assim, saquei que iria gostar do cara, saquei o jeito com que ele lidou com Sugar Ray no clube, saquei que ele era sagaz. Enfim, começamos a andar juntos, e ele passou a cuidar dos meus negócios.

Depois da forma como Bird morreu, muita gente começou a tentar largar o vício em heroína, o que foi bom. Fiquei muito triste por Bird ter morrido como morreu, porque, cara, ele era um gênio e tinha tanto para dar. Mas a vida é assim. Bird era um filho da puta ganancioso e nunca soube quando parar, e foi isso o que o matou – sua ganância.

Bird deveria ter tido um velório simples e um funeral discreto, pelo menos era o que Chan havia planejado. Eu não iria. Não gosto de ir a velórios; gosto de me lembrar das pessoas quando eram vivas. Porém, ouvi falar que Doris – "Olívia Palito" – chegou e ferrou com tudo, transformou tudo num circo e tirou Chan de cena totalmente. Cara, isso foi uma merda ridícula e triste, porque fazia anos que Bird nem via a Olívia Palito. E eis que ela surge, reclamando o corpo dele e tal, com um velório dos grandes na Abyssinian Baptist Church, no Harlem. Isso tudo bem, pois era a igreja de Adam Clayton Powell. Mas aí Doris não queria que ninguém tocasse jazz ou blues (assim como no funeral de Louis Armstrong, posteriormente; ninguém pôde tocar esses estilos). Além de toda aquela música estúpida que Diz me contou que tocaram em cima do corpo de Bird, ele estava vestido no caixão com um terno risca de giz e uma gravata que Doris comprou para ele. Cara, transformaram o velório de Bird numa baboseira. Talvez tenha sido por isso que, quando estavam conduzindo o caixão para fora da igreja, os carregadores quase derrubaram o corpo depois que alguém tropeçou. Cara, isso foi Bird protestando contra aquela baboseira ridícula.

Em seguida, mandaram o corpo dele para Kansas City, lugar que Bird odiava. Ele tinha feito Chan prometer que jamais o enterraria lá. Falaram que o enterro de Bird foi uma parada doida, que o colocaram num caixão de bronze e que seu corpo ficou sob um vidro que, alguém me disse, emanava luz. Um cara me contou que parecia "uma auréola ao redor da cabeça de Bird". Cara, essa merda fodeu com a cabeça de muita gente que jurava que Bird era um deus; essa merda foi só a cereja do bolo do que ele era.

Bird estava morto, e eu precisava tocar a vida. Em junho de 1955, levei um quarteto ao estúdio para meu próximo disco com Bob Weinstock. Como eu queria achar um pianista que tocasse como Ahmad Jamal, decidi chamar Red Garland, que Philly Joe tinha me apresentado em 1953 na sessão em que Bird se creditou com "Charlie Chan". Red curtia boxe e tinha aquele toque leve que eu queria no piano. Era do Texas e tocava no circuito de Nova York e da Filadélfia havia alguns anos. Foi onde conheceu Philly Joe, e eu gostei dele porque era sofisticado. Red sabia que eu admirava Ahmad Jamal, que esse era o tipo de pianista pelo qual eu procurava. Então pedi a ele para me dar aquele som do Ahmad, pois Red tocava melhor quando tocava nesse estilo. Philly Joe tocou bateria nessa sessão, e Oscar Pettiford tocou baixo. Foi um álbum bacana, *The Miles Davis Quartet*, que mostrou muito bem a influência de Jamal sobre mim na época. Tanto "A Gal in Calico" quanto "Will You Still Be Mine" eram temas recorrentes de Jamal, e, com Red tocando com aquele *feeling* semelhante, chegamos perto do que eu queria ouvir no álbum. Colocamos nele aquele tipo de sutileza melódica, aquela leveza que Jamal tinha. Quando dizem que ele me influenciou muito, estão certos: mas o que você precisa se lembrar é de que eu curtia esse tipo de *feeling* e tocava essa onda muito tempo antes de ter ouvido falar em Ahmad Jamal. O que ele fez foi voltar o foco do meu estilo para onde sempre esteve. Ele só me trouxe de volta a mim mesmo.

Por mais que eu gostasse da música que fazia agora, acho que meu nome ainda estava sujo nos clubes, e muitos dos críticos pensavam que eu ainda era um *junkie*. Eu não era muito popular nessa época, mas isso começou a mudar depois que toquei no Festival de Jazz de Newport, em 1955. Foi o primeiro festival organizado pelo casal Elaine e Louis Lorillard. Como produtor, eles escolheram

George Wein, que acho que era de Boston. Para essa primeira edição, George escalou Count Basie, Louis Armstrong, Woody Herman e Dave Brubeck. E então montou uma banda de "*all-stars*", que contou com Zoot Sims, Gerry Mulligan, Monk, Percy Heath e Connie Kay; depois, ele me incluiu. Tocaram algumas músicas sem mim, então entrei em "Now's the Time", que foi um tributo à memória de Bird. Em seguida, tocamos "'Round Midnight", o tema de Monk. Toquei com um abafador, e todo mundo foi à loucura. Foi um negócio indescritível, fui ovacionado de pé por um longo tempo. Quando saí do palco, todos procuravam por mim como se eu fosse um rei ou coisa do tipo – gente vinha correndo até mim para me oferecer um contrato de gravação. Todos os músicos ali me trataram como se eu fosse um deus, e tudo por um solo que eu tive dificuldade em aprender havia muito tempo. Foi algo inacreditável, cara, olhar para todas aquelas pessoas e depois vê-las se levantando de repente para aplaudir o que eu havia tocado.

Naquela noite, deram uma festa daquelas numa mansão do caralho, enorme. Fomos até lá, e havia brancos ricos por todo lado. Eu estava sentado num canto, cuidando da minha vida, quando a mulher que tinha organizado o festival, Elaine Lorillard, se aproximou com toda aquela gente branca sorridente e com cara de boba e me disse algo do tipo: "Ah, este é o garoto que tocou tão maravilhosamente bem. Como é o seu nome?".

Ora, ela ficou lá sorrindo como se estivesse me fazendo a porra de um favor, certo? Então olhei para ela e disse: "Vá se foder, e eu não sou garoto porra nenhuma! Meu nome é Miles Davis, e é melhor você se lembrar disso se quiser falar comigo". E saí dali, deixando todos os filhos da puta chocados. Eu não estava tentando ser mal-educado nem nada assim, mas ela me chamou de "garoto", e eu não engolia esse tipo de baboseira.

Assim, fui embora com Harold Lovett, que havia ido comigo à festa. Conseguimos uma carona de volta a Nova York com Monk, e foi a única vez que entrei numa discussão com ele. No carro, ele falou que eu não havia tocado "'Round Midnight" certo naquela noite. Eu disse que tudo bem, mas que eu também não tinha gostado do que ele havia tocado para me acompanhar, e nem por isso havia dito *isso* a ele, então por que ele estava falando aquela merda toda? Depois, falei que o público havia gostado e que por isso se levantou e me aplaudiu daquele jeito. E aí disse que ele devia estar com inveja.

Ora, eu estava brincando, então disse isso sorrindo. Mas acho que Monk pensou que eu estivesse rindo dele, tirando sarro dele, de sacanagem. Ele então pediu ao motorista que parasse o carro e desceu. Como eu sabia o quanto Monk era teimoso – quando ele colocava uma coisa na cabeça, era o fim, não cedia por nada –, falei ao motorista algo do tipo: "Ah, que se foda esse filho da puta. Ele é doido. Vamos nessa". Então fomos. Deixamos Monk onde se pega a balsa e seguimos para Nova York. Quando o reencontrei, foi como se essa merda nunca tivesse acontecido. Monk era assim às vezes, saca, um filho da puta esquisito. E nós nunca mais falamos nada sobre aquele incidente.

Após minha participação em Newport, as coisas começaram a acontecer para mim. George Avakian, o produtor de jazz da Columbia Records, queria um contrato exclusivo comigo. Eu disse a ele que topava fechar com a Columbia por causa de todas as coisas que ele me ofereceu, mas não falei que tinha um contrato a longo prazo com a Prestige Records. Quando ele descobriu, começou a negociar com Bob Weinstock, mas Bob queria muito mais dinheiro e muitas outras merdas. Cara, tenho de admitir, essa porra toda começava a me fascinar. Esses filhos da puta estavam falando em dinheiro, dinheiro *do bom*, então o negócio começava a ficar legal. Era uma boa posição: gente falando bem de mim por todo lado em vez de me difamar. Pediram-me que reunisse um grupo para o Café Bohemia, um novo e badalado clube de jazz no Greenwich Village. Toda essa atenção positiva dava uma sensação muito boa.

Gravei um disco com Charles Mingus para seu selo, Debut. A essa altura, já diziam que Mingus era um dos maiores baixistas vivos, além de um grande compositor. Porém, algo deu errado nessa sessão, nada encaixou-se de verdade, então não houve paixão no que tocamos. Não sei o que foi – talvez os arranjos –, mas algo definitivamente não deu certo; Mingus tinha Elvin Jones na bateria, e você *sabe* que esse filho da puta consegue injetar paixão em qualquer um.

Nessa época, eu ensaiava com minha própria banda, que tocaria no Café Bohemia, então talvez estivesse distraído na gravação de Mingus. A formação seria: Sonny Rollins no sax tenor, Red Garland no piano, Philly Joe Jones na bateria, eu no trompete, e um jovem baixista sobre quem Jackie McLean tinha me falado e estava trabalhando com o George Wallington Quintet, Paul Chambers. Ele estava em Nova York havia apenas uns dois meses e já trabalhara com J. J. Johnson e Kai Winding no novo grupo formado por eles. Todo mundo estava entusiasmado com Paul, que viera de Detroit. Quando o ouvi, *soube* que era um filho da puta da pesada.

Estreamos no Bohemia, acho que em julho de 1955, e o lugar ficava sempre lotado. Depois da minha *gig* lá, Oscar Pettiford levou um quarteto com Julian "Cannonball" Adderley no sax alto. Eu costumava ir ao Bohemia só para ficar com minha namorada, Susan. Mas Cannonball simplesmente fodeu com a minha cabeça com o jeito como tocava blues, e ninguém tinha ouvido falar nele. Todo mundo soube no ato que aquele filho da puta era um dos melhores músicos do pedaço. Até os críticos brancos falavam dele com entusiasmo. Todas as gravadoras corriam atrás dele. Cara, ele estourou bem rápido.

Enfim, eu me sentava para conversar com ele, porque além de ser um saxofonista inacreditável, também era um cara muito legal. Quando começou a receber toda aquela atenção, com as gravadoras atrás dele, tentei avisá-lo sobre quem era quem e com quem mexer ou não mexer. Recomendei Alfred Lion como uma pessoa em quem ele poderia confiar e que o deixaria em paz no estúdio. Mas ele não me ouviu. Também falei para ele sobre John Levy, que se tornou seu empresário. Porém, ele assinou com a Mercury-Emarcy, que sempre lhe dizia o que tocar e gravar. No fim, essa merda fodeu com Cannonball, e ele mal tocou as coisas que queria ou era capaz de tocar. Simplesmente não sabiam o que fazer com seu talento.

Ele tinha vindo da Flórida, onde era professor de música, então achava que ninguém poderia lhe dizer nada sobre o assunto. Eu era uns dois anos mais velho do que Cannonball e estava na cena musical de Nova York havia muito mais tempo. Sabia muita coisa de música só por conviver com aqueles filhos da mãe cascudos, paradas que faculdade nenhuma ensina – foi por esse motivo que desisti da Juilliard. Mas Cannonball acreditava que sabia tudo naquela época, então, quando eu tentava falar com ele a respeito de alguns acordes bobos que ele tocava – sugeria que ele mudasse a forma como os abordava –, ele só meio que me ignorava. Quando ele ouviu Sonny Rollins direito, *soube* que as merdas que eu dizia a ele eram certeiras. Depois que eu falei numa entrevista publicada pouco depois disso que ele não sabia acordes, mas sabia tocar, ele veio até mim e se desculpou por não ter me ouvido antes.

Eu quase pude ouvi-lo tocando na minha banda logo da primeira vez que o ouvi. Você sabe, ele tinha aquela coisa de blues, e eu adoro um blues. Eu também estava preocupado com Sonny Rollins no grupo. Não pelo que ele tocava, nada disso, mas porque ele andava falando – de novo – em ir embora de Nova York em definitivo. Então eu estava à procura de um substituto para Sonny, caso ele partisse. Mas aí Cannonball voltou a lecionar música na Flórida, o que ferrou com todo mundo, e só retornou no ano seguinte.

Em agosto, depois da *gig* no Bohemia, voltei ao estúdio para gravar mais um disco para a Prestige. Dessa vez, tive Jackie McLean no sax alto, Milt Jackson no vibrafone, Percy Heath no baixo, Art Taylor na bateria, e Ray Bryant no piano, porque queria um som de bebop. Lembro que Jackie estava tão chapado que ficou com medo de não conseguir tocar. Não sei que merda foi aquela, mas, depois dessa sessão, nunca mais chamei Jackie.

Gravaríamos duas composições dele na sessão: "Dr. Jackle" e "Minor March". Depois, em "Bitty Ditty", tema de Thad Jones, Art começou a ter um probleminha com o tempo, mas eu sabia que ele pegaria. Art é um cara sensível, então é preciso tentar não pegar muito pesado com ele, porque ele pode levar pro pessoal. De repente, Jackie veio até mim, todo chapado e tal, e disse: "Miles, o que está acontecendo aqui? Você não me trata da mesma forma que trata Art quando eu faço merda. Você me diz logo de cara o que fiz de errado. Por que você não pega tão pesado com Art quanto pega comigo?".

Então olhei para Jackie – que era um bom amigo, embora tivéssemos nos afastado por ele ainda estar mergulhado nas drogas – e disse: "E qual é o seu problema, cara, você está apertado para mijar ou algo assim?". Jackie ficou tão bravo que guardou o sax e foi embora do estúdio. É por isso que ele só toca em duas faixas no disco.

No período em que gravávamos esse álbum, algo terrível aconteceu – um garoto preto de Chicago, de 14 anos, chamado Emmett Till, foi linchado no Mississippi por uma gangue de homens brancos por ter falado com uma mulher branca. Jogaram o corpo dele no rio. Quando o encontraram e o içaram, ele estava todo inchado. Tiraram fotos e publicaram nos jornais. Cara, essa merda foi horrível e chocou todo mundo em Nova York, me embrulhou o estômago. Mas só informou aos pretos, mais uma vez, o que a maioria dos brancos desse país achava deles. Enquanto eu estiver vivo, não vou me esquecer das fotos daquele menino.

Eu tinha fechado algumas datas em clubes que começariam em setembro, e, quando chegou a hora, Sonny Rollins sumiu como disse que sumiria. Disseram-me que ele estava em Chicago, mas não consegui encontrá-lo. (Mais tarde, descobri que ele havia se internado em Lexington para largar o vício em heroína para sempre.) Estava desesperado por um saxofonista tenor, então tentei John Gilmore, que tocava com a Arkestra de Sun Ra. Ele havia se mudado para a Filadélfia, e Philly Joe, que o conhecia e tocou com ele algumas vezes, o recomendou. John foi a alguns ensaios, mas não deu certo, embora seja um baita músico. Apenas não se encaixou naquilo que eu queria fazer; seu som não era o que eu ouvia para a banda.

E então Philly Joe lançou o nome de John Coltrane. Eu já conhecia Trane da *gig* no Audubon que fizéramos anos antes. Naquela noite, porém, Sonny o havia deixado no chinelo, então, quando Philly me disse que iria trazê-lo, não me entusiasmei. No entanto, depois de alguns ensaios – e agora eu podia ouvir que Trane estava muito melhor do que naquela noite em que Sonny ateou fogo nos ouvidos e no couro dele –, ele disse que tinha de voltar para casa, então saiu da banda. Acho que o motivo de não termos nos dado bem num primeiro momento foi que Trane, na época, gostava de perguntar o que caralhos ele deveria ou não tocar. Cara, foda-se essa merda; para mim, ele era um músico profissional, e eu sempre quis que qualquer um que tocasse comigo encontrasse seu próprio lugar na música. Assim, meu silêncio e aparência maligna provavelmente o desanimaram.

A banda quase não aconteceu depois que Trane voltou para a Filadélfia para tocar com Jimmy Smith. Tivemos praticamente de implorar para que ele se juntasse ao grupo para uma *gig* que tínhamos em Baltimore no final de setembro de 1955. O que aconteceu foi que eu tinha contratado a Shaw Artists Corporation para cuidar da minha agenda, já que, de repente, havia uma alta demanda. Os Shaws, Milt e Billy, marcavam os shows para mim. Mas falei para eles desde o início – eles eram brancos – o que *eu* queria que eles fizessem; eu não ia fazer o que *eles* quisessem que eu fizesse. Porque naquela época os brancos sempre diziam aos pretos o que fazer. Eu não queria saber de nada disso e já os informei logo de cara.

Designaram um cara chamado Jack Whittemore para trabalhar comigo. Depois de um tempo, nos tornamos bons amigos, mas coloquei Harold Lovett para ficar de olho nele feito um falcão, porque, independentemente do fato de eu acabar gostando de Jack, não queria que ele tentasse tirar vantagem de mim. Foi Jack quem organizou a primeira turnê da minha banda, quando Coltrane ainda estava nela, que passou por Baltimore, Detroit, Chicago, St. Louis e voltou a Nova York no Café Bohemia.

Depois que tudo isso estava organizado, Sonny Rollins não voltou, e Trane retornou à Filadélfia para tocar com Jimmy Smith, o organista, então nos vimos sem sax tenor. Assim, Philly Joe ligou para Trane e o chamou para viajar conosco. Trane era o único que sabia *todas* as músicas, e eu não podia arriscar ter alguém que não as conhecesse. Porém, depois de um tempo tocando juntos, eu soube que o cara era um filho da puta da pesada, exatamente a voz que eu precisava no tenor para disparar a minha própria.

Só mais tarde fomos saber que Trane estava decidido a voltar se o chamássemos, porque gostava mais da música que tocávamos do que a de Jimmy Smith; sentia que, na minha banda, teria espaço para se expandir. Mas nós não sabíamos disso. Então, antes de decidir nos encontrar em Baltimore, ele e sua namorada na época, Naima Gibbs, fizeram Philly Joe passar por um negocinho. Quando chegamos lá, ele apareceu com Naima, e eles se casaram diante de todos nós como padrinhos, a banda toda, cara. Como grupo, dentro e fora do palco, nos dávamos muito bem.

Agora éramos: Trane no sax; Philly Joe na bateria; Red Garland no piano; Paul Chambers no baixo; e eu no trompete. E, mais rápido do que eu poderia imaginar, a música que fazíamos juntos era inacreditável. Tão foda que me dava arrepios, assim como no público. Cara, o negócio que passamos a tocar em tão pouco tempo foi assustador, tão assustador que eu me beliscava para ver se estava ali mesmo. Pouco depois de Trane e eu começarmos a tocar juntos, o crítico Whitney Balliett disse que Coltrane tinha "um timbre seco, áspero, que instiga Davis, como uma armação rústica para uma pedra preciosa". Porém, não demorou muito para Trane se tornar muito mais do que isso. Depois de um tempo, ele mesmo já era um diamante, e eu sabia, e todo mundo que o ouvia sabia também.

capítulo 10

O grupo que tive com Coltrane transformou nós dois em lendas. Foi esse grupo que realmente me colocou no mapa do mundo musical, com todos aqueles grandes álbuns que fizemos para a Prestige e, depois, para a Columbia Records – George Avakian enfim conseguiu o que queria. Não só o grupo me deixou famoso, como me colocou no caminho para ganhar muito dinheiro – mais dinheiro, dizem, do que qualquer outro músico de jazz já ganhou. Quanto a isso, não sei, é o que dizem. Também me rendeu muita aclamação da crítica, pois a maioria dos críticos adorava muito a banda, adorava como eu e Trane tocávamos – e tornou todo mundo – Philly Joe, Red, Paul –, todos nós, astros.

Onde quer que tocássemos, os clubes lotavam, o público transbordava para a rua, com filas compridas de gente debaixo de chuva, neve, frio e calor. Era um negócio de outro mundo, cara. E muita gente famosa ia nos ver tocar toda noite. Gente como Frank Sinatra, Dorothy Kilgallen, Tony Bennett (que, certa noite, subiu no palco e cantou com a minha banda), Ava Gardner, Dorothy Dandrige, Lena Horne, Elizabeth Taylor, Marlon Brando, James Dean, Richard Burton, Sugar Ray Robinson, para citar só alguns.

Enquanto o grupo recebia toda essa aclamação da crítica, parecia que havia um novo clima surgindo no país; uma nova sensação crescia entre as pessoas, entre os pretos e os brancos. Martin Luther King liderava o boicote aos ônibus em Montgomery, Alabama, e a comunidade negra o apoiava. Marian Anderson se tornou a primeira pessoa preta a cantar na Metropolitan Opera. Arthur Mitchell foi o primeiro preto a dançar com uma grande companhia de dança branca, o Balé de Nova York. Marlon Brando e James Dean eram os novos astros do cinema e tinham a seu favor uma imagem de jovem rebelde e raivoso. *Juventude Transviada* foi um grande filme da época. Pretos e brancos começavam a se unir, e, no mundo da música, as imagens de Pai Tomás estavam de saída. De repente, todos pareciam querer fúria, fleuma, estilo e uma sofisticação muito pura e vigorosa. Agora, o "rebelde" estava em alta, e, como naquela época eu era um, acho que isso ajudou a me transformar num astro da mídia. Sem falar que eu também era jovem, bonito e bem vestido.

Insubordinado e preto, um não-conformista, *cool* e descolado e furioso e sofisticado e ultraestiloso, o que mais você quiser – eu era todas essas coisas e mais. Mas tocava trompete pra caralho e tinha um grande grupo, então meu reconhecimento não se baseava apenas numa imagem de rebelde. Tocava trompete e liderava a banda mais quente do ramo, uma banda criativa, imaginativa, absolutamente afiada e artística. E isso, a meu ver, foi o motivo do reconhecimento que recebemos.

Na primeira turnê depois que Coltrane entrou para o grupo, no final de setembro de 1955, nos divertimos muito, saindo por aí e comendo juntos, caminhando por Detroit. Paul Chambers era de Detroit, e eu havia morado lá, então, para nós, foi como uma volta para casa. Meu camarada Clarence, o bicheiro, levou todos os seus amigos em todos os shows que fizemos. Detroit foi demais. Em seguida, fomos para Chicago tocar no Sutherland Lounge, no South Side. Foi incrível também, porque eu conhecia muita gente na cidade, incluindo minha irmã Dorothy que estava morando lá e era professora. Ela levou bastante gente para nos ver.

Para mim, o único ponto negativo de toda aquela primeira viagem foi o fato de Paul Chambers se hospedar com a ex-esposa de Bird, Doris Sydnor, no hotel Sutherland. Eu disse a Paul para não trazer aquela vagabunda para perto de mim; ele poderia fazer o que quisesse, contanto que não me fizesse conviver com ela, porque eu não suportava nem olhar para ela. Então ele a manteve discreta enquanto estivemos lá. Contudo, acho que ele ficou um pouco decepcionado por eu não gostar de Doris. Provavelmente deduziu que ela seria um bom partido, uma grande conquista, por ser a ex velhaca de Bird. Mas, cara, Doris era feia, e nunca consegui entender o que Bird via nela – ou o que um cara bonito e alto como Paul via nela. Suponho que tivesse algo que não fosse possível ver na superfície. A filha da puta devia ser boa de cama.

De Chicago, fomos tocar no Peacock Alley, em St. Louis. Ora, você sabe que *eu* ia me divertir lá, e todos nós nos divertimos. Parecia que todo mundo de East St. Louis foi até St. Louis para me ver tocar naquela semana no meio de outubro. Todos os caras com quem eu havia ido à escola vieram, foi demais.

Fiquei feliz pela minha família me ver bem, longe das drogas e limpo, liderando uma banda e ganhando dinheiro. Pude perceber que meu pai e minha mãe ficaram orgulhosos de mim, especialmente depois que contei a eles sobre todos os contratos de gravação que eu tinha encaminhados com a Columbia e tal. Para eles, a Columbia era o grande sucesso, e foi o grande sucesso para mim também. Enfim, tudo correu maravilhosamente bem em St. Louis enquanto estive lá – e durante toda a turnê.

Acho que muita gente esperava que Sonny Rollins estivesse na banda. Ninguém em St. Louis havia ouvido falar em Trane, então muitos ficaram decepcionados até ouvi-lo tocar. Aí então ele fodia com a cabeça de todo mundo, embora houvesse quem não gostasse dele ainda.

Quando Sonny Rollins voltou de Lexington para Nova York, Trane já estava fixo na banda e havia assumido o posto reservado a Sonny. E a essa altura, Trane estava tocando tão absurdamente bem que fez até Sonny mudar *seu* estilo – que era ótimo – e voltar a praticar laboriosamente. Ele chegou até a ir à Ponte do Brooklyn algumas vezes – pelo menos foi o que me disseram – para achar um lugar privado onde pudesse praticar.

Quando voltamos para Nova York e fizemos uma temporada no Café Bohemia, clube no Village, na Barrow Street, a banda estava ótima, com Trane tocando demais. George Avakian, da Columbia Records, costumava ir até lá quase todas as noites para nos ouvir. Ele nos adorava, achava o grupo ótimo, mas gostava especialmente do jeito como Coltrane estava tocando agora. Lembro-me de ele me dizer certa noite que Trane "parecia crescer para cima e para os lados a cada nota que tocava", que "parecia impulsionar cada acorde até seus limites mais extremos, até o espaço".

Porém, por mais incrível que Trane fosse, Philly Joe era o fogo que fazia muito daquele negócio arder. Veja bem, ele *sabia* tudo que eu ia fazer, tudo que eu ia tocar; se antecipava a mim, sentia o que eu estava pensando. Às vezes, eu dizia a ele para não fazer aquele *lick* dele *comigo*, e sim *depois* de mim. Então aquele negócio que ele costumava fazer depois que eu tocava algo – aquele *rimshot*[15] – ficou conhecido como "*Philly lick*", e o tornou famoso, o levou direto ao topo do mundo da bateria. Depois que ele começou a fazer isso comigo, caras de outras bandas diziam a seus bateristas: "Mande o *Philly lick* depois que eu fizer o meu lance". Mas eu deixava muito espaço na música para Philly preencher. Ele era o tipo de baterista que eu sabia que minha música precisava ter. (Mesmo depois que ele saiu, eu ouvia um pouco de Philly Joe em todos os bateristas que tive posteriormente.)

---

15 Em tradução livre, "golpe de aro": literalmente um ataque no aro do tambor ao mesmo tempo em que na pele, executado geralmente na caixa. (N. do T.)

Philly Joe e Red Garland tinham a mesma idade, cerca de três anos a mais do que eu. Coltrane e eu nascemos no mesmo ano, e eu era um pouco mais velho. Paul Chambers era o caçula do grupo, com apenas 20 anos, mas tocava como se estivesse na cena havia uma eternidade; assim como Red, que me dava aquele toque leve de Ahmad Jamal e um pouquinho de Erroll Garner, além do próprio lance dele em cima dessas coisas. Assim, tudo estava rolando.

A coisa mais impressionante daquele ano foi a Columbia me dar US$ 4 mil de adiantamento para o meu primeiro disco com eles, além de US$ 300 mil por ano. A Prestige, no entanto, não queria me perder para a Columbia, não depois de ter me aguentado quando ninguém mais me queria, então eu ainda tinha cerca de um ano de contrato com ela também. A Columbia queria começar a nos gravar imediatamente, então, de algum modo, e eu não sei qual foi a negociação, George Avakian convenceu Bob Weinstock a deixá-lo começar a me gravar em seis meses, com o acordo de que a Columbia não lançaria nada até que eu terminasse as obrigações contratuais com a Prestige. Nesse meio tempo, eu devia à Prestige quatro álbuns, que eu entregaria no ano seguinte (no fim das contas, a música que gravei para a Prestige saiu em cinco álbuns e meio). Começamos a gravar para a Columbia no final de outubro de 1955, enquanto ainda tocávamos no Café Bohemia, mas só lançamos as músicas mais tarde, depois de maio de 1956. George achou que a Prestige ia me liberar do contrato, mas Bob nem cogitava isso.

Eu queria sair da Prestige porque não estavam me pagando nada – não o que eu achava que valia. Fecharam contrato comigo por uma mixaria quando eu era *junkie* e não me deram quase nada extra. Quando se espalhou a notícia de que eu ia deixar Bob, muitos caras me consideraram sangue frio por ir embora desse jeito, depois de ele ter feito todos aqueles discos comigo quando ninguém mais faria. Mas eu precisava olhar para frente e começar a pensar no meu futuro e, pelo que via, não podia recusar o tanto de dinheiro que a

Columbia estava me oferecendo. Quer dizer, eu teria sido tolo se recusasse. Além disso, vinha tudo de um branco, então por que eu deveria pensar duas vezes antes de pegar o que podia na época? Era grato a Bob Weinstock e à Prestige pelo que eles haviam feito por mim até aquele momento, mas com todo o dinheiro e as oportunidades oferecidas a mim pela Columbia, simplesmente havia chegado a hora de seguir adiante.

Em novembro, entrei em estúdio para cumprir minhas obrigações com a Prestige. Nessa sessão, gravamos "There is No Greater Love", "Just Squeeze Me", "How Am I to Know?", "Stablemates", "The Theme" e "S'posin", todos *standards*; o compilado foi intitulado *Miles*. Por muito tempo, todos pensavam que se tratava da primeira gravação feita por essa banda, já que mantivemos a primeira sessão para a Columbia em segredo. Esse disco para a Prestige foi legal, mas nada comparado ao que faríamos nas próximas sessões.

No início de 1956, eu já estava gostando demais de tocar com esse grupo e de ouvi-los individualmente. Mas os donos dos clubes ainda queriam pagar o mesmo dinheirinho que pagavam aos músicos de jazz no passado. Então eu disse a Jack Whittemore que queria mais dinheiro, já que tanta gente lotava os clubes. A princípio, os caras titubearam, depois toparam. Também falei para Jack que não queria mais fazer aqueles *sets* "40-20" que os donos dos clubes queriam que todo mundo fizesse. Exigiam que você começasse seu *set* a tal hora e 20 minutos, tocasse até dar a hora seguinte, aí esperasse por mais 20 minutos, voltasse e tocasse mais um *set* de 40 minutos. Às vezes, você acabava tocando quatro ou cinco *sets* desses numa só noite e ficava destruído que nem um filho da puta. Essa é uma das razões pela qual as drogas eram usadas – cocaína em especial –, pois era exaustivo fazer *sets* assim. Certa vez, na Filadélfia, eu simplesmente disse ao dono do clube que só ia fazer três *sets* e ponto final. O cara reclamou que não ia aceitar, então falei que não tínhamos negócio. Ele mudou de ideia depois que viu o tamanho da fila na frente do clube.

Depois, houve uma apresentação que fizemos num período em que eu ganhava coisa de US$ 1 mil por show. O *promoter* era um cara chamado Robert Reisner (para quem, certa vez, pedi US$ 25 para ficar de *stand-by* quando me convidou para tocar num troço chamado "Sessão Aberta" que ele organizava, e eu fiquei sentado lá o dia todo e não toquei). Mais tarde, ele escreveu um livro mentiroso e fajuto sobre Bird. Enfim, Reisner quis abrir mais um show depois que o primeiro esgotou muito rápido, então ofereceu US$ 500 a Jack Whittemore pela segunda apresentação. Falei a Jack que não ia fazer, pois a casa estaria cheia, então por que eu subiria no palco e tocaria meu trompete por metade do que ganhei pelo primeiro show? Sugeri a ele que dissesse ao cara para colocar um cordão na metade do Town Hall, que era onde tocaríamos se ele não fosse me pagar o restante do dinheiro. Quando os *promoters* ouviram isso, providenciaram o resto da grana.

Ora, isso era o tipo de merda que os *promoters* e donos de clubes faziam com os músicos de jazz naquela época, especialmente com os pretos. No entanto, agora que podíamos ganhar dinheiro sempre e em qualquer lugar que tocássemos, eles cediam às nossas exigências. Foi por isso que ganhei a reputação de ser difícil de lidar. Defendia meus direitos e não deixava eles me sacanearem. Deleguei muitos desses negócios a Harold Lovett, e, cara, ele era bem frio. Deixava todos aqueles donos de clube com medo dele. Harold acertou muitas coisas para mim, e foi como aprendi a importância de se ter um bom advogado em quem você pode confiar e para quem ligar a qualquer hora. E, daí em diante, sempre tive um.

Certa vez, nocauteei um *promoter* chamado Don Friedman – isso foi mais tarde, em 1959 – porque ele correu para cima de mim querendo cobrar uma multa de US$ 100 por eu ter me atrasado, embora ainda não fosse hora de tocarmos. Liguei para Harold depois de ter apagado Don. Harold era um filho da puta grande e falastrão – assim, podia acertar as coisas, e acertava. Outra vez, antes disso, cancelei uma *gig* em Toronto, pois o dono do clube, que não gostava do jeito que Philly Joe Jones tocava, queria que eu o despedisse. Trane e Paul Chambers já estavam a caminho. Então, quando chegaram, não tinham mais onde tocar. Cara, eles ficaram bravos comigo, mas expliquei meus motivos, e eles entenderam.

Foi logo depois desse incidente em Toronto, em fevereiro ou março de 1956, que operei minha garganta pela primeira vez e tive de dispensar o grupo enquanto me recuperava. Precisei remover um tumor benigno na laringe, que já vinha me incomodando havia algum tempo. Depois que saí do hospital, me encontrei por acaso com um cara da indústria fonográfica que tentou me convencer a fechar um contrato. Ao longo da conversa, levantei o tom para me fazer entender, e isso fodeu com a minha voz. Eu não deveria nem falar por pelo menos dez dias, e estava não só falando, como falando alto. Depois desse incidente, minha voz ganhou um sussurro que me acompanha desde então. Já me incomodei com isso, mas, no fim, relaxei e segui a vida.

Eu deveria gravar de novo em maio para a Prestige, mas, nesse ínterim, relaxei pela primeira vez em muito tempo. Comprei um Mercedes-Benz branco e me mudei para o nº 881 da 10th Avenue, perto da 57th Street. Era um lugar bacana, especialmente para um solteirão. Tinha um único cômodo enorme e uma cozinha. John Lewis morava no mesmo prédio na época; Diahann Carroll e Monte Kay viviam no apartamento da frente. Eu ganhava algum dinheiro, mas não tanto quanto eu achava que deveria. Dave Brubeck recebia muito mais naquele tempo. Mas eu tinha voltado a me vestir muito bem: ternos Brooks Brothers e italianos feitos sob medida. Lembro que, certa noite, estava tão estiloso que fiquei me admirando no espelho. Harold Lovett estava em casa. Eu tinha uma *gig* naquela noite, e ele ia comigo. Então disse a ele: "Cara, estou um filho da mãe estiloso pra burro neste terno azul". Ele assentiu, e eu me senti tão bem que passei pela porta e esqueci meu trompete. Estava de saída, com a cabeça nas nuvens, quando Harold gritou: "Ei, Miles, você acha que eles querem te ver elegante no Bohemia sem trompete?". Cara, só pude rir.

Estava saindo com Susan e cerca de mais umas cem outras mulheres, ou pelo menos é o tanto que parecia. Mas ainda não conseguira tirar Frances Taylor – a dançarina que conheci em Los Angeles, em 1953 – da cabeça. Eu a via de tempos em tempos, mas ela estava sempre viajando para algum lugar para dançar. Sabia que gostava muito dela, mas Frances nunca ficava na cidade por muitos dias. Eu só estava ganhando tempo até que ela se estabelecesse em Nova York, coisa que ela dizia que queria fazer.

Gravei um disco na primavera de 1956 com Sonny Rollins, Tommy Flanagan (era aniversário dele), Paul Chambers e Art Taylor. Era a meia sessão que eu devia à Prestige. Depois, em maio, reorganizei minha banda regular com Trane, Red, Philly Joe e Paul, e voltamos a gravar para a Prestige novamente no estúdio de Rudy Van Gelder, em Hackensack, Nova Jersey. Lembro-me bem dessa sessão, porque foi longa e nós tocamos muito bem. Fizemos tudo em um *take*. Gravamos como se estivéssemos tocando um *set* num clube. É esta a sessão em que você pode ouvir Trane falar no disco: "Alguém tem um abridor de garrafa?", e perguntar a Bob Weinstock: "Como foi essa, Bob?" e "Por quê?", depois que Bob me zoou dizendo que tínhamos de fazer um tema de novo. No mês seguinte, voltamos a entrar em estúdio para a Columbia e gravamos mais três ou quatro faixas que depois saíram em *'Round About Midnight*, meu primeiro álbum pela gravadora.

Depois que reorganizei a banda, voltamos ao Café Bohemia, do início da primavera ao final do outono de 1956, e tocamos para a casa cheia todas as noites. Com o dinheiro que eu ganhava agora, era capaz de mandar a pensão para Irene e nossos três filhos, de modo que ela não ficasse no meu pé. Tocar no Café Bohemia, no Village, me inseriu num outro tipo de situação social. Em vez de conviver entre cafetões e trambiqueiros, agora eu me via rodeado de artistas – poetas, pintores, atores, designers, cineastas, dançarinos; conheci gente como Allen Ginsberg, LeRoi Jones (depois Amiri Baraka), William Burroughs (que faria *Almoço Nu*, romance sobre um *junkie*) e Jack Kerouac.

Em junho de 1956, Clifford Brown foi morto num acidente de carro, junto com Richie Powell, pianista e irmão mais novo de Bud Powell. Cara, essa merda foi triste, Brownie e Richie morrerem desse jeito, e eles eram jovens pra caralho. Brownie não tinha nem 26 anos. Todo mundo celebrava esse jovem trompetista que tocava na região da Filadélfia, e tocava demais. Acho que a primeira vez que o ouvi foi quando ele fazia parte da banda de Lionel Hampton, e eu soube que ele seria extraordinário. Tinha um jeito próprio de tocar e, se tivesse sobrevivido, teria se tornado espetacular. Li em alguns lugares que Brownie e eu não nos dávamos muito bem porque haveria competição entre nós. Essa merda não é verdade. Éramos ambos trompetistas e tentávamos tocar o melhor possível. Brownie era um cara maravilhoso, doce e sofisticado, de quem não havia como não gostar. Vivia uma vida limpa e não saía muito. Quando nos víamos, nos dávamos muito bem; ele me respeitava muito, e eu o respeitava. Não éramos camaradas próximos nem nada assim, mas não desgostávamos um do outro. A morte de Brownie fodeu muito com a cabeça de Max Roach, porque os dois tinham um grupo ótimo juntos, e, com Richie e Brownie mortos, Max terminou esse grupo. Ele ficou realmente muito transtornado, e acho que nunca mais tocou do mesmo jeito. Brownie e ele eram feitos um para o outro por causa da forma como tocavam: muito rápido, para que se alimentassem da energia um do outro. Sempre senti que grandes trompetistas precisam de grandes bateristas para poderem colocar tudo para fora. Sei que, para mim, sempre foi assim. Max me dizia o tempo todo o quanto adorava tocar com Brownie. Sua morte bateu muito forte para Max, que demorou muito tempo para sair dessa.

Estávamos prestes a terminar nossa temporada de verão no Café Bohemia. No final de setembro, voltamos ao estúdio para a Columbia e gravamos "'Round Midnight" e "Sweet Sue" (arranjada por Teo Macero, que depois se tornaria meu produtor na Columbia). Teo conseguira "Sweet Sue" com Leonard Bernstein, que vinha tentando gravar um álbum de jazz, *What is Jazz?*, então Teo escolheu esse tema de uma versão feita por Bix Beiderbecke. Também gravei "All of You" nessa sessão. Assim, tínhamos duas grandes baladas – "All of You" e "'Round Midnight" – registradas para o álbum *'Round About Midnight*. "Sweet Sue" entrou no álbum *Basic Miles*.

Depois, gravei algumas músicas como *sideman* com um grupo que se intitulava The Brass Ensemble of the Jazz and Classical Music Society. Fui o solista principal do álbum, e as faixas foram gravadas para a Columbia. Em seguida, alguns dias depois dessa sessão, levei Trane, Red, Philly Joe e Paul para as minhas últimas gravações para a Prestige. Como de costume, fomos ao estúdio de Rudy Van Gelder, em Hackensack. Foi aí que gravamos – numa única e longa sessão – "My Funny Valentine", "If I Were a Bell" e todos aqueles outros temas que entraram naqueles álbuns da Prestige, *Steamin'*, *Cookin'*, *Workin'* e *Relaxin'*. Todos eles saíram no final de outubro de 1956[16]. Em ambas as sessões, fizemos muito boa música, da qual tenho orgulho até hoje. Porém, isso encerrava o meu contrato com a Prestige. Era hora de seguir adiante.

Como eu já estava na cena musical havia algum tempo, presenciei o que aconteceu com outros grandes músicos, como Bird. Uma das coisas básicas que compreendi foi que o sucesso na indústria sempre depende de quantos discos você vende, de quanto dinheiro você rende para aqueles que controlam a indústria. Você poderia ser um grande músico, um artista inovador e importante, mas ninguém

---

16 Na verdade, *Steamin'* só saiu em 1961, *Cookin'* saiu em julho de 1957, *Workin'* em janeiro de 1960 e *Relaxin'* em março de 1958. (N. do T.)

se importaria com isso se você não fizesse dinheiro para os brancos no controle. O dinheiro de verdade estava em chegar ao *mainstream* dos EUA, e a Columbia Records servia ao *mainstream* desse país. A Prestige, não; produzia grandes discos, mas fora do *mainstream*.

Como músico e artista, sempre quis alcançar o máximo de gente que pudesse por meio da minha música. E nunca tive vergonha disso. Nunca pensei que a música chamada de "jazz" devesse chegar somente a um grupo pequeno de pessoas, ou se tornar uma peça de museu, trancada atrás de um vidro como todas as outras coisas mortas outrora consideradas artísticas. Sempre pensei que o jazz deveria chegar ao máximo de gente possível, como a música dita popular, e por que não? Nunca fui um daqueles que achava que menos era mais; quanto menos gente te ouvisse, melhor você seria, porque o que você faz é complexo demais para que muitas pessoas entendam. Vários músicos de jazz afirmam em público que se sentem dessa forma, que teriam de comprometer sua arte para alcançar muita gente. Mas, em segredo, eles querem alcançar o máximo de pessoas também. Ora, não vou citar nomes, não importa. Mas sempre pensei que a música não tem fronteiras, não tem limites para viajar e crescer, não tem restrição de criatividade. Música boa é boa, não importa que tipo de música seja. E sempre detestei categorias. Sempre. Nunca achei que isso coubesse na música.

Então eu nunca, nunca me senti mal porque muita gente começava a gostar do que eu fazia. Nunca senti que, porque a música que eu tocava se tornava popular, significava que era menos complexa do que outras que não eram tão populares quanto a minha. A popularidade não tornava minha música nem um pouco menos digna ou excelente. Em 1955, a Columbia representou para mim uma porta pela qual minha música poderia passar para chegar a mais ouvintes, e eu passei por essa porta quando ela se abriu e nunca mais olhei para trás. Tudo o que sempre quis foi tocar meu trompete e criar música e arte, comunicar o que eu sentia por meio da música.

E sim, ir para a Columbia significava, sim, mais dinheiro, mas o que há de errado em ser pago pelo que você faz, e ser bem pago? Nada me atraía na pobreza, nas dificuldades e na tristeza. Nunca quis isso para mim. Vi o que era isso de verdade quando estava viciado em heroína e não queria ver de novo. Contanto que pudesse conseguir o que precisava do mundo dos brancos nos meus próprios termos, sem me vender para todas aquelas pessoas que adoravam me explorar, eu iria atrás daquilo que sei que é real. Quando você está criando suas próprias coisas, cara, nem o céu é o limite.

Por volta dessa época, conheci uma mulher branca que chamarei de Nancy. Era texana e uma acompanhante de luxo que vivia em Manhattan, numa baita cobertura com vista para o Central Park. Conheci-a por meio de um mestre de cerimônias chamado Carl Lee, que trabalhava no Café Bohemia. Ela se apaixonou por mim. Era bonita pra caralho, extrovertida quanto a qualquer assunto e não engolia sapo de ninguém, incluindo de mim (embora, na maior parte do tempo, me desse o que eu queria). Era uma gracinha, de cabelos pretos, muito sensual. Nancy era uma grande mulher e foi uma das pessoas que, de fato, me manteve longe das drogas.

Nancy nunca trabalhou nas ruas; seus clientes sempre vinham dos níveis mais altos da sociedade, homens muito importantes – brancos, em sua maioria – cujos nomes não vou mencionar. Digamos apenas que eram alguns dos homens mais importantes, poderosos e ricos dos EUA. Eles gostavam muito dela, e, após conhecê-la, pude entender por quê. Era uma pessoa calorosa, carinhosa e muito inteligente, e muito, muito bela e muito sexy, o tipo de mulher que provoca luxúria nos homens. Era uma filha da puta na cama, tão passional e boa que você quase chorava. Ela me amava de verdade, e nunca precisei dar um centavo para ficar com ela. Era uma boa amiga, entendia bem o que eu passava e o que eu queria fazer; me apoiava além da conta.

Ela me tirou de muitas sinucas de bico durante o período em que estivemos juntos. Se eu estivesse na estrada pegando *gigs* pelo caminho e ficasse preso em algum lugar, ligava para Nancy, contava para ela, e ela dizia: "Bem, dê o fora daí! De quanto dinheiro você precisa?". E ela me mandava imediatamente o quanto eu precisasse.

Depois que gravamos as últimas faixas para a Prestige, em outubro de 1956, levei o grupo de volta ao Café Bohemia, e foi ali que muita merda surgiu entre mim e Coltrane. As coisas já vinham ficando tensas havia algum tempo. Cara, era um saco ver o quão mal Trane tratava a si mesmo; a essa altura, ele já estava totalmente afundado na heroína e bebendo muito. Chegava atrasado e pescava no palco. Certa noite, fiquei tão bravo com ele que lhe dei um tapa na cabeça e um soco na barriga no camarim. Thelonious Monk estava lá naquela noite; foi até o camarim para dar um alô e viu o que fiz com Trane. Quando notou que ele não fez nada a não ser ficar sentado lá como um bebezão, Monk ficou com a pulga atrás da orelha. Disse a Trane: "Cara, por mais que você toque sax, não tem de aguentar nada disso; pode vir tocar comigo a qualquer momento. E você, Miles, não deveria bater nele desse jeito".

Eu estava tão furioso que não quis saber de que merda Monk estava falando, porque, em primeiro lugar, não era nada da conta dele. Despedi Trane naquela noite, e ele voltou para a Filadélfia para tentar largar o vício. Fiquei mal por tê-lo mandado embora, mas não consegui ver o que mais podia fazer sob aquelas circunstâncias.

Substituí Coltrane por Sonny Rollins e terminei a semana no Bohemia. Logo depois de terminada a *gig*, dispensei a banda, peguei um avião e fui direto a Paris. Eu havia sido convidado a encabeçar, ao lado de Lester Young, um grupo estelar de músicos que incluíam o Modern Jazz Quartet (Percy Heath, John Lewis, Connie Kay e Milt Jackson) e muitos músicos franceses e alemães. Tocamos em Amsterdã, Zurique, Friburgo (uma cidade na Floresta Negra, na Alemanha) e Paris.

Em Paris, me reencontrei com Juliette Gréco, que a essa altura era uma grande estrela do cabaré e do cinema. No início, ela ficou um pouco apreensiva em me encontrar – por causa do modo como agi da última vez que a vi, em Nova York –, mas, quando expliquei meus motivos por ter feito aquilo, ela me perdoou, e nós nos demos muito bem, exatamente como na primeira vez. E, é claro, também revi Jean--Paul Sartre, e nos divertimos muito só conversando em reuniões nas casas deles ou sentados na frente de cafés. Usávamos uma combinação de francês capenga, inglês capenga e linguagem de sinais.

Depois do nosso show em Paris, muitos músicos foram ao Club St. Germain, casa de música sofisticada na Rive Gauche. Levei Juliette para vermos Don Byas, o grande saxofonista preto americano que tocava naquela noite. Acho que todos os membros do MJQ estavam lá conosco, assim como Kenny Clarke. Enfim, Bud Powell e sua esposa, Buttercup, apareceram para se juntar a nós. Ficamos todos muito contentes em ver Bud, que a essa altura tinha se mudado permanentemente para Paris. Eu e Bud ficamos muitos felizes por nos encontrar, nos abraçamos e nos tratamos como irmãos há muito separados que finalmente se reencontraram. Depois de alguns drinks e muita conversa, alguém disse que Bud ia tocar. Lembro-me de ficar muito animado com isso, porque havia muito, muito tempo que não ouvia Bud tocar. Ele então foi até o piano e começou "Nice Work If You Can Get It".

Porém, depois de um início muito rápido e ótimo, alguma coisa aconteceu e a performance dele simplesmente saiu dos eixos. Foi terrível. Fiquei chocado, assim como todo mundo ali naquela noite. Ninguém disse nada, nós só nos entreolhamos como se não conseguíssemos acreditar no que estávamos ouvindo. Depois que ele terminou, houve um silêncio no clube por um momento. Bud então se levantou, enxugou o suor do rosto com um lenço branco e meio que fez uma reverência. Nisso, todos nós aplaudimos, porque não soubemos o que mais fazer. Cara, foi lamentável ouvi-lo tocar daquele jeito. Quando Bud saiu do palco, Buttercup foi encontrá-lo, o abraçou e os dois conversaram por um momento. Ele parecia muito triste, como se soubesse o que havia acontecido. Veja bem, a essa altura da vida, ele estava muito mal da esquizofrenia, sendo apenas a casca do que um dia foi. Buttercup o trouxe de volta à nossa mesa. Cara, todo mundo estava constrangido demais por vê-lo daquele jeito, constrangido demais para dizer qualquer coisa, então meio que só demos sorrisos amarelos, tentando esconder o que realmente estávamos sentindo. Houve um silêncio completo. Completo. Daria para ouvir uma pena cair no chão.

Eu então dei um pulo, abracei Bud e disse a ele: "Bud, você sabe que não deveria tocar depois de beber o quanto bebeu; ora, você sabe disso, não?". Olhei-o nos olhos e falei bem alto para que todo mundo ouvisse. Ele então só meio que assentiu, sorrindo aquele sorriso secreto e distante que os loucos sorriem, e se sentou. Buttercup ficou imóvel, quase chorando, grata pelo que eu havia feito. Então, de repente, todo mundo começou a conversar e tudo voltou a como estava antes de Bud tocar. Mas, você sabe, eu não poderia simplesmente não ter dito nada. Cara, ele era meu amigo e um dos maiores pianistas que já viveram, até tomar uma surra e ser mandado para Bellevue. Agora, estava em Paris, numa terra estrangeira, entre gente que talvez não compreendesse o que havia acontecido a ele – e talvez não se importasse – e pensasse que ele pudesse ser apenas um bebum. Foi uma cena triste, cara, ver e ouvir Bud daquele jeito. Nunca vou me esquecer disso enquanto viver.

Voltei para Nova York em dezembro de 1956, reuni a banda, e saímos numa viagem de dois meses. Fomos para a Filadélfia, Chicago, St. Louis, Los Angeles e São Francisco, onde tocamos no Blackhawk por duas semanas.

Porém, no outono de 1956, Trane (que estava de volta à banda) e Philly Joe haviam começado a me dar muito nos nervos com aquela merda *junkie* – chegavam atrasados, isso quando chegavam. Trane às vezes ameaçava apagar no palco, louco de heroína. A essa altura, ele e sua esposa, Naima, haviam se mudado da Filadélfia para Nova

York, então ele andava usando uma merda pesada, do tipo que não conseguia na Filadélfia. Depois que se mudou para Nova York, seu vício piorou, e rápido. Eu não tinha questões morais com o fato de Trane e os outros injetarem heroína, porque já havia passado pela mesma coisa e sabia que era uma doença difícil de se livrar. Então, não ficava no pescoço deles por usarem. O que de fato começou a me incomodar foram os atrasos e as pescadas no palco; disse a eles que não poderia tolerar isso.

Recebíamos US$ 1.250 por semana quando Coltrane voltou à banda – e os caras cochilando no palco. Eu não ia aguentar um negócio desses! As pessoas os veriam pescando e pensariam que *eu* era um *junkie* de novo; você sabe, culpado por associação. E eu estava limpíssimo, só cheirava um pouco de pó de vez em quando. Eu ia à academia, me mantinha em bom condicionamento físico, nem bebia muito, fazia o que tinha de fazer. Conversava com eles, tentava fazê-los entender o que estavam causando ao grupo e a si mesmos. Disse a Trane que os produtores vinham ouvi-lo e pensavam em lhe oferecer um contrato, mas, quando o viam pescar e tal, davam para trás. Ele parecia compreender o que eu dizia, mas continuava a injetar heroína e a beber que nem um condenado.

Se fosse outro músico, eu o teria mandado embora de novo depois das duas primeiras vezes. Mas eu amava Trane, de verdade, embora nunca tenhamos convivido tanto quanto convivi com Philly Joe. Trane era uma pessoa maravilhosa, um cara muito doce, espiritual, tudo isso. Assim, era impossível não o amar e não se preocupar com ele. Imaginei que ele estivesse ganhando mais dinheiro do que já havia ganhado na vida, então, quando conversei com ele, achei que fosse parar, mas não parou. E isso me magoava. Mais tarde, descobri que Philly Joe exercia uma má influência sobre Trane na época em que estiveram na banda. A princípio, quando Trane usava aquela merda, eu não prestava atenção na forma como ele agia, porque a música era potente demais, e ele e Philly Joe sempre me prometiam que iam parar. Mas as coisas pioraram. Às vezes, Philly Joe passava tão mal no palco que sussurrava para mim: "Miles, toque uma balada, estou prestes a vomitar, então preciso ir ao banheiro". Ele saía do palco, vomitava e voltava como se nada tivesse acontecido. Fazia umas merdas estúpidas.

Lembro-me de uma vez que Philly Joe e eu estávamos na estrada, arranjando shows pelo caminho, em 1954 ou início de 1955. Éramos só nós dois mais algum grupo local. Eles nos pagavam US$ 1 mil, e nós fazíamos a *gig*. A essa altura, eu estava limpo. Estávamos em Cleveland, acho, tentando voltar para Nova York. Ora, Joe tinha injetado havia umas duas ou três horas, então aquela merda começou a perder o efeito. Quando chegamos ao aeroporto para comprar as passagens de avião, ele já estava inquieto. Eu estava lá contando o dinheiro para uma garota branca bonitinha que vendia as passagens, quando me deparei com uma nota falsa – nós as chamávamos de "notas roxas" na época – que, se eu não desse a ela, não teríamos todo o dinheiro para comprar as passagens. Tentei não deixar transparecer que o filho da puta do *promoter* nos pagou com uma nota falsa. Olhei para Philly Joe, ele viu a nota e soube o que eu estava pensando, então começou a falar para a garota como ela era bonita, e que nós éramos músicos e gostaríamos de compor uma música para ela, porque foi muito simpática, e se ela poderia nos dizer seu nome. A moça sorriu de orelha a orelha, e, sem pestanejar, entreguei o dinheiro a ela. Ela nem contou, pois queria anotar o nome muito rapidamente.

Conseguimos as passagens, e, enquanto seguíamos até o embarque, Philly calculava quanto tempo iria demorar até chegarmos a Nova York para ele poder comprar droga e injetar antes de passar mal. Porém, o avião foi desviado para Washington, D.C., pois Nova York estava debaixo de neve. A essa altura, Philly já estava vomitando no banheiro do avião. Quando chegamos a Washington, mesma coisa; Nova York ainda estava debaixo de neve. Conseguimos um reembolso e tentamos pegar um trem, mas Philly conhecia alguém em

D.C. e me implorou para passarmos na casa do cara. Eu fiquei bravo pra caralho. Ele era o responsável pelos *cases* com os tambores, mas estava mal demais para conseguir carregá-los, então, na tentativa de levar as minhas coisas e as dele para o táxi, fodi meu pulso. Enquanto isso, ele tinha ido ao banheiro para vomitar de novo. Pegamos o táxi, fomos até a casa do cara, na neve, e ainda tivemos de esperá-lo. Philly vomitou no banheiro do traficante; a esposa do cara, que conhecia Philly, tinha nos deixado entrar. O cara enfim chegou, e Philly injetou. Eu precisei pagar pelo negócio. Sempre mantinha um montante extra para emergências, mas nunca deixava Philly saber, porque ele me imploraria pelo dinheiro.

Enfim, pegamos o trem de volta a Nova York. A essa altura, eu não só estava furioso, como meu pulso parecia estar quebrado. Quando estávamos prestes a nos despedir, disse a Philly: "Cara, nunca mais faça essa merda comigo, ouviu?". Apontei o dedo na cara dele, de olhos arregalados, na frente da Penn Station no meio da neve.

Philly então me respondeu, com aquela expressão ferida no rosto: "Miles, por que você está falando assim comigo? Cara, eu sou seu irmão. Eu te amo. Você sabe como é quando a gente passa mal! Além disso, você não deveria ficar bravo comigo, deveria ficar bravo com toda essa *neve*, cara, porque foi isso o que causou toda essa merda, pra começo de conversa. Então, cara, fique bravo com Deus, não comigo, porque eu sou seu irmão, seu irmão que te ama".

Quando ouvi isso, quase morri de rir, porque essa merda foi engraçada demais – tão rápida e sagaz. Porém, mesmo assim, fui para casa puto da cara e jurei que ia evitar esse tipo de baboseira dali em diante.

Esse tipo de coisa aconteceu novamente quando estávamos em turnê com a banda. Eu ia buscar Philly Joe no hotel uma hora mais cedo, só para me sentar no *lobby* e observá-lo fazer o *check-out*. Ele sempre tentava fazer o recepcionista dar um desconto na conta, um negócio engraçado de se ver. Ele poderia alegar que o colchão estava queimado e que já estava assim quando ele chegou. Então o recepcionista dizia algo do tipo: “Pode ser, mas e quanto à mulher que o senhor levou para o quarto?”.

Joe então dizia: “Ela não passou a noite e, mesmo assim, não veio aqui para me ver”.

“Mas ela ligou para o senhor.”

“Ela me ligou para entrar em contato com o sr. Chambers, que já foi embora do seu estabelecimento.”

Os diálogos eram sempre assim: “O chuveiro não funcionou por três dias” ou “Duas das quatro lâmpadas não estavam funcionando” – qualquer coisa. Mas ele sempre conseguia economizar uns US$ 20 a US$ 40 de uma estadia de uma semana e usava o dinheiro para comprar droga.

Uma vez, acho que em São Francisco, essa merda não deu certo. Estava do outro lado da rua, num café, e vi Philly Joe jogar sua mala e outras merdas pela janela, num beco. Ele então foi até o térreo, e eu o vi conversar com o recepcionista. Fui até a porta e ouvi o recepcionista dizer que ele teria de pagar, pois já havia feito essa mesma merda antes, então o cara ameaçou subir e trancar as coisas de Joe no quarto até ele pagar. Joe então disse: “Ótimo”, garantindo que iria pegar o dinheiro com um amigo do outro lado da cidade. Saiu do hotel com uma expressão indignada enquanto o recepcionista subia para trancar o quarto. Do lado de fora, Joe correu até o beco ao lado do hotel, pegou as malas e saiu andando e rindo que nem um filho da puta.

Philly Joe era um desgraçado. Se fosse advogado e branco, teria se tornado presidente dos Estados Unidos, porque, para chegar lá, é preciso ter a língua afiada e muita mentira para contar; Philly Joe tinha isso de sobra.

Com Coltrane, porém, não era um negócio engraçado como era com Philly Joe. Dava para rir das merdas de Philly Joe, mas as de Trane estavam ficando patéticas. Parecia ter dormido por dias com as roupas que usava para tocar, todas amassadas, sujas e tal. Depois, quando não cochilava no palco, ficava lá parado em pé – cutucava o nariz e, às vezes, comia. Ele não se interessava tanto por mulheres quanto eu e Philly. Só queria saber de tocar, da música, e se uma mulher ficasse nua na frente dele, nem teria visto. É o quanto ele ficava concentrado ao tocar. Já Philly Joe era um galanteador. Era exibido e sofisticado e, no palco, recebia quase tanta atenção quanto eu. Era uma figura. Já Trane era o oposto; só vivia para fazer música. Fim de papo.

No entanto, havia mais coisas me deprimindo nessa viagem além de Philly Joe e Trane ficarem chapados. Eu ganhava US$ 1.250 por semana, e isso simplesmente não era suficiente para manter a mim e a banda. Eu ficava com US$ 400 por semana e divida o resto entre o grupo. Nessa viagem, eles estouravam contas no bar e pegavam dinheiro adiantado em excesso (quando enfim tirei Philly da banda, acho que ele me devia em torno de US$ 30 mil).

Lá estava eu, tocando sem ter *nada* em troca. Ficando endividado mesmo com os clubes lotados, com filas de virar o quarteirão! Então só disse a mim mesmo: foda-se, se eles não me pagarem o que eu quero, não vou mais tocar. Liguei para Jack Whittemore e disse a ele que não poderia continuar a tocar por US$ 1.250 por semana. "OK, mas você precisa tocar desta vez, porque assinou o contrato", respondeu ele. Tinha razão, mas eu não ia mais tocar depois disso. Falei para ele que precisaria de US$ 2.500 por semana, e ele ficou de ver o que poderia fazer. Conseguimos. E, para uma banda de pretos, US$ 2.500 era uma quantia alta. Muitos dos donos dos clubes ficaram bravos comigo por isso, mas me deram o que eu queria.

No que se tratava das contas do bar, Paul Chambers era o pior. Eu lhe dava o dinheiro e então lhe mostrava sua conta do bar, e ele não queria pagar. Certa vez, precisei dar um soco na sua boca, de tão bravo que fiquei. Paul era um cara muito legal, só era imaturo.

Uma vez, em Rochester, Nova York, o clube em que íamos tocar não estava tirando muito dinheiro. Eu conhecia a mulher que o gerenciava, e ela havia sido legal comigo antes, então lhe disse que não precisava me pagar. Devolvi o dinheiro, porque não estava passando fome, mas pedi que pagasse os outros músicos, e ela pagou. Eu fazia coisas assim às vezes, se a casa não estivesse tirando muito dinheiro e se a pessoa tivesse sido boa comigo antes. Enfim, nessa viagem a Rochester, Paul estava bebendo *zombies*[17]. "Por que você bebe essas merdas? Por que você bebe tanto, Paul?", perguntei a ele.

"Ah, cara, posso beber o quanto eu quiser. Posso beber dez desses e não vai me dar nada."

"Beba, e eu pago por eles", falei, e ele concordou.

Então ele tomou uns cinco ou seis e disse: "Viu só, não me deu nada". Depois disso, fomos a um restaurante italiano, Paul, Philly Joe e eu. Nós três pedimos espaguete, e Paul encheu o dele de pimenta. "Cara, por que você faz isso?", perguntei.

"Porque amo pimenta, por isso."

Então estava conversando com Philly Joe e, de repente, ouvi um barulho, olhei para o lado e a cabeça inteira de Paul estava afundada no espaguete, com pimenta e tudo. Os *zombies* bateram direto no cérebro. O filho da puta apagou. Tinha injetado e bebido todos aqueles *zombies* e não aguentou. (Foi como ele morreu, em 1969; drogas e bebidas demais, tudo em excesso, e ele só tinha 30 e poucos anos.)

Em outra ocasião, estávamos tocando em Québec, no Canadá, e nos colocaram num show de variedades. Paul estava bêbado e foi até umas mulheres brancas muito velhas – digo, *muito* velhas – e disse: "O que vocês vão fazer esta noite depois do show, garotas?". Elas ficaram bravas e foram falar com o dono. Eu então fui até o dono e disse: "Meu camarada foi obviamente equivocado, e tocar nesse tipo de lugar, um show de variedades, não é o que eu quero mesmo fazer. Por que não encerramos agora? Você nos paga o que nos deve e nós

---

17 Drink feito com uma variedade de sucos de frutas, xaropes, licores e runs. (N. do T.)

vamos embora". O cara concordou. Porém, Joe estava passando mal ali mesmo por falta de heroína. O bagulho dele acabou, e ninguém mais tinha. Compramos passagens de avião, mas não conseguimos ir embora porque Québec estava tomada por neve, e eu não tinha dinheiro para comprar passagens de trem para todo mundo. Liguei então para minha namorada Nancy, e ela enviou o dinheiro necessário imediatamente.

Quando voltamos a Nova York, em março de 1957, a merda tinha batido no ventilador de vez, então eu finalmente despedi Trane de novo, assim como Philly Joe. Trane foi tocar com Monk no Five Spot, e Philly saiu tocando por aí, porque agora era um "astro". Novamente substituí Trane por Sonny Rollins e chamei Art Taylor para a bateria. Para mim, foi difícil despedir Trane de novo, mas mais ainda Philly Joe, pois éramos melhores amigos e havíamos passado por muita coisa juntos. Mas, do meu ponto de vista, eu não tinha escolha.

Durante as duas últimas semanas no Café Bohemia, antes de eu despedir Trane e Philly Joe, aconteceu algo do qual ainda me lembro claramente. Kenny Dorham, o trompetista, apareceu uma noite e perguntou se poderia tocar com a banda. Kenny era um baita trompetista – tinha um ótimo estilo, muito próprio. Eu gostava do timbre e da voz dele no instrumento. Era muito criativo e imaginativo, um artista do trompete. Nunca recebeu todo o crédito que merecia. Ora, eu não deixo qualquer um tocar com a minha banda. É preciso saber tocar, e Kenny tocava demais. Além disso, eu o conhecia havia muito tempo. Enfim, o lugar estava abarrotado naquela noite, como sempre na época. Depois que terminei de tocar, apresentei Kenny, que subiu no palco e tocou pra caralho. Colocou no bolso qualquer coisa que eu tivesse tocado antes. Então, fiquei furioso, porque ninguém gosta que outra pessoa chegue na *gig* e te faça passar vergonha. Jackie McLean estava na plateia, então fui até ele e perguntei: "Jackie, como toquei?".

Sei que Jackie me adora e adora o jeito como toco, então ele não ia me sacanear. Olhou-me bem nos olhos e disse: "Miles, esta noite

Kenny está tocando tão maravilhosamente que você soa como uma imitação de si mesmo".

Cara, fiquei puto quando ouvi isso. Fui para casa sem dizer nada a ninguém; era o último *set*. Fiquei pensando nessa merda, porque sou muito orgulhoso. E quando olhei para Kenny enquanto ele saía do palco, ele estava com um sorrisão de merda no rosto, se empostando como se tivesse três metros de altura. *Sabia* o que tinha acontecido – mesmo que a plateia não soubesse. Ele *sabia,* e eu *sabia* o que tinha acontecido.

Na noite seguinte, ele voltou, exatamente como eu deduzi que voltaria, para tentar repetir o feito, porque sabia que eu estava tocando para o maior e mais sofisticado público da cidade. Perguntou-me se podia tocar de novo. Desta vez, eu o deixei tocar primeiro, e então subi e dei uma surra desgraçada naquele filho da puta. Veja bem, na noite anterior, eu tinha tentado tocar coisas no estilo de Kenny, pois quis deixá-lo confortável. E ele sabia que era isso o que eu estava fazendo. Mas, na noite seguinte, parti para cima dele e nem deu tempo de ele anotar a placa. (Mais tarde, nos anos 1960, em São Francisco, a mesma coisa aconteceu novamente, e acho que foi um empate também.) Naquela época, era assim, sempre tentavam acabar com você numa *jam session*. Às vezes, você ganhava, às vezes, perdia, mas, depois de passar por isso com um grande músico como Kenny, era preciso extrair alguma coisa dali. Você tinha de assimilar algo ou não estava pronto para aprender sobre música, mesmo que, às vezes, a situação fosse constrangedora.

Em maio de 1957, voltei ao estúdio com Gil Evans para gravar *Miles Ahead*. Trabalhar com Gil novamente foi uma ótima experiência. Nós havíamos nos encontrado vez ou outra após termos feito *Birth of the Cool*. Depois disso, engatamos uma conversa a respeito de colaborar num álbum de novo e então bolamos o conceito para a música de *Miles Ahead*. Como de costume, adorei trabalhar com Gil, porque ele era tão meticuloso e criativo, e eu confiava por completo em seus arranjos. Sempre fomos uma ótima dupla musical, e eu de fato percebi isso quando fizemos *Miles Ahead*: Gil e eu tínhamos algo especial juntos, musicalmente. Dessa vez, contamos com uma *big band*; Paul Chambers e, em sua maioria, músicos de estúdio. Mais tarde, depois que *Miles Ahead* saiu, Dizzy foi me visitar um dia e pediu uma cópia nova do disco. Contou que tinha ouvido tanto o álbum que o gastou em três semanas! Disse-me que "era o melhor". Cara, esse foi um dos maiores elogios que já recebi; alguém como Dizzy falar isso de algo que eu fiz.

Enquanto eu gravava *Miles Ahead*, trabalhava no Café Bohemia com Sonny Rollins no sax tenor, Art Taylor na bateria, Paul Chambers no baixo, e Red Garland no piano. Depois, tocamos juntos durante todo o verão, passando pela Costa Leste e pelo Meio-Oeste. Quando eu voltava a Nova York, ia até o Five Spot ouvir a banda de Trane e Monk. A essa altura, Trane tinha largado o vício na marra, assim como eu tinha feito, e estava morando na casa da mãe, na Filadélfia. E, cara, ele estava ótimo tocando, soava bem com Monk (e Monk também soava excelente). O grupo era muito consistente, com Wilber Ware no baixo e Shadow Wilson na bateria. Trane era o saxofonista perfeito para a música de Monk por causa do espaço que Monk sempre usava. Trane era capaz de preencher aquele espaço com os acordes e sons que tocava na época. Fiquei orgulhoso por ele ter finalmente largado o vício e estar comparecendo à *gig* regularmente. E, por mais que sempre adorasse o que Sonny tocava na minha banda – e o som de Art Taylor também –, para mim, ainda não era a mesma coisa do que quando eu tocava com Trane e Philly Joe; me peguei sentindo falta deles.

Em setembro, minha banda mudou de novo: Sonny saiu para formar seu próprio grupo, e, depois de uma discussão que tivemos no Café Bohemia, Art Taylor saiu também. Art sabia que eu adorava a forma de tocar de Philly. Porém, era um cara muito sensível, e eu estava tentando achar um jeito de dizer a ele como tocar certas coisas que dariam uma levantada na música, sem magoá-lo. Dava dicas, falava de chimbaus e tal, tentava informá-lo do que eu queria, e podia ver que estava dando nos nervos dele. Mas eu gostava de Art, então estava sendo menos direto do que costumava ser quando queria dizer algo a alguém. Dessa vez, estava pisando em ovos.

Enfim, isso se seguiu por uns dois dias, e então, lá pela terceira ou quarta noite, comecei a perder a paciência. O lugar estava cheio de estrelas do cinema – acho que Marlon Brando e Ava Gardner estavam lá naquela noite (mas eles sempre estavam). Além disso, todos os camaradas de Art do Harlem tinham vindo para ouvi-lo. O *set* começou, e, depois que terminei meu solo, me posicionei bem ao lado do chimbau de Art, com meu trompete debaixo do braço. Fiquei ouvindo, como sempre fazia, e dando algumas sugestões a ele, que não prestava atenção nenhuma em mim. Estava nervoso com a presença dos amigos. Mas eu não queria saber dessa merda, queria é que ele tocasse direito e não barulhento demais no chimbau, como ele vinha fazendo. Aí disse alguma coisa a ele sobre o chimbau, e ele me lançou um olhar, tipo: "Vá se foder, Miles, larga do meu pé"! Eu então sussurrei para ele: "Ah, seu filho da puta, você não sabe como Philly toca essa droga de solo!".

Art ficou tão bravo que parou de tocar no meio da música, se levantou da bateria, saiu do palco e foi para os fundos do clube. Mais tarde, depois que o *set* acabou, ele voltou, guardou a bateria e foi embora. Todo mundo ficou atônito, inclusive eu. Na noite seguinte, pedi a Jimmy Cobb pra assumir o lugar dele. Desde então, Art e eu nunca mais falamos sobre o que aconteceu. Nunca nem mencionamos, e nós já nos encontramos muitas vezes depois daquilo.

Mais tarde, naquela semana ou na seguinte, demiti Red Garland e trouxe Tommy Flanagan para o piano. Chamei Philly de volta, e ele veio. Depois substituí Sonny por Bobby Jaspar, saxofonista belga que era casado com minha velha amiga Blossom Dearie. Eu havia convidado Trane para retornar à banda, mas ele tinha alguns compromissos com Monk e, na época, não podia deixá-lo. Também vinha conversando com Cannonball Adderley, que estava de volta a Nova York, sobre ele entrar no grupo (Cannonball tinha passado o verão todo comandando uma banda com seu irmão Nat, cornetista). Mas ele não estava disponível naquele momento, só estaria em outubro. Assim, fiquei com Bobby Jaspar até conseguir Cannonball. Bobby era um músico muito bom, só não era o cara certo. Quando Cannonball estava pronto, o contratei em outubro e mandei Bobby embora.

Tinha a ideia de expandir o grupo de um quinteto para um sexteto, com Trane e Cannonball nos saxofones. Cara, eu conseguia ouvir a música na minha cabeça com exatidão e sabia que, se conseguisse executar, seria um negócio desgraçado, de arrebentar. Ainda não estava pronto para acontecer, mas eu tinha a sensação de que rolaria logo. Nesse ínterim, viajei com o grupo atual, com Cannonball no sax alto, numa turnê chamada Jazz for Moderns. Acho que durou um mês, e nós a fechamos com muitos outros grupos no Carnegie Hall.

Depois, fui a Paris mais uma vez para tocar como solista convidado por algumas semanas. E foi durante essa viagem que conheci o cineasta francês Louis Malle, por meio de Juliette Gréco. Ele me disse que sempre adorou a minha música e que queria que eu compusesse a trilha sonora para seu novo filme, *Ascenseur Pour L'Échafaud* (*Ascensor Para o Cadafalso*). Topei, e foi uma experiência enriquecedora, porque eu nunca havia composto para cinema antes. Via trechos do filme e tinha ideias musicais para escrever. Como parecia ser uma história de suspense, sobre um assassinato, usei um prédio velho, escuro e bem tenebroso, onde coloquei os músicos para tocar. Achei que daria atmosfera à música, e realmente deu. Todo mundo adorou o que fiz com a música daquele filme. Mais tarde, a trilha sonora foi lançada no álbum da Columbia que tinha "On Green Dolphin Street", chamado *Jazz Track*.

Enquanto estive em Paris, compondo a música para o filme de Malle, toquei no Club St. Germain, com Kenny Clarke na bateria, Pierre Michelot no baixo, Barney Wilen no saxofone, e René Urtreger no piano. Lembro-me dessa *gig*, pois muitos críticos franceses ficavam bravos por eu não falar no palco e não apresentar as músicas, como todo mundo fazia. Eu achava que a música falava por si mesma, mas eles me consideraram arrogante e esnobe. Estavam acostumados aos músicos pretos irem tocar lá, sorrirem e rasgarem seda no palco. Só houve um crítico que entendeu o que eu estava fazendo e não pegou pesado comigo, André Hodeir, que considerei um dos melhores críticos de música com quem já me deparei. Enfim, essa merda não me incomodou em nada, e eu só continuei a fazer o que fazia. Também não parecia aborrecer as pessoas que iam ouvir, porque o clube ficava abarrotado toda noite.

Eu e Juliette nos encontramos muito, e acho que foi nessa viagem que decidimos que sempre seríamos apenas amantes e grandes amigos. A carreira dela estava na França, onde ela adorava estar, enquanto o meu negócio acontecia nos Estados Unidos. E embora eu não gostasse de estar na América o tempo todo, nunca pensei em me mudar para Paris. Eu amava muito a cidade, mas como turista, pois não achava que a música poderia, nem iria acontecer para mim por lá. Fora isso, me dava a impressão de que os músicos que tinham se mudado para Paris tinham perdido alguma coisa, uma energia, uma certa tensão que viver nos EUA lhes dava. Não sei, acho que tem algo a ver com estar cercado por uma cultura que você conhece, que pode sentir, da qual você saiu. Se eu morasse em Paris, não poderia simplesmente sair e ouvir um bom blues, ou gente como Monk, Trane, Duke e Satchmo todas as noites, como podia em Nova York. E ainda que houvesse bons músicos em Paris, de formação erudita, eles não ouviam a música como um músico americano ouvia. Eu não poderia viver em Paris por todos esses motivos, e Juliette entendia.

Quando voltei a Nova York, em dezembro de 1957, estava pronto para levar minha música adiante de novo. Chamei Red de volta, e ele veio. Quando fiquei sabendo que a *gig* de Monk no Five Spot estava terminando, liguei para Trane e lhe disse que o queria de volta, e ele topou. Cara, quando isso aconteceu, eu soube que uma parada musical muito incrível estava para rolar; sentia nos ossos. E rolou. Rolou até o fim.

capítulo 11

Até esse ponto, a maior parte do que havia acontecido na música tocada por grupos pequenos vinha de Louis Armstrong, passando por Lester Young e Coleman Hawkins, até Dizzy e Bird. O bebop veio basicamente daí. O que todo mundo tocava em 1958 era fruto, em sua maioria, do bebop. *Birth of the Cool*, de certa forma, havia seguido outra direção, embora viesse principalmente do que Duke Ellington e Billy Strayhorn já tinham feito; só deixou a música "mais branca" para que os brancos pudessem digeri-la melhor. E aí outras gravações que fiz, como "Walkin'" e "Blue 'n' Boogie" – chamadas pelos críticos de hard bop –, apenas voltavam ao blues e a certas coisas que Bird e Dizzy fizeram. Era uma música ótima, bem tocada e tudo, mas as ideias e conceitos musicais já tinham sido feitos, em sua maioria; só havia um pouco mais de espaço.

De todas as coisas que eu havia tocado com um grupo pequeno, o que fizemos em *Modern Jazz Giants* era o que chegava mais perto do que queria fazer agora, aquele tipo de som estendido que tiramos em "Bags' Groove", "The Man I Love", "Swing Spring". Ora, no bebop havia muitas notas. Diz e Bird tocavam várias notas e mudanças de acordes bem rápidas, porque era assim que eles ouviam tudo; era como as vozes deles eram: rápidas, lá em cima no registro agudo. O conceito de música deles era *mais* em vez de *menos*.

Particularmente, eu queria reduzir as notas, porque sempre senti que a maioria dos músicos toca por tempo demais (embora eu suportasse Trane, pois ele tocava tão bem, e eu simplesmente adorava ouvi-lo). Mas eu não escutava música desse jeito. Ouvia nos registros médio e grave, assim como Coltrane. Tínhamos de fazer algo adequado ao nosso melhor, às nossas próprias vozes.

Eu queria que a música tocada por esse novo grupo fosse mais livre, mais modal, mais africana ou oriental, e menos ocidental. Queria que os músicos fossem além de si mesmos. Veja, se você colocar um músico num lugar em que ele tem de fazer algo diferente do que faz o tempo todo, ele é capaz – mas terá de pensar de uma outra forma para fazê-lo. Tem de usar a imaginação, ser mais criativo, mais inovador; tem de arriscar mais. Tem de tocar acima do que sabe – muito acima – e isso pode conduzi-lo daquele lugar em que vinha tocando o tempo todo para um outro onde então se encontrará – ou talvez para um novo lugar ou até mesmo acima desse! Aí então ele será mais livre, vai esperar as coisas de um outro jeito, vai se antecipar e saber que algo diferente está para acontecer. Sempre disse aos músicos da minha banda para tocarem o que eles *sabem* e, então, tocarem *acima disso*. Porque então tudo pode acontecer, e é onde a grande arte e a grande música surgem.

Outra coisa da qual você tem de se lembrar é que era dezembro de 1957, não dezembro de 1944, e tudo estava diferente, os sons eram outros, as pessoas não ouviam as coisas da mesma forma como ouviam antes. Sempre foi assim; cada época tem seu próprio estilo, e o que Bird e Diz fizeram foi o estilo daquela época – e era ótimo. Mas agora era hora de algo diferente.

Se algum grupo ia mudar o conceito da música e levá-lo a um lugar completamente diferente, a um outro patamar, avançado e novo, eu sentia que o grupo era esse. Mal podia esperar para começarmos a tocar juntos, para nos acostumarmos ao que cada músico traria à mistura, a ouvir as vozes uns dos outros e conhecer suas forças e fraquezas. Sempre leva um tempo para todo mundo se acostumar uns com os outros – é por isso que sempre levei uma banda nova para a estrada por um tempo antes de levá-la ao estúdio.

A ideia que eu tinha para trabalhar nesse sexteto era misturar o que Trane, Red, Joe, Paul e eu já vínhamos fazendo com a voz de blues de Cannonball Adderley, e então estender tudo. Eu sentia que o contraponto do sax alto de Cannonball, calcado no blues, com o jeito harmônico e amparado em acordes de Trane, de abordagem mais livre, criaria um novo tipo de sentimento, um novo som, pois a voz de Coltrane já seguia numa nova direção. Eu queria dotar essa mistura musical de mais espaço, usando os conceitos que aprendi com o trabalho de Ahmad Jamal. Ouvia minha voz de trompete meio que flutuando pelo alto e cortando por entre toda essa mistura. Sentia que, se conseguíssemos fazer direito, a música teria a tensão toda lá em cima.

Nesse grupo, todo mundo havia tocado junto por mais de dois anos, exceto por Cannonball. Mas uma voz pode mudar toda a maneira como uma banda se ouve, pode mudar todo o ritmo, todo o *timing*, mesmo que todos os demais já tenham tocado juntos por uma eternidade. É uma coisa completamente nova quando se acrescenta ou se tira uma voz.

Saímos em turnê no final de dezembro de 1957, perto do Natal, começando pelo Sutherland Lounge, em Chicago. Sempre tentei estar em Chicago perto do Natal para poder me encontrar com a minha família. Meu irmão Vernon vem de East St. Louis, e meus filhos, que moram em St. Louis, se reúnem todos na casa da minha irmã Dorothy em Chicago, além de alguns caras com quem cresci que moram lá também.

Nós nos reunimos, bebemos e comemos por mais ou menos uma semana. Você sabe, nos divertimos. Quando estreamos com o sexteto no Sutherland, meu velho amigo do ensino médio, Darnell, que tocava piano, veio com o ônibus municipal do qual era motorista de Peoria, Illinois, e o deixou estacionado por três dias na frente do nosso hotel! Sempre que tocávamos em Chicago, ele ia nos ver. Meu amigo Boonie me levava para comer o melhor churrasco da cidade, pois, sendo de East St. Louis, famosa pelo churrasco, sempre fui louco por um bom churrasco e por *chitlins*[18]. Adoro a boa culinária negra, couve-galega, inhame caramelado, pão de milho, feijão-fradinho e frango frito ao estilo sulista – tudo – com pimenta da boa para acompanhar.

A turnê já começou nada menos que uma filha da puta de boa, logo de cara. *BANG!* Arrebentamos a porra do lugar, e foi aí que eu soube que seria um negócio de outro mundo. Naquela primeira noite em Chicago, começamos com um blues, e Cannonball ficou simplesmente boquiaberto ao ouvir Trane tocar uma parada viajandíssima num blues; me perguntou o que estávamos tocando, e eu lhe disse: "o blues".

"Bem, eu nunca ouvi nenhum blues tocado assim!", retrucou ele. Veja bem, não importava quantas vezes Trane tocasse uma música, ele sempre achava jeitos diferentes de tocá-la a cada noite. Depois do *set*, eu disse a Trane que levasse Cannonball até a cozinha e lhe mostrasse o que estava fazendo. Ele fez exatamente isso, mas havíamos substituído tanta coisa do modo de 12 compassos que se você não estivesse ouvindo do início, quando o solista começava, quando *de fato* prestasse atenção, talvez não soubesse o que tinha acontecido. Cannonball então me falou que aquilo que Trane tocava *soava* como blues, mas que não o era de verdade, era algo totalmente diferente. Isso fodeu com a cabeça dele, porque Cannonball tocava blues.

Porém, ele pegou num piscar de olhos, que era o quão rápido Cannonball pegava as coisas. Era como uma esponja; simplesmente

18 Prato feito com intestino de porco. (N. do T.)

absorvia tudo. Sobre a coisa do blues, eu deveria ter dito que aquele era apenas o jeito que Trane tocava – viajandão –, pois Cannonball era o único do grupo que não havia tocado com ele. Porém, uma vez que pegou o que estava rolando, se encaixou perfeitamente e tocou demais. Ele e Trane eram músicos muito diferentes, mas ambos ótimos. Quando Cannonball entrou para a banda, todo mundo gostou dele logo de cara, porque era um sujeito grandão e jovial, sempre sorridente e muito simpático, um cavalheiro e da mais alta inteligência.

Depois do retorno de Trane e da chegada de Cannonball, o som da banda foi ficando cada vez mais espesso, tipo quando uma mulher usa bastante maquiagem. Por causa da química e da forma como cada um tocava a partir do que o outro tocava, todo mundo passou a tocar acima do que já sabia quase logo de início. Trane executava uns troços ótimos, esquisitos, que Cannonball levava para outra direção, e eu colocava meu som bem no meio ou flutuava por cima, ou o que quer que fosse. E aí talvez eu tocasse bem rápido ou zzzzunisse, como Freddie Webster. Isso levava Trane a outro lugar, e ele voltava com mais troços diferentes, assim como Cannonball. E então Paul ancorava toda essa tensão criativa entre os sopros. Red tocava seu negócio leve, sofisticado. E Philly Joe impulsionava tudo com aqueles *rimshots* suingados e malandros, nervosíssimos, os tais "*Philly licks*". Cara, era moderno e muito foda. Todo mundo tocava todo tipo de malandragem para cima uns dos outros. E eu dizia, por exemplo: "Não saiam do fá até o último tempo. Vocês vão conseguir tocar o modo por mais cinco tempos do que conseguiriam se deixassem em quatro. Se saírem no último tempo, vocês destacam o compasso, sacam?". E eles ouviam. Mais malandro, impossível.

Trane era o saxofonista mais alto e rápido que eu já tinha ouvido. Conseguia tocar muito rápido e muito alto ao mesmo tempo, o que é muito difícil de fazer. Isso porque quando a maioria dos músicos toca alto, trava. Já vi muitos saxofonistas se embananarem na tentativa de tocar assim. Trane, porém, conseguia e era fenomenal. Era como se ficasse possuído quando levava o instrumento à boca. Tão passional – ardente – e, ao mesmo tempo, tão calado e gentil quando não estava tocando. Um doce de cara.

Certa vez, na Califórnia, ele me assustou quando quis ir ao dentista para colocar um dente. Trane conseguia tocar duas notas de uma vez, e eu achava que isso era por causa do dente que lhe faltava. Achava que isso era o segredo daquele som. Então, quando ele me disse que ia ao dentista colocar uma prótese, quase entrei em pânico. Falei para ele que havia marcado um ensaio no mesmo horário da consulta e perguntei se ele poderia adiá-la. "*Naw*", ele respondeu. "*Naw*, cara, não consigo ir ao ensaio; vou ao dentista." Perguntei a ele que tipo de prótese colocaria, e ele me contou que seria uma fixa. Então tentei convencê-lo a colocar uma removível, para que pudesse tirar toda noite antes de tocar. Ele me olhou como se eu fosse doido. Foi ao dentista e voltou parecendo um piano, sorrindo muito. Naquela noite na *gig* – acho que era no Blackhawk –, fiz meu primeiro solo e fiquei ao lado de Philly Joe, esperando Trane tocar, quase chorando, porque sabia que ele tinha fodido com seu som. No entanto, quando ele mandou ver naquelas frases, como sempre, pense num filho da puta que ficou aliviado!

Trane nunca escreveu nada enquanto esteve na minha banda. Ele só saía tocando. Conversávamos muito sobre música nos ensaios e a caminho das *gigs*. Eu lhe mostrava muita coisa, e ele sempre ouvia e executava. Eu dizia: "Trane, tenho aqui alguns acordes, mas não os toque como são o tempo todo, saca? Comece no meio, às vezes, e não se esqueça de que você pode tocá-los em terças. Então isso quer dizer que você tem 18, 19 coisas diferentes para tocar em dois compassos". Ele só observava, de olhos arregalados, e absorvia tudo. Trane era um inovador, e você precisa falar a coisa certa para pessoas assim. É por isso que eu dizia a ele para começar do meio, porque já era a forma como a cabeça dele funcionava. Queria ser desafiado e, se você lhe apresentasse as coisas de forma errada, ele não ia ouvir. Trane era o único capaz de tocar os acordes que eu lhe dava sem fazê-los soar como acordes.

Depois da *gig*, ele voltava para o quarto no hotel e praticava enquanto todo mundo estava curtindo. Treinava por horas após ter acabado de tocar três *sets*. E mais tarde, em 1960, depois que lhe dei um sax soprano que comprei de uma mulher que eu conhecia em Paris, a dona de um antiquário, isso influenciou a forma como ele tocava sax tenor. Antes de ganhar o soprano, ele ainda tocava como Dexter Gordon, Eddie "Lockjaw" Davis, Sonny Stitt e Bird. Depois, seu estilo mudou. Não soava mais como ninguém, a não ser como ele mesmo. Descobriu que podia tocar de forma mais leve e mais rápida no soprano do que no tenor. Foi algo bem estimulante, pois ele não conseguia fazer no tenor o que fazia no alto. Isso porque o soprano é um sax reto, e, como ele gostava do registro grave, entendeu que também poderia pensar e ouvir melhor com o soprano do que com o tenor. Quando tocava soprano, após um tempo, começava a soar quase como uma voz humana, um pranto.

No entanto, por mais que eu gostasse de Trane, não convivíamos muito depois que saíamos do palco, pois tínhamos estilos de vida diferentes. Antes era porque ele estava afundado na heroína, e eu tinha acabado de sair disso. Agora, ele estava limpo e mal queria sair para lugar algum, e sim voltar para o hotel e praticar. Sempre foi sério em relação à música e sempre praticou muito. Agora, porém, era quase como se estivesse numa espécie de missão. Ele me dizia que tinha feito merda demais, desperdiçado tempo demais e não havia dado atenção suficiente a sua vida pessoal, sua família e, mais do que tudo, a tocar. Sua única preocupação real era tocar e crescer como músico. Só pensava nisso. Não podia ser seduzido pela beleza de uma mulher, porque já havia sido seduzido pela beleza da música e era leal à esposa. Ao passo que, da minha parte, depois que a música acabava, eu já ia ver com qual dona bonita ia ficar naquela noite. Às vezes, quando eu não estava com uma mulher, Cannonball e eu nos sentávamos para conversar. Philly e eu ainda éramos amigos, mas ele estava sempre atrás de droga – ele, Paul e Red. Porém, éramos todos próximos, todo mundo se dava muito bem.

De volta a Nova York, Cannonball, que havia fechado contrato com a Blue Note, me convidou para tocar na gravação, o que fiz como favor. Intitulado *Somethin' Else*, foi um disco bem bom. Quis levar meu grupo para o estúdio, e, em abril, gravamos "Billy Boy", "Straight, No Chaser", "Milestones", "Two Bass Hit", "Sid's Ahead" e "Dr. Jackle" (que saiu no disco como "Dr. Jekyll") para o álbum *Milestones*, da Columbia. Toquei piano em "Sid's Ahead", pois Red ficou bravo comigo quando tentei dizer algo a ele e foi embora. Mas eu adorei o som da banda nesse disco e soube que tínhamos algo especial ali. Trane e Cannon tocaram demais e, a essa altura, já estavam acostumados um com o outro.

Esse foi o primeiro disco no qual realmente comecei a compor em forma modal, utilizando-a muito na faixa-título "Milestones". A música modal trata-se de sete notas de cada escala, de cada nota. É uma escala a partir de cada nota, saca, uma nota menor. O compositor e arranjador George Russell dizia que, na música modal, o dó é onde o fá deveria estar. Ele falava que o piano todo começa no fá. O que eu havia aprendido sobre a forma modal é que, quando você toca desse jeito, vai por essa direção, pode seguir para sempre. Não precisa se preocupar com mudanças de acorde e coisas do tipo. Pode fazer mais com a linha musical. O desafio aqui, quando você trabalha do jeito modal, é ver o quão inventivo você pode ser, melodicamente falando. Não é igual a quando você baseia as coisas em acordes e sabe que, ao final de 32 compassos, os acordes acabaram e não há o que fazer se não repetir o que já fez, com variações. Eu estava me afastando disso e indo para modos mais melódicos de fazer as coisas. No jeito modal, eu via todo tipo de possibilidades.

Depois que Red Garland foi embora, achei um novo pianista chamado Bill Evans. Eu não estava bravo com Red, mas havia passado do ponto em que ele poderia contribuir com o que eu queria para o som da banda. Precisava de um pianista que curtisse essa coisa modal, e Bill curtia. Eu o encontrei por meio de George Russell, com quem Bill havia estudado. Já George, eu conhecia da época em que frequentava a casa de Gil, na 55th Street. Enquanto me aprofundava na coisa modal, perguntei a George se sabia de algum pianista que fosse capaz de tocar as coisas que eu queria, e ele me recomendou Bill.

Interessei-me pela coisa modal ao assistir a uma performance do Ballet Africaine, da Guiné. Estava saindo com Frances Taylor de novo; ela agora morava em Nova York e dançava num espetáculo. Encontrei-me por acaso com ela na 52nd Street e fiquei muito feliz em vê-la. Frances ia a todas as performances de dança, e eu a acompanhava. Enfim, fomos a essa apresentação do Ballet Africaine, e as coisas que eles fizeram foderam com a minha cabeça; os passos, aqueles saltos ousados e tal. E quando os ouvi tocar kalimba pela primeira vez, naquela noite, e cantar uma música com um outro sujeito dançando, cara, foi um negócio poderoso. Foi maravilhoso. E o ritmo deles! O ritmo dos dançarinos era uma coisa à parte. Eu fiquei passado enquanto os assistia. Eram muito acrobáticos. Um percussionista os observava dançar, as piruetas e tal, e, quando eles saltavam, ele tocava *DA DA DA DA POW!* num ritmo nervoso. Dava na cabeça quando eles pousavam. E, cara, ele pegava tudo o que cada um fazia. Os outros percussionistas também. Tocavam ritmos tipo 5/4, 6/8 e 4/4, e o ritmo mudava e saltava. Esse é o negócio, o segredo interior deles. É algo africano. Só de vê-los dançar, sabia que não conseguiria fazê-lo, porque não sou africano, mas adorei o que faziam. Não queria copiá-los, mas tirei um conceito dali.

Quando Bill Evans – nós, às vezes, o chamávamos de Moe – entrou na banda, era muito calado, cara. Certo dia, só para ver o que ele era capaz de fazer, disse: "Bill, você sabe o que tem de fazer nessa banda, certo?".

Ele olhou para mim todo confuso e tal, sacudiu a cabeça e disse: "Não, Miles, o que eu tenho de fazer?".

"Bill, você sabe que nós somos todos irmãos e tal, e todo mundo está nesse negócio junto, então, o que bolei para você é que vai ter de fazer com todo mundo, entende? Precisa trepar com a banda." Ora, eu estava de sacanagem, mas Bill era muito sério, como Trane.

Ele pensou nisso por uns 15 minutos, então voltou e me disse: "Miles, pensei sobre o que você falou, mas não posso fazer isso, não tem jeito. Gostaria de agradar todo mundo e deixar todo mundo feliz aqui, mas isso eu simplesmente não posso fazer".

Olhei para ele, sorri e falei: "Meu chapa!" – e aí ele soube que eu estava brincando.

Bill trouxe um grande conhecimento de música erudita, de gente como Rachmaninoff e Ravel. Foi ele quem me recomendou ouvir o pianista italiano Arturo Michelangeli, por cujo estilo de tocar me apaixonei. Bill tinha um fogo baixo no piano que eu adorava. A forma como ele abordava o instrumento, o som que ele tirava era como notas de cristal ou como água mineral caindo de uma cachoeira límpida. Tive de mudar de novo o jeito como a banda soava para o estilo de Bill, passando a tocar temas diferentes, os mais suaves primeiro. Bill tocava debaixo do ritmo, e eu gostava disso, do jeito como ele executava escalas com a banda. O estilo de Red carregava o ritmo, mas Bill tocava por baixo, e, para o que eu estava fazendo agora com a coisa modal, preferia isso. Ainda gostava de Red e o trouxe de volta em algumas ocasiões, no entanto, o admirava mais quando estávamos fazendo aquele negócio do Ahmad. Bill sabia tocar um pouco daquele jeito também, embora, quando tocava, acabava soando um pouco desenfreado.

Na primavera de 1958, saímos do Café Bohemia, onde havíamos tocado por dois anos, e fomos para o Village Vanguard, clube cujo gerente era o próprio dono, um cara chamado Max Gordon. O público que ia nos ver no Bohemia só passou para o Vanguard, igualmente enchendo a casa. Fui para o Vanguard, porque Max me pagava mais do que o Bohemia. Antes da estreia, ele teria de me dar US$ 1 mil adiantados, em dinheiro vivo, ou eu não tocaria.

Porém, a coisa mais importante que me aconteceu na primavera de 1958 foi Frances Taylor voltar à minha vida. Cara, ela era uma mulher maravilhosa, e eu adorava apenas estar com ela. Dispensei todas as outras e fiquei só com ela nesse período. Éramos compatíveis demais – sou geminiano, e ela, libriana. Eu a achava de outro mundo. Era um tanto alta, linda, tinha uma pele sedosa, macia, cor de mel, era sensível, artística. Uma pessoa elegante, agradável, graciosa. Do jeito como falo, a faço parecer perfeita, certo? Bem, pode apostar que ela era quase. Todo mundo a amava também. Sei que Marlon Brando a amava, assim como Quincy Jones, que também fazia parte da cena. Quincy chegou até a dar uma aliança a ela, e ele ainda não sabe o que eu sei. Frances e eu começamos a morar juntos no meu apartamento na 10th Avenue e parávamos o trânsito aonde quer que fôssemos.

Dei minha Mercedes-Benz como parte do pagamento de uma Ferrari branca conversível que me custou US$ 8 mil, o que era muito dinheiro naquela época. Passamos então a rodar pela cidade naquele carro espetacular. Um filho da mãe preto como eu com uma mulher estonteantemente bela! Quando ela saía daquele carro, só se via as pernas longas, maravilhosas de dançarina, e ela andava com aquele porte de dançarina. Cara, era uma cena e tanto, as pessoas paravam boquiabertas para olhar e tudo.

Eu ia elegantérrimo sempre que saíamos juntos, assim como Frances. A revista *Life* até me colocou em sua edição internacional como uma pessoa preta que estava fazendo algo de bom para sua comunidade. Isso foi bacana, mas eu sempre me perguntei por que não me colocaram na edição local, que sai nos EUA mesmo.

Frances era de Chicago, e eu também era do Meio-Oeste, então talvez isso tenha a ver com termos nos entendido tão rapidamente, porque nunca precisávamos explicar muita coisa um ao outro. E ela era preta, o que ajudava bastante também, embora eu nunca tenha ligado para questões raciais quanto às mulheres com quem estou; se elas são legais, são legais, não importa a cor. Penso o mesmo de homens brancos.

Ela foi ótima para mim, pois me sossegou e me tirou das ruas, permitindo que eu me concentrasse mais na minha música. Basicamente, eu era solitário, e ela também. "Nós ensaiamos isso por quatro anos, Miles, vamos fazer dar certo", ela sempre dizia. Eu amava tanto Frances que, pela primeira vez na vida, senti ciúmes. Lembro-me de ter batido nela uma vez, quando chegou em casa e me disse alguma merda sobre Quincy Jones ser bonito. Antes de me dar conta do que havia acontecido, já a tinha nocauteado, e ela correu nua do nosso apartamento até o de Monte Kay e Diahann Carroll. Depois, pegou umas roupas e foi para a casa de Gil Evans, onde passou a noite, com medo de que eu arrombasse a porta de Diahann e Monte e batesse nela de novo. Gil me ligou para avisar que ela estava lá, segura. Eu disse a ela para nunca mais falar o nome de Quincy para mim, e ela nunca mais falou.

Tínhamos nossas discussões verbais como todos os casais têm, mas foi a primeira vez que bati nela – embora não a última. Sempre que eu batia nela, me sentia mal, porque muito disso não era culpa dela, e sim do fato de eu ser temperamental e ciumento. Quer dizer, nunca pensei que fosse ciumento até estar com Frances. Antes, eu não ligava para o que uma mulher fazia; para mim, não importava, pois estava envolvido demais com minha música. Agora, tinha passado a me importar, e isso era algo novo para mim, difícil de entender.

Ela era uma estrela a caminho de se tornar uma superestrela, provavelmente a maior dançarina preta na época em que esteve comigo. Recebeu todo tipo de proposta para dançar quando venceu o prêmio de Melhor Dançarina por seu trabalho em *West Side Story*, na Broadway. Mas eu a fiz sair do espetáculo porque a queria em casa comigo. Mais tarde, quando Jerome Robbins a convidou pessoalmente para fazer a versão cinematográfica de *West Side Story*, não deixei. Nem *Golden Boy*, com Sammy Davis Jr., que também a convidou quando tocamos na Filadélfia. Ele faria os testes na manhã seguinte e a chamou para participar. No outro dia, às 8h, nós estávamos na rodovia na minha Ferrari, a caminho de Nova York. Essa era a minha resposta.

Eu simplesmente queria que ela estivesse ao meu lado o tempo *todo*. Ela discutia sobre essa merda comigo, dizia que também tinha uma carreira e era uma artista, mas eu simplesmente não queria escutar coisa alguma que fosse nos manter separados. Depois de um tempo, ela parou de falar nisso e começou a dar aulas de dança para gente como Diahann Carroll e Johnny Mathis. Não me importava de ela fazer isso, pois ficava em casa toda noite.

Frances já havia sido casada e tinha um filho pequeno chamado Jean-Pierre. Ele ficava com os pais dela, Maceo e Ellen, em Chicago, enquanto ela persistia na carreira na dança. Quando fomos morar juntos, certo dia, o pai dela ligou de Chicago e quis falar comigo. Deu uma enrolada até enfim perguntar se eu ia me casar com Frances. "Bem, Miles, me parece que se você sossega com uma coisa por tempo o bastante, vive com ela e a prova, você passa a saber se é boa ou não, sabe se quer comprá-la ou não. E então, quanto a você e Frances, o que vocês vão fazer? Quando vão se casar?"

Eu gostava do pai dela; era um homem muito simpático. Mas sabia como ele era quando conversávamos de homem para homem. Sabia que ele se preocupava com a filha, pelo tipo de pessoa que ele era, então respondi: "Não é porra nenhuma da sua conta, Maceo. Frances não se importa com isso, então o que você tem a ver, cara? Somos todos adultos, você sabe!".

Ele não falou mais nada sobre isso por um tempo. Porém, levantava a questão de vez em quando, e eu dizia a mesma coisa, até enfim nos casarmos.

Frances estava dançando em *Porgy and Bess*, no City Center, quando a reencontrei, então fui ver esse espetáculo muitas vezes.

Foi aí que tive a ideia de gravar as músicas no álbum *Porgy and Bess*, que Gil e eu fizemos no verão de 1958. Estar com Frances me influenciou imensamente de um outro jeito fora da música; ao vê-la dançar o tempo todo, fiquei muito interessado em dança e em teatro, pois íamos a muitas peças. Até compus uma música para ela, "Fran Dance", que gravamos no álbum que tem "On Green Dolphin Street". Depois de *Porgy and Bess*, Frances foi fazer *Mr. Wonderful* com Sammy Davis Jr.

A essa altura, as pessoas começavam a falar na "mística de Miles Davis". Não sei *de onde* saiu essa merda, mas estava em todo lugar. Até os críticos de música tinham largado do meu pé, vários deles me chamavam de "sucessor de Charlie Parker".

O primeiro disco importante que o sexteto gravou com Bill Evans na banda foi o que fizemos em maio de 1958, *Jazz Track*, quando gravamos "On Green Dolphin Street", "Stella by Starlight", "Love for Sale" e "Fran Dance". No momento da gravação, Philly Joe tinha partido novamente e foi substituído por Jimmy Cobb, que já havia trabalhado comigo no lugar de Art Taylor por um tempinho no Café Bohemia. Na época, todo mundo já estava cansado das merdas *junkie* de Philly Joe, ninguém aguentava mais. Ele então pediu para sair e começou sua própria banda, que, às vezes, contava com Red Garland. Sentia falta daquela coisa que Philly tinha, daquele "*Philly lick*" no aro, mas Jimmy era um bom baterista, que trouxe seu próprio toque à sonoridade do grupo. E já que eu tocava com a cozinha, tocava a partir do que ela fazia, sabia que Paul, Bill e Jimmy iam reagir e tocar a partir disso também, daquela coisa deles juntos. Sentiria falta de Philly, mas sabia que ia gostar de Jimmy.

A Columbia reuniu os registros da sessão de "On Green Dolphin Street" no lado B da trilha sonora que eu tinha feito para o filme de Louis Malle, *Ascensor Para o Cadafalso*, e os lançou nos EUA sob o título *On Green Dolphin Street*[19]. Essa foi a primeira gravação que o novo grupo fez como banda. Depois disso, em junho, participei de um álbum da grande orquestra do francês Michael Legrand, em sessão para a Columbia. Coltrane, Paul Chambers e Bill Evans também tocaram. Em seguida, nos apresentamos no Vanguard, em Nova York, e no Festival de Jazz de Newport.

Ao retornar, entrei em estúdio com Gil para fazer *Porgy and Bess*. Começamos no final de julho e trabalhamos até o meio de agosto. Não usei Trane e Cannonball nesse álbum, pois eles dominariam muito o naipe de saxofones. E eu queria apenas timbres diretos. Ninguém era capaz de se equiparar ao som deles, então só recorri a caras que tocavam aquelas coisas carne de vaca para músicas carne de vaca. Também não contei com Bill Evans, porque não usamos piano. Mas tive Paul e Jimmy Cobb, além de trazer Philly Joe para algumas coisas. O restante dos músicos foi, em sua maioria, gente de estúdio, e um deles, o tubista Bill Barber, tinha participado de *Birth of the Cool*. Foi muito bom fazer isso, pois tive de me aproximar do som de uma voz humana em alguns momentos. Foi difícil, mas consegui. Os arranjos de Gil foram ótimos. Ele escreveu um arranjo para eu tocar em "I Loves You, Porgy", uma escala que eu deveria tocar. Nada de acordes. Havia usado dois acordes para a outra voz, então, minha passagem de escalas com esses dois acordes dá ao ouvinte muito mais liberdade e espaço para escutar as outras coisas.

Além de Ravel e alguns outros, Bill Evans me atentou para Aram Khachaturian, compositor russo-armênio. Eu vinha ouvindo as obras dele e o que mais me intrigava eram todas aquelas escalas diferentes que ele usava. Compositores eruditos, pelo menos alguns deles, escrevem desse jeito há muito tempo, mas é algo raro entre os compo-

---

19 O disco também seria lançado sob o título *Jazz Track*, e o material dessas sessões seria compilado posteriormente em *Basic Miles* (1973) e *1958 Miles* (1974). (N. do T.)

sitores de jazz. Os músicos me davam temas com acordes o tempo todo, e, na época, eu não queria tocá-los. A música era densa demais.

Enfim, fizemos *Porgy and Bess* e então fomos tocar no Showboat, na Filadélfia. Lá, um agente do departamento de narcóticos tentou prender Jimmy Cobb e Coltrane por posse de drogas, mas todo mundo estava limpo. Durante essa *gig*, também quiseram me sacanear à procura de drogas. Eu só abaixei a cueca e disse aos filhos da puta para procurarem no meu rabo, já que não achavam aquela merda em lugar nenhum. Cara, a polícia da Filadélfia era muito safada, sempre sacaneando; eram alguns dos filhos da puta mais corruptos do planeta, além de racistas.

Mas as coisas começavam a ir mal no grupo. Depois de sete meses, Bill quis sair porque detestava tantas viagens e queria fazer seus próprios projetos. Cannonball falava o mesmo e planejava reunir seu antigo grupo. Até Coltrane compartilhava desse sentimento. No caso de Cannon, ele não gostava de ficar de gerente na estrada, ser responsável por pagar os caras e tudo. A questão era que ele tinha uma cabeça boa para esse tipo de coisa, e eu confiava muito nele. Também lhe pagava por essa tarefa, então ele ganhava mais do que todo mundo, exceto eu. Quando ele entrou na banda, disse que ficaria por um ano, e esse período se encerraria em outubro de 1958. Eu o convenci a ficar por mais um tempinho, mas Harold Lovett e eu tivemos de conversar muito com ele até que aceitasse.

Algumas das coisas que levaram Bill a sair da banda me magoaram, como as merdas que alguns pretos falavam dele por ser um garoto branco no nosso grupo. Muitos pretos sentiam que, por eu liderar a principal banda pequena no jazz e ser quem pagava melhor, deveria ter um pianista preto. Ora, eu não quero saber desse tipo de merda; a única coisa que sempre quis no meu grupo eram os melhores músicos, não me importa se são pretos, brancos, azuis, vermelhos ou amarelos, contanto que saibam tocar o que eu quero. Porém, sei que esse negócio incomodava Bill e o fazia se sentir mal. Ele era uma pessoa muito sensível, de modo que não era preciso muito para deixá-lo aborrecido. Depois, muita gente dizia que ele não tocava rápido ou pesado o bastante para o gosto delas, que Bill era delicado demais. Então, além dessa merda toda, havia a questão das viagens e do desejo de formar seu próprio grupo e tocar sua própria música, que era para onde Coltrane e Cannonball também estavam se dirigindo.

Tocávamos o mesmo repertório toda noite, sendo a maioria composta de *standards* ou de músicas minhas. Eu sei que eles queriam tocar suas próprias coisas e estabelecer sua identidade musical. Não os culpei por se sentirem assim. Mas nós tínhamos o melhor grupo do ramo, e era a *minha* banda, então eu queria mantê-la junto por quanto tempo conseguisse. Isso foi um problema, mas acontece com a maioria dos grupos depois de um tempo. As pessoas simplesmente amadurecem em relação às outras, como amadureci em relação a Bird, e precisam seguir em frente.

Em novembro de 1958, Bill saiu da banda e foi morar com o irmão na Louisiana. Voltou depois de um tempo e formou seu próprio grupo. Com Scott LaFaro no baixo e Paul Motian na bateria, posteriormente ficaram muito populares e ganharam diversos Grammys. Era um grande pianistazinho, mas acho que ele nunca mais soou tão bem quanto na época em que tocou comigo. É uma coisa estranha que muitos músicos brancos – não todos, só a maioria –, depois de tocarem num grupo de pretos, vão tocar só com caras brancos, não importa o quão bem os pretos lhe tenham tratado. Bill fez isso, e não estou dizendo que ele poderia ter chamado caras pretos melhores do que Scott e Paul, estou apenas contando o que vi acontecer repetidas vezes.

Pedi a Red Garland que tocasse no lugar de Bill até que eu encontrasse um substituto, e ele ficou por três meses até sair e formar seu próprio trio. Enquanto esteve conosco, Red saiu em turnê por um tempo. Quando voltamos, tocamos no Town Hall, e até Philly Joe participou dessa *gig*, porque Jimmy Cobb tinha ficado doente. Foi uma espécie de reunião, e todo mundo tocou demais. Agora, na estrada, eu tinha de lidar com Trane, que a essa altura queria muito sair. Estava ficando confortável consigo mesmo, tocando melhor e com mais confiança do que nunca. Além disso, estava feliz em ficar em casa e ganhar peso. Até comecei a brincar com ele a respeito do peso, mas esse tipo de coisa nem passava pela cabeça dele, saca, coisas do tipo o quanto ele pesava ou as roupas que usava e merdas assim. As únicas coisas com que ele se preocupava eram a música e o quão bem soava. Fiquei preocupado, porque ele estava comendo muitos doces em vez de injetar heroína, então lhe ofereci alguns equipamentos de ginástica para que ele pudesse perder peso.

Trane me chamava de "professor", e foi difícil para ele tocar no assunto sobre a sua saída; eu fiquei sabendo por meio de outras pessoas a quem ele havia contado. Porém, ele enfim trouxe a questão até mim, e chegamos a um acordo: eu apontei Harold Lovett para lidar com suas finanças. Harold então conseguiu para ele um contrato de gravação com Nesuhi Ertegun, da Atlantic Records, que sempre adorou o estilo de Trane desde que ele entrou no grupo. Trane vinha gravando algumas coisas para a Prestige como líder, por indicação minha, mas, como de costume, Bob Weinstock não estava lhe pagando muito bem. Harold montou uma editora para Trane (que a manteve até sua morte, em 1967, assim como a relação de empresário com Harold). Pensei que, se Trane ia seguir sua própria carreira, deveria então aprender sobre negócios e se envolver com alguém em quem pudesse confiar. Para mantê-lo na banda por mais um tempo, pedi a Jack Whittemore, meu agente, para conseguir datas para o grupo de Trane sempre que não estivéssemos tocando, e ele conseguiu. Assim, no início de 1959, Trane estava numa boa posição para colocar sua carreira independente na estrada, e foi o que começou a fazer. Quando não estava tocando comigo, sempre tocava em algum lugar como *headliner*, no comando da própria banda.

Cannonball estava fazendo o mesmo, então, em 1959, tínhamos três *bandleaders* diferentes no grupo, e as coisas começaram a ficar difíceis. A essa altura, Trane tinha encontrado seu baterista, Elvin Jones, meu velho amigo de Detroit, e o elogiava com um entusiasmo constante; mas eu já sabia que Elvin era foda. E Cannon tocava com seu irmão, Nat, de forma que ambos sabiam aonde estavam indo. Eu me senti bem por eles e mal por mim, porque já previa o pior e sabia que logo aquilo ia acabar. Estaria mentindo se dissesse que isso não me deixou triste, porque eu amava muito tocar com aquela banda. Acho que foi a melhor banda pequena de todos os tempos, ou pelo menos a melhor que eu tinha ouvido até então.

Encontrei um novo pianista em fevereiro; seu nome era Wynton Kelly. Havia outro pianista de quem eu gostava, Joe Zawinul (que mais tarde tocaria comigo), mas foi Wynton quem entrou na banda. Era da Jamaica e havia tocado um tempinho com Dizzy. Eu adorava o estilo de Wynton, porque era uma combinação de Red Garland e Bill Evans; podia tocar praticamente qualquer coisa. Além disso, era um filho da puta que sabia acompanhar um solista, cara. Cannonball e Trane o adoravam, e eu também.

Wynton se juntou a nós antes de eu entrar em estúdio para fazer *Kind of Blue*. Mas eu já havia planejado o álbum em torno do piano de Bill Evans, que tinha concordado em tocar nas gravações. Começamos a gravar *Kind of Blue* no primeiro ou segundo dia de março de 1959, em sexteto, com Trane, Jimmy Cobb, Paul, Cannon, eu e Wynton Kelly, mas ele só tocou em uma faixa: "Freddie Freeloader". A música foi batizada com o nome de um preto que eu conhecia, que sempre tentava achar um jeito de conseguir coisas de graça de alguém e estava sempre pela cena do jazz[20]. Bill Evans tocou nas outras faixas.

---

20 Em tradução livre, o título da faixa seria algo como "Freddie Filão". (N. do T.)

Gravamos *Kind of Blue* em duas sessões – uma em março e a outra em abril. Entre elas, Gil Evans e eu levamos uma grande orquestra a um programa de TV para apresentar muitas das músicas de *Miles Ahead.*

Kind of Blue também veio da coisa modal que comecei em *Milestones.* Dessa vez, acrescentei um outro tipo de som que me veio das memórias do Arkansas, de quando caminhávamos da igreja para casa e ouvíamos aqueles gospels da pesada. Comecei a lembrar como aquela música soava e que sensação inspirava. Tentei me aproximar desse sentimento, que havia penetrado no meu sangue criativo, na minha imaginação, e eu havia me esquecido de que estava ali. Compus um blues que tentava retornar àquela sensação que tive aos seis anos, caminhando com meu primo naquela estrada escura do Arkansas. Então compus uns cinco compassos, gravei e acrescentei uma espécie de som corrente na mix, pois era o único jeito que eu conseguiria inserir o som de kalimba. Porém, você compõe uma coisa, e aí os caras tocam em cima dela e a levam para outro lugar por meio de sua criatividade e imaginação próprias, e você simplesmente perde o lugar para onde achava que queria levá-la. Tentei fazer uma coisa e acabei fazendo outra diferente.

Não coloquei a música de *Kind of Blue* na partitura, e sim levava esboços do que todo mundo deveria tocar. Eu queria muita espontaneidade na execução, exatamente como eu achava que era a interação entre os dançarinos, os percussionistas e o kalimbista no Ballet Africaine. Foi tudo de primeiro *take*, o que indica o nível em que todo mundo estava. Foi maravilhoso. Algumas pessoas saíram por aí dizendo que Bill era coautor da música de *Kind of Blue.* Não é verdade; tudo ali é meu, o conceito foi meu. O que ele fez foi me apresentar alguns compositores eruditos que me influenciaram. No entanto, a primeira vez que Bill viu qualquer coisa daquela música foi quando lhe dei um esboço, assim como a todos os outros. Nem ensaiamos – só havíamos feito uns cinco ou seis ensaios nos últimos dois anos –, porque eu tinha excelentes músicos na banda, e só assim para funcionar desse jeito.

Em *Kind of Blue*, pedi para Bill tocar em modo menor. Era o tipo de músico que quando começava algo, terminava, mas levava um pouquinho mais além. Subconscientemente, você sabia disso ao tocar com ele, mas era algo que sempre colocava um pouco de tensão na execução de todo mundo, o que era bom. E como nós gostávamos de Ravel (em especial, o "Concerto Para Mão Esquerda e Orquestra") e Rachmaninoff ("Concerto nº 4"), tudo isso estava ali em algum lugar. Quando digo às pessoas que desviei do que estava tentando fazer em *Kind of Blue*, que errei em conseguir o som exato da kalimba africana ali, elas me olham como se eu fosse maluco. Todo mundo dizia que o disco era uma obra-prima – e eu também adorei –, então a sensação era a de que eu estava de sacanagem. Mas foi o que tentei fazer na maior parte do álbum, em particular em "All Blues" e "So What". Simplesmente deixei passar.

Eu me lembro de quando Billie Holiday morreu, em julho de 1959. Eu não a conhecia muito bem, pois não convivíamos ou algo do tipo. Billie adorava meu filho Gregory; o achava fofo. Eu sabia que ela e o marido não andavam se dando bem, porque ela me falou certa vez: "Miles, eu disse a ele para me deixar em paz. Ele pode ficar com a nossa casa, com tudo, mas que me deixe em paz". Foi a única coisa pessoal que me lembro de ela me contar. Chegou a dizer que gostava de um homem com o físico de Roy Campanella, o antigo receptor dos Brooklyn Dodgers, porque achava que esse tipo de homem tinha o arranque sexual do qual ela gostava ao fazer amor. Ela adorava umas pernas curtas, largas e grandes, bunda baixa; o físico de um búfalo. Pelo que me dizia, Billie gostava muito de sexo quando a droga e o álcool não matavam sua libido.

Billie era uma mulher muito calorosa e simpática, que tinha aquela pele lisa, marrom-clara, antes de as drogas acabarem com seu rosto. Ela e Carmen McRae lembravam minha mãe – Carmen mais do que Billie. Ela foi uma mulher maravilhosa antes de todo aquele álcool e drogas a derrubarem.

A última vez que a encontrei viva foi quando ela foi ao Birdland, onde toquei no início de 1959. Ela me pediu dinheiro para comprar heroína, e eu lhe dei o que tinha, acho que cerca de US$ 100. Seu marido, John (me esqueci do sobrenome dele), a mantinha viciada para poder controlá-la. Ele mesmo usava ópio. Vivia me dizendo para me sentar no sofá com ele e fumar ópio. Nunca fiz isso, nunca fumei ópio nem uma vez sequer. Ele guardava todas as drogas e as dava a Billie quando queria; era o jeito dele de mantê-la na linha. John era um daqueles malandros safos do Harlem que faziam tudo por dinheiro.

Billie me disse: "Miles, aquele filho da puta do John fugiu com todo meu dinheiro. Você pode me emprestar um pouco para eu conseguir um pico? Preciso muito". Então dei a ela o que eu tinha, porque, a essa altura, sua aparência já estava péssima, gasta, abatida, o rosto encovado. Magra. Os dois cantos da boca arqueados. Ela se coçava muito. Costumava ser uma mulher bem robusta, mas agora já tinha perdido muito peso e seu rosto estava inchado de tanta bebida. Cara, me senti mal por ela.

Sempre que ia ver Billie, pedia a ela que cantasse "I Loves You, Porgy", porque quando ela cantava "*don't let him touch me with his hot hands*"[21], era quase possível sentir aquele negócio que ela sentia. Era maravilhosa e triste a forma como ela cantava esse verso. Todo mundo amava Billie.

Ela e Bird morreram do mesmo jeito. Ambos tiveram pneumonia. Certa vez, na Filadélfia, levaram Billie presa por uma noite por posse de drogas. Talvez tenha sido por uns dois dias, não lembro. Mas sei que foi presa. Então ela ficou na cadeia suando, tendo calafrios repentinos e tal. Quando você tenta se livrar de um vício, sente ondas

21 "Não o deixe me tocar com suas mãos quentes"

de calor e de frio e, se não receber o tratamento médico devido, vai direto para a pneumonia. E foi o que aconteceu com Billie e Bird. Quando alguém consome tanta droga daquele jeito – usa, para, usa, para –, acaba morrendo quando ela entra no organismo. O negócio te mata, e foi o que aconteceu com Billie e Bird; eles simplesmente cederam à toda aquela merda que usavam. Cansaram-se de tudo e deram adeus.

Com exceção disso, eu me sentia no topo do mundo em 1959. O novo sexteto, com Wynton Kelly no piano, estreou no Birdland para casas cheias. Nomes como Ava Gardner e Elizabeth Taylor estavam na plateia toda noite e iam ao camarim para dar um oi. Coltrane entrou em estúdio e gravou *Giant Steps* por volta dessa época, cerca de duas semanas depois da última sessão de *Kind of Blue*. E ele fez a mesma coisa que eu com a música desse disco: chegava ao estúdio com esboços que os músicos presentes na sessão nunca haviam ouvido. Para mim, foi um elogio. Também tocamos no Apollo Theater, no Harlem, como atração principal. Depois fomos para São Francisco e fizemos três semanas no Blackhawk, que toda noite ficava abarrotado, com público transbordante e filas que davam a volta no quarteirão.

Foi em São Francisco que Trane deu uma entrevista a um jornalista chamado Russ Wilson, na qual disse que estava pensando seriamente em sair do grupo. Wilson a publicou nos jornais no dia seguinte, contando detalhes como o fato de que Jimmy Heath seria o substituto de Trane. De fato, Jimmy ficou com a vaga, mas não acho que cabia a Trane dizer ao jornalista o que eu havia lhe contado em particular. Isso me deixou furioso e eu avisei a Trane que não fizesse aquilo de novo. Ora, o que eu fiz para ressenti-lo daquele jeito? Disse-lhe que havia feito tudo por ele, o tinha tratado como um irmão, e agora ele fazia esse tipo de merda comigo, contava minhas coisas para um moleque branco. Disse a ele que, se queria sair, que saísse, mas que falasse comigo antes de andar por aí contando aquela merda para todo mundo e soltando a informação de quem iria substitui-lo. Todos elogiavam Trane agora, e eu sei que foi difícil para ele não sair em turnê com seu próprio grupo, mas ele estava se afastando cada vez mais do meu. Quando tocamos no Playboy Jazz Festival, em Chicago, naquele verão, ele não foi porque tinha outros compromissos. Cannonball, porém, foi excelente, alternando seus solos com os meus. O grupo tocou muito bem naquele dia do início de agosto, e, quando voltei a Nova York, todos falavam o quão ótimo estava nosso som mesmo sem Trane.

No final de agosto, estreamos de novo no Birdland, com público apenas em pé. Pee Wee Marquette, o famoso mestre de cerimônias anão, que era o mascote do Birdland, apresentava Ava Gardner do palco todas as noites. Ela jogava beijos e depois ia ao *backstage* para me beijar por lá também. Certa vez, Pee Wee voltou e disse que Ava estava à minha procura lá na frente, queria falar comigo. "Para quê? Por que ela quer falar comigo?", perguntei a ele.

"Não sei, mas ela disse que queria te levar a uma festa."

"OK, Pee Wee, mande-a para cá."

Pee Wee foi buscá-la, voltando todo sorridente com ela. Ava brincou comigo e me levou à tal da festa, porque gostava muito de mim. A festa ficou chata, então a apresentei a um preto grandalhão chamado Jesse, que estava prestes a ter um troço ao olhar para ela, uma mulher de uma beleza atordoante, obscura e sensual, com uma boca carnuda maravilhosa, uma filha da mãe macia pra diabo. Cara, ela era gostosa demais. "Ava, dê um beijo no rosto dele para ele parar de olhar para você; o cara está prestes a parir", falei. Ela então o beijou no rosto, e os dois começaram a conversar. Depois, ela também me beijou, deixando o cara congelado, e eu a levei embora. Não mandamos ver nem nada disso. Ela era uma pessoa legal, muito legal, e, se eu quisesse, poderíamos ter tido alguma coisa. Só não sei por que não aconteceu. E não aconteceu mesmo, ainda que muita gente jure que tenha acontecido.

A única coisa negativa desse período foi que Trane ainda resmungava a respeito de sair da banda, mas todo mundo havia se acostumado com isso. E então algo aconteceu, uma baboseira das grandes, que mudou toda minha vida e minha atitude, me tornando amargo e cínico de novo, justo quando estava começando a me sentir bem com as coisas que haviam mudado nesse país.

Eu tinha acabado de fazer uma transmissão para o Dia das Forças Armadas, saca, o Voice of America[22], aquela baboseira toda, e acompanhei uma garota branca bonitinha chamada Judy para fora do clube para pegar um táxi. Ela partiu, e eu fiquei parado na frente do Birdland, ensopado de suor porque era uma noite quente, mormacenta e abafada de agosto. Um policial branco me abordou, dizendo para eu sair andando. Na época, eu vinha praticando muito boxe, então pensei que deveria socar aquele filho da puta, pois sabia o que ele estava fazendo. Porém, em vez disso, falei: "Sair andando por quê? Estou trabalhando aqui. É o meu nome ali em cima, 'Miles Davis'", e apontei para a marquise iluminada.

"Não quero saber onde você trabalha, eu disse para sair andando! Se você não sair daí, vou te prender."

Só o encarei muito sério e não saí do lugar. "Você está preso!", ele disse então. Pegou as algemas, mas deu um passo para trás. Ora, os boxeadores tinham me contado que se um cara vai te bater, você anda na direção dele para ver o que vai acontecer. Pela forma como ele se portava, vi que se tratava de um ex-lutador. Então meio que me aproximei para não dar a ele distância o suficiente para me bater na cabeça. Ele tropeçou, e todas as suas coisas caíram na calçada. "Ah, merda, eles vão pensar que eu mexi com ele ou algo assim", pensei. Estava esperando que ele me algemasse, porque todas as outras coisas estavam no chão e tal. E cheguei mais perto para que ele não pudesse me sacanear. Uma multidão havia se juntado, e, de repente, do nada, um detetive branco chegou correndo e, *BAM!*, me acertou na

---

22 Serviço oficial de radiodifusão do governo federal estadunidense. (N. do T.)

cabeça. Nem vi de onde ele saiu. O sangue escorria pelo meu terno cáqui. Depois, me lembro de Dorothy Kilgallen sair do clube com uma expressão horrorizada no rosto – eu conhecia Dorothy havia anos e namorei uma amiga dela, Jean Bock. Ela perguntou: "Miles, o que aconteceu?". Não consegui dizer nada. Illinois Jacquet também estava presente.

Foi quase uma revolta racial, então a polícia se assustou, se apressou e me arrastou de lá para a 54ª delegacia, onde tiraram minha foto com sangue e tudo. Fiquei sentado lá, um filho da puta bravo pra diabo, certo? E eles me diziam: "Então você é um mafioso, é?", e trombavam em mim, saca, na tentativa de me enfurecer, provavelmente para me apagarem com um golpe na cabeça de novo. E eu só aguentando, observando cada movimento deles.

Olhei para a parede e vi propagandas de viagens à Alemanha para os agentes. Isso cerca de 14 anos depois da guerra. Eles iriam para lá para aprender merdas de polícia, estava anunciado num panfleto. Provavelmente iam ensinar a eles como ser mais cruéis, alguma merda assim, para fazer com os pretos daqui o que os nazistas faziam com os judeus lá. Não acreditei naquela merda. E pensar que eles deveriam nos proteger. Não fiz nada além de ajudar uma amiga a tomar um táxi, e ela calhava de ser branca. Aquele policial, moleque branco, não gostou de ver um preto fazendo aquilo.

Liguei para o meu advogado, Harold Lovett, por volta das 3h da manhã. A polícia me acusou de resistência à prisão e de agressão ao agente. *Eu!* E eu não tinha feito nada! Era tão tarde que Harold nada pôde fazer. Fui levado para o quartel-general da polícia, no centro da cidade, e Harold foi até a Central Street, onde me levaram pela manhã.

A notícia chegou às primeiras páginas dos jornais nova-iorquinos, que repetiam as acusações nas manchetes. Havia uma foto, que se tornou famosa, na qual estou saindo da cadeia com bandagens por toda a cabeça (eles me levaram ao hospital para tomar pontos) com

Frances – que tinha vindo me ver quando me transferiram para o centro – caminhando à minha frente como um garanhão orgulhoso.

Quando Frances chegou na delegacia e me viu todo surrado, quase entrou em histeria e começou a berrar. Acho que os policiais então pensaram que tinham cometido um erro, para aquela bela mulher estar berrando por causa de um preto. Dorothy Kilgallen apareceu depois e escreveu a respeito do ocorrido em sua coluna do dia seguinte. O artigo foi bem negativo contra a polícia, e isso foi de alguma ajuda a meu favor.

Ora, eu esperaria esse tipo de baboseira sobre resistir à prisão e tudo mais em East St. Louis (antes de a cidade se tornar praticamente só de pretos). Mas não em Nova York, que supostamente é a cidade mais moderna e sofisticada do mundo. Mas também estava cercado de brancos e aprendi que, quando isso acontece, se você for preto, não há justiça. Nada.

Na audiência, o promotor me perguntou: "Quando o policial disse 'Você está preso', e o senhor olhou para ele, o que significou esse olhar?".

Harold Lovett, meu advogado, falou então: "Como assim, 'o que significou esse olhar?'". O que eles estavam tentando insinuar era que eu ia nocautear o policial ou algo do tipo. Meus advogados não me colocaram no banco das testemunhas, porque acharam que o juiz branco e o júri branco iam tomar minha autoconfiança como arrogância. Além disso, não confiavam que eu conseguiria segurar o meu pavio curto. Porém, esse incidente me mudou para sempre, me tornou muito mais amargo e cínico do que eu poderia ter sido. Três juízes precisaram de dois meses para determinar que minha prisão havia sido ilegal e retirar as acusações contra mim.

Posteriormente, processei o departamento de polícia em US$ 500 mil. Harold não estava pegando casos civis, então conseguiu outro advogado, que se esqueceu de encaminhar o processo antes que o estatuto de limitações se esgotasse. Perdemos o processo, e eu fiquei mais furioso do que um filho da puta, mas não havia nada que eu pudesse fazer.

A polícia revogou minha licença para apresentações, e isso me impediu de fazer shows em clubes nova-iorquinos por um tempo. Na ocasião, minha banda tocou o último *set* sem mim, mas o clube fez um aviso do que tinha acontecido. Ouvi falar que eles tocaram demais sem mim, se estendendo e tocando tudo, todos os temas, da forma como provavelmente cada um deles teria feito em seu próprio grupo. Cannonball e Coltrane conduziram as músicas após eu ser levado, então sei que o lugar ficou efervescente. Porém, depois que aquela merda saiu nas primeiras páginas dos jornais de Nova York por uns dois dias, ficou tudo em silêncio. Muita gente se esqueceu daquilo em um segundo, mas muitos músicos e pessoas inteiradas – pretas e brancas – não deixaram de lado, e fui considerado um herói por peitar a polícia daquele jeito.

Por volta dessa época, algumas pessoas – brancas – começaram a falar que eu estava sempre "raivoso", que era "racista" ou alguma outra besteirada de merda. Ora, não fui racista com ninguém, o que não significa que eu vá levar desaforo de um cara só porque ele é branco. Não abri um sorrisão, nem dancei, nem andei por aí com um dedo no rabo, mendigando e pensando ser inferior aos brancos. Eu morava nos EUA também e ia tentar conseguir tudo que viesse em minha direção.

Perto do fim de setembro, Cannonball saiu da banda, então voltamos a ser um quinteto. Ele nunca mais voltou. Todos os demais ficaram. Essa saída de Cannon mudou o som do grupo, de forma que voltamos a tocar o que tocávamos antes, ao estilo que tínhamos antes do negócio modal. Como Wynton Kelly, ao piano, nos dava uma combinação de Red Garland e Bill Evans, podíamos seguir a direção que quiséssemos. Porém, sem a voz de sax alto de Cannon no agudo na mix, eu meio que cheguei a uma rua sem saída quanto às ideias para o que queria da sonoridade de um grupo pequeno.

Eu só sentia que precisava de um descanso. Sempre estive à procura de coisas diferentes para tocar, novos desafios para minhas ideias musicais e, na maior parte do tempo, os havia alcançado. Talvez morar sozinho tivesse algo a ver com isso, estar por aí o tempo todo ouvindo aquela música toda, no centro das coisas. Agora, eu ficava muito em casa com Frances, ia a jantares, vivia uma vida de casal. Porém, ainda tinha algo que eu estava compelido a fazer no final de 1959: um álbum com Gil Evans chamado *Sketches of Spain*.

Isso tudo surgiu quando estive em Los Angeles naquele ano. Eu tinha ido visitar um amigo chamado Joe Mondragon, grande baixista de estúdio, que morava no San Fernando Valley. Ele tinha ascendência indígena mexicana, era um cara muito bonito. Quando cheguei à casa dele, Joe colocou para tocar uma gravação do "Concerto de Aranjuez", do compositor espanhol Joaquín Rodrigo, e disse: "Miles, escute isso aqui; você pode fazer isso!". Ouvi com atenção, olhei para Joe e pensei: "Caramba, essas linhas melódicas são fortes". Eu soube na hora que tinha de gravá-las, porque elas não saíram da minha cabeça. Quando voltei a Nova York, liguei para Gil, discuti a ideia com ele e lhe dei uma cópia do disco para que pensasse no que poderíamos fazer. Ele também gostou, mas disse que tínhamos de acrescentar mais algumas composições para preencher um álbum. Conseguimos uma gravação de música folclórica peruana e tiramos um *vamp*[23] dali. É "The Pan Piper" no álbum. Depois pegamos a marcha espanhola "Saeta", que tocam nas marchas às sextas-feiras na Espanha e testemunham com um canto. Os trompetistas tocaram essa marcha como era feito por lá.

Os mouros pretos estavam por toda a Espanha, pois os africanos haviam conquistado o país muito tempo atrás. Na região de Andaluzia, há muita influência africana na música, na arquitetura e na cultu-

23 Motivo ou passagem musical repetitiva; como o ostinato na música erudita, um *riff* no rock e um *loop* no hip-hop. (N. do T.)

ra toda, e muito sangue africano nas pessoas. Então, há algo de preto africano no *feeling* da música, nos foles, nos trompetes e na percussão.

A "Saeta" era uma composição andaluza conhecida como a flecha da canção, um dos tipos de música religiosa mais antigos da Andaluzia. Falando sobre a Paixão de Cristo, ela era geralmente cantada sozinha, sem nenhum tipo de acompanhamento, durante as celebrações religiosas da Semana Santa em Sevilha. Trata-se de uma procissão de rua à qual uma cantora observa de uma sacada, segurando firme no parapeito. A procissão para debaixo da sacada enquanto ela canta. A ideia era que eu fosse a voz dela no trompete. E, quando acabasse, uma fanfarra de trompetes daria o sinal para a procissão seguir em frente. Ao longo de toda a canção, uma percussão abafada sublinharia a cantora. Há um toque de marcha ao final, pois é o que acontece – a procissão sai marchando, deixando a mulher em silêncio na sacada depois de cantar. Minha voz tinha de ser, ao mesmo tempo, jubilosa e triste nessa música, o que não era tarefa fácil.

Ora, para mim, isso foi a coisa mais difícil de fazer em *Sketches of Spain*: tocar no trompete as partes que alguém deveria estar cantando, em especial quando era no improviso, como na maior parte do tempo. A dificuldade veio quando tentei fazer partes entre as palavras cantadas pela cantora, pois havia todas aquelas escalas árabes, e ainda era possível ouvir escalas de música negra africana. E elas modulam e se dobram, se retorcem, serpenteiam e se remexem. É como estar no Marrocos. O que dificultou muito foi que eu só conseguia fazer isso uma ou duas vezes. Se você tocar uma música desse jeito três ou quatro vezes, perde o *feeling* que quer imprimir a ela.

Havia um pouco disso, desse mesmo tipo de voz no trompete, em "Solea", que é uma forma básica de flamenco. É uma canção sobre solidão, sobre saudade e lamento. Um sentimento próximo do blues afro-americano. Vem da Andaluzia, então tem origens africanas. Mas, em "Saeta", só toquei mesmo depois que Gil já tinha tudo pronto.

Primeiro, ele teve de reorquestrar a música inteira, porque as partituras de todas as vozes estavam bem afiadas, precisas pra caralho. Ele escreveu tudo exatamente como deveria ser, musicalmente falando, então, se alguém tivesse apenas de respirar, estaria escrito ali também. Gil colocou uns microtempos na partitura. Era tão precisa que um dos trompetistas – um dos meus trompetistas brancos favoritos, Bernie Glow – ficou vermelho ao tentar tocar uma melodia mexicana. Mais tarde, ele me disse que foi a passagem mais difícil que ele já havia tocado. Eu disse a Gil para escrever outro arranjo, mas ele sentia que não havia nada de errado com aquele e não conseguia entender por que Bernie estava com tanta dificuldade para tocá-lo.

Ora, Gil era o tipo de cara que levava duas semanas para escrever oito compassos com perfeição. Repassava e repassava e repassava. Depois, repassava mais uma vez. E mais outra. Muitas vezes, eu tinha de ficar na cola dele e arrancar o negócio das suas mãos, porque ele demorava muito para decidir se acrescentava ou tirava alguma coisa. Era um perfeccionista.

Então, depois de Bernie ficar roxo, fui até Gil e disse: "Você não tem de escrever música desse jeito. É preciso demais para os músicos tocarem. Você não tem de fazer os trompetistas soarem perfeitos, pois eles têm formação erudita e não gostam de errar notas". Ele então concordou. No início, contamos com os trompetistas errados, porque eram os de formação erudita, e isso foi um problema. Tínhamos de dizer a eles para *não* tocarem exatamente como na partitura. Começaram a olhar para nós – em especial, para Gil – como se fôssemos malucos. Não conseguiam improvisar nem uma miséria que fosse, então olhavam para Gil como se dissessem: "Que porra é essa que ele está falando? Isso é um concerto, certo?". Achavam que eu devia ser louco por falar em "tocar o que não está ali". Queríamos que sentissem a música, lessem e tocassem, mas os primeiros não tiveram sucesso, então tivemos de trocar de trompetistas, e foi por isso que Gil precisou reorquestrar a partitura. Em seguida, arrumamos trompetistas ainda com formação erudita, mas capazes de sentir a música. Só havia algumas partes; era como uma banda marcial. E então, depois que trocamos de trompetistas e reorquestramos para eles – e Bernie ainda ficou roxo, mas ele, Ernie Royal, Taft Jordan e Louis Mucci tocaram demais –, tudo correu bem. Eu toquei trompete e flugelhorn no álbum.

Depois, tínhamos de arrumar bateristas e percussionistas capazes de tirar o som que eu queria: a caixa soando como um papel sendo rasgado, com aquelas viradinhas precisas. Tinha ouvido esse som lá em St. Louis, na Parada do Profeta Velado, com percussionistas marciais legítimos. Soavam como aquelas bandas escocesas, mas os ritmos são africanos, porque é da África que vem a gaita de fole.

Isso significava que precisávamos arrumar um coro de percussionistas legítimos para tocar de fundo, atrás de Jimmy Cobb, na bateria, e de Elvin Jones, na percussão. Tínhamos aquele som dos percussionistas, os legítimos, e incumbimos a Jimmy e Elvin as coisas que eles normalmente tocavam, solos e tal. Os percussionistas legítimos não solam, porque não têm imaginação musical para improvisar. Como a maioria dos outros músicos eruditos, só conseguem tocar o que está escrito na frente deles. A música erudita é isso; os músicos só tocam o que está escrito e nada mais. Têm boa memória e uma habilidade de robôs. Na música erudita, se um músico não é como os outros, não é um robô por completo, como todo o resto, os outros robôs caçoam dele, em especial se for preto. Não é nada além disso. A música erudita é só isso no que diz respeito aos músicos que a tocam – merda robótica. E as pessoas os enaltecem como se fossem ótimos. Ora, há muita música erudita ótima, de grandes compositores – e há grandes instrumentistas, mas eles precisam se tornar solistas –, mas ainda é uma execução robótica. E a maioria deles, no fundo, sabe disso, embora não admita em público.

Assim, em algo como *Sketches of Spain*, é preciso um equilíbrio entre músicos que sabem ler partitura, que tocam com pouca ou nenhuma emoção, e outros que sabem tocar com sentimento de verdade. Acho que é perfeito quando o músico sabe tanto ler quanto sentir uma partitura. Quanto a mim, se eu ler e tocar, não vai ter tanto sentimento assim. Mas se eu só ouvir e tocar, aí é diferente. O que descobri que precisava fazer em *Sketches of Spain* era ler a partitura umas duas vezes, ouvir mais umas duas, *e só então* tocar. Para mim, tinha a ver com saber do que se tratava para depois tocar. Pareceu funcionar bem, porque todo mundo adorou esse disco.

Depois que terminamos de trabalhar em *Sketches of Spain*, eu não tinha *nada* dentro de mim. Estava exaurido de toda emoção e não queria ouvir aquelas músicas após ter acabado de tocar aquele troço difícil. "Vamos escutar as fitas", disse Gil. "Vá *você*, porque eu não quero", retruquei. Só fui ouvir após o lançamento do disco, mais de um ano depois. Eu queria seguir em frente para outra coisa. Quando enfim ouvi, minha cabeça musical estava em outro lugar, então não achei nada demais. Só escutei com atenção uma única vez. Quer dizer, pode ter ficado no toca-discos em casa – Frances tinha adorado de verdade –, mas eu só me sentei para ouvir cada faixa com um pente fino uma única vez. Gostei do disco, achei que todo mundo tocou bem e que os arranjos de Gil eram incríveis, mas não teve um impacto muito grande sobre mim.

Joaquín Rodrigo, o compositor de "Concerto de Aranjuez", disse que não gostou do disco, e ele – sua composição – foi o motivo pelo qual eu fiz *Sketches of Spain* em primeiro lugar. Como ele recebia *royalties* pelo uso da música no disco, eu falei para o representante dele: "Vamos ver se ele gosta depois que começar a receber os cheques graúdos dos *royalties*". Depois disso, nunca mais ouvi nada da parte dele.

Uma mulher me contou certa vez que tinha ido visitar um velho toureiro aposentado que criava touros para a arena. Falou para ele de um disco feito por um músico negro americano, e ele não acreditou que um estrangeiro, um americano – em especial um negro – pudesse gravar tal disco, já que dependeria tanto do conhecimento da cultura espanhola, incluindo a música flamenca. Ela perguntou se poderia tocar o disco para ele, que assentiu. Sentou-se e ouviu com atenção. Ao final, se levantou da cadeira, vestiu seus trajes de toureiro, empunhou seus equipamentos, saiu e enfrentou um de seus touros pela primeira vez desde que tinha se aposentado. E o matou. Quando ela perguntou por que ele havia feito aquilo, respondeu que havia ficado tão comovido pela música que simplesmente teve de enfrentar o touro. Para mim, foi difícil acreditar na história daquela mulher, mas ela jurou que era verdade.

capítulo 12

Depois de *Sketches of Spain*, nem Gil Evans nem eu quisemos voltar ao estúdio por um tempo. Era o início de 1960, e Norman Granz havia marcado uma turnê europeia para mim e minha banda. Seria bastante longa, começando em março e se estendendo pelo mês de abril inteiro.

Trane não queria fazer a viagem à Europa e estava pronto para dar o fora antes de partirmos. Certa noite, recebi o telefonema de um saxofonista tenor novo na cena, Wayne Shorter. Ele então me contou que Trane havia lhe dito que eu precisava de um tenor e que o recomendaria a mim. Fiquei chocado. Quase desliguei, mas então falei algo do tipo: "Se eu precisar de um saxofonista, eu arrumo um!". E então desliguei. BLAM!

Quando me encontrei com Trane, falei para ele: "Não diga para ninguém me ligar desse jeito, e, se você quer sair, saia, mas por que não faz isso depois que voltarmos da Europa?". Se ele tivesse saído naquele momento, teria me deixado com a corda no pescoço, pois ninguém mais sabia as músicas, e a turnê era muito importante. Ele decidiu ir conosco, mas resmungou, reclamou e se sentou sozinho o tempo todo em que estivemos por lá, me avisando que sairia do grupo quando voltássemos. Mas, antes de ele sair, eu lhe dei aquele saxofone soprano que mencionei antes, e ele começou a tocá-lo. Já pude ouvir o efeito que isso teria nele ao tocar tenor, como o revolucionaria. Sempre brinquei com ele que, se ele não tivesse viajado conosco, não teria aquele sax soprano, então estava endividado comigo para o resto da vida. Cara, ele chorava de rir ao ouvir isso, e eu só dizia: "Trane, estou falando sério". E ele me abraçava forte e repetia: "Miles, você tem razão". Mas isso foi mais tarde, quando ele já tinha o próprio grupo, que estava botando todo mundo no bolso.

Logo depois que retornamos para os EUA, em maio, Trane saiu da banda e estreou no Jazz Gallery. Quando voltei a tocar com o grupo, no verão de 1960, substituí Trane por meu velho amigo Jimmy Heath, que havia acabado de sair da prisão por posse de drogas.

Trane fez parte da *big band* que Jimmy tinha na Filadélfia por volta de 1948, e ambos foram para a banda de Dizzy naquele ano, então se conheciam havia muito tempo. De 1955 a 1959, Jimmy estava na cadeia, então ficou completamente fora da cena. Quando Trane me disse que sairia em definitivo do grupo, me contou que Jimmy tinha acabado de ser solto e provavelmente precisava de trabalho, além de conhecer muito da música que tocávamos.

Porém, minha música havia mudado demais desde que Jimmy tinha tocado comigo em 1953, no meu álbum *Miles Davis All Stars*, e eu achei que seria difícil para ele sair daquela coisa do bebop que tanto curtia. Concluí, no entanto, que tínhamos tempo e me dispus a dar uma chance a Jimmy. Trane sempre pirou no jeito dele de tocar, e eu também. Além disso, era um cara bacana, divertido, estiloso e muito inteligente.

Estávamos na Califórnia, e eu liguei para ele, o chamando para se juntar à banda. Ele disse que adoraria, então lhe enviei a passagem de avião.

O primeiro lugar em que tocamos foi o Jazz Serville Club, em Hollywood. Quando Jimmy chegou, comecei a mostrar a ele o que estávamos fazendo e, logo de cara, pude ver que ele não tinha ideia do que era aquela porra. Quer dizer, ele sabia o que era música modal, mas pude notar que ele nunca a havia tocado antes, que era uma coisa nova. Ele tocava músicas com muitas mudanças de acordes que se resolvem, de forma que tudo termina do mesmo jeito. Nós, porém, tocávamos escalas e gostávamos de coisas modais. Por algum motivo, Cannonball estava naquela *gig* conosco, e Jimmy, a princípio, brigava com as músicas e tentava se adaptar ao estilo modal que todos os outros gostavam. Mas, depois de um tempo, pude ouvi-lo relaxar e entrar na música. Em seguida, voltamos para o Leste e tocamos em French Lick, Indiana (a cidadezinha caipira onde nasceu o jogador de basquete Larry Bird); no Regal Theater, em Chicago; e em mais alguns lugares.

Ao retornarmos, Cannonball nos deixou em definitivo, e Jimmy foi para a Filadélfia ver a família antes de irmos tocar no Playboy Festival, em Chicago. Foi quando seu oficial de condicional lhe disse que ele tinha de ficar dentro de um raio de 100 km da Filadélfia como condição para a liberdade. Isso ferrou sua carreira musical por anos. Jimmy não podia nem ir a Nova York para tocar, mesmo estando limpíssimo ao longo de toda a turnê, sem fazer nada além de chegar ao local, tocar e voltar para o quarto de hotel. Estava ganhando o máximo de dinheiro que ganhara na vida, e aquele oficial, um sujeito italiano, o impediu. Cara, a vida é desgraçada às vezes, especialmente se você for preto.

Quando Jimmy me contou essa merda, liguei para alguns amigos na Filadélfia para ver o que eles poderiam fazer, mas não havia solução. Detestei ver Jimmy sair da banda desse jeito, porque ele estava pegando a coisa modal, e acho que teria se dado bem. Sei que ele ficou triste, assim como eu.

Aí pensei no outro cara recomendado por Trane, Wayne Shorter. Liguei para ele e perguntei se poderia entrar para a banda, mas ele estava tocando com Art Blakey e os Jazz Messengers e não podia.

Então chamei Sonny Stitt, que sabia tocar tanto tenor quanto alto. Ele se juntou a nós pouco antes de irmos para a Europa para mais uma turnê, cuja primeira parada seria Londres.

Tive outro choque nessa época, quando descobri que minha mãe tinha câncer. Em 1959, ela havia voltado a morar em East St. Louis com o marido, James Robinson. Durante uma operação naquele ano, os médicos encontraram um câncer, então todo mundo ficou preocupado. Porém, quando conversei com ela, soava forte, e quando a vi, parecia bem.

Nessa turnê europeia de 1960, foi a primeira vez que eu estive em Londres, acho, e os shows lotaram todas as noites. Tocávamos em salões para três a oito mil pessoas. Frances foi comigo e arrasava todo mundo que batia os olhos nela. Cara, todos os dias, os jornais britânicos escreviam sobre como ela era bela. Foi um acontecimento. Falavam dela quase tanto quanto falavam de mim. Escreviam sobre Frances de um jeito positivo, mas vieram para cima de mim. A princípio, não entendi. Eles me chamavam de arrogante, dizendo que eu não gostava do jeito que os ingleses falavam, que eu tinha guarda-costas para me proteger, quando, na verdade, as únicas pessoas que andavam comigo, além dos membros da banda, eram Frances e Harold Lovett. Disseram que eu não gostava de gente branca; todo tipo de merda. Aí depois alguém me contou que, quando você é famoso, é assim que a imprensa britânica te trata. Com isso, relaxei. Depois da Inglaterra, seguimos para a Suécia e para Paris, então voltamos aos EUA para encerrar a turnê.

Eu me recordo especialmente de tocar na Filadélfia por conta de um incidente que Jimmy Heath e eu tivemos com a polícia. Olha só, Jimmy adorava carros também, acho que ele tinha um Triumph esportivo. Enfim, fui de Ferrari até a Filadélfia – eu ia dirigindo para todo lugar naquela época, para todas as *gigs* que não fossem na Costa Oeste (mais tarde, eu iria dirigindo uma das minhas Ferraris até para as *gigs* por lá). Busquei Jimmy, e saímos por aí, conversando sobre música e tal. Eu provavelmente me queixei para ele sobre Sonny Stitt tocar umas coisas erradas em "So What", pois ele sempre fazia merda nessa música, e eu falava disso com Jimmy toda a vez que o via. Enfim, estávamos na Ferrari, e eu mostrava a ele a potência do carro, na Broad Street, cujo limite de velocidade é de uns 40 km/h. Disse a Jimmy que o carro conseguiria atravessar todos os faróis antes que eles ficassem vermelhos ou mesmo amarelos. Engatei, e o carro chegou a 90 km/h antes que ele pudesse piscar, certo? Os olhos dele saltaram das órbitas enquanto passávamos por todos aqueles faróis filhos da puta. O carro estava tão veloz e baixo que simplesmente assobiava. Íamos muito rápido e nos aproximamos de um farol prestes a fechar, eu precisava frear, certo? Mas sabia o que tinha, sabia que o freio ia aguentar e que nós íamos conseguir parar no filho da puta do farol. Os olhos de Jimmy quase saltavam das órbitas, ele tinha certeza de que íamos passar com sinal vermelho. Então, a mais de 90 km/h, freei e paramos por um fio, como eu sabia que pararíamos, e Jimmy mal pôde acreditar. Quando paramos, havia dois policiais brancos à paisana, da divisão de narcóticos, num carro comum. Paramos bem do lado deles, que olharam para nós e disseram: "É aquele porra do Miles Davis e o Jimmy Heath naquele carro ali, caralho". Disseram-nos então para encostar, sacaram os distintivos e tal e nos mandaram entrar no carro deles. Obedecemos, porque eu não queria arrumar encrenca para Jimmy, afinal ele estava em condicional. Fomos até eles, que nos revistaram, não encontraram nada e nos deixaram ir. Cara, foi um saco.

Havia muita coisa rolando em 1960, inclusive a chegada de um novo saxofonista preto em Nova York, Ornette Coleman, que viraria o mundo do jazz de cabeça para baixo. Ele chegou e fodeu com as ideias de todo mundo. Em pouco tempo, não havia como conseguir lugar no Five Spot, onde ele se apresentava toda noite com Don Cherry, que tocava um trompete de bolso de plástico (Ornette também tinha um sax alto de plástico, acredito); Charlie Haden no baixo; e Billy Higgins na bateria. Tocavam de um jeito que todo mundo chamava de "free jazz", ou "vanguarda", ou "a nova onda", ou qualquer coisa assim. Muitas das "estrelas" que costumavam ir me ver – como Dorothy Kilgallen e Leonard Bernstein (que, me contaram, certa noite deu um pulo e disse: "Isso é a maior coisa que já aconteceu no jazz!") – agora iam ver Ornette. Esse grupo tocou no Five Spot por uns cinco ou seis meses, e eu ia vê-los quando estava na cidade, até dei canja com eles algumas vezes.

Eu era capaz de tocar com qualquer um, em qualquer estilo – se você tocava só de um jeito, eu conseguia tocar desse mesmo jeito –, porque, a essa altura, já tinha aprendido todos os estilos de trompete. O que Don Cherry fazia era apenas um desses estilos. Ornette também só sabia tocar de um jeito naquela época. Eu soube disso após ouvi-los algumas vezes, então subia no palco e tocava o que eles tocavam. A música que tocamos numa dessas vezes tinha um andamento específico. Esqueci o nome da composição. Don me pediu para tocá-la, então toquei. Ele gostava muito de mim e era um cara legal.

Mas Ornette era um sujeito invejoso, cara. Tinha inveja do sucesso de outros músicos. Não sei qual era o problema dele. Ele – um saxofonista – pegar um trompete e um violino daquele jeito e achar que poderia simplesmente tocar, sem nenhum tipo de estudo, é desrespeitoso para com todas as outras pessoas que tocam bem esses instrumentos. E depois explicar a respeito deles, quando ele nem sabia do que estava falando, não é legal, cara. Mas você sabe, música é apenas uma coleção de sons mesmo. O violino é um instrumento OK, e acho que você consegue se safar ao tocá-lo só como preenchimento de algumas coisas, se não souber como tocar de verdade. Não digo solar nem nada disso, só tocar algumas notas aqui e ali. Mas se você não sabe como tocar trompete, soa terrível. Quem sabe tocar, toca até quando o trompete está todo travado. Desde que você toque no ritmo, mesmo que o trompete esteja fodido, contanto que encaixe, é possível fazer. Você só tem de tocar um estilo. Se você tocar uma balada, toque uma balada. Mas Ornette não sabia fazer isso no trompete porque não sabia nada sobre o instrumento. Ornette era legal; eu só queria que ele não fosse tão invejoso.

Eu gostava de Ornette e de Don como pessoas, e achava que Ornette tocava mais do que Don. Mas não via nem ouvia nada do que eles faziam ser tão revolucionário assim, e eu dizia isso abertamente. Trane foi vê--los muito mais do que eu, observando e ouvindo, mas não falava nada como eu. Muitos dos músicos e críticos mais jovens voaram no meu pescoço depois que menosprezei Ornette, me chamaram de "antiquado" e outras merdas. Mas eu não gostava do que eles tocavam, em especial Don Cherry com aquele trompetinho dele. Para mim, só parecia que ele estava tocando um monte de notas e fazendo uma cara séria, e as pessoas caíam, porque elas caem em qualquer coisa que não entendem desde que haja *hype* o suficiente. Querem ser descoladas, sempre ligadas no que há de novo para não parecer que estão por fora. Os brancos, em especial, são assim, particularmente quando um músico preto está fazendo algo que eles não entendem. Não querem ter de admitir que um preto poderia estar fazendo alguma coisa que eles não compreendem. Ou que esse preto poderia ser talvez um pouquinho mais – ou muito, muito mais – inteligente do que eles. Não suportam admitir esse tipo de coisa para si mesmos, então saem por aí falando como aquilo é ótimo até que a próxima "nova onda" apareça, e a próxima e a próxima e a próxima. Foi o que eu achei que aconteceu quando Ornette chegou à cidade.

Ora, o que Ornette fez alguns anos depois foi sofisticado, e eu disse isso a ele. Mas o que eles faziam lá no início era só tocar de forma espontânea, "forma livre", um a partir do que o outro tocava. Isso é legal, mas já havia sido feito. A diferença é que eles faziam sem nenhum tipo de forma ou estrutura, o que era algo importante enquanto iniciativa, mas não em relação à execução.

Acho que Cecil Taylor entrou em cena mais ou menos na mesma época que Ornette, talvez um pouco depois. Fazia no piano o que Ornette e Don faziam com dois instrumentos de sopro. Eu sentia o mesmo em relação a ele. Cecil tinha formação erudita e sabia tocar piano de forma técnica, mas eu simplesmente não gostava de sua abordagem. Era só um monte de notas tocadas sem propósito; alguém exibindo quanta técnica tinha. Lembro que, certa noite, alguém me arrastou até o Birdland com Dizzy e Sarah Vaughan para ver Cecil Taylor tocar. Fui embora depois de ouvir um pouco do que ele fazia. Não o detestava nem nada assim, e não o detesto até hoje; só não gostava do que ele estava tocando, só isso. (Alguém me disse que, quando perguntaram a Cecil se ele gostava do jeito como eu tocava, ele respondeu: "Ele toca direito, para um milionário". Ora, isso é engraçado; até ouvir isso, eu achava que ele não tinha senso de humor.)

Sonny Stitt saiu da banda no início de 1961. Coloquei Hank Mobley no lugar dele, então entramos em estúdio para gravar *Someday My Prince Will Come* em março daquele ano. Chamei Coltrane para tocar em três ou quatro daquelas faixas, e Philly Joe para tocar em uma. Já o resto da banda era o mesmo: Wynton Kelly, Paul Chambers e Jimmy Cobb, com Hank Mobley em duas ou três faixas. Teo Macero, meu produtor, começara a emendar fitas em *Porgy and Bess*, depois em *Sketches of Spain*, e fez o mesmo nesse álbum. Acrescentamos solos posteriores nesses discos, com Trane e eu gravando mais sopros. Foi um processo interessante, repetido com frequência depois.

Em *Someday My Prince Will Come,* comecei a exigir que a Columbia pusesse mulheres pretas nas capas dos meus álbuns. Assim, consegui colocar Frances na capa desse. (Depois disso, ela apareceu em mais duas capas; depois Betty Mabry esteve na de *Filles de Kilimanjaro*; Cicely Tyson, em *Sorcerer*; e Marguerite Eskridge, em *Miles Davis at the Fillmore*.) Quer dizer, o álbum era meu, e eu era o príncipe de Frances. Além disso, "Pfrancing", desse disco, foi composta para ela. Em seguida, dispensei aquelas notas de capa estúpidas, coisa que vinha tentando fazer havia muito tempo. Veja bem, nunca achei que houvesse nada que alguém pudesse dizer sobre um disco meu. Só queria que todo mundo ouvisse a música e tirasse suas próprias conclusões. Nunca gostei da ideia de alguém escrever sobre o que eu toquei num álbum, na tentativa de explicar o que eu estava fazendo. A música fala por si só.

Na primavera de 1961 – acho que em abril – decidi ir dirigindo para a Califórnia, para uma *gig* no Blackhawk, em São Francisco. Vinha tocando no Village Vanguard, em Nova York, mas a música começou a me entediar, porque eu não gostava do que Hank Mobley andava tocando na banda. Gil e eu estávamos trabalhando num álbum que queríamos fazer para a Columbia. Mas, fora isso, tudo estava devagar.

Tocar com Hank simplesmente não era divertido para mim; ele não estimulava minha imaginação. Foi por essa época que comecei a tocar solos bem curtos e, em seguida, sair do palco. O público reclamava, porque tinha ido me ver tocar ou fazer o que achavam que eu deveria fazer. A essa altura, havia me tornado um "astro", e as pessoas iam às apresentações só para olhar para mim, ver o que eu ia fazer, o que vestia, se ia falar alguma coisa ou xingar alguém, como se eu fosse um tipo de aberração numa gaiola de vidro de um zoológico filho da puta. Cara, aquela merda começou a ficar deprimente. E, nesse período, eu já sentia muita dor o tempo todo por causa do que descobri ser uma anemia falciforme, que causava artrite nas minhas juntas, em especial na lateral esquerda do quadril. Isso me irritava. E me exercitar na academia não parecia ajudar. Então decidi ir dirigindo até a Califórnia, só para esfriar a cabeça; passar por Chicago e St. Louis e seguir até a Califórnia antes de a banda chegar lá. Talvez fosse divertido. Estava precisando de uma mudança.

A Columbia nos gravou no Blackhawk, mas aquele equipamento todo dentro do clube incomodou a banda e a mim. Os caras ficavam checando os volumes e tal, e isso pode te desconcentrar, te fazer perder o tempo. Porém, um desses caras era o jornalista Ralph J. Gleason, de quem eu gostava muito. Foi bom vê-lo e conversar com ele. Ralph, Leonard Feather e Nat Hentoff eram os únicos críticos de música que não escreviam como idiotas. Os demais, eu não fazia questão nenhuma.

Quando retornamos a Nova York, em abril de 1961, fizemos uma data no Carnegie Hall, pela qual eu estava bem ansioso. Não só tocaríamos num grupo pequeno, como também teríamos Gil Evans regendo uma grande orquestra, tocando músicas de *Sketches of Spain*.

Foi uma grande noite de música. A única coisa que ferrou foi quando Max Roach chegou com outros manifestantes e se sentou no palco. Cara, isso me incomodou tanto que nem consegui tocar. O show era em prol da African Relief Foundation, mas Max e seus amigos viram como algo que beneficiava um grupo considerado por eles como uma frente da CIA ou algo que perpetuava o colonialismo na África. Eu não me importava que Max visse aquela entidade como uma ferramenta para os EUA, afinal era formado quase que só por gente branca, saca? O que me incomodou foi ele foder com a música daquele jeito ao chegar e se sentar no palco justo quando estávamos prestes a tocar, segurando aqueles malditos cartazes. Eu tinha acabado de começar a tocar quando ele fez isso, então fiquei puto da vida. Não sei por que Max fez aquilo. Mas ele era como meu irmão e, mais tarde, me disse que só queria que eu ficasse ciente do que estava me metendo. Eu então falei que ele deveria ter achado um outro jeito de me informar, e ele concordou. Depois que alguém conseguiu tirá-lo do palco, voltei e terminei de tocar.

Max e eu tivemos outro desentendimento pouco depois desse incidente. Como eu já disse, a morte de Clifford Brown, em 1956, afetou muito Max, que começou a beber e tal. Na época, eu não o via muito, e ele tinha se casado com Abbey Lincoln, a cantora. Agora, de algum modo, ele achava que eu estava me engraçando com ela, então quis dar o troco tentando trepar com Frances. Aparecia na minha casa e batia na porta quando eu não estava lá, exigindo entrar. Certa noite, tentou arrombar a porta, o que assustou Frances, que me contou. A princípio, não acreditei no que ouvi, mas enfim percebi que ela estava falando a verdade. Entrei no carro e fui atrás de Max. Encontrei-o no clube de Sugar Ray, no Harlem. Tentei explicar a ele que a única coisa que fiz com Abbey Lincoln foi cortar o cabelo dela. Alguém havia dito a ele que eu tinha "dado um trato" em Abbey –, e ele entendeu que eu tinha transado com ela. Quando Max começou a gritar comigo e me enforcar, o nocauteei com um gancho. Caiu seco. Max estava gritando, e eu tentei sair uma ou duas vezes, mas ele não deixava. Ora, você sabe que um baterista é forte como um touro, cara, e Max não engolia sapo de ninguém. Eu sabia disso. Frances estava lá, e as pessoas olhavam para nós como se estivéssemos alucinados.

Cara, essa merda foi bem triste. Não era o verdadeiro Max Roach gritando comigo no clube, assim como não era o verdadeiro Miles Davis aquele *junkie* de anos antes. As drogas falavam por Max, então, quando bati nele daquele jeito, não sentia estar batendo no verdadeiro Max que eu conhecia. Mas aquela merda me deixou bem magoado, magoado de verdade. Fui para casa e chorei como um bebê nos braços de Frances naquela noite, a noite inteira. Foi uma das coisas mais difíceis e mais emocionalmente devastadoras pela qual já passei. Porém, depois de um tempo, tudo voltou a ser como era. Max e eu mal voltamos a tocar no assunto após aquela noite.

Frances e eu estávamos nos dando muito bem em 1961. Certa vez, eu a surpreendi no Birdland com um anel de safira embrulhado em papel higiênico. Ela ficou chocada, porque não esperava. Acho que Dinah Washington estava cantando no clube naquela noite. Além disso, eu andava passando muito tempo em casa ensinando Frances a cozinhar, o que eu adorava. Eu amava comida boa e detestava ir a restaurantes o tempo todo, então aprendi a cozinhar com livros e prática, como se faz com um instrumento. Sabia preparar a maioria dos grandes pratos franceses – porque eu gostava muito da culinária francesa – e todos os pratos afro-americanos. Porém, o meu favorito era um chili que eu batizei de South Side Chicago Chili Mack do Miles. Eu servia com espaguete, queijo ralado e biscoitinhos de queijo. Ensinei Frances a preparar esse prato, e, depois de um tempo, ela já cozinhava tudo melhor do que eu.

Em algum momento nesse período, nos mudamos para a West 77th Street, 312, onde costumava ser uma igreja ortodoxa russa. Comprei o edifício de cinco andares em 1960, mas só nos mudamos depois de uma reforma.

Ficava ao lado do rio Hudson, entre a Riverside Drive e a West End Avenue. Tinha um porão, onde montei uma academia para me exercitar, e uma sala de música, na qual podia ensaiar sem incomodar ninguém na casa. O primeiro andar incluía uma grande sala de estar e uma cozinha ampla. Uma escada levava aos quartos. Alugávamos apartamentos nos dois últimos andares. Havia ainda um pequeno jardim nos fundos. Nessa época, estávamos bem confortáveis. Eu ganhava cerca de US$ 200 mil por ano e tinha investido parte do meu dinheiro em ações; olhava os jornais o tempo todo para estar inteirado sobre a situação delas.

Precisávamos da casa, pois agora havia crianças vivendo conosco: minha filha, Cheryl; meus filhos, Miles IV e Gregory; e o filho de Frances, Jean-Pierre. Meu irmão Vernon ia nos visitar de vez em quando e ficava por lá, assim como minha irmã e minha mãe. E meu pai foi umas duas vezes.

Eu não via minha mãe com muita frequência, mas, quando a via, era uma peça e tanto, cara. Ela não tinha meias palavras. Lembro-me de uma vez que um cara chamado Marc Crawford estava escrevendo uma matéria extensa sobre mim para a revista *Ebony,* e eu estava em Chicago para tocar no Sutherland Lounge. Marc então sentou-se à mesa comigo, minha mãe, minha irmã Dorothy e o marido dela, Vincent. Minha mãe falou: "Miles, você poderia pelo menos sorrir para o público após receber tantos aplausos. Batem palma porque te adoram, adoram o que você está tocando, porque é maravilhoso".

"O que você quer que eu seja, um Pai Tomás?"

Ela me olhou muito séria por um minuto e disse: "Se eu ficar sabendo que você andou bancando o Pai Tomás, eu mesma venho matá-lo". Bem, ninguém na mesa fez nada, pois todos sabiam como ela era. Mas os olhos de Marc Crawford esbugalharam até ficar do tamanho de laranjas. Ele não sabia se escrevia ou não aquilo. Era o jeito da minha mãe, totalmente despachada.

Em 1961, venci outra enquete da *Down Beat*, como melhor trompetista e pela melhor banda. O novo grupo de Trane com Elvin Jones, McCoy Tyner e Jimmy Garrison venceu como melhor banda nova, e Trane foi eleito melhor saxofonista tenor e melhor novo astro do saxofone soprano. Assim, tudo estava bacana, exceto pela minha anemia falciforme. Não ia me matar, mas era séria o bastante para me deixar para baixo. Ainda assim, todo o resto era promissor.

Muitos atores iam me ver tocar. Marlon Brando ia ao Birdland toda noite para ouvir música e botar os olhos em Frances. Lembro de Marlon sentado na mesa dela a noite toda, conversando e sorrindo feito um moleque enquanto eu tocava. Ava Gardner era outra figura frequente no Birdland, e Richard Burton e Elizabeth Taylor também apareciam. Paul Newman ia bastante, não só para ouvir a música, mas também para estudar meus trejeitos para um filme sobre músicos que estava fazendo, *Paris vive à noite*. Quando eu tocava em Los Angeles, Laurence Harvey sempre aparecia e estacionava seu Rolls-Royce branco (com estofamento roxo) bem na frente do clube, o It Club. O dono era um preto chamado John T. McClain, que nós chamávamos de "John T" (seu filho, também de nome John T. McClain, é um dos maiores produtores fonográficos da atualidade e trabalha com gente como Janet Jackson para a A & M Records). Eu também estava curtindo minha nova casa em Nova York. Coltrane ia me visitar, e nós tocávamos um pouco no porão. Cannonball também. Fiquei sabendo que Bill Evans estava viciado em heroína, e isso me embrulhou o estômago. Eu havia conversado com Bill quando ele começou a experimentar, mas acho que não prestou atenção em mim. Isso me aborreceu muito, pois ele era um músico tão maravilhoso e passou a desenvolver um vício quando todos os outros, até mesmo Sonny Rollins e Jackie McLean, estavam se limpando.

Acho que foi por influência de Bill que eu sempre colocava música erudita para tocar em casa. Era muito relaxante para refletir e trabalhar. Quer dizer, as pessoas chegavam e esperavam ouvir muito jazz na *jukebox*, mas eu não estava muito interessado nisso na época. E muita gente ficava chocada quando me via ouvindo música erudita o tempo todo, saca, Stravinsky, Arturo Michelangeli, Rachmaninoff, Isaac Stern. Frances curtia música erudita, e acho que ela ficou meio surpresa quando descobriu que eu gostava também.

Nós finalmente nos casamos em 21 de dezembro de 1960. Frances comprou uma aliança de cinco aros para si mesma. Eu não botava fé em usar aliança, então não comprei. Foi a primeira vez que me casei no papel. Isso deixou os pais de Frances muito felizes, e eu me vi feliz por eles também. Meu pai e minha mãe também acharam bom, porque ambos gostavam muito de Frances, assim como todo mundo.

Por melhor que estivesse minha vida doméstica, a música não andava muito bem para mim durante esse período. Hank Mobley deixou a banda em 1961, e eu o substituí brevemente por um cara chamado Rocky Boyd, que também não deu certo. Como eu já disse, a essa altura, eu era um "astro" para muita gente. Em janeiro de 1961, a *Ebony* havia feito uma matéria de sete páginas com muitas fotos minhas, da minha família e dos meus amigos na minha casa, fotos da minha mãe e do meu pai, com ele na fazenda de porcos, parecendo um ricaço e tal. Foi uma boa exposição que me levou de verdade ao público negro. Mas nada disso importava para mim naquele momento, porque a música não estava acontecendo, e isso fodia com a minha cabeça. Eu estava começando a beber mais e tomava analgésicos para a anemia falciforme. E vinha usando mais cocaína, acho que por causa da depressão.

Em 1962, J. J. Johnson estava disponível, e Sonny Rollins voltou para fazer algumas *gigs*. Então formamos um sexteto muito bom com Wynton Kelly, Paul Chambers, Jimmy Cobb e eu. Caímos na estrada. Tocamos em Chicago – em meados de maio – e passamos por East St. Louis para ver meu pai. Ele não andava muito bem. Frances foi conosco para ver seus pais em Chicago.

Uns dois anos antes – acho que em 1960 –, o carro do meu pai foi atingido por um trem enquanto ele passava por um desses cruzamentos sem cancela. O acidente ferrou bem com ele, pois as ambulâncias de brancos não pegavam pretos no local em que aconteceu, então ele teve de esperar até uma ambulância de pretos ir buscá-lo e levá-lo ao hospital. Ninguém me disse logo de cara, porque não acharam que fosse muito sério. Além disso, eu estava na estrada, e não quiseram me preocupar. Quando liguei para ele por acaso, mais ou menos uma semana depois do acidente, perguntei como ele estava, e ele disse: "Ah, fui atingido por um trem". Assim, como se não fosse nada, saca?

"O quê? O que aconteceu?"

"Nada. Só fui atingido por um trem. Minha mulher me levou para ser examinado, e disseram que está tudo bem comigo."

Depois disso, ele não conseguia pegar mais nada sem que as mãos tremessem. Tentava alcançar algum objeto, se inclinava pra frente para pegá-lo, mas não conseguia. Sua esposa vinha me dizendo que ele estava piorando, então o levei para Nova York para uma consulta com um neurocirurgião, mas o cara não conseguiu dizer o que havia de errado. Meu pai agora era como um lutador de boxe desnorteado de tanto tomar socos na cabeça; não deixava ninguém dar nada a ele. Certa vez, na minha casa, fui pegar algo pra ele, e ele me disse: "Você não percebe quando as pessoas não querem a sua ajuda?".

Ele não conseguia mais andar ereto, não conseguia trabalhar. Quando o visitei em 1962, ainda parecia o mesmo da última vez que o vi, tremia e não queria que ninguém fizesse nada para ele. Porém, não conseguia fazer nada sozinho e ainda reclamava sempre que alguém tentava ajudar, porque era um homem muito orgulhoso. Ele me dizia constantemente que ia vencer aquilo e que estaria de volta ao trabalho antes que percebêssemos.

No entanto, quando estávamos prestes a partir para Kansas City, ele me deu uma carta. Deixei-a com Frances, dei um abraço nele e fui embora. Eu me esqueci da carta. Então, três dias depois, estávamos tocando em Kansas City, e J. J. veio até mim: "É melhor você se sentar".

Olhei para ele e perguntei: "Que porra é essa, o que você precisa me contar?". Percebi que tinha alguma coisa estranha pelo jeito triste que ele olhou para mim. Então me sentei, um pouco assustado. "Seu pai acabou de morrer, cara. Ligaram agora para o clube e avisaram o dono; seu pai acabou de morrer." Só olhei para ele, chocado, e disse: "Ah, vá! Ah, caramba! Cara!". Nunca vou esquecer. Só falei: "Ah, vá!". Não sei o que me deu; não chorei nem nada. Só fiquei meio entorpecido, provavelmente num estado de descrença.

E então me lembrei da carta. Fui direto para o hotel e pedi a carta a Frances. Ela dizia: "Alguns dias depois de você ler isso, estarei morto, então se cuide, Miles. Eu te amei verdadeiramente, e você me deixou orgulhoso". Cara, isso acabou comigo. Chorei, chorei com força, cara, com muita força e por muito tempo. Fiquei furioso comigo mesmo por ter me esquecido de ler a carta antes. Fiquei muito mal, me senti muito culpado. Fiquei frustrado – frustrado pra caralho, você não ia acreditar – por não ter sido capaz de ajudar meu pai quando ele ficou doente, depois de todas as vezes que ele me ajudou. E eu pude ver o quão doente ele estava, porque a caligrafia era muito trêmula e irregular. Li e reli a carta até não poder mais, depois li mais algumas vezes e guardei. Ele tinha 60 anos. Achei que ele fosse viver para sempre, porque sempre estava a postos para me apoiar. Eu sabia que tive um grande pai, um grande pai de verdade, e ele só podia ser um filho da mãe da pesada para me dizer daquele jeito que ia morrer. Quando o vi, não achei que ele estava bem e, pensando naquela última visita – relembrando todas as imagens dele que pude –, me lembrei que ele tinha aquele olhar que certas pessoas – gente espiritual, do interior – têm quando algo está muito errado. Ele estava com esse olhar quando eu me despedi, aquele olhar triste de "provavelmente não vou mais te ver". Mas eu não percebi. E saber disso me deixou ainda mais triste, mais culpado, por não ter conseguido ajudar meu pai no momento que ele mais precisou de mim. Se eu tivesse ao menos prestado atenção! Eu já tinha visto aquele olhar muitas outras vezes, como na última vez que vi Bird.

O funeral do meu pai, em maio de 1962, foi um dos maiores, se não *o* maior, realizado para um preto em East St. Louis. O novo ginásio da Lincoln High School estava lotado, cara. Veio gente de todo lugar, todos os médicos, dentistas e advogados que ele conhecia, muitas pessoas da África que tinha conhecido na faculdade, muita gente branca e rica. Vi pessoas que eu não via fazia anos. Sentei-me na primeira fileira com o resto da família. Já havia passado por toda a tristeza, então não foi doloroso, não foi triste ficar ali sentado e vê-lo pela última vez. Era quase como se ele estivesse dormindo no caixão. Meu irmão Vernon, que é mais doido do que eu jamais poderia ser, começou a fazer piada com a aparência de uma mulher. "Miles, olha aquela piranha ali tentando esconder aquela bundona." Olhei e era verdade, então quase caí na gargalhada, quase morri de rir. Cara, esse negrão é maluco. Mas ele relaxou todo mundo, e eu só voltei a ficar triste de verdade quando levaram o corpo e o enterraram no cemitério. Quando o colocaram na sepultura, foi aí que eu soube de verdade que o havia visto – a imagem física dele – pela última vez neste mundo. Depois disso, só o veria em fotos ou vivo na minha mente.

Voltei a Nova York e tentei trabalhar, de forma a não ter tempo de pensar no meu pai. Tocamos no Vanguard, em lugares pela Costa Leste. Eu tocava muito em clubes e ia muito à academia. E então gravei *Quiet Nights* com Gil Evans em julho daquele ano. (Fizemos outras sessões em agosto e novembro.) Não me entusiasmei muito com a música que fizemos nesse álbum. Sabia que não estava tão envolvido nela como estive no passado. Tentamos colocar umas coisas de bossa nova nesse disco.

E aí a Columbia teve a brilhante ideia de fazer um álbum de Natal, achando que seria descolado colocar um cantor bobo de nome Bob Dorough nele, com arranjos de Gil. Com Wayne Shorter no sax tenor, um cara chamado Frank Rehak no trombone, e Willie Bobo nos bongôs, gravamos o álbum em agosto. Quanto menos se falar dele, melhor, mas foi a oportunidade que tive de tocar com Wayne Shorter pela primeira vez, e eu gostei muito do lance dele.

A última sessão que fiz com Gil para *Quiet Nights*, em novembro, simplesmente não estava rolando. Parecia que tínhamos gastado toda nossa energia para nada, então abandonamos. A Columbia lançou o disco mesmo assim, para ganhar dinheiro, mas, no que dependesse de mim e Gil, ele teria ficado no depósito. Fiquei tão bravo com essa merda que passei muito tempo sem falar com Teo Macero depois disso. Ele fodeu com tudo nesse álbum, ignorando as partituras, atrapalhando todo mundo, tentando dizer aos músicos o que deveriam tocar e outras merdas do tipo. Deveria ter ficado com a bunda na cadeira na técnica e tirado um bom som para nós, em vez de encher o saco e foder com tudo. Tentei fazer com que aquele filho da puta fosse demitido depois desse disco. Cheguei a ligar para Goddard Lieberson, que era o presidente da Columbia na época. Porém, quando Goddard me perguntou se eu queria Teo demitido, simplesmente não tive coragem de fazer isso com ele.

Antes da última sessão de *Quiet Nights*, em novembro, enfim concordei em dar uma entrevista à *Playboy*. Marc Crawford, que havia escrito a matéria a meu respeito na *Ebony*, me apresentou a Alex Haley, que faria a entrevista. A princípio, eu não queria concedê-la. E então Alex perguntou: "Por quê?".

"É uma revista para brancos. E pessoas brancas geralmente fazem perguntas só para entrar na sua cabeça, para ver o que você está pensando. E depois não querem te dar crédito por você pensar aquilo que disse a elas, pelo que você efetivamente respondeu." Em seguida, falei que outro motivo para eu não querer dar a entrevista era o fato de a *Playboy* nunca mostrar mulheres de pele preta e marrom, nem asiáticas. "A revista só traz loiras peitudas de bunda reta ou sem bunda", disse a ele. "Então quem é que quer ver essa porra o tempo todo? Nós, pretos, gostamos de bundas grandes, saca, e de beijar na boca, e mulheres brancas nem têm boca para beijar." Alex conversou comigo, foi para a academia comigo e até entrou no ringue comigo e tomou uns ganchos na cabeça. *Aquilo* me impressionou. Então disse a ele: "Olha só, cara, se eu te falar tudo, será que eles não me tornam sócio da empresa por te dar todas essas informações que querem que eu te dê?". Ele respondeu que não rolaria. Então falei que, se lhe dessem US$ 2.500 pela entrevista, aí eu faria. A revista concordou, e foi assim que a entrevista aconteceu.

Mas não gostei do que ele escreveu. Apesar de ser uma boa leitura, Alex inventou algumas coisas. Na matéria, falou de como o pequeno trompetista de cor – eu – sempre ficava para trás do trompetista branco quando escolhiam o melhor trompetista de Illinois. Isso foi quando eu estava no ensino médio, numa competição estadual. E Alex escreveu que eu sempre me senti mal por causa disso. Foda-se essa merda! Não era verdade. Eu posso ter perdido, mas não me senti mal, porque *sabia* que eu era um filho da puta da pesada, e o garoto branco também sabia. Onde é que está *aquele* bunda mole agora? Não gostei de Alex ter floreado essa merda. É um bom jornalista, mas é muito dramático. Mais tarde, eu soube por que ele fez isso, é só o jeito dele de escrever, mas eu não sabia até ele fazer aquela matéria a meu respeito.

Terminamos a turnê em Chicago, em dezembro de 1962 – eu, Wynton, Paul, J. J. e Jimmy Cobb. Jimmy Heath tocou em uma apresentação no lugar de Sonny Rollins, que saiu de novo para formar seu próprio grupo e se dedicar mais um pouco aos estudos. Acho que foi por volta dessa época que ele supostamente foi ouvido praticando nas vigas da ponte do Brooklyn; pelo menos era o que todo mundo dizia. Com exceção de mim e de Jimmy Cobb, todos falavam em sair da banda, ou para ganhar mais dinheiro ou para ir tocar a própria música. A cozinha queria trabalhar como um trio liderado por Wynton, e J. J. queria ficar perto de L.A. porque poderia ganhar muito dinheiro trabalhando como músico de estúdio e ficar em casa com a família. Assim, restamos eu e Jimmy Cobb, o que não era suficiente para formar uma banda.

No início de 1963, precisei cancelar datas na Filadélfia, em Detroit e em St. Louis. A cada cancelamento, os *promoters* me multavam pelo prejuízo, e eu tive de pagar mais de US$ 25 mil. Depois, fechei para tocar no Blackhawk, em São Francisco, e decidi não levar Paul e Wynton. Já vinha tendo problemas com eles, pois queriam mais dinheiro, além de tocar as próprias músicas. Disseram estar cansados de executar só o meu repertório, queriam algo novo para fazer e, a essa altura, estavam em alta demanda. Mas mais do que isso, acho que Wynton queria ser líder, ter a própria carreira e, depois de cinco anos comigo, achou que estava pronto para essa responsabilidade. Acredito que ele e Paul só quiseram sair debaixo da minha asa porque todos os outros saíram.

Perguntei ao pessoal do Blackhawk se eu poderia ir uma semana depois, para dar tempo de eu me ajeitar, e eles concordaram. Fui para lá com um novo grupo, que contava apenas com Jimmy Cobb da formação anterior. Porém, depois de alguns dias, ele saiu para se juntar a Wynton e Paul. Agora eu tinha uma banda completamente nova.

Contratei George Coleman para o saxofone, pois decidi que deveria começar do zero. Coltrane o tinha recomendado, e ele aceitou entrar para a banda. Perguntei com quem mais ele gostava de tocar, e ele sugeriu Frank Strozier para o sax alto e Harold Mabern para o piano. Agora eu precisava de um baixista. Havia conhecido Ron Carter (que era de Detroit) em Rochester, Nova York, em 1958, quando ele foi ao *backstage* depois de um show; ele conhecia Paul

Chambers de sua cidade natal. Na época, Ron estudava baixo na Eastman School of Music. Eu o reencontrei em Toronto alguns anos depois e lembro que ele conversou muito com Paul a respeito do que estávamos tocando. Na época, estávamos bem interessados naquele negócio modal de *Kind of Blue*. Depois de se formar, Ron foi para Nova York e vinha trabalhando pela cidade, e foi quando o vi no quarteto de Art Farmer e Jim Hall.

Paul já tinha me dito que Ron era um baixista filho da puta de bom. Então, quando ele já estava prestes a sair, fiquei sabendo que Ron ia tocar, fui vê-lo e adorei o que ele fez. Assim, o convidei para entrar na banda. Ele estava compromissado com Art, mas me disse que, se Art concordasse, se juntaria à minha banda. Depois do *set*, falei com Art e, embora ele não quisesse dispensar Ron, topou.

Antes de sair de Nova York, tinha feito testes para a banda e foi aí que consegui todos aqueles músicos de Memphis – Coleman, Strozier e Mabern. (Eles haviam estudado com o grande e jovem trompetista Booker Little, que morreu de leucemia pouco depois disso, e com o pianista Phineas Newborn. Eu me pergunto o que eles faziam por lá quando todos estudaram no mesmo lugar?) Não precisei fazer teste com Ron, porque já o ouvira tocar, mas ele ensaiou conosco. E eu tinha ouvido falar de um ótimo baterista de 17 anos chamado Tony Williams, que estava trabalhando com Jackie McLean, e me deixou absolutamente impressionado de tão fodido de bom que era. Assim que o ouvi, quis que fosse comigo para a Califórnia, mas ele tinha *gigs* a fazer com Jackie. No entanto, me disse que, assim que terminasse o trabalho com Jackie, tinha a bênção dele para se juntar ao meu grupo. Cara, só de ouvir aquele filho da puta já me empolguei por completo de novo. Como eu disse antes, trompetistas adoram tocar com grandes bateristas, e, definitivamente, de cara já ouvi que Tony seria um dos filhos da puta mais cascudos a comandar uma bateria. Ele era a minha primeira opção, e Frank Butler, de L.A., foi apenas um substituto até que Tony pudesse entrar na banda.

Tocamos no Blackhawk, e tudo correu bastante bem para um grupo novo, embora eu tenha percebido logo de cara que Mabern e Strozier não eram os músicos que eu procurava. Eram muito bons, só pertenciam a outro tipo de banda. Em seguida, fizemos uma data em L.A., no It Club de John T., e lá eu decidi que queria gravar algumas músicas. Substituí Mabern por um grande pianista da Inglaterra chamado Victor Feldman, que tocava demais. Também tocava vibrafone e bateria. Gravamos duas composições dele na sessão: a faixa-título, "Seven Steps to Heaven", e "Joshua". Eu queria que ele entrasse na banda, mas ele estava ganhando uma fortuna como músico de estúdio em L.A., então perderia dinheiro se viesse tocar comigo. Voltei a Nova York à procura de um pianista e o encontrei em Herbie Hancock.

Eu tinha conhecido Herbie cerca de um ano antes, quando o trompetista Donald Byrd o levou até minha casa na West 77th. Ele acabara de entrar para a banda de Donald. Pedi-lhe que tocasse alguma coisa no meu piano e logo vi que ele era muito bom. Quando precisei de um novo pianista, pensei primeiro em Herbie e o chamei para vir até em casa. Tony Williams e Ron Carter também viriam, então eu queria saber como ele soaria com os dois.

Os três tocaram juntos por uns dois dias, e eu os ouvia pelo sistema de comunicação que instalei na sala de música e por toda a casa. Cara, eles soavam bem demais. Lá pelo terceiro ou quarto dia, desci e me juntei a eles para tocar algumas coisas. Ron e Tony já estavam na banda. Eu disse a Herbie para nos encontrar no estúdio no dia seguinte. Estávamos terminando *Seven Steps to Heaven*. "Então isso quer dizer que estou no grupo?", perguntou ele.

"Você vai fazer o disco comigo, não?", respondi.

De cara, eu já soube que esse grupo seria fodidamente bom. Pela primeira vez em um longo tempo, fiquei entusiasmado, porque se eles estavam bons daquele jeito com apenas alguns dias, como seria dali alguns meses? Cara, eu conseguia ouvir aquele negócio estourando em todo lugar. Terminamos *Seven Steps to Heaven*, e eu liguei para Jack Whittemore para que ele agendasse o máximo de *gigs* que pudesse até o fim do verão, e ele foi firme nessa tarefa.

Em maio de 1963, concluímos o novo álbum e fomos à Filadélfia para tocar no Showboat. Lembro que Jimmy Heath estava na plateia. Depois que fiz meu solo, desci do palco e perguntei a ele o que achava da banda, pois respeitava muito sua opinião. "Cara, eles são ótimos, mas eu não ia querer estar com eles no palco todas as noites. Miles, esses desgraçados vão tacar fogo em todo mundo!". Era exatamente o que eu pensava, só que me vi adorando tocar com eles. Cara, eles pegavam tudo muito rápido. E Jimmy estava certo: eram ótimos. Tocamos em Newport, Chicago, St. Louis (onde o selo VGM gravou um disco, *Miles Davis Quintet: In St. Louis*) e outros lugares.

Depois de tocarmos pelos EUA ao longo de algumas semanas, fomos para Antibes, no sul da França, perto de Nice e do Mediterrâneo, para tocar num festival. Cara, arrasamos por lá. Tony deixou todo mundo de cara no chão, porque ninguém tinha ouvido falar dele, e os franceses se orgulham por serem inteirados sobre que acontece no jazz. Ele acendeu uma grande fogueira debaixo de todo mundo do grupo, me fez tocar tanto que até me esqueci da dor nas juntas que me incomodavam. Eu começava a me dar conta de que Tony e aquela banda poderiam tocar qualquer coisa que quisessem. Tony sempre foi o centro em torno do qual o som do grupo girava. Era uma peça e tanto, cara.

Foi ele quem me incentivou a voltar a tocar "Milestones" em público, porque adorava essa composição. Pouco depois de entrar na banda, disse que considerava *Milestones* "o álbum de jazz definitivo, o melhor de todos os tempos" e que o disco continha "o espírito de todo mundo que toca jazz". Fiquei tão atordoado que só consegui dizer: "Sério!?". Ele então me contou que a música pela qual "se apaixonou" pela primeira vez foi a minha. Eu simplesmente o amava como um filho. Tony tocava conforme o som e fazia umas coisas muito sofisticadas e elegantes de acordo com os sons que ouvia. Mudava seu jeito de tocar todas as noites. Cara, para acompanhar Tony Williams, você tinha de ficar muito atento e prestar atenção a tudo o que ele fazia, ou se perderia em um segundo, ficaria fora do tempo e soaria muito mal.

Depois da apresentação em Antibes (a CBS da França a gravou como *Miles Davis in Europe*), voltamos para os EUA e, em agosto, tocamos no Festival de Jazz de Monterey, no norte da Califórnia, logo ao sul de São Francisco. Durante o evento, Tony tocou com dois músicos idosos, Elmer Snowden, guitarrista de quase 70 anos, e Pops Foster, baixista que acho que já tinha mais de 70. O baterista deles não apareceu, então Tony tocou com esses dois caras de quem nunca tinha ouvido falar, cujas músicas nunca tinha escutado, e o filho da puta arregaçou; virou Pops, Elmer e todo o festival do avesso. Aquele jovenzinho filho da mãe era da pesada. Logo após terminar de tocar com eles, entrou no palco conosco e arrebentou demais. Um rapaz de 17 anos de quem mal se havia ouvido falar antes do começo do ano. A essa altura, muita gente já dizia que Tony seria o maior baterista que já existiu. E digo o seguinte: ele tinha o potencial, e ninguém *nunca* tocou tão bem comigo quanto Tony. Sério, era assustador. Mas também Ron Carter, Herbie Hancock e George Coleman não ficavam muito para trás, então eu sabia que tinha algo bom rolando ali.

Fiquei na Califórnia por um tempo para fazer uma trilha sonora com Gil Evans. Era para uma peça chamada *The Time of the Barracudas*, estrelada por Laurence Harvey. Ela estava sendo montada em L.A., então Gil e eu nos hospedamos no Chateau Marmont, em West Hollywood. Laurence nos visitava para ouvir o que estávamos compondo. Ele era um grande fã meu e ia me ver sempre que eu tocava em Los Angeles, então queria muito que eu fizesse essa trilha. Eu também era admirador do trabalho dele e achei que seria uma boa ideia. Concluímos a trilha, mas aí a peça foi engavetada devido a desentendimentos entre Laurence e algumas outras pessoas; eu nunca soube o que aconteceu. Fomos pagos pelo trabalho, e a

Columbia gravou a trilha, mas nunca lançou. Acho que está em algum lugar no depósito da gravadora. Gostei do que fizemos nessa trilha. Contamos com uma orquestra completa, e o disco foi produzido por Irving Townsend. Acho que o que provavelmente aconteceu foi que o sindicato dos músicos queria uma banda ao vivo no fosso durante a peça, em vez de música gravada. Depois disso, Gil e eu não fizemos mais muita coisa juntos, musicalmente falando. Continuamos bons amigos, só que eu seguia outra direção com minha nova banda.

Em agosto de 1963, o marido da minha mãe, James Robinson, morreu em East St. Louis. Não fui ao funeral, pois era algo que eu não gostava muito de fazer, mas conversei com minha mãe ao telefone, e ela não parecia muito bem. Como eu havia dito, ela estava com câncer e não tinha melhorado em nada. O cenário já não era promissor, e a morte do marido dela só piorou as coisas. Meu pai tinha morrido no ano anterior, então ela estava pensando nisso tudo quando nos falamos. Minha mãe era uma mulher muito forte, porém, pela primeira vez, me vi preocupado com ela. Foi difícil para mim, porque não sou do tipo que se preocupa, então tentei não pensar nisso. E aí aconteceu algo que fodeu com a cabeça de todo mundo.

Ganhei outra enquete da *Down Beat* como trompetista, e minha nova banda ficou em segundo na categoria grupo, perdendo para o de Monk. Eu não tinha planos de entrar em estúdio, primeiro porque ainda estava com raiva de Teo Macero por ter fodido *Quiet Nights* daquele jeito. Além disso, estava começando a me cansar de gravar em estúdios e só queria tocar mais ao vivo. Sempre achei que músicos tocam melhor em situações ao vivo, e assim aquelas merdas de estúdio passavam a ser chatas para mim. Então, em vez disso, marquei um show beneficente em prol de manifestações para que a população preta se registrasse para votar, patrocinadas pela NAACP, pelo CORE (Congress of Racial Equality) e pelo SNCC (Student Nonviolent Coordinating Committee). Isso foi no auge da era dos direitos civis, e a consciência negra estava em ascensão.

A apresentação aconteceria no Philharmonic Hall em fevereiro de 1964, e a Columbia faria um registro.

Colocamos o lugar abaixo naquela noite. Aqueles filhos da puta arregaçaram – e digo, todos eles. Muitas das músicas que tocamos foram em andamento acelerado, e, em nenhum momento, tocamos para trás. Foi a melhor performance de George Coleman que ouvi. O público não sabia, mas havia muita tensão criativa rolando naquela noite. Tínhamos passado um tempo separados como banda, cada um fazendo coisas diferentes. Além disso, era beneficente, de modo que alguns dos caras não gostaram de não haver pagamento. Um deles – e não vou dizer seu nome, porque ele é uma pessoa muito legal, tem uma ótima reputação, e não quero trazer dor de cabeça a ele – me disse: "Olha só, cara, me dê meu dinheiro, e eu contribuo com o que quiser; não vou tocar para evento beneficente nenhum. Miles, eu não ganho tanto dinheiro quanto você". A discussão se estendeu. Todo mundo decidiu tocar, mas só esta única vez. Quando entramos no palco, todos estavam putos da cara uns com os outros, então acho que essa raiva criou um fogo, uma tensão que envolveu a performance de todo mundo. E talvez esse tenha sido um dos motivos pelo qual todos tocaram com tanta intensidade.

Cerca de duas semanas depois do show, no último dia de fevereiro, meu irmão Vernon ligou no meio da noite. Ele então disse a Frances que minha mãe tinha acabado de morrer no hospital Barnes, em St. Louis. Frances me contou quando cheguei em casa de manhã. Eu estava ciente de que minha mãe havia sido internada lá e pretendia ir visitá-la, mas não sabia que era tão sério. Maldição, eu havia feito de novo. Não li o bilhete do meu pai quando ele me entregou e agora não tinha ido ver minha mãe antes de ela morrer.

O funeral aconteceria em poucos dias, e Frances e eu iríamos de avião até East St. Louis. O avião taxiou para decolar e então voltou, porque o piloto teve de checar alguma coisa. Quando a aeronave retornou para o portão, eu simplesmente desembarquei e fui para casa.

O piloto alegou que havia problemas no motor, e eu sou supersticioso com merdas assim. O avião ter voltado e apresentado falha no motor era a senha de que eu não deveria ir.

Frances prosseguiu até o funeral, que foi realizado na Igreja Metodista Episcopal Africana de São Lucas, em East St. Louis. Eu só voltei para casa e chorei como um filho da puta a noite inteira, chorei até quase passar mal. Sei que muita gente achou estranho eu não ter ido ao funeral da minha própria mãe, e alguns provavelmente não entendem até hoje, talvez tenham achado que não me importava com a minha mãe. Mas eu a amava, aprendi muito com ela e sinto sua falta. Eu, de fato, não sabia exatamente o quanto amava minha mãe até saber que ela havia morrido. Às vezes, quando estou sozinho em casa, sinto a presença dela como um vento caloroso que preenche o cômodo, falando comigo, chegando para ver como estou. Ela tinha um ótimo espírito, e eu creio que o espírito dela ainda cuida de mim hoje. Ela também sabe e entende por que não fui àquele funeral. A imagem que sempre vou carregar da minha mãe é a de o quanto ela era forte e bela. É a imagem que sempre quero ter dela.

Por volta dessa época, as coisas começaram a ficar ruins entre mim e Frances. Ela queria que tivéssemos um filho, e eu não queria mais nenhum, então discutíamos muito a respeito disso, o que puxava outras merdas e acabávamos brigando. Eu sentia muita dor por causa da anemia falciforme, então bebia mais do que antes e estava cheirando muita cocaína. Essa combinação pode te deixar muito irritável, porque o pó não te permite dormir, então quando você tenta rebater com álcool, bem, acaba com uma ressaca feia e continua irritável. Como eu já disse, Frances foi a primeira mulher de quem senti ciúmes. Ciumento, me drogando e bebendo, cheguei a pensar que ela estivesse trepando com uma amiga homossexual, uma dançarina, e a acusei disso. Ela apenas olhou para mim como se eu fosse maluco, o que eu era mesmo na época, só não sabia disso. Eu me achava são e no topo do mundo.

Eu não queria ir a lugar nenhum, sequer visitar gente que conhecíamos, como Julie e Harry Belafonte, que moravam na esquina de casa. Não queria ir ver Diahann Carroll, então, quando Frances queria ir, eu dizia a ela que fosse com Roscoe Lee Browne, o grande ator, ou Harold Melvin, que era um excelente cabeleireiro. Eles a levavam aos lugares. Como eu não dançava, não queria que ela dançasse com mais ninguém. Umas maluquices assim. Lembro-me de uma vez que estávamos numa casa noturna em Paris, e um comediante francês dançou com Frances. Deixei-a lá na pista e voltei para o hotel onde estávamos hospedados. Veja bem, sou geminiano e posso ser muito legal num minuto e me transformar em outra coisa no minuto seguinte. Não sei por que sou assim, apenas sou, e aceito que esse é o meu jeito. Quando a coisa ficava feia, Frances ia à casa de Julie e Harry Belafonte até eu esfriar a cabeça.

E aí havia todas as mulheres que ligavam para a minha casa. Se Frances pegasse o telefone enquanto eu conversava com uma delas, eu ficava bravo, nós discutíamos e brigávamos. Eu tinha me transformado em algo como o Fantasma da Ópera: me esgueirava pelo túnel que havia debaixo do meu prédio, todo paranoico, e às vezes me via enlouquecido lá embaixo. Minha cabeça estava uma bagunça e ficando cada dia pior. Estranhos iam até a casa para entregar cocaína, e Frances não gostava disso.

Meus filhos devem ter visto o que estava acontecendo. Minha filha, Cheryl, estudava na Columbia University, e Gregory tentava ser lutador de boxe. Lutava muito bem; ensinei muito do que eu sabia a ele. Ele me idolatrava e queria ser como eu, quis até tocar trompete, porém, eu lhe dizia que tinha de seguir seu próprio caminho. Ele queria ser boxeador profissional, mas eu não deixava porque pensava que ele pudesse se machucar. Eu adorava boxe, mas acho que queria algo melhor para Gregory, embora nenhum de nós soubesse o que isso seria. Mais tarde, ele foi para o Vietnã. Não sei por que o garoto fez isso, mas ele disse que precisava de disciplina. Sentia que, na época, não tinha propósito na vida. Já o pequeno Miles era novo demais para sentir as tensões entre mim e Frances. Os outros dois, no entanto, percebiam e se sentiam mal pelas coisas estarem daquele jeito. Embora Frances não fosse a mãe deles, era muito boa para eles, que gostavam muito dela. Eu sentia que Frances e eu acabaríamos resolvendo as coisas.

E aí a merda bateu no ventilador quando George Coleman saiu. Tony Williams nunca gostou do jeito de tocar de George, e a direção da banda girava em torno de Tony. George *sabia* que Tony não gostava do seu estilo. Às vezes, eu terminava um solo e me preparava para sair para o *backstage*, e Tony me dizia: "Leve o George com você". Ele não gostava de George porque ele tocava tudo com uma perfeição quase extrema, e Tony não curtia saxofonistas assim. Admirava músicos que cometiam erros, que saíam do tom. E George só tocava acordes. Era um tremendo músico, mas Tony não gostava dele mesmo. Tony queria alguém que tentasse coisas diferentes, como Ornette Coleman. O grupo de Ornette era o seu favorito. Também adorava Coltrane. Acho que foi Tony quem trouxe Archie Shepp para o Vanguard certa noite para tocar conosco, e ele foi tão lamentável que eu só saí do palco. Não conseguiu tocar, e eu não ia ficar lá parado no palco com aquele filho da puta que não tocava nada.

Outro motivo para a saída de George foi porque meu quadril me incomodava muito. Então, às vezes, eu não conseguia fazer *gigs*, e eles tinham de tocar como quarteto. George reclamava que Herbie, Tony e Ron tocavam de forma muito livre quando eu não estava. Na minha ausência, não queriam tocar de um jeito tradicional e sentiam que George atrapalhava. George poderia tocar de forma livre se quisesse; só não queria. Preferia o jeito mais tradicional. Certa noite, em São Francisco, ele tocou livre, acho que só para provar para todo mundo que podia, e deu um nó na cabeça de Tony.

Quero esclarecer a história de que eu queria Eric Dolphy na banda quando George saiu. Eric era um cara de personalidade maravilhosa, mas nunca gostei do seu jeito de tocar. Sabia tocar; eu só não gostava do *jeito* que ele tocava. Muita gente *amava*; sei que Trane amava, e Herbie, Ron e Tony também. Quando George saiu, Tony levantou o nome de Eric, mas eu nem cheguei a considerar seriamente. Sam Rivers era o cara que Tony realmente vendia, porque o conhecia de Boston, e Tony é assim: sempre vendia o peixe das pessoas que conhecia. Depois, lá por 1964, quando Eric Dolphy morreu, fui muito criticado porque foi publicada uma declaração minha na *Down Beat*, num teste cego de Leonard Feather, na qual eu dizia que Eric tocava "como se alguém estivesse pisando no pé dele". A revista saiu bem na época em que Eric morreu, e todo mundo achou aquilo muito sangue de barata, mas eu havia dado essa declaração meses antes.

Minha primeira opção para substituir George foi Wayne Shorter, mas Art Blakey o tinha tornado diretor musical dos Jazz Messengers, então ele não poderia sair naquele momento. Assim, contratamos Sam Rivers.

Fomos a Tóquio para fazer alguns shows, naquela que foi a minha primeira viagem ao Japão. Frances foi junto e aprendeu tudo sobre comida e cultura japonesas. A essa altura, eu contava com um gerente de turnê chamado Ben Shapiro, que tirou muito do peso dos negócios dos meus ombros, coisas como pagar a banda, providenciar hotéis, voos e por aí vai. Isso me deixou livre para aproveitar a viagem. Tocamos em Tóquio e em Osaka. Nunca vou me esquecer da minha chegada no Japão. O voo é longo pra burro, então levei pó e soníferos comigo e usei ambos. Aí não consegui dormir, então comecei a beber. Quando pousamos, havia um monte de gente à nossa espera no aeroporto. Enquanto desembarcávamos, eles diziam: "Bem-vindo ao Japão, Miles Davis", e eu vomitei. Sem perder a compostura, eles imediatamente me deram remédio, me ajeitaram e me trataram como um rei. Cara, me diverti à beça e, desde então, respeito e amo o povo japonês. Que povo maravilhoso. Sempre me trataram incrivelmente bem, e os shows foram um grande sucesso.

Quando voltei aos EUA, não sentia dor alguma. Estava em Los Angeles quando recebi a ótima notícia pela qual esperava: Wayne Shorter havia saído dos Jazz Messengers. Falei com Jack Whittemore e pedi a ele que ligasse para Wayne. Nesse meio tempo, disse a todos da banda que também ligassem para ele, pois adoravam seu estilo tanto quanto eu. Então ele começou a receber um monte de ligações de todo mundo implorando para que entrasse na banda. Quando ele enfim me ligou, eu disse para ele ir até Los Angeles. Para garantir, comprei uma passagem de primeira classe para o filho da puta, de modo que viajasse em grande estilo; era o tanto que eu o queria no grupo. E, quando ele chegou, a música começou a rolar. Nossa primeira *gig* juntos seria no Hollywood Bowl. Conseguir Wayne me fez muito bem, porque, com ele, sabia que um grande som ia acontecer. E aconteceu; aconteceu muito rápido.

capítulo 13

As coisas estavam mudando no país, e pareciam estar mudando muito rápido. A música também estava mudando muito em 1964.

Muita gente começou a dizer que o jazz estava morto e a culpar o "tal do free jazz" viajandão, que caras como Archie Shepp, Albert Ayler e Cecil Taylor tocavam, e o fato de que não havia linha melódica, não era lírico e não era possível assobiar. Ora, não estou dizendo que esses músicos não eram sérios quanto ao que faziam, mas as pessoas começaram a rejeitá-los. Coltrane ainda estava firme e forte, assim como Monk; ainda gostavam muito deles. Mas aquele negócio livre e viajandão (até Trane se enveredou por aí pouco antes de morrer) não era o que muita gente queria ouvir.

Se poucos anos antes a música que tocávamos era a vanguarda, alcançava muita popularidade e encontrava um público vasto, tudo isso começou a parar quando os críticos – críticos brancos – passaram a apoiar o free jazz, o favorecendo em detrimento ao que a maioria dos outros músicos fazia. O jazz começou a perder seu apelo mais amplo por volta dessa época.

Em vez de jazz, muita gente estava ouvindo rock – os Beatles, Elvis Presley, Little Richard, Chuck Berry, Jerry Lee Lewis, Bob Dylan; e o som da Motown era a nova febre – Stevie Wonder, Smokey Robinson, as Supremes. James Brown começava a ferver também. Acho que um pouco da insistência no free jazz por parte de muitos dos críticos de música brancos era intencional, pois achavam que gente como eu estava ficando popular e poderosa demais na indústria fonográfica. Tinham de achar um jeito de cortar minhas asas. Adoraram a coisa melódica e lírica que fizemos em *Kind of Blue*, mas a popularidade do álbum e a influência que ganhamos com ele os assustaram.

Quando esses críticos começaram a empurrar aquele negócio viajandão, e as pessoas viraram a cara, eles largaram feito uma batata quente. Porém, a essa altura, boa parte do público já estava rejeitando o que a maioria de nós fazia; de repente, o jazz se tornou ultrapassado, algo morto, a ser colocado atrás de um vidro num museu e estudado. Agora, o rock 'n' roll (e, em poucos anos, o rock pesado) estava em primeiro plano na mídia. Rock 'n' roll branco roubado do rhythm 'n' blues preto, de gente como Little Richard e Chuck Berry e do som da Motown. De repente, a música pop branca era vendida na TV e em todo lugar. Antes disso, a dita música popular americana branca não queria saber de nada. Então começou a roubar, soando nova de um jeito meia-boca, só com um pouco de tempero, um pouco de balanço, uma sofisticaçãozinha chinfrim. Porém, ainda era quadrada, não tinha chegado lá. Por causa daquilo que as pessoas agora acreditavam que o jazz fosse – não melódico e não assobiável –, muitos músicos sérios passaram a ter dificuldades daí em diante.

Vários clubes de jazz estavam fechando, então muitos jazzistas se mudavam dos EUA para a Europa. Red Garland voltou para sua terra natal, Dallas, Texas, reclamando de que não tinha onde tocar. Wynton Kelly morreu subitamente, e Paul Chambers estava quase morto (se é que já não tinha morrido a essa altura). Ainda não acredito que Ornette Coleman, Cecil Taylor, John Coltrane e todos os outros caras mais viajandões não se deram conta do quanto foram usados pelos críticos brancos naquela época.

Particularmente, eu não gostava de muitas das coisas que andavam acontecendo, nem do que Trane vinha fazendo; preferia o que ele havia feito na minha banda, talvez nos primeiros dois ou três anos. Agora, parecia que ele tocava só para si mesmo e não para o grupo. Sempre senti que aquilo que um grupo faz junto é o que faz a música acontecer.

Enfim, a atitude do público em relação à música que meu novo grupo fazia era, no máximo, indiferente, embora nossas apresentações lotassem e os discos vendessem bem. Acho que isso acontecia porque eu era uma celebridade, então as pessoas iam ver esse preto rebelde famoso capaz de fazer qualquer coisa que lhe desse na telha. Algumas ainda iam para escutar a música, e muitas delas não curtiam o que ouviam, mas acredito que a maioria era simplesmente indiferente. Tocávamos um tipo de música exploratória, porém, os tempos haviam mudado. Todo mundo estava dançando.

É preciso lembrar que são os integrantes, a habilidade dos músicos, o que torna uma banda boa. Se você tiver músicos talentosos, de qualidade, dispostos a trabalhar duro, tocar muito bem e *juntos*, aí poderá fazer uma grande banda. Nos últimos anos em que Trane tocou no meu grupo, começou a tocar para si mesmo, em especial no último ano. Quando isso acontece, a banda perde a mágica, e músicos que adoravam tocar juntos começam a não ligar mais. E é aí que uma banda se desmantela e a música fica estagnada.

Eu sabia que Wayne Shorter, Herbie Hancock, Ron Carter e Tony Williams eram grandes músicos e que funcionariam como grupo, como uma unidade musical. Ter uma grande banda requer sacrifício e comprometimento da parte de todos; sem isso, nada acontece. Achei que eles seriam capazes disso, e eles foram. Quando você pega os caras certos para tocar as coisas certas no momento certo, tem uma banda desgraçada; tem tudo o que precisa.

Se eu era a inspiração, a sabedoria e o elo para essa banda, Tony era o fogo, a centelha criativa; Wayne era o cara das ideias, o conceituador de muitas das linhas musicais que executávamos; e Ron e Herbie eram as âncoras. Eu era só o líder que colocava todos juntos. Esses caras eram jovens e, embora aprendessem comigo, eu também aprendia com eles sobre as coisas novas e livres. Porque para ser e permanecer um grande músico é preciso estar sempre aberto ao novo, ao que está acontecendo no momento presente. É preciso ser capaz de absorver as novidades para continuar a crescer e a transmitir sua música. E a criatividade e a genialidade, em qualquer tipo de expressão artística, não querem saber de idade; ou você as tem ou não tem, e envelhecer não vai te ajudar a consegui-las. Eu compreendia que tínhamos de fazer algo diferente. Sabia que estava tocando com grandes músicos jovens cujos dedos seguiam uma pulsação diferente.

A princípio, Wayne era conhecido como um músico de improvisação livre, mas os anos em que ele tocou com Art Blakey e foi diretor musical da banda o trouxeram de volta em alguns aspectos. Ele queria tocar de forma mais livre do que podia na banda de Art, mas também não queria extrapolar demais. Wayne sempre foi alguém que experimentou *com* a forma em vez de alguém que executava *sem* forma. Foi por isso que o considerei perfeito para o ponto ao qual queria ver minha música chegar.

Wayne era a única pessoa que eu conhecia na época que compunha algo do mesmo jeito que Bird fazia, o único. Estava no jeito que ele escrevia o tempo. Lucky Thompson nos ouvia e dizia: "Caramba, esse garoto sabe escrever música!". Quando ele entrou na banda, começamos a evoluir muito mais e muito mais rápido, porque Wayne é um compositor de verdade. Elabora partituras, escreve partes para todo mundo exatamente como quer que elas soem. Funcionava exatamente assim, exceto quando eu mudava algumas coisas. Ele não confia nas interpretações que muita gente faz de sua música, então trazia a partitura completa e todo mundo só copiava suas partes a partir dela, ao invés de passar a melodia e as progressões à medida que encontrávamos nosso caminho pela composição.

Wayne também trouxe uma espécie de curiosidade quanto a trabalhar com regras musicais. Se elas não funcionassem, ele as quebrava, mas com um senso de musicalidade; compreendia que a liberdade na música era a habilidade de conhecer as regras para dobrá-las de acordo com a sua satisfação e gosto. Todos os outros da banda caminhavam aqui na Terra. Mas Wayne estava sempre em seu próprio plano, orbitando ao redor de seu próprio planeta. No grupo de Art Blakey, ele não poderia fazer o que fazia no meu; quando entrou para a minha banda, ele pareceu desabrochar como compositor. É por isso que digo que ele foi o catalisador intelectual musical da banda nos arranjos que fez para suas composições que gravamos.

Eu aprendia alguma coisa nova toda noite com esse grupo. Um dos motivos disso era Tony Williams ser um baterista muito progressivo. Ele ouvia um disco e o memorizava inteiro, todos os solos, a coisa toda. Foi o único cara de uma banda minha que me disse: "Cara, por que você não pratica?!". Eu perdia notas e dava umas cagadas na tentativa de acompanhá-lo, jovem e pentelho. Assim, ele me levou a voltar a praticar, porque eu havia parado e nem tinha percebido. Mas, cara, posso te dizer o seguinte: no que se trata de bateria, só há um Tony Williams. Não houve ninguém como ele, nem antes, nem depois. Ele é simplesmente um filho da puta. Tony tocava em cima do tempo, apenas uma fração acima, e isso dava uma certa tensão a tudo, porque *tinha* uma certa tensão ali. Tony tocava polirritmos o tempo todo. Era um cruzamento de Art Blakey com Philly Joe Jones, de Rob Haynes com Max Roach. Esses eram seus ídolos, e ele tinha um pouco de cada um em si. Porém, seu lance era definitivamente só seu. Quando ele começou a tocar comigo, não usava o chimbau, então o fiz passar a usar. Também disse a ele para usar o pé, porque ele vinha ouvindo muito Max e Roy, e Max não usa o pé. Já Art Blakey usa. (Os únicos bateristas que tocavam assim na época eram Tony, Alphonse Mouzon e Jack DeJohnette.)

Ron era menos musical do que Tony no sentido de que tocava o que ouvia. Não conhecia formas musicais como Tony e Herbie Hancock, mas tinha aquele vigor que Wayne e Herbie precisavam. Tony e Herbie sempre faziam contato visual, mas nunca teriam dado certo como uma unidade sem Ron. Ele levava quatro ou cinco dias para de fato pegar alguma coisa, mas quando pegava, cara, era melhor sair de baixo. Porque o filho da puta mandava ver, e era melhor você levantar a bunda da cadeira e tocar pra caramba, ou ia ficar para trás e passar *muita* vergonha. E o ego de todo mundo era grande demais para isso. Tony conduzia o andamento, e Herbie era como uma esponja. Qualquer coisa que você tocasse, por ele, tudo bem; ele simplesmente absorvia de tudo. Certa vez, eu disse a ele que seus acordes estavam densos demais, e ele respondeu: "Cara, eu não sei o que tocar em alguns momentos".

"Então, Herbie, não toque nada se você não souber o que tocar. Deixe quieto, saca? Você não precisa tocar o tempo todo!" Ele era como alguém que bebe a garrafa inteira só porque ela está ali. No começo, Herbie era assim; tocava e tocava e tocava só porque podia e porque nunca ficava sem ideias e adorava tocar. Cara, aquele filho da puta tocava tanto piano que, quando eu passava por ele depois de tocar, fingia que ia cortar suas duas mãos.

Quando Herbie veio tocar conosco, eu disse a ele: "Você está colocando notas demais no acorde. O acorde já está estabelecido, assim como o som. Então, você não precisa tocar todas as notas do baixo. Ron dá conta do baixo". Essa foi a única coisa que precisei dizer a ele, exceto por algumas vezes que pedi para que tocasse devagar ao invés de rápido demais. E para não tocar em excesso; para, às vezes, não tocar nada, mesmo que só ficasse ali sentado a noite toda. Não tocar só porque tinha 88 teclas à disposição. Pianistas e guitarristas, cara, eles fazem esse tipo de merda; sempre tocam em excesso, então você tem de puxá-los de volta. O único guitarrista que eu tinha ouvido e gostado até então era Charlie Christian. Ele tocava guitarra como um instrumento de sopro e influenciou o jeito como eu tocava trompete. Oscar Pettiford, baixista, tocava como Charlie Christian também. E foi Oscar quem apresentou esse conceito à forma como o baixo moderno é tocado, como uma guitarra. Oscar e Jimmy Blanton. Charlie Christian influenciou minha abordagem ao trompete, assim como a de Dizzy Gillespie e a de Chet Baker, além de inspirar o fraseado de Frank Sinatra e de Nat "King" Cole.

Eu não precisava escrever para a banda; tudo o que fazia era arranjar a música de um jeito que pudéssemos tocar o que eles tinham escrito, colocar os toques finais em tudo. Wayne escrevia alguma coisa, me entregava e ia embora. Não dava muita explicação. Só chegava falando: "Aqui, sr. Davis, compus umas músicas novas". Sr. Davis! Então eu olhava aquele negócio e era bom pra caralho. Muitas vezes, na estrada, eu ouvia uma batida na porta do meu quarto de hotel e lá estavam aqueles jovens filhos da mãe com um monte de composições novas para eu dar uma olhada. Eles as deixavam comigo e iam embora, como se estivessem com medo. Eu pensava: "De que porra esses filhos da mãe estão com medo, do jeito que são fodões?".

Geralmente, caras que compõem uma música querem ouvir alguém solar nela, então há vários solos diferentes escritos. Mas muitas das coisas que eles escreviam não eram assim, não tinham muitos solos diferentes, então não era a forma como eu as abordava. Tinham mais a ver com execução em grupo e esse tipo de *voicing*, mesclas e tal. Você tocava o começo em 8/8, depois passava os acordes. Mas eu dava uma mudada. Muitas vezes, deixava Herbie não tocar acorde algum, só solar no registro médio e deixar o baixo ancorar. E o negócio soava bem pra caralho, porque Herbie sabia que era capaz de fazer isso. Veja, Herbie era o passo adiante de Bud Powell e Thelonious Monk, e eu ainda não ouvi ninguém que veio depois dele.

Uma das primeiras coisas que você precisa ter numa grande banda é confiança nos outros caras. Confiar que eles possam fazer o que for preciso, o que você disser que vai tocar. Eu botava fé que Tony,

Herbie e Ron fossem capazes de tocar o que quiséssemos, o que decidíssemos no momento. Isso vem de não tocar o tempo todo, de forma que a música seja revigorada. E eles gostavam uns dos outros dentro e fora do palco, e isso sempre ajuda muito. Era como se Ron tolerasse Herbie e Tony até ajeitar suas habilidades, e aí então ele passava a entender o que Herbie e Tony faziam. Por exemplo, Ron começava a tocar sétimas maiores no baixo, e ele e Herbie travavam nisso, e Tony curtia, e você sabe que Wayne e eu curtíamos também. Wayne ficava lá quieto, sentado, parecendo um anjo, mas quando pegava o sax, virava um monstro filho da puta que tocava pra diabo. Após um tempo, eles entravam na cabeça uns dos outros, e Tony, Herbie e Ron cravavam na mesma onda.

Quando fomos tocar no Hollywood Bowl, foi incrível desde o começo e só melhorou. Não há um início de fato para quando uma banda realmente começa a soar ótima, quando os integrantes se acostumam uns com os outros. Simplesmente acontece por osmose. Pode haver cinco pessoas numa banda, e isso ocorrer só com duas delas a princípio. E aí então os demais ouvem e dizem: "O quê? O que foi isso?". E então fazem alguma coisa em cima do que os dois primeiros fizeram. E aí é algo que penetra em todo mundo.

Eu adorava aquela banda, cara, porque se tocássemos uma música ao longo de um ano inteiro, e você a ouvisse no começo do ano, não a reconheceria no final. Quando eu tocava com Tony, que era um geniozinho, tinha de reagir ao que ele tocava. E isso vale para a banda toda. Então, o jeito como nós tocávamos juntos mudava o que tocávamos a cada noite na época.

O jeito que eu vinha tocando antes desses caras entrarem na banda estava meio que me dando nos nervos. Como um par de sapatos favoritos que você usa direto e, depois de um tempo, tem de trocar. O que *era* bom de fato em Ornette Coleman era que suas ideias musicais e melodias não dependiam de estilos, e ser tão independente assim faz parecer que você está criando de forma espontânea. Tenho um senso quase perfeito de ordem melódica. Porém, depois de prestar atenção de verdade em algumas das coisas que Ornette tocava e falava – em especial, depois que Tony entrou na banda, e eu dei ouvidos ao que ele tinha a dizer sobre o trabalho de Ornette –, descobri que quando eu tocava uma nota no trompete, na verdade, tocava umas quatro, e que eu estava transpondo solos de guitarra para a minha voz de trompete. Na minha música com Tony, passei a marcar a batida na bateria e a colocá-la na frente e acima de tudo, como na música africana. Na música ocidental, naquela época, os brancos estavam tentando suprimir o ritmo, por causa da origem – a África – e suas conotações raciais. Mas ritmo é como respiração. Então foi isso o que comecei a aprender com essa banda, e só apontou o caminho adiante.

Num nível pessoal, eu provavelmente era mais próximo de Ron, porque ele era o tesoureiro da banda e pegava carona comigo quando íamos de carro a algum lugar. Às vezes, ele mesmo dirigia. Viajávamos até St. Louis quando tocávamos na região, e acho que ele foi o único da banda a conhecer minha mãe antes de ela falecer. Ele também conheceu todos os meus amigos dos tempos de escola, alguns dos quais se tornaram grandes gângsteres.

No palco, eu sempre ficava ao lado de Ron, pois queria ouvir o que ele tocava. Antes, eu costumava ficar ao lado do baterista, mas agora não me preocupava com o que Tony tocava, porque conseguia escutar tudo; a mesma coisa com Herbie. Porém, não havia amplificadores na época, então às vezes ficava difícil ouvir Ron. Além disso, eu também ficava ao lado dele para demonstrar apoio, afinal todo mundo falava de mim, de Wayne, Herbie e Tony, e não muito de Ron, o que o aborrecia.

Todas as noites, Herbie, Tony e Ron se reuniam no hotel para conversar até de manhã sobre o que tinham tocado. Sempre faziam algo diferente, e toda noite eu tinha de reagir a isso.

A música que tocávamos juntos mudava a cada noite; se você ouvisse ontem, hoje seria diferente. Cara, era um negócio de outro mundo como, depois de um tempo, a parada mudava noite após noite. Nem *nós* sabíamos para onde a música ia. Mas sabíamos que ia para algum lugar diferente, provavelmente sofisticado, e isso era o suficiente para manter todo mundo empolgado enquanto durou.

Fiz seis sessões de estúdio com esse grupo em quatro anos: *E.S.P.* (1965), *Miles Smiles* (1966), *Sorcerer* (1967), *Nefertiti* (1967), *Miles in the Sky* (1968) e *Filles de Kilimanjaro* (1968). Gravamos muito mais do que foi lançado (algumas coisas saíram mais tarde, em *Directions* e *Circle in the Round*). E houve algumas gravações ao vivo, que aposto que a Columbia vai lançar quando achar que vai ganhar mais dinheiro – provavelmente após eu morrer[24].

Meu repertório, as músicas que tocávamos todas as noites, começaram a esgotar a banda. O público ia às apresentações por causa dos temas que ouviam nos meus álbuns; eram eles que lotavam os clubes: "Milestones", "'Round Midnight", "My Funny Valentine", [*as músicas do*] *Kind of Blue*. A banda, porém, queria tocar o que estávamos gravando, que nunca fazíamos ao vivo, e eu sei que isso deixava os caras com uma pulga atrás da orelha. Entendia o ponto de vista deles, já que havíamos trabalhado tanto em "Kilimanjaro", "Gingerbread Boy", "Footprints", "Circle in the Round", "Nefertiti", todas essas grandes músicas que gravamos. Você traz novos temas, escreve todas as partes, as distribui, toca e grava. Experimentávamos coisas diferentes, víamos quais as partes

24 Até o momento, em 2022, há os seguintes lançamentos póstumos com registros ao vivo do quinteto de Miles Davis com Wayne Shorter, Herbie Hancock, Ron Carter e Tony Williams: a caixa *The Complete Live at the Plugged Nickel 1965*, lançado em 1995 (algumas das faixas já haviam aparecido num álbum duplo de 1982, na série *Contemporary Master Series*; em *Live at the Plugged Nickel*, parte da caixa *Miles Davis: The Complete Columbia Album Collection*, de 2009; e nos lançamentos japoneses *At Plugged Nickel, Chicago, Vol. 1* e *Vol. 2*, de 1976; além do disco simples *Highlights from the Plugged Nickel*, também de 1995); no disco 2 do CD quádruplo *Miles Davis at Newport 1955-1975: The Bootleg Series Vol. 4*, gravado no Festival de Jazz de Newport em 1966 e 1967, lançado de 2015; e no CD triplo *Freedom Jazz Dance: The Bootleg Series Vol. 5*, gravado entre 1966 e 1968 e lançado em 2016. (N. do T.)

eram necessárias e quais tinham de ser mudadas, aí escrevíamos as mudanças. Anotávamos e fazíamos as alterações entre paradas e recomeços nos ensaios, porque nunca tínhamos tocado o tema. Então era um problema físico, técnico. Essa nota está em sol ou em lá? Ou é no segundo ou no terceiro tempo? Era muito trabalho. Depois, quando você acaba não tocando ao vivo para que o público não ouça a música nessa situação, pode ser frustrante após todo esse trabalho. O curioso era: os temas que gravávamos ao vivo e tocávamos todas as noites não paravam de acelerar e, depois de um tempo, a velocidade limitou muito o que podíamos fazer com eles, pois não havia como ficar ainda mais rápido. Em vez de desenvolver ao vivo as novas músicas que estávamos tocando nos discos, achávamos meios de fazer as músicas antigas soarem tão novas quanto as novas que estávamos gravando.

Eu estava pagando bem a banda, coisa de US$ 100 por noite, isso em 1964. No momento em que nos separamos, talvez já fossem US$ 150 ou 200 por noite. Eu ganhava mais dinheiro e pagava mais do que qualquer um no ramo. E os músicos também eram bem pagos pelas sessões de gravação, e, como tocavam comigo, suas reputações estavam em alta. Não estou me gabando, as coisas simplesmente eram assim. Você tocava comigo e depois se tornava *bandleader* porque não havia outro lugar para ir, era o que todo mundo dizia. E isso era lisonjeiro, mas era também algo pelo qual não pedi. Porém, não tive problemas em aceitar esse papel.

Às vezes, as coisas ficavam engraçadas no grupo. O único problema que tive quando montei a banda foi o fato de Tony ser novo demais para tocar nos clubes. Sempre que tocávamos em clubes, era preciso separar um setor para que jovens pudessem entrar e tomar bebidas não-alcoólicas. Para que Tony parecesse mais velho, falei para ele deixar crescer o bigode; em outra ocasião, sugeri que chegasse com um charuto. Mesmo assim, muitos clubes não fechavam conosco porque ele era menor de idade.

A banda girava em torno de Tony, e ele adorava quando todo mundo tocava um pouquinho fora. É por isso que ele admirava tanto Sam Rivers. Gostava quando um músico arriscava e não se importava com erros, contanto que houvesse ousadia e não se tocasse de um jeito careta. Nesse aspecto, Tony e eu éramos muito parecidos.

Herbie era alucinado por trecos eletrônicos e, quando caía na estrada, passava muito tempo comprando essas coisas. Como queria gravar tudo, sempre aparecia com um pequeno gravador. Muitas vezes ele se atrasava, não demais – e não era por conta de drogas nem nada –, e entrava no primeiro tempo da primeira música. Então eu olhava feio para o filho da puta, e a primeira coisa que ele fazia era entrar debaixo do maldito piano e preparar o gravador para registrar tudo. Quando enfim ficava pronto, já tínhamos tocado três quartos da música, e ele ainda não havia tocado nada. É por isso que, em muitas das gravações ao vivo, não tem piano no começo. Sempre foi uma piada da banda: Herbie vai se atrasar ou não?

Lembro-me de quando Tony comprou um gravador novo e mostrou para todo mundo. Quando Herbie viu, começou a dizer a ele como operá-lo. Isso deixou Tony furioso, porque queria nos contar ele mesmo sobre o gravador. Herbie, porém, fez isso por ele, então Tony ficou puto. Quando ele ficava bravo com alguém, não tocava como suporte no solo do cara. Então eu disse a Ron: "Hoje à noite, veja só como Tony não vai tocar atrás de Herbie quando ele solar". Dito e feito, quando Herbie começou a solar, Tony meio que passou por cima de tudo o que ele tocou, não deu suporte algum. Herbie olhava para Tony e se perguntava o que estava acontecendo, e Tony olhava para cima, deixando Herbie no vácuo. Tony também ficava aborrecido com Wayne, porque, às vezes, ele tocava bêbado no palco e perdia umas coisas. Tony então parava de tocar. Mas era o jeito dele; se ele estivesse bravo com você, não poderia se esperar nada dele ao tocar. Porém, assim que chegava a vez de outra pessoa, ele pegava exatamente de onde tinha largado.

Certa noite, estávamos tocando no Village Vanguard, e o dono, Max Gordon, quis que eu acompanhasse uma cantora. Falei que eu não acompanhava cantorazinha nenhuma. Porém, disse a ele que perguntasse se Herbie topava; se ele aceitasse, por mim, tudo bem. Então Herbie, Tony e Ron a acompanharam, e o público a adorou. Nem eu nem Wayne tocamos. Perguntei a Max quem era ela, saca, qual era seu nome. "O nome dela é Barbra Streisand e ela vai ser uma grande estrela." Então, hoje, sempre que a vejo em algum lugar, digo: "Caramba", e só balanço a cabeça.

Em 1964, Frances e eu demos uma festa para Robert Kennedy na nossa casa; ele concorria ao senado pelo estado de Nova York, e nosso amigo Buddy Gist nos perguntou se poderíamos ser anfitriões. Todo tipo de gente apareceu na festa – Bob Dylan, Lena Horne, Quincy Jones, Leonard Bernstein –, e até hoje eu não me lembro de ter conhecido Kennedy. Dizem que ele estava lá, mas se estava, eu não me lembro de tê-lo visto.

Quem eu me recordo de ter conhecido nessa época foi James Baldwin, o escritor. Marc Crawford – que o conhecia bem – o levou até minha casa. Lembro-me de ficar maravilhado na presença dele, porque ele era tão excepcional, tinha escrito todos aqueles grandes livros, então eu não soube o que dizer a ele. Mais tarde, descobri que ele se sentiu da mesma forma em relação a mim. Porém, eu gostei dele logo de cara, e ele também gostou muito de mim. Tínhamos muito respeito um pelo outro. Ele era uma pessoa muito tímida, e eu também. Eu achava que parecíamos irmãos. Quando digo que ambos éramos tímidos, falo num tipo artístico de timidez, na qual você fica receoso de as pessoas tomarem seu tempo. Vi isso nele, vi que ele tinha consciência disso. Mas lá estava eu com James Baldwin, na porra da minha casa. Eu havia lido os livros dele e adorava e respeitava o que ele tinha a dizer. À medida que fui conhecendo Jimmy, nos abrimos um para o outro e nos tornamos grandes amigos. Sempre que eu ia ao sul da França para tocar em Antibes, passava um ou dois dias na sua casa em Saint-Paul de Vence. Ficávamos de bobeira naquele lugar enorme, contando todo tipo de história, mentindo pra caramba. Depois íamos para o jardim e fazíamos o mesmo. Hoje, sinto muita falta dele quando vou para o sul da França. Foi um grande homem.

A essa altura, as coisas haviam ficado muito ruins no meu casamento com Frances. Em parte, porque eu mal ficava em casa, saía em turnê por longos períodos, e aquela estadia demorada em Los Angeles, quando gravei *Seven Steps to Heaven*, tampouco ajudou a relação. A dor no meu quadril parecia piorar quando esfriava, então eu tentava ficar onde o clima era mais quente. Mas isso era só parte da questão. O que realmente causava todos os problemas eram as drogas, a bebida e todas as outras mulheres que eu ainda via. E Frances tinha passado a beber também, então as discussões ficaram terríveis. Eu agora havia começado a frequentar umas espeluncas que ficavam abertas até altas horas, onde todo mundo estava louco de pó, e ela odiava muito isso. Eu sumia por uns dois dias e nem ligava para casa. Frances ficava preocupada comigo, com os nervos em frangalhos. Então, quando eu chegava em casa, estava tão cansado e esgotado por ter ficado acordado por dois dias, que dormia enquanto comia. Os Belafontes nos convidaram para uma festa de Natal no final de 1964 – um dos poucos anos em que não toquei em Chicago nessa época. Nós fomos, e eu não falei nada com ninguém. Estava chapado e irritado só de estar ali. Isso a magoou muito, porque Julie era uma das melhores amigas de Frances.

Ela começou a fazer as coisas por conta própria, a sair com amigas e buscar seus próprios interesses, e eu não a culpo. Acho que já fazia muito tempo que estávamos casados. Nossa foto que está na capa do álbum *E.S.P.*, em que estou sentado olhando para ela, de pé, foi tirada no nosso jardim por volta de uma semana antes de ela ir embora pela última vez. Nessa época, eu alucinava que tinha alguém na casa, então vasculhava armários, debaixo das camas, e me lembro de colocar todo mundo para fora no frio – exceto Frances –, porque estava procurando essa pessoa imaginária. Lá estava eu, um filho da puta totalmente doidão, com uma faca de açougueiro, e desço com ela até o porão atrás de uma pessoa que nem existia. Ela começou a se fazer de doida comigo e disse: "Sim, Miles, tem alguém na casa; vamos chamar a polícia". A polícia vasculhou a casa e olhou para mim como se eu fosse maluco. Frances foi embora quando a polícia chegou e ficou na casa de uma amiga.

Convenci-a a voltar. As discussões aos berros começaram de novo. As crianças não sabiam o que fazer, então só se trancavam no quarto e choravam. Acho que tudo isso foi o que machucou meus filhos, Gregory e Miles IV, porque era difícil demais para eles. Cheryl foi a única dos três que saiu bem daquela situação, e eu sei que até *ela* ficou com algumas cicatrizes.

Depois da nossa última discussão, eu joguei uma garrafa de cerveja do outro lado da sala e disse a ela que queria meu jantar pronto quando voltasse. Ela foi para a casa de amigos, depois para a Califórnia, onde ficou na casa da cantora Nancy Wilson e seu marido. Eu só fui saber o paradeiro dela quando os jornais e a televisão disseram que ela estava saindo com Marlon Brando. Liguei para a casa de Nancy e conversei com Frances – pedi para outra mulher dar o telefonema para mim. Falei para ela que ia buscá-la e desliguei. Depois, me dei conta do quão mal eu a havia tratado e de que estava tudo acabado. Não havia nada mais a ser dito, então não disse. Mas posso dizer isso agora. Frances foi a melhor esposa que tive, e quem quer que esteja com ela é um filho da puta de sorte. Sei disso hoje e gostaria de ter sabido na época.

Fiz uma cirurgia no quadril em abril de 1965, na qual tive a articulação substituída por parte do meu osso da canela. Mas não deu certo, então a operação teve de ser refeita em agosto. Dessa vez, colocaram uma prótese de plástico. Meus *sidemen* agora tinham excelentes reputações, então não tiveram problemas em encontrar trabalho enquanto eu me recuperava em casa, assistindo aos tumultos de Watts pela televisão.

Só voltei a tocar em novembro de 1965, no Village Vanguard. Precisei usar Reggie Workman no baixo, porque Ron – que fazia esse tipo de merda de vez em quando – não pôde ou não quis descumprir o compromisso com outra pessoa. Foi um grande retorno, e o público recebeu a música muito bem. Depois disso, em dezembro, fui para a Filadélfia e Chicago, onde tocamos no Plugged Nickel e gravamos um disco lá. Essa foi a volta de Teo Macero, foi ele quem fez a gravação. A Columbia ainda tem algumas das fitas desse registro não lançadas[25]. Ron voltou para essa *gig*, e todos nós tocamos como se nunca tivéssemos nos separado. Como eu já disse, sempre acreditei que não tocar juntos por um tempo é saudável para uma banda se os músicos forem bons e gostarem de tocar uns com os outros. A música fica mais revigorada, e foi o que aconteceu no Plugged Nickel, embora tenhamos tocado o mesmo repertório de sempre. Em 1965, a música que o povo ouvia era mais livre do que nunca; parecia que todo mundo tocava de um jeito viajandão. Aquilo havia se estabelecido mesmo.

Em janeiro de 1966, tive uma infecção no fígado e fiquei de repouso mais uma vez, até março. Em seguida, saí em turnê, e, de novo, Ron Carter não pôde ir, então levei Richard Davis. Dessa vez, fiz muitas apresentações em faculdades e as achei menos exigentes que os clubes. Eu estava ficando bem cansado da cena dos clubes – de tocar nos mesmos lugares, ver as mesmas pessoas e beber toda aquela merda que eu vinha bebendo. A infecção no fígado me fez cortar muita coisa, mas não tudo, pelo menos não ainda. Tocamos no Festival de Jazz de Newport, e eu gravei *Miles Smiles* em novembro. Nesse álbum, é possível nos ouvir viajando, esticando o som.

Em 1966 ou 1967 – não tenho certeza –, conheci Cicely Tyson no Riverside Park. Eu a tinha visto interpretando uma secretária numa série de TV chamada *East Side/West Side*, estrelada por George

---

25 As gravações completas do Plugged Nickel saíram numa caixa com 7 CDs em 1995. (N. do T.)

C. Scott. Ela me impressionou bastante por usar um penteado afro e ser muito inteligente. Lembro que me perguntei como ela seria na vida real. Ela tinha um tipo de beleza diferente que não se costuma ver em mulheres pretas na TV; transmitia muito orgulho e possuía uma espécie de fogo interior que era interessante. Quando nos conhecemos, ela dizia certas palavras, e eu dava um jeito de fazê-la repeti-las. Ela me olhava como se soubesse o que eu estava fazendo, como se soubesse que eu queria que ela repetisse as palavras só para vê-la fazer biquinho. O público não vê isso nos filmes. Ela esconde, não faz quando atua. Acho que só eu vi essa expressão dela – pelo menos foi o que ela me disse. Cicely é do Harlem, mas seus pais são caribenhos, e ela pensa como caribenha também, além de ter orgulho de suas origens africanas.

No início, éramos apenas amigos; não era nada sério. Eu estava caminhando pelo Riverside Park, que ficava perto da minha casa, com um amigo artista de Los Angeles, Corky McCoy. Vi Cicely sentada num banco no parque. Quando ela me viu, se levantou. Talvez eu já a tivesse encontrado uma ou duas vezes com Diahann Caroll ou Diana Sands, mas havia me esquecido. Apresentei-a a Corky – pensei que pudessem gostar um do outro. Depois que Frances foi embora, não nutri sentimento nenhum por outra mulher, ou por ninguém, na verdade, exceto pelo pessoal da minha banda e por um grupo muito pequeno de amigos. Cicely, porém, nem se virou para Corky. Ficou olhando para mim porque sabia que eu não estava mais com Frances. Então perguntou: "Você vem ao parque todos os dias?".

Respondi que sim. Pude ver o interesse nos olhos dela, mas não queria saber de mulher nenhuma, nem de Cicely. Em seguida, disse que, na verdade, não ia todos os dias ao parque, somente às quintas-feiras.

"Por volta de que horas?", perguntou ela, ainda sem olhar para Corky. "Ah, merda", pensei. Mas respondi a que horas eu costumava ir. Depois disso, sempre que eu ia ao parque, ela estava lá ou chegava um pouco depois. Cicely então me contou onde morava, e nós começamos a sair. Como ela era uma pessoa muito legal, e eu não queria enrolá-la, falei: "Olhe, não está rolando nada. Não tenho nada. Não tenho sentimentos. Sei que você gosta de mim e quer que o nosso relacionamento seja um pouco mais sério, mas não consigo fazer nada quanto a esse vazio que sinto agora". Contudo, ela foi paciente e persistente, e uma coisa levou à outra, porque Cicely é o tipo de mulher que simplesmente entra em você, entra no seu sangue e na sua cabeça. Começamos a sair e a nos divertir primeiro. Passamos um bom tempo sem fazer sexo. Depois, ela me ajudou a parar de tomar bebidas fortes, e por muito tempo só bebi cerveja. Ela ficava de olho em mim, simplesmente tomou essa tarefa para si. Após um tempo, já havia me conquistado e sabia tudo da minha vida (mas nunca contava nada sobre a dela a ninguém). Quando gravei *Sorcerer*, em 1967, coloquei o rosto dela na capa, e todo mundo que já não sabia ficou sabendo que éramos um casal.

Naqueles últimos anos, volta e meia eu passava alguns meses em Los Angeles. Joe Henderson tinha entrado na banda no início de 1967, pois eu estava experimentando um sexteto com dois saxofones tenor. E foi por volta dessa época que comecei a nem me dar ao trabalho de fazer uma pausa entre uma música e outra. Passei a tocar tudo de uma vez, sem parada, um tema seguido do outro. Minha música se esticava de escala em escala, então eu não queria quebrar o clima com pausas e intervalos. Assim, seguia direto para o próximo tema, qualquer que fosse o andamento, e saía tocando. Minhas performances ficaram mais parecidas com suítes musicais, e isso permitia mais e maiores períodos de improvisação. Muita gente curtiu isso, outros me acharam um filho da puta radical, pensavam que eu definitivamente estava ficando doido.

Em abril, fiz algumas *gigs* na Califórnia – novamente com Richard Davis no lugar de Ron Carter. Tocamos nosso *set* ininterrupto em Berkeley para cerca de dez mil pessoas num ginásio, depois que uma tempestade fez o show passar para um lugar fechado. Deixamos todo mundo louco, e eu fiquei em choque quando até a *Down Beat* fez uma resenha ótima.

Depois de Berkeley, tocamos em Los Angeles, onde Buster Williams entrou no lugar de Richard Davis. Hampton Hawes, meu amigo de L.A., foi quem nos apresentou. Quando fomos fazer um show no Both/And Club, em São Francisco, Hampton fez Herbie Hancock levantar-se do piano e tocou algumas músicas conosco. Hampton era um maluco, um filho da puta maravilhoso, que nunca recebeu o devido crédito no piano. Foi meu amigo até morrer, em 1977. Após tocarmos na Costa Oeste, retornamos a Nova York para gravar *Sorcerer*, em maio de 1967. Ron Carter voltou ao estúdio, e gravamos *Nefertiti* em três dias daquele mês. Dessa vez, coloquei minha própria foto na capa. Foi nesse disco que as pessoas começaram a notar o quanto Wayne Shorter era um ótimo compositor. Fizemos outra sessão de gravação em maio, que rendeu um lado do álbum *Water Babies*; o restante foi feito por outros músicos, porque o disco só saiu em 1976.

Em julho, Coltrane morreu, e isso acabou com todo mundo. Sua morte chocou, pegou a todos de surpresa. Eu sabia que ele não andava muito bem e havia ganhado muito peso da última vez que o vi, não muito tempo antes de morrer. Também estava ciente de que ele não vinha tocando muito em público. Porém, eu não sabia que ele estava tão doente assim – ou mesmo que estava doente. Acho que só algumas poucas pessoas sabiam disso, se é que sabiam. Não sei nem se Harold Lovett – que era nosso advogado – sabia. Trane era muito reservado, e eu não o via muito naquela época, pois ele estava ocupado com suas coisas, e eu com as minhas. Além disso, eu também andava mal e acho que, na última vez que o vi, falei de como era um saco estar doente. Mas ele não disse nada sobre não estar se sentindo bem. Trane era muito sigiloso, e acho que ele só foi ao hospital um dia antes de morrer, em 17 de julho de 1967. Estava com cirrose hepática e sentia tanta dor que não aguentava mais.

A música de Trane e o que ele tocou nos últimos dois ou três anos de vida representaram, para muitos pretos, o fogo, a paixão, a fúria, a raiva, a rebeldia e o amor que eles sentiam, especialmente entre os jovens pretos intelectuais e revolucionários daquela época. Ele expressava por meio da música aquilo que H. Rap Brown, Stokeley Carmichael, os Panteras Negras e Huey Newton diziam com palavras; o que os Last Poets e Amiri Barak diziam com poesia. Era o portador da tocha deles no jazz, agora à minha frente. Tocava o que eles sentiam por dentro e expressavam por meio de levantes – "queime, *baby*, queime" – que aconteciam em todo lugar do país na década de 1960. Para muitos jovens pretos, se tratava de rebelião – cabelos afro, batas dashiki, o *black power*, punhos erguidos. Coltrane era o símbolo e o orgulho deles – aquele orgulho preto maravilhoso e revolucionário. Eu tinha sido esse símbolo alguns anos antes, agora Coltrane o era, e por mim, tudo bem.

Também foi assim para muitos brancos e asiáticos intelectuais e revolucionários. Até mesmo sua mudança para uma música mais espiritual em *A Love Supreme* – que era como uma prece – alcançou aqueles interessados na paz, os hippies e gente do tipo. Ouvi falar que ele tocou em muitos protestos pacíficos, que se tornavam uma febre entre muitos brancos por toda a Califórnia. Ele alcançava variados grupos de pessoas. Sua música foi abraçada por muitos tipos diferentes de gente, o que é maravilhoso, e eu fiquei muito orgulhoso dele, ainda que gostasse mais da música que ele fazia no início. Certa vez, me confessou que até ele mesmo gostava mais de algumas coisas do início do que aquilo que fazia recentemente. Mas Trane se encontrava numa busca, e seu percurso o levava cada vez mais longe; ele não conseguia voltar atrás, embora eu ache que quisesse.

Sua morte criou um caos no free jazz, porque ele era o líder dessa parada. Era como Bird para todos aqueles músicos que se consideravam "avançados" – saca, "livres", viajando pelo espaço. Coltrane era um deus para eles. Quando ele morreu, foi como quando Bird morreu para muitos músicos de bebop que buscavam direcionamento nele, embora ele mesmo estivesse sem rumo havia muitos anos. Ornette Coleman ainda estava na cena, e alguns se voltaram para ele. Mas, para a maioria, Trane tinha sido o farol e, depois que ele se foi, esses músicos, a meu ver, pareceram estar num barco no oceano sem bússola ou remos. A impressão era de que muito do que ele defendia musicalmente morrera com ele. Embora alguns de seus discípulos tenham levado sua mensagem adiante, o fizeram para públicos cada vez menores.

Assim como já tinha acontecido com Bird, foi Harold Lovett quem me contou sobre a morte de Trane. Fiquei muito triste, porque não só ele era um grande e espetacular músico, mas também uma pessoa maravilhosa e espiritual, que eu amava. Sinto a falta dele, de seu espírito, da sua imaginação criativa e de sua abordagem inquieta e inovadora àquilo que fazia. Foi um gênio, assim como Bird, e era ganancioso em relação à vida e a sua arte – em especial quanto a drogas, álcool e música – e, no fim, isso o matou. Porém, a música foi o que ele nos deixou, e todos podemos aprender com ela.

Nessa época, tudo estava fluindo novamente nos EUA – tudo. Música, política, relações raciais, tudo. Ninguém sabia direito para onde as coisas estavam indo; todo mundo parecia confuso – até mesmo os artistas e músicos que, de repente, pareciam ter mais liberdade do que nunca para fazer o que quisessem. Aparentemente, a morte de Trane deixou muitas pessoas perdidas, pois ele tinha muita influência sobre muita gente. Até Duke Ellington seguiu numa direção espiritual, como Trane em *A Love Supreme*, ao compor "In the Beginning God", em 1965, e tocá-la em igrejas por todo os EUA e pela Europa.

Depois da morte de Trane, Dizzy Gillespie e eu nos apresentamos com nossas bandas no Village Gate pelo mês de agosto inteiro, e as filas dobravam o quarteirão. Sugar Ray Robinson foi nos ver junto com Archie Moore, o grande campeão de St. Louis. Lembro que, nessa ocasião, pedi a Dizzy que os apresentasse do palco, e ele me disse que *eu* era o fã de boxe, então por que não eu o fazia? Porém, não era o tipo de coisa que eu curtia, então acabou que ele mesmo os apresentou. A música que nossas bandas tocaram durante essa *gig* virou assunto em Nova York.

Acho que foi aí que conheci Hugh Masekela, o excelente trompetista sul-africano. Ele tinha acabado de chegar aos EUA e estava se dando muito bem. Era amigo de Dizzy, que acho que o ajudou por um tempo enquanto ele estudava música. Lembro de uma noite em que lhe dei uma carona, e ele ficou meio impressionado por estar comigo no carro; me disse que virei um herói para ele e outros pretos sul-africanos quando enfrentei aquele policial na frente do Birdland, e eu fiquei surpreso por saberem dessas coisas na África. Hugh já naquela época tinha uma abordagem própria do trompete, um som próprio. Eu achava bom, embora, na minha opinião, ele não tocasse música afro-americana muito bem. Sempre que eu o via, lhe dizia para só continuar a fazer seu próprio som em vez de tentar tocar o que estávamos fazendo por aqui. Após um tempo, acho que ele começou a me dar ouvidos, porque ficou melhor.

Depois de tocar no Village Gate com Dizzy, viajei pelos Estados Unidos e pela Europa no restante de 1967. Foi uma longa turnê chamada "The Newport Jazz Festival in Europe" com várias atrações reunidas por George Wein. No entanto, eram grupos demais e, após um tempo, começou a ficar tudo fodido. Thelonious Monk, Sarah Vaughan e Archie Shepp estavam na turnê, além de mais um bando de filhos da puta. (Até toquei com Archie umas duas vezes, pois Tony Williams me pediu, mas eu ainda não curtia o que ele tocava.) E então, na Espanha, George Wein e eu tivemos um bate-boca feio por causa de dinheiro. Gosto de George e o conheço há muito tempo, mas tivemos um bom tanto de discussões ao longo dos anos porque não gosto de algumas das baboseiras que ele faz, e digo isso a ele. George é OK. Na maior parte do tempo, ele é legal e foi bom para a música e para muitos músicos a quem ele pagou bem, eu incluso. Só que, às vezes, eu não aguento as baboseiras nas quais ele se mete.

Assim que retornei a Nova York, levei o grupo para o estúdio, em dezembro de 1967, com Gil Evans – que fez alguns arranjos –, e acrescentei um jovem guitarrista chamado Joe Beck. Eu já estava direcionando minha música para um som de guitarra porque comecei a ouvir muito James Brown e gostava da forma como ele a usava. Sempre gostei de blues e adorava tocar esse estilo, então, nessa época, ouvi Muddy Waters e B. B. King e tentei achar um jeito de trazer esse tipo de *voicing* para minha música. Eu havia aprendido muito com Herbie, Tony, Wayne e Ron, já tinha absorvido praticamente tudo deles nos quase três anos que estávamos juntos. Agora, começava a pensar em outras formas de abordar a música que eu queria tocar, porque sentia que uma mudança estava a caminho, embora não soubesse bem qual seria. Só sabia que tinha algo a ver com a voz da guitarra na minha música e um novo interesse no que uma voz instrumental elétrica poderia fazer nela. Veja só, quando eu ia ver Muddy Waters em Chicago, na 33rd Street com a Michigan Avenue, onde ele tocava todas as segundas-feiras, sabia que tinha que colocar algo do que ele fazia na minha música. Saca, o som das baterias de US$ 1,50, as gaitas e o blues de dois acordes. Precisei voltar a isso agora, porque o que vínhamos fazendo estava ficando muito abstrato. Foi legal pelo tempo que toquei, mas eu apenas queria voltar àquele som de onde eu vinha.

Foi nessa sessão que Herbie tocou piano elétrico pela primeira vez. Eu ouvia Joe Zawinul tocá-lo no grupo de Cannonball Adderley e adorei o som; para mim, era o futuro. Porém, passar para instrumentos elétricos também quebraria a banda um tempo depois e me conduziria a um novo tipo de música.

Joe Beck era um ótimo músico, mas não conseguia me dar o que eu precisava na época. Adicionei outro jovem guitarrista, George Benson, nas outras sessões – depois de gravar primeiro com meu quinteto regular – em janeiro, fevereiro e março de 1968. Uma das músicas em que George tocou, "Paraphernalia", foi lançada em *Miles in the Sky*, mais tarde naquele ano. O resto das faixas foi lançado posteriormente.

Eu queria ouvir o baixo um pouco mais forte. Quando você consegue ouvir uma linha de baixo, qualquer nota do som que você tocar pode ser ouvida. Então, mudávamos a linha de baixo nas músicas que tocávamos; as variávamos. Se eu compunha uma linha de baixo, podíamos variá-la para que tivesse um som um pouco maior do que o de um quinteto. Ao usar piano elétrico e colocar Herbie para tocar a linha de baixo e os acordes com o que a guitarra tocava, e com Ron também o acompanhando no mesmo registro, eu sentia que a música teria uma sonoridade boa e renovada. E teve mesmo. Quando fiz essas gravações com esse tipo de *voicing*, me encaminhava para o que os críticos mais tarde chamariam de "*fusion*". Só estava experimentando uma abordagem nova e revigorada.

Por volta dessa época, a Columbia quis que Gil e eu fizéssemos uma versão jazzística da trilha sonora do filme *O Professor Aloprado*. Veja bem, *Porgy and Bess* tinha sido meu álbum mais vendido, então algum filho da puta muito burro na gravadora achou que esse tal de *Professor Aloprado* venderia muito bem. Depois de ouvir aquela merda, falei: "Comigo não, violão".

Levei a banda, junto com Gil, para Berkeley, na Califórnia, onde fizemos um show com uma *big band*. A Columbia gravou a apresentação e ainda tem as fitas. Pouco antes de viajarmos, Martin Luther King Jr. foi assassinado em Memphis, no início de abril. O país explodiu em violência mais uma vez. King tinha ganhado o prêmio Nobel da paz, foi um grande líder e um sujeito maravilhoso, mas eu simplesmente nunca consegui abraçar sua filosofia não-violenta, de "dar a outra face". Mesmo assim, ele ter sido assassinado daquele jeito tão brutal – como Gandhi – foi uma pena tremenda. Ele era como um santo americano, e brancos o mataram mesmo assim. Ficaram com medo quando ele mudou sua mensagem, deixando de falar só para os pretos para começar a falar da Guerra do Vietnã, de direitos trabalhistas e tal. Quando ele morreu, falava a todos, e as forças maiores não gostaram disso. Se ele tivesse continuado a só falar aos pretos, estaria bem, mas fez a mesma coisa que Malcolm X fez após voltar de Meca, e por isso foi morto também, tenho certeza.

De volta a Nova York, retornei ao estúdio em maio para completar *Miles in the Sky* com Herbie, Wayne, Ron e Tony. Em junho, com esse álbum concluído, começamos *Filles de Kilimanjaro*. Em seguida, viajamos em turnê ao longo de todo o verão e finalizamos o disco em setembro.

As coisas não andavam muito bem para mim e Cicely, e nós terminamos porque eu conheci uma jovem e bela cantora e compositora chamada Betty Mabry, cuja foto está na capa de *Filles de Kilimanjaro*. Também incluí uma música com o nome dela no álbum, "Mademoiselle Mabry". Cara, eu me apaixonei de verdade de novo e me senti muito bem em relação a Betty. Ela tinha 23 anos quando a conheci e era de Pittsburgh. Gostava de música pop nova e vanguardista. Meu divórcio de Frances saiu em fevereiro de 1968, então Betty e eu nos casamos em setembro enquanto o grupo fazia uma *gig* no Plugged Nickel. O casamento foi realizado em Gary, Indiana, e meu irmão e minha irmã foram meus padrinhos.

Betty teve uma grande influência, tanto na minha vida pessoal quanto na musical. Foi ela quem me apresentou à música de Jimi Hendrix – e ao próprio Jimi Hendrix em pessoa – e outros músicos de rock pretos. Ela conhecia Sly Stone e esses caras todos, e ela mesma era ótima. Se Betty ainda cantasse hoje em dia, seria como Madonna; como Prince, só que mulher. Ela foi o começo disso tudo quando cantava sob o nome de Betty Davis. Estava simplesmente à frente de seu tempo. Também me ajudou a mudar a forma como eu me vestia. O casamento só durou um ano, mas foi um ano cheio de novidades e surpresas, e me ajudou a achar o caminho a seguir, tanto na música quanto, em alguns aspectos, no meu estilo de vida.

capítulo 14

O ano de 1968 foi repleto de todo tipo de mudanças. Para mim, as que rolaram na minha música foram muito empolgantes, a música que acontecia em todo lugar era incrível. Essas coisas me conduziam ao futuro e a *In a Silent Way*.

Muitas coisas na música estavam em transformação entre 1967 e 1968, havia muitas novidades. Uma delas era a música de Charles Lloyd, que tinha se tornado muito popular. Quando sua banda estava bem em alta, ele contava com Jack DeJohnette e um jovem pianista chamado Keith Jarrett. Embora Charles fosse o líder, esses dois caras eram quem faziam a música acontecer de verdade. Ambos tocavam um cruzamento do jazz com o rock, uma música muito rítmica. Charles nunca foi um grande instrumentista, mas tinha um certo som no saxofone que era meio leve, flutuante e funcionava com o que Keith e Jack faziam debaixo e ao redor dele. Sua música foi muito popular por uns dois anos, então muita gente começou a prestar atenção. Nossos grupos compartilharam uma *gig* no Village Gate no final de 1967 ou início de 1968. Cara, o lugar ficava lotado. Eu conhecia Jack da época em que ele substituiu Tony e, quando o grupo estava na cidade, ia ouvi-los. Charles começou a me acusar de tentar roubar seus músicos. Não ficou na cena por muito tempo, mas ganhou muito dinheiro no período em que estava quente. Ouvi falar que hoje ele está rico e no ramo imobiliário, então, toda sorte do mundo para ele.

O que eu ouvia mesmo em 1968 era James Brown, o grande Jimi Hendrix e um grupo novo que fazia sucesso com "Dance to the Music", Sly and the Family Stone, liderado por Sly Stewart, de São Francisco. O som dele era bom pra caralho, tinha todo tipo de lance funkeado. Porém, Jimi Hendrix foi quem me interessou primeiro quando Betty me apresentou a ele.

Conheci Jimi quando seu empresário me ligou, pedindo para eu mostrar a ele o meu jeito de tocar e de elaborar minha música. Jimi gostava do que eu tinha feito em *Kind of Blue* e em algumas outras coisas e queria acrescentar mais elementos de jazz no som dele. Curtia também o jeito como Coltrane executava aquelas camadas de som, e ele tocava guitarra de um jeito parecido. Além disso, falou que ouvia a linguagem da guitarra no jeito como eu tocava trompete. Assim, começamos a nos encontrar. Betty gostava muito da música dele – e, mais tarde, descobri que ela gostava dele fisicamente também –, então ele começou a frequentar nossa casa.

Era um cara muito legal, quieto, mas intenso. Não era nada daquilo que as pessoas pensavam dele, mas o exato oposto da imagem selvagem e louca que apresentava no palco. Quando começamos a nos encontrar e a falar de música, descobri que ele não sabia ler partitura. Betty deu uma festa para ele na minha casa, na West 77th, em 1969. Não pude estar presente porque tinha uma gravação naquela noite, então deixei algumas composições para ele ler e conversarmos a respeito mais tarde. (Alguns escreveram uma baboseira de que eu não fui porque não gostava da ideia de ter uma festa para um homem na minha casa. Isso é uma grande mentira.)

Quando liguei do estúdio para casa para falar com Jimi sobre o que eu havia lhe deixado, descobri que ele não sabia ler música. Há muitos grandes músicos que não leem partitura – pretos e brancos – que eu conheci, respeito e com quem já toquei. Então, não pensei menos de Jimi por causa disso. Ele era um grande músico nato – autodidata. Absorvia com muita rapidez as coisas de qualquer um com quem convivesse. Bastava ele ouvir uma vez para pegar. Às vezes, eu dizia a ele algum troço técnico no meio de uma conversa: "Jimi, quando você tocar o acorde diminuto, saca...". Então percebia uma expressão perdida no rosto dele e me remendava: "Ok, ok, esqueci". Aí tocava o que queria dizer no piano ou no trompete, e o filho da puta pegava num piscar de olhos. Tinha um ouvido natural para a música. Assim, eu tocava umas coisas diferentes para ele, demonstrava. Ou então colocava um disco meu ou de Trane e explicava o que estávamos fazendo. Depois, ele passou a incorporar em seus álbuns coisas que eu lhe mostrei. Foi ótimo. Ele me influenciou, e eu o influenciei, e sempre é assim que se faz grande música. Todo mundo mostra alguma coisa a todos os outros, e prosseguimos a partir daí.

Mas Jimi também tinha uma relação com a música country tocada por caipiras brancos. É por isso que ele colocou dois caras ingleses na banda, porque muitos músicos ingleses brancos gostavam desse country americano. Para mim, o melhor som dele foi com Buddy Miles na bateria e Billy Cox no baixo. Jimi tocava umas coisas meio indianas ou então umas melodiazinhas curiosas que dobrava na guitarra. Eu adorava quando ele fazia essas dobras. Ele costumava tocar o tempo todo em 6/8 quando era acompanhado pelos brancos ingleses, e, para mim, era isso o que o fazia soar meio caipira. Só pelo conceito. Porém, quando ele começou a tocar com Buddy e Billy na Band of Gypsies, acho que aí sim ele expandiu bem o que vinha fazendo. Já as gravadoras e o público branco gostavam mais da época que ele tinha caras brancos na banda, exatamente como os brancos gostavam de falar de mim com o noneto – o lance de *Birth of Cool* ou dos outros álbuns que fiz com Gil Evans ou Bill Evans, porque sempre gostam de ver brancos metidos nas coisas dos pretos, aí podem dizer que têm algo a ver com aquilo. No entanto, Jimi Hendrix vinha do blues, como eu. Compreendemos um ao outro logo de cara por causa disso. Ele era um excelente guitarrista de blues. Tanto ele quanto Sly eram grandes músicos natos; tocavam o que ouviam.

Enfim, era onde a minha cabeça estava no que dizia respeito à música. Primeiro, eu tinha de estar confortável com o que fosse tocar. Depois, precisava achar os músicos certos. Era um processo que envolvia tocar com gente diferente e encontrar meu caminho. Eu passava um tempo ouvindo e sentindo o que certas pessoas eram capazes de tocar e me oferecer, e o que não eram, para então selecionar aqueles que se encaixariam e eliminar os demais. As pessoas se eliminam sozinhas quando não há nada acontecendo – ou pelo menos deveriam.

O grupo se separou em algum momento no final de 1968. Continuamos a fazer *gigs* e alguns shows juntos – pelo menos Herbie, Wayne, Tony e eu – mas, para todos os efeitos, acabamos quando Ron decidiu sair em definitivo, pois não queria tocar baixo elétrico. Herbie já tinha gravado "Watermelon Man" e queria formar seu próprio grupo. Tony sentia o mesmo. Ambos deixaram a banda no final de 1968. Wayne continuou comigo por mais uns dois anos.

Foi uma grande e enriquecedora experiência para todo mundo. Bandas não permanecem juntas para todo o sempre e, embora tenha sido duro quando eles foram embora, já era hora de todos nós seguirmos em frente. Deixamos uns aos outros numa posição positiva, e isso é tudo o que se pode pedir.

As mudanças na minha banda já tinham começado em julho de 1968, quando substituí Ron Carter por Miroslav Vitouš, um jovem baixista da Tchecoslováquia. (Ron ainda fez mais umas duas sessões de gravação comigo, mas deixou a banda que tocava ao vivo.) Miroslav foi apenas um substituto temporário até eu conseguir Dave Holland. Eu tinha visto e ouvido Dave em junho daquele ano, quando fiz um show na Inglaterra, e ele me deixou boquiaberto. Como eu sabia que

Ron ia sair da banda em breve, falei com Dave sobre a vaga. Ele tinha outros compromissos, então, quando estes acabaram, no final de julho, liguei para ele em Londres e o chamei para se juntar a nós. Ele veio para os EUA e fez sua estreia conosco no clube de Count Basie, no Harlem. Meu interesse era encontrar quem tocasse baixo elétrico, por causa da sonoridade que o instrumento trazia à banda. Ainda estava à procura de alguém que tocasse baixo elétrico o tempo todo, porque na época não sabia se Dave ia querer trocar de instrumento. Porém, por ora, ele poderia substituir Ron nas *gigs* que eu tinha pela frente, e nós trataríamos disso na hora certa.

Eu tinha começado a contar com Chick Corea e Joe Zawinul no piano em algumas das gravações que fiz naquele ano. Em algumas delas, tive três pianistas – Herbie, Joe e Chick. Numas duas delas, usei dois baixistas – Ron e Dave. E, às vezes, tinha Jack DeJohnette na bateria em vez de Tony Williams. Também passei a colocar os dizeres "Directions in Music by Miles Davis" na capa dos álbuns para que ninguém tivesse dúvidas sobre *quem* detinha o controle criativo da música. Depois do que Teo Macero fez em *Quiet Nights*, eu queria controlar tudo o que gravasse. Eu estava passando a usar cada vez mais instrumentos elétricos para obter o som que eu queria, e senti que dizer "direções da música por Miles Davis" indicaria isso.

Ouvi Joe Zawinul tocar piano elétrico em "Mercy, Mercy, Mercy" com Cannonball Adderley, gostei muito do som do instrumento e o quis na minha banda. Chick Corea começou a usar o piano elétrico Fender Rhodes quando veio tocar comigo, assim como Herbie Hancock, que gostou de tocar o Rhodes logo de cara; Herbie já gostava mesmo de bugigangas eletrônicas, então o Rhodes lhe caiu como uma luva. Já Chick não estava tão seguro, mas eu *o fiz* tocar. Ele não gostou de eu lhe impor aquilo até realmente entrar na onda, mas aí também acabou curtindo e construiu uma reputação no piano elétrico.

Veja bem, o Fender Rhodes tem um único som, e esse som é o próprio instrumento. Não tem nenhum outro som além desse. Você sempre sabe que é um Fender Rhodes. Sou louco pelas vozes da música de Gil Evans, então quis conseguir um som à la Gil Evans numa banda pequena. Isso pedia um instrumento como o sintetizador, que consegue produzir toda uma variedade de sons. Percebi que seria possível escrever uma linha de baixo com os *voicings* que Gil usava em sua *big band*. Poderíamos ter uma harmonia no agudo com o sintetizador, e isso faz a banda toda soar mais cheia. Depois, dobrar o baixo; funciona melhor do que com um piano comum. Após ter colocado isso na cabeça e ver como afetava a música que eu estava fazendo, não precisei mais de piano. Não teve nada a ver com uma vontade pessoal de "me eletrificar", como muita gente já disse, e sim a de ter uns troços elétricos na minha banda. Eu só queria um tipo de *voicing* que apenas um Fender Rhodes poderia me dar, e um piano comum, não. Mesma coisa quanto ao baixo elétrico; ele me dava o que eu queria ouvir naquele momento, e o contrabaixo acústico, não. Músicos têm de tocar os instrumentos que melhor refletem os tempos nos quais vivemos, usar a tecnologia em prol daquilo que você quer ouvir. Tem uns puristas que saem por aí dizendo que os instrumentos elétricos vão arruinar a música. Música ruim é o que vai arruinar a música, não os instrumentos que os músicos escolhem tocar. Não vejo nada de errado com instrumentos elétricos, contanto que você coloque grandes músicos para tocá-los direito.

Após Herbie sair da banda que tocava ao vivo, em agosto de 1968, Chick Corea entrou no seu lugar. Acho que foi Tony Williams quem fez eu me ligar nele, pois ambos eram de Boston, e Tony o conhecia de lá. Chick havia trabalhado com Stan Getz e, quando o chamei para o grupo, estava tocando com Sarah Vaughan. Lá por janeiro de 1969, Jack DeJohnette substituiu Tony na bateria, então era uma banda totalmente nova, exceto por mim e Wayne (embora Herbie e Tony ainda continuassem a tocar em gravações minhas).

Em fevereiro de 1969, entramos em estúdio: eu, Wayne, Chick, Herbie, Dave, Tony no lugar de Jack na bateria (porque eu queria o som de Tony) e Joe Zawinul. Acrescentei ainda um guitarrista, um jovem inglês chamado John McLaughlin, que tinha vindo aos EUA para entrar no novo grupo de Tony, o Lifetime (com Larry Young no órgão). Quando estivemos na Inglaterra, Dave Holland apresentou John a mim e Tony, e o ouvimos pela primeira vez. Depois, escutamos juntos uma fita que Dave havia emprestado a Tony com John tocando. Também o ouvi tocar com Tony no clube de Count Basie e ele foi um filho da puta de bom, então o convidei para a gravação. Ele me disse que fazia muito tempo que me ouvia e que talvez ficasse nervoso por entrar em estúdio com um de seus ídolos. "Só relaxe e toque como você tocou lá no Count Basie e vai dar tudo certo", falei. E deu mesmo.

Foi a gravação de *In a Silent Way*. Liguei para Joe Zawinul e lhe pedi que trouxesse algumas músicas para o estúdio, porque eu adorava suas composições. Ele chegou com um tema chamado "In a Silent Way", que se tornou a faixa-título (as outras duas são minhas). Eu já tinha gravado algumas músicas de Joe, como "Ascent" e "Directions", nas sessões que fizemos juntos em novembro de 1968. "Ascent" era um poema sinfônico bem parecido com "In a Silent Way", só que não tão envolvente. Quando Joe chegou com "In a Silent Way", entendi o que ele havia feito, só que dessa vez era melhor. (Nas músicas que compus para a sessão de novembro de 1968, como "Splash", é possível notar que estou me direcionando para um som mais rítmico de blues/funk.)

Mudamos o que Joe havia escrito em "In a Silent Way", cortamos todos os acordes e nos concentramos na melodia. Eu queria que soasse mais como rock. Nos ensaios, chegamos a tocá-la como Joe havia escrito, mas, para mim, não estava funcionando, pois todos aqueles acordes a estavam deixando travada. Ouvindo, eu conseguia perceber que a melodia escrita por Joe – que ficava escondida atrás de toda aquela confusão de acordes – era muito bela. Quando fomos gravar, simplesmente joguei fora as notações de acordes e disse a todo mundo para só tocar a melodia, só tocar a partir dela. Eles ficaram surpresos por trabalhar assim. Mas, desde aquela experiência de chegar com composições que nunca ninguém tinha ouvido em *Kind of Blue*, eu sabia que, quando você tem grandes músicos – e eu tive, nas duas ocasiões –, eles vão saber lidar com a situação. Eles vão tocar para além do que está escrito e acima do que eles acham que são capazes. Foi o que aconteceu em *In a Silent Way*, cuja música é maravilhosa e revigorada.

Joe nunca gostou do que fiz com sua composição, e acho que não gosta até hoje. Porém, deu certo e isso é tudo o que importa. Muita gente considera a composição de Joe um clássico e o início do *fusion*. Se eu a tivesse deixado como Joe havia escrito, não creio que ela teria sido elogiada o tanto que foi depois do lançamento do álbum. *In a Silent Way* foi uma colaboração entre nós dois. Alguns não gostam da forma como trabalho. Certos músicos sentem que não lhes dou crédito o bastante. Porém, sempre tentei dar crédito a quem fazia algo por mim. Saíam por aí putos dizendo que eu levei o crédito por arranjar *In a Silent Way*, mas eu *de fato* arranjei a música ao mudá-la daquele jeito.

Depois que terminamos *In a Silent Way*, levei o grupo para a estrada; Wayne, Dave, Chick e Jack DeJohnette eram agora minha banda de turnê. Cara, eu queria que ela tivesse sido gravada ao vivo, pois era boa pra caralho. Acho que Chick Corea e outras pessoas gravaram algumas das nossas performances ao vivo, mas a Columbia deixou passar essa porra toda.

Viajamos por toda a primavera e encerramos a turnê em agosto. Então retornamos ao estúdio para gravar *Bitches Brew*.

No ano de 1969, o rock e o funk vendiam feito água, e tudo isso ficou à mostra em Woodstock. Mais de 400 mil pessoas foram ao festival. Esse tanto de gente num show deixa todo mundo maluco, especialmente as pessoas que fazem discos. A única coisa na cabeça delas é: como podemos vender discos para esse tanto de gente o tempo todo? Se já não fazíamos isso, então como podemos fazer agora?

Essa era a atmosfera que dominava as gravadoras. Ao mesmo tempo, o público lotava estádios para ver e ouvir astros em pessoa. E o jazz parecia estar definhando nas vendas de discos e nas apresentações ao vivo. Foi a primeira vez em muito tempo que não toquei para plateias cheias em todo lugar. Na Europa, sempre esgotava, mas, nos EUA, nos apresentamos para muitos clubes só com metade da lotação em 1969. Isso me disse alguma coisa. As vendas dos meus discos nem se comparavam às de Bob Dylan ou Sly Stone, cujos números eram astronômicos. Clive Davis, presidente da Columbia Records, assinou com o Blood, Sweat and Tears, em 1968; e com um grupo chamado Chicago, em 1969. Ele tentava levar a Columbia para o futuro e atrair os jovens que compravam discos. Depois de um começo meio irregular, nós nos demos bem, pois ele pensa mais como um artista do que como apenas um executivo. Tem um bom faro para o que está rolando; é um grande homem.

Clive começou a conversar comigo a respeito de mudanças e de como eu poderia alcançar um público mais novo. Sugeriu que uma das formas seria tocar minha música nos ambientes frequentados pelos jovens, lugares como o Fillmore. Na nossa primeira conversa, fiquei bravo com ele, pois achei que estivesse menosprezando *minha pessoa* e todas as coisas que eu tinha feito para a Columbia. Desliguei na cara dele após dizer que ia achar outra gravadora. Porém, a Columbia não me dispensava. Depois de um vai-e-vem dessas discussões, as coisas enfim esfriaram e ficaram bem de novo. Por um tempo, pensei em ir para a Motown, porque gostava do que faziam lá e achei que eles seriam capazes de entender melhor o que eu vinha tentando produzir.

O que Clive realmente não gostava era do acordo que eu tinha com a Columbia me permitir receber adiantamentos dos *royalties*, de modo que, sempre que eu precisava de dinheiro, ligava para a gravadora e pedia um desses adiantamentos. Clive achava que eu não rendia tanto dinheiro assim para a gravadora me conceder esse tipo de tratamento. Em retrospecto, talvez ele tivesse razão, mas de um ponto de vista estritamente de negócios, não artístico. Eu acreditava que a Columbia tinha apenas de cumprir o que havia sido acordado. Pensaram que, já que eu vendia cerca de 60 mil cópias sempre que lançava um disco – o que era suficiente para eles antes de as novidades surgirem –, isso não seria o bastante para que continuassem a me dar dinheiro.

Assim, era esse o clima entre mim e a Columbia antes de eu entrar em estúdio para gravar *Bitches Brew*. O que eles não entendiam era que eu não estava preparado para já me tornar coisa do passado, não estava pronto para ser catalogado na chamada lista de clássicos da Columbia. Eu tinha visto o caminho para o futuro com a minha música e ia segui-lo como sempre fiz. Não para a Columbia e as vendas de álbuns, muito menos para tentar conquistar compradores de discos jovens e brancos. Ia segui-lo por mim mesmo, para o que eu queria e precisava na minha própria música. *Eu* queria mudar de direção, *tinha* de mudar para continuar a acreditar e amar o que eu tocava.

Quando entrei em estúdio em agosto de 1969, além de ouvir rock e funk, andava escutando Joe Zawinul e Cannonball tocarem umas coisas tipo "Country Joe and the Preacher". E, em Londres, conheci outro inglês, um cara chamado Paul Buckmaster. Convidei-o para vir aos EUA e me ajudar a elaborar um álbum. Gostei do trabalho dele na época. Eu vinha experimentando compor algumas progressões básicas de acordes para três pianos. Um troço simples, e foi curioso pensar, enquanto trabalhava nisso, como Stravinsky retornou a formas simples. Assim, ao escrever essas coisas, como um acorde de um tempo e uma linha de baixo, percebi que quanto mais tocássemos, mais ficaria diferente. Eu escrevia um acorde, uma pausa, talvez outro acorde, e, no fim, quanto mais isso fosse tocado, mais diferente ficava. Isso começou a acontecer em 1968, quando Chick, Joe e Herbie tocaram nas minhas sessões. Estendeu-se durante as gravações de *In a Silent Way*. Depois, passei a pensar em algo maior, no esqueleto de uma peça. Eu escrevia um acorde em dois tempos, e eles tiravam dois tempos. Então faziam um, dois, três, ta-da, certo? E então eu colocava a acentuação no quarto tempo. Talvez botasse três acordes no primeiro compasso. Enfim, eu disse aos músicos que poderiam fazer o que quisessem, tocar qualquer coisa que ouvissem, mas que eu precisava que o que eles fizessem fosse um acorde. Assim eles souberam o que fazer e fizeram. Tocaram a partir de um acorde e o fizeram soar como uma coisa enorme.

Falei isso a eles nos ensaios e, então, trouxe esboços musicais que ninguém tinha visto, exatamente como fiz em *Kind of Blue* e *In a Silent Way*. Começávamos bem cedo no estúdio da Columbia na 52nd Street e gravávamos o dia inteiro, durante três dias em agosto. Eu disse a Teo Macero, que foi o produtor, para só deixar as fitas rolarem e capturar tudo o que tocássemos, apenas capturar *tudo* e não entrar na sala para interromper e fazer perguntas. "Só fique na técnica e se preocupe em captar o som." E assim ele fez, não nos encheu o saco uma vez sequer e gravou tudo muito bem.

Quando começamos a tocar, passei a reger como um maestro. Eu escrevia uma partitura para alguém ou dizia que tocassem coisas diferentes do que eu estava ouvindo, e assim a música ia crescendo e tomando forma. Era solta e afiada ao mesmo tempo. Casual, mas atenta, todo mundo estava ligado às diferentes possibilidades que surgiam na música. À medida que ela se desenvolvia, eu ouvia coisas que achava que poderiam ser estendidas ou cortadas. Assim, essa gravação foi um desdobramento do processo criativo, uma composição viva. Era como uma fuga ou um motivo ao qual reagíamos. Depois de um certo ponto desse desdobramento, eu dizia para um determinado músico entrar e tocar outra coisa, como Benny Maupin no clarone. Gostaria de ter registrado em vídeo todas essas sessões, porque foi algo espetacular, e eu teria gostado de ver exatamente o que aconteceu, como um *replay* instantâneo de futebol ou basquete. Às vezes, ao invés de só deixar a fita rolar, pedia a Teo que a voltasse para eu poder ouvir o que tínhamos feito. Se eu quisesse algo diferente num determinado ponto, chamava o músico e gravávamos.

Foi uma grande sessão, cara, e até onde me lembro não tivemos problemas. Foi exatamente como as *jam sessions* de antigamente no Minton's, nos tempos do bebop. Todos os dias, todo mundo ia embora entusiasmado.

Alguns escreveram que *Bitches Brew* foi ideia de Clive Davis ou de Teo Macero. Isso é mentira, pois eles não tiveram absolutamente nada a ver com a concepção do álbum. Mais uma vez, foram brancos tentando dar algum crédito a outros brancos onde não era merecido, porque o disco se tornou um conceito muito inovador. Tentaram reescrever a história depois dos fatos, como sempre.

Você nunca conseguiria escrever o que fizemos em *Bitches Brew* numa partitura para uma orquestra tocar. Foi por isso que não escrevi tudo, e não porque eu não sabia o que queria; eu sabia que o que eu queria surgiria de um processo e não de um troço pré-arranjado. Essas sessões tiveram a ver com improvisação, e é isso que faz o jazz ser tão fabuloso. Sempre que o tempo muda, toda sua postura em relação a algo também muda, então um músico vai tocar de um jeito diferente, especialmente se não estiver tudo escrito na frente dele. A atitude de um músico é a música que ele toca. Por exemplo, na Califórnia, à beira da praia, você tem o silêncio e o som das ondas quebrando na costa. Em Nova York, você tem de lidar com os sons das buzinas dos carros e do falatório das pessoas nas ruas e essas merdas. Na Califórnia, você quase nunca escuta gente falando na rua. A Califórnia é sossegada, tem a ver com sol, exercícios e mulheres maravilhosas na praia, onde exibem corpos matadores e belas pernas longas. Lá, as pessoas são bronzeadas, porque tomam sol o tempo todo. Em Nova York, as pessoas saem, mas é um negócio diferente, lugares mais fechados. Na Califórnia, os espaços são mais abertos, e a música que vem de lá reflete esses espaços e as estradas, coisas que você não ouve na música que vem de Nova York, em geral mais intensa e enérgica.

Depois que terminei *Bitches Brew*, Clive Davis me colocou em contato com Bill Graham, dono do Fillmore, em São Francisco, e do Fillmore East, em Nova York. Bill queria que eu tocasse primeiro em São Francisco, com o Grateful Dead, então fui. Esse show abriu meus olhos, porque havia umas cinco mil pessoas lá naquela noite, em sua maioria hippies jovens e brancos, e elas mal tinham ouvido falar em mim, se é que tinham. Abrimos para o Grateful Dead, mas outro grupo tocou antes de nós. O lugar estava abarrotado de gente branca chapada e aérea, e, quando começamos a tocar, havia pessoas andando pela casa e conversando. Porém, depois de um tempo, todos ficaram quietos e se envolveram muito na música. Toquei um pouco de algo tipo *Sketches of Spain*, e então entramos nas coisas de *Bitches Brew*, que deixaram todo mundo alucinado. Depois desse show, sempre que eu tocava em São Francisco, muitos jovens brancos iam me ver.

Bill então nos levou de volta a Nova York para tocar no Fillmore East, dessa vez com Laura Nyro. Antes disso, tocamos no Tanglewood[26] para Bill, com Carlos Santana e um grupo chamado Voices of East Harlem. Lembro-me desse show porque chegamos um pouco atrasado, e eu fui de Lamborghini. Eis que, quando cheguei – a apresentação era a céu aberto –, me deparei com uma estrada de terra. Segui por ela, e a poeira subia para todo lado. Cheguei em meio a uma nuvem de poeira, e Bill estava à minha espera, preocupado pra diabo. Quando desci do carro, usando um sobretudo de couro, Bill me olhava como se quisesse ficar bravo, certo? Então disse a ele: "O que foi, Bill? Estava esperando que outra pessoa saísse desse carro?". E ele caiu na gargalhada.

---

26 Complexo para atrações musicais localizado em Massachusetts, renomado principalmente pelas apresentações eruditas, onde Graham produziu shows de rock em 1970. (N. do T.)

Os shows que fiz para Bill nessa época foram bons para expandir meu público. Tocávamos para todo tipo de gente. As plateias que iam ver Laura Nyro e o Grateful Dead se misturavam com algumas das pessoas que iam me ver, então era bom para todo mundo.

Bill e eu nos dávamos até que bem, mas tínhamos nossas discordâncias porque ele era um homem de negócios filho da puta, casca grossa, e eu não engulo sapo nenhum. Então havia alguns confrontos. Lembro-me de uma ocasião – talvez duas – no Fillmore East, em 1970. Eu estava abrindo para um camarada lamentável chamado Steve Miller. Acho que Crosby, Stills, Nash & Young também tocaram, e eles eram um pouco melhores. Enfim, Steve Miller não tinha merda nenhuma a seu favor, então fiquei puto por estar abrindo para esse filho da puta que não tocava nada só porque ele tinha lançado um ou dois discos patéticos. Então eu chegava atrasado, e *ele* tinha de tocar primeiro. Aí, quando nós entrávamos, incendiávamos aquele lugar desgraçado, e todo mundo pirava, incluindo Bill!

Fiz isso por algumas noites, e, sempre que chegava atrasado, Bill me dizia que era "desrespeitoso com o artista" e umas merdas assim. Na última noite, não fiz diferente. Quando cheguei, vi que Bill estava virado num filho da puta de furioso, pois não estava esperando por mim dentro da casa, como de costume, mas *na frente* do Fillmore. Começou a vir para cima de mim com o papo furado de "desrespeitar Steve" e tal. Só olhei para ele, um filho da mãe tranquilaço, e falei: "Ei, querido, esta é uma noite igual às outras, e você *sabe* que elas deram muito certo, não?". Assim, ele não pôde falar nada para contestar, porque nós tínhamos colocado a casa abaixo.

Depois dessa *gig*, ou em algum momento por volta dessa época, comecei a perceber que a maioria dos músicos de rock não conhecia nada de música. Não estudavam, não sabiam tocar estilos diferentes – ler música, então, nem se fala. Porém, eram populares e vendiam muitos discos, pois davam ao público uma determinada sonoridade, aquilo que as pessoas queriam ouvir. Então concluí que se eles eram capazes de fazer isso – chegar a tanta gente e vender tantos discos sem saber de verdade o que estavam fazendo –, eu também seria, só que melhor. Isso porque gostei de tocar nos salões maiores em vez de apenas nos clubes o tempo todo. Não só eu ganharia mais dinheiro e tocaria para públicos maiores, como também não haveria toda a importunação de tocar nos clubes fumacentos.

Assim, foi por meio de Bill que conheci o Grateful Dead. Jerry Garcia, o guitarrista, e eu nos demos muito bem, falamos de música – do que eles gostavam e do que eu gostava –, e acho que ambos aprendemos algo e evoluímos um tanto. Jerry adorava jazz, e eu descobri que havia muito tempo que ele me ouvia e adorava minha música. Ele curtia outros músicos de jazz também, como Ornette Coleman e Bill Evans. Laura Nyro era muito quieta fora do palco, e acho que eu meio que a assustava. Em retrospecto, creio que Bill Graham fez algumas coisas importantes para a música com esses shows, abriu tudo de forma que muita gente diferente ouviu muitos tipos diferentes de música, que normalmente não ouviria. Só fui reencontrar Bill quando fizemos alguns shows para a Anistia Internacional, em 1986 ou 1987.

Naquele final da década de 1960 e começo de 1970, conheci um jovem comediante preto que se apresentava na abertura de alguns dos nossos shows, Richard Pryor. Cara, esse filho da puta era engraçado. Ainda não tinha uma reputação, mas eu sabia que ele seria um grande astro, sentia no osso. Fechei para tocar no Village Gate e chamei Richard para abrir para nós. Esqueci de onde o vi se apresentar pela primeira vez, mas só queria que as pessoas soubessem o quanto o filho da puta era ótimo. Paguei-o do meu bolso e produzi a coisa toda. Acho que tocamos lá por dois finais de semana, e a banda e Richard arrebentaram. Ele se apresentava primeiro, depois era um músico que tocava música indiana na cítara e, então, a minha banda. Foi um negócio muito bem-sucedido, e eu até ganhei algum dinheiro. Depois disso, Richard e eu nos tornamos bons amigos, saíamos, chapávamos e nos divertíamos muito juntos. Muitos comediantes são um saco depois que saem do palco, mas Richard – assim como Redd Foxx – era tão engraçado fora do palco quanto em cima dele. Ele deixava a esposa hospedada na minha casa quando saía em turnê, porque, na época, não tinha residência fixa. Mas Richard era engraçado demais, cara, já naquela época e fora do palco também.

Por volta desse período, conheci Bill Cosby no aeroporto de Chicago. Mais tarde, quando já éramos amigos, ele me disse que nós já havíamos nos encontrado na Filadélfia, quando ele ia aos meus shows, e que eu havia sido muito influente na vida dele, mas eu não lembrava dessa ocasião. Ele fazia *Os Destemidos* e era um grande astro. Eu gostava de assistir ao seriado. Então, quando nos vimos no aeroporto, só disse isso a ele. Lembro que ele falou: "Obrigado, Miles, mas só espero que eles coloquem uma mulher para meu personagem se relacionar antes de o seriado acabar. Eles agem como se os pretos não fossem para a cama ou tivessem vidas amorosas como os brancos. Só espero que me deem uma cena romântica com uma mulher, uma cena de beijo que seja". E foi isso. A conversa aconteceu enquanto seguíamos para o embarque. Lembro-me de concordar com ele, mas acho que a cena não rolou.

As coisas andavam muito bem com a minha música, mas não tanto no meu relacionamento com minha esposa, Betty. Ela começou a mentir para mim e a tentar me convencer a dar dinheiro a ela. Na estrada, passou a assinar coisas no meu nome, saca, levar amigos para o hotel e colocar na minha conta. Começou a me causar muita dor de cabeça. Harold Lovett, meu advogado, andava bebendo muito nessa época, então não estávamos mais tão próximos. Ele vinha fazendo merda, mas eu me sentia leal a Harold porque ele tinha ficado do meu lado quando ninguém mais ficou. Mas, a essa altura, as merdas dele já estavam me dando nos nervos. Ele nunca gostou de Betty e me dizia que a única razão por eu estar com ela era porque se parecia com Frances. E parecia mesmo, ainda mais se vista do outro lado da sala. Harold achava que eu estava com ela por isso e, provavelmente, tinha razão. Afirmava que ela não tinha classe e só me usava. No fim, ele estava certo – pelo menos dessa vez.

Lembro-me de quando fomos tocar na Europa no final de 1969, após as gravações de *Bitches Brew*. Encontrei Bill Cosby e sua esposa, Camille. Estávamos tocando em Antibes, acho, e Bill estava lá de férias. Ele foi ao show com Camille, e, depois, fomos todos para um clube. Bill e Camille estavam na pista de dança, e Betty dançava, muito chapada, com um francês. Camille vestia um belo macacão branco que tinha buracos como uma rede de cesta de basquete. Betty fazia uma dança louca, se mexendo para todo lado, e a filha da mãe acabou pisando na barra do macacão de Camille, rasgando a peça feio. Betty nem viu. Quando descobriu, se desculpou e tal, e eu disse a Bill que ia pagar, mas ele e Camille não aceitaram, pois tinha sido sem querer, e eles se sentiram mal por Betty. Mas *eu* sei que ela estava fora do controle demais, e essa merda envergonhou este filho da puta aqui.

Veja bem, Betty era jovem e louca demais para o que eu esperava de uma mulher. Eu estava acostumado com uma mulher *cool*, sofisticada, elegante, como Frances ou Cicely, capaz de manter a compostura em todos os tipos de situações. Mas Betty era um espírito livre – uma filha da puta talentosa –, roqueira, das ruas, acostumada com outro tipo de coisa. Era ousada, muito sexual, mas eu não sabia disso quando a conheci – e se sabia, acho que não prestei muita atenção. Mas era o tipo de merda que ela fazia, e, junto com as outras coisas, simplesmente me cansou.

Depois de nos despedirmos de Bill e Camille, fui para Londres ver Sammy Davis Jr., que estava por lá apresentando o musical *Golden Boy*. Também vi Paul Robeson; eu tentava vê-lo sempre que ia a Londres, até ele voltar para os EUA. Eu andava com gente de muita classe, mas Betty não ficava confortável nesse meio. Só gostava de roqueiros, e tudo bem, mas eu sempre tive muitos bons amigos que não eram músicos, e ela não sabia lidar com pessoas assim, então fomos simplesmente nos afastando.

Mais tarde, em Nova York, me deparei com uma bela garota espanhola que quis ir para a cama comigo. Cheguei na casa dela, e ela me contou que Betty estava saindo com o seu namorado. Quando perguntei quem era o cara, ela respondeu: "Jimi Hendrix". Era uma filha da puta loira das boas. Ela tirou a roupa e tinha um corpo que não podia esperar. Falei para ela: "Se Betty quiser trepar com Jimi Hendrix, o problema é deles, eu não tenho nada a ver com *isso*, e isso não tem nada a ver com você e eu também". Ela então me disse que, se Betty iria trepar com o homem dela, ela treparia comigo.

"Não é assim que funciona, eu não trepo com alguém por esse tipo de motivo. Se você vai trepar comigo, tem de ser porque *você* quer trepar comigo, e não porque Betty está trepando com Jimi."

Ela se vestiu e só ficamos conversando. Cara, esse negócio que disse a ela fodeu sua cabeça. Como ela era gostosa demais, estava acostumada aos homens se jogarem a seus pés. Porém, eu não era, nem nunca fui assim. Só porque uma mulher é gostosa, isso não quer dizer nada para mim; sempre tive mulheres gostosas. Para eu me interessar por elas de verdade, elas também têm de ter cérebro e pensar em outras coisas além do quanto são gostosas.

Depois disso, meu relacionamento com Betty só foi ladeira abaixo. Após contar a ela que sabia do seu caso com Jimi, pedi divórcio – *informei* a ela que nos divorciaríamos. "Você vai coisa nenhuma, do jeito que eu sou boa, você sabe que não quer perder isso aqui!", disse ela.

"Ah, é? Bem, sua vaca, vou me divorciar de você e já estou com a papelada toda, então é melhor você assinar se sabe o que é bom pro seu traseiro!" Ela assinou, e esse foi o fim.

Betty e eu nos separamos em 1969. Porém, como as coisas andavam muito ruins entre nós, eu já tinha começado a sair com duas mulheres belas e ótimas, que tiveram um grande impacto na minha vida: Marguerite Eskridge e Jackie Battle. Ambas eram muito espirituais, se interessavam por alimentação saudável e coisas assim.

Embora muito quietas, elas eram fortes, com muita autoconfiança. Além disso, eram pessoas muito legais, que não se interessavam por mim por eu ser um astro, mas porque se importavam comigo genuinamente. Por mais bela que Betty fosse fisicamente, ela não tinha muita confiança em si mesmo como pessoa. Era uma *groupie* de alta classe, muito talentosa, mas que não acreditava no próprio talento. Jackie e Marguerite não tinham esse tipo de problema, então eu ficava relaxado com elas.

Vi Marguerite pela primeira vez na plateia de um show meu e mandei alguém avisar que eu queria conversar com ela, lhe pagar um drink. Foi num clube em Nova York, talvez no Village Gate ou no Village Vanguard, no início de 1969. Marguerite era uma das mulheres mais bonitas que eu já tinha visto. Então, comecei a sair com ela. Porém, ela me queria só para ela, queria um relacionamento exclusivo. Eu tinha de manter minha relação com Jackie escondida, de modo que ela não ficasse sabendo. Ficamos juntos aqui e ali por cerca de quatro anos. Por um tempo, ela morou num apartamento no meu prédio na West 77th Street. No entanto, não gostava muito da vida de músico, de todos os clubes, álcool e drogas. Era tudo muito movimentado para ela, que era muito tranquila, vegetariana e de Pittsburgh, assim como Betty. Cara, Pittsburgh tem umas mulheres muito boas. E ela tinha 24 anos quando nos conhecemos. Uma mulher bonita de verdade, saca, pele marrom, alta, pele, olhos e cabelos maravilhosos. Que corpo. Ficamos juntos por uns quatro anos; ela é a mãe do meu filho mais novo, Erin.

Ela estava comigo no Brooklyn em outubro de 1969. Tínhamos acabado de tocar no Blue Coronet Club, e eu levei Marguerite de carro até sua casa, na mesma região (ela ainda não tinha se mudado para o meu prédio). Ficamos sentados no carro na frente da casa, só conversando e nos beijando – você sabe, essas coisas que namorados fazem –, quando outro carro parou do nosso lado com três caras pretos dentro. A princípio, não me importei, achei que talvez eles tivessem acabado de ver meu show e quisessem dar um oi. Porém, de repente, ouvi disparos e senti uma pontada no meu lado esquerdo. O cara deve ter atirado contra mim umas cinco vezes, mas eu estava com uma jaqueta de um couro que era meio grosso. Se não fosse por essa jaqueta e pelo fato de as balas passarem pela porta de uma Ferrari bem construída, eu teria sido morto. Fiquei tão em choque que não deu tempo de ficar com medo. Nenhuma das balas atingiu Marguerite, ainda bem, mas ela ficou apavorada.

Entramos em casa e chamamos a polícia. Quando chegaram – dois caras brancos –, revistaram o *meu* carro, embora fosse eu quem levou o tiro. Disseram ter achado maconha no meu carro e aí nos prenderam e nos levaram para a delegacia. Como não tinham provas, nos liberaram sem registrar queixa.

Ora, em primeiro lugar, todo mundo que me conhece *sabe* que eu nunca gostei de maconha, nunca gostei de fumar. Então isso já era uma baita lorota para tentar me pegar. Simplesmente não gostaram de ver um preto com um carro importado caro e uma mulher muito bonita. Não souberam lidar com isso. Quando olharam minha ficha, acho que descobriram que eu era músico e havia tido problemas com drogas no passado, então tentaram plantar alguma coisa só para me sacanear. Talvez fossem ganhar uma promoção por pegar um negrão famoso. Fui *eu* quem chamou a polícia; se eu tivesse drogas, teria me livrado delas antes de eles chegarem. Não sou *tão* maluco.

Ofereci uma recompensa de US$ 5 mil por informações sobre quem atirou em mim. Algumas semanas depois, eu estava num bar no Harlem quando um cara veio me dizer que o autor dos disparos havia sido morto a tiros por alguém que não gostou de ele ter atirado em mim. Eu não sabia o nome do cara que me contou aquela história, e ele não me disse o nome do atirador supostamente morto. Só sei disso que o cara me falou e nunca mais o vi. Mais tarde, descobri que o motivo para terem atirado em mim foi que uns *promoters* pretos do Brooklyn não gostavam do fato de que *promoters* brancos estavam ficando com todos os shows. Quando toquei no Blue Coronet naquela noite, me acharam babaca por não deixar os *promoters* pretos cuidarem do evento.

Ora, eu sou totalmente a favor de os pretos tirarem uma boa parcela. Mas ninguém tinha me falado merda nenhuma, e um sujeito tentou me matar por conta de um negócio do qual eu não fazia a menor ideia. Cara, a vida às vezes é uma merda. Por um tempinho depois que isso aconteceu, comecei a andar com um soco inglês aonde quer que eu fosse, até ser pego cerca de um ano depois por estar dirigindo sem a documentação do carro. Quando a polícia me revistou, o soco inglês caiu da minha bolsa. Admito que não tinha a documentação comigo e que o carro nem licenciado estava, mas os policiais na viatura não tinham como saber isso quando deram meia volta e me abordaram.

De novo, o motivo para me pararem foi eu estar numa Ferrari vermelha, de turbante, calças de couro de cobra e casaco de pele, com uma mulher muito bonita – acho que era Marguerite, mais uma vez – na frente do hotel Plaza. Quando me viram, os dois policiais brancos provavelmente pensaram que eu era traficante e então voltaram. Não é preciso dizer que, se fosse um branco naquela Ferrari, eles teriam seguido em frente.

Jackie Battle também era uma mulher muito especial. Era de Baltimore e tinha uns 19 ou 20 anos quando a conheci, mais ou menos na mesma época que Marguerite. Encontrei Jackie na sede da ONU, onde ela trabalhava como secretária de algum conhecido meu. Eu a via com frequência nos shows porque ela gostava muito de música e também era artista: pintora, gravadora e designer. Era uma mulher maravilhosa, alta, de uma linda pele marrom-clara, com olhos e sorriso belíssimos, o pacote completo, e ainda com uma das auras mais espirituais com que eu já me deparara. Começamos a sair. Ela era bem madura para sua idade e já tinha uma personalidade muito própria, sabia o que queria da vida e não engolia sapo de ninguém.

Uma pessoa de fala suave, simpática e calma, mas que, debaixo disso, era muito forte e sabia qual era seu valor. Depois da beleza dela, foi sua cabeça que me fez amá-la e respeitá-la tanto. Ela tinha um jeito especial de pensar as coisas e ver o mundo. E ela se importava demais comigo também, mesmo quando eu era muito louco por cocaína. Certa vez, estávamos em Phoenix, e eu tinha conseguido um monte de cocaína com um médico. Cara, era da pura. Então cheirei o dia inteiro e fui tocar. Quando voltei, Jackie estava dopada de soníferos, prestes a apagar. Ora, ela não chapava, nem gostava de drogas. Após acordá-la, disse: "Jackie, por que você tomou todos os meus soníferos? Você poderia ter se matado!".

Com os olhos cheios de lágrimas, ela me falou: "Se você vai se matar com esse tanto de pó, então eu quero morrer antes de você. Foi por isso que tomei os soníferos. Porque, do jeito que você está usando, você vai morrer logo, e eu não quero estar viva sem você".

Cara, esse negócio me fodeu a cabeça. Fiquei em choque. Então me lembrei da cocaína, fui até o banheiro e a droga tinha sumido. Voltei e perguntei a Jackie onde estava o pó. Ela me contou que jogou na privada e deu descarga. Agora *isso* me deixou fodido também. Cara, ela era uma peça rara.

Sua família morava em Nova York, e eu pude conhecê-la muito bem: sua mãe, Dorothea, e seu irmão, Todd "Mickey" Merchant, que também é um ótimo artista e pintou alguns quadros para mim. Eu ligava para a mãe dela e lhe pedia para fazer gumbo[27] para mim – porque ela cozinhava muito bem. Dorothea fazia e trazia até a minha casa. Se ela tivesse algum compromisso, deixava com alguém, e eu ia buscar. Era uma família muito unida, todos muito especiais. Quando comecei a sair com Jackie, o irmão dela me perguntou: "Negrão, que porra você quer com a minha irmã?".

27 Gumbo (ou gombô) é um prato típico da culinária da Louisiana, no sul dos EUA. Trata-se de um guisado, ou uma sopa grossa, que leva vários tipos de carne ou mariscos. (N. do T.)

Ao que respondi: "Que porra é essa, como assim, o que eu quero com a sua irmã? O que todo homem quer com uma mulher bonita e bacana?".

Ele então disse: "OK, cara, mas não meta o louco e sacaneie a minha irmã, certo, porque estou cagando e andando para o quanto você é famoso; se você a sacanear, vai se ver comigo". Assim, quando terminei com Betty, fiquei com duas jovens belas e espirituais por perto, Jackie e Marguerite. Em retrospecto, provavelmente foi uma pena eu tê-las conhecido ao mesmo tempo, porque, se eu pudesse ter dado minha atenção total a apenas uma, quem sabe o que poderia ter acontecido. Mas não gosto de ficar de especulação.

Eu determinei uma política na banda de que os músicos não podiam levar namoradas nas turnês, porque achava que isso os distraía. Mas eu levava as *minhas* namoradas, e isso começou a causar problemas com Wayne, Chick e Jack, pois todos eles queriam levar as respectivas. Eu sentia que, já que era a *minha* banda, tinha o direito de estabelecer essa política. Não me importaria com as mulheres deles por perto, contanto que essa presença não atrapalhasse as performances, e geralmente atrapalhava.

Antes de partirmos para a Califórnia, Jack me ligou, dizendo que levaria a esposa, Lydia, que estava grávida de uns oito meses. Primeiro, ele tentou me convencer a cancelar a turnê, pois Lydia poderia ter o bebê a qualquer instante, e ele deveria estar por perto quando isso acontecesse. Porém, eu disse que não poderia fazer isso, e foi aí que ele afirmou que teria de levar Lydia junto. O problema é que Jack mudava o jeito de tocar quando ela estava por perto. Começava a fazer floreios e umas merdas assim, não tocava de seu jeito costumeiro, porque tentava parecer sofisticado. Então tivemos uma discussão a respeito de Lydia, e Jack ameaçou abandonar a turnê. Por fim, falei que ele poderia levá-la e até deixá-la na frente da porra da bateria se quisesse, contanto que tocasse direito. Essa discussão prosseguiu até dentro do avião a caminho da Califórnia. Minha namorada Jackie entrou no meio, ficando do lado de Jack e Lydia, e eu ameacei mandar *Jackie* embora também. Mas ela bateu o pé, discutiu e tudo, pois não tinha medo de nada. No fim, eu só deixei quieto.

Chegamos a Los Angeles depois de paradas no Festival de Jazz de Monterey e em São Francisco. Em L.A., tocamos no Shelly's Manne-Hole, o clube do baterista Shelly Manne. A essa altura, a namorada de Wayne, Anna Maria, já estava conosco também, além de Lydia e Jackie. E então chegou outra mulher, Jane Mandy, namorada de Chick. Jack sorriu de orelha a orelha, então eu soube que ele só iria tocar floreios. Adoro o jeito dele de tocar, mas quando há mulheres por perto, o filho da puta só quer parecer moderno e tocar para o público, não para a banda. Mas não tinha como dizer isso a ele.

Nas duas primeiras noites da *gig*, Lydia foi até o *backstage*. Ela é artista também, das boas, e uma pessoa muito legal. Eu gostava muito dela. Porém, quando ela ia ao *backstage*, acontecia alguma merda com Jack, e eu não gostava disso – Jack não tocava nada. Na terceira noite, a vi sentada ao lado do palco. Fui para o meio do público e mandei um recado para Jack por meio de Shelly: "Se Lydia não sair dali, não vamos tocar".

Ora, as filas estavam virando o quarteirão, e é nisso que Shelly estava de olho. Eu, porém, estava pensando na música que não iríamos ouvir porque Lydia estava lá, e Jack iria tocar de um jeito exibido em vez de um jeito ótimo. Jack ficou puto da vida, achou que eu estava ferrando com a família dele de verdade, e aí a coisa ficou *muito* feia. Depois de um tempo, todos os outros da banda começaram a rir – até Shelly –, e então Shelly veio até mim e literalmente se ajoelhou e me implorou: "Por favor, toque. Miles, por favor, toque". Foi aí que o negócio ficou engraçado demais para mim. Subi no palco, toquei e, naquela noite, Jack arrebentou. Acho que ele estava tentando me mostrar que eu estava errado por pensar que ele não conseguiria tocar com a esposa por perto. Depois desse incidente, eu abandonei a regra de que os músicos não poderiam levar as namoradas em turnê, contanto que isso não interferisse na performance. Posteriormente, Keith Jarrett faria o mesmo tipo de coisa ao tocar na minha banda. Sua esposa ia conosco, e ele tocava uns troços que considerava sofisticados, e ele e a mulher se entreolhavam como se fosse a melhor coisa do mundo. Para mim, porém, aquilo que Keith tocava era só graça, e precisei lhe dizer que eu não estava pirando naquilo não. Aí ele parou.

Eu vinha mudando minha atitude em relação a muitas coisas, como meu guarda-roupa. Os clubes onde eu tocava eram muito fumacentos, e a fumaça impregnava o tecido dos meus ternos. Além disso, todos estavam começando a se vestir de forma mais folgada nas apresentações, ou pelo menos os músicos de rock estavam, e isso talvez tenha me afetado. Todo mundo curtia negritude, saca, o movimento da consciência negra, então se usava muitos tecidos africanos e indianos. Comecei a vestir batas dashiki, robes africanos e roupas mais folgadas, além de muitas camisas indianas de um cara chamado Hernando, argentino que tinha um ateliê no Greenwich Village. Era lá que Jimi Hendrix comprava a maioria de suas roupas. Assim, passei a comprar muitas camisas indianas dele, além de calças de veludo de um estilista preto chamado Steven Burrows. Já os sapatos eram de um lugar em Londres, o Chelsea Cobblers (havia um cara lá chamado Andy que era capaz de, em uma noite, fazer o par de sapatos mais sofisticado que você poderia imaginar). Eu me afastei do visual *cool* dos Brooks Brothers e passei para esse outro estilo, que, para mim, tinha mais a ver com o que rolava naquele tempo. Achei que assim poderia me movimentar melhor no palco. Eu queria me mexer no palco, tocar em pontos diferentes, porque há áreas dele em que a música e o som são melhores do que em outras. Comecei a explorar esses pontos.

capítulo 15

In a Silent Way deu início a um grande período criativo para mim, de 1969 em diante.

Esse disco deu vazão a muita música que eu tinha na cabeça, e não parou de emergir ao longo dos quatro anos seguintes. Nesse intervalo, acho que devo ter entrado em estúdio quase 15 vezes e completei cerca de dez álbuns (alguns saíram antes de outros, mas todos foram gravados nesse período): *In a Silent Way*, *Bitches Brew*, *Miles Davis Sextet: Fillmore West 1970*, *Miles Davis at Fillmore*, *Isle of Wight*, *Live-Evil*, *Miles Davis in Concert: Live at Philharmonic Hall*, *On the Corner*, *Big Fun*, *Get Up With It*. (*Directions* e *Circle in the Round* saíram mais tarde, mas trouxeram gravações que fiz nessa mesma época.) Porém, era uma música diferente, e isso causava muitos problemas para muitos críticos. Eles sempre gostam de rotular todo mundo, de te colocar num determinado setor na cabeça deles só para te irritar. Não gostam de mudanças porque elas os fazem ter de se esforçar para entender o que você está fazendo. Quando comecei a mudar daquele jeito tão rápido, vários críticos passaram a me menosprezar, pois não entendiam o que eu estava fazendo. Mas os críticos nunca foram grande coisa para mim, então só continuei a fazer o meu habitual, que era tentar crescer como músico.

Wayne Shorter saiu da banda no final do outono de 1969, e, até eu encontrar um substituto, desmantelei o grupo por um tempo. Troquei Wayne por um jovem saxofonista do Brooklyn chamado Steve Grossman. Wayne tinha me avisado de antemão que iria sair, então, quando entrei no estúdio, em novembro, já tinha Steve Grossman em mente e queria ouvir como ele soaria na banda. Também acrescentei um percussionista brasileiro que morava no Brooklyn, Airto Moreira. Ele estava nos EUA havia poucos anos e tocara na banda de Cannonball Adderley com Joe Zawinul – foi um dos dois que me apresentou a ele (esqueci como fiquei sabendo de Steve). Airto é um grande percussionista, e conto com percussionistas na minha banda desde então. Ele me chamou a atenção para o que seu tipo de talento e voz poderia fazer pelo som da banda. Quando começou a trabalhar comigo, tocava alto demais e não ouvia o que estava rolando na música. Eu dizia para ele não batucar e tocar tão alto, só escutar mais. Então, por um tempo, ele não tocava mais nada, e eu tive de voltar atrás e dizer-lhe para tocar um pouquinho mais. Acho que Airto tinha medo de mim, e, quando falei para ele não tocar tanto, ficou confuso. Porém, ele passou a ouvir mais e, assim que voltou a tocar, o fez nos pontos certos.

Nessa época e ao longo dos cinco anos seguintes, trabalhei com muitos músicos diferentes nos discos (e na banda de trabalho), porque estava sempre explorando quais combinações tocavam melhor entre si. Tive tanta gente diferente que perdi a conta de todos, mas havia um núcleo de músicos: Wayne Shorter (mesmo depois que ele saiu), Gary Bartz, Steve Grossman, Airto Moreira, Mtume Heath, Bennie Maupin, John McLaughlin, Sonny Sharrock, Chick Corea, Herbie Hancock, Keith Jarrett, Larry Young e Joe Zawinul; Harvey Brooks, Dave Holland, Ron Carter e Michael Henderson nos baixos; Billy Cobham e Jack DeJohnette na bateria; e três indianos – Khalil

Balakrishna, Bihari Sharma e Badal Roy. E aí alguns outros, como Sonny Fortune, Carlos Garnett, Lonnie Liston Smith, Al Foster, Billy Hart, Harold Williams, Cedric Lawson, Reggie Lucas, Pete Cosey, Cornell Dupree, Bernard Purdee, Dave Liebman, John Stobblefield, Azar Lawrence e Dominique Gaumont. Contei com todos esses músicos em várias combinações, uns mais do que outros, alguns talvez só uma vez. Após um tempo, eles ficaram conhecidos no meio musical como "Miles's Stock Company Players", o "Banco de Músicos do Miles".

A sonoridade da minha música mudava tão rapidamente quanto minha troca de músicos, mas eu ainda buscava a combinação que me daria o som que eu queria. Jack DeJohnette me dava um certo *groove* profundo sobre o qual eu adorava tocar, já Billy Cobham me oferecia um som mais rock. Dave Holland tocava contrabaixo acústico, e eu conseguia "groovar" atrás dele de um jeito que não conseguia quando Harvey Brooks trazia seu som de baixo elétrico. A mesma coisa com Chick, Herbie, Joe, Keith e Larry. Eu via tudo como um processo para gravar minha música, para registrá-la à medida que ela fluía na minha cabeça.

Em 1970, fui convidado para tocar na cerimônia televisionada do Grammy. Depois da minha apresentação, o anfitrião, Merv Griffin, me pegou pelo braço e começou a falar um monte de baboseiras. Cara, foi vergonhoso. Acabei com o papo do filho da puta ao vivo na TV. Ele chegou falando umas coisas nada a ver com nada, como a maioria dos apresentadores de TV fazem, pois não têm mais nada para dizer e não conhecem – ou nem querem conhecer – o seu trabalho. Só falam para ocupar espaço. Não gosto desse tipo de besteira. Então, depois disso, não fui mais a *talk shows*, exceto nos de Johnny Carson, Dick Cavett e Steve Allen, que era o único dos três que conhecia um pouco do meu trabalho. Ele, pelo menos, tentou tocar piano e fez perguntas inteligentes.

Johnny Carson e Dick Cavett não demonstraram nenhum sinal de compreensão do que eu tentava fazer; foram legais, mas não pareciam saber nada de música. A maioria desses *talk shows* televisivos só buscava se comunicar com gente branca velha e cansada, vinda de algum lugar do qual ninguém nunca ouviu falar. Minha música era demais para eles, porque seus ouvidos estavam acostumados com Lawrence Welk. Na época, só recebiam um preto na TV se fosse para ele abrir um sorrisão e fazer palhaçada, como Louis Armstrong. Isso eles curtiam. Eu adorava Louis tocando trompete, cara, mas odiava como ele sorria exageradamente para chegar a uns brancos cansados. Cara, detestava vê-lo fazendo aquilo, pois Louis era avançado, tinha uma consciência em relação aos pretos, era um homem muito legal. Porém, a única imagem que as pessoas têm dele é aquele sorrisão exagerado na TV.

Cheguei à conclusão de que se fosse a esse tipo de programa, eu teria de dizer aos filhos da puta que eles eram patéticos demais, e eu *sei* que eles não queriam ouvir isso. Então eu simplesmente não aceitava a maioria dos convites. Depois de um tempo, até o programa de Steve Allen ficou branco e bobo demais para mim. Só ia porque Steve é um ser humano decente, e eu o conhecia havia muito tempo. Porém, ele queria pagar meu cachê conforme a tabela do sindicato. Enfim, deixei de ir a todos os programas, e a Columbia se aborreceu, pois via essas participações como um jeito de vender mais discos.

Em 1970, meu filho Gregory retornou para casa após dois anos no Vietnã. Voltou mudado. Daí em diante, me custou muito problema, dor de cabeça e dinheiro no período em que morou comigo. Por fim, ele se mudou para um dos apartamentos vagos no prédio da West 77th. Depois do Vietnã, sempre se metia em encrenca. Gregory e seu irmão, Miles IV, me causaram muitos transtornos e muita tristeza. Amo os dois, mas minha decepção é imensa, é tudo o que posso dizer. A irmã deles, Cheryl, se formou na Columbia University e voltou para St. Louis, me tornou avô e é professora. Fico feliz por ela. Porém, filhos podem ser uma grande decepção para os pais, e acho que meus dois meninos mais velhos são exatamente isso para mim.

E talvez eu também seja para eles, por causa de toda a merda que fiz Frances passar, e eles viram. No entanto, o que quer que aconteça ou tenha acontecido, eles precisam tocar a própria vida, porque, no fim, só eles podem fazer isso. Gregory é um bom boxeador e ganhou alguns campeonatos no exército, mas eu não queria que ele fosse boxeador, e esse foi um erro da minha parte. Hoje, só posso dizer que sinto muito e espero que ambos coloquem a vida nos eixos.

Quando 1970 chegou, eu já ganhava entre US$ 350 mil e 400 mil por ano, contando tudo – ações, álbuns, *royalties* e cachês. Reformei minha casa, que ficou só com curvas e círculos, pelo menos nos dois andares em que eu morava. Trouxe um amigo de Los Angeles, Lance Hay, para fazer o projeto. Queria tudo redondo, sem quinas e com poucos móveis. Ele começou pelo banheiro, que renovou com mármore negro falso, uma banheira, um teto curvo de três níveis com coberturas de gesso que pareciam estalactites e uma escotilha como janela. Cara, ficou sensacional, então disse a ele para fazer o restante da casa. A cozinha ficou cilíndrica com painéis de madeira e mármore falso. Ele usou divãs, arcos estilo mediterrâneo, azulejos e carpete azul. Achei maravilhoso, me lembrava algum lugar do Mediterrâneo em vez de Nova York. Quando alguém me perguntava o porquê da reforma, eu respondia: "Só me cansei de viver numa casa estilo George Washington". Queria uma casa com degraus arredondados no lugar de degraus retangulares com quinas. Acho que minha composição "Circle in the Round" saiu desse mesmo conceito.

Naquela primavera, gravei o álbum *Jack Johnson*[28], trilha sonora do filme sobre a vida do boxeador. Originalmente, a música era para Buddy Miles, o baterista, mas ele não apareceu para buscá-la. Quando fiz essas composições, eu ia muito para a academia Gleason's Gym para treinar com Bobby McQuillen, que agora se chamava Robert

28 Intitulado *A Tribute to Jack Johnson* em reedições posteriores. (N. do T.)

Allah (havia se tornado muçulmano). Enfim, estava com os movimentos do boxe na cabeça, aqueles movimentos dos pés dos lutadores. São quase como passos de dança ou como o som de um trem. Na verdade, me lembravam estar num trem a 120 km/h, quando você sempre ouve o mesmo ritmo por causa da velocidade com que as rodas tocam os trilhos, aquele som de *plop-plop, plop-plop, plop-plop* das rodas passando pelas fendas nos trilhos. Essa imagem do trem me vinha à mente quando eu pensava num grande boxeador, como Joe Louis ou Jack Johnson. Quando você pensa num grande peso-pesado vindo para cima de você, é como um trem se aproximando.

Depois disso, algumas perguntas me vieram à cabeça, tipo, se a música era negra o bastante, se tinha um balanço negro, se seria possível transformar o ritmo do trem em algo negro. E se Jack Johnson dançaria ao som dessa música, porque ele gostava de farra, de se divertir e de dançar. Uma das composições se chamava "Yesternow" e foi batizada por James Finney, que era meu cabeleireiro – e o de Jimi Hendrix também. Enfim, a música se encaixou perfeitamente no filme. Porém, quando o álbum saiu, foi enterrado pela gravadora. Não houve divulgação. Acho que um dos motivos foi a música ser dançante e ter muitos elementos que músicos de rock brancos vinham tocando, então acho que eles não quiseram que um músico de jazz preto fizesse esse tipo de música. Além disso, os críticos não sabiam o que fazer com o álbum. Assim, a Columbia não divulgou. Muitos artistas de rock ouviram o disco e não disseram nada em público a respeito, mas me abordaram para falar que tinham adorado. No início de 1970, gravei "Duran" e achei que tinha um sucesso, mas a Columbia só lançou a faixa muito depois, em 1981. "Duran" levava o nome de Roberto Duran, o grande campeão de boxe panamenho.

No início do verão, eu contava com Chick Corea e Keith Jarrett no piano elétrico na minha banda de trabalho, e os troços que eles tocavam juntos eram matadores. Os dois ficaram na banda por uns três ou quatro meses. Keith já tinha seu próprio grupo, mas isso não interferia no meu, porque nossas agendas não conflitavam, então ele conseguia tocar nos dois. Não acho que a ideia de dois pianos caiu muito bem para Chick, embora ele nunca tenha me dito nada. Eu já sabia o que Keith tocava antes de ele vir tocar comigo e também sabia para onde ele poderia ir. Antes, ele detestava instrumentos elétricos, mas, ao tocar na minha banda, mudou de ideia. Além disso, aprendeu a estender mais e a tocar estilos diferentes. Entrou em estúdio com a banda em maio e, na sequência, saiu em turnê.

Eu estava tentando tocar a música que cresci ouvindo, aquela coisa funkeada de boteco de beira de estrada que as pessoas dançavam nas noites de sexta e sábado. Porém, esses eram músicos acostumados a tocar jazz, então era algo novo para eles. As coisas levam tempo, saca, você não simplesmente aprende algo novo e sai tocando da noite para o dia. Precisa entrar no seu corpo, no seu sangue, antes de você tocar corretamente. Mas eles estavam chegando lá, então eu não me preocupava.

Naquele verão, participei de uma celebração do 70º aniversário de Louis Armstrong. A gravadora Flying Dutchman me convidou, além de vários outros músicos, para participar do coro de um álbum que seria lançado no aniversário de Pops. Topei, e todos nós cantamos – Ornette Coleman, Eddie Condon, Bobby Hackett, acho que Dizzy e mais alguns outros. Eu não costumava fazer esse tipo de coisa, mas dessa vez era para Pops, que era um cara maravilhoso. Não há nada que se possa tocar no trompete que não venha dele, nem as coisas modernas. Não consigo me lembrar de uma única vez que ele tenha soado mal no trompete. Nunca. Nem uma vez sequer. Ele tocava com muito sentimento e sempre no tom certo. Adorava o jeito dele de tocar e cantar. Não pude conhecê-lo bem, só o encontrei umas duas vezes. A primeira foi num grande evento, já a segunda aconteceu após uma apresentação minha em algum lugar onde ele me abordou e disse que gostava do meu jeito de tocar. Cara, foi demais quando ele me falou isso. Mas eu não curtia a forma como ele era retratado na mídia, sempre com o sorriso exagerado. E ele dizia algumas coisas sobre música moderna que não me desciam muito bem; menosprezava muitos caras modernos. Na época, falei: "Pops foi um inovador também, então não deveria estar falando mal". E então, no ano seguinte, 1971, Louis Armstrong morreu, e sua esposa organizou aquele funeral fajuto para ele, sem colocar nenhum músico de jazz para tocar. Pops havia dito que queria um funeral ao estilo de New Orleans, mas sua esposa não gostava disso, então embranqueceu a cerimônia o máximo que pôde. Cara, foi uma pena.

Em junho de 1970, acho, começamos a trabalhar no estúdio num álbum que seria intitulado *Live-Evil*, que eu entendia como uma espécie de extensão de *Bitches Brew*, embora viesse a se tornar algo diferente. Eu estava aprendendo a tocar trompete em cima de todo aquele som elétrico, e era uma verdadeira revelação. Por exemplo, o piano elétrico Fender Rhodes é como uma almofada debaixo do trompete, e um trompete sempre precisa de uma almofada, pois seu som é muito metálico, muito penetrante. Ora, Dizzy faz o baterista colocar grampos nos chimbaus; uns 24, de forma que os pratos vibram quando o baterista toca, e o espaço entre as notas e o prato é preenchido por um som vibrante do qual Dizzy gosta muito. O Fender Rhodes faz a mesma coisa, só que melhor, porque quando você toca um acorde num instrumento elétrico, o acorde sai limpo e perfeitamente claro.

Para *Live-Evil*, eu ouvia os mesmos tipos de figuras musicais que ouvi para *Bitches Brew*, só um pouco mais trabalhadas, porque já havia passado por elas neste último. Em "What I Say", dei um certo ritmo de bateria a Jack DeJohnette, uma figurazinha rítmica que eu quis que ele tocasse ao longo da música inteira. Só quis que ele cravasse tudo nessa figura, mas que também houvesse algum fogo ali. Para mim, essa faixa é a que ambienta o álbum, dá clima a ele, o tipo de ritmo que eu queria. E é engraçado, saca, porque nesse disco eu ouvia as coisas no registro agudo. Em "What I Say", toquei muitas notas agudas no trompete, notas que geralmente não toco porque não consigo ouvi-las. Mas, depois que passei a tocar essa nova música, ouvi muitas delas.

Naquela época, eu gravei tanto material que me esqueci de muitas coisas que aconteceram no estúdio, e, às vezes, as imagens se sobrepõem, de modo que eu não sei dizer o que é o quê. Mas lembro que em *Live-Evil* invertemos o meu nome numa faixa, que virou "Sivad" no lugar de Davis; outra era "Selim" ao invés de Miles. "*Evil*" é o inverso de "*live*"[29], e algumas das gravações eram ao vivo no Cellar Door, em Washington, D.C. Essa inversão era o conceito do álbum: bem e mal, luz e escuridão, carnal e abstrato, nascimento e morte. Era isso o que eu tentei dizer com as duas pinturas na capa e na contracapa. Uma trata de amor e de nascimento, e a outra de maldade e da sensação de morte.

Bitches Brew vendeu mais rápido do que qualquer outro álbum meu e mais cópias do que qualquer outro álbum de jazz da história[30]. Todo mundo ficou entusiasmado, porque muitos fãs de rock jovens estavam comprando o disco e falando sobre ele. Então, foi bom. Naquele verão, fiz turnês e toquei em casas de rock com Carlos Santana, o guitarrista mexicano que faz rock latino. Cara, o filho da puta toca demais. Adoro seu estilo, e ele é uma pessoa muito legal. Pudemos nos conhecer muito bem naquele verão e mantivemos contato. Ambos gravávamos pela Columbia. Eu abria os shows de Carlos e me sentia confortável com isso, pois gostava do trabalho dele. Mesmo quando não tocávamos juntos, se eu estivesse na mesma cidade em

---

29 Respectivamente, em tradução livre, "mal" e "ao vivo". (N. do T.)

30 Há controvérsias quanto aos números exatos, mas hoje em dia *Kind of Blue* é amplamente considerado o álbum de jazz mais vendido da história, tendo alcançado, em 2019, o disco de platina quíntuplo (mais de cinco milhões de cópias vendidas somente nos EUA) segundo a Associação Americana da Indústria de Gravação; *Bitches Brew*, conforme a mesma associação, alcançou platina simples (um milhão de cópias vendidas nos EUA) em 2003 e mantém essa certificação nos registros da instituição desde então. (N. do T.)

que ele fosse tocar, ia ver seus shows. Acho que ele estava gravando o álbum *Abraxas* nessa época, e eu aparecia no estúdio para ver o que estava rolando. Ele me disse que aprendeu comigo tudo sobre usar o silêncio na música. Eu, ele e o crítico musical Ralph Gleason andávamos muito juntos.

Em agosto de 1970, toquei no festival da Ilha de Wight, na Inglaterra. Tentaram fazer uma coisa tipo Woodstock, então chamaram uns artistas de rock e funk, como Jimi Hendrix e Sly and the Family Stone, além de um bando de grupos de rock brancos para tocar numa grande fazenda na Costa Sul da Inglaterra. Foi gente do mundo todo ver esse show; disseram que havia mais de 350 mil pessoas. Eu nunca tinha visto tanta gente na minha frente. Naquele momento, minha música já estava cheia de percussão e ritmo. O público pareceu gostar do que estava rolando, especialmente quando entramos numa parada bem rítmica mesmo. Alguns dos críticos reclamaram do quanto eu estava indiferente, mas não me importei; fui assim a vida toda.

Levei Jackie Battle comigo para o festival. Precisei convencê-la, porque ela não iria. Cara, demorei dias para fazer a cabeça dela.

Jimi Hendrix também tocou. Depois do festival, nós iríamos nos encontrar em Londres para conversar a respeito de um álbum que enfim havíamos decidido fazer juntos. Chegamos perto disso com o produtor Alan Douglas, mas o dinheiro não era bom ou estávamos ocupados demais para fazer a coisa acontecer. Tocamos muito juntos na minha casa, só *jams*. Achamos que talvez fosse o momento certo de fazer um disco. Porém, na volta para Londres depois do festival, as estradas estavam tão cheias que eu não consegui chegar à reunião a tempo. Quando enfim cheguei a Londres, Jimi já não estava mais lá. Eu iria para a França, acho, para fazer mais algumas *gigs* e então retornar a Nova York. Gil Evans me ligou e disse que ia se encontrar com Jimi, queria que eu me juntasse a eles. Topei. Estávamos aguardando a chegada de Jimi quando ficamos sabendo que ele havia morrido em Londres, sufocado pelo próprio vômito. Cara, isso é um jeito horrível de partir. O que não entendi foi por que ninguém falou para ele para não misturar álcool e soníferos. Essa mistura de merda é mortal e já tinha matado Dorothy Dandridge, Marilyn Monroe, minha boa amiga Dorothy Kilgallen e Tommy Dorsey. A morte de Jimi me entristeceu porque ele era muito jovem e tinha tanta coisa pela frente. Assim, decidi ir ao funeral dele em Seattle, embora detestasse funerais. Foi tão desagradável que falei que nunca mais iria a outro funeral – e não fui mesmo.

O pregador, branco, nem sabia o nome de Jimi e insistia em pronunciá-lo errado, chamando-o disso e daquilo. Cara, foi vergonhoso. Além disso, o filho da puta não tinha ideia de quem Jimi tinha sido, não sabia nada do que ele havia conquistado. Detestei ver uma figura tão grande como Jimi Hendrix receber esse tipo de descaso depois de tudo o que ele fez pela música.

Logo depois do funeral de Jimi, Chick Corea e Dave Holland saíram do grupo. Para o baixo, chamei Michael Henderson, que vinha tocando com a banda de Stevie Wonder e com Aretha Franklin. Ele sabia o tipo de linha de baixo que eu queria, e eu fiquei muito contente em tê-lo conosco. Antes de ele entrar permanentemente, Miroslav Vitouš fez algumas *gigs* no lugar de Dave. E então Gary Bartz substituiu Steve Grossman, e eu me vi com uma banda completamente nova.

Eu estava me afastando do conceito de ter muitos solos no som do meu grupo e me aproximando de uma coisa mais conjunta, como as bandas de funk e rock. Queria John McLaughlin na guitarra, mas ele gostava do que vinha fazendo na Lifetime, banda de Tony Williams. Consegui convencê-lo a tocar conosco no Cellar Door, em Washington, D.C., numa *gig* que fizemos alguns meses depois. As gravações dessa apresentação entraram no álbum *Live-Evil*. A essa altura, eu já usava o pedal de wah-wah no trompete o tempo todo, era a forma de me aproximar da sonoridade que Jimi tirava quando usava um wah-wah na guitarra. Sempre toquei trompete como uma guitarra, e o wah-wah deixava o som ainda mais parecido. Grupos de *fusion* brotavam de todo canto: o Weather Report, de Wayne Shorter e Joe Zawinul; o Return to Forever, de Chick Corea; o grupo de Herbie Hancock, chamado Mwandishi; e, um pouco mais tarde, John McLaughlin também formou sua própria banda, o Mahavishnu Orchestra. Todos agora entoavam cânticos de paz e amor. Até eu parei de beber e usar drogas por um tempo e passei a ter uma alimentação saudável e a me cuidar. Tentei parar de fumar, mas isso era o mais difícil para mim.

Em 1971, fui eleito jazzista do ano pela revista *Down Beat*, e a minha banda foi eleita a melhor do ano. Também me escolheram como o melhor trompetista. Não penso muito nesse tipo de coisa, embora saiba o que elas significam para a carreira de alguém. Não me entenda mal; fico feliz por ter ganhado, só não é algo que me faz tanto a cabeça.

Airto Moreira saiu no início de 1971, e chamei o filho de Jimmy Heath, Mtume, para substituí-lo na percussão. Ficamos um tempo sem gravar, pois é preciso deixar uma banda se acostumar a tocar junta antes de registrar alguma coisa. Caímos na estrada para tentar engrenar.

Mtume era louco por história, e eu já o conhecia por causa do pai, então conversávamos muito. Eu lhe contava velhas histórias, e ele me contava fatos da história da África, porque se interessava muito pelo assunto. Além disso, era insone como eu, então eu podia ligar para ele às 4h da manhã, porque sabia que ele estaria acordado. Lembro quando, em 1975, Mtume operou o joelho e ficou internado. Falei que tínhamos de tocar e que ele precisava sair dali, mas ele não sabia se conseguiria. Então lhe disse que o levaria para a Jamaica para se recuperar. Mandei uma limusine buscá-lo, e pegamos um avião para a Jamaica, onde fomos nadar e coisa e tal por uns dez dias. Eu conhecia um curandeiro jamaicano que um amigo havia me indicado para meus problemas no quadril, e o cara me ajudou com massagens e ervas. Mtume se recuperou e conseguiu fazer as *gigs*. Ele era como um filho para mim, pois eu o vi crescer.

Fizemos as mesmas turnês que fazíamos ao longo do ano e tocamos para grandes públicos em todo lugar. Tocamos no Hollywood Bowl com a The Band, que era a sensação do momento; os caras foram a banda de apoio de Bob Dylan em turnê. Nesse show, entramos ainda mais numa coisa de improvisação livre, então acho que passamos batidos por boa parte do público.

Depois que Jimi morreu, me dei conta de que por mais que ele tivesse sido um grande músico e por mais que *eu* adorasse a música dele – o jeito dele de tocar guitarra –, pouquíssimos jovens pretos tinham ouvido falar nele. Isso porque, para eles, Jimi estava perto demais do rock branco. Os jovens pretos ouviam Sly Stone, James Brown, Aretha Franklin e os grandes grupos negros da Motown. Depois de tocar em muitas casas de rock de branco, passei a me perguntar por que não tentava levar minha música a jovens pretos. Eles curtiam funk, música para dançar. Demorei um tempo para pegar esse conceito por completo, mas, com essa nova banda, comecei a pensar no assunto.

Jack DeJohnette saiu da banda no final de 1971, mais ou menos na mesma época que Keith Jarrett. Eu queria que o baterista tocasse certos ritmos de funk, o mesmo papel que todo mundo tinha no grupo. Não queria que a banda tocasse totalmente livre o tempo todo, porque vinha me aproximando do *groove* de funk que eu tinha na cabeça. Ora, Jack sabia mandar um *groove* na bateria feito um filho da puta; sabia tocar esse negócio muito bem, mas também queria fazer outras coisas, tocar mais livre, ser *bandleader*, fazer do jeito *dele*, então foi embora. Experimentei Leon Ndugu Chancler (que tocaria em álbuns de Michael Jackson e Stevie Wonder nos anos 1980). Ele foi para a Europa comigo no verão de 1971, mas não deu certo. Quando voltei, Jack DeJohnette fez mais algumas *gigs* comigo, assim como Billy Hart. Porém, após Gary Bartz, Keith e Jack saírem da minha banda de trabalho, chamei músicos de grupos de funk ao invés de jazz, pois era essa a direção que eu seguia. Aqueles caras foram os últimos jazzistas puros que tive nas minhas bandas desde então.

No final de 1971, meu quadril começou a me incomodar de novo. O ano havia sido bom, mas as coisas pareciam um pouco fora de foco. Além disso, falei numa entrevista que a Columbia Records era um lugar racista, e era mesmo. Agora, a gravadora só parecia interessada em promover música de branco. Algumas pessoas lá de dentro ficaram bravas comigo, porém eu tinha renovado contrato por três anos por US$ 300 mil; isto é, US$ 100 mil por ano, mais *royalties*. Eu queria que promovessem música negra da mesma forma como promoviam rock de branco e aquelas merdas caipiras lamentáveis. No início dos anos 1960, a Columbia tinha Aretha Franklin antes de ela ir para a Atlantic, mas nunca soube o que fazer com ela. Depois que ela trocou de gravadora, tornou-se uma grande estrela, o que nunca teria conseguido na Columbia. Falei a verdade sobre o que acontecia, e eles ficaram bravos. Que se fodam! Só queria que fizessem algo a respeito, mas não fizeram.

Eu estava interessado em ver o som negro evoluir. Era isso que tinha na cabeça, coisas mais rítmicas, mais funk do que rock de branco. Conheci Sly, e ele me deu um de seus álbuns; gostei. Também me deu um disco de Rudy Ray Moore, que era um comediante muito engraçado, vulgar, saca, ousado. O pessoal da Columbia responsável pelo Epic – selo do qual Sly fazia parte – queria que eu tentasse convencê-lo a gravar mais rápido, mas ele tinha um jeito próprio de compor. Sua inspiração vinha das pessoas do seu grupo. Quando compunha algo, era para ser tocado ao vivo, não num estúdio. Depois que Sly se tornou conhecido, havia muita gente na sua casa e nas suas sessões de gravação. Fui a algumas delas e só havia garotas e pó para todo lado, além de guarda-costas armados de aparência ameaçadora. Disse-lhe que não poderia fazer nada com ele – e para a Columbia que não conseguiria convencê-lo a gravar mais rápido. Cheiramos um pouco de pó juntos e foi isso.

Porém, quando ouvi Sly pela primeira vez, quase gastei seus primeiros compactos, de músicas como "Dance to the Music", "Stand!", "Everybody is a Star". Disse a Ralph Gleason: "Olha só, cara, se você conhecer algum *promoter*, é bom avisar para ele chamar o Sly, pois ele é uma peça rara, Ralph". Isso foi antes de ele ficar bem conhecido. Depois, compôs mais algumas coisas ótimas e então passou a não compor nada, porque a cocaína ferrou com ele, e Sly não era um músico estudado.

Foi com Sly Stone e James Brown em mente que entrei em estúdio em junho de 1972 para gravar *On the Corner*. Na época, todo mundo se vestia de um jeito bem urbano e avançado, saca, sapatos plataforma amarelos, de um tom berrante; lenços amarrados no pescoço, faixas na cabeça, coletes de couro e por aí vai. As mulheres pretas usavam uns vestidos bem apertados que destacavam aquelas bundas grandes. Todo mundo ouvia Sly e James Brown e, ao mesmo tempo, tentava ser descolado como eu. Eu era meu próprio modelo, com um pouco de Sly, de James Brown e dos Last Poets. Queria filmar o público chegando aos shows usando aqueles tipos de roupas, em especial os pretos. Queria ver todos aqueles tipos diferentes de trajes e as mulheres que tentavam esconder aquelas bundonas, colocando-as para dentro da roupa.

Eu havia me interessado pelas teorias musicais de Karlheinz Stockhausen, um compositor alemão de vanguarda, e de um compositor inglês que conheci em Londres em 1969, Paul Buckmaster. Já curtia ambos antes de gravar *On the Corner*, aliás Paul ficou na minha casa na época dessa gravação, indo também ao estúdio. Ele gostava de Bach, então comecei a prestar atenção nele enquanto Paul esteve hospedado comigo. Passei a perceber que algumas das coisas que Ornette Coleman tinha dito a respeito de peças serem tocadas de três ou quatro jeitos diferentes e independentes um do outro eram verdade, porque Bach também compusera dessa forma. E era possível ser muito *funky* e malandro. O que eu toquei em *On the Corner* não tinha rótulo, embora as pessoas tenham pensado que era funk, pois não sabiam chamar de outra coisa. Na verdade, era uma combinação de alguns dos conceitos de Paul Buckmaster, Sly Stone, James Brown, Stockhausen e de outros que absorvi da música de Ornette, além da minha própria. Era uma música que tinha a ver com espaço, com a associação livre de ideias musicais a um núcleo básico de ritmo e figuras da linha de baixo. Eu gostava da maneira como Paul Buckmaster usava ritmo e espaço; mesma coisa com Stockhausen.

Assim, esse foi o conceito e a atitude que tentei dotar à música de *On the Corner*. Uma música onde você pode bater os pés para obter outra linha de baixo. Também quis largar mão de me apresentar em clubes pequenos, uma vez que tocar esse tipo de música te afastava desses ambientes. Todo aquele equipamento elétrico e aquela sonoridade eram demais para clubes pequenos onde o jazz era mais tocado. Por outro lado, eu também tinha descoberto que era difícil tocar instrumentos acústicos em salões grandes, pois ninguém ouvia. Naqueles espaços amplos, era impossível ouvir as frases musicais e o acompanhamento delas em instrumentos acústicos. Em meio a um grupo grande, não tinha como ouvir todas as notas de um piano. O público tinha de forçar os ouvidos para escutar os instrumentos acústicos, pois estava acostumado aos instrumentos eletrificados. Os naipes de metais haviam se tornado mais agudos na clave de sol em tudo o que se tocava. O plástico vinha sendo mais usado e tinha um som diferente. A música muda para refletir o que acontece no agora. Ela é mais elétrica hoje porque é nisso que os ouvidos das pessoas estão sintonizados. O som ficou mais agudo, e isso é tudo.

Decidi me eletrificar por completo (a Yamaha me deu alguns equipamentos em 1973). Antes disso, eu usava um sistema de som bem barato que era OK para os clubes onde eu tocava na época em que comprei, mas que não era bom para as salas grandes, pois ninguém se ouvia. Assim, o som ficava cada vez mais agudo, porque quanto mais agudo, melhor se sente as coisas. (Hoje, no entanto, Prince talvez esteja trazendo aquele som grave de volta, uma vez que ele usa o baixo dobrado. Não se ouvem as linhas de baixo na música do Prince, porque ele faz o baixo no teclado e dobra com um baixo convencional, exatamente como Marcus Miller faz.)

Foi assim que os equipamentos eletrônicos chegaram até mim. Primeiro, comprei um baixo Fender, depois um piano e, então, tive de tocar trompete em cima disso. Desse modo, pluguei meu trompete num amplificador por meio de um microfone preso ao instrumento. Em seguida, comprei o pedal de wah-wah para soar mais parecido com uma guitarra. Os críticos então disseram que não conseguiam mais ouvir meu timbre. Eles que se fodam. Se eu não tocar o que o baterista quiser, ele não vai tocar para mim. Se ele não conseguir me ouvir, não vai conseguir tocar. É assim que essa coisa do *groove* começou para mim. Quando passei a tocar em cima desses elementos todos.

Primeiramente, tive de me acostumar a tocar com esse novo ritmo – dos sintetizadores, guitarras e todas aquelas novidades. Então, a princípio, não tinha *feeling*, porque eu estava habituado a tocar à moda antiga, como com Bird e Trane. Foi um processo gradual até eu tocar esse troço novo. Você não simplesmente para de tocar do jeito que tocava antes. Não escuta o som logo de cara. Leva tempo. Quando você enfim ouve esse novo som, é uma euforia, mas uma euforia lenta. De repente, você se vê tocando essa música nova por quatro ou cinco minutos, que é bastante tempo. E não é preciso tocar com força, porque você tem um amplificador. E quanto mais suavemente você tocar um trompete, mais ele vai soar como um trompete quando amplificado. É como misturar tintas: se você misturar cores demais, só vai acabar com lama. Um trompete amplificado não soa bem quando você toca muito rápido. Assim, aprendi a tocar frases de dois compassos, e foi essa a direção que segui na minha música. Foi empolgante, pois eu aprendia à medida que fazia, igual a quando eu tinha Herbie, Wayne, Ron e Tony na banda. Só que, desta vez, era algo que vinha de mim, e isso me fez me sentir muito bem.

Coloquei Al Foster na bateria no lugar de Jack DeJohnette. Eu o conheci quando fui ao Cellar, clube na 95th Street, em Manhattan, para ver meu velho amigo Howard Johnson, que me vendia roupas na Paul Stuart. Agora ele era o dono desse clube e restaurante, e eu costumava ir comer lá, pois era o melhor frango frito do mundo (e ainda é). Certa noite, cheguei para comer, e a banda da casa estava lá, liderada pelo baixista Earl Mays, que tinha tocado num dos grupos de Dizzy. Era uma bandinha ótima: Larry Willis no piano, e não lembro quem eram os outros músicos, mas o baterista era Al Foster. Ele me deixou impressionado, porque tinha muito *groove* e uma precisão impecável. Era o que eu estava procurando, então o chamei para a banda, e ele topou. Antes de ele entrar, pedi à Columbia para gravar o grupo no Cellar. Teo Macero foi o produtor, e acho que o material está nos depósitos da gravadora, junto a muitas das minhas coisas.

Al Foster não gravou *On the Corner* comigo; o primeiro disco meu do qual ele participou foi *Big Fun*. Ele era capaz de segurar a onda para todo mundo tocar em cima e manter o *groove* para sempre. Tocava de um jeito muito parecido com o de Buddy Miles, que era o que eu queria de um baterista naquele momento. Eu gostava de Billy Hart também, mas, para o que eu queria de um baterista, Al Foster tinha tudo.

Foi com *On the Corner* e *Big Fun* que me esforcei de verdade para levar minha música até os jovens pretos. Eram eles que compravam os discos e iam aos shows, e eu já começava a pensar em criar um novo público para o futuro. Já havia trazido muitos jovens brancos para os meus shows depois de *Bitches Brew*, então achei que seria bom juntar todos os jovens, pretos e brancos, para ouvir minha música e curtir o *groove*.

Gary Bartz saiu da banda mais ou menos nessa época. E, entre 1972 e meados de 1975, passei a contar alternadamente com Carlos

Garnett, Sonny Fortune e Dave Liebman no meu grupo de trabalho. Gostava muito do jeito de tocar de Dave e Sonny. A minha banda tinha tantos caras jovens que eles agiam como se eu fosse Deus ou o pai deles.

Tive outro confronto com a polícia em julho daquele ano. Eu discuti com uma das minhas inquilinas, uma mulher branca, que havia batido boca com Jackie Battle e para quem eu só disse para cuidar da porra da própria vida. Os ânimos se exaltaram, a polícia veio e *me* prendeu no meu próprio imóvel. Se a mulher fosse preta, não teriam nem falado nada. Foi ela quem começou a merda toda ao gritar conosco. A polícia disse que eu bati nela, mas não achou prova nenhuma disso, então tiveram de me soltar. Mais tarde, a mulher pediu desculpas por causar todos esses problemas. Porém, nos EUA, se você é preto e entra numa discussão com uma mulher branca, na maioria das vezes não tem como vencer, e isso é lamentável. É preciso escolher gente mais justa para ser policial, porque é um trabalho importante demais para que se tenha brancos racistas andando por aí com uma arma e uma licença para matar.

Esse incidente me lembrou de um episódio ocorrido quando me mudei para a casa na West 77th. Um cara branco, que eu tinha contratado para fazer alguns reparos, me perguntou quando atendi a porta: "Onde está o dono da casa?". Ora, eu estava na frente dele, todo elegante, e ele me pergunta se pode falar com o dono. Simplesmente se recusou a acreditar que um preto poderia ser o proprietário de uma casa como aquela, naquele bairro. Um preto passa por todo tipo de situação como essa.

Meti-me numa controvérsia com o pessoal do Grammy em 1971, quando falei que a maioria dos prêmios ia para os brancos que copiavam as coisas dos pretos, para imitações lamentáveis ao invés da música de verdade. Disse que deviam dar prêmios "Mammy"[31] para os artistas pretos, que, por sua vez, deviam quebrá-los ao vivo na TV. Eu detestava a forma como os músicos pretos eram tratados, quando todos os Grammys iam para caras brancos que agiam como pretos. É uma merda antiquada e nauseante, mas ficam bravos se você fala alguma coisa. Você deve apenas deixá-los pegar suas coisas, cerrar os dentes, mas não ficar bravo e só aguentar a dor enquanto eles ficam com todo o dinheiro e toda a glória. É estranho o jeito de pensar de muitos brancos. Estranho e mortífero.

Alguns meses antes, passei por uma operação para retirar pedras da vesícula e terminei com Marguerite Eskridge. Ela não gostava do ritmo em que eu vivia e do fato de eu sair com outras mulheres. Mas acho que, mais do que isso, ela simplesmente não gostava de ficar à toa à minha espera. Lembro-me de uma vez na Itália em que ela começou a chorar, do nada, no avião. Perguntei o motivo, e ela disse: "Você quer que eu seja um membro da sua banda, e eu não consigo. Não posso simplesmente atender a qualquer comando seu. Não consigo manter o seu ritmo".

Cara, Marguerite era tão bonita que, na Europa, as pessoas simplesmente a seguiam. Ela gostava de ir a museus, e me lembro de uma vez – na Holanda, acho – que ela entrou em um, e as pessoas olhavam boquiabertas para ela. Isso também a deixava desconfortável. Havia sido modelo, mas não gostava muito desse tipo de coisa. Era uma pessoa especial, e sempre haverá lugar para ela no meu coração. Quando estávamos prestes a terminar, ela me disse que se eu precisasse de qualquer coisa, bastava ligar, e ela viria, mas que não aguentava mais todas aquelas merdas e aquelas pessoas constantemente. Na última vez que fizemos sexo, geramos nosso filho, Erin. Quando ela me contou que estava grávida, falei que ficaria com ela, mas ela

---

31 *Mammy* ou *mamie* refere-se a um estereótipo de origem no Sul dos EUA de mulheres pretas que trabalham para famílias brancas, cuidando de crianças brancas. (N. do T.)

disse que não era preciso. Deu a luz a Erin e meio que se retirou do meu cotidiano. Eu a via de vez em quando, mas ela passou a levar sua vida segundo seus próprios termos. Respeitei. Era uma mulher muito espiritual a quem sempre vou amar. Posteriormente, mudou-se para Colorado Springs e levou Erin. Ainda mora lá.

Depois que Marguerite me deixou, Jackie Battle e eu nos tornamos quase uma equipe. Eu ainda saía com outras mulheres às vezes, mas na maior parte do tempo estava com ela. Nosso relacionamento era ótimo, éramos tão próximos que ela praticamente vivia no meu sangue. Com exceção de Frances, nunca havia me sentido assim em relação a uma mulher. Mas eu a fiz passar por muita coisa, porque eu era uma pessoa difícil de lidar. Ela vivia tentando me manter longe da cocaína; eu parava por um tempo, mas logo voltava a usar. Uma vez, estávamos num avião a caminho de São Francisco, e uma comissária veio até mim e me deu uma caixa de fósforos cheia de pó, que eu comecei a cheirar ali mesmo no assento. Cara, às vezes eu ficava tão doido após cheirar pó e engolir sete ou oito Tuinals (calmantes) que ouvia vozes e começava a olhar debaixo dos tapetes, nos aquecedores, debaixo dos sofás. Jurava que havia entrado gente na casa.

Eu deixava Jackie maluca com esse tipo de comportamento, especialmente quando ficava sem pó. Eu saía procurando a droga no carro e vasculhando a bolsa dela, pois ela sempre jogava fora quando encontrava. Uma vez, o pó acabou, e nós íamos pegar um voo para algum lugar. Pensei que Jackie pudesse ter escondido a droga na bolsa, então comecei a vasculhá-la. Achei um pacote de sabão em pó Woolite e me lembro de abri-lo e jurar que era cocaína, porque era um pó branco. Ao sentir o gosto, percebi que era sabão e fiquei muito envergonhado.

Em outubro de 1972, arrebentei meu carro na West Side Highway. Jackie não estava comigo; tinha ficado em casa, dormindo, onde eu deveria estar. Acho que eu tinha acabado de voltar de viagem naquela noite, e todo mundo da banda estava meio cansado. Eu não sentia vontade de dormir, embora tivesse tomado um sonífero. Jackie estava na minha casa, e eu queria ir para algum lugar, mas ela só queria dormir. Assim, saí. Acho que segui para algum bar ou clube no Harlem que ficava aberto de madrugada. Enfim, dormi ao volante, bati a Lamborghini numa mureta e quebrei os dois tornozelos. Ligaram para Jackie para avisá-la, e ela teve um troço ao chegar no hospital.

Jackie e minha irmã Dorothy, que veio de Chicago para ajudar, limparam a casa enquanto estive internado e acabaram achando umas Polaroids de mulheres fazendo todo tipo de coisa. Eu tinha o costume de só assistir às garotas irem à loucura sozinhas. Não as forçava a nada; elas faziam porque achavam que desse modo iam me agradar e, então, me davam as fotos. Acho que aquelas imagens aborreceram muito Jackie e Dorothy, mas *eu* me aborreci por elas terem entrado na minha casa e mexido nas minhas coisas. Na época, eu gostava de deixar a casa toda escura; acredito que era porque meu estado de espírito andava escuro.

Acho que esse incidente pesou muito para Jackie se cansar de mim. Mulheres me ligavam o tempo todo. Além disso, Marguerite morava no apartamento no andar de cima e era quem cuidava da casa quando Jackie me acompanhava em turnê. Fiquei internado por quase três meses e, quando voltei para casa, precisei andar de muletas por um tempo, o que fodeu mais ainda com meu quadril ruim.

Quando retornei do hospital, Jackie me vez jurar que eu não usaria drogas, e, por um tempinho, não usei mesmo. Mas aí bateu aquele desejo de novo. Lembro-me de uma vez que ela me deixou no pátio ao lado do jardim nos fundos da casa. Era um dia bonito de outono, nem muito frio, nem muito quente. Eu tinha uma cama de hospital para dormir que me permitia erguer e abaixar as pernas, e Jackie ficava em outra cama ao meu lado no jardim quando o tempo estava bom. À noite, é claro, entrávamos para dormir em casa. Nesse dia em particular, descansávamos no jardim enquanto Dorothy dormia no andar de cima. De repente, me bateu uma vontade de cocaína. Levantei de muletas e liguei para um amigo, que passou para me buscar e irmos arrumar pó. Quando voltei, tanto Jackie quanto minha irmã estavam histéricas, pois deduziram que eu tinha ido comprar drogas. As duas estavam muito, muito bravas. Dorothy, por ser minha irmã, ficou. Jackie, porém, foi embora para seu apartamento, de onde ela nunca tinha se mudado, e tirou o telefone do gancho para que eu não pudesse falar com ela. Assim que consegui conversar com ela e pedir que voltasse, ela recusou. Quando Jackie dizia não, tinha convicção desse não. Eu sabia que estava tudo acabado e tive um arrependimento filho da puta. Tinha dado a ela um anel que ganhei da minha mãe. Mandei Dorothy buscar a joia.

Jackie sempre me dizia as coisas certas. Sem ela, minha vida ao longo dos dois anos seguintes rumou para uma zona obscura. Era pó o dia inteiro, sem intervalo, e eu sentia muita dor. Comecei a sair com uma mulher chamada Sherry "Peaches" Brewer, que também era muito bonita. Ela havia se mudado de Chicago para Nova York para atuar no musical *Hello Dolly* com Pearl Bailey e Cab Calloway. Passamos um tempo juntos, e ela era uma pessoa muito legal, muito boa atriz. Depois, saí com uma modelo, Sheila Anderson, outra mulher alta e bonitona. Porém, ficava cada vez mais sozinho.

A essa altura, eu já ganhava cerca de US$ 500 mil por ano, mas também gastava muito dinheiro em todas as coisas que fazia. Gastava muito com cocaína. Tudo começou a ficar embaçado após aquele acidente de carro.

A Columbia lançou *On the Corner* em 1972, mas não o promoveu, então ele não vendeu tão bem quanto esperávamos que vendesse. A música deveria ser ouvida por jovens pretos, mas a gravadora tratou o álbum como qualquer outro disco de jazz e o divulgou como tal, promovendo-o para as rádios de jazz. Os jovens pretos não ouviam essas estações; ouviam as de R&B e algumas de rock. A Columbia voltou o marketing do disco para o público de jazz à moda antiga, que, para começo de conversa, já nem se interessava pelo que eu vinha fazendo. Tocar para essas pessoas seria uma perda de tempo; elas queriam ouvir minha música *velha*, que eu já não tocava mais. Assim, não gostaram de *On the Corner*, mas eu não esperava que gostassem; não era um álbum feito para elas. Isso se tornou outra mancha na minha relação com a Columbia, e, a essas alturas, os problemas só se acumulavam. Um ano depois, quando Herbie Hancock lançou *Head Hunters*, que vendeu que nem água entre a comunidade preta jovem, todo mundo na Columbia disse: "Ah, então era disso que o Miles falava!". Porém, já era tarde demais para *On the Corner*, e ver o tanto que *Head Hunters* vendeu só me deixou ainda mais puto da cara.

Enquanto eu me recuperava do acidente de carro, estudei muito os conceitos musicais de Stockhausen, me aprofundando cada vez mais na ideia da performance como um processo. Eu sempre compus de um jeito circular e, por meio de Stockhausen, pude ver que eu nunca mais queria voltar a tocar de oito em oito compassos, pois nunca termino as músicas; elas simplesmente continuam. Na época, alguns acharam que eu estava tentando fazer coisas demais, fazer coisas novas demais. Achavam que eu deveria apenas ficar onde estava, parar de evoluir, parar de experimentar tipos diferentes de coisas. Mas comigo não é assim. Só porque eu tinha 47 anos em 1973, isso não significava que eu deveria me sentar numa cadeira de balanço e parar de pensar em como continuar a fazer coisas interessantes. Eu tinha de fazer o que vinha fazendo se quisesse continuar a me enxergar como um artista *criativo*.

Por meio de Stockhausen, entendi a música como um processo de subtração e adição. Assim como o "sim" só tem significado depois de você ter dito o "não". Eu experimentava bastante. Por exemplo, dizia a uma banda para tocar um ritmo, segurar e não reagir ao que estivesse rolando; que deixasse que eu reagisse. De certa forma, eu estava me tornando o vocalista da minha banda e sentia que merecia esse direito. Os críticos estavam me dando nos nervos, dizendo que eu tinha perdido a cabeça, que eu queria ser jovem, que eu não sabia o que estava fazendo, que eu queria ser como Jimi Hendrix, Sly Stone ou James Brown.

Porém, quando Mtume Heath e Pete Cosey vieram tocar comigo, a maior parte das sensibilidades europeias sumiu da banda. Estabeleceu-se então uma coisa africana profunda, um *groove* afro-americano genuíno, com muita ênfase na bateria, na percussão e no ritmo, e não em solos individuais. Desde o momento que Jimi Hendrix e eu nos aproximamos, eu quis esse tipo de som, porque a guitarra pode te levar bem fundo no blues. Porém, como eu não tinha como conseguir Jimi ou B. B. King, precisei me contentar com quem fosse o próximo melhor guitarrista do pedaço, e, na época, a maioria deles era branco. Guitarristas brancos – a maior parte, pelo menos – não sabem tocar guitarra base como os camaradas pretos, mas eu não conseguia achar um preto capaz de tocar do jeito que eu queria e não estivesse liderando a própria banda. (Foi assim até eu conseguir meu guitarrista atual, Foley McCreary.) Experimentei Reggie Lucas (que se tornou um produtor requisitado, trabalhando com Madonna), Pete Cosey (que tinha um jeito de tocar próximo de Jimi e Muddy Waters) e um cara africano chamado Dominique Gaumont.

Eu tentava explorar um único acorde com essa banda, um acorde por composição, na tentativa de fazer com que todo mundo dominasse essas coisinhas simples, como o ritmo. Pegávamos um acorde e trabalhávamos nele por cinco minutos com variações, ritmos cruzados e coisas do tipo. Digamos que Al Foster tocasse em 4/4, Mtume tocasse em 6/8 ou 7/4, e o guitarrista acompanhasse em outra fórmula de compasso ou mesmo num ritmo completamente diferente. Extraíamos umas coisas muito complexas daquele único acorde, mas música é muita matemática, saca? A contagem da batida e do tempo, coisas assim. E aí eu tocava em cima e embaixo disso tudo, enquanto o pianista e o baixista iam por outro caminho. Todo mundo tinha de ficar atento ao que todos os demais faziam. Na época, Pete me dava a sonoridade de Jimi Hendrix e Muddy Waters que eu queria, e Dominique me dava aquele ritmo africano. Acho que poderia ter sido uma banda muito boa se tivéssemos permanecido juntos, mas não foi o que aconteceu. Vinha rolando muita coisa com a minha saúde.

Comecei a pensar seriamente em me aposentar da música em 1974. Estava em São Paulo, no Brasil, já tinha bebido muita vodca e fumei um pouco de maconha – coisa que eu nunca fazia, mas eu estava me divertindo demais e me disseram que era da boa. Além disso, tomei analgésicos e usei muita cocaína. Quando voltei para o hotel, achei que estivesse tendo um infarto. Liguei para a recepção, que encaminhou um médico até o meu quarto, e ele me mandou para o hospital. Colocaram cateteres no meu nariz e acessos para medicamento na veia. A banda ficou assustada; todo mundo pensou que eu fosse morrer. Eu mesmo pensei que tivesse chegado ao fim, mas saí dessa. Jim Rose, meu gerente de turnê, disse a todo mundo que o que tive foi provavelmente só palpitação por conta de todas as drogas e que eu estaria bem no dia seguinte, e foi isso mesmo. Tiveram de adiar o show daquela noite para a noite seguinte, e eu toquei tão bem que deixei todo mundo de cara.

Não conseguiam crer. Um dia antes, eu parecia estar à beira da morte e, agora, estava arrebentando de tocar. Acho que me viram da mesma forma como eu via Bird, com total admiração. É disso que as lendas são feitas. E eu me diverti horrores com aquelas mulheres maravilhosas no Brasil. Elas não saíam de cima de mim e eram ótimas na cama, adoravam fazer amor.

Depois que voltamos do Brasil, saí em turnê pelos EUA junto com o grupo de Herbie Hancock. Ele tinha lançado um álbum de grande sucesso e era muito querido entre os jovens pretos. Concordamos em ser sua atração de abertura. Mas, no fundo, isso me deixou puto. Quando tocamos na Hofstra University, em Long Island, Nova York, Herbie – que é uma das pessoas mais legais do mundo e a quem eu amo – foi até o meu camarim para me dar um alô. Falei que ele não era da minha banda e que o acesso ao camarim era proibido a outras pessoas. Ao pensar nisso mais tarde, me dei conta de que só estava bravo por ter de abrir para um dos meus ex-*sidemen*. No entanto, Herbie entendeu, e ficou tudo certo entre nós.

Viajamos com Herbie por todo lugar e arrasávamos todo mundo. A maior parte do público era de jovens pretos, o que era bom. Era o que eu queria, e estava finalmente chegando lá. A essa altura, minha banda já estava ficando afiada pra caralho. Meu quadril, porém, estava péssimo, e tocar amplificado também começava a me incomodar. Andava farto de tudo e fisicamente mal.

Tocamos em Nova York e em uma porção de outras cidades. Depois fui fazer um show em St. Louis, onde Irene, a mãe dos meus filhos, apareceu na festa que aconteceu na sequência. Ela começou a me humilhar na frente da minha família, dos meus amigos e dos músicos. Isso me deixou com lágrimas nos olhos. Lembro da expressão no rosto de todos, como se estivessem esperando que eu simplesmente a nocauteasse. Mas eu não podia fazer isso, pois sabia de onde vinha a dor dela: do fato de que ambos os nossos filhos eram fracassados, e ela me culpava por isso. Embora ouvir tudo aquilo dessa forma tenha sido constrangedor para mim, eu também tinha noção de que algumas das coisas ditas por ela eram verdadeiras. Chorei porque sabia que tinha de aceitar boa parte daquela culpa. Foi uma experiência muito dolorosa.

Logo após ver Irene em St. Louis, desmaiei e fui levado às pressas para o hospital Homer G. Phillips. Eu estava com uma úlcera sangrando feio, e um amigo meu, o dr. Weathers, foi até o hospital e me ajeitou. Isso se deu por causa de excesso de bebida, comprimidos, drogas e outras merdas. Eu andava cuspindo muito sangue, mas não dei muita atenção até chegar a St. Louis. Ia e vinha tanto de hospitais que já havia se tornado quase uma rotina. Recentemente tinha removido nódulos da laringe, e agora lá estava eu de volta ao hospital. Íamos tocar em Chicago no dia seguinte, mas tivemos de cancelar.

Assim que terminei todas as *gigs* com Herbie e voltei para Nova York, no verão de 1975, já pensava seriamente em me aposentar. Naquele ano, toquei em Newport e depois no Schaefer Music Festival, no Central Park. Então me senti tão mal que cancelei uma apresentação que faria em Miami. Nesse momento, todos os músicos e equipamentos já estavam lá, então os *promoters* do show retiveram toda a aparelhagem de som e tentaram nos processar. Logo depois disso, decidi parar. A banda era composta por Al Foster na bateria, Pete Cosey e Reggie Lucas na guitarra, Michael Henderson no baixo, Sam Morrison (que tinha substituído Sonny Fortune) no saxofone, e Mtume na percussão. Eu mesmo tocava os teclados.

Parei, em especial, por motivos de saúde, mas também porque me encontrava espiritualmente cansado das merdas pelas quais passei ao longo de todos aqueles anos. Sentia o meu lado artístico exaurido, exausto. Não tinha mais nada a dizer em termos musicais. Sabia que precisava de descanso, então fui tirar um pela primeira vez desde que havia começado a tocar profissionalmente. Pensei que, depois que estivesse com minha forma física um pouco melhor, seria provável que também sentisse meu espírito melhor. Estava farto de ir e vir de hospitais e de mancar no palco e fora dele. Começava a ver pena nos olhos das pessoas quando elas olhavam para mim, e eu não via isso desde meu período *junkie*. Não queria isso. Deixei de lado a coisa que eu mais amava na vida – a música – até que pudesse me recompor.

Pensei que talvez ficasse afastado por uns seis meses, mas, quanto mais o tempo passava, mais tinha dúvidas se sequer voltaria à ativa. E quanto mais me mantinha longe, mais me afundava em um outro mundo obscuro, quase tão obscuro quanto aquele do qual emergi quando era *junkie*. Mais uma vez, foi uma estrada longa e dolorosa até a sanidade e a luz. No final, foram quase seis anos, e mesmo assim tive receios se seria capaz de voltar por completo, de verdade.

capítulo 16

De 1975 até o início de 1980, não encostei no meu trompete; por mais de quatro anos, não o peguei uma vez sequer. Passava pelo instrumento e olhava para ele, e então pensava em tentar tocar. Porém, depois de um tempo, até isso deixei de fazer. Tirei-o da cabeça porque estava absorto em outras coisas; coisas que, em sua maioria, não eram boas para mim. No entanto, eu as fazia mesmo assim e, em retrospecto, não sinto culpa nenhuma por isso.

Eu estive continuamente envolvido na música desde os meus 12 ou 13 anos de idade. Só pensava em música, só vivia para a música, era tudo o que eu amava por completo. Fazia uns 36 ou 37 anos que eu era obcecado pela música e, aos meus 49 anos de idade, precisei dar um tempo, precisei de outra perspectiva em relação a tudo o que eu fazia para que pudesse começar do zero e colocar minha vida nos eixos. Queria tocar, mas de um jeito diferente do que havia tocado no passado. E queria tocar em grandes casas o tempo *todo* em vez dos pequenos clubes de jazz. Por ora, eu não queria mais saber de tocar nesses clubezinhos, pois minha música e aquilo que ela exigia simplesmente haviam se tornado maiores do que eles.

Minha saúde também foi um fator importante. Estava cada vez mais difícil tocar com a constância que eu tocava, porque meu quadril não melhorava. Detestava mancar no palco, sentir toda aquela dor e tomar aquele monte de remédios. Era um saco. Tenho muito orgulho de mim mesmo e da minha aparência, da forma como me apresento. Então eu não gostava da minha condição física e muito menos de que as pessoas me olhassem com toda aquela pena. Não suportava essa merda, cara.

Eu não conseguia tocar duas semanas num clube sem precisar ir para o hospital. Bebia muito, cheirava o tempo todo, trepava a noite inteira. É impossível fazer tudo isso e criar música como gostaria. Ou se faz uma coisa, ou se faz outra. Artie Shaw me disse certa vez: "Miles, você não pode fazer o terceiro show na cama". O que ele quis dizer foi que, se você faz dois shows e todas aquelas outras coisas, então o terceiro show que deveria fazer ao tocar a noite toda acaba sendo na cama, pois vai estar esgotado. Depois de um tempo, todas aquelas trepadas não passavam de peitos, bundas e bocetas. Não havia mais emoção, pois eu a colocava totalmente na música. Eu só não caía de bêbado porque o álcool saía pelos meus poros quando eu tocava. Nunca fiquei embriagado, mesmo quando bebia muito, mas vomitava no dia seguinte, exatamente ao meio-dia. Tony Williams ia me ver em algum momento da manhã e, às 11h55min, dizia: "OK, Miles, você tem exatos cinco minutos antes de vomitar". Ele então saía, e eu ia até o banheiro ao meio-dia e vomitava.

Além disso, havia o lado dos negócios da indústria musical, que é muito duro, exigente e racista. Eu não gostava da forma como era tratado pelo pessoal da Columbia e pelos donos dos clubes de jazz. Eles te tratam como escravo só porque te dão um pouco de dinheiro, ainda mais se você for preto. Tratavam todos os astros e estrelas brancos como se fossem reis ou rainhas, e eu simplesmente detestava essa merda, em especial porque eles roubavam tudo da música negra e tentavam agir como pretos. As gravadoras ainda divulgavam muito mais as merdas dos brancos em detrimento à música negra e *sabiam* que aquilo havia sido tomado dos pretos. Mas não se importavam. Naquela época, todas as gravadoras só queriam saber de ganhar muito dinheiro e manter os supostos astros pretos numa *plantation* musical, para que então os astros brancos pudessem nos copiar. Tudo isso me deixava ainda pior do que eu estava fisicamente, deixava meu espírito doente, então eu pulei fora.

Além de eu ter investido meu dinheiro muito bem, a Columbia continuou me pagando por uns dois anos depois que abandonei a indústria. Chegamos a um acordo para que eu ficasse na gravadora, e isso foi bom o suficiente para eu ainda receber algum dinheiro de *royalties*. Nos anos 1970, meu contrato com a Columbia determinava que eu ganhasse mais de US$ 1 milhão para entregar álbuns, além dos *royalties*. Fora isso, eu tinha algumas mulheres brancas ricas que me apoiavam de modo que eu não precisasse de dinheiro. Na maior parte daqueles quatro ou cinco anos que fiquei fora da música, só usei muita cocaína (em dado momento, cerca de US$ 500 por dia) e trepei com todas as mulheres que consegui levar para casa. Também me viciei em remédios, como Percodan (analgésico) e Seconal (barbitúrico), e bebia muito, Heineken e conhaque. Eu geralmente cheirava a cocaína, mas às vezes a injetava na perna, junto com heroína; isso se chama *speedball*, e foi o que matou John Belushi. Eu não saía muito e, quando o fazia, ia a lugares no Harlem que ficavam abertos a madrugada inteira, onde continuava a chapar. Vivia um dia de cada vez.

Não sou a melhor pessoa do mundo para deixar minhas coisas arrumadas e limpar a casa, pois nunca precisei fazer isso. Quando eu era jovem, minha mãe ou minha irmã Dorothy faziam essas tarefas, e, mais tarde, meu pai contratou uma empregada. Sempre cuidei bem da minha higiene pessoal, mas nunca aprendi a limpar nada e, francamente, nem pensava em aprender. Quando passei a morar sozinho após terminar com Frances, Cicely, Betty, Marguerite e Jackie, as empregadas que tive durante esse período simplesmente pararam de vir, acho que por causa do meu comportamento de doido. Provavelmente tinham medo de ficar sozinhas comigo. Eu contava com uma empregada de vez em quando, mas não conseguia nenhuma fixa, porque arrumar e limpar a minha casa passou a ser um trabalhão. O lugar era uma bagunça, com roupas jogadas, pratos sujos na pia, jornais e revistas espalhados pelo chão, garrafas de cerveja e lixo para todo lado. As baratas faziam a festa. Às vezes, eu chamava alguém para limpar, ou uma das minhas namoradas fazia isso. Mas, na maior parte do tempo, a casa era imunda, além de muito escura e sombria, como um calabouço. Eu cagava e andava para isso, pois nunca dei bola, exceto nas poucas vezes que estive sóbrio.

Virei um ermitão, mal saía de casa. Minha única conexão com o mundo exterior era pela televisão – que ficava ligada o dia todo – e pelos jornais e revistas que lia. Às vezes, recebia informações de alguns velhos amigos que passavam para me ver e checar se estava tudo bem, como Max Roach, Jack DeJohnette, Jackie Battle, Al Foster, Gil Evans (vi Gil e Al mais do que todos os outros), Dizzy Gillespie, Herbie Hancock, Ron Carter, Tony Williams, Philly Joe Jones, Richard Pryor e Cicely Tyson. Pegava muita informação com eles, mas, às vezes, nem os deixava entrar.

Durante esse período, também mudei de empresário. Contratei Mark Rothbaum, que havia trabalhado para o meu antigo empresário Neil Reshen e, mais tarde, tornou-se empresário de Willie Nelson. Meu gerente de turnê, Jim Rose, estava sempre por perto. Porém, após um tempo, quem ficava mais próximo e fazia as tarefas para mim era um jovem preto chamado Eric Engles, que conheci por meio de sua mãe. Foi ele quem passou mais tempo comigo naqueles anos silenciosos. Se eu não conseguisse cozinhar ou se uma das minhas namoradas não cozinhasse, Eric corria até o Cellar, restaurante do meu amigo Howard Johnson, e comprava frango frito. Foi bom tê-lo por perto, pois houve épocas nesse período em que não saí de casa por seis meses ou mais.

Quando meus velhos amigos vinham me ver, ficavam chocados. Mas eles não falavam nada, porque, acredito, temiam que eu os mandasse embora se falassem, e eu mandaria mesmo. Depois de um tempo, vários dos meus antigos amigos músicos deixaram de me visitar, pois muitas vezes eu não abria a porta. Ficaram fartos daquela merda e simplesmente pararam de aparecer. Os rumores que se espalharam de que eu estava usando muita droga eram absolutamente verdadeiros. O sexo e as drogas ocuparam o lugar que, até então, era da música na minha vida, e eu desfrutava deles o tempo todo.

Tive tantas mulheres diferentes naquele período que não me lembro da maioria delas, nem dos nomes. Se eu as visse na rua hoje, provavelmente nem as reconheceria. Elas ficavam por uma noite apenas e partiam no dia seguinte, e era isso. Quase todas são apenas um borrão. Ao final do meu período de silêncio, Cicely Tyson retornou à minha vida amorosa, embora sempre tenha sido uma amiga, e eu a visse de vez em quando. Jackie Battle passou para me ver, mas não éramos mais amantes, apenas bons amigos de verdade.

Eu andava interessado naquilo que alguns chamariam de sexo safado, saca, em ir para a cama com mais de uma mulher vez ou outra. Ou, às vezes, só assistia enquanto elas iam à loucura entre si. Eu gostava, não vou mentir. Era muito excitante – e, naquele tempo, eu definitivamente curtia excitação.

Ora, sei que os leitores vão provavelmente pensar que eu odiava as mulheres, ou que eu era louco, ou ambas as coisas. Mas eu não as odiava; eu as amava, provavelmente até demais. Amava estar com elas – ainda amo – e fazer o que muitos homens secretamente desejam poder fazer com uma porção de belas mulheres. Para esses homens, é um sonho, só um tipo de fantasia, mas para mim era uma realidade. Muitas mulheres também querem fazer todas essas coisas, do tipo ir para a cama com vários homens bonitos – ou mulheres bonitas – e fazer tudo o que já fantasiaram em suas imaginações secretas. Eu só fazia o que a minha imaginação me dizia para fazer, realizava meus desejos mais secretos e nada mais. Fazia isso entre quatro paredes e não machucava ninguém, e aquelas mulheres gostavam disso tanto quanto ou até mais do que eu.

Sei que o que estou falando aqui não é bem visto num país tão sexualmente conservador como os Estados Unidos. Tenho noção de que muita gente vai considerar tudo isso um pecado contra Deus, mas não vejo dessa forma. Eu estava me divertindo horrores e não me arrependo de nada. Tampouco tenho a consciência pesada. Devo admitir que o tanto de cocaína que eu usava devia ter algo a ver com isso, porque, quando se cheira cocaína da boa, a libido precisa ser satisfeita. Após um tempo, virou uma rotina chata, mas só depois de eu ter feito a festa.

Muita gente pensou que eu tivesse ficado louco ou muito perto disso. Até meus familiares tinham suas dúvidas. Minha relação com os meus filhos – que nunca foi o que deveria ter sido – chegou ao fundo do poço nessa época, especialmente com Gregory, que agora se chamava de Rahman. Ele me causava todo tipo de pesar; era preso, sofria acidentes e, em geral, era simplesmente um pé no saco. Sei que ele me amava e queria muito ser como eu. Tentou tocar trompete, mas tocava tão mal que era terrível de se ouvir, e eu gritava para que ele parasse. Nós dois discutíamos muito, e eu sei que a forma como eu usava drogas não era algo bom para ele ver. Sei que eu não era um pai dos melhores, mas ser pai não era o meu negócio, nunca foi.

Em 1978, fui para a cadeia por não pagar pensão. Dessa vez, foi Marguerite quem me colocou lá, porque eu não dava nada de dinheiro para ela cuidar de Erin. Precisei pagar US$ 10 mil para sair da cadeia e tentei não negligenciar esse dever desde então. Nos últimos anos, Erin tem ficado e viajado comigo, de modo que tenho total responsabilidade para com ele.

Sem pó, meu pavio ficava bem curto e tudo me dava nos nervos. Não conseguia lidar com isso. Não ouvia música nem lia nada naquele período. Então, cheirava pó, ficava cansado disso porque queria ir dormir, aí tomava um sonífero. Ainda assim, não dormia, então saía às 4h da manhã e perambulava pelas ruas como um lobisomem ou o conde Drácula. Ia até algum boteco que estivesse aberto, cheirava mais pó, me cansava dos filhos da puta fodidos que frequentavam esses lugares. Ia para casa com alguma vadia, cheirava mais e tomava um sonífero.

Alternar entre esses estados era só o que eu fazia. Isso dava quatro pessoas, pois, como geminiano, já sou duas. Duas pessoas sem cocaína, e outras duas com cocaína. Eu era quatro pessoas diferentes; duas tinham consciências, duas não. Olhava no espelho e via a porra de um filme de terror. Via os quatro rostos no espelho, alucinava direto. Via e ouvia coisas que não existiam. Quatro dias sem dormir e usando aquele tanto de droga causam isso.

Fiz umas merdas esquisitas naquela época, coisas esdrúxulas demais para descrever. Mas posso contar algumas. Lembro-me de uma vez que eu estava muito paranoico de tanto cheirar e ficar sem dormir. Dirigia minha Ferrari pela West End Avenue e passei por uns policiais numa viatura. Eles me conheciam – todo mundo me conhecia na vizinhança –, então falaram comigo. Quando já estava a uns dois quarteirões de distância deles, entrei numa paranoia de que havia uma conspiração para me pegar, para eu ser preso por porte de drogas. Olhei no compartimento na porta e vi um pó branco. Nunca saí de casa com cocaína. Era inverno, nevava e havia caído um pouco de neve dentro do carro. Porém, não me dei conta disso; achei que fosse cocaína plantada por alguém para que eu então fosse pego. Entrei em pânico, parei o carro no meio da rua, corri para um prédio na West End Avenue, chamei o porteiro, mas ele não estava. Corri até o elevador, subi até o sétimo andar e me escondi perto das lixeiras. Passei horas ali enquanto a Ferrari estava parada no meio da West End Avenue com a chave no contato. Quando recobrei a cabeça, o carro ainda se encontrava no mesmo lugar.

Em outra ocasião, fiz exatamente a mesma coisa, só que agora havia uma mulher no elevador. Pensei que ainda estivesse na Ferrari, então falei para ela: "Sua vadia, o que você está fazendo na droga do meu carro?!", dei-lhe um tapa e saí correndo do prédio. É esse tipo de merda doentia que as drogas te levam a fazer. A mulher chamou a polícia, e eu fui levado para a ala psiquiátrica do hospital Roosevelt, onde fiquei internado por alguns dias.

Eu tinha uma traficante branca e, às vezes – quando não tinha ninguém na minha casa para recebê-la –, ia até o apartamento dela para pegar pó. Certa vez, não tinha dinheiro, então perguntei se poderia pagá-la mais tarde. Sempre pagava e comprava muita droga com ela, mas ela não facilitou: "Sem dinheiro, sem pó, Miles". Tentei convencê-la, porém, ela não cedia. O porteiro então interfonou, avisando que o namorado dela estava subindo. Perguntei mais uma vez, mas nada feito. Então simplesmente deitei na cama dela e comecei a tirar a roupa. Sabia que o namorado dela conhecia minha reputação de ser popular com as mulheres, portanto o que ele iria pensar quando me visse na cama dela desse jeito? Aí então ela me implorou para ir embora, certo? Eu, no entanto, só fiquei ali deitado, com o pau numa mão, e a outra estendida à espera da droga, com um sorriso de orelha a orelha, pois sabia que ela iria me dar, e deu mesmo. Ela me xingou feito uma filha da puta quando saí e, assim que a porta do elevador se abriu e o namorado passou por mim, ele me olhou de um jeito engraçado, saca, do tipo: "Será que esse negrão estava com a minha mulher?". Depois disso, nunca mais voltei lá.

Após um tempo, essa merda ficou chata. Fiquei cansado de passar meus dias sempre fodido. Quando você está chapado o tempo todo, começam a tirar vantagem de você. Nunca nem pensei em morrer, como ouço falar que acontece com quem cheira muito pó. Nenhum dos meus velhos amigos ia me visitar, exceto Max e Dizzy, que só passavam para ver como eu estava. E aí comecei a sentir saudades dos caras, do pessoal das antigas, dos velhos tempos, da música que tocávamos. Certo dia, espalhei pela casa todas as fotos de Bird, Trane, Dizzy, Max, meus velhos amigos.

Por volta de 1978, George Butler, que havia sido da Blue Note Records e agora era da Columbia, começou a me ligar e a me visitar. Desde que parei, ocorreram algumas mudanças na Columbia. Clive Davis não estava mais na gravadora, que era agora comandada por Walter Yetnikoff. Já Bruce Lundvall era o responsável pelo chamado braço de jazz da companhia. Ainda havia alguns dos velhacos de antes de eu me aposentar, como Teo Macero e outros. Quando George começou a dizer a eles que tentaria me convencer a gravar de novo, muitos acharam que seria inútil. Não acreditavam que um dia eu voltaria a tocar, mas George se deu ao trabalho de tentar me convencer a voltar. Não foi fácil. No começo, eu era tão indiferente ao seu discurso que ele deve ter achado que eu nunca aceitaria. Porém, George era de uma persistência muito da desgraçada, além de um sujeito muito agradável quando ia até minha casa ou ligava para conversar. Às vezes, só ficávamos sentados assistindo à televisão, sem falar nada.

Ele não era exatamente o tipo de cara com quem eu convivia naqueles anos todos. George é conservador e tem um Ph.D. em música. Era um sujeito mais acadêmico, reservado, tranquilo. Mas era preto, parecia honesto e amava muito a música que eu havia feito no passado.

Às vezes, a conversa caía na questão de quando eu voltaria a tocar. A princípio, eu não queria falar nisso, porém, quanto mais ele ia me visitar, mais eu pensava no assunto. E então, um dia, passei a brincar no piano, arranhando uns acordes. Foi bom! Aí comecei a pensar cada vez mais em música de novo.

Mais ou menos nessa época, Cicely Tyson começou a me ver de novo. Ao longo daquele tempo todo, ela passava na minha casa de vez em quando, mas agora o fazia com mais frequência. Tínhamos uma coisa espiritual muito profunda. Ela meio que sabe quando não estou muito bem, quando estou doente e tal. Sempre que eu ficava mal, Cicely simplesmente aparecia, porque sentia que havia algo de errado comigo. Até quando levei aquele tiro no Brooklyn, ela disse que sabia que tinha acontecido alguma coisa comigo. Eu sempre falava que, se fosse me casar com alguém depois de Betty, seria com Cicely. Ela começou a aparecer mais na minha casa, e eu parei de ver todas aquelas outras mulheres. Ela me ajudou a expulsar todas aquelas pessoas da minha casa; meio que me protegia e passou a se certificar de que eu comesse direito e não bebesse tanto. Cicely me ajudou a largar a cocaína. Ela me dava comida saudável, muitas verduras, legumes e muitos sucos. Foi quem me ligou em acupuntura para me auxiliar na recuperação do quadril. De repente, comecei a pensar com mais clareza, e aí a música voltou à minha cabeça.

Foi Cicely quem também me ajudou a entender que eu tinha uma personalidade adicta, ou seja, eu nunca poderia voltar a usar drogas apenas de forma recreativa. Compreendi isso, mas ainda dava um tiro ou dois de vez em quando. Pelo menos reduzi bastante a frequência com a ajuda dela. Comecei a beber rum com Coca-Cola ao invés de conhaque, mas as Heinekens ainda ficaram em cena por um tempinho. Cicely me fez até parar de fumar; me ensinou que cigarros também eram drogas e disse que não gostava de me beijar com aquele cheiro na minha boca. Ameaçou a parar de me beijar se eu não parasse de fumar, então parei.

Outra razão importante para eu voltar para a música foi o meu sobrinho Vincent Wilburn, filho da minha irmã. Dei uma bateria a Vincent quando ele tinha uns sete anos, e ele se apaixonou pelo instrumento. Aos nove anos, deixei-o tocar uma música comigo e com a banda em Chicago. Já naquela época, soava ótimo para uma criança. Depois de se formar no ensino médio, ele foi estudar no Chicago Conservatory of Music, levando a música a sério pela maior parte da sua vida. Dorothy reclamava que ele e os amigos ficavam o tempo todo tocando no porão. Eu disse a ela que só o deixasse em paz, porque eu era exatamente daquele jeito. De vez em quando, eu telefonava, e ele tocava alguma coisa para eu ouvir. Sempre tocou bem, mas eu lhe dava conselhos, lhe dizia o que fazer e o que não fazer. Depois, quando passei aqueles quatro anos, mais ou menos, sem tocar, Vincent foi a Nova York para ficar na minha casa. Sempre me pedia para tocar alguma coisa para ele, para lhe mostrar isso e aquilo. Na época, eu não gostava de fazer isso, então só dizia: "*Nah*, Vincent, não estou a fim". Porém, ele ficava em cima. "Tio Miles" – ele sempre me chamava de "tio Miles", mesmo quando já estava na minha banda – "por que você não toca alguma coisa?" Às vezes, ele me dava nos nervos com essa merda, mas sempre me chamava a atenção para música quando estava em casa, e eu ficava animado com suas visitas.

Foi um inferno tentar largar todas aquelas drogas, mas, no fim, consegui, porque tenho uma força de vontade potente para fazer qualquer coisa a que eu me dispuser. Foi o que me ajudou a sobreviver. Herdei isso dos meus pais. Já estava descansado e tinha me divertido muito – além de passar por muita tristeza e dor – e então estava pronto para voltar à música, para ver o que eu havia deixado para trás. Sabia que ainda estava ali, pelo menos eu sentia que nunca havia ido embora, mas não tinha certeza. Tinha confiança na minha habilidade e na minha força de vontade para seguir em frente. Ao longo daqueles anos, diziam até que eu havia sido esquecido. Alguns me tiraram para coisa do passado, mas eu nunca dei ouvidos a esse tipo de merda.

Acredito de verdade em mim mesmo, na minha habilidade de fazer as coisas acontecerem na música. Nunca penso que não sou capaz de fazer alguma coisa, especialmente na música. Eu *sabia* que poderia voltar a pegar meu trompete quando quisesse, pois ele é parte de mim tanto quanto meus olhos e mãos. Sabia que levaria um tempo para voltar ao ponto em que eu estava quando tocava *de verdade*. Sabia que tinha perdido a embocadura, porque não tocava havia tanto tempo. Levaria um bom período até retornar a onde eu estava antes de me aposentar. Porém, fora isso, estava pronto quando liguei para George Butler no início de 1980.

capítulo 17

Quando decidi voltar a tocar, não tinha banda. Mas tinha Al Foster na bateria e Pete Cosey na guitarra para começar. Al e eu tínhamos conversado muito sobre o tipo de música que eu queria tocar. Ela estava na minha cabeça, porém, agora eu tinha de ouvi-la tocada por uma banda para saber se ela era real. Precisava ir a um lugar diferente de onde eu estava quando parei de tocar, mas também tinha noção de que não poderia voltar para uma música muito antiga. Ainda não sabia quem chamar para a banda, porque, no período em que estive fora da música, não tinha ouvido nada e não sabia quem estava na área ou quem tocava bem. Era tudo um mistério para mim, mas eu não me preocupei, pois negócios assim se resolvem sozinhos. Uma das primeiras coisas que falei a George Butler foi que eu queria marcar alguns ensaios e ouvir o que estava rolando. George seria o meu produtor na Columbia. Já não queria saber de Teo Macero. Disse que só trabalharia com George, e todo mundo na gravadora concordou. Além disso, George me convenceu de que não iria interferir no que eu fizesse no estúdio; ele confiava no meu julgamento e bom gosto musicais, e eu me senti muito bem por voltar ao ambiente do estúdio. Marcamos uma sessão para o início da primavera de 1980.

Eu ainda estava sob o contrato de 1976, mas quis negociar um novo; porém, a Columbia não aceitava. Embora tivéssemos concordado em uma data para eu voltar ao estúdio, muita gente estava cética se eu iria mesmo aparecer. Outros já haviam tentado fazer eu gravar um ou outro projeto, mas, após um tempo, eu nem respondia mais, então pararam. Para essas pessoas, só porque meu nome estava num contrato, isso não significava que eu iria cumpri-lo e aparecer para gravar. Então disseram que iriam esperar até eu surgir no estúdio e, quando me vissem ali com seus próprios olhos, em carne e osso, *aí sim* acreditariam. George demorou quase um ano para me convencer a voltar.

Quando decidi retornar, George Butler pediu à Columbia para me mandar um piano de cauda Yamaha de presente, que chegou na minha casa na West 77th. Era um belo piano, e eu tirava algumas músicas nele. Porém, o curioso de ganhá-lo foi que eu não usava mais piano acústico na minha banda. Nem tinha pianista. Mas fiquei agradecido pelo presente, que era maravilhoso.

Em abril, meu sobrinho Vincent Wilburn trouxe seus amigos de Chicago para tocar comigo: Randy Hall, Robert Irving e Felton Crews. Ele ficou até junho na cidade, e, após nos enturmarmos, fizemos *The Man with the Horn*. Vincent tocou bateria em algumas faixas. Dave Liebman me apresentou a Bill Evans[32], saxofonista que tocou na gravação e, mais tarde, entrou para minha banda de trabalho. Dave havia sido professor de Bill, e, quando me disse que ele tocava bem, pedi que o chamasse. Eu sempre confiei nas recomendações de músicos que respeito, especialmente se já tocaram comigo. Sabem o que eu quero e espero.

Chamamos Angela Bofill para cantar na gravação, como *backing* de Randy Hall, que, com Robert Irving, foi coautor da faixa-título,

32 Não custa reforçar que se trata de outro Bill Evans, homônimo do pianista que já havia tocado muito com Miles anteriormente. (N. do T.)

"The Man with the Horn", e mais umas outras duas. Para esse álbum, escrevi três músicas para mulheres que eu conhecia: "Aida", "Ursula" e "Black Seat Betty", esta para Betty Mabry. A emoção diz tudo sobre elas. Também compus o restante das músicas. Depois que as coisas engrenaram, cedi e deixei Teo Macero voltar. Acho até que foi ele quem chamou Barry Finnerty e Sammy Figueroa; Barry tocou guitarra, e Sammy tocou percussão. Eu não sabia nada sobre nenhum dos dois, mas já tinha ouvido Sammy tocar num álbum de Chaka Khan – que eu adoro – e gostei, então Teo o chamou. Lembro-me de quando Sammy chegou ao estúdio pela primeira vez e veio falar comigo. Eu disse: "Toque, não fale". Ele então explicou que precisava afinar os tambores. De novo, falei para ele só tocar. Ele rebateu: "Mas Miles, os tambores vão soar horríveis sem a afinação adequada, não vou tocar assim". "É melhor você tocar, seu filho da puta!" Ele então tocou, e eu o contratei.

Minhas habilidades não estavam das melhores, pois fazia muito tempo que eu não tocava, então comecei a usar o wah-wah. Um dia, alguém escondeu meu wah-wah – acho que foi Sammy, porque ele sempre tentava me fazer tocar sem o pedal. A princípio, fiquei puto, mas depois de tocar sem o wah-wah por um tempo, ficou tudo bem.

Tocar com esse grupo me conectou novamente à música. Durante a aposentadoria, não me vinha nenhuma melodia à cabeça, pois não me permitia pensar em música. Porém, no estúdio com aqueles caras, passei a ouvir melodias de novo, e isso me fez muito bem. Além disso, soube que, embora não tivesse tocado trompete por quase cinco anos, não havia me aposentado do instrumento. Tudo o que aprendi ao longo de tantos anos ainda estava ali; o instrumento, como abordá-lo, ainda estava no meu sangue. Eu só teria de trabalhar na técnica, na embocadura, trazê-las de onde estavam quando parei.

Depois de gravar com Vincent e seus amigos, eu soube que só poderia contar com ele, Bill Evans e Bobby Irving na banda. Assim que ouvi o que fizemos, me dei conta de que precisávamos de algo diferente, de um outro tipo de música para fazer um álbum completo. Apesar de todo aquele tempo no estúdio, só usamos duas músicas daquelas sessões no álbum. Não era que aqueles caras não fossem bons músicos; eles eram. Só que eu precisava de algo diferente para satisfazer o que *eu* queria fazer. Assim, chamei Al Foster para tocar bateria, e Bill Evans trouxe Marcus Miller. Mantive Sammy Figueroa e Barry Finnerty, assim como Bill Evans, e passamos a ensaiar na minha casa.

Os ensaios foram muito bons, e todo mundo tocou o que eu queria, exceto por Barry Finnerty quando ensaiamos a última faixa do álbum. Certa noite, num desses encontros em casa, Barry tocou um negócio na guitarra do qual não gostei, então disse a ele para não tocar, mas ele insistia. Depois de Barry fazer isso várias vezes, pedi que ele fosse lá fora e tocasse tudo o que quisesse *sozinho* para, então, voltar e tocar o que *eu* queria. Ora, Barry é um músico muito bom, mas também é um cara muito teimoso e não gosta que lhe digam o que tocar. Voltou depois de um tempo, recomeçamos, e ele tocou a mesma coisa, então eu lhe disse para não tocar mais. Fui até a cozinha, peguei uma garrafa de Heineken e despejei na cabeça dele. Ele começou a me dizer que poderia ser eletrocutado, pois estava tocando guitarra elétrica. Então eu só falei: "Foda-se essa merda; eu te avisei para não tocar aquele acorde, seu filho da puta, e isso quer dizer *não toque*, e se você *precisa* tocar isso, então toque do outro lado da rua, como te falei". Aí ele ficou muito assustado. Entraríamos em estúdio no dia seguinte, e eu chamei Mike Stern para tocar guitarra. Acho que foi Bill Evans, o saxofonista, quem o indicou. Mike foi o outro guitarrista em *The Man with the Horn*, e eu o mantive na banda de trabalho.

Eu gostava do jeito como tocávamos juntos, mas sentia que precisava de um outro tipo de percussionista. Assim, chamei Mino Cinelu, da Martinica, para substituir Sammy. Mino era um cara meio *prima donna* – de pele mais clara, cabelos encaracolados, se achava um conquistador. Mas eu gostava do jeito dele de tocar, então tolerei o resto daquela baboseira. Eu o conheci num clube que costumava frequentar em Nova York, o Mikell's. Os donos são Mike e Pat Mikell (Mike é preto, e Pat é uma mulher italiana bacana e sexy; o irmão de James Baldwin, David, foi *bartender* lá por muitos anos). Fica na Columbus Avenue com a 97th Street e sempre tem música boa, especialmente aos finais de semana. Em termos de som, qualquer coisa podia rolar no Mikell's. Lembro-me de uma noite em que eu estava lá sem ser para tocar, e Stevie Wonder chegou e deu uma canja com Hugh Masekela até de manhã. Sly Stone fazia o mesmo quando estava na cidade nas ocasiões em que Hugh ia tocar. Ouvi Mino pela primeira vez no Mikell's em maio de 1981, quando tocava num grupo chamado Civily Jordon and Folk. Foi também no Mikell's que ouvi o guitarrista Cornell Dupree pela primeira vez. Ele gravou um disco comigo, *Get Up With It*, que foi dedicado a Duke Ellington. Vi-o tocar no Mikell's com um grupo chamado Stuff, que era muito bom. Enfim, quando Mino entrou na banda, tudo começou a se encaixar. Pude ver o potencial para aquele ser um baita grupo.

Bill Evans, meu antigo pianista, havia morrido no verão de 1980. A morte dele me deixou muito triste, pois ele tinha virado *junkie*, e acho que morreu por complicações decorrentes disso. Um ano antes da morte de Bill, Charles Mingus também havia morrido, então muitos dos meus amigos estavam partindo. Às vezes, parecia que só restavam poucos remanescentes dos velhos tempos. Mas eu tentava não pensar nessas épocas, porque, para me manter jovem, acredito que se deve esquecer do passado.

Eu não tinha parado totalmente de usar drogas, embora consumisse bem menos. Minhas coisas favoritas no mundo para chapar eram champanhe, cerveja, conhaque e cocaína. Gostava muito disso tudo. Porém, visualizava que um dia não poderia mais usar nenhuma delas, porque meu médico me dissera que, além de tudo o que havia de errado comigo, eu também tinha diabetes. E um diabético não pode consumir álcool de jeito nenhum. Seria só uma questão de tempo até eu ter de parar com tudo. Embora soubesse disso na mente, não estava preparado emocionalmente para parar.

Na primavera de 1981, já me sentia pronto para voltar a tocar em público. Sentia que estava apto, assim como minha banda. Liguei para meu empresário, Mark Rothbaum, e disse a ele para contatar Freddie Taylor, *promoter* de Boston, que então nos conseguiu um show num pequeno clube na região de Cambridge chamado Kix. Também topei tocar no Festival de Jazz de Newport, de George Wein, no primeiro final de semana de julho, de forma que a *gig* no Kix, que seria de quatro dias no final de junho, funcionaria como um bom aquecimento. Precisávamos ainda de uma equipe de turnê; quando me aposentei, tinha um bom time, com caras como Jim Rose e Chris Murphy. Uma equipe de turnê competente é quase tão necessária quanto uma grande banda quando se está na estrada. É ela quem cuida de todas as merdas cotidianas sobre as quais os músicos não pensam, como montar o equipamento e garantir que as coisas corram bem, de modo que os músicos só precisem se preocupar em tocar. Jim Rose, que virou taxista no período em que estive parado, ouviu de uma passageira que eu ia tocar em Newport, então ligou para Mark Rothbaum, que, por acaso, estava à procura dele. Sempre achei que Jim foi o melhor gerente de turnê que já tive. Ele foi me ver em casa umas duas vezes durante a minha aposentadoria, mas acabamos perdendo contato. Quando ele concordou em voltar, cara, foi um baita alívio. Chris Murphy foi outro que voltou; também estava trabalhando como taxista. Quando vi esses dois caras de cabelo comprido, só os abracei. Fiquei muito contente por terem voltado.

Eu havia comprado uma Ferrari 308 GTSI amarela semiconversível. Jim Rose e eu fomos com ela para Boston enquanto Chris foi dirigindo o caminhão com o equipamento. Ao sairmos da minha casa, pegamos um pouco de cocaína, e, depois de cruzar a ponte George Washington, dirigi o trajeto inteiro feito um demônio alucinado. Jim ficou um pouco assustado, pois eu realmente estava metendo o pé no acelerador. Quando chegamos a Boston, percebi que estava enfim perdendo o interesse na cocaína. Dei o resto para alguém e depois ainda recusei quando me ofereceram. Foi aí que soube que estava vencendo a batalha contra o pó.

O resto da banda tinha viajado de avião, mas eu queria que todo mundo me visse chegando para trabalhar na Ferrari nova. Queria que eles *soubessem* que eu estava realmente de volta, mesmo que estivesse hospedado na frente do clube e precisasse apenas atravessar a rua toda noite. Às vezes, um pouco de *showbiz* não faz mal.

Minha banda contava com Marcus Miller, Mike Stern, Bill Evans, Al Foster e Mino Cinelu. Tudo mundo se dava muito bem. Na primeira noite, havia fila para entrar, mas muita gente só estava esperando para ver se eu ia mesmo aparecer para tocar. Quando cheguei, o lugar ficou abarrotado; havia pessoas por todo lado. Cara, teve gente que chorou ao me ver e ao me ouvir tocar. Foi um negócio e tanto. Numa das noites, tinha um cara numa cadeira de rodas, um preto franzino com paralisia cerebral, bem na frente do palco. Devia ter uns 35 anos, mas não sei ao certo a idade dele. Eu tocava um blues, e ele estava sentado bem na frente do palco. Toquei para ele, porque sabia que *ele* entendia o blues. Na metade do meu solo, olhei para os olhos do cara, e ele estava chorando. Ele estendeu o braço mirrado, trêmulo, e, com a mão igualmente trêmula, tocou meu trompete como se estivesse dando uma bênção – ao instrumento e a mim. Cara, quase desmoronei ali mesmo, quase comecei a chorar. Quis conhecê-lo, mas, quando saí, eles já o tinham levado embora. Ora, eu nunca fico triste por não ser apresentado a alguém que não conheço, ainda mais se for um homem, mas queria dizer a ele o quanto aquele gesto significou para mim. O que ele fez ao estender a mão daquele jeito só pode vir de um coração que compreende. Queria agradecê-lo, pois aquilo significou muito para mim ao voltar a tocar depois de tudo o que passei. Foi quase como se ele estivesse me dizendo que estava tudo bem e que minha música era bela e potente como sempre. Eu precisava disso, precisava disso naquele exato momento para seguir em frente.

Acho que tiramos US$ 15 mil naqueles quatro dias em Boston, um bom dinheiro para um clube com capacidade para cerca de 425 pessoas sentadas. Fizemos dois shows por noite, e o clube também ganhou dinheiro. Depois, tocamos no festival de Newport no Avery Fisher Hall, em Nova York. Muitos críticos detestaram o que apresentamos lá e disseram que eu não toquei por tempo o suficiente. Por outro lado, muita gente curtiu, então estávamos quites. Recebemos muito dinheiro pelo lance de Newport; acho que uns US$ 90 mil por dois shows. Ambos tiveram ingressos esgotados, o que deixou todo mundo feliz. Em setembro, fui para o Japão, e me pagaram US$ 700 mil por oito shows, mais transporte, alimentação e hospedagem. Foi uma ótima viagem. Todo mundo tocou bem, e o povo japonês adorou o que fizemos.

A Columbia lançou *The Man with the Horn* no outono de 1981, e, embora o disco tenha vendido bem, os críticos não gostaram, em unanimidade. Disseram que minha performance era fraca e que eu era "apenas uma sombra do que fui no passado". Mas eu sabia que ia levar um tempo para recuperar minhas habilidades. Sentia que as fortalecia a cada dia que tocava, e eu praticava todos os dias. Mas a Columbia achou que não me restava muito tempo e mandou uma equipe para gravar todas as minhas apresentações ao vivo, o que, por mim, tudo bem. Eu sabia que não ia me aposentar, a menos que minha saúde me deixasse na mão. Estava me sentido muito melhor do que antes, embora isso não quisesse dizer muita coisa.

Cicely Tyson passou a maior parte do verão na minha casa, pelo menos enquanto ficava na cidade. Ela tinha uma casa em Malibu, Califórnia, à beira da praia, e uma vaga disponível num *resort* chamado Gurney's, em Montauk, Long Island, também à beira do oceano. Desde a última vez que ficamos juntos, Cicely havia se tornado uma grande estrela. Fez muitos filmes e ganhou muito dinheiro, provavelmente era mais famosa do que eu. Mas eu também a influenciei; digo, o sotaque dela no filme *A Autobiografia de Miss Jane Pittman*, de 1974, era uma imitação da minha voz, o *meu* jeito de falar – sua voz nesse filme veio daí. Enfim, quando estava na cidade, ela ficava na minha casa.

No Dia de Ação de Graças de 1981, Cicely e eu nos casamos na casa de Bill Cosby, em Massachusetts, numa cerimônia realizada pelo então prefeito eleito de Atlanta, Andrew Young. Max Roach estava presente, também Dizzy Gillespie, Dick Gregory e algumas outras pessoas, como meu empresário, Mark Rothbaum. Foi uma cerimônia bacana, mas, se você olhar as fotos do casamento, vai ver que eu estava muito doente, tinha aquela expressão cinzenta de quase-morte no rosto. Cicely percebeu. Eu disse a ela que sentia que poderia morrer a qualquer momento. Durante o verão, eu havia feito merda ao injetar heroína na perna. Eu me consultava com o dr. Phillip Wilson algumas vezes por semana quando estava em Nova York, além de um tal de dr. Chin, que Cicely me recomendou. Ia ao dr. Wilson para fazer fisioterapia e ao outro médico para tratamento herbal e acupuntura. Ainda fumava três ou quatro maços de cigarro por dia. Certa vez, o dr. Wilson me perguntou se eu queria viver. "Sim, eu quero viver", respondi.

Então ele disse: "Bem, Miles, se você quer viver, precisa cortar essas coisas todas, incluindo o cigarro". Ele insistia em me dizer isso, mas eu só continuava a fazer o que fazia.

Fui para a cama com uma mulher que eu conheci cinco dias depois de me casar com Cicely, pois não tinha mais aquela atração sexual por ela. Eu a respeitava como mulher e sentia que ela era uma boa amiga, mas também precisava dessa coisa sexual que não conseguia dela. Então, buscava em outros cantos. Em janeiro, Cicely foi para a África fazer uma espécie de filme para o Departamento de Estado. Depois que ela partiu, passei a beber em excesso de novo. Já tinha parado de usar cocaína, mas a troquei por muita cerveja. Foi quando minha mão direita foi paralisada por um derrame. Eu chamei de derrame, outros chamaram de "Síndrome da Lua de Mel", que pode ocorrer quando você dorme abraçado a alguém e a pressão em cima de sua mão e braço corta a circulação de sangue, prejudicando os nervos. Não sei exatamente o que aconteceu, mas, certa noite, quando Cicely estava viajando, fui pegar um cigarro, mas meus dedos e minha mão estavam duros, não conseguia articulá-los. "Que porra é essa?!", falei. Eu podia fechar a mão, mas não conseguia abrir. Fiquei morrendo de medo. Cicely disse que sentiu a mesma coisa na África, e, dito e feito, o telefone tocou, e ela me perguntou o que havia de errado. Respondi que não conseguia mexer a mão e os dedos. Ela disse que parecia um derrame, então retornou para casa.

Eu devia saber que havia alguma coisa errada, porque não vinha me sentindo muito bem, e, quando mijava, tinha sangue na minha urina. Quando voltamos do Japão, fiz a viagem de uma noite e um dia com pneumonia, então cheguei em Nova York e ainda participei do programa *Saturday Night Live*. Lembro que Marcus Miller me perguntou: "Onde você sente dor?", antes do programa. E eu respondi: "É mais fácil perguntar onde eu *não* sinto dor!". Estava tão mal que, se precisasse me sentar, acho que não conseguiria levantar. Passei o programa inteiro andando enquanto tocava e até enquanto não tocava; só passei o tempo todo andando. Acho que todo mundo pensou que eu fosse maluco, mas só estava tentando manter a cabeça no lugar, e aquele era o único jeito que encontrei. Comecei a sentir um formigamento na mão e nos dedos logo após o programa. Deveria ter feito alguma coisa naquele momento, mas não fiz. Assim, depois do derrame, ou sei lá o que foi aquilo, dos alertas do médico e de Cicely me dizer que não ia mais me beijar se eu tivesse bafo de cigarro, só parei com tudo na marra, exatamente como havia feito com a minha dependência em heroína. Parei tudo de uma vez.

O ano era 1982, e meu médico me disse que, se eu fizesse sexo em qualquer momento nos próximos seis meses, poderia ter outro derrame. Isso era complicado, porque um pau duro é espontâneo; para mim, o sexo é assim. E se você não faz na hora, acaba perdendo. Eu não podia fazer nada, e Cicely disse: "Se você não quiser fazer nada, eu espero". E ela esperou seis meses.

Eu ainda estava fraco por conta disso tudo e não conseguia tocar. Nem tinha força o suficiente para mijar reto. A urina descia pela minha perna. O dr. Chin me receitou ervas que disse que iriam me limpar por completo em cerca de seis meses. Comecei a tomá--las, então todo tipo de merda passou a sair de mim: muco, tudo. O dr. Chin falou ainda que, depois de usar as ervas por seis meses, eu ia querer fazer sexo. "Que baboseira", pensei. Porém, ele estava certo. Assim que os seis meses se passaram, tive aquela vontade de novo. Por algum motivo, ao longo disso tudo, perdi quase todo o cabelo, e isso me deixou muito fodido, pois sempre fui vaidoso quanto à minha aparência.

Ao longo dos dois ou três meses seguintes ao derrame, fiz fisioterapia no New York Hospital três ou quatro vezes por semana. Jim Rose me levava de carro. Cara, foi a coisa mais assustadora que já tinha me acontecido, pois, com a mão e os dedos travados daquele jeito, eu pensei que nunca mais fosse tocar. Ou, pelo menos, a ideia passava pela minha cabeça às vezes. Para mim, isso era mais apavorante do que a morte; viver com a mente funcionando e não ser capaz de tocar o que eu pensasse. Depois de um tempo com os remédios herbais e a fisioterapia, sem beber nem fumar, com uma boa alimentação sólida, muito descanso e água Perrier em vez de cerveja e destilados, de repente, meus dedos começaram a voltar à vida. Comecei a nadar todos os dias, como fazia antes, o que ajudou a melhorar a minha capacidade pulmonar e resistência. Podia sentir minha saúde voltando e me fortalecendo.

Em abril de 1982, reuni a banda para uma turnê pela Europa marcada para o início de maio. Eu sabia que estava parecendo a Morte esperando para comer uma bolacha de água e sal. Estava muito magro e havia perdido quase todo o cabelo; só havia alguns tufos, que eu penteava para trás. Por fim, acabei fazendo apliques nele. Como eu estava fraco a maior parte do tempo, precisava tocar sentado. Em certos dias, me sentia bem; em outros, tinha vontade de embarcar num avião e voltar para casa. Mas a banda estava tocando cada vez melhor. Eu tentava fazer Al Foster tocar mais *licks* de funk na bateria, mas ele não parecia me dar ouvidos. Fora isso, tudo ia bem com o grupo, e as minhas habilidades ficavam cada vez mais fortes. Quando eu me sentia bem, andava pelo palco, tocando com o microfone sem fio preso à campana do meu trompete, mas sempre tocava teclado sentado num banquinho. Embora aparentasse estar muito doente, eu, na verdade, me sentia mais forte do que em muito, muito tempo. Havia perdido tanto peso por causa da dieta que vinha seguindo: peixe, verduras e legumes, alimentos que não engordam. Era por isso que eu parecia tão frágil.

Minha saúde não andava bem, mas conseguimos manter o assunto do meu derrame longe dos jornais e da mídia. Ninguém ficou sabendo do problema, só alguns meses depois, quando disse numa entrevista a Leonard Feather que fiquei sem usar a mão. Quando ela foi publicada, já tínhamos terminado a turnê pela Europa.

No fim das contas, o maior problema que tive nessa turnê foi com Cicely e uma amiga dela, que viajaram conosco pela Europa. Cara, elas foram um pé no saco nessa viagem, com umas baboseiras de diva, falando para os *roadies* "me tragam isso", "me tragam aquilo", tipo água Perrier. Compravam roupas como se não houvesse amanhã. Eu e o resto da banda – cinco pessoas – e a equipe tínhamos, no máximo, duas malas cada, ao passo que Cicely e a amiga logo passaram a viajar com 18 malas. Era ridículo. Chris e Jim, meus dois principais nomes na estrada, além de Mark Allison e Ron Lorman (os outros dois *roadies*), tinham de carregar suas próprias coisas *e* as merdas de Cicely e da amiga. Jim e Chris ficaram bem bravos por terem de fazer isso. Àquela altura, eu ganhava US$ 25 mil por noite e pagava

Jim e Chris muito bem pelo que faziam. Mas não havia dinheiro o suficiente para pagá-los pela forma como Cicely e sua amiga os tratavam. Os dois achavam que, se reclamassem de Cicely comigo, eu provavelmente explodiria com eles, já que ela era minha esposa. E talvez eu explodisse mesmo; não sei.

Desde que Cicely tinha se tornado uma estrela, sua personalidade mudou. Ela exigia de tudo, enchia o saco de muita gente, tratava muitas pessoas como se não fossem nada. Ora, eu sei que também tenho uma má reputação por tratar as pessoas mal, mas eu não fodo com elas só porque sou famoso e acho que posso. Foi o tipo de merda que Cicely passou a fazer depois de se tornar uma estrela; causou muito pesar a todo mundo. Tratava os *roadies* como se fossem seus servos.

Ela também começou a me dar muito nos nervos, então, quando chegamos a Roma, falei para Jim que queria um quarto separado do dela. Fiquei em outro quarto por três dias em Roma, sem Cicely saber onde eu estava. Após esse período, e de termos feito o show, aí sim me juntei a ela no mesmo dormitório. Falei que precisava descansar e que a veria depois do show.

Precisei dar um tempo de Cicely mais uma vez em Paris, quando pedi a Jim Rose para me levar para ver minha antiga namorada, Juliette Gréco. Ainda somos bons amigos, e sempre gosto de vê-la quando estou em Paris. Ela ainda faz o que faz, ainda é uma grande estrela na França. Só conversamos sobre o que eu fazia quando não estava tocando, sobre os velhos tempos e a respeito do que ela vinha fazendo. Foi bom vê-la, sempre é.

Comecei a desenhar muito nessa viagem para a Europa. No início, só fazia alguns esboços. Cicely havia comprado alguns cadernos de desenho para mim no verão anterior, mas eu não os tinha usado muito. Porém, nessa viagem, quando não estava envolvido em música e tocando, me via pensando em desenho e pintura. A princípio, achei que foi terapêutico, que tivesse alguma coisa a ver com meu tempo livre, já que eu não fumava, não bebia nem cheirava mais. Precisava me manter ocupado para não começar a pensar em fazer essas coisas de novo.

Quando voltei para a música, passei a ouvir algo que eu realmente tinha imaginado que fosse acontecer. Cada vez mais, os músicos adotavam a guitarra como instrumento principal devido à sua influência na música pop. Além disso, hoje em dia, a maioria dos jovens fica louco com esse instrumento, que ainda te permite cantar. Os novos músicos estavam, em sua maioria, tocando guitarra, baixo elétrico ou piano elétrico. Ou se tornavam puramente cantores ou compositores de canções populares. Era o caminho seguido por jovens pretos com talento musical, e não havia nada que eu pudesse fazer.

Cada vez menos músicos pretos tocavam jazz, e eu conseguia ver o motivo: o jazz estava se tornando música de museu. Muitos músicos e críticos detêm a culpa por deixar isso acontecer. Ninguém quer morrer antes da hora, saca, quando se tem 21 anos, e esse era o destino de alguém que ia para o jazz. Pelo menos era o que me parecia. Isso só não aconteceria se, de algum modo, o jazz pegasse os ouvidos dos jovens de novo, e eu não via isso rolando. Eu nem ia mais ouvir a maioria dos grupos de jazz, porque eles só repetiam sem parar os mesmos *licks* que tocávamos com Bird lá atrás; fora isso, algumas coisas que Coltrane apresentara e talvez um pouco de Ornette. Era entediante ouvir aquela merda. Esses músicos haviam se tornado vítimas dos críticos, cuja maioria é preguiçosa e não quer se esforçar muito para compreender as expressões e as linguagens musicais contemporâneas. É muito trabalho para eles, e eles só desprezam. Críticos burros e insensíveis destruíram muita música e muitos músicos ótimos que só não tiveram a mesma força que eu, no sentido de ter a capacidade de dizer: "Fodam-se vocês".

Embora a cena de jazz parecesse estagnada, ainda havia alguns bons músicos jovens chegando, como Lester Bowie e os irmãos Marsalis, Wynton e Branford. Wynton tocava trompete, e todo mundo comentava que havia tempos que não surgia um trompetista tão bom quanto ele. Acho que, na época, ele tocava na banda de Art Blakey. Branford era mais velho e tocava saxofone, também com Blakey. Foi em 1981, acho, que comecei a ouvir falar deles por meio de alguns músicos que eu conhecia. Não sei o que estava acontecendo com Freddie Hubbard, que eu pensava que seria um grande trompetista. Muitos bons trompetistas haviam partido: Lee Morgan foi assassinado; Booker Little morreu jovem, como Clifford Brown; e Woody Shaw se afundou nas drogas antes que conseguisse o reconhecimento que eu achei que teria. Havia caras como Jon Faddis e um músico do Mississippi chamado Olu Dara, que diziam ser ótimos, mas eu nunca havia ouvido tocar. Dizzy ainda tocava muito bem, assim como Hugh Masekela, Art Farmer e alguns outros.

Alguns dos novos desenvolvimentos da música eram interessantes, mas, para mim, o negócio mais expressivo acontecia no rock branco. Um pouco de *fusion* era OK, em especial algumas coisas que o Weather Report, Stanley Clarke e outros caras vinham fazendo. Porém, eu via espaço para um novo tipo de música se expressar. Sentia que algumas das coisas feitas no rap poderiam vir a ser muito bacanas, mas era um pouco distante demais de mim. E aí havia a música de Prince, que eu ouvia pela primeira vez. O trabalho dele foi a coisa mais interessante que eu ouvi em 1982, na época da minha turnê europeia. Era alguém que fazia algo diferente, então fiquei de olho nele.

Na primavera de 1982, voltamos para os EUA e saímos em turnê por lá e pelo Canadá no verão. Tocando tanto assim, pude ouvir minha técnica e minha sonoridade voltando de verdade. As coisas seriam melhores do que eu esperava. Tirei até um tempinho de folga e fui para Lima, no Peru, com Cicely, que foi jurada do concurso de Miss Universo. Por três ou quatro dias, só nadei, fiquei na piscina, descansei e comi bons frutos do mar. Até recuperava minha antiga aparência, só aquele cabelo filho da puta é que não voltava a crescer, o que me irritava muito.

Tocávamos principalmente as músicas do álbum *We Want Miles*, gravado ao vivo na turnê de 1981. Eram composições como "Jean-Pierre" (batizada com o nome do filho de Frances), "My Man's Gone Now" (de *Porgy & Bess*), "Back Seat Betty" e "Fast Track". Também tocávamos uma música chamada "Kix", batizada com o nome do clube em Boston.

We Want Miles foi lançado no final do verão de 1982. No outono, levei o grupo ao estúdio para gravar *Star People* (acho que esses foram os últimos dois álbuns nos quais trabalhei com Teo Macero). Nessa sessão, gravamos "Come and Get It", que agora era a música de abertura das apresentações ao vivo. Também incluí no álbum "Star on Cicely", que foi arranjada por Gil Evans. A faixa-título, "Star People", é um longo blues, e acho que me entreguei bastante nos solos que faço nela.

Nas últimas músicas que gravamos para *Star People*, entre o final de 1982 e o início de 1983, trouxemos John Scofield para tocar guitarra, e eu o mantive na banda. Barry Finnerty já tinha saído. John fez seu primeiro show conosco em New Haven, Connecticut, perto do final do ano. Ele tocou também na apresentação do Felt Forum, localizado dentro do Madison Square Garden, no último dia de 1982, quando dividimos o palco com Roberta Flack. Eu gostava das sutilezas do estilo de tocar de John, que me havia sido recomendado pelo saxofonista Bill Evans, assim como Mike Stern. Eu sentia que dois guitarristas com estilos diferentes criariam uma tensão que seria boa para a música. Também achava que, se Mike ouvisse John, aprenderia alguma coisa sobre sutileza. Em "It Gets Better", de *Star People*, John é o solista principal, e Mike toca mais ao fundo. É um blues também. Com John Scofield na banda, comecei a tocar mais blues, pois Mike era mais voltado para o rock. O lance de John era o blues, com um bom tanto de jazz, então eu me sentia confortável em tocar blues com ele.

Quando John entrou na banda, Marcus Miller estava de saída, o que me deixou bem magoado, pois ele era o melhor baixista que eu tinha ouvido em muito, muito tempo. Além disso, era um filho da puta engraçado demais, que deixava todo mundo da banda relaxado. Era um cara muito legal de se conviver, maduro e que se envolvia muito na música. O filho da puta sabia tocar quatro ou cinco instrumentos – guitarra, baixo, saxofone e mais alguns. Marcus era muito requisitado como um dos melhores músicos de estúdio dos Estados Unidos; todo mundo queria que ele tocasse em seus álbuns. Também trabalhava muito produzindo e compondo, então tocar comigo interferia no tanto de dinheiro que ele poderia ganhar. (Mas ele voltaria mais tarde.)

Marcus sugeriu um cara chamado Tom Barney, que ficou um ou dois meses e tocou em uma das gravações que entraram em *Star People*. Depois chamei Darryl Jones, de Chicago, recomendado por meu sobrinho, Vincent. Na época, Darryl tinha 19 anos. Ele havia ido para Nova York em maio de 1983 e me conheceu na minha casa. Eu disse a ele que iríamos tocar um pouco, mas, se eu não gostasse do que ele tocasse, isso não queria dizer que ele não tocava bem. Coloquei uma fita com uma das nossas gravações e pedi que tocasse junto. Depois, coloquei um blues. Então perguntei se ele sabia tocar um blues em si bemol; ele tocou um pouco e parou. Aí perguntei de novo: "Você consegue tocar um blues em si bemol?". Ele começou a tocar mais devagar. Perguntei se ele conseguia tocar mais devagar, e ele então tocou mais devagar ainda. Fui até o quarto com Vincent e disse que o filho da puta tocava muito. O trabalho era dele. Vincent saiu e contou para Darryl, mas ele queria ouvir de mim. Então saí do quarto e lhe dei um murro no ombro, confirmando que ele havia conseguido o trabalho.

Mais ou menos nessa época, voltei a mudar de empresários após demitir Mark Rothbaum por causa de um desacordo que tivemos. A conselho de Cicely, contratei então uns judeus da Filadélfia, os irmãos Blank, que eram Lester e Jerry, além do filho de Lester, Bob, que trabalhava com eles. Porém, eu gostava de me divertir com Mark

Rothbaum. Em 1982, ele levou Cicely e eu para Las Vegas e me apresentou a Willie Nelson e sua esposa, Connie. Mark é empresário de Willie e também de Emmylou Harris, Kris Kristofferson e alguns outros astros. Nós nos divertimos demais em Las Vegas, onde pude conhecer Willie Nelson muito bem. Ele foi pé no chão e legal comigo. Sempre gostei do jeito dele de cantar. Depois disso, Willie foi me ver tocar num lugar chamado Red Rocks, em Denver, Colorado, e em outras apresentações posteriores.

Na primavera de 1983, a banda voltou para a Europa. Chris Murphy saiu em Torino, na Itália, porque disse que não aguentava mais Cicely. Agora com os Blanks no comando, eles seguravam ao máximo os trocados de todo mundo ao longo da turnê. Porém, uma turnê precisa de dinheiro vivo para que corra tranquilamente, e eles não tiravam a mão do bolso. Foi quando comecei a ver que talvez tivesse sido um erro contratá-los. Os Blanks se mostraram um show de horror, uma vez que mal nos conseguiam apresentações. Acho que fecharam algumas poucas na Europa durante todo o ano de 1983, além de uma turnê pelo Japão, mas foi só isso. Eram muito incompetentes.

Ao longo de todo esse período, Cicely e eu vivemos no nº 315 da West 70th Street enquanto minha casa na West 77th era reformada; moramos lá até nos mudarmos para Malibu, na Califórnia, onde ela tinha uma casa na praia. Gastei muito dinheiro na reforma da casa na 77th para que ficasse do jeito que Cicely queria. Ironicamente, acabei tendo de vender o imóvel por pressão dos irmãos Blank, a quem eu devia dinheiro. Na verdade, acho que Cicely queria que a casa fosse reformada para que ela pudesse começar do zero, sem ter de pensar em todas as mulheres que estiveram ali antes dela. Ter a minha casa toda reconstruída daquele jeito me deixou bem fodido por um tempo.

Pelo menos a música que vínhamos fazendo me empolgava muito. Os caras da banda tocavam bem demais e a convivência era ótima. O único problema era que eles liam o que os críticos escreviam, que a música que fazíamos não estava rolando. Eram músicos jovens que tentavam construir reputações e acreditavam estar tocando com alguém que todo mundo adorava. Esperavam que os críticos dissessem que tudo o que fazíamos era ótimo. Mas não foi o que eles disseram, e isso os perturbou. Tive de atualizá-los sobre os sentimentos dos críticos em relação a mim – pelo menos parte deles.

Expliquei para eles que os tais críticos tinham feito a mesma coisa com Bird quando ele começou a tocar aquela grande música que fez, além de criticarem Trane e Philly Joe quando faziam parte da minha banda. Não dei ouvidos na época e não ia dar agora. Depois disso, eu e os caras do grupo nos aproximamos ainda mais, e eles pararam de dar atenção aos críticos.

Eu era capaz de me comunicar com a banda só por meio de um certo olhar. Um olhar que dizia aos músicos que tocassem algo diferente do que estavam tocando, e, depois de um tempo, a música começou a tomar uma forma muito boa. Eu ouvia o que cada um tocava. Ouço com atenção e, se alguma coisinha está fora, percebo logo de cara e tento corrigir no ato, enquanto a música acontece. É o que faço quando fico de costas para o público – não me preocupo em falar e jogar conversa fora com a plateia enquanto toco porque é a música quem fala quando tudo está certo. Se o público for antenado e alerta, sabe quando a música está correta e rolando bem. Quando é esse o caso, é só deixar a música groovar e curtir.

Al Foster era o integrante da nova banda de quem eu era mais próximo, pois tocava comigo havia mais tempo. Era uma pessoa muito espiritual, uma companhia bacana. Foi Al quem me manteve em contato com a cena musical naqueles anos nos quais fiquei de fora. Durante a aposentadoria, conversava com ele quase todo dia. Confiei muito nele naquele período. Para mim, é difícil relaxar com gente que não conheço bem e até mesmo confiar em alguém que conheça por um tempo. Talvez isso venha do lugar onde cresci. O pessoal da região de East St. Louis não faz amizade logo de cara. Se conversam e riem com você, é só um disfarce para saber como você é. Acho que tem a ver com uma mentalidade interiorana. Gente do interior é desconfiada dos outros, e eu sou assim, por mais sofisticado que tenha me tornado. Na maior parte do tempo, meus melhores amigos são os músicos da minha banda corrente, e foi a mesma coisa com os caras daquele grupo novo. Eu gostava de Bill Evans e Darryl Jones (e de Marcus Miller antes de ele sair). Também gostava de John Scofield e de Mike Stern, mesmo que tenha precisado mandá-lo embora. Éramos todos próximos; juntos contra o mundo dos críticos.

We Want Miles ganhou um Grammy em 1983, e eu fui eleito Músico de Jazz do Ano pela *Jazz Forum*. Tocamos no Japão, em alguns festivais nos EUA e no Canadá. No final do verão e início do outono daquele ano, começamos a gravar as faixas de *Decoy*, sendo algumas ao vivo. Quando entramos em estúdio, incluí Branford Marsalis no saxofone soprano, além de Robert Irving (que havia gravado comigo pela primeira vez em *The Man with the Horn*) no sintetizador, instrumento que eu queria somar à banda. Gil Evans fez alguns arranjos. Eu queria Branford no grupo, mas ele não podia, pois estava comprometido a tocar com seu irmão, Wynton. Ouvi Branford quando fizemos um show juntos em St. Louis. Acho que ele estava tocando com Herbie Hancock, Wynton, Tony Williams e Ron Carter num grupo que se intitulava The Reunion[33]. Gostei do que ele fez e o convidei para gravar umas coisas comigo.

Levei a banda para a Europa para alguns shows no outono de 1983. Essa turnê foi especial, pois as pessoas ficaram muito felizes em me ver e muito envolvidas na música. Lembro-me de uma data em particular, em Varsóvia, na Polônia. Nem precisamos passar pela alfândega; só acenaram para que seguíssemos direto. Todo mundo usava *bottons* que diziam "We Want Miles" ("Queremos Miles").

33 Herbie, Tony, Ron e os irmãos Marsalis tocaram juntos no disco solo de estreia de Wynton, *Wynton Marsalis*, de 1982, embora não sob o nome mencionado por Miles – "The Reunion" – oficialmente. (N. do T.)

O líder da União Soviética, Yuri Andropov, mandou sua limusine particular (ou uma igual) para me levar aonde eu quisesse enquanto estivesse em Varsóvia. Disseram-me que ele adorava minha música e que me considerava um dos maiores músicos de todos os tempos. Também me contaram que ele gostaria de ir ao show, mas que estava doente demais. Andropov me enviou cumprimentos, me desejou um ótimo show e lamentou não poder estar presente. Fui hospedado no melhor hotel de Varsóvia e tratado como um rei. Quando terminei a apresentação, fui aplaudido de pé; e o público, em coro, desejou que eu vivesse cem anos. Cara, foi de outro mundo!

capítulo 18

Quando voltei aos EUA, Cicely e o pessoal da Columbia organizaram uma celebração para mim no Radio City Music Hall, em novembro de 1983. Nomearam o evento como "Miles Ahead: A Tribute to an American Music Legend" e ele foi coproduzido pela Black Music Association. Bill Cosby foi o anfitrião, e muita gente tocou naquela noite: Herbie Hancock, J. J. Johnson, Ron Carter, George Benson, Jackie McLean, Tony Williams, Philly Joe Jones e vários outros. Teve até uma banda estelar, comandada por Quincy Jones, que tocou certos arranjos que Slide Hampton havia feito para alguns daqueles de Gil Evans de *Porgy and Bess* e *Sketches of Spain*. O presidente da Fisk University me deu um diploma honorário em Música.

Até esse ponto, foi legal, me diverti muito. Então quiseram que eu desse um discurso, mas a única coisa que consegui pensar em falar foi "obrigado". Acho que isso deixou algumas pessoas putas, pois me acharam ingrato, o que não fui. Só que não consigo fazer discursos longos, não é do meu feitio. Eu disse o que achava que seria sincero e falei do fundo do coração. Antes disso, toquei um *set* de meia hora com minha banda. Queriam que eu tocasse com alguns caras dos velhos tempos também, mas não pude fazer isso, porque não acredito em voltar ao passado. Foi uma noite maravilhosa, e fiquei feliz por terem me homenageado dessa forma. Porém, logo depois disso, fiquei doente e precisei ir ao hospital para mais uma cirurgia no quadril. Então, peguei pneumonia. Como resultado, fiquei fora de ação por uns seis meses.

Assim que retornei, fizemos os shows de costume e *Decoy* ganhou o Grammy de Melhor Álbum. Al Foster saiu da banda por um tempo, pois não fazia o tipo de som na bateria que eu queria que ele tocasse. Ele nunca gostou desse negócio de rock. Eu pedia repetidas vezes para tocar uma batida *funky*, mas ele simplesmente não tocava. Então eu trouxe o meu sobrinho, Vincent Wilburn, para tocar bateria, porque era o lance dele. Detestei ver Al ir embora, pois éramos muito próximos, mas a música vem antes de tudo. Al e Vincent se alternaram no meu álbum seguinte, *You're Under Arrest*, de 1985. Nesse mesmo ano, Vincent entrou para a minha banda de trabalho (acho que em março), logo após Al sair em definitivo, e ficou comigo por uns dois anos.

Em novembro de 1984, ganhei o Prêmio de Música Léonie Sonning pelo conjunto da obra. Ele é concedido na Dinamarca, e eu fui o primeiro músico de jazz e o primeiro preto a recebê-lo. Geralmente, é um prêmio dado a músicos eruditos; Leonard Bernstein, Aaron Copland e Isaac Stern o receberam no passado. Fiquei feliz e honrado com a premiação. Quiseram que eu fizesse um disco com os melhores músicos da Dinamarca, então, em fevereiro de 1985, voltei para gravar com uma *big band*. Toda composta pelo dinamarquês Palle Mikkelborg, é uma mistura de música orquestral e eletrônica, sintetizadores. Levei Vincent comigo para tirar um determinado som de bateria, e ele gravou conosco. John McLaughlin tocou guitarra, e Marilyn Mazur, percussão. A Columbia deveria lançar o álbum, mas me renegou, então precisei de uma bolsa do Fundo Nacional para as Artes para concluí-lo sob o título *Aura*.

Esse seria o começo do fim da minha relação com a Columbia. Isso e a forma como George Butler vinha tratando a mim e a

Wynton Marsalis. Gostava muito de Wynton quando o conheci. Ainda é um jovem bacana, só é confuso. Eu sabia que ele tocava uma barbaridade de música erudita e tinha uma ótima técnica no trompete. Porém, é preciso muito mais do que isso para fazer um grande jazz; são necessários sentimentos e uma compreensão da vida que só se adquire vivendo, só se adquire da experiência. Sempre achei que Wynton precisava disso. No entanto, nunca tive inveja dele nem nada assim. Poxa, ele tinha idade o suficiente para ser meu filho, e eu queria o melhor para ele.

Porém, à medida que ficou mais famoso, Wynton começou a dizer coisas – feias, desrespeitosas – sobre mim, coisas que eu nunca falei sobre músicos que me influenciaram e por quem eu tinha grande respeito. Já discordei e falei abertamente sobre muitos músicos dos quais eu não gosto, mas nunca contra alguém que me influenciou da forma como eu influenciei o jeito de tocar de Wynton. Quando ele começou a me dar bordoadas na imprensa, a princípio, fiquei surpreso. Depois, furioso.

George Butler trabalhava para nós dois, e eu sentia que ele estava mais preocupado com a música de Wynton do que com a minha. George gosta desse troço erudito e insistia para que Wynton gravasse mais disso. Wynton vinha tocando muito, pois também fazia música erudita e, a essa altura, estava ganhando *todos* os prêmios, tanto no erudito quanto no jazz. Muita gente achava que eu estava ficando com inveja dele por causa disso. Eu não tinha inveja; só não achava que ele tocava tão bem quanto diziam.

A imprensa me usava para tentar provocar Wynton; me comparava com ele, mas nunca com algum trompetista branco, como Chuck Mangione. Exatamente como costumava comparar Richard Pryor, Eddie Murphy e Bill Cosby um com o outro, nunca com Robin Williams ou algum outro branco. Quando Bill Cosby ganhou todos aqueles prêmios por seu programa de TV, era possível ouvir um alfinete caindo no chão na cerimônia, pois todas as outras redes de TV o haviam recusado. Eu sei disso porque estava lá com Cicely. Os brancos querem ver os pretos rastejando ou bancando o Pai Tomás. Ou gostam de ver os pretos bravos uns com os outros, como Wynton e eu.

Então aquele bando de brancos fica louvando Wynton por seu estilo erudito, e tudo bem. Mas aí o classificam *acima* de Dizzy e de mim no jazz, e ele sabe que não chega nem perto das coisas que fizemos e que faremos no futuro. O que deixa tudo muito ruim é que Wynton dá ouvidos a essas merdas e acredita nelas. Se ele continuar, vão ferrar com ele. Até o fizeram menosprezar o próprio irmão por tocar a música que quer. Ora, você sabe que isso é uma tremenda baboseira, já que Branford toca muito bem.

Colocaram Wynton para tocar música europeia velha e morta. Por que ele não toca alguns dos compositores americanos pretos? Por que não dá a eles alguma exposição? Se as gravadoras querem mesmo gravar coisas eruditas com pretos, por que não gravam compositores eruditos pretos, ou mesmo compositores brancos jovens, em vez de toda essa merda antiga? Não estou dizendo que não é música boa, mas já foi feita e refeita. Wynton toca essa merda morta, o tipo de coisa que qualquer um pode fazer. Só precisa praticar, praticar, praticar. Eu disse a ele que não daria o braço a torcer para gravar esse tipo de música, que eles deveriam agradecer por alguém tão talentoso quanto ele tocar aquela merda cansada.

Wynton deveria aprender com a forma como trataram a mim e todos os outros caras que vieram antes dele, como armam para poderem acabar com você caso erre a filha da puta de uma nota. Ele está deixando de lado seu próprio som para tocar as merdas deles; está perdendo tempo, pois ainda tem muito a aprender sobre música de improviso. Não vejo por que a nossa música não pode receber o mesmo respeito que a música europeia. Beethoven morreu há tantos anos e ainda falam dele, ensinam sobre ele e tocam sua música. Por que não falam de Bird, Trane, Monk, Duke, Count, Fletcher Henderson ou Louis Armstrong como falam de Beethoven? Porra, a música *deles* é clássica. Hoje, somos todos americanos e, cedo ou tarde, os brancos vão ter de lidar com isso e com todas as grandes coisas que os pretos fizeram neste país.

Também precisam aceitar que fazemos as coisas de maneira diferente. Nossa música na noite de sexta não é a mesma na noite de sábado. Nossa comida não é a mesma. A maioria dos pretos não senta para ouvir Billy Graham e todos aqueles outros pregadores patéticos que soam exatamente como Ronald Reagan. Não queremos saber dessa merda, e Wynton tampouco. Mas o fizeram acreditar que isso é o que ele deveria fazer, que seria sofisticado e tal. Mas não é, pelo menos não para mim.

Eu tinha acabado de gravar *You're Under Arrest* no final de 1984 e início de 1985. Foi o último disco que fiz oficialmente pela Columbia. Dessa vez, Bob Berg substituiu Bill Evans no saxofone; Steve Thornton entrou no lugar de Mino Cinelu; e meu sobrinho Vincent Wilburn gravou a bateria no lugar de Al Foster. O cantor Sting também participou do álbum, pois Darryl Jones estava gravando com ele e perguntou se poderia trazê-lo ao estúdio, então concordei. Ele faz a voz do policial francês no disco. É um cara legal, embora eu não soubesse, na época, que ele estava tentando contratar Darryl como baixista da banda dele.

O conceito de *You're Under Arrest* veio dos problemas que os pretos sempre têm com a polícia em todo lugar. Estão sempre ferrando comigo quando dirijo na Califórnia. Não gostavam que eu dirigisse uma Ferrari amarela de US$ 60 mil, que era o que eu fazia na época desse disco. Além disso, não aceitavam que eu, um preto, morasse numa casa à beira da praia em Malibu. Foi daí que tirei o conceito de *You're Under Arrest*: ser preso por fazer parte de uma cena das ruas, ser politicamente preso. Estar sujeito ao horror latente de um holocausto nuclear – além de ser preso num sentido espiritual. A ameaça nuclear é a verdadeira filha da puta na nossa vida cotidiana, isso e a poluição em todo lugar. Lagos, oceanos, rios, solo, árvores, peixes, tudo está poluído.

Quero dizer, estão fodendo com tudo porque são gananciosos pra caralho. Estou falando dos brancos que fazem isso, e fazem no mundo inteiro. Fodem com a camada de ozônio, ameaçam bombardear todo mundo, sempre tomam as coisas dos outros e mandam exércitos quando o povo não quer abrir mão dessas coisas. É vergonhoso, lamentável e perigoso o que fazem, o que vêm fazendo esses anos todos, porque fode com todo mundo. É por isso que, em "Then There Were None", faço sons de chamas e ventos uivantes no sintetizador, é a representação de uma explosão nuclear. E então você ouve meu trompete solitário, que é para ser o choro doloroso de um bebê ou o grito triste de alguém que sobreviveu à explosão da bomba. É por isso que há os sinos dobrando com um som meio lamurioso. Eles dobram pelos mortos. Coloquei aquela contagem "5, 4, 3, 2...", e então, no final, você ouve minha voz: "Ron, eu quis dizer que você tinha de apertar o *outro* botão".

You're Under Arrest teve um ótimo desempenho: vendeu mais de 100 mil cópias em poucas semanas. Mas eu não gostava do que estava acontecendo na Columbia. Quando surgiu a chance de ir para a Warner Bros. Records, disse ao meu novo empresário, David Franklin, para irmos em frente. Ele era empresário de Cicely, que o havia recomendado a mim. Eu já tinha decidido que queria uma pessoa preta para cuidar dos meus negócios. Porém, David ferrou as negociações e cedeu demais à Warner, incluindo os direitos a todas as minhas composições. Recebi muito dinheiro para passar para a Warner, coisa de sete dígitos só para assinar o contrato. Mas não gostava da ideia de ceder meus direitos a eles. É por isso que você não vê minhas próprias composições nos meus álbuns novos; a Warner é quem tem os direitos de usá-las, não eu. Então, até que renegociemos essa questão, você sempre vai ver composições de outras pessoas nos meus discos.

Como de costume, fiz turnês pelo mundo todo entre 1984 e 1986. Nada de novo, só muita música tocada em lugares que eu já tinha visto muitas e muitas vezes, então visitá-los não era mais novidade para mim. A emoção se fora. É algo que simplesmente vira rotina, então é a música o que faz valer. Se a música é boa, então tudo fica melhor e mais fácil de lidar. Se não é, bem, então isso é capaz de tornar as coisas um pouco complicadas, pois uma turnê longa pode ser bem cansativa e entediante. Mas estou acostumado. Na verdade, desde que me envolvi tão profundamente com a pintura, passo muito do meu tempo na estrada indo a museus e visitando estúdios de pintores e escultores, além de comprar muitas obras de arte. Isso, sim, é algo novo para mim, e eu adoro; adoro ter o dinheiro para comprar arte do mundo todo. Estou montando uma boa coleção internacional dividida entre minha casa em Malibu e meu apartamento em Nova York.

Tenho desenhado e pintado cada vez mais; passo várias horas do dia nessas atividades quando estou em casa. Na estrada, também. Para mim, pintar é relaxante, e eu adoro ver o que sai da minha imaginação. É como uma terapia que mantém minha mente ocupada com algo positivo quando não estou tocando. Sou obcecado por pintura tanto quanto por música e todas as outras coisas com as quais eu me importo. Por exemplo, adoro bons filmes, então tento assistir a muitos deles.

Não leio muitos livros, nunca li, nunca encontrei tempo para leitura. Mas leio todas as revistas e jornais que consigo. É de onde tiro muita informação. Além disso, gosto de assistir aos noticiários da CNN na televisão. Porém, sou cético nas minhas leituras; nunca confiei em muitos escritores, porque muitos deles são desonestos, especialmente os jornalistas. Cara, eles inventam qualquer coisa para escrever uma boa matéria. Acho que a minha desconfiança de escritores começou com a minha antipatia pela maioria dos jornalistas com quem cruzei, sobretudo aqueles que costumavam inventar mentiras a meu respeito. Na maior parte, brancos. Gosto de poetas e de alguns romancistas. Nos anos 1960, eu adorava poesia, em especial os poetas pretos – os Last Poets, LeRoi Jones, Amiri Baraka –, porque as coisas que eles diziam e escreviam eram verdadeiras, embora saiba que muita gente – pretos e brancos – não queria admitir isso, naquela época e agora. Mas, qualquer um que conheça alguma coisa sobre os EUA e esteja ciente da verdade, sabe que o que eles escreviam era verdadeiro.

Lembro que, em uma das vezes que fui ao Japão para tocar – acho que em 1985 –, fiquei doente no caminho, em Anchorage, Alaska, pois havia comido um monte de doces que não deveria quando estávamos na França. Sou viciado em bons doces, e, até onde sei, os franceses fazem os melhores. Tínhamos acabado de dar um show na França e voávamos para o Japão, e eu embarquei com várias guloseimas. Sou diabético e sei que não deveria fazer isso, mas, às vezes, não consigo evitar; sou um indivíduo obsessivo. Paramos em Anchorage, e, ao pousarmos, eu estava entrando em choque insulínico. Os sintomas são baixa disposição e apagamentos até adormecer, como um *junkie*. Jim Rose me levou a um hospital na cidade, pois estava ligado na minha condição médica e me observava com olhos de águia. O pessoal da Japan Airlines só me deixaria reembarcar no avião quando eu estivesse bem.

Foi um susto. Então, depois disso, passei a tomar injeções de insulina todos os dias. A partir daí, já tive muitos problemas com oficiais de imigração em certos países, que pensaram que minhas seringas de insulina seriam usadas para injetar heroína ou alguma outra droga. Certa vez, precisei dar um escândalo no aeroporto de Roma, na Itália, quando o pessoal da imigração me encheu o saco por causa das seringas e dos remédios que tomo para minhas diversas enfermidades. Comecei a xingar todo mundo. A diabetes é uma doença muito séria e pode matar, então preciso tomar cuidado com o que como. Quanto mais idade, mais séria a doença fica; o pâncreas começa a foder, e você pode ter câncer. A circulação dos braços, pernas e dedos dos pés é cortada, e a minha circulação já é ruim de qualquer forma, especialmente nas minhas pernas, que são mais magras do que se pode imaginar. Lembro-me de ir ao hospital, e os médicos tentarem tirar sangue das minhas pernas e braços. Não encontravam veias; primeiro, porque eu fui *junkie* e estraguei algumas delas; e segundo, porque meus braços e pernas são magérrimos. Eu tomava picadas de injeção em todo lugar enquanto eles tentavam achar uma veia. Um dia, Jim Rose disse: "Tentem nos pés, vejam se conseguem sangue dali". Deu certo, e é de onde tiro sangue na maioria das vezes desde então.

Cara, tenho cicatrizes pelo corpo todo, exceto no rosto. Meu rosto está legal. Caramba, eu olho no espelho e digo: "Miles, você é um filho da puta bonito!". Sério, meu rosto está bacana, e eu nunca fiz plástica. Porém, tenho cicatrizes em todos os outros lugares, e os meus amigos que me conhecem há algum tempo dizem que eu gosto de exibir essas cicatrizes. Talvez eu goste. Para mim, são como medalhas, distintivos de honra, a história da minha sobrevivência, a história de como dei a volta por cima de umas merdas feias repetidas vezes, adversidades terríveis, e continuei a me levantar, fazendo o melhor que pude. Entendo o orgulho que tenho das minhas cicatrizes, porque elas me mostram que não deixei essas merdas me derrubarem, que é possível vencer se você tiver coração, tenacidade e alma para continuar a tentar.

Em 1985, Cicely e eu já passávamos muito tempo em Malibu, primeiro na casa dela e depois numa maior que comprei, que ficava bem de frente para o oceano, onde tínhamos uma praia particular. O clima quente era melhor para o meu quadril. Além disso, na Califórnia eu descansava mais; não era tão caótico como em Nova York. Dispensei os irmãos Blank como empresários e os impedi de cuidar do meu dinheiro. Em Nova York, ficávamos agora no apartamento de Cicely no 14º andar, na 5th Avenue, na altura da 79th Street, com vista para o Central Park. O apartamento dela era legal, mas eu sentia falta da casa na West 77th. Além de David Franklin, que agora era meu empresário e o de Cicely (ele também trabalhava com Roberta Flack, Peabo Bryson e, até eles brigarem, Richard Pryor), mantive Peter Shukat como meu advogado (ele estava comigo desde 1975) e Steve Ratner como meu contador e gerente de negócios. Jim Rose também ficou como gerente de turnê.

Porém, o ano de 1985 foi aquele em que o meu relacionamento com Cicely começou a ir mal. Não aconteceu de repente, foi mais um acumulado de muitas coisinhas diferentes. Havia até sinais de que nosso lance não andava muito bem sequer espiritualmente.

Em primeiro lugar, Cicely e eu nunca deveríamos ter nos casado, porque nunca me senti "daquele" jeito por ela, saca, uma atração sexual; acho que teríamos nos dado muito melhor se tivéssemos permanecido só amigos. Mas ela insistiu que nos casássemos e é uma mulher muito obstinada e teimosa, que, na maioria das vezes, consegue tudo o que quer. O que me incomodava mesmo em relação a Cicely era como ela queria controlar tudo na minha vida, tipo com quem eu me encontrava, quem eram meus amigos, quem nos visitaria e por aí vai. Outra coisa que me aborrecia muito era como tratava aquilo que eu comprava para ela. Eu lhe dava presentes, braceletes, relógios e anéis, saca, joias, roupas e coisas boas. Mas, mais tarde, descobri que, quando eu lhe comprava algum presente caro, muitas vezes ela devolvia e ficava com o dinheiro. Depois fiquei sabendo que muitas outras pessoas também estavam de saco cheio dessas merdas dela.

Um dia, em 1985, chegou um pacote para Cicely na nossa casa em Malibu. Quando ela abriu, havia uma adaga ensanguentada dentro. Nós dois nos sobressaltamos. Fiquei assustado e perguntei a ela o que aquilo significava. Ela não disse nada, apenas que daria um jeito naquilo. Havia um bilhete no pacote, mas ela nunca me deixou ler, nem me contou o que dizia. Até hoje é um mistério para mim. Porém, qualquer que fosse a mensagem, coisa boa não era. Depois que isso aconteceu sem que ela tenha me explicado o motivo daquele negócio, comecei a me sentir esquisito perto dela.

Cicely tinha ciúmes em particular de que alguma mulher tomasse seu lugar na minha vida. Depois de um tempo, porém, ela nem tinha mais lugar na minha vida, embora tenha recusado muitas propostas de filmes só para ficar perto de mim. Ela é como duas mulheres diferentes, uma legal e outra completamente fodida. Por exemplo, ela trazia seus amigos em casa sempre que queria, mas não permitia que os meus nos visitassem. E eu não suportava alguns amigos dela. Uma vez, discutimos sobre uma amizade em particular, e eu meti um tapão nela. Ela chamou a polícia e se escondeu no porão. Quando os policiais chegaram, me perguntaram onde ela estava. "Está por aí em algum lugar. Olhem no porão", respondi. Um deles desceu e, ao voltar, disse: "Miles, só tem uma mulher lá, e ela não quer falar comigo. Não quer falar nada".

"É ela, e está fazendo a melhor interpretação de todos os tempos", falei. O policial então disse que entendia – ela não parecia machucada nem nada. "Bem, ela não se machucou muito; só dei um tapa nela", confirmei.

O policial então falou: "Bem, Miles, você sabe que, quando recebemos essas ligações, precisamos investigar".

"Bem, se ela estivesse me dando uma surra, vocês viriam de arma em punho também?", perguntei.

Eles só riram e foram embora. Eu então desci até o porão e avisei Cicely: "Já disse para você falar ao seu amigo para não ligar mais aqui. Agora, se você não falar, eu vou". Ela correu até o telefone e ligou para ele: "O Miles não quer que eu fale mais com você". Quando vi, a estapeei de novo. Então ela nunca mais aprontou essas merdas comigo. As coisas começaram a ficar *muito* feias com Cicely por conta de um incidente com uma mulher, uma mulher branca, que era só minha amiga. Eu a conheci no elevador do prédio em que morávamos, em 1984, na época que estava de muletas por conta da cirurgia no quadril. Só começamos a conversar e nos tornamos amigos. E era só isso. Eu a cumprimentava e parava para bater papo sempre que a via. Aos poucos, Cicely passou a ter ciúmes dela. Por fim, certo dia, ela pulou em cima da mulher em plena luz do dia e deu uma surra nela. A mulher estava acompanhada do filho de sete anos. Cicely pensou que eu estivesse saindo com ela; se convenceu de que eu estava. Mas não era verdade.

Algum tempo depois, em 1986, pouco antes de um show que eu ia fazer com B. B. King no Beacon Theatre, em Nova York, Cicely e eu tivemos uma discussão. Ela então pulou nas minhas costas e arrancou os apliques da minha cabeça. Essa foi a gota d'água. Continuamos casados e até saímos juntos depois disso, mas hoje, em retrospecto, sei que foi o começo do fim. A merda ficou tão maluca que alguém, e eu acredito que foi Cicely, ligou para o *National Enquirer* e disse que eu estava tendo um caso com a mulher que apanhou de Cicely. O *Enquirer* telefonou para a minha amiga, mas ela não deu conversa. A própria Cicely tentou ligar para ela, agindo como uma repórter do *Enquirer*. Cara, essa merda ficou doentia. Após um tempo, Cicely precisou ir à África, primeiro para fazer um filme, depois porque foi embaixadora da UNICEF em 1985-1986 e teve de visitar as áreas atingidas pela seca no continente. Assim que ela voltou, comprei-lhe um Rolls-Royce de presente. Quando entregaram o carro, ela não acreditou. Achou que alguém estivesse lhe pregando uma peça.

Nos filmes e na TV, Cicely interpretou papéis de ativistas ou algo do tipo, de alguém que se importa muito com a gente preta. Bem, ela não é nada disso. Adora se sentar com gente branca, ouvir seus conselhos para tudo e acredita em quase todas as coisas que os brancos lhe dizem.

Após tudo isso ter acontecido, só falei para ela me deixar em paz e cuidar da própria vida. Chegamos a nos encontrar algumas vezes depois, como numa apresentação de Sammy Davis Jr. em Las Vegas, onde nos reunimos com ele e sua esposa, Altovise. Na ocasião, revi a minha primeira esposa, Frances. Ela estava bonita como sempre, e, quando veio até a minha mesa para dar um oi, Cicely ficou num bode daqueles. Houve muita tensão. Frances percebe esse tipo de coisa de imediato, então ficou só um pouquinho e foi embora. Eu a vi na noite seguinte também, num show de Harry Belafonte. Na sequência, Cicely e eu fomos ao coquetel, e Frances também estava presente, pois é bem próxima dos Belafontes. Disse-lhe que eu vinha chamando Cicely de "Frances" sempre que falava com ela no último mês, meio que num ato falho. E era verdade. Acho que era porque eu ainda gostava muito de Frances. Porém, causei uma sensação estranha em todo mundo quando falei isso.

Cicely e eu já estávamos nos finalmentes, então acho que não me importava muito com o que dizia a ela a essa altura, por causa de todo o pesar que ela havia me causado. Além disso, ao recordar minha vida, vejo que Frances foi a melhor esposa que eu tive e que cometi um erro ao me separar dela. Hoje sei disso. Acho que ela e Jackie Battle foram as melhores mulheres que tive naqueles velhos tempos loucos. Mas não me sentia assim em relação a Cicely, embora admita que ela tenha ajudado a salvar minha vida. Porém, isso não significa que ela tenha direito a controlá-la, e foi aí que ela errou.

Certa vez, em 1984 ou 1985 (não lembro quando exatamente), fomos a uma festa. Leontyne Price estava lá e começou a conversar comigo e Cicely. Fazia um bom tempo que eu não via Leontyne, mas sempre fui seu fã, porque, na minha opinião, ela é a maior cantora de todos os tempos, a maior cantora de ópera de todos os tempos. Alcança qualquer coisa com aquela voz. É tão boa que dá medo. Além disso, toca piano e canta e fala várias línguas. Cara, eu a adoro como artista. Adoro o jeito como ela canta *Tosca*. Ouvi esse disco até gastar, duas cópias. Ora, *eu* posso não tocar *Tosca*, mas adorava a versão de Leontyne. Sempre me perguntava como ela soaria se cantasse jazz. Ela deveria ser uma inspiração para qualquer músico, preto ou branco. Sei que, para mim, ela é.

Enfim, depois de conversarmos por um tempo nessa festa, ela se virou para Cicely e disse: "Menina, você ganhou o prêmio, você ganhou o prêmio, amor. Passei anos atrás deste filho da mãe!". Veja bem, Leontyne é despachada. Chega e fala o que tem na cabeça. Adoro isso nela, porque sou assim. Então, quando ela falou isso, Cicely só sorriu, não soube o que dizer. Acho que ela nem entendeu que eu era "o prêmio" de que Leontyne falava.

Darryl Jones saiu da minha banda em 1985, após ter gravado o álbum *Dream of the Blue Turtles* com Sting. Também fez parte de um documentário de Sting, *Bring on the Night*, gravado em Paris, numa época em que fazia shows tanto comigo quanto com ele. Certo dia, durante uma turnê pela Europa no verão de 1985, perguntei a Darryl o que ele faria quando eu e Sting tivéssemos apresentações marcadas para o mesmo dia. Ele respondeu que não sabia. Então disse-lhe que era melhor pensar no assunto, pois iria acontecer cedo ou tarde. Eu entendia os motivos que levavam Darryl a considerar sair da minha banda, afinal Sting ia lhe pagar muito dinheiro, muito mais do que eu poderia. Comecei a pensar que era um *déjà vu*, saca, o mesmo tipo de coisa que havia feito quando *eu* era um músico requisitado. Agora, eu estava do outro lado. Quando chegamos a Tóquio, em agosto de 1985, John Scofield já tinha me avisado que aquela seria a última turnê que faria comigo, e agora eu ainda tinha de pensar na saída de Darryl. Eu caminhava até o meu quarto de hotel, no centro de Tóquio, e o fone de ouvido do meu *walkman* estava se arrastando no chão. Darryl me viu e disse: "*Yo*, Chefe [muitos músicos me chamam de 'Chefe'], seu fone está no chão!".

Peguei o fone, me virei e disse a Darryl: "E daí, porra? Você não está mais na banda, o que isso importa então? Vai falar essa merda pro seu novo chefe, o Sting!". Estava furioso com Darryl por ele cogitar sair, pois eu adorava o seu jeito de tocar e sabia que ele ia acabar indo para a banda do Sting; pressentia isso. Pude ver que ele ficou magoado com o que eu disse, vi a dor em seu rosto. Quer dizer, Darryl havia se tornado quase como um filho para mim, saca, porque ele e meu sobrinho Vincent eram próximos. Eu só estava chateado por ele me deixar e ir tocar com o Sting. Compreendia essa merda do ponto de vista financeiro e podia compreender o lado intelectual. Mas, naquele momento, não conseguia lidar com isso emocionalmente e apenas reagi pela dor. Mais tarde, ele foi até o meu quarto, nós tivemos uma longa conversa, e eu entendi a posição dele. Quando ele estava prestes a sair, me levantei e disse: "Ei, Darryl, eu entendo, cara. Deus te abençoe em tudo o que você fizer, cara, porque eu te amo e amo o jeito que você toca".

Antes de o meu relacionamento com Cicely desmoronar por completo, ela me deu uma grande festa de aniversário de 60 anos, em maio de 1986. Foi num iate em Marina del Rey, na Califórnia, e foi uma surpresa. Eu não sabia de nada até chegar ao iate e ver toda aquela gente lá: Quincy Jones; Eddie Murphy; Camille Cosby; Whoopi Goldberg; Herbie Hancock; Herb Alpert; Billy Dee Williams e sua esposa; Roscoe Lee Browne; Leonard Feather; Monte Kay; Roxie Roker; Lola Falana; a esposa de Sammy Davis, Altovise; o prefeito de Los Angeles, Tom Bradley (que me deu uma homenagem em nome da cidade); e Maxine Waters, uma política californiana que é originalmente de St. Louis. Meu empresário, David Franklin, também estava presente, assim como uma porção de outras pessoas, incluindo o presidente da Warner Bros. Records, Mo Ostin. Meu irmão e minha irmã estavam lá, bem como minha filha Cheryl.

A coisa mais legal da festa foi o presente que Cicely me deu: um quadro da minha mãe, meu pai e meu avô, feito por um pintor chamado Artis Lane. Isso me deixou muito comovido e me aproximou dela por um tempo. Foi legal da parte de Cicely encomendar essa pintura, pois eu não tinha nenhuma foto dos meus pais. Sempre terei em grande estima sua iniciativa em ter me dado esse quadro. E a festa ter sido uma surpresa. A revista *Jet* até fez uma cobertura do evento numa matéria de quatro ou cinco páginas com todo tipo de foto. Foi uma ótima festa, e eu me senti muito bem por estar lá e ver todo mundo se divertir. Acho que essa celebração surpresa manteve Cicely e eu juntos por mais tempo do que ficaríamos se ela não tivesse dado a festa.

Em 1986, gravei meu primeiro álbum pela Warner Bros. e o intitulei *Tutu*, em homenagem ao bispo Desmond Tutu, ganhador do Prêmio Nobel da Paz. A música "Full Nelson" é um tributo a Nelson Mandela. A ideia inicial era chamar o álbum de *Perfect Way*, mas Tommy LiPuma, meu novo produtor na Warner, não gostou do título, então sugeriram *Tutu*, e eu gostei muito. A princípio, não me importava com o nome que seria dado, mas depois que ouvi "*Tutu*", pensei: "É, funciona". Foi o primeiro álbum no qual trabalhei bastante com Marcus Miller. Começamos com alguns temas que George Duke, o pianista, me enviou. No fim, não foram usados, mas Marcus os ouviu e compôs coisas a partir deles. Depois, eu disse a ele para compor outras coisas. Ele o fez, mas eu não gostei, então trocamos figurinhas até chegarmos a um consenso entre nós.

Quando gravamos *Tutu*, não definimos nada de antemão. A única coisa que decidíamos era qual seria o tom da música. Marcus compôs a maior parte das músicas de *Tutu*, mas eu dizia a ele o que queria, como um conjunto aqui e quatro compassos ali. Com Marcus, não preciso fazer muita coisa, porque ele sabe o que eu gosto. Ele só fazia algumas faixas, e eu entrava e gravava em cima. Marcus e Tommy LiPuma passavam a noite acordados, registrando a música, aí eu entrava e gravava o trompete em cima. Primeiro, programavam a bateria numa fita, o bumbo, e então dois ou três outros ritmos e os teclados.

Marcus então chamou um cara de nome Jason Miles, que é um gênio da programação de sintetizadores. Ele começou a trabalhar nas músicas, e foi assim que rolou. O álbum não parava de crescer; foi um trabalho em grupo. George Duke arranjou muito da música de *Tutu*. Depois, trouxemos vários outros músicos, como Adam Holzman no sintetizador; Steve Reid na percussão; Omar Hakim na bateria e na percussão; Bernard Wright no sintetizador; Paulinho da Costa na percussão; Michael Urbaniak no violino elétrico; eu no trompete; e Marcus Miller no baixo e em todo o resto.

Percebi que levar minha banda de trabalho para o estúdio é trabalhoso demais hoje em dia. Ela pode não estar no clima, ou pelo menos alguns dos músicos podem não estar. Aí você precisa lidar com isso. E se um ou dois músicos não estiverem num bom dia, isso desconcerta todo mundo. Ou eles podem não estar a fim de tocar o estilo que você quer ou precisa para a gravação, o que pode causar problemas. Para mim, música tem a ver com estilos, e se alguém não consegue fazer o que você pede e precisa, te olha esquisito e se sente mal e inseguro. É preciso ensinar o que você quer que façam, mostrar ali mesmo no estúdio na frente de todo mundo, e muitos músicos não suportam esse tipo de coisa, ficam bravos. Isso atravanca tudo. Fazer à moda antiga, gravar como gravávamos no passado, dá trabalho demais e toma muito tempo. Alguns dizem que sentem falta da espontaneidade e da faísca da gravação de uma banda ao vivo no estúdio. Talvez seja verdade; não sei. Só sei que as novas tecnologias de gravação tornam mais fácil o jeito como temos feito. Se um músico for mesmo profissional, vai te dar o que você quer em termos de performance no estúdio ao tocar a partir e contra o que a banda já registrou. Quer dizer, o filho da puta *consegue* ouvir o que está sendo tocado, não? E é isso que importa ao se tocar em conjunto, ouvir o que os demais estão fazendo e tocar a partir ou contra isso.

É uma questão de estilo e do que você e seus produtores querem ouvir no álbum. Tommy LiPuma é um grande produtor para o tipo de coisa que *ele* quer ouvir num disco. Porém, eu gosto da coisa visceral, viva, suja, safada, das ruas, e não é disso que ele gosta ou entende. Mas, em vez de importunar a mim mesmo, Tommy e a própria banda para levá-la ao estúdio de todo jeito e gravar um som do qual eu talvez goste, mas Tommy não, o que fazemos é registrar faixas em fita, comigo, Marcus e quem mais decidirmos ser necessário para fazer o álbum. Na maior parte do tempo, conto com Marcus em todos os instrumentos, pois o filho da puta sabe tocar quase tudo, guitarra, baixo, saxofone, piano, e ainda faz algumas programações de sintetizador com Jason Miles. Marcus tem uma baita concentração em estúdio, cara, é assustador. O desgraçado é uma das pessoas mais focadas que já conheci. Ele não deixa passar nada e é capaz de trabalhar dia e noite sem perder o foco. E faz todo mundo ralar pra caralho também. E se diverte enquanto trabalha, ri das nossas histórias e piadas, deixa todo mundo à vontade. Mas faz o disco ficar pronto.

Tommy LiPuma é do mesmo jeito. É italiano e adora colecionar pinturas. E não adianta agradá-lo com um prato de massa e uma boa garrafa de vinho, ele ainda vai te fazer trabalhar pra burro. Tem um ótimo foco e concentração no estúdio. É muito parecido com Marcus em relação aos sorrisos e às risadas, assim como a te fazer repetir a porra do solo mil vezes. Mas você toca, pois sabe que é o melhor para o disco e porque eles têm ótimas personalidades. Você só percebe o quanto está cansado no dia seguinte, quando não consegue levantar a bunda da cama. Aí, sim, você xinga os filhos da puta.

Também gosto de Marcus porque ele é um cara inacreditavelmente doce. Quando ele estava prestes a se casar, me ligou e perguntou o que deveria fazer, pois estava muito nervoso. Eu disse a ele para tomar suco de laranja e fazer umas flexões e, se isso não o acalmasse, que repetisse. Cara, ele riu tanto que derrubou o telefone. Porém, seguiu meu conselho e me falou que deu certo. É um cara divertido, gosta de dar risada, então sempre conto histórias engraçadas para ele quando estamos juntos, porque gosto de ouvi-lo e vê-lo rir. Marcus sempre desperta o meu lado engraçado. Somos uma ótima dupla em estúdio, saca. Marcus é tão sofisticado e tão envolvido na música que até *caminha* em compasso, nunca sai do compasso em nada do que faz. Então não me importo em ir tanto ao estúdio, porque sei que estarei na companhia de gente que sabe fazer o que tem de ser feito.

Prince quis colocar uma música em *Tutu*, chegou até a compor uma para o disco. No entanto, quando mandamos para ele a gravação que fizemos, ele achou que o tema não se encaixava. Prince tem um patamar musical alto, como o meu. Então segurou a música que deveria entrar no álbum para que façamos outra coisa mais tarde. Ele também grava para a Warner Bros., e foi por meio do pessoal da gravadora que descobri que ele adora a minha música e me considera um dos seus heróis musicais. Fiquei feliz e honrado por ele me olhar dessa forma.

Depois que meu baixista Darryl Jones saiu em turnê com o Sting, o substituí primeiramente por Angus Thomas, depois por Felton Crews. Para o lugar de John Scofield na guitarra, chamei Mike Stern e, na sequência, Robben Ford. De tempos em tempos, Darryl me ligava quando estava na cidade. Então, em outubro de 1986, mais ou menos na época em que participei do *Dick Cavett Show*, ele me contou que não estava tocando com ninguém. Perguntei se ele queria voltar a tocar comigo, e ele topou. Robben Ford não ficou na banda de trabalho por muito tempo. Marcus Miller me mandou uma fita de um guitarrista chamado Joseph Foley McCreary, que atende por Foley, de Cincinnati. Logo de cara, já percebi que ele era um filho da puta, exatamente o tipo de guitarrista que eu procurava, e era preto. Ainda estava um pouco cru, mas concluí que poderíamos trabalhar nisso. Também trouxe Marilyn Mazur para a banda, na percussão, em agosto de 1985. Eu a conheci na Dinamarca quando ganhei o prêmio Sonning e fiz aquela gravação com Palle Mikkelborg para o álbum *Aura*, ainda inédito. Quando ela me ligou, a chamei para o grupo, embora também mantivesse Steve Thornton na percussão, pois ele me dava aquele som africano que eu gosto. No outono de 1986, a banda consistia em Bob Berg no saxofone tenor; Darryl Jones de volta ao baixo; Robben Ford na guitarra; Adam Holzman e Robert Irving nos teclados; Marilyn Mazur e Steve Thornton na percussão; Vince Wilburn na bateria; e eu no trompete.

Com essa banda, fiz o show da Anistia Internacional no verão de 1986, no estádio dos Giants, no complexo Meadowlands, em Nova Jersey. No dia anterior, havíamos tocado no Playboy Jazz Festival, em Los Angeles, onde entramos no palco por volta das 23h. Chegamos ao aeroporto de Newark de manhãzinha, e não havia ninguém para nos receber, então pegamos uma limo e uma van para levar todo mundo aos hotéis. Havia chovido a manhã toda. Quando chegamos ao Meadowlands para tocar, estava tudo molhado. Cara, aquele lugar estava lotado. Bill Graham coordenava as montagens de palco e tal. Usavam um daqueles palcos giratórios em que um artista toca de frente para o público enquanto outro se prepara na parte de trás. Isso funciona em teoria, se tudo estiver tranquilo e não estiver chovendo. Tentavam montar nosso palco, mas o vento jogava água do teto em cima do nosso equipamento, de modo que Jim Rose e sua equipe não conseguiam aprontar nada. Ouvi dizer que Bill Graham gritava com Jim para montar o palco até que alguém mostrou a ele toda a água que caía do teto, aí ele entendeu.

O negócio parecia um manicômio, porque tudo estava sendo transmitido ao vivo pela televisão para o mundo todo. E nós não tínhamos passagem de som nem nada. De algum modo, correu tudo bem. Acho que Santana tocou conosco, depois tocamos por uns 20 minutos. O público pareceu gostar muito do que fizemos.

Após tocarmos, vários astros do rock brancos, muito famosos, vieram me dar um alô. Os caras do U2, Bono, Sting, os caras do The Police, Peter Gabriel, Ruben Blades. Todo tipo de gente. Alguns deles pareciam temerosos em me abordar, aí alguém me disse que isso era por causa da minha reputação de rude e de que eu gostava de ser deixado em paz. Eu estava me sentindo bem e fiquei feliz em conhecer alguns dos músicos que ainda não conhecia. Foi muito divertido depois de a chuva quase ter estragado tudo.

Algumas outras coisas aconteceram naquele ano. Fiz um programa chamado *Great Performances* para a PBS, um show de 90 minutos televisionado para todo o país. Equipes de TV me acompanharam e filmaram uma apresentação inteira no New Orleans Jazz and Heritage Festival. Também realizaram várias entrevistas. Iríamos fazer um número de dança no qual George Faison e eu havíamos trabalhado, mas não deu certo. Compus ainda a trilha sonora para o filme *Armação Perigosa*, estrelando Christopher Reeve, o ator que interpretou o Super-Homem, e o grande ator preto Morgan Freeman. Fiz a música para esse filme no final de 1986 e início de 1987.

Outro acontecimento de 1986 que vale a pena mencionar é o incidente com Wynton Marsalis. Foi em Vancouver, no Canadá, num festival onde ambos tocamos, num anfiteatro a céu aberto lotado. Wynton tocaria na noite seguinte à minha. Enfim, lá estava eu tocando e curtindo muito. De repente, sinto uma presença se aproximando, um movimento corporal, e vejo que o público parece querer aplaudir ou se sobressair ou coisa do tipo. Wynton então sussurra no meu ouvido – e eu ainda estou tentando tocar: "Disseram para eu subir aqui".

Fiquei furioso com ele por fazer uma merda dessas e só disse: "Cara, saia da porra do palco". Ele pareceu um pouco chocado por eu falar isso para ele desse jeito. Em seguida, reforcei: "Cara, que porra você está fazendo no palco? Saia da porra do palco!". E então parei a banda. Nós estávamos tocando *sets* fechados, e, quando ele subiu no palco, eu estava tentando dar algumas deixas à banda. Ele não teria se encaixado. Wynton não sabe tocar o tipo de coisa que nós estávamos tocando. Ele não curte esse estilo, então teríamos de fazer ajustes ao jeito que ele iria tocar.

Quando fez isso, Wynton me mostrou que não tinha respeito pelos mais velhos. Primeiro de tudo, tenho idade o bastante para ser pai dele. Além disso, ele já tinha falado muito mal de mim nos jornais, na televisão, em revistas e tal. Nunca se desculpou pelas merdas que falou. Não somos próximos da forma como sou de Dizzy, de Max e de alguns outros caras. Por mais íntimo que eu seja de Dizzy, nunca teria feito aquilo com ele, nem ele comigo. Perguntaríamos um ao outro antes. Wynton acha que música é impressionar as pessoas no palco. Mas música não tem a ver com competição, e, sim, com cooperação, fazer coisas juntos e se encaixar. Definitivamente não é um concurso, pelo menos não para mim. No que me diz respeito, não há lugar para esse tipo de atitude na música.

Egoísmo e falta de respeito são os motivos pelos quais eu não gostava das tentativas de Ornette Coleman de tocar trompete e violino quando ele apareceu na cena. Quer dizer, ele não sabia tocar nenhum desses instrumentos. Isso é um insulto a gente como eu e Diz. Eu, com certeza, não subiria num palco e tentaria tocar saxofone se não soubesse tocar.

Nos velhos tempos, todos os grandes trompetistas, como Fat Girl e Dizzy, faziam *jams* juntos com muita frequência. Bem, esse período já foi, os tempos mudaram. Não é mais como era naquela época. É, nós tentávamos atravessar um ao outro, mas também nos conhecíamos e havia muito amor envolvido. Mesmo naquela vez que Kenny Dorham foi ao Café Bohemia e me detonou na primeira noite, e eu o detonei na noite seguinte. Havia muito respeito e amor naquele tipo de competição.

Porém, não é assim comigo e Wynton (pelo menos eu não vi esse tipo de respeito por mim da parte dele). E não é com quase nenhum dos outros músicos mais jovens. Todos querem virar astros logo de cara, querem ter o que chamam de estilo próprio. Mas o que todos esses caras jovens fazem é tocar coisas alheias, copiar as frases e *licks* que outros caras já consagraram. Há poucos jovens por aí que realmente desenvolvem um estilo próprio. Meu saxofonista alto, Kenny Garrett, é um deles.

Outra experiência interessante que tive em 1986 foi participar de um episódio de *Miami Vice*, interpretando um cafetão e traficante de drogas. Quando fiz esse papel, alguém me perguntou como me senti ao atuar, e eu respondi: "Quando você é preto, está atuando o tempo todo". E é verdade. As pessoas pretas interpretam personagens todos os dias neste país só para conseguirem sobreviver. Se os brancos realmente soubessem o que se passa na cabeça da maioria dos pretos, morreriam de medo. Os pretos não têm o poder para falar essas coisas, então usam máscaras e interpretam grandes papéis só para viver um dia após o outro.

Atuar não foi tão difícil. Eu sabia como fazer um cafetão porque conhecia um pouco desse universo, lá dos velhos tempos. Don Johnson e Phillip Michael Thomas, os protagonistas do programa, só me disseram: "Cara, é tudo mentira, Miles. Nada além de mentiras. Então é só ter isso em mente", e foi o que fiz. Interpretar um cafetão foi fácil, pois há um pouco de cafetão em todo homem.

Não gostei tanto de ter feito esse personagem, mas fiz. Não curtia a ideia de reforçar uma visão estereotipada que muitas pessoas têm dos homens pretos. Procurei interpretar mais um homem de negócios naquele papel, um tipo masculino de "madame". Então, na minha cabeça, eu não faria um cafetão, mas uma espécie de empresário, então, por isso, topei. Cicely me disse ter gostado do meu trabalho, que eu estava bem no papel. E eu me senti ótimo, porque respeito o julgamento dela como atriz e artista.

Também fiz um comercial da Honda, que me trouxe mais reconhecimento do que qualquer outra coisa que já fiz. Depois de *Miami Vice* e dessa propaganda, gente que nunca tinha ouvido falar em mim começou a me abordar na rua, uma molecada preta, branca, porto-riquenha e asiática. Pessoas que nem sabiam o que eu fazia passaram a falar comigo após esses trabalhos. Dá para acreditar num negócio desses? Depois de fazer toda aquela música, agradar uma multidão ao tocar e ser conhecido no mundo todo, você descobre que só precisa de um comercial para te colocar no topo da cabeça das pessoas. Hoje, tudo o que você tem de fazer neste país é aparecer na televisão para se tornar mais conhecido e respeitado do que qualquer um que pinte um grande quadro, faça ótima música, escreva um grande livro ou seja um grande dançarino. As pessoas já me chamavam de "sr. Tyson" ou diziam: "Sei quem você é. Você é o cara que é casado com a Cicely Tyson!". E eram sinceras ao dizê-lo. Isso me ensinou que uma pessoa ruim, sem talento, que aparece na televisão ou no cinema, pode ser mais reconhecida e respeitada do que um gênio que não aparece nas telas.

Fiz a rodada de festivais de costume nos Estados Unidos e na Europa pelo resto de 1986. *Tutu* vendeu bem, o que me deixou contente. E muita gente gostou do álbum, até mesmo alguns críticos e fãs antigos que implicavam comigo havia anos. Entrei em 1987 me sentindo bem, mesmo tendo de encontrar um substituto para o guitarrista Garth Webber (Robben Ford havia saído da banda porque ia se casar e queria gravar seu próprio disco; me recomendara Garth Webber, pois era um cara muito legal e tocava demais). Mino Cinelu, que também tinha saído, quis voltar para a banda na percussão, e eu decidi aceitá-lo no lugar de Steve Thornton. Bob Berg também saiu, pois não gostou de eu ter chamado o saxofonista Gary Thomas para tocar junto dele. Porém, foi bom ele ter saído, porque aí consegui colocar Kenny Garret no sax alto, sax soprano e flauta. Kenny vinha tocando com Art Blakey antes de vir tocar comigo, e logo de cara já pude ouvir que ele era um ótimo músico jovem.

Agora, em 1987, eu só precisava de um guitarrista que fosse capaz de tocar o que eu queria; tinha certeza de que ia encontrá-lo ou encontrá-la em algum lugar. Também não andava satisfeito com a forma como meu sobrinho Vincent vinha tocando bateria, porque ele sempre deixava o andamento cair, e se tem uma coisa que não suporto num baterista é que ele deixe o andamento cair. Eu tentava fazer com que ele soubesse como eu me sentia ao ter de dizer isso a ele todas as noites em que acontecia. Sei que ele estava se esforçando e fazendo o seu melhor, mas eu não queria saber de desculpas; só queria que ele não fizesse aquilo. O fato de ele ser meu sobrinho deixava a situação particularmente difícil para mim, porque eu me sentia muito próximo dele, como se ele fosse meu próprio filho. Eu o conhecia desde o nascimento, havia lhe dado sua primeira bateria e o amava muito. Então era uma situação dura, que eu esperava que se resolvesse sozinha para o bem de todo mundo.

capítulo 19

O ano de 1987 começou com Cicely me levando a uma festa em Washington para a qual havia sido convidada pelo presidente Reagan e sua esposa, Nancy. Dariam um prêmio pelo conjunto da obra a Ray Charles e a algumas outras pessoas proeminentes numa cerimônia no Kennedy Center. Cicely e eu fomos para nos juntar a Ray na celebração. Ele é um amigo de longa data, e eu adoro sua música. Essa foi a única razão pela qual eu fui; afinal, nunca gostei desse tipo de merda política.

Primeiro, jantamos na Casa Branca com o presidente e o secretário de estado, George Shultz. Quando conheci Reagan, lhe desejei boa sorte naquilo que ele tentava fazer, e ele disse: "Obrigado, Miles, vou precisar". Ele até que é um cara legal quando você o conhece pessoalmente. Acho que ele estava fazendo o melhor que podia. É um político, cara, que por acaso tende à direita. Outros tendem à esquerda. A maioria dos políticos rouba o país na cara dura. Não importa se são republicanos ou democratas; estão nessa para tomar o que puderem. Os políticos não se importam mais com o povo americano. Só pensam em como enriquecer, como qualquer pessoa gananciosa.

Reagan foi simpático conosco, respeitoso e tal. Porém, Nancy é quem tem o charme naquele casal. Pareceu uma pessoa calorosa, me cumprimentou efusivamente. Eu beijei sua mão, e ela gostou. Em seguida, conhecemos o vice-presidente, George Bush, e sua esposa, e não beijei a mão dela. Quando Cicely me perguntou por que não beijei a mão de Barbara Bush, respondi ter pensado que ela fosse a mãe dele. Cicely olhou para mim como se eu fosse doido. Mas eu não conhecia aquelas pessoas, não acompanhava suas vidas, e elas tampouco me conheciam. Cicely está por dentro dessa merda toda, que é importante para ela, mas eu não. Diabos, essa gente estava dando um prêmio de conjunto da obra a Ray Charles, e a maioria ali nem sabia quem ele era.

A caminho do jantar na Casa Branca, fui de limusine com Willie Mays. Acho que éramos eu, Willie, Cicely, a viúva de Fred Astaire, além de Fred MacMurray e sua esposa. Quando entramos no carro, uma das mulheres brancas disse: "Miles, o motorista falou que adora o jeito como você canta e que tem todos os seus discos". Fiquei furioso logo de cara, então olhei para Cicely e sussurrei: "Cicely, por que você me traz para ser insultado assim?". Ela não falou nada, só olhou para frente com um sorriso plástico no rosto.

Billy Dee Williams também estava no carro conosco, então ele, Willie e eu começamos a nos divertir falando coisas de preto que homens pretos falam, saca. Isso, porém, deixou Cicely envergonhada. Fred MacMurray estava sentado na frente da limusine, muito doente, quase não conseguia andar. As duas mulheres brancas estavam atrás conosco, certo? Então uma delas se virou para mim e disse: "Miles, sei que sua *mammy*[34] está muito orgulhosa de você conhecer o presidente".

O carro ficou em silêncio. Sei que todos estavam pensando: "De todos os filhos da puta a quem ela poderia ter dito aquilo, foi falar

---

34 Novamente o estereótipo racial mencionado no capítulo 15 da criada preta e maternal. (N. do T.)

justo para o Miles?". Aí só esperaram eu soltar os cachorros para cima daquela vaca velha.

Virei-me para ela e disse: "Escute aqui, minha mãe não é *mammy* porra nenhuma, preste atenção! Esse termo está fora de moda, não se usa mais. Minha mãe era mais elegante e educada do que você jamais poderá ser, e meu pai era médico. Então você nunca mais fale algo assim para um preto, está entendendo?". Ao dizer isso, não levantei a voz uma vez sequer. Porém, ela soube que falei sério, pois olhei na porra dos olhos dela, e, se um olhar pudesse matar, ela estaria morta. Recebeu o recado e se desculpou. Depois disso, fiquei quieto.

Chegamos ao jantar dado pelo secretário de estado, e eu me sentei à mesa que incluía a esposa do ex-vice-presidente Mondale, Joan; Jerry Lewis; um vendedor de antiguidades; e, acho, a esposa de David Brinkley, que era uma mulher muito simpática, elegante e amável, ligada no que estava acontecendo. Eu usava um sofisticado colete preto longo e com abas, feito pelo estilista japonês Kohshin Satoh. Nas costas, havia uma cobra vermelha de lantejoulas. Usava ainda outros dois coletes feitos por Kohshin, um vermelho e um branco, cruzados por cordões de prata, além de uma calça de couro lustrosa. Quando eu ia ao banheiro para mijar, todos os caras vestiam a mesma merda igual, então não aguentavam me ver. Porém, um cara me disse que adorou a minha roupa e perguntou quem a havia feito. Respondi, e ele saiu satisfeito, mas o resto daqueles brancos almofadinhas ficaram putos da cara.

Só havia umas dez pessoas pretas no lugar, incluindo quem já mencionei antes e Quincy Jones. Acho que Clarence Avon estava lá com a esposa, assim como Lena Horne. Talvez houvesse uns 20 pretos.

Na minha mesa, a esposa de algum político disse uma merda tola sobre jazz, do tipo: "Estamos apoiando essa forma de arte só porque é deste país e é arte em sua forma mais verdadeira, ou estamos só sendo *blasé* e ignorando o jazz porque ele vem daqui, e não da Europa, e vem dos pretos?".

Isso veio do nada. Não gosto de perguntas desse tipo porque são perguntas de alguém que está tentando soar inteligente, quando, na verdade, não dá a mínima para o assunto. Olhei para ela e falei: "O que é isso? A hora do jazz? Por que você está me perguntando um negócio desses?".

"Bem, você é músico de jazz, não?", disse ela.

"Sou músico, ponto."

"Bem, então você é músico, faz música..."

"Você quer *mesmo* saber por que o jazz não recebe crédito neste país?"

"Quero, sim."

"O jazz é ignorado por aqui porque o homem branco gosta de ganhar tudo. Gente branca gosta de ver outros brancos ganhando, exatamente como você gosta, e eles não podem ganhar quando se trata de jazz e blues, afinal foram criados pelos pretos. E aí quando tocamos na Europa, os brancos de lá nos apreciam, pois sabem quem fez o quê e admitem. Já a maioria dos americanos, não."

Ela olhou para mim totalmente vermelha e disse: "Bem, o que você fez que é tão importante na sua vida? Por que está aqui?".

Ora, eu detesto essas merdas vindas de alguém ignorante que quer ser sofisticado e te força a uma situação na qual você tem de falar desse jeito. Ela mesma causou aquilo. "Bem, eu mudei a música cinco ou seis vezes, então acho que foi isso o que fiz e não acredito em tocar apenas composições de brancos." Olhei para ela bem friamente e completei: "Ora, me diga o que você fez de alguma importância, além de ser branca, o que não é importante para mim. Então, me diga, de onde vem a sua fama?".

Sua boca começou a tremer. Ficou tão furiosa que nem conseguia falar. O silêncio era tão espesso que poderia ser cortado com uma faca. Uma mulher supostamente dos escalões mais sofisticados da sociedade se fazendo de otária. Cara, foi deprimente.

Ray Charles estava sentado com o presidente, que olhava para os lados para ver como agir. Senti pena dele. Reagan parecia bem encabulado.

Foi uma das coisas mais lamentáveis que presenciei. Senti uma vergonha dos diabos em Washington, porque os brancos que ali governam o país não entendem nada de gente preta e nem querem saber! Foi nauseante ser colocado numa posição na qual você tem de ensinar brancos idiotas que, para começo de conversa, não querem aprender, mas se sentem obrigados a fazer perguntas bobas. Por que esses filhos da puta deveriam fazer eu me sentir mal por causa da própria ignorância? Poderiam ir a uma loja e comprar um disco de alguém que estão homenageando. Poderiam ler um livro e aprender alguma coisa. Mas isso se pareceria demais com nos dar o respeito que merecemos. Eles permanecem estúpidos e fazem eu me sentir mal por sua ignorância, assim como a muitos outros pretos. E o presidente nem sabia o que dizer. Cara, deveriam ter escrito alguma coisa sofisticada para ele falar, mas não tem ninguém sofisticado em torno dele. Só um bando de filhos da puta lamentáveis com sorrisos de plástico, fingindo terem alguma educação e tal.

Quando fomos embora, eu disse a Cicely: "Você nunca mais na vida me traga a essas merdas, só lamento pelos brancos. Eu preferia ter uma parada cardíaca fazendo qualquer outra coisa do que voltar a lidar com uma merda lamentável como essa. Preferia bater minha Ferrari num ônibus ou coisa do tipo". Ela não falou nada. Mas, cara, nunca vou me esquecer da imagem dela chorando enquanto Ray ouvia o canto daquelas crianças cegas e surdas da Ray Charles School, da Flórida. Tampouco a dos brancos olhando para Cicely tentando se decidir se deveriam chorar ou fingir choro. Ao ver isso, sussurrei para ela: "Vamos embora daqui assim que essa merda acabar. Você consegue lidar com esse tipo de merda, eu não consigo". Depois disso, eu sabia que estava tudo acabado entre nós e que não queria mais ter nada a ver com ela. Então, daí em diante, basicamente vivemos separados.

Mais tarde, em 1987, rompi com meu empresário, David Franklin, por causa da forma como ele vinha gerenciando as coisas. Jim Rose e eu já tínhamos nos desentendido, e eu cheguei a dar um soco nele por causa de um bate-boca por dinheiro que havia começado com David. Assim, Jim foi embora, e eu precisei arrumar um novo gerente de turnê em 1987, Gordon Meltzer.

O que rolou com Jim Rose foi o seguinte: após os shows, ele era sempre o responsável por recolher o dinheiro, então, nessa *gig* em particular (no final de 1986 ou início de 1987, em Washington), lhe pedi a quantia. Aí ele me respondeu que havia dado ao assistente de David Franklin, em Atlanta. "Fodam-se esses dois, o dinheiro é meu, então me dê", falei. Disse isso porque vinham acontecendo algumas coisas esquisitas com meu dinheiro ultimamente, e eu queria vê-lo com meus próprios olhos. Jim resistiu em me dá-lo, então o acertei na cabeça e peguei-o. Ele parou de trabalhar para mim depois disso. Detestei ter chegado a esse ponto, pois Jim esteve comigo durante os altos e baixos. Enfim, eu tinha comprado um apartamento em Nova York, ao sul do Central Park, além de várias outras coisas, e andava prestando muita atenção na forma como meu dinheiro era gerenciado.

Então despedi David e tornei Peter Shukat meu empresário, além de advogado. Tive o mesmo problema que muita gente que ganha muito dinheiro às vezes tem: ficar dependente de outras pessoas para lidar com seu dinheiro. E tudo isso acontecia na época que eu me separava de Cicely em definitivo.

Quando tirei Cicely e David Franklin da minha vida, me senti muito melhor. Marcus Miller e eu já tínhamos começado a trabalhar na música para o filme *Marcas de uma Paixão*, que se passava na Espanha, estrelado por Ellen Barkin e Jodie Foster. A música seria um pouco parecida com o que Gil Evans e eu havíamos feito em *Sketches of Spain*. Pedi a Marcus para tentar bolar algo com aquele mesmo sentimento. Nesse ínterim, *Tutu* ganhou um Grammy em 1987, e isso me fez bem. Fizemos shows e tocamos em festivais, como de costume, pelos Estados Unidos, Europa, América do Sul e o Extremo Oriente – Japão e, agora, China. Passamos a tocar ainda na Austrália e Nova Zelândia.

Em relação aos shows, acho que uma das coisas mais memoráveis que me aconteceu naquele ano (além de quando minha banda tocava bem) foi em Oslo, na Noruega, em julho. Quando desembarcamos na cidadc, havia um enxame de repórteres à minha espera. Caminhávamos pela pista até o aeroporto quando, de repente, um cara me abordou: "Com licença, sr. Davis, mas temos um carro lhe aguardando. O senhor não precisa passar pela alfândega". Olhei para onde ele apontou e vi uma limo branca compridaça, uma das maiores que já vi. Entrei no carro, e saímos direto da pista para a cidade. Nem precisei ter o trabalho de passar pela alfândega. Na Noruega, esse tipo de tratamento só é oferecido a chefes de estado, presidentes, primeiros-ministros, reis e rainhas, e por aí vai. Foi o produtor do festival quem me disse isso e, em seguida, acrescentou: "...e para Miles Davis". Cara, isso fez o meu dia. Quer dizer, o que eu poderia fazer senão tocar pra burro naquela noite?

Sou tratado assim – como realeza – por toda a Europa. É impossível não tocar melhor quando te tratam desse jeito. É a mesma coisa no Brasil, Japão, China, Austrália, Nova Zelândia. O único lugar onde não recebo o respeito que tenho em todo o resto do mundo é nos Estados Unidos. E o motivo disso é eu ser preto e não fazer concessões, e os brancos – em especial, os homens brancos – não gostam disso numa pessoa preta, sobretudo num homem preto.

Uma das coisas mais dolorosas que precisei fazer em 1987 foi demitir meu sobrinho Vincent. Eu já sabia havia algum tempo que precisaria mandá-lo embora, porque ele continuava a deixar o andamento cair. Eu lhe mostrava como fazer, mas ele não pegava. Dava fitas para ele ouvir, e ele não o fazia. Fiquei magoado em ter de fazer isso com ele, pois o amava muito, mas era necessário, pela música.

Então o mandei embora. Esperei alguns dias e liguei para sua mãe, minha irmã Dorothy, e contei a ela. Disse-lhe que Vincent não estava mais na banda e perguntei se ele havia comentado algo. "Não, ele não me disse nada", respondeu. Em seguida, falei para Dorothy que ia tocar em Chicago. "Bem, Miles, você poderia ao menos deixá-lo tocar neste show, por causa de todos os amigos que ele tem na cidade; seria vergonhoso para ele não tocar", disse ela.

"Dorothy, a música não tem amigos assim. Há anos que digo a Vincent o que fazer, e ele não faz, então precisei mandá-lo embora. Sinto muito."

Então, o marido de Dorothy, pai de Vincent e meu bom amigo de anos, Vincent Sr., veio ao telefone e me pediu para dar mais uma chance ao filho. "Não, não posso", respondi. Após falar com Vincent Sr., perguntei a Dorothy se ela iria ao show, e ela disse que achava que não, porque provavelmente ficaria em casa com Vincent. "Bem, então vá se foder, Dorothy!", falei.

"Bem, desligue, então; não fui eu que te liguei, você quem me ligou!"

Desliguei. Esse é o tipo de coisa que acontece entre um irmão e uma irmã que se amam. É emocional. Além disso, envolvia o filho único dela. Eu entendia o seu lado, então, não me surpreendi quando nenhum deles foi ao meu show, embora tenha ficado um pouco magoado.

Dispensei Vincent no início de março e arrumei um ótimo baterista de Washington, D.C., chamado Ricky Wellman. Eu tinha ouvido um disco que ele fez com o grupo Chuck Brown and the Soul Searchers. Então pedi a Mike Warren, meu secretário pessoal (que também é de D.C.), para ligar para ele e lhe dizer que eu gostaria de contratá-lo. Ricky respondeu que tinha interesse, então lhe mandei uma fita e disse para ele aprender o repertório até nos encontrarmos.

Ele tocava o que chamam de *go-go music*[35] havia muito tempo, mas tinha aquilo que eu queria para minha banda.

O meu grupo de 1987 era bom pra caralho, cara. Eu adorava o jeito de tocar dos caras. Gente do mundo todo amava essa banda. Veja, havia todo um negócio entrelaçado no jeito deles de tocar, saca. Ricky tocava a partir do que Mino Cinelu tocava; Darryl Jones estabelecia a fundação embaixo disso; Adam Holzman e Robert Irving mandavam ver nos sintetizadores; eu e Kenny Garrett (e, às vezes, Gary Thomas no sax tenor) costurávamos nossas vozes em meio a tudo isso; e Foley, meu novo guitarrista, tocava um blues-rock-funk bem funkeado, num estilo quase hendrixiano. Eram ótimos, e eu havia finalmente encontrado o guitarrista que procurava. Todos foram capazes de dialogar uns com os outros desde o início, o que foi bom. A banda era correta e minha saúde estava boa, assim como tudo na minha vida.

Em 1987, eu estava me interessando muito pela música de Prince, Cameo, Larry Blackmon e de um grupo caribenho chamado Kassav'. Adoro as coisas deles. Mas meu favorito era Prince, que amo muito e com quem quis tocar em algum momento depois de ouvi-lo. Ele vem da escola de James Brown, e eu adoro James Brown por causa dos ótimos ritmos. Prince me lembra Brown, e Cameo me lembra Sly Stone. Prince tem um pouco ainda de Marvin Gaye, Jimi Hendrix e Sly, até de Little Richard. É uma mistura de todos esses caras com Duke Ellington. De certo modo, ele me lembra Charlie Chaplin; ele e Michael Jackson, que também adoro como artista. Prince faz tanta coisa, é como se ele soubesse fazer de tudo; compor, cantar, produzir e tocar música, produzir, dirigir e atuar em filmes, e tanto ele quanto Michael dançam muito bem.

35 Subgênero do funk que teve origem na comunidade afro-americana de Washington, D.C., entre os anos 1960 e 1970. Trata-se de um estilo de música dançante que envolve uma relação de "pergunta e resposta" com o público. (N. do T.)

Ambos são uns filhos da puta de tão bons, mas gosto um pouco mais de Prince como uma força musical completa. E ele toca demais, além de cantar e compor. Tem algo de igreja no que ele faz. Toca guitarra e piano muito bem. Mas é essa coisa de igreja que ouço na música dele que a torna especial, um negócio com o órgão. É um troço de preto, não de branco. Prince é como a igreja para os gays. É a música de gente que sai depois das 10h ou 11h da noite. Ele entra no tempo e toca em cima do tempo. Acho que quando Prince faz amor, ouve bateria em vez de Ravel. Não é um cara branco. A música dele é nova, tem raízes, reflete e sai de 1988, 1989 e 1990. Para mim, ele pode ser o novo Duke Ellington do nosso tempo, se mantiver essa toada.

Quando Prince me convidou para ir a Minneapolis para a virada do ano de 1988 e talvez tocar uma ou duas músicas juntos, fui. Para se tornar grande, um músico tem de ter a habilidade de improvisar, e Prince certamente tem. Fui para Minneapolis com Foley. Cara, Prince tem um baita complexo lá. Equipamentos de gravação e de filmagem, além de um apartamento onde me hospedei. A coisa toda parece tomar meio quarteirão. Tem palcos e tudo. Para ajudar a população de rua de Minneapolis, Prince deu um show em seu novo estúdio, Paisley Park, e cobrou US$ 200 por pessoa para entrar. O lugar lotou. À meia-noite, ele cantou "Auld Lang Syne" e me chamou para subir no palco e tocar alguma coisa com a banda. Toquei, e eles gravaram.

Prince é muito legal, uma pessoa tímida e meio que um gênio também. Sabe bem o que pode e o que não pode fazer na música e em todas as outras coisas. Atinge a todo mundo porque preenche as ilusões de todo mundo. Tem uma coisa safada, quase como um cafetão e uma puta numa só imagem, algo meio travesti. Quando ele canta aquelas coisas *funky* proibidas para menores sobre sexo e mulheres, canta numa voz aguda, quase feminina. Se eu dissesse "vá se foder" para alguém, chamariam a polícia na hora. Porém, se Prince diz isso naquela voz feminina que ele faz, todo mundo diz que é fofo. E ele não está o tempo todo aos olhos do público; é um mistério para muita gente. Michael Jackson e eu também somos assim. Mas Prince é de fato como o nome, cara, um príncipe em pessoa quando você o conhece.

Ele, porém, me chocou ao dizer que queria fazer um álbum inteiro comigo. Também quer juntar as nossas bandas, o que seria bem interessante. Não sei quando e nem se isso vai acontecer, mas com certeza é uma ideia atraente para uma turnê.

Prince foi ao meu aniversário de 62 anos num restaurante em Nova York. Compareceram ainda todo o pessoal do Cameo; Hugh Masekela; George Wein; Nick Ashford e Valerie Simpson; Marcus Miller; Jasmine Guy; os caras da minha banda que estavam na cidade; Peter, meu advogado e empresário; Gordon, meu gerente de turnê; e Michael, meu motorista. Havia cerca de 30 pessoas ali para jantar, e todos nos divertimos muito.

O ano de 1988 foi muito bom para mim, exceto pelo fato de que Gil Evans, provavelmente meu melhor e mais antigo amigo, morreu de peritonite em março. Eu sabia que Gil estava doente, porque, no fim da vida, ele mal podia enxergar e ouvir. Também sabia que ele tinha ido ao México para tentar achar alguém que pudesse ajudar a curar sua enfermidade. Porém, Gil estava ciente de que ia morrer logo, assim como eu. Só não falávamos a respeito. Na verdade, liguei para a esposa dele, Anita, no dia antes de ele morrer e perguntei a ela: "Onde é que está o Gil?". Ela me disse que ele estava no México e, no dia seguinte, me ligou para contar que o filho dela, que o acompanhava, informara que Gil já estava fazendo tal e tal coisa. Aí, no outro dia, ela voltou a ligar e me deu a notícia de que Gil estava morto. Cara, isso deixou um vazio em mim.

Uma semana depois da sua morte, tive uma conversa com ele que foi mais ou menos assim: eu estava no meu apartamento em Nova York, sentado na cama, olhando para a foto que tenho dele numa mesa ao lado da janela. As luzes a atravessavam dançando. De repente, me veio à mente uma pergunta para Gil, e eu lhe disse: "Gil, por que você morreu desse jeito, saca, no México?". E ele respondeu: "Era o único jeito, Miles. Eu precisava ir ao México para morrer". Eu sabia que era ele, porque distinguia sua voz em qualquer lugar. Era seu espírito vindo falar comigo.

Gil foi muito importante para mim como amigo e como músico, pois nossa abordagem da música era a mesma. Ele gostava de todos os estilos, assim como eu, de música étnica a ritmos hipnóticos tribais. Havia anos que falávamos sobre fazer algo juntos, e, apenas dois meses antes de morrer, ele me ligou e disse que estava pronto para um projeto sobre o qual havíamos conversado uns 20 anos atrás. Queria fazer alguma coisa de *Tosca*. Naquele momento, eu não queria fazer nada desse tipo, mas esse era o jeito dele. Gil era meu melhor amigo, mas nunca foi organizado e levava muito tempo para fazer as coisas. Deveria ter morado em outro país que não este. Se o tivesse feito, teria sido reconhecido como o tesouro nacional que é e seria financiado pelo governo ou algo como o Fundo Nacional para as Artes. Deveria ter vivido num lugar tipo Copenhague, onde teria sido apreciado. Ainda tinha – em algum lugar – umas cinco ou seis composições minhas que ele iria arranjar. Para mim, Gil não está morto.

Enquanto esteve por aqui, Gil nunca ganhou o dinheiro que precisava para fazer o que queria. Além disso, ele tinha de manter a casa e o filho, que recebeu o meu nome.

Sentirei a falta de Gil, mas não do mesmo jeito que as pessoas sentem a falta das outras. Já morreu tanta gente de quem eu era próximo que acho que simplesmente não tenho mais esse tipo de sentimento. Diabos, pouco antes de Gil morrer, James Baldwin também morreu, então sempre que estou no sul da França penso em passar para visitá-lo. Aí me dou conta de que Jimmy está morto. Não, não vou pensar que Gil está morto, do mesmo modo como não vou pensar que Jimmy está morto, porque minha cabeça não funciona assim. Vou sentir saudades deles, mas Gil ainda está nos meus pensamentos, assim como Jimmy, Trane, Bud, Monk, Bird, Mingus, Red, Paul e

Wynton, e todos aqueles outros grandes filhos da puta, como Philly Joe, que não estão mais aqui. Todos os meus melhores amigos estão mortos. Porém, eu sou capaz de ouvi-los, sou capaz de me colocar na mente deles, na mente de Gil.

Cara, Gil era uma peça rara. Certa vez, quando Cicely estava me acusando disso e daquilo, de sair com todo tipo de mulher, contei a Gil. Ele escreveu alguma coisa num pedaço de papel, me deu e disse: "Dê isso a ela". Fiz isso, e ela parou de me ferrar como vinha fazendo. Sabe o que ele escreveu no papel? "Você pode me amar, mas não é minha dona. E eu posso te amar, mas não sou seu dono." Gil era esse tipo de amigo, alguém com quem eu podia contar, que me entendia de verdade e me amava pelo que sou.

Marcas de uma Paixão estreou em 1988. O filme veio e foi num piscar de olhos; saiu dos cinemas antes mesmo de chegar a eles. Aconteceu quase a mesma coisa com o outro filme para o qual compus a trilha, *Armação Perigosa*. Este, porém, ficou em cartaz por um pouco mais de tempo do que *Marcas de uma Paixão* e recebeu críticas muito boas; os críticos gostaram até da minha música. No entanto, detonaram *Marcas de uma Paixão*, embora todo mundo tenha gostado da trilha que Marcus e eu compusemos.

Outra coisa maravilhosa me aconteceu em 1988: no dia 13 de novembro, no palácio Alhambra, em Granada, Espanha, fui consagrado cavaleiro e introduzido na Ordem de Malta – ou, para usar o nome formal, Ordem Soberana e Militar Hospitalária de São João de Jerusalém, de Rodes e de Malta. Além de mim, foram consagrados três africanos e um médico de Portugal. Devo admitir que não sei o que todas essas palavras no nome da ordem significam de fato, mas me disseram que, como membro, posso entrar em 30 ou 40 países sem visto. Também me contaram que fui escolhido para essa honraria porque tenho classe, porque sou um gênio. A única coisa que me pediram foi para não ser preconceituoso com ninguém e continuar a fazer o que faço, que é participar da única contribuição cultural dos EUA para o mundo – o jazz, ou, como prefiro chamar, a música negra.

Fiquei honrado com a consagração, mas, no dia da cerimônia, estava tão doente que mal consegui comparecer. Tive o que se costumava chamar de "pneumonia ambulante" ou pneumonia brônquica. Cara, essa merda me derrubou por uns dois meses, me forçou a cancelar toda minha turnê de inverno no início de 1989, e só isso já me custou mais de US$ 1 milhão. Fiquei internado num hospital em Santa Monica, Califórnia, por três semanas, com tubos no nariz e nos braços, injeções em todo o corpo. Todos que entrassem no meu quarto tinham de usar uma máscara, pois havia o perigo de eu ser infectado por germes trazidos por visitantes ou até por médicos e enfermeiras. Eu estava bem doente, é verdade, mas não tinha AIDS, como aquela porcaria de jornaleco de fofocas *The Star* disse que eu tinha. Cara, esse tabloide fez uma coisa terrível comigo. Poderia ter arruinado a minha carreira e fodido com a minha vida. A matéria me deixou furioso como um filho da puta quando soube. Não era verdade, é claro, mas muita gente não sabia disso e acreditou.

Depois que saí do hospital, em março, minha irmã Dorothy, meu irmão Vernon e meu sobrinho Vincent foram até minha casa em Malibu e cuidaram de mim. Dorothy cozinhou para mim e me ajudou a me restabelecer. Minha namorada também foi para lá, e nós andávamos a cavalo e dávamos longas caminhadas. Logo a pneumonia ambulante saiu andando para longe de mim, e eu fiquei bom o bastante para voltar a sair em turnê, novo em folha.

Pouco tempo depois, no dia 8 de junho, numa cerimônia no Metropolitan Museum of Art, em Nova York, recebi o Prêmio das Artes de 1989 do governador do estado, Mario Cuomo. Acho que outras 11 pessoas e organizações também ganharam prêmios nessa cerimônia. Fiquei muito orgulhoso por ter sido homenageado novamente.

Por volta dessa época, meu terceiro álbum pela Warner, *Amandla*, saiu. As críticas foram boas, assim como as vendas. E a Columbia anunciou que ia lançar *Aura* em setembro de 1989. Gravei esse álbum em 1985 e, desde então, já me encontrava em outro lugar musicalmente. Parece acontecer alguma coisa nova na música todos os dias. Mas *Aura* é um bom álbum, e estou ansioso para ver que tipo de recepção ele terá, especialmente depois de quatro anos.

Hoje, minha mente é concentrada e meu corpo é como uma antena. Isso me ajuda na pintura também, coisa que tenho feito cada vez mais. Pinto por umas cinco ou seis horas por dia, pratico por umas duas horas e ainda componho muito. Entrei de cabeça na pintura e estou começando a fazer muitas exposições solo. Fiz duas em Nova York, em 1987, e várias ao redor do mundo, em 1988: algumas na Alemanha; uma em Madrid, na Espanha; e duas no Japão. E as pessoas estão comprando minhas pinturas por valores que chegam a até US$ 15 mil. A exposição de Madrid teve todos os quadros vendidos, e as do Japão e da Alemanha venderam quase todos.

A pintura me ajuda com a música também. Estou esperando a Columbia lançar *Aura*, que fiz na Dinamarca com a música de Palle Mikkelborg. Acho que é uma obra-prima, de verdade. E estou compondo coisas para a banda que ainda não gravamos. Tenho um cara na Califórnia, de nome John Bigham, que é um ótimo compositor. É um jovem preto de uns 23 anos que escreve uma música maravilhosa e funkeada. É guitarrista. Compõe no computador, e, quando começa a tentar explicar esse negócio para mim, me perco com todos os termos técnicos. Mas ele não sabe concluir nada, então digo: "John, não se preocupe; mande para mim e eu termino". E é o que ele faz. Não sabe nada de orquestração. Só ouve sons inacreditáveis. Vive me dizendo que quer aprender essas coisas todas, orquestração e por aí vai, mas eu digo a ele para não se preocupar com isso, pois *eu* sei dessas coisas. Temo que, se ele aprender, isso ferre com seu dom natural. Porque, às vezes, é isso o que acontece, saca. Caras como Jimi Hendrix, Sly ou Prince poderiam não fazer o que fizeram se manjassem de toda a parte técnica, que poderia tê-los atrapalhado, então eles poderiam acabar fazendo outra coisa se tivessem esse conhecimento.

No que diz respeito ao rumo que minha música vai tomar, estou sempre tentando ouvir algo novo. Um dia, perguntei a Prince: "Onde está a linha de baixo desta composição?".

"Miles, eu não componho linhas de baixo e, se um dia você ouvir uma, vou demitir o baixista, porque uma linha de baixo atrapalha o meu processo", respondeu ele. Prince me disse ainda que não contava isso a ninguém, mas sabia que eu entenderia, porque ele tinha ouvido o mesmo tipo de conceito em parte da minha música. Agora, quando tenho ideias musicais, as levo direto para o sintetizador. Escrevo figuras musicais em qualquer coisa que eu consiga alcançar quando as ouço. Ainda me vejo evoluindo como artista, que é o que sempre quero; sempre quero evoluir.

Precisei dispensar Darryl Jones da banda em 1988. Ele começou a ficar muito dramático, muito *showbiz* para o meu grupo. Sempre precisava consertar algo, quebrar as cordas do baixo para fazer pose, como se algo fosse acontecer. Era um filho da puta dramático, especialmente depois de sair da banda de Sting, aquela coisa de rock 'n' roll de arena, que é puro *show business*. Eu amava muito Darryl; é um cabra muito legal, sofisticado. Mas ele não estava mais tocando o que eu queria. Consegui um cara chamado Benjamin Rietveld, do Havaí, para substituí-lo. Mino Cinelu também saiu da banda para ir tocar com Sting. Para o seu lugar, trouxe um percussionista chamado Rudy Bird; depois Marilyn Mazur voltou, e dispensei Rudy. Hoje, meu percussionista regular é Munyungo Jackson. O outro novo rosto na banda é Kei Akagi nos teclados. Kenny Garrett ainda está nos saxofones; Ricky Wellman na bateria; Adam Holzman nos teclados; e Foley no baixo solo.

Estou tentando deixar minha essência artística fluir. Gostaria de, um dia, escrever uma peça, talvez um musical. Tenho até experimentado com canções de rap, porque acho que há uns ritmos bem pesados nesse estilo. Ouvi falar que Max Roach disse acreditar que o próximo Charlie Parker deve sair das melodias e dos ritmos do rap. Às vezes, você não consegue tirar esses ritmos da cabeça. Ouvi muito a música do Kassav', grupo caribenho que toca um estilo chamado de zouk. É um ótimo grupo, e acho que influenciou parte da música de *Amandla*, que significa "liberdade" em zulu, o idioma sul-africano.

Além da internação por pneumonia que já mencionei, acho que o único ponto baixo de 1988 foi o divórcio de Cicely. Quando nos casamos, dissemos que, se terminássemos, não faríamos esse tipo de coisa um com o outro, que cada um tinha seu próprio dinheiro e que manteríamos cada um sua carreira individual. Porém, ela não manteve a palavra. Não precisava ter usado aqueles advogados contra mim, os contratado para tentar me entregar oficialmente a papelada do divórcio aonde quer que eu fosse. Era um saco tentar me esquivar deles até eu colocar as coisas no lugar. Tudo poderia ter sido acordado de forma mais amigável. Porém, está tudo terminado. O acordo foi assinado em 1988, o divórcio saiu em 1989, e estou muito feliz por isso. Agora consigo seguir com outras mulheres na minha vida.

Conheci outra mulher com quem me senti confortável. Ela é muito mais jovem do que eu, mais de 20 anos mais nova. Não saímos com frequência porque não quero que ela passe por toda a baboseira que acontece com mulheres que saem comigo. E não quero mencionar seu nome, pois gostaria que o nosso relacionamento ficasse longe dos olhos do público. Mas ela é uma mulher muito legal, amorosa, que me ama pelo que sou. Nós nos divertimos juntos, embora ela saiba que não é minha dona e eu possa ver outras mulheres se quiser. Há também outra boa mulher que conheci uns dois anos atrás, em Israel, quando toquei lá. É uma escultora talentosa. Às vezes, nos encontramos nos Estados Unidos. Ela também é uma pessoa muito legal, embora eu não a conheça tão bem quanto a de Nova York, que é meu principal interesse.

Quando ouço músicos de jazz tocarem hoje os mesmos *licks* que tocávamos tanto tempo atrás, me sinto triste por eles. Quer dizer, é como ir para a cama com alguém muito velho, com um cheiro muito velho. Ora, não estou desprezando os velhos, porque eu mesmo estou envelhecendo. Mas preciso ser honesto e é isso que me lembra. A maioria das pessoas da minha idade gosta de móveis antigos e grandes. Prefiro o novo estilo de Memphis, de coisas *high-tech* sofisticadas, muitas das quais vêm da Itália. Cores ousadas e linhas longas e esbeltas. Não gosto de muita bagunça nem de muitos móveis. Gosto de troços contemporâneos. Tenho sempre de estar na vanguarda das coisas, porque é assim que sou e sempre fui.

Adoro desafios e coisas novas; elas me reenergizam. E a música sempre foi medicinal para mim, além de espiritual. Quando eu estou tocando bem, e minha banda também, fico de bom humor na maior parte do tempo, se minha saúde estiver boa. Ainda aprendo diariamente. Aprendo com Prince e Cameo. Por exemplo, gosto de como Cameo se apresenta ao vivo. Suas performances começam lentas, mas é preciso assistir ao meio dos shows, porque é quando o negócio começa a acelerar inacreditavelmente e, daí em diante, voa. Aos 15 anos, aprendi que um show deve ter uma abertura, um meio e um fim. Se você souber disso, suas apresentações vão ter pontos altos do começo ao término. Será nota 10 no início, nota 10 no meio e nota 10 no fim, com diferentes mudanças de clima, é claro, e não tem como ser melhor.

Ver a forma como o Cameo apresentava os outros músicos primeiro me incentivou a fazer a mesma coisa nos meus shows. Abrimos, eu toco, depois a banda toca, então eu toco de novo. Em seguida, Benny toca baixo, e Foley toca guitarra, o que leva o *feeling* a um outro nível por causa de seu som pontuado por funk-blues-rock. Depois das duas primeiras músicas, tocamos “Human Nature”, que muda o ritmo da apresentação. É meio que o final do primeiro movimento do *set*, mas nós transformamos a música numa outra coisa. Daí em diante, é tudo lá no alto, mas com *groove*. Só começo após Benny e o resto da banda – Foley em especial – tocarem, porque aí é que toco muito. Quando Darryl Jones estava no grupo e fazia umas coisas muito sofisticadas, tocávamos um a partir do outro. Às vezes, eu e Benny fazemos isso, mas, na maior parte do tempo, Benny é como uma âncora e é um baita filho da puta nisso. (Ele vai ser um grande baixista. Está quase lá.) Na sequência, todo mundo pode se alternar fazendo solos.

Há muito tempo, Billy Eckstine disse a mim e a um cantor para abraçar os aplausos quando o público gosta do que você está fazendo. Ele falou para o cantor: "Não espere até que os aplausos morram". Hoje faço exatamente isso, entro de cara nos aplausos. Começo outra música quando ainda estão aplaudindo. Mesmo que essa música comece mal, ninguém vai ouvir, porque estão aplaudindo. Então você entra de cabeça. Gostam disso no mundo todo, e esse é o barômetro daquilo que você faz, não os críticos; e, sim, o público, que não tem interesses ou motivos escondidos. Pagaram para te ver tocar, e, se não gostarem do que você fizer, você saberá bem rápido.

capítulo 20

Muita gente me pergunta para onde a música vai hoje. Acho que ela segue em direção a frases curtas. Qualquer um que tiver um bom ouvido, se prestar atenção, consegue perceber isso. A música está sempre mudando. Muda por causa dos tempos e da tecnologia disponível, do material de que as coisas são feitas, como carros de plástico em vez de aço. Então, quando você ouve o som de um acidente hoje, soa totalmente diferente, porque não é todo aquele metal que colidia nos anos 1940 e 1950. Músicos pegam sons e os incorporam ao tocar, então a música que fazem será diferente. Novos instrumentos, como os sintetizadores e todas as outras coisas que as pessoas tocam, tornam tudo diferente. Antes, os instrumentos eram de madeira, depois de metal, e hoje são de plástico duro. Não sei como será no futuro, mas sei que vai ser outra coisa. Os piores músicos não *ouvem* a música de hoje, então não sabem tocá-la. Só quando passei a *ouvir* o registro agudo foi que toquei nele. Antes, só conseguia tocar nos registros médios e graves, pois eram a única coisa que eu ouvia. É o mesmo com os músicos velhos que tentam tocar a música de hoje. Eu era como eles antes de Tony, Herbie, Ron e Wayne entrarem na minha banda. Eles me fizeram ouvir de forma diferente, e sou grato a eles por isso.

Acho que a música de Prince aponta para o futuro, assim como muito do que tem sido feito na África e no Caribe. Gente como Fela, da Nigéria, e o Kassav', da Martinica e Guadalupe. Diversas bandas e músicos brancos pegam muita coisa deles, como os Talking Heads, Sting, Madonna e Paul Simon. Tem muita música boa no Brasil também. Porém, uma parcela razoável desses sons está acontecendo em torno de Paris, pois é onde muitos músicos africanos e caribenhos vão para tocar, em especial os que falam francês. Os que falam inglês vão para Londres. Alguém me contou recentemente que Prince está pensando em levar parte de seu complexo para os arredores de Paris, de modo que ele possa absorver muito do que está rolando por lá. É por isso que digo que ele é um dos principais músicos contemporâneos a apontar o caminho para o futuro. Ele entende que o som deve se tornar internacional; já está lá.

Uma das razões pela qual gosto de tocar com muitos músicos jovens hoje é porque acho que vários dos músicos velhos de jazz são uns filhos da puta preguiçosos. Eles resistem à mudança e se agarram aos velhos modos, pois são acomodados demais para tentar algo diferente. Dão ouvidos aos críticos, que lhes dizem para ficar onde estão, afinal é disso que *os críticos* gostam. Eles são preguiçosos também. Não querem tentar entender música diferente. Os músicos velhos ficam onde estão e se tornam peças de museu atrás de um vidro, seguros, fáceis de entender, tocando aquela merda cansada repetidamente. Depois saem falando que os instrumentos eletrônicos e que as vozes musicais eletrônicas estão fodendo com a música e com a tradição. Bem, eu não sou assim, e tampouco o eram Bird, Trane, Sonny Rollins, Duke e todos que queriam continuar a criar. O bebop tinha a ver com mudança, com evolução, não com ficar parado e seguro. Quem quer continuar a criar tem de ser capaz de mudar. Viver é uma aventura e um desafio. Quando os caras me abordam e me pedem para tocar algo do tipo "My Funny Valentine", alguma coisa minha velha que talvez eles estivessem ouvindo ao trepar com uma garota especial, e essa música lhes fez sentir bem, até consigo entender. Mas digo a eles que comprem o disco. *Eu* não estou mais naquele momento e preciso viver pelo que é melhor para mim e não pelo que é melhor para eles.

Gente da minha idade que costumava me ouvir "lá atrás" nem compra mais discos. Se eu dependesse deles para comprarem meus discos – mesmo se eu tocasse o que eles quisessem –, morreria de fome e perderia a chance de me comunicar com gente que *de fato* compra discos: os jovens. E mesmo se eu quisesse tocar aquelas músicas velhas, não conseguiria achar quem o fizesse do jeito como tocávamos antigamente. Os que estão vivos são líderes de suas próprias bandas e tocam o que *eles* que querem. Sei que não iam querer largar mão disso para integrarem uma banda liderada por mim.

Certa vez, George Wein quis reunir Herbie, Ron, Wayne e eu para fazermos uma turnê. Porém, eu disse a ele que não daria certo, porque haveria problemas demais para eles como *sidemen*. A turnê poderia ter rendido muito dinheiro, mas e daí? Música não é só sobre ganhar dinheiro. É sobre *feeling*, especialmente a música que nós fazemos.

Peguemos alguém como Max Roach, que é como um irmão para mim. Se Max compusesse alguma coisa hoje e me convidasse para tocar nessa música com, digamos, Sonny Rollins ou alguém assim, não sei se eu iria, pois não toco mais daquele jeito. Não é que eu não ame Max, porque amo. Mas, para que eu participe de uma gravação dessas, ele teria de compor algo que nós dois gostássemos. Outro exemplo: tive a oportunidade de trabalhar com Frank Sinatra há muito tempo. Ele mandou alguém para falar comigo no Birdland, onde eu estava tocando. Mas não aceitei, porque não me interessava pelo que ele se interessava. Ora, não é que eu não adore Frank Sinatra, mas prefiro ouvi-lo a talvez entrar no caminho dele ao tocar algo que *eu* queira tocar. Aprendi a frasear ouvindo Frank, com o conceito dele de fraseado, e também com Orson Welles.

Então peguemos alguém como Palle Mikkelborg, da Dinamarca, com quem fiz *Aura*. Ao conviver com ele, é capaz de que você ouça quase que de tudo. É a mesma coisa com Gil Evans. O que Gil fez para o novo álbum de Sting é fodido de bom, isto é, para Sting. Você viu o que aconteceu na enquete de jazz da *Playboy* depois que Sting fez esse álbum com Gil? Os leitores da revista – em sua maioria, brancos – votaram no grupo de Sting como melhor grupo de jazz do ano. Ora, ora! Um grupo de pretos não receberia esse tipo de reconhecimento se passasse, digamos, do jazz *fusion* para o rock. Os brancos não votariam neles nem como melhores apanhadores de cães do ano. Mas votam em Sting. O último álbum dele é fodido de bom, mas só se ouve a sua personalidade, e ele não é um músico de jazz. Uma canção que Sting compõe com letra te diz o que pensar. Porém, com uma composição instrumental, você pode pensar no que quiser. É como você não precisar ler a *Playboy* para saber em que posição colocar uma garota para fazer amor. Isso é para gente preguiçosa. A maior parte da música popular é "*Baby*, eu te amo. Venha aqui e se entregue a mim". Há milhões de músicas com letras desse tipo, então se torna um clichê. E aí você tem um monte de gente copiando isso, gente que não faz nada além de copiar clichês entre si. É por isso que é difícil ser original no estúdio, pois há todos esses discos por aí pra todo mundo ouvir.

Eu não gosto da música que Trane estava tocando no final da vida. Nunca ouvi os discos que ele fez após deixar minha banda. Ele tocava a mesma coisa repetidamente, aquilo que havia começado a fazer quando estava comigo. A princípio, o grupo dele com Elvin Jones, McCoy Tyner e Jimmy Garrison era OK. Depois, eles se tornaram clichês de si mesmos, e, para mim, ninguém tocava nada, exceto Elvin e Trane. Eu deixei de gostar do que McCoy fazia após um tempo, porque ele só batia com força naquele piano *baby grand* e, na minha opinião, isso não é sofisticado. Quer dizer, caras como Bill Evans, Herbie Hancock e George Duke sabem como tocar esse instrumento. Porém, tudo o que Trane e o grupo faziam era tocar modal, e eu já tinha feito isso. McCoy perdeu a sutileza depois de um certo período, ficou monótono. E o jeito de tocar de Trane também ficou, se você parasse para ouvi-lo por muito tempo. Fui deixando de ver ou ouvir qualquer coisa ali, assim como não gostava do que Jimmy Garrison fazia. Mas muita gente gostava, e tudo bem. Quando Elvin e Trane tocavam duetos juntos, *aí* eu achava legal o que faziam. Porém, isso é só a minha opinião; posso estar errado.

O som musical hoje é muito diferente do que quando comecei a tocar. Atualmente, há câmaras de eco e tal. Como no filme *Máquina Mortífera*, com Danny Glover e Mel Gibson, no qual há cenas num lugar feito de aço. O público está se acostumando a ouvir colisão de aço, e há caras no Caribe, em Trinidad, por exemplo, que compõem música a partir disso, com *steel drums* e esse tipo de coisa. E o sintetizador mudou tudo, gostem os puristas ou não. Ele está aqui para ficar, e você pode ou não abraçá-lo. Eu escolho abraçá-lo, pois o mundo sempre teve a ver com mudança. Gente que não muda se vê como músicos folk que tocam em museus, permanecendo uns filhos da puta locais. A música e o som se tornaram internacionais, então não faz sentido tentar voltar a algum útero onde você se encontrava. Um homem não pode voltar ao útero da mãe.

A música tem a ver com *timing* e com seu encaixe num ritmo. Pode soar bem até em chinês, contanto que as coisas certas estejam no lugar. Porém, por mais complexa que as pessoas tentem fazer minha música parecer, gosto dela simples. É a forma como ouço, mesmo que seja complexo para os outros.

Adoro bateristas. Aprendi muito a respeito de bateria com Max Roach quando tocamos na banda de Bird e vivemos juntos na estrada. Ele sempre me mostrava umas coisas. Foi quem me ensinou que o baterista deve sempre proteger o ritmo, ter uma batida internalizada, proteger o *groove*. E o jeito de proteger o *groove* é ter uma batida em meio à batida. Do tipo, "*bang, bang, sha-bang, sha-bang*". O "*sha*" entre os "*bangs*" é a batida entre a batida, e essa coisinha é o *groove* extra. Quando um baterista não consegue fazer isso, o *groove* fica estranho, e não há nada pior no mundo do que ter um baterista sem *groove*. Cara, uma merda dessas é a morte.

Já um músico e artista como Marcus Miller é do tipo que representa o hoje. Sabe tocar de tudo e está aberto a tudo aquilo que é musical. Entende de coisas como não usar um baterista ao vivo no estúdio. Você pode programar uma bateria eletrônica e, se quiser, pôr um baterista para tocar junto depois. A bateria eletrônica é boa, uma vez que se pode pegar o que ela toca num lugar e colocar em outro, pois o andamento é sempre o mesmo. Muitos bateristas têm a mania de arrastar ou acelerar o andamento, e isso pode foder com o que você quer fazer. Baterias eletrônicas não fazem isso, então são boas para gravação. Porém, eu preciso ter um grande baterista na hora de tocar ao vivo, como Ricky Wellman, para manter tudo com caldo. Na música que tocamos, as partes ao vivo sempre mudam, e isso instiga um baterista que consegue mudar com o fluxo. Quando se toca ao vivo, é preciso manter o interesse, e, nessa situação, um grande baterista é melhor do que uma bateria eletrônica.

Como eu já disse, muitos músicos de jazz são preguiçosos. Os brancos os enchem de abobrinhas do tipo: "Você não precisa estudar, você tem um dom natural. Só pegue o instrumento e toque". Mas isso não é verdade. E tampouco todos os pretos têm ritmo. Há muitos caras brancos que tocam demais, especialmente nos grupos de rock. E os bateristas desses grupos, além de não arrastarem o andamento, também conseguem tocar junto com baterias eletrônicas. Porém, muitos bateristas pretos de jazz não querem e não conseguem fazer esse tipo de coisa. Querem seguir "naturais", porque é isso que os críticos brancos dizem que eles são.

Para mim, sempre foi um dom ouvir a música da forma como ouço. Não sei de onde vem isso, apenas vem, e eu não questiono. Por exemplo, quando consigo ouvir que o tempo atrasou uma batida, ou quando é Prince tocando bateria ao invés de uma programação. Simplesmente é algo que sempre tive. Quer dizer, consigo começar a contar o tempo, ir dormir, voltar e entrar no mesmo tempo em que estava antes de dormir. Nunca questionei se eu estava certo ou errado sobre isso, porque paro se o tempo está fora, se está errado. Quer dizer, isso me impede de fazer qualquer coisa. E quando um engenheiro de som faz um corte ruim numa fita, eu paro de supetão, porque ouço no ato.

Para mim, a música e a vida têm a ver com estilo. Do tipo, se você quer parecer e se sentir rico, usa uma determinada peça, um determinado par de sapatos, ou uma camisa ou casaco. Os estilos, na música, produzem sensações específicas nas pessoas. Se você quer que alguém se sinta de uma certa maneira, toca num certo estilo. E é isso. É por isso que, para mim, é bom tocar para diferentes tipos de pessoas, porque pego coisas delas que posso usar. Há lugares em que ainda não toquei e gostaria, como na África e no México. Adoraria tocar nesses lugares e, um dia, tocarei.

Quando estou fora do país, toco de um jeito diferente por causa da forma como as pessoas me tratam, com muito respeito. Aprecio isso e demonstro ao tocar. Quero fazê-las se sentir bem da mesma forma que elas fazem eu me sentir bem. Acho que meus lugares favoritos para tocar são Paris, Rio, Oslo, Japão, Itália e Polônia. Nos Estados Unidos, gosto de tocar em Nova York, Chicago, na região de São Francisco e em Los Angeles. O pessoal não é ruim nesses lugares, mas, às vezes, ainda fode comigo, me deixa irritado.

Quando parei de tocar, ouvi muitas pessoas dizerem: “O Miles parou, o que vamos fazer agora?”. O motivo que levou tanta gente a se sentir assim, acho, tem a ver com o que Dizzy falou certa vez: “Se você prestar atenção em Miles, olhe bem para os músicos que tocaram com ele; Miles cria líderes, criou muitos deles”. E suponho que isso seja verdade. Muitos músicos buscaram orientação em mim.

Porém, eu não sentia um peso por conta disso, por ser considerado um precursor por muita gente, um ponta de lança, por assim dizer. Nunca senti que estava sozinho, por conta própria. Não carregava um fardo inteiro. Havia outros, como Trane e Ornette. Mesmo nas minhas bandas, não era só eu, nunca foi assim. Havia, por exemplo, Philly Joe e Trane. Philly Joe cravava o tempo e fazia Paul Chambers tocar; e era Red Garland quem dizia *a mim* que baladas ele queria tocar, não o contrário. E Trane não dizia nada, mas tocava demais. Nunca falou muito. Era como Bird no que dizia respeito a falar sobre música. Ambos conversavam apenas por meio dos saxofones. Na banda que tive com Herbie, Tony, Ron e Wayne, era Tony quem dava a letra, e nós o seguíamos. Todos compunham para a banda, e nós compúnhamos algumas coisas juntos também. Mas, com Tony lá atrás, o andamento nunca caía; no máximo, ficava mais rápido, e o ritmo era na cabeça. Na banda com Keith Jarrett e Jack DeJohnette, os dois ditavam onde os sons iam e o que tocavam, os ritmos que mandavam. Alteravam a música, e aí então ela se impulsionava para algo diferente. Ninguém é capaz de tocar desse jeito sem Keith e Jack. Mesma coisa com todas as outras bandas que montei.

Esse era o meu dom, saca, ter a habilidade de juntar certos caras que criariam uma química e então deixá-los ir; permitir que tocassem o que sabiam e além. Eu não sabia exatamente como eles soariam juntos quando os chamava, mas acho que é importante escolher músicos inteligentes, porque, se forem inteligentes e criativos, a música pode realmente voar.

Assim como o estilo de Trane era só dele, e os de Bird e de Diz eram só deles, só quero soar como a mim mesmo e mais ninguém. Quero ser eu mesmo, o que quer que isso seja. Mas, na música, tenho um sentimento tremendo por frases diferentes e, quando estou gostando demais de algo, é como se eu e essa coisa fôssemos um só. A frase sou eu. Toco as coisas do meu jeito e, então, tento ir além. A música mais difícil que tive de tocar na vida foi "I Loves You, Porgy", pois tive de fazer o trompete soar e frasear como uma voz humana. Vejo cores e coisas quando estou tocando. Se ouço uma música de alguém, sempre me pergunto por que esse alguém colocou uma determinada nota onde colocou e por que fez as coisas de tal jeito. Meu som vem do meu professor do ensino médio, Elwood Buchanan. Eu adorava até o jeito como ele segurava o instrumento. As pessoas me dizem que meu som é como uma voz humana, e é isso que eu quero que ele seja.

Minhas melhores ideias musicais para composições me ocorrem à noite. Duke Ellington era do mesmo jeito. Compunha a noite toda e dormia o dia inteiro. Acho que, à noite, tudo está silencioso, então você consegue bloquear o pouco do barulho que vem de fora e se concentrar. Também acho que componho melhor na Califórnia, porque lá é muito tranquilo; moro à beira do oceano. Pelo menos por ora é assim. Prefiro Malibu a Nova York para compor.

Toco certos acordes que alguns dos caras da minha banda chamam de "Acordes Milesianos". É o jeito de tocar qualquer acorde, qualquer som, que não vai soar errado, a menos que alguém toque as coisas erradas atrás dele. Veja bem, aquilo que é tocado atrás de um acorde conduz onde ele se encaixa ou não. Você não simplesmente toca um punhado de acordes não relacionados e deixa quieto. É preciso trazê-los de volta a algo que vai resolvê-los. Por exemplo, se tocamos num tom menor, geralmente mostro à banda todos os tipos de possibilidades de tocar nesse tom menor, de flamenco a passacaglia, ou pelo menos alguns chamam assim. Uma passacaglia é quando você tem a mesma linha de baixo repetida, e eu toco tríades para que o solista toque contra um acorde menor. É preciso ter um certo *feeling* para isso. Foi a mesma coisa que fiz com Trane. Se você ouvir

Khachaturian, o compositor russo, e Hernspach[36], brilhante compositor britânico, ambos tocam e compõem em acordes menores. Há muita coisa que se pode fazer quando se estuda isso.

Para mim, grandes músicos são como grandes lutadores que entendem de autodefesa. Têm um senso maior de teoria na cabeça, como os músicos africanos. Mas nós não estamos na África e não tocamos apenas cânticos. Há alguma teoria debaixo do que fazemos. Se você colocar acordes diminutos por baixo, eles criam uma sonoridade de cântico, então você capta de maneira muito mais cheia e consegue entender justamente por causa desses sons diferentes. E hoje se pode fazer isso melhor, pois as pessoas vêm ouvindo uma música muito boa nos últimos 20 anos. Coltrane, eu, Herbie Hancock, James Brown, Sly, Jimi Hendrix, Prince, Stravinsky, Bernstein. E aí você tem gente como Harry Parch e John Cage. A música de Cage soa como vidro e coisas caindo. Muita gente gosta disso. Então, as pessoas estão prontas para um montão de tipos diferentes de música. E se elas conseguem digerir Martha Graham e o que ela faz e fez com Cage em 1948, na Juilliard, quando vi ambos, então estão prontas para todo tipo de coisa.

Porém, ainda são os pretos que abrem caminho, como no break, no hip-hop e no rap. Até a música feita para comerciais é sofisticada hoje em dia, cara. Há música gospel batista em alguns deles. O que é engraçado é que colocam gente branca para cantar e desgastar essa merda. Tentam se parecer conosco e cantar e tocar como nós. Então os artistas pretos agora têm de fazer outra coisa. O povo da Europa, do Japão e do Brasil não se engana com isso. Só a gente estúpida daqui é que cai.

---

36 Apesar dessa menção feita por Miles, não encontramos nenhuma referência da existência de um compositor erudito de nome Hernspach, britânico ou não. Acredita-se que possa ter sido um equívoco ou confusão de transcrição quando da escrita do original. De todo modo, até o momento não é possível afirmar com certeza de quem Miles está de fato falando. (N. do T.)

Gosto de viajar, embora não tanto quanto antes, pois viajo demais. Mas ainda me divirto, porque você tem a oportunidade de conhecer todo tipo de gente diferente e de experimentar muitas outras culturas. Uma das coisas que notei foi que os pretos são muito parecidos com os japoneses. Ambos gostam de rir. Tanto o povo japonês quanto os pretos não são tão tensos quanto os brancos. Uma pessoa preta é ensinada a ser um Pai Tomás quando ri perto de gente branca, mas não se pensa assim dos japoneses porque eles têm dinheiro e poder. Os asiáticos também não têm muita expressão ao redor dos olhos, especialmente os chineses. Eles te olham de um jeito esquisito. Porém, saquei como as mulheres japonesas dão em cima dos homens com o canto dos olhos, e agora consigo fazer.

Para mim, as mulheres mais belas do mundo são as brasileiras, as etíopes e as japonesas. E falo de uma combinação de beleza, feminilidade, inteligência, corpo, a forma como se apresentam e o respeito que têm por um homem. As mulheres japonesas, etíopes e brasileiras respeitam os homens e nunca tentam agir como eles – pelo menos as que conheci. A maioria das mulheres americanas não sabe como tratar um homem, é o que me parece, em especial boa parte das mulheres pretas, sobretudo as mais velhas. A maioria delas está em competição com você, não importa o que você faça por elas. Acho que tem a ver com toda a lavagem cerebral que este país fez nelas por não terem cabelos loiros, longos e lisos, então elas acreditam que não são belas – mas são. No entanto, acho que isso se aplica mais às mulheres pretas mais velhas que compraram toda essa baboseira de beleza de mulher branca. Muitas das mulheres pretas mais jovens que conheci são muito antenadas e não têm esses problemas das mais velhas, embora várias também cultivem questões sérias em relação à aparência. Muitas mulheres pretas pensam que todos os homens pretos querem e desejam mulheres brancas, mesmo quando eles tratam suas mulheres pretas como rainhas. Isso as deixa fodidas. A maioria das mulheres brancas tende a tratar um homem melhor do que uma mulher preta trata, porque não tem esses entraves emocionais. Sei que isso vai enfurecer muitas mulheres pretas, mas é a forma como vejo.

Olha só, muitas mulheres pretas se enxergam como professoras ou mães quando se trata de um homem. Precisam estar no controle. A única mulher preta na minha vida que não agiu assim foi Frances. Ela nunca fez nada nesse sentido durante os sete anos que passamos juntos. Era tranquila e não competia com nada, pois tinha muita autoconfiança. E quando você é autoconfiante – sabe que é boa e feminina e que os homens babam quanto te veem –, consegue lidar com o homem. Frances tinha muita confiança no próprio corpo porque era dançarina e sabia que, quando andava pela rua, parava o trânsito. Era uma artista e a maioria das mulheres que são artísticas tem uma coisa mais ampla e profunda.

Porém, muitas delas que são executivas e não têm autoconfiança são uma porra de um pé no saco. Estão sempre competindo e com algo fodido para dizer. Se um homem se mete em alguma coisa que te enfurece, você pode brigar com ele, fisicamente falando. Mas com uma mulher é diferente. Se elas te enfurecem, você não pode sair batendo nelas. Então tem de deixar passar. Entretanto, se você deixar passar demais com uma mina sabichona e competitiva, ela vai continuar a te peitar fazendo bico, cutucando cada vez mais. Aí você vai ficar puto e talvez bata nela. Eu me via muito nesse tipo de situação com mulheres irritantes e acabei batendo em algumas. Mas não gosto desse tipo de sentimento nem de fazer isso com uma mulher. Hoje em dia, quando vejo que vai acontecer, simplesmente evito.

Muitas mulheres pretas não sabem como lidar com um artista – especialmente as mais antiquadas ou as que são muito envolvidas na própria carreira. Um artista pode ter alguma coisa na cabeça a qualquer momento, então não se pode ficar de sacanagem com ele ou tirar sua atenção daquilo que está pensando ou fazendo. É uma merda horrível quando um artista tem uma mulher que não respeita o momento em que ele tem de ser criativo. Muitas das mulheres mais velhas não entendiam isso, porque ser artista não era algo respeitável na época em que cresci. As mulheres brancas, porém, convivem há muito tempo com artistas e entendem a importância que a arte tem na sociedade. Assim, as mulheres pretas têm muito a se atualizar nessa área. Mas elas vão chegar lá. Enquanto isso, gente como eu tem de fazer o que nos faz feliz. Eu fico com quem me entende e me respeita.

Em geral, as mulheres africanas que conheci não são como as mulheres americanas pretas. São diferentes e sabem mais como tratar seus homens. Adoro as mulheres africanas pretas da Etiópia e, acho, do Sudão. Têm maçãs do rosto pronunciadas e narizes retos, e são esses os rostos que mais faço em minhas pinturas e desenhos. Iman, a modelo africana, tem essa aparência. É tão bela e elegante e graciosa. E aí você tem o outro tipo de beleza negra nas mulheres, aquelas com lábios carnudos, olhos grandes e cabeças anguladas, como Cicely. Ela tinha uma expressão particular que você nunca vai ver nos filmes, sobretudo quando ficava brava ou quando eu ficava bravo com ela. Era sensual. Eu fingia estar bravo só para ela fazer aquela expressão. Eu adorava.

Gosto de flertar com as mulheres. É possível tirar muito delas apenas com uma piscada. É um bom jeito de flertar sem abrir a boca e dizer alguma coisa. Sempre consigo distinguir pelo olhar de uma mulher se ela está interessada em mim ou não, especialmente quando vejo e sinto algo que é mais do que somente uma encarada. As mulheres ocidentais fazem com os olhos o que as mulheres japonesas fazem com os corpos. Se você vê algo diferente nos olhos das mulheres ocidentais e concorda com esse algo, aí você reage. Se não concorda, apenas vira a cabeça. Porém, se sentir alguma coisa espiritual ali, uma certa conexão, vá em frente.

O tipo de mulher de que gosto tem de ter um certo porte, ser esbelta e confiante em relação ao seu corpo, como uma dançarina. Está no jeito de andar, de fazer as coisas ou de se vestir. Consigo ver numa única olhada. Há muitas mulheres boas por aí que não têm essa coisa de que gosto. Precisam ter algo sexual, aquela eletricidade que me diz que há algo de especial ali. Às vezes, está na boca, como a de Jacqueline Bisset. Ela tem uma coisa sexual impressa no rosto, o que Cicely teve para mim numa certa época. Quando vejo, sinto um frio na barriga. É um tiro de emoção, como um tiro de cocaína – dos grandes. É a antecipação de se estar com alguém assim que faz eu me sentir tão bem. Essa sensação é tão boa que é quase melhor do que qualquer orgasmo. Nada se compara.

Eu gosto do jeito como as mulheres japonesas flertam com um homem. Elas não ficam no seu campo de visão direto, mas num ponto em que você quase não consegue vê-las ao olhar de soslaio. Ficam ali onde você quase não consegue observá-las, mas estão lá. Também não te olham diretamente. É interessante. Digamos que haja quatro mulheres asiáticas numa sala, e você conversa com todas, mas, com uma delas, digamos, uns cinco minutos a mais do que com as outras. Essas três então partem para a próxima. Simplesmente vão embora para circular em outro lugar.

Eu amo as mulheres. Nunca precisei de ajuda ou tive problemas para encontrar mulheres. Simplesmente gosto de estar com elas, conversar e tal. Porém, nunca me meti com a namorada de algum músico. Nunca. Mesmo que ela não estivesse com o cara há muito tempo. Você nunca sabe quando vai precisar contratar um músico para trabalhar com você e não vai querer que uma merda dessas atrapalhe o que vocês forem tocar. Mas todas as outras mulheres – exceto as boas amigas – são jogo limpo.

No entanto, as mulheres são esquisitas e, muitas vezes, não são o que parecem ser. Elas se engraçam entre si de um jeito que as pessoas nem percebem. Eu via muito isso quando trabalhava nos clubes. Pensava que todas aquelas belas garotas iam aos clubes para ver e dar em cima dos músicos. Depois, descobri que muitas iam para encontrar umas às outras. E eu pensando que elas queriam dar em cima de mim, ouvir música e tal. Mas os músicos são filhos da puta vaidosos quando se trata do público, *especialmente* o público feminino. Músicos são os mais autocentrados dos artistas, porque acham que são os mais descolados e que o troço que fazem é o mais importante. Pensam que são irresistíveis às mulheres, pois têm um instrumento na boca ou nas mãos. Sentem que são o presente de Deus para as mulheres. E muito disso é verdade, considerando o fato de que muita gente que convive conosco nos dá tudo o que queremos e tal. Pelo menos nós achamos que é verdade pelo jeito como essas pessoas nos tratam. Mas veja, muitas mulheres que gostam de mulheres também têm noção disso. Sabem que vai haver muitas delas ao nosso redor, então entram na cena para faturar também.

No passado, saí com mulheres de todas as raças, provavelmente tantas brancas quanto pretas. Não me importo com a raça de uma mulher com quem estou. Como diz o velho ditado: "Um pau duro não tem consciência", tampouco consciência de raça. Porém, sempre me casei com mulheres pretas, mas não é uma coisa consciente. Se você me perguntar que cor de mulher prefiro, teria de dizer que gosto de uma mulher da cor da minha mãe ou mais clara. Não sei por que, mas sou assim. Acho que tive uma única namorada mais escura do que eu, e você sabe que aí era escura mesmo, pois sou preto como a meia-noite.

As mulheres americanas são mais ousadas do que quaisquer outras no mundo quando se trata de homens. Chegam direto em você se te curtirem de verdade e começam a dar em cima. Especialmente alguém famoso como eu. Não se importam e não têm vergonha disso. Mas esse tipo de merda só me broxa. Elas só querem saber de ir para a cama por causa da minha fama e tentar chegar à minha conta bancária para que eu lhes compre presentes. Hoje, porém, consigo ver essa merda a quilômetros de distância. Às vezes, me passava batido, mas não mais. Não quero saber de mulheres que chegam em mim. Isso me broxa. Quero que elas pelo menos me deixem *pensar* que sou eu quem está dando em cima delas.

A gente branca nos EUA chega botando banca em você, pois pensa ser o presente de Deus para a porra do mundo inteiro. É nauseante e lamentável a forma como pensam, o quão atrasados, estúpidos e desrespeitosos alguns deles são. Acham que podem chegar em você e se meter nas suas coisas porque são brancos, e você não. Fazem muito isso quando estou em aviões; me peitam. Vou de primeira classe, então, quando não me reconhecem, se perguntam o que estou fazendo ali. Olham para mim de um jeito estranho. Certa vez, estava sentado num avião e uma mulher branca fez isso comigo. Perguntei se eu estava sentado em cima de alguma coisa que pertencia a ela. Ela só deu um sorriso amarelo e me deixou em paz. Mas há alguns brancos que são legais e não fazem esse tipo de merda. Há gente avançada em todas as raças, e estúpidas também. Alguns dos filhos da puta mais estúpidos que já conheci eram pretos. Especialmente os que acreditam nas mentiras que os brancos espalham sobre eles. Esses aí podem ser uns grandes filhos da puta.

Os EUA são um lugar tão, tão racista, que é lamentável. É exatamente como a África do Sul, só que mais sanitizado hoje; o racismo não é tão escancarado. Fora isso, é a mesma coisa. Mas sempre tive um faro nato para o racismo. Consigo percebê-lo atrás de mim, em qualquer lugar. E, por causa do meu jeito, muitos brancos ficam bravos comigo, especialmente os homens. Ficam ainda mais putos quando retruco se eles perdem a linha. Aqui, acham que podem fazer qualquer tipo de merda para um preto.

Veja o que está acontecendo com os nossos jovens, o quanto se envolveram nas drogas, especialmente os jovens pretos. Um motivo para isso, pelo menos entre os jovens pretos, é eles não conhecerem suas origens. É lamentável a forma como nosso país tem tratado os pretos e as nossas contribuições a esta sociedade. Acho que as escolas deveriam ensinar jazz ou música negra às crianças. Elas deveriam saber que a única contribuição cultural original dos EUA é a música que nossos antepassados pretos trouxeram da África e que foi mudada e desenvolvida por aqui. A música africana deveria ser estudada tanto quanto a música ("erudita") europeia.

Quando os jovens não são ensinados sobre as próprias origens, acabam simplesmente não se importando com a escola. Voltam-se para a heroína, para o crack, porque ninguém dá atenção a eles. Além disso, percebem que se pode fazer dinheiro fácil vendendo crack, então entram nessas conexões e nessa atitude subterrânea. Sei disso porque foi onde entrei quando usava drogas. Compreendo esses jovens e o que eles pensam. Sei que muitos deles caem no submundo porque sabem que não vão ter um tratamento justo da parte dos brancos. Ou viram esportistas e músicos, artistas e atletas, pois é a chance que têm de ganhar muito dinheiro e sair de onde estão. Ou são os esportes e o entretenimento ou o submundo. É por isso que respeito tanto Bill Cosby, porque ele está fazendo a coisa certa, dando o exemplo certo[37], ao comprar arte de pretos e contribuir com suas faculdades. Gostaria que mais gente preta com dinheiro seguisse seu exemplo. Abrisse uma editora ou uma gravadora, algum negócio que empregasse pretos e limpasse a imagem de merda e mentirosa que os brancos têm deles. O povo preto precisa disso.

Na Europa e no Japão, respeita-se a cultura negra, aquilo que contribuímos para o mundo. Sabem o que é. Já os americanos brancos preferem endeusar uma pessoa branca como Elvis Presley, que é apenas a cópia de um preto, ao invés do negócio legítimo. Investem uma montanha de dinheiro para promover e divulgar grupos de rock brancos. E ainda lhes dão muitos prêmios por tentarem ser como artistas pretos. Mas tudo bem, porque todo mundo sabe que foi Chuck Berry quem começou com esse negócio, não Elvis. Sabem que Duke

37 Vale lembrar que Bill Cosby, em 2018, quase 30 anos depois da publicação original deste livro, foi condenado e preso por agressão sexual. Em 2021, o Supremo Tribunal da Pensilvânia anulou a condenação e Cosby foi solto. Até janeiro de 2022, a promotoria não apelou. Entre as décadas de 1960 e 2000, mais de 60 mulheres acusaram Cosby de abusos sexuais. (N. do T.)

Ellington foi o "Rei do Jazz", não Paul Whiteman. Todo mundo sabe disso. Mas você não vai ver isso nos livros de história, a menos que tenhamos o poder de contar e escrever nossa própria história. Ninguém mais vai fazer isso por nós e nem do jeito que deve ser feito.

Por exemplo, quando Bird era vivo, nunca teve o reconhecimento merecido. Apenas alguns críticos brancos, como Barry Ulanov e Leonard Feather, valorizaram Bird e o bebop. Para a maioria, porém, Jimmy Dorsey era o cara, como Bruce Springsteen ou George Michael o são hoje. Fora de alguns lugares, quase ninguém ouviu falar em Charlie Parker. No entanto, muitos dos pretos – os sofisticados – o conheciam. Quando então os brancos enfim descobriram Bird e Diz, era tarde demais. Duke Ellington, Count Basie e Fletcher Henderson nunca tiveram o devido respeito. Louis Armstrong teve de abrir um sorrisão filho da puta para receber alguma consideração. Os brancos falavam em como John Hammond descobriu Bessie Smith. Porra, como é que ele a descobriu, se ela já estava lá? E se a tivesse "descoberto" mesmo e feito o que deveria fazer, o que fez para cantoras e cantores brancos, ela não teria morrido como morreu, numa estradinha do Mississippi. Sofreu um acidente e sangrou até a morte, pois nenhum hospital branco a aceitava. Como é que Colombo descobriu a América se os índios já estavam aqui? Que merda é essa, se não merda de branco?

A polícia fode comigo ao me parar o tempo todo. E esse tipo de merda acontece todos os dias com os pretos neste país. É como Richard Pryor disse: "Quando você é preto e ouve um homem branco gritar *Yah-hoo*, é melhor saber que é hora de dar o fora, porque em seguida vem alguma coisa estúpida".

Lembro-me de uma vez que Milton Berle, o comediante, foi me ver tocar no Three Deuces. Na época, eu fazia parte da banda de Bird. Acho que foi em 1948. Enfim, Berle estava numa mesa, nos ouvindo, e alguém lhe perguntou o que achava da banda e da música. Ele riu, virou-se para o grupo de brancos com quem estava e disse que éramos "caçadores de cabeças", no sentido de que seríamos umas porras de uns selvagens. Ele achou engraçado, e lembro que todos aqueles brancos riram de nós. Bem, nunca me esqueci disso. Uns 25 anos depois, eu o vi num avião no qual ambos estávamos na primeira classe. Fui até ele e me apresentei: "Milton, meu nome é Miles Davis e eu sou músico".

Ele começou a sorrir e disse: "Ah, sim. Eu sei quem você é. Adoro sua música". Parecia contente por eu tê-lo abordado.

Eu então falei: "Milton, você fez algo para mim e para algumas pessoas da banda com quem eu tocava anos atrás, do qual eu nunca me esqueci, e sempre disse a mim mesmo que, se um dia tivesse a oportunidade de me aproximar o bastante de você, te diria como me senti quando você falou aquilo naquela noite". Agora ele me olhava esquisito, porque não se lembrava do que havia falado. E eu pude sentir parte da raiva daquela noite voltando, então devia estar aparente no meu rosto. Relembrei o que ele dissera e como todos haviam rido de nós. Agora ele enrubescia, pois ficou com vergonha, e provavelmente tinha esquecido por completo. "Não gosto do que você nos chamou naquela noite, Milton, e ninguém da banda gostou. Alguns ouviram."

Ele fez uma expressão de pena e disse: "Sinto muito, muito mesmo".

"Sei que você sente. Mas você só sente muito agora, depois que falei contigo, porque naquele momento você não sentiu." Dei meia volta, retornei ao meu assento e não proferi mais nenhuma palavra a ele.

É desse tipo de coisa que falo. Alguns brancos – e pretos também – riem da sua cara e, no minuto seguinte, dizem que te adoram. Fazem isso o tempo todo; tentam dividir e conquistar as pessoas com merdas como essa. Mas minha memória sabe bem o que acontece conosco neste país. Os judeus não param de lembrar ao mundo o que houve com eles na Alemanha. Então, os pretos não podem parar de lembrar ao mundo sua situação nos Estados Unidos ou, como

James Baldwin me disse certa vez, nestes "Estados que ainda não são Unidos". Temos de nos atentar para essas técnicas que os brancos usam há tantos anos, que nos afastam dos nossos eus profundos e da nossa força interior verdadeira. Sei que as pessoas se cansam de ouvir isso, mas os pretos precisam continuar a dizê-lo, a jogar as nossas condições na cara delas até que algo seja feito quanto à forma como temos sido tratados. Só precisamos manter isso diante dos seus olhos e ouvidos, assim como os judeus têm feito. Precisamos fazê-los saber e entender o quão maléficas são as coisas que fizeram, e ainda fazem, conosco ao longo de todos esses anos. Temos de informar *a eles* que *sabemos o que eles estão fazendo* e que não vamos relaxar até que parem.

Quanto mais velho fico, mais aprendo sobre tocar trompete e sobre muitas outras coisas. Eu gostava de beber e gostava muito de cocaína, mas nem penso mais nisso. Em cigarro também não. Simplesmente parei com elas. A cocaína foi um pouco mais difícil, mas parei também. É só força de vontade, acreditar que você é capaz de fazer o que quer fazer. Quando eu não quero fazer alguma coisa, simplesmente digo "foda-se". Porque você tem de fazer por conta própria. Ninguém pode fazer por você. Outros podem tentar ajudar, mas, na maior parte do tempo, é você sozinho.

Nada está fora de questão no jeito como penso e vivo a vida. Estou sempre pensando em criar. Meu futuro se inicia quando acordo a cada manhã. É aí que começa – quando abro os olhos e vejo o primeiro raio de sol. Fico, então, grato e não vejo a hora de acordar, pois há algo novo para fazer e tentar diariamente. Todos os dias encontro alguma coisa criativa para fazer da vida. A música é uma bênção e uma maldição. Mas eu a amo e não faria diferente.

Na minha vida, carrego poucos arrependimentos e pouca culpa. Dos arrependimentos, não quero falar. Hoje sou mais relaxado comigo mesmo e com todo mundo. Acho que minha personalidade está mais simpática. Ainda sou desconfiado das pessoas, mas menos do que era no passado. E sou menos hostil também. Contudo, ainda sou uma pessoa muito reservada e não gosto de estar entre muita gente que não conheço. Mas não parto para cima das pessoas ou as xingo como fazia antes. Diacho, hoje eu até apresento os membros da banda nos shows e até converso um pouquinho com o público.

Tenho a reputação de ser uma pessoa difícil de conviver, mas aqueles que realmente me conhecem sabem que isso não é verdade, pois nos damos muito bem. Não gosto de ser o centro das atenções o tempo todo. Só faço o que tenho de fazer, e é isso. Mas tenho alguns bons amigos, como Max Roach, Richard Pryor, Quincy Jones, Bill Cosby, Prince, meu sobrinho Vincent e alguns outros. Acho que Gil Evans foi meu melhor amigo. Os caras da minha banda são meus bons amigos, assim como os cavalos em Malibu. Amo cavalos e outros animais. Mas muitos dos que me conhecem melhor são alguns dos caras com quem cresci em East St. Louis, embora eu mal os veja hoje em dia. Penso neles e, quando nos encontramos, é como se eu nunca tivesse ido embora. Eles falam comigo como se eu tivesse acabado de sair da casa deles.

Talvez me digam alguma coisa sobre o que ando tocando, então dou ouvidos a eles antes de dar ouvidos a um crítico, porque sei que eles sabem o que estou tentando fazer e como eu deveria soar. Se Clark Terry, que considero um dos meus melhores amigos, chegasse e me dissesse que estou tocando mal pra caralho, cara, eu levaria isso a sério. Muito a sério. Mesma coisa com Dizzy, que é meu mentor e um dos meus amigos mais próximos no mundo todo. Se ele me falasse alguma coisa sobre como estou tocando, eu ouviria. Mas sempre fui assim, a vida toda. Ninguém pode dizer nada de ruim a meu respeito aos meus bons amigos, porque eles não vão dar ouvidos. Eu sou do mesmo jeito; não vou dar ouvidos a coisas ruins sobre alguém que conheço.

A música sempre foi como uma maldição para mim, porque sempre senti um ímpeto de tocar. Sempre foi a coisa mais importante da minha vida e ainda é. Vem antes de tudo. Porém, fiz certas pazes com meus demônios musicais, o que me permite viver uma vida mais relaxada. Acho que pintar me ajudou. Os demônios ainda estão aqui, mas agora sei que estão e quando querem ser alimentados. Então acho que tenho a maioria das coisas sob controle.

Sou uma pessoa bem reservada. E, para manter a privacidade quando se é tão famoso quanto eu, custa muito dinheiro. É muito, muito difícil, e é uma das razões pela qual tenho de ganhar dinheiro; para manter a minha vida privada. É preciso pagar pela fama – mentalmente, espiritualmente e em dinheiro *de verdade*.

Hoje em dia, mal saio. Já cansei disso. As pessoas chegam querendo tirar foto comigo. Foda-se essa merda. É por isso que quem está sob os holofotes não consegue viver uma vida normal, porque as pessoas enchem o saco. Não é natural. É um dos principais motivos pelo qual não gosto de sair. Mas, quando estou com meus cavalos ou com meus bons amigos, consigo relaxar e não me preocupar com isso. Tenho um cavalo chamado Kara, um chamado Kind of Blue, e outro chamado Gemini, que tem um gênio muito forte, pois tem ascendência árabe. É o que mais gosto de montar. Ele me faz um favor ao me deixar montar nele, porque não monto muito bem. Ainda estou aprendendo, e ele sabe disso. Então, quando faço algo errado, ele só meio que olha para mim como se dissesse: "Que porra *este* filho da puta está fazendo nas minhas costas de novo? Ele não sabe que sou profissional?". Gosto de animais, eu os entendo, e eles me entendem. Já as pessoas? São esquisitas.

Sempre fui capaz de prever as coisas antes de elas acontecerem. Sempre. Acredito que alguns de nós são capazes de prever o futuro. Por exemplo, um dia eu estava nadando no United Nations Plaza Hotel, em Nova York, e havia um cara branco na piscina comigo. De repente, ele me disse: "Adivinhe para onde eu vou?". "Você vai para New Orleans", respondi. E ele ia mesmo! Cara, esse negócio fodeu com a cabeça dele. Ele ficou de cara, olhou para mim de um jeito esquisito e perguntou como eu sabia. Mas eu não tinha como dizer.

Eu simplesmente sabia. Não sei por que e não questiono. Só sei que sempre tive essa habilidade.

Sou um tipo de pessoa instintiva, que vê coisas nas pessoas que os outros não veem. Ouço coisas que os outros não ouvem. Coisas que eles não acham importantes até muitos anos depois, quando enfim veem ou ouvem por conta própria. A essa altura, já estou em outro lugar e me esqueci do que eles estão vendo. Mantenho-me em dia e acima das coisas por ter a habilidade de esquecer do que é desimportante. Se eu não achar importante, tanto faz que as outras pessoas o achem. É só a opinião delas. Eu tenho a minha e, geralmente, confio no que sinto e ouço acima de todo mundo quando se trata de algo a meu respeito e do que estou fazendo.

A música sempre foi a minha vida, e os músicos que conheci, amei e com quem cresci se tornaram minha família. A minha família biológica é minha família por causa dos pais, parentes e sangue. Mas, para mim, família mesmo são as pessoas que associo à minha profissão – outros artistas, músicos, poetas, pintores, dançarinos e escritores – mas não críticos. A maioria das pessoas, ao morrer, deixa o dinheiro que tem aos parentes, primos, tias, irmãs ou irmãos. Mas eu não acredito nisso. Acho que, se você vai deixar alguma coisa, deixe para quem te ajudou a fazer o que você fez. Se os parentes forem essas pessoas, ótimo, mas se não forem, não acredito que devam receber. Veja, eu pensaria em deixar dinheiro a Dizzy, ou Max, ou alguém como eles. Ou a umas duas namoradas que me ajudaram muito. Não quero que achem algum primo meu na Louisiana, ou em algum lugar assim, e lhe dê dinheiro quando eu estiver morto só porque temos o mesmo sangue. Que se foda isso!

Quero compartilhar com as pessoas que me ajudaram ao longo de todas as merdas que passei, que me ajudaram a ser mais criativo – e tive vários períodos criativos muito férteis na vida. O primeiro foi de 1945 a 1949, no início. Depois, quando larguei as drogas, de 1954 a 1960, que foi um baita período para mim, musicalmente falando.

Entre 1964 e 1968 não foi nada mal, mas eu diria que alimentei muitas das ideias musicais de Tony, Wayne e Herbie. O mesmo quando fiz *Bitches Brew* e *Live-Evil*, que foi uma combinação de pessoas e coisas – Joe Zawinul, Paul Buckmaster e outros –, só juntei todo mundo e compus umas coisas. Porém, acho que passo agora pelo meu melhor período criativo, pois estou pintando, compondo e tocando além do que sei.

Não gosto de forçar Deus para cima dos outros, assim como não gosto que o forcem para cima de mim. Porém, se for para ter uma preferência religiosa, acho que escolheria o Islã e eu seria muçulmano. Mas não tenho certeza nem quanto a esta ou qualquer outra religião organizada. Nunca me interessei em usar a religião como muleta, porque, pessoalmente, não gosto de muitas das coisas que ocorrem na religião organizada. Não me parece algo muito espiritual, e, sim, mais a ver com dinheiro e poder. E isso eu não aceito.

No entanto, acredito em espíritos e em ser espiritual. Sempre acreditei. Acredito que meus pais vêm me visitar, bem como todos os músicos que conheci e hoje estão mortos. Quando você trabalha com grandes músicos, eles serão sempre parte de você – gente como Max Roach, Sonny Rollins, John Coltrane, Bird, Diz, Jack DeJohnette, Philly Joe. Sinto muita falta dos que estão mortos, mais ainda à medida que envelheço: Monk, Mingus, Freddie Webster e Fat Girl. Quando penso naqueles que estão mortos, fico bravo, então tento não pensar. Porém, seus espíritos caminham em mim, de forma que eles ainda estão aqui e são passados aos outros. É um negócio espiritual. E parte do que sou hoje são eles. Está tudo em mim, as coisas que aprendi a fazer com eles. A música tem a ver com o espírito, o espiritual e o sentimento. Creio que a música deles ainda esteja por aqui, em algum lugar, saca. Aquilo que tocamos juntos tem de estar em algum lugar no ar, porque a sopramos por aí, e foi um negócio mágico, espiritual.

Eu tinha uns sonhos em que via coisas, como fumaça e nuvens, e minha mente tirava fotos delas. Hoje em dia, faço isso quando acordo de manhã e quero ver minha mãe ou meu pai, ou Trane ou Gil ou Philly, ou quem quer que seja. Só digo a mim mesmo "quero vê-los", e eles estão aqui, e eu falo com eles. Às vezes, quando olho no espelho hoje, vejo meu pai. Isso vem acontecendo desde que ele morreu e escreveu aquela carta. Definitivamente acredito no espírito, mas não penso na morte; há coisas demais para eu me preocupar para pensar nisso.

Para mim, a urgência de tocar e criar música é, atualmente, pior do que quando comecei. É mais intensa. É como uma maldição. Cara, hoje, quando esqueço uma música, fico maluco tentando me lembrar. Sou impetuoso – vou dormir pensando nisso e acordo pensando nisso. Está constantemente comigo. E eu adoro que ela não tenha me abandonado; me sinto muito abençoado.

Hoje, me sinto criativamente forte e percebo que estou me revigorando. Faço exercícios todos os dias, me alimento bem na maior parte do tempo. Às vezes, acabo cedendo à culinária negra, como churrasco, frango frito e *chitlins*; você sabe, coisas que eu não deveria comer – torta de batata doce, ervilha, pé de porco, esses negócios. Mas eu não bebo, não fumo e nem uso mais drogas, exceto as que o meu médico receita para a diabetes. Sinto-me bem, pois nunca me senti tão criativo. Pressinto que o melhor ainda está por vir. Como diz Prince quando fala sobre acertar a batida e entrar na música e no ritmo, vou continuar a "entrar no um", meu irmão, só vou tentar manter minha música entrando no um, de cabeça, todos os dias que eu tocar. No um. Até mais.

posfácio

Embora Miles e eu tenhamos nos conhecido no final dos anos 1960, num clube em São Francisco chamado Both/And, nosso primeiro encontro mais próximo aconteceu em junho de 1985, quando o entrevistei para um artigo publicado em duas partes na revista *Spin*. O artigo, que saiu em novembro e dezembro daquele ano, teve uma boa recepção – até do próprio Miles, que gostou da minha abordagem. Eu simplesmente o deixei falar por si mesmo e expor, sem interrupção, o que ele considerava como fatos importantes de sua vida. Eu deveria escrever cinco mil palavras sobre Miles, mas sua história poderosa desafiou esses parâmetros insignificantes. Meu manuscrito original chegou a 15 mil palavras, e muito do crédito pela prosa fluida e tom ágil daqueles artigos da *Spin* deve ser dado à edição brilhante de Rudy Langlais, então editor executivo.

Trago essa informação porque foi durante essa entrevista com Miles, ao longo de dois dias, que sentimos uma camaradagem um pelo outro pela primeira vez, o que nos levou à parceria neste livro. Miles e eu somos da mesma região do país. Crescemos comendo o mesmo tipo de comida. Ambos amamos música, arte, roupas estilosas, basquete, futebol americano e boxe. Falamos a mesma língua e temos visões de mundo parecidas. Seu primeiro trabalho como músico profissional foi com meu primo, Eddie Randle. Algum espírito estava olhando por mim. Quando perguntaram a Miles por que ele me escolheu para escrever este livro, ele disse: "Gosto do jeito como ele escreve, ele é preto e é de St. Louis".

O livro surgiu depois de incontáveis horas de entrevista, não só com Miles, mas com muitos que o conheceram intimamente e outros que não. Boa parte da história foi contada a mim por Miles em Malibu, Los Angeles, Nova York e na Europa, enquanto eu ouvia e, sem interromper, fazia anotações rápidas. Miles detesta microfones na cara (uma das razões pela qual ele prende um microfone minúsculo ao trompete quando se apresenta). Porém, depois de uns três meses, ele relaxou quanto às gravações, mesmo quando almoçávamos ou jantávamos juntos. Eram nesses momentos que se revelava mais, me dizia tudo o que eu precisava saber e outras coisas que eu não precisava. Algumas coisas ditas por ele eram tão explosivas que, no fim, tivemos de cortar do livro por motivos legais.

Miles não é o tipo de pessoa que se preocupa em sanitizar a própria imagem. Prefere dizer o que tem de dizer, expressar seus sentimentos verdadeiros, mesmo que isso magoe os outros ou a ele mesmo. Passei a admirar sua honestidade e franqueza. O Miles Davis deste livro é tão duro e crítico consigo mesmo quanto com os outros – às vezes até mais. Tem um senso de humor autodepreciativo que lhe permite rir de si mesmo. Sua força de vontade é de ferro, e ele tem uma humildade rara e maravilhosa quando se trata de sua própria arte, sua contribuição para a história da música e seus equivalentes. Miles dá o devido louvor a quem merece, quando merece, e também pode ser brusco, e essa brusquidão leva alguns a temê-lo e desgostar dele.

As pessoas tendem a reações extremas a Miles como músico e a Miles como homem, e, às vezes, a linha entre esses dois Miles é tênue. As reações a esta autobiografia, por exemplo, foram predominantemente positivas, embora alguns críticos tenham optado por avaliar não o livro, mas a moral e o comportamento de Miles. Parte das críticas teve a ver com a linguagem vulgar, mas é assim que Miles fala na vida real, e foi esta a forma que ele decidiu falar no papel. Se tivéssemos higienizado a linguagem do livro, a voz de *Miles* não soaria tão autêntica. Assim, decidimos correr o risco calculado de ofender os melindrosos no intuito de preservar a verdadeira voz dele.

Miles fala numa linguagem tonal, à maneira dos africanos continentais e dos afro-americanos do Sul dos EUA. Por linguagem tonal, quero dizer que a mesma palavra pode ter diferentes significados de acordo com o tom e o timbre de voz, com o jeito com que é falada. Por exemplo, Miles pode usar *filho da puta* para elogiar alguém ou simplesmente como pontuação. Em todo caso, a voz que você ouve no livro é verdadeiramente de Miles, e, se eu não a tivesse transcrito como tal, teria fracassado em minha tarefa. É a história dele, o livro dele, e eu não tentei fazê-los de outra forma. Além disso, quando ouço Miles falar, ouço meu pai e muitos outros homens afro-americanos de sua geração. Cresci ouvindo esses homens em esquinas, barbearias, estádios, ginásios e bares pé-sujo. É um estilo de fala que tenho orgulho e gratidão por ter documentado.

Quincy Troupe
Nova York
1990

agradecimentos

Há muita, muita gente que deu seu tempo e suas informações para ajudar a tornar este livro possível, e os autores gostariam de agradecer por essa assistência sem preço. Hugh Masekela; Max Roach; Peter Shukat; Gordon Meltzer; Herbie Hancock; Wayne Shorter; Ron Carter; Tony Williams; Gil Evans; Dr. Bill Cosby; Jimmy Heath; Sonny Rollins; Ricky Wellman; Kenny Garrett; Jim Rose; Darryl Jones; Vince Wilburn Jr.; Vince Wilburn Sr.; Dorothy Davis Wilburn; Frances Taylor Davis; Eugene Redmond; Millard Curtis; Frank Gully; Sr. e Sra. Red Bonner; Edna Gardner; Bernard Hassell; Bob Holman; Gary Giddins; Jon Stevens; Risasi; Yvonne Smith; Jason Miles; Milt Jackson; Pat Mikell; Howard Johnson; Dizzy Gillespie; Anthony Barboza; a revista *Spin*; Bob Guccione Jr.; Bart Bull; Rudy Langlais; Art Farmer; Marcus Miller; Branford Marsalis; Dr. George Butler; Sandra Trim-DaCosta; Verta Mae Grosvenor; David Franklin; Michael Warren; Michael Elam; Judith Mallin; Eric Engles; Raleigh McDonald; Olu Dara; Hamiett Bluiet; Lester Bowie; Dr. Leo Maitland; Eddie Randle Sr.; Roscoe Lee Browne; Freddie Birth; Elwood Buchanan; Jackie Battle; Charles Duckworth; Adam Holzman; George Hudson; James Baldwin; David Baldwin; Gloria Baldwin; Oliver Jackson; Joe Rudolph; Ferris Jackson; Deborah Kirk; Kwaku Lynn; Mtume; Monique Clesca; Odette Chikel; Jo Jo; Walter e Teresa Gordon; Charles Quincy Troupe; Evelyn Rice; Gilles Larrain; Ishmael Reed; Lena Sherrod; Richard Franklin; George Tisch; Pat Cruz; o Studio Museum no Harlem; o hotel Montana e seus funcionários em Porto Príncipe, Haiti; Mammie Anderson; Craig Harris; Amiri

Baraka; Donald Harrison; Terence Blanchard; Benjamin Rietveld; Kei Akagi; Joseph Foley McCreary; Mickey Bass; Steve Cannon; Peter Bradley; George Coleman; Jack DeJohnette; Sammy Figueroa; Marc Crawford; John Stubblefield; Greg Edwards; Alfred "Junie" McNair; Thomas Medina; George Faison; James Finney; Robben Ford; Nelson George; Bill Graham; Mark Rothbaum; Lionel Hampton; Beaver Harris; Sr. e Sra. Lee Konitz; Tommy LiPuma; Harold Lovett; Ron Milner; Herb Boyd; Jackie McLean; Steve Rowland; Steve Ratner; Arthur e Cynthia Richardson; Billie Allen; Chip Stern; Dr. Donald Suggs; Milan Simich; Clark Terry; Arthur Taylor; Alvin "Laffy" Ward; Terrie Williams; Sim Copans; Joe Overstreet; Ornette Coleman; Rev. Calvin Butts; C. Vernon Mason; James Brown; Adger Cowans; Susan DeSandes; Clayton Riley; Leonard Fraser; Paula Giddings; John Hicks; Keith Jarrett; Ted Joans; Patti LaBelle; Stewart Levine; Sterling Plumpp; Lynell Hemphill; Fred Hudson; Leon Thomas; Dr. Clyde Taylor; Chinua Achebe; Derek Walcott; August Wilson; Rita Dove; Danny Glover; Terry McMillen; Nikki Giovanni; Asaki Bomani; juiz Bruce Wright; Ed Williams; Abbey Lincoln (Aminata Moseka); K. Curtis Lyle; David Kuhn; Jack Chambers; Eric Nisenson; lan Carr; Luciano Viotto; e muitos outros, numerosos demais para mencionar, mas que contribuíram com informações que ajudaram na realização deste livro.

Agradecimentos especiais à agente de Quincy, Marie Dutton Brown, pela assistência inestimável e leitura atenta do manuscrito; e ao assistente dela, B. J. Ashanti, por ajudar a coordenar este difícil projeto. Os autores também estendem agradecimentos especiais a Mabusha Masekela, sobrinho de Hugh, que numa noite leu o manuscrito inteiro e contribuiu com informações pertinentes e críticas úteis. Os autores gostariam de agradecer ainda ao pessoal da Simon & Schuster, especificamente Julia Knickerbocker, Karen Weitzman, Virginia Clark e aos grandes e sempre acolhedores editores, Bob Bender e Malaika Adero, que levaram a ideia do livro para a Simon & Schuster. Os agradecimentos também vão para Fay Bellamy, Pamela Williams e Cynthia Simmons, que assumiram a tarefa extremamente dura de transcrever as entrevistas gravadas e fizeram um trabalho excepcional. Por fim, os autores gostariam de agradecer e reconhecer as contribuições da esposa de Quincy, Margaret Porter Troupe, que leu o manuscrito diversas vezes, fornecendo ótimas críticas e apoio moral inestimável.

discografia

The Complete Savoy Studio Session, Charlie Parker, Savoy, Nova York, novembro de 1945.

Yardbird in Lotus Land, Charlie Parker, Spotlite, Los Angeles, fevereiro/março de 1946.

Charlie Parker on Dial, Vol. 1, EMI, Hollywood, março de 1946.

Jazz Off the Air, Vol. 3, Benny Carter and His Orchestra (1944-1948), Spotlite, Los Angeles, maio/junho de 1946.

The Legendary Big Bop Band, Billy Eckstine and His Orchestra, National, Los Angeles, setembro de 1946.

The First Big Bop Band, Billy Eckstine Orchestra, National, Los Angeles, outubro de 1946.

Boppin' the Blues, Black Lion, Hollywood, outubro de 1946.

Illinois Jacquet and His Tenor Sax, Aladdin, Nova York, março de 1947.

The Complete Savoy Studio Session, Charlie Parker All Stars, Savoy, Nova York, maio de 1947.

A Date with Greatness, Coleman Hawkins, Howard McGee & Lester Young, Imperial, Nova York, junho de 1947.

The Complete Savoy Studio Session, Miles Davis All Stars, Savoy, Nova York, agosto de 1947.

Charlie Parker *on Dial, Vol. 4*, EMI (Dial), Nova York, outubro de 1947.

Charlie Parker on Dial, Vol. 5, EMI (Dial), Nova York, novembro de 1947.

Charlie Parker *on Dial, Vol. 6*, EMI (Dial), Nova York, dezembro de 1947.

The Complete Savoy Studio Session, Savoy, Detroit, dezembro de 1947.

Charlie Parker Quintet, gravação particular (não lançada), Chicago, janeiro de 1948.

The Band That Never Was, Gene Roland Band com Charlie Parker, Spotlite, Nova York, março de 1948.

Bird on 52nd Street, Debut, Nova York, primavera de 1948.

Parker on the Air, Vol. 1, Charlie Parker, Everest, Nova York, setembro de 1948.

Bird at the Roost, Vol. 1, Savoy, Nova York, setembro de 1948.

Miles Davis Nonet, Cicala, Nova York, setembro de 1948.

The Complete Savoy Studio Session, Charlie Parker All Stars, Savoy, Nova York, 18 de setembro de 1948.

Bird Encores, Vol. 2, Charlie Parker, Savoy, Nova York, setembro de 1948.

Hooray for Miles, Vol. 1, ao vivo (não lançado), Nova York, setembro de 1948.

Bird's Eyes, last unissued, Vol. 1, Charlie Parker Quintet, Philology, Nova York, outono de 1948.

Charlie Parker Broadcast Performances, Vol. 1, 2, ESP Birch, Nova York, dezembro de 1948.

Bird at the Roost, Vol. 1, Charlie Parker, Savoy, Nova York, dezembro de 1948.

From Swing to Bebop, The Metronome All Stars, RCA, Nova York, janeiro de 1949.

The Complete Birth of the Cool, EMI (Capitol), Nova York, janeiro de 1949.

Strictly Rebop, Tadd Dameron and His Orchestra, Capitol, Nova York, abril de 1949.

Bebop Professor, EMI (Capitol), Nova York, abril de 1949.

The Complete Birth of the Cool, EMI (Capitol), Nova York, abril de 1949.

In Paris Festival International De Jazz, May 1949, The Miles Davis/ Tadd Dameron Quintet, CBS, Paris, maio de 1949.

Sensation '49 – A Document from the Paris Jazz Festival 1949, Miles Davis/ Tadd Dameron Quintet, Phontastic Nost, Paris, maio de 1949.

Bird in Paris, Jam Session, Spotlite, Paris, maio de 1949.

Stars of Modern Jazz Concert at Carnegie Hall, IAJRC, Nova York, dezembro de 1949.

A Very Special Concert Featuring Stan Getz, King of Jazz, Nova York, fevereiro de 1950.

Gene Roland Band Featuring Charlie Parker, *The Band That Never Was*, Spotlite, Nova York, março de 1950.

Summertime, Sarah Vaughan com a banda de Jimmy Jones, CBS, Nova York, maio de 1950.

Sarah Vaughan in Hi-Fi, CBS, Nova York, maio de 1950.

At Birdland, Cicala, Nova York, maio de 1950.

Live, (Beppo/não lançado), Birdland, Nova York, junho de 1950.

Live Broadcast, (Bird Box), Birdland, Nova York, junho de 1950.

Live Broadcast, Miles Davis All Stars (não lançado), Nova York, janeiro de 1951.

Swedish Schnapps/The Genius of Charlie Parker, Vol. 8, Verve, Nova York, janeiro de 1951.

Miles Davis and Horns, Prestige, Nova York, janeiro de 1951.

Sonny Rollins with the Modern Jazz Quartet, Prestige, Nova York, janeiro de 1951.

Capitol Jazzmen, Metronome All Stars, EMI (Capitol), Nova York, janeiro de 1951.

Miles Davis All Stars, Broadcast (não lançado), Nova York, março de 1951.

Conception/Lee Konitz, Prestige, Nova York, março de 1951.

Miles Davis All Stars, Broadcast, Ozone 7, Nova York, junho de 1951.

Miles Davis All Stars, Broadcast, Ozone 7, Nova York, setembro de 1951.

Miles Davis All Stars, Prestige, Nova York, outubro de 1951.

Dig, Prestige, Nova York, outubro de 1951.

Live at the Barrel, Vol. 1, 2, Jimmy Forrest/Miles Davis, Prestige, St. Louis, primavera de 1952.

Miles Davis and His All Stars, Broadcast, Ozone 8, Nova York, maio de 1952.

Miles Davis, Vol. 1, 2, EMI (Blue Note), Nova York, maio de 1952.

Women in Jazz, Swing to Modern, Vol. 3, Stash, Manhattan, maio de 1952.

Miles Davis, Prestige, Nova York, janeiro de 1953.

Bird Meets Birks, EMI (Mark Gardner), Birdland, Nova York, janeiro de 1953.

Collector's Item, Prestige, Nova York, janeiro de 1953.

Miles Davis, Prestige, Nova York, fevereiro de 1953.

Miles Davis, Vol. 1, 2, Blue Note, Nova York, abril de 1953.

Blue Haze, Prestige, Nova York, maio de 1953.

Making Wax, Chakra, Nova York, maio de 1953.

Dizzy Gillespie All Stars, Broadcast (Bird Box), Nova York, junho de 1953.

At Last! Miles and the Lighthouse All Stars, ao vivo, Contemporary, Hermosa Beach, CA, setembro de 1953.

Miles Davis, Vol. 2, Blue Note, Nova York, março de 1954.

Miles Davis Quartet, Prestige, Hackensack, NJ, março de 1954.

Miles Davis Quintet, Prestige, Hackensack, NJ, abril de 1954.

Walkin'/Miles Davis All Stars, Prestige, Hackensack, NJ, abril de 1954.

Miles Davis All Stars Sextet, Prestige, Hackensack, NJ, junho de 1954.

Bags' Groove, Prestige, Hackensack, NJ, junho de 1954.

Miles Davis Quintet, Prestige, Hackensack, NJ, junho de 1954.

Miles Davis Quintet, Prestige, Hackensack, NJ, dezembro de 1954.

Miles Davis and the Modern Jazz Giants, Prestige, Hackensack, NJ, dezembro de 1954.

Workin' with the Miles Davis Quintet, Prestige, Hackensack, NJ, maio de 1955.

The Musing of Miles, Prestige, Hackensack, NJ, junho de 1955.

Miles Davis Quartet, Prestige, Hackensack, NJ, junho de 1955.

Blue Moods, Miles Davis Quintet, Debut, Nova York, julho de 1955.

Miles Davis Sextet, Prestige, Hackensack, NJ, agosto de 1955.

Miles Davis and Milt Jackson, Prestige, Hackensack, NJ, agosto de 1955.

Circle in the Round, CBS, Nova York, outubro de 1955.

'Round About Midnight, Columbia (CBS), Nova York, outubro de 1955.

Miles Davis Quintet and Sextet, CBS, Nova York, outubro de 1955.

Miles/The New Miles Davis Quintet, Prestige, Nova York, novembro de 1955.

Unreleased Performances, Miles Davis, Teppa, Filadélfia, PA, dezembro de 1955.

Miles Davis, Miles Davis, Pirate Edition, Nova York, dezembro de 1955.

Miles Davis Quintet, Prestige, Hackensack, NJ, março de 1956.

Steamin' with the Miles Davis Quintet, Prestige, Hackensack, NJ, maio de 1956.

Relaxin' with the Miles Davis Quintet, Prestige, Hackensack, NJ, maio de 1956.

'Round About Midnight, Columbia, Nova York, junho/setembro de 1956.

Basic Miles, Columbia, Nova York, setembro de 1956.

Music for Brass, The Brass Ensemble of the Jazz and Classical Music Society, CBS, Nova York, outubro de 1956.

Cookin' with the Miles Davis Quintet, Prestige, Hackensack, NJ, outubro de 1956.

Facets, Columbia, Nova York, outubro de 1956.

Miles Davis Quintet, Prestige, Hackensack, NJ, outubro de 1956.

Lester Meets Miles, MJQ and Jack Teagarden All Stars, Unique Jazz, transmissão de TV, Stadthalle, Friburgo, Alemanha, novembro de 1956.

Miles Ahead, Columbia, Nova York, maio de 1957.

Makin' Wax, ao vivo, não lançado/Ozone 18, Chakra, Nova York, julho de 1957.

Miles Davis Quintet, Bandstand USA, Nova York, julho de 1957.

Extraits de Concerts Inedits, René Urtreger en Concerts, Carlyne, Paris, novembro de 1957.

L'Ascenseur pour L'Échafaud, Fontana, Paris, dezembro de 1957.

Somethin' Else, Julian "Cannonball" Adderley, Blue Note, Nova York, março de 1958.

Alison's Uncle, Cannonball Adderley, Blue Note, Nova York, março de 1958.

Miles Davis Quintet, Bandstand USA, Nova York, abril de 1958.

Milestones, Columbia (CBS), Nova York, abril de 1958.

1958 Miles, CBS, Nova York, maio de 1958.

Makin' Wax, Chakra, Nova York, maio de 1958.

Jazz Track, Columbia, Nova York, maio de 1958.

Circle in the Round, CBS, Nova York, maio de 1958.

Le Grand Jazz, Michel Legrand, Philips, Nova York, junho de 1958.

Miles and Monk at Newport, Columbia, Newport, RI, julho de 1958.

Newport Jazz Festival: Live, (destaques de 1956, 1958, 1963, não lançado), CBS, Newport, RI, julho de 1958.

Newport Jazz 1958-59, Artisti Vari, Newport, RI, julho de 1958.

Porgy and Bess, Columbia, Nova York, julho/agosto de 1958.

Jazz at the Plaza, Vol. 1, Columbia, Nova York, setembro de 1958.

Miles Davis Sextet, Bandstand USA, Washington, DC, novembro de 1958/fevereiro de 1959.

Kind of Blue, CBS, Nova York, março/abril de 1959.

All Stars and Gil Evans, Ozone 18, Nova York, abril de 1959.

Sketches of Spain, Columbia (CBS), Nova York, novembro de 1959/ março de 1960.

Directions, CBS, Nova York, março de 1960.

Live in Stockholm, Miles Davis e John Coltrane, Dragon, Estocolmo, março de 1960.

Quintet Live, Miles Davis e John Coltrane, Unique Jazz, Scheveningen, Holanda, abril de 1960.

Live in Stockholm, 1960, Miles Davis e Sonny Stitt, Dragon, Estocolmo, outubro de 1960.

Someday My Prince Will Come, Columbia, Nova York, março de 1961.

Circle in the Round, CBS, Nova York, março de 1961.

Miles Davis: In Person Friday and Saturday Nights at the Blackhawk, Columbia, São Francisco, abril de 1961.

Blue Christmas, CBS, São Francisco, abril de 1961.

Directions, CBS, São Francisco, abril de 1961.

Miles Davis at Carnegie Hall, Columbia, Nova York, maio de 1961.

Live Miles, CBS, Nova York, maio de 1961.

Miles Davis at Carnegie Hall, Columbia, Nova York, julho de 1961.

Quiet Nights, Columbia, Nova York, julho de 1962.

Blue Christmas, CBS, Nova York, agosto de 1962.

Sorcerer, CBS, Nova York, agosto de 1962.

Facets, Vol. 1, CBS, Nova York, agosto de 1962.

Seven Steps to Heaven, Columbia, Los Angeles, abril de 1963.

Directions, CBS, Los Angeles, abril de 1963.

Miles in St. Louis, VGM, St. Louis, junho de 1963.

Miles Davis in Europe, Columbia, Antibes, França, julho de 1963.

Four and More Recorded Live in Concert, Columbia, Nova York, fevereiro de 1964.

My Funny Valentine, Columbia, Nova York, fevereiro de 1964.

Miles in Tokyo, CBS, Tóquio, julho de 1964.

Paris, France, Heart Note, Paris, outubro de 1964.

E.S.P., Columbia, Los Angeles, janeiro de 1965.

Sorcerer, CBS, Nova York, maio de 1965.

Miles Davis at the Plugged Nickel, Vol. 1, Columbia, Chicago, dezembro de 1965.

Miles Davis at the Plugged Nickel, Vol. 2, Columbia, Chicago, dezembro de 1965.

Gingerbread Boy – at Portland State College, Columbia, maio de 1966.

Miles Smiles, Columbia, Nova York, outubro de 1966.

Directions, CBS, Hollywood, maio de 1967.

Nerfertiti, CBS, Nova York, junho de 1967.

Water Babies, CBS, Nova York, junho de 1967.

Circle in the Round, CBS, Nova York, dezembro de 1967.

Directions, CBS, Nova York, dezembro de 1967.

Miles in the Sky, Columbia, Nova York, janeiro de 1968.

Circle in the Round, Columbia, Nova York, janeiro/fevereiro de 1968.

Filles de Kilimanjaro, Columbia, Nova York, junho de 1968.

Water Babies, CBS, Nova York, novembro de 1968.

Circle in the Round, CBS, Nova York, novembro de 1968.

Directions, CBS, Nova York, fevereiro de 1969.

In a Silent Way, CBS, Nova York, agosto de 1969.

Bitches Brew, CBS, Nova York, novembro de 1969.

Big Fun, Columbia, Nova York, novembro de 1969.

Isle of Wight, CBS, Nova York, novembro de 1969.

Circle in the Round, CBS, Nova York, janeiro de 1970.

Live-Evil, Columbia, Nova York, fevereiro de 1970.

Directions, CBS, Nova York, fevereiro de 1970.

Big Fun, Columbia, Nova York, março de 1970.

Jack Johnson, Columbia, Nova York, abril de 1970.

Black Beauty – Miles Davis at Fillmore West, CBS, São Francisco, abril de 1970.

Get Up With It, Columbia, Nova York, maio de 1970.

Directions, CBS, Nova York, maio de 1970.

Miles Davis at Fillmore East, Columbia, Nova York, junho de 1970.

Hooray for Miles Davis, Vol. 3, Session Disc, Philharmonic Hall, Nova York, novembro de 1971.

On the Corner, Columbia, Nova York, junho de 1972.

Big Fun, Columbia, Nova York, junho de 1972.

Isle of Wight, CBS, Nova York, julho de 1972.

Miles Davis in Concert, CBS, Nova York, setembro de 1972.

Isle of Wight, CBS, Nova York, setembro de 1973.

Get Up With It, Columbia, Nova York, setembro de 1973.

Dark Magus, Columbia, Nova York, março/junho de 1974.

Agharta, CBS, Osaka, fevereiro de 1975.

Pangea, CBS/Sony, Osaka, fevereiro de 1975.

The Man With The Horn, CBS, Nova York, 1980.

We Want Miles, CBS, Live, Boston, junho de 1981.

Star People, CBS, Nova York, final de 1982.

Decoy, CBS, Nova York, setembro/outubro de 1983.

You're Under Arrest, CBS, Nova York, maio de 1985.

High Energy Rhythm Attack, ao vivo, edição particular, Hamburgo, 1986.

Tutu, Warner, Nova York, 1986.

Music from "Siesta", Warner, Nova York/Hollywood, fevereiro de 1987.

Amandla, Warner, Nova York, agosto de 1989.

Aura, Columbia, Dinamarca, setembro de 1989.

Discos lançados após a primeira edição deste livro:
(não inclui compilações e box sets)

Doo-Bop, Warner, Nova York, janeiro/fevereiro de 1991.

Miles in Paris, Warner, Paris, novembro de 1989. Lançado em 1991.

Dingo, Miles Davis e Michel Legrand, Warner, Los Angeles, março de 1990. Lançado em 1991.

Miles! Miles! Miles!, SME, Tóquio, 1981. Lançado exclusivamente no Japão em 1992.

Miles & Quincy: Live at Montreux, Miles Davis e Quincy Jones, Warner, Casinò, Montreux, 1991. Lançado em 1993.

1969 Miles – Festival de Juan-les-Pins, Juan-les-Pins, Antibes, França, 1969. Lançado em 1993.

Live Around the World, Warner, 1988/1991. Lançado em 1996.

At Newport 1958, Columbia, Newport, RI, julho de 1958. Lançado em 2001.

Live at the Fillmore East, March 7, 1970: It's About Time, Columbia/Legacy, Nova York, março de 1970. Lançado em 2001.

The Complete Blackhawk, Sony International/Columbia/Legacy, abril de 1961. Lançado em 2003.

Birdland 1951, Blue Note, Nova York, fevereiro/setembro de 1951. Lançado em 2004.

Live at the 1963 Monterey Jazz Festival, Monterey Jazz Festival Records, Monterey, CA, setembro de 1963. Lançado em 2007.

Bitches Brew Live, Sony/Legacy, julho de 1969 (Newport), agosto de 1970 (Ilha de Wight). Lançado em 2011.

Rubberband, Rhino/Warner, 1985. Lançado em 2019.

créditos das fotos

1 – Faculdade de Odontologia da Northwestern University
2-4 – Edna Gardner
5-8 – Lester Glassner Collection (LGC)
9 – UPI/Bettmann Newsphotos
10-11 – LGC
12-14 – Frank Driggs Collection (FDC)
15 – UPl/Bettmann Newsphotos
16 – LGC
17 – LGC
18 – William P. Gottlieb/Retna
19 – W. P. Gottlieb/Retna
20 – W. P. Gottlieb/Retna
21 – FDC/Magnum
22 – W. P. Gottlieb/Retna
23 – FDC
24 – W. P. Gottlieb/Retna
25 – Carole Reiff © 1985, 1987 por Hal e Florence Reiff
26-33 – FDC
34 – LGC
35 – FDC
36 – UPl/Bettmann Newsphotos
37-40 – FDC
41 – LGC
42 – Carole Reiff © etc.
43 – LGC
44 – Michael Putland/Retna
45 – Carole Reiff © etc.
46 – FDC
47 – LGC
48 – Teppei Inokuchi
49 – Carole Reiff © etc.
50 – FDC

51 – David Redfern/Retna
52 – FDC
53 – FDC
54 – CBS Records
55-56 – FDC
57 – CBS Records
58 – CBS Records
59 – Carole Reiff © etc.
60 – UPl/Bettmann Newsphotos
61 – New York Daily News
62-67 – CBS Records
68 – (não consta)
69 – FDC
70 – Teppei Inokuchi
71-73 – CBS Records
74 – Frans Schellekens/Redken
75 – David Redfern/Retna
76 – FDC
77 – CBS Records
78 – UPl/Bettmann Newsphotos
79 – Joel Axelrad/Retna
80 – David Ellis/Retna
81 – CBS Records
82-83 – FDC
84 – CBS Records
85-86 – FDC
87 – Spencer Richards
88 – Anthony Barboza
89 – Bob Peterson/Life Magazine © Time Inc.
90 – CBS Records
91 – Teppei Inokuchi
92 – Spencer Richards
93 – Noel Rutdu/Gamma-Liaison
94-95 – Teppei Inokuchi
96 – David Gahr
97 – Radio City Music Hall
98-100 – Risasi-Zachariah Dais
101 – UPl/Bettmann Newsphotos
102 – UPl/Bettmann Newsphotos
103 – Jon Stevens
104-105 – (não consta)
106-107 – Teppei Inokuchi
108 – Warner Bros. Records. Foto de Irving Penn
109 – Warner Bros. Records
110 – Teppei Inokuchi
111 – Spencer Richards

2022 - 1 reimpressão
Este livro foi composto em Adobe Caslon e impresso em pólen bold 80 g pela gráfica Impress, em janeiro de 2024.

1

Meu pai, Miles Dewey Davis, na foto de formatura em Odontologia na Northwestern University.

2

Minha mãe, Cleota Henry Davis, era uma mulher maravilhosa e uma boa pianista de blues.

3

Eu, à esquerda, com minha irmã, Dorothy, meu irmão, Vernon, e minha mãe.

4

Eu, na época em que comecei a tocar trompete.

5

Algumas das imagens de gente preta que eu combateria ao longo da minha carreira: eu adorava Satchmo (5), mas não suportava aqueles sorrisões forçados que ele dava. Beulah (6), Buckwheat (7) e Rochester (8) influenciaram as atitudes de gente branca demais em relação aos pretos.

7

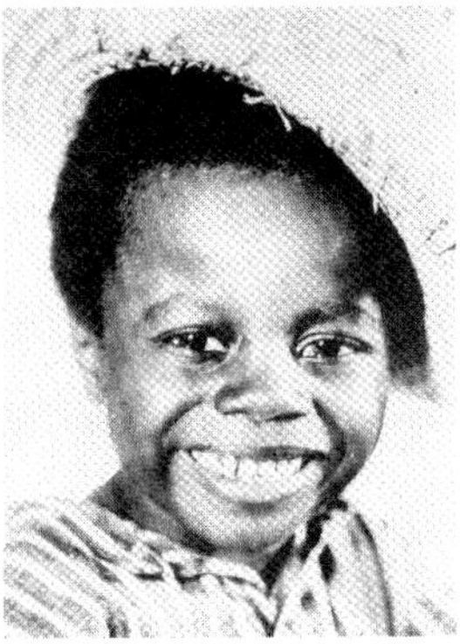

6

8

9

Meu pai admirava Marcus Garvey pela forma como ele levou a gente preta a se unir.

10

Billy Eckstine, "Mr. B". Tocar na banda de B em St. Louis foi a maior emoção musical da minha vida.

11

Dizzy Gillespie. Dizzy era o trompetista de B e meu ídolo. Nós nos tornamos e permanecemos grandes amigos.

12

Meu primeiro trabalho como músico profissional, com os Blue Devils de Eddie Randle – a Rhumboogie Orchestra –, em St. Louis, em 1944. Estou na fileira de trás, na ponta direita.

13

Clark Terry era o trompetista mais conhecido de St. Louis. Ele me ajudou quando eu estava começando.

14

Charlie Christian tocava guitarra como um trompete e influenciou o meu jeito de tocar.

15

16

17

Algumas outras influências minhas: Nat "King" Cole (15), Frank Sinatra (16) e Orson Welles (17). Os três foram inventivos na forma de tocar, cantar e falar.

O maior clube de jazz de Nova York, o Minton's Playhouse, no Harlem. O bebop nasceu no Minton's antes de o clube descer para a 52nd Street. Thelonious Monk, à esquerda, foi um dos grandes pioneiros do bebop; me lembro do quão feliz eu fiquei quando ele me disse que eu finalmente tinha aprendido a tocar "'Round Midnight".

18

19

A 52nd Street na era do bebop. Nunca veremos nada como aquilo de novo. Os grupos de Bird tocavam com frequência no Three Deuces. No palco, somos Tommy Potter no baixo, Bird, eu e Duke Jordan no piano. Não é possível ver Max Roach na bateria, mas ele estava sempre lá, cuidando do tempo.

20

21

22

Entre uma *gig* e outra com Bird, eu toquei com outros grandes músicos, como Coleman Hawkins. Assim como Bird e eu, Bean era do Meio-Oeste; talvez fosse por isso que nos déssemos tão bem.

23

"Billie's Bounce", antiga gravação da Savoy que fiz com Bird como parte dos Reboppers.

Max Roach e eu éramos como irmãos quando tocamos com Bird.

24

25 Bud Powell tocou comigo em alguns dos grupos de Bird. Era uma pessoa maravilhosa e um filho da puta no piano.

26

Depois que toquei com Bird, minha reputação aumentou, e eu montei um grupo chamado Miles Davis All Stars. Bird e eu ainda tocávamos juntos, mas, às vezes, eu liderava a banda porque ele tinha se tornado muito inconsistente.

27

Com Fats Navarro (à esquerda) e Kai Winding. Substituí "Fat Girl" no grupo de Tadd Dameron quando Fats virou *junkie* e não conseguia mais tocar.

28

Dexter Gordon. Foi Dexter quem me deu o toque sobre a importância de se vestir bem. Eu o considerava o camarada mais estiloso do pedaço.

29

Sonny Stitt foi a minha primeira escolha para o saxofone alto nas sessões de *Birth of the Cool*. Sonny tocava de um jeito muito parecido com o de Bird e, assim como ele, tinha um vício pesado em heroína.

31

30

Birth of the Cool. Gravamos "Budo" para a Capitol (31) na sessão fotografada abaixo, em janeiro de 1949 (32). Essa gravação juntou caras como Gerry Mulligan, Lee Konitz e Kai Winding. Al Haig tocou piano (33). Eu estava me afastando do som complexo do bebop, e Gil Evans, que fez os arranjos dessa sessão, era fortemente influenciado por Duke Ellington (34).

32

33

34

35

36

38

Saí do país pela primeira vez com o grupo que Tadd Dameron (fotografado aqui com Sarah Vaughan, 35) e eu levamos a Paris, em 1949. Lá, conheci Juliette Gréco (36), que ia me ouvir o tempo todo, e nós nos apaixonamos. Kenny Dorham (abaixo, 37) foi o trompetista que me substituiu quando enfim saí da banda de Bird. Kenny Clarke, "Klook", como o chamávamos (à direita, 38), foi o baterista da nossa banda na França, onde todas essas fotos foram tiradas.

37

39

Jam session no Bob City, em São Francisco, 1951. Estou ao fundo, mais para a direita, abaixando a cabeça. Talvez estivesse estudando a técnica de Dizzy ao piano. Na frente, de gravata listrada, meu camarada Jimmy Heath.

Apresentação no clube Hi Hat, em Boston. Estou tocando trompete, é claro, e o cara ao microfone é Symphony Sid, filho da puta de quem nunca gostei.

40

41

As primeiras-damas do jazz. Billie Holiday (41) estava perto do fim da carreira quando a conheci, mas eu adorava ouvi-la. Ella Fitzgerald (42) era incomparável. Sarah Vaughan (43) cantou com a banda de B, mas não na mesma época em que toquei. Também era ótima.

42

43

44

Ahmad Jamal. Foi minha irmã, Dorothy, que me apresentou a música de Ahmad. Eu adorava a leveza e a sutileza dele. Teve uma influência tremenda no meu jeito de tocar.

45

Sonny Rollins. Um grande saxofonista. Andávamos muito juntos no Harlem quando eu era *junkie*.

46

Jackie McLean. Foi o meu principal parceiro de droga nos piores anos do meu vício, no início da década de 1950. Jackie, Sonny e eu tocávamos juntos no Miles Davis All Stars, grupo que eu tinha na época.

Eu adorava boxeadores, e Sugar Ray Robinson foi o maior que já vi. Eu frequentava seu clube no Harlem. Disse a ele que larguei o vício inspirado na disciplina dele.

47

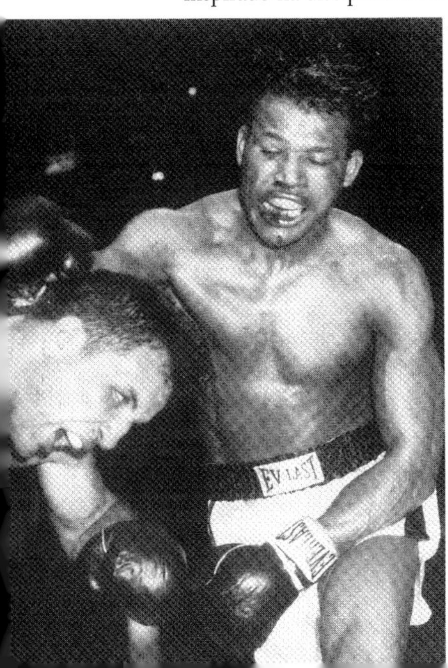

Eu gostava de lutar boxe, mas, quando Bobby McQuillen, que era meu treinador, me disse que eu era um lutador lamentável por causa do vício, decidi largar.

48

49

51

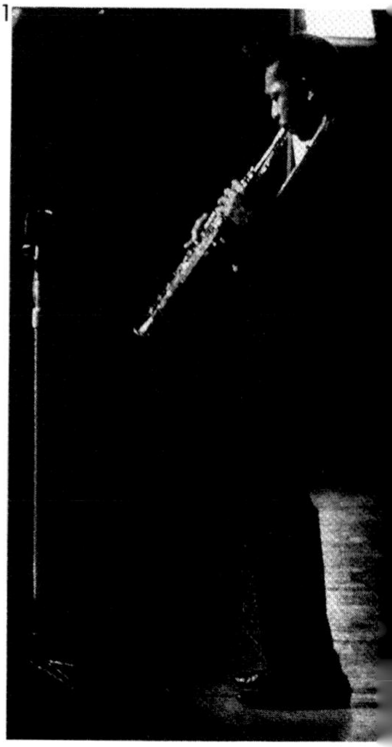

50

Acho que não há nenhum grupo com dois saxofonistas que se possam comparar com Cannonball Adderley (49) e John Coltrane (50, 51). Na foto abaixo (52), Trane, Cannonball e eu com o pianista Bill Evans.

52

53

54

Philly Joe Jones (53) foi o baterista em *Milestones* (54), e o som desse quinteto era ótimo. Eu soube que tínhamos algo especial quando ouvi esse disco. Os outros membros, além de Trane, eram o baixista Paul Chambers (55) e o pianista Red Garland (56).

55

56

57

Nas gravações de *Kind of Blue*, eu levei esboços musicais. Não escrevi partituras porque queria espontaneidade.

58

Depois de uma longa temporada de verão no Café Bohemia em 1956, retornamos ao estúdio e gravamos "'Round Midnight". A música entrou no álbum *'Round About Midnight*.

59

Charles Mingus foi um dos melhores baixistas e um grande compositor. Assim como eu, ele era inovador e estava em constante mudança – e não tinha papas na língua.

60

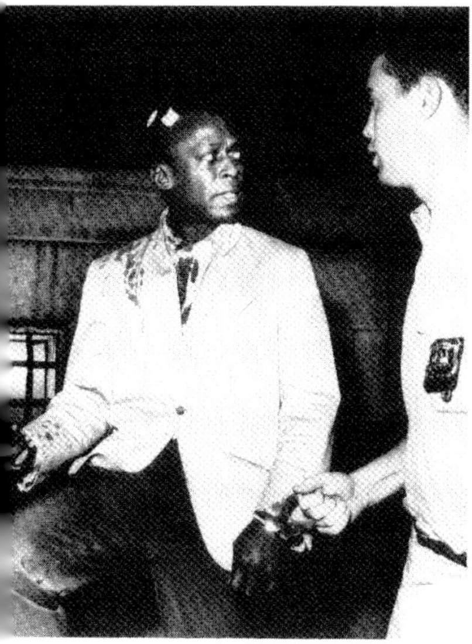

Na frente do Birdland, quando um policial branco me disse para sair dali. Recusei e acabei com a cabeça sangrando e uma acusação de resistência à prisão.

61

Eu, saindo da cadeia. Estou com minha esposa, Frances, e meu advogado, Harold Lovett.

63

62

Uma composição chamada "Concierto de Aranjuez", de Joaquín Rodrigo, foi a gênese para o álbum *Sketches of Spain*, que Gil Evans e eu fizemos juntos. Gil foi muito importante para mim como amigo e músico. Era o único capaz de acompanhar o que eu vinha pensando musicalmente.

64

Esta foto minha com Frances foi tirada no nosso jardim, cerca de uma semana antes de ela ir embora em definitivo.

65

66

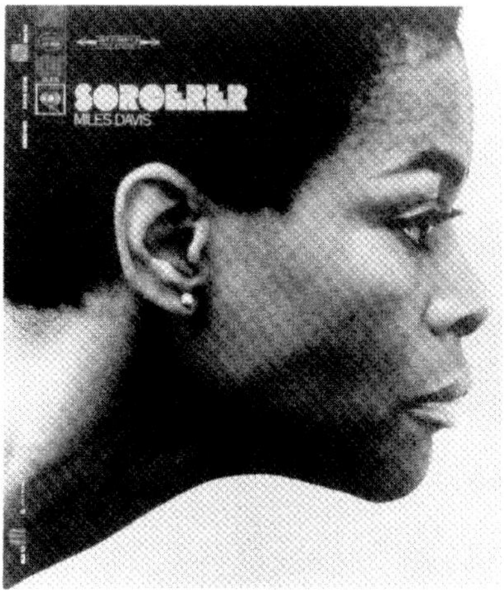

Conheci Cicely Tyson em 1966 ou 1967. Ela tinha uma aparência imponente e uma espécie de fogo interior muito intenso.

67

Cicely e eu terminamos quando conheci uma bela cantora e compositora chamada Betty Mabry. A foto dela está na capa deste álbum, e dei seu nome a uma música: "Mademoiselle Mabry".

68

69

Art Blakey e eu tocamos e gravamos alguns discos juntos. Muitos músicos dos meus grupos tocaram com Art antes de virem tocar comigo.

70

Ornette Coleman surgiu na cena por volta de 1960 e virou o mundo do jazz do avesso. Dei uma canja com ele e não o achei tão sofisticado assim, ainda mais quando ele começou a tocar trompete sem nenhuma prática.

71

Clive Davis era o presidente da Columbia Records. Depois de um primeiro momento complicado, nos demos bem, porque ele pensava como um artista.

72

Teo Macero, que se tornou meu produtor na Columbia.

73

75

74

Meu segundo grande quinteto: Herbie Hancock (73) e Ron Carter (74) eram as âncoras da banda. Wayne Shorter (ao meu lado na 75) era o idealizador, o conceituador de muitas das nossas ideias musicais. Tony Williams era o fogo, a fagulha criativa (76).

76

77

Gravamos *Miles Smiles* em 1966. Neste disco, é possível ouvir muito bem nossas viagens musicais.

Este é o grupo no palco no Shelly's Manne-Hole, em Los Angeles. 78

79

80

81

Em 1968, eu ouvia muito Jimi Hendrix (79), James Brown (80) e Sly Stone (81). Jimi Hendrix veio do blues, assim como eu. Nessa época, levei minha música para a sonoridade da guitarra.

82

Chick Corea passou a usar o piano elétrico Fender Rhodes quando começou a tocar comigo.

83

Tanto Keith Jarrett quanto Chick tocavam piano elétrico na minha banda. Antes de tocar comigo, Keith odiava instrumentos elétricos.

84

Não era possível escrever o que fizemos em *Bitches Brew* para uma orquestra tocar. Era improvisação – o que faz do jazz tão fabuloso. O álbum vendeu mais rápido do que qualquer outro de jazz na história.

Ouvi Joe Zawinul tocar piano elétrico com Cannonball. Gostei muito do som e o quis na minha banda.

85

Jack DeJohnette me dava um certo *groove* profundo sobre o qual eu adorava tocar.

86

Quando entramos em estúdio, em 1969, Zawinul e eu chamamos um jovem inglês, John McLaughlin, para a guitarra.

87

Betty Mabry exerceu uma grande influência, tanto na minha vida pessoal quanto musical. Ela também me ajudou a mudar meu jeito de me vestir.

88

A morte de Jimi Hendrix me entristeceu porque ele era muito jovem e tinha tanta coisa pela frente. Decidi ir ao funeral com Devon e Jackie Battle, embora detestasse funerais. 89

Com Sly Stone e James Brown em mente, entrei em estúdio para gravar *On the Corner*. Neste disco, eu realmente me esforcei para levar minha música para o público preto jovem.

90

Foi Al Foster quem me manteve em contato com o mundo da música quando estive aposentado.

91

Dei uma bateria ao meu sobrinho, Vincent Wilburn, quando ele tinha uns sete anos, e ele se apaixonou pelo instrumento.

92

Quando parei de tocar, comecei a ouvir alguns compositores de vanguarda, como Karlheinz Stockhausen (à direita) e Paul Buckmaster. Gostava da forma como eles usavam ritmo e espaço.

93

94

im Rose, meu gerente de turnê, era uma das poucas pessoas om quem eu convivia durante meu período de silêncio.

95

Perto do fim dessa época, Cicely Tyson voltou à minha vida amorosa. Ela está conversando comigo e com Jim Rose na minha Ferrari amarela.

George Butler sempre ia me visitar depois que parei de tocar. Aos poucos, ele me convenceu a voltar ao estúdio. Depois disso, George se tornou meu produtor na Columbia.

96

97

Cicely e o pessoal da Columbia organizaram uma celebração para mim no Radio City Music Hall, em 1983, coproduzida pela Black Music Association (97, 98). Bill Cosby (99) foi o anfitrião e me entregou um título honorário em nome do presidente da Fisk University. Meu filho, Erin (100), foi comigo ao *backstage* naquela noite.

98

99

100

101

Quem também esteve presente naquele tributo foi Elwood Buchanan, meu primeiro grande professor na Lincoln High School, em East St. Louis. Na época, ele me disse: "Você tem talento o suficiente para ser um trompetista único".

Prince compôs uma música para o meu primeiro álbum pela Warner, *Tutu*, mas, quando ouviu o que havia na fita que enviamos a ele, achou que sua composição não se encaixaria. Um grande músico precisa ter a habilidade de ser flexível, e Prince certamente sabia ser flexível.

102

103

Passei a desenhar e pintar cada vez mais. Sou tão obcecado por isso quanto pela música e por todas as outras coisas com que me importo.

104

105

106

Joseph Foley McCreary – "Foley" – tem um som marcado por funk, blues e rock. Foi Marcus Miller quem o recomendou a mim.

107

Gosto de tocar com músicos jovens. Quero continuar a criar, a mudar. Música não tem a ver com ficar parado e acomodado.

Este foi meu primeiro álbum pela Warner Bros., intitulado *Tutu* em homenagem ao arcebispo Desmond Tutu, vencedor do Prêmio Nobel da Paz. A música "Full Nelson" é um tributo a Nelson Mandela.

108

Tommy LiPuma produziu *Tutu*. Ele tem um foco e uma concentração ótimos em estúdio.

109

Grandes músicos são como grandes lutadores. Eles têm um senso maior de teoria na cabeça. Sinto-me criativamente forte agora e creio que estou ficando ainda mais forte.